전정 3판

새 조직론

이창원 · 최창현 · 최천근
공저

도서출판 대영문화사

머리말

이 책은 대학생들과 조직실무자, 그리고 공무원 시험을 준비하는 분들 모두를 대상으로 조직 현상과 조직이론에 대해 알기 쉽게 소개하기 위해 1996년 처음으로 출간되었다. 2005년 8월에는 지식정보사회로의 행정환경 변화를 심각하게 인식하고, 각 장에서 지식정보화가 조직에 미치는 영향에 대해 논의하는 것을 골자로 하는 개정판을 발간했다. 그러면서도 이 책은 독자들에게 조직이론(organizational theory)과 조직행동(organizational behavior)에 대해 적시성 있고, 실질적이며, 생생하게 살아 있는 지식을 소개하고, 공무원 시험을 준비하는 분들에게는 거의 모든 주제에 대해 빠짐없이 상세하게 설명하고자 했던 애초의 집필 정신을 그대로 유지하고자 노력했다.

이제 새롭게 『새 조직론』의 전정판을 발간하게 된 이유는 다음과 같다.

첫째, 조직을 바라보는 통합적 시각을 제시하기 위한 것이다. 지금까지는 스콧(W. Richard Scott)의 조직이론 분류 방식을 『새 조직론』의 분석틀로 활용하여 각 장의 내용을 구성했다. 전정판에서는 조직이라는 포괄적인 학문적 주제를 대학생들과 실무자들이 좀 더 알 기 쉽게 이해할 수 있도록 모건(Gareth Morgan)의 여덟 가지 조직 이미지(images of organization)를 소개함과 동시에, 모건의 견해와 스콧의 조직이론 유형 분류를 통합함으로써 조직에 관한 종합적 관점과 조직이론의 통합적 분석틀을 조직학계에 제시했다. 이는 전정판 발간의 가장 중요한 이유임과 동시에 초판 발간 이후 개정판을 거쳐 저자들이 꾸준히 고민해 오던 '조직을 바라보는 시각'에 대해 정리한 것이다.

둘째, 각 장의 사례연구는 모두 최신의 사례로 교체했다.

셋째, 각 장의 마지막 부분에는 그 주제에 해당하는 국내외 유명 학술지에 발표된 최근 이론의 동향을 실질적으로 소개하고 있는데, 개정판 발간 이후 발표된 주요 연구사례들을 최대한 수록하고자 노력했다.

넷째, 오건(Dennis W. Organ)이 주장했던 조직시민행동(organizational citizenship behavior)을 제2부 제2장에서 새롭게 소개한다. 조직구성원들은 공식적인 행동만을 행하는 것은 아니며, 구성원 스스로 생각하여 타인에 대한 지원활동, 사회봉사 활동 등 여러 가지 자발적인 행동을 하고 있다는 것이다.

다섯째, 조직구성원들이 조직활동에서 느끼게 되는 스트레스(stress)에 대해 제2부 제2장에서 새롭게 논의한다. 특히 지식정보사회에서 조직구성원들은 환경의 변화, 조직의 변화, 과중한 업무와 치열한 경쟁, 인간관계 부적응 등에서 스트레스를 느끼고 있기 때문이다.

여섯째, 최근 공정사회에 대한 논의가 한창 뜨겁게 떠오르고 있는 점을 감안하여 동기부여이론의 하나인 공정성이론을 논의하면서 공정성 지향이라는 주제로 '공정성과 불공정성'에 대한 논의를 제2부 제4장에서 소개했다.

일곱째, 리더십이론 분야에서 서번트 리더십(servant leadership), 셀프 리더십(self leadership), 팔로어십(followership), 윤리적 리더십을 제3부 제2장에서 새롭게 추가했다.

여덟째, 조직 내 갈등관리 현상과 조직 내 협상을 제3부 제3장에서 새롭게 추가했다. 조직 내에서 갈등은 언제나 존재하는데 이를 어떻게 관리하고, 어떠한 방식으로 협상이 이뤄져야 하는지 등에 대해 소개했다.

아홉째, 국가의 정치적·법적 틀과 시장에서의 인간 행태를 규율하는 규칙과 일반적 신념 체계 등이 조직에 영향을 미친다는 '제도주의이론'을 새롭게 정리하여 제4부 제6장에서 소개했다.

열째, 조직을 긍정적인 방향으로 변화시키기 위한 출발점으로 수행하게 되는 조직진단을 제4부 제7장에서 새로운 장으로 소개하고 설명했다.

열하나째, 왜 어떤 조직은 성장하고 발전하는 데 비해, 다른 조직들은 도태되고 사라지는가라는 질문에 답하기 위해 제4부 제8장에서 조직의 진화라는 주제를 새롭게 다뤘다.

열둘째, 정보와 지식과 학습이 중요한 자원이 되는 지식정보사회의 혼돈이론·

자기조직화·홀로그래픽 조직설계 등을 설명하고, 지식정보사회에 대응하기 위한 조직모형을 소개하기 위해 '지식정보화사회에서의 조직'이라는 장을 제4부 제9장에 추가했다.

마지막으로, 공무원 시험을 준비하는 분들에게 도움이 될 수 있도록 최근 5년간 행정고시·7급 공무원시험·9급 공무원시험에 출제된 주관식·객관식 문제들을 살펴보면서 출제의 가능성이 높은 주제를 최대한 포함시키고자 노력했다.

이 책이 출판되기까지 많은 분으로부터 도움을 받았다. 먼저 뉴욕주립대학교(SUNY at Albany) 조직학 박사 과정의 유클(Gary Yukl) 교수, 홀(Richard Hall) 교수, 그리고 행정학과 패어맨(Sue Faerman) 교수, 맥캐프리(David McCaffrey) 교수, 뉴질랜드 오타고대학교의 애들러(Ralph Adler) 교수 등이 조직학 전반에 관해 도움을 주었다. 또, 원고 정리 작업에 적극적으로 협조해 준 정진봉 박사, 김현주 박사, 고시성 박사, 서울대 이수현 양, 고려대 행정학과 이윤수 양의 노고를 특히 고맙게 생각한다.

저자들의 노력에도 불구하고 이 책은 아직도 미진하고 부족하다. 독자들의 비판과 조언을 통해 계속해서 보완해 나갈 것을 약속드린다. 끝으로 이 책의 발간을 위해 힘써 주신 대영문화사 임춘환 사장님을 비롯한 관계자 여러분의 후의와 노고에 깊이 감사드린다.

2012년 8월

저자 이창원, 최창현, 최천근 씀

차 례

제 3 부 집단 차원의 연구

제 1 부

조직연구의 기초

제 1 장 조직의 의미

제 2 장 조직이론의 통합

개관

조직은 무엇이고, 연구하는 이유는 무엇인가? 조직을 어떤 방법으로 이해할 수 있는가? 이 두 가지 기본적 질문에 대해 답을 할 수 있다면, 앞으로 소개할 조직이론을 이해하는 데 큰 도움이 될 것이다.

제1장에서는 조직의 의미와 조직이론에 관해 논의한다. 먼저 조직의 의미와 중요성, 그리고 통합적인 조직의 정의를 제시함으로써 조직연구의 기초를 제공하고자 한 것이다. 또한 지식정보사회의 대두와 이에 따른 조직 변화를 간략히 소개한다.

제2장에서는 조직을 이해하고 설명하며 분석할 수 있는 방법인 통합적 분석틀을 제시한다. 특히 스콧(W. R. Scott)의 조직이론 분류 방법과 모건(G. Morgan)이 제시하는 '조직을 바라보는 여덟 가지 시각'을 소개하고, 이를 통합적으로 활용할 수 있는 분석틀을 제시한다.

제 1 장 조직의 의미

현대 행정에서 우리가 공공 서비스 전달 체계의 수준을 유지 및 향상시키기 위해서는 결국 공공조직에 대한 이해와 개선이 필수적이다. 조직이란 공동의 목표를 가지고 있으며, 이를 달성하기 위해 의도적으로 정립한 체계화된 구조에 따라 구성원이 상호작용하며, 경계를 가지고, 외부 환경에 적응하는, 인간의 사회적 집단으로서, 조직화 과정의 산물이라고 할 수 있다.

이 장에서는 먼저 조직이 현대 사회에서 차지하는 중요성과 조직의 다양한 정의를 살펴보고, 이를 통해 통합적이고도 일반적인 조직 정의를 제시한다. 또한, 지식정보사회의 대두와 이에 따른 조직 변화를 논의하며, 마지막으로 이 책의 전반적 개요를 소개함으로써 이 장을 마친다.

제 1 절 조직의 중요성

한국대학교 행정학과 4학년 학생 김조직 군의 하루를 통해 살펴보자. 그는 아침 6시 30분 따뜻한 봄 햇살을 맞으며 눈을 떴다. 그가 살고 있는 집은 2012년 2월 한국토지주택공사(LH)가 추진하는 '대학생 전세임대주택 제도'를 활용하여 입주한 노량진동에 있는 19㎡의 원룸이다. 일어나자마자 시리얼과 우유로 아침을 먹고, 아르바이트 장소인 광화문에 있는 커피전문점으로 향했다. 먼저 서울시에서 승인을 받아 운영하고 있는 02번 마을버스를 타고, 다시 서울도시철도공사에서 운영하고 있는 지하철 1호선과 서울메트로에서 운영하고 있는 지하철 5호선을 타고 아르바이트 장소에 도착했다.

김조직 군은 등록금을 충당하기 위해 3개월째 일을 하고 있다. 오늘은 11시까지 3시간 동안 홀에서 주문을 받고 계산을 하는 일을 했다. 아르바이트 동료는 사장의 관리 스타일이 너무 권위적이라는 이유로 일을 그만둘까 고민하고 있다. 오후 1시부터는 7급 일반직 공무원 시험을 준비하는 학습모임에 참여해야 한다. 같은 과 친구 중 일부는 함께 모여서 공부하기보다는 도서관에 출석했다는 사실만 파악하는 '출석체크 학습모임'을 활용한다고 한다. 하지만 김조직 군은 학업정보나 취업정보를 교환할 수 있고 서로 학습 진도를 점검해 줄 수 있는 '행정학 학습모임'을 적극 활용하고 있는데, 이번 모임의 주제는 지식정보화 사회의 조직학습에 관한 것이다.

학습모임을 마치고 곧바로 강의동으로 향했다. 오후 3시부터 6시까지 공기업론 수업에 참여하기 위해서다. 한국 공기업의 종류와 현황에 관한 강의였는데, 국가와 지방자치단체에서 운영하는 공기업의 수가 상당하다는 사실에 무척 놀랐으며, 공무원 시험이 여의치 않으면 공기업에 취업하는 방법도 있겠다고 생각했다. 학과 친구들과 학교 식당에서 간단히 저녁을 해결한 후, 사회과학대학 학생회장 선출을 위한 투표에 참여했다. 김조직 군은 등록금 문제에 적극적인 기호 2번 후보를 찍었다. 집으로 돌아오는 지하철에서 스마트 폰을 이용하여 고등학교 친구들과 문자 메시지를 보내면서 주말에 최신 영화를 관람하기로 약속을 했다. 이렇게 김조직 군의 하루는 저물어 간다.

인간은 태어나서 죽을 때까지 어떠한 형태로든 조직과 관계를 맺고 살아야만 한다. 김조직 군의 일상에서 볼 수 있듯이, 그가 몸담고 있는 한국대학교, 커피전문점, 학생회와 같은 공식적 조직과 커피전문점 동료집단, 학습모임, 학과 친구, 고등학교 친구와 같은 비공식적 조직, 장래 희망으로 생각하는 정부조직과 공기업, 교통 수단으로 활용하는 버스와 지하철을 운영하는 서울도시철도공사와 서울메트로, 살고 있는 원룸 임대에 도움을 준 한국토지주택공사 등은 모두 '조직'이다. 즉 우리의 삶에서 죽음과 세금을 피할 수 없듯이 조직이라는 것을 떠나서 인간이 삶을 영위해 간다는 것은 거의 불가능하다(Hall & Tolbert, 2005 : 1–2). 스콧(W. Richard Scott)은 이를 조직의 편재성(遍在性)이라고 부른다.

나아가 현대 사회에서 조직은 대부분의 사람에게 일상생활에서 가장 중추적인 역할을 수행하며, 사회적 · 정치적 · 경제적 · 개인적 목적을 달성하기 위한 중요한 수단이 된다. 결국 현대 사회는 '조직사회(organizational society)'로 볼 수 있으며(Presthus, 1978; Perrow, 1991), 하트와 스콧(Hart & Scott, 1975 : 261)은 인류의 복지 증진을 위한 모든 것은 결국 조직을 통해서만 이뤄질 수 있다고까지 주장했다. 물론 정반대의 경우도 발생하는데, 오염물질의 배출원이 되기도 하고, 성차별 및 인종 차별적 정책과 전쟁을 일으키기도 하는 것 역시 조직이기 때문이다(Hall, 2002 : 2). 조직은 이렇게 개인의 생활에 긍정적인 영향뿐만 아니라 부정적인 영향도 동시에 준다. 그러나 토플러(Toffler, 1980)가 인류의 생활 양식에 가장 큰 변혁을 가져온 사건 중 하나로 조직사회를 들고 있듯이, 사회의 일원인 개인의 생활이 조직의 영향을 지대하게 받는다는 사실을 부인할 수는 없을 것이다.

또한 조직은 이렇게 개인의 생활뿐만 아니라 페로(Perrow, 1987)가 지적한 것처럼 정치, 사회적 계급(social class), 경제 및 종교에도 영향을 크게 미친다. 정치인들은 대부분 특정 조직을 기반으로 정치에 입문했으며, 정당이란 조직에서 대부분 정치활동을 한다는 점과 이러한 정당이 여러 조직의 이익을 대변한다는 것을 상기해 본다면 조직이 정치에 미치는 영향을 실감할 수 있을 것이다. 또 정상적인 사회라면 개인의 사회적 계급은 조직 내 직급이나 직위에 의해 결정되는 것이 보통이다. 조직은 이렇게 개인의 사회적 계급 형성에 영향을 미친다. 또한 기업의 조직 형태, 종교단체의 조직 형태에 따라 그 운영 방식과 문화가 달라진다는 점에서 조직은 경제 및 종교에도 영향을 미친다.

이렇게 개인의 생활뿐만 아니라 현대 사회의 각 부문에 영향을 미치고 있는 조직 전반과 효과적 조직관리에 관한 이해는 개인의 행복 및 발전뿐만 아니라 경제와 사회 발전의 가장 중요한 요인 중의 하나일 것이다. 왜냐하면, 1) 효과적인 조직관리는 조직구성원들에게 일할 의욕과 보람을 갖게 할 수 있고, 2) 한 국가의 경제 발전은 경제활동의 개체인 기업조직의 경제활동의 합이라는 점에서 개개 조직의 효과적인 조직관리를 통해 국가의 총체적 경제 발전 또한 이뤄질 수 있으며, 3) 사회 발전도 사회활동의 기본 단위가 되는 조직의 효과적인 관리를 통한 조직 발전과 조직 상호간의 의존성을 효과적으로 관리하는 데서 기인할 수 있기 때문이다(김인수, 2005 :

18-20). 조직의 역할은 행정과 공공정책에서도 역시 중요하다. 왜냐하면 행정은 궁극적으로 조직관리 및 조직 내의 인력자원에 대한 관리를 통해 이뤄지며, 거의 모든 공공정책 또한 조직에 의해 수행되기 때문이다.

따라서, 현대 행정에서 우리가 재정자원의 희소성이라는 상황을 극복하면서 공공서비스 전달 체계의 수준을 유지 및 향상시키기 위해서는 결국 공공조직에 대한 이해와 개선이 필수적이다(Heffron, 1989).

제 2 절 조직의 정의

조직이 공통적으로 갖고 있는 특성은 무엇일까? 행정조직, 기업조직, 학교나 교회 같은 비영리조직 등 여러 가지 유형의 조직들이 그 목적이나 기능상의 다양성에도 불구하고 공통적으로 갖고 있는 특성은 과연 무엇일까? 이러한 질문에 쉽게 답변할 수 없는 것은 우리가 조직 그 자체를 관찰하기 어렵다는 사실에도 기인한다. 엄밀히 말하면, 우리가 소위 조직과 관련하여 관찰할 수 있는 것이 조직 그 자체는 아닐 것이다. 즉, 우리가 조직과 관련하여 일반적으로 관찰할 수 있는 것은 조직의 노출된 일면, 예를 들어 조직이 생산하는 제품, 조직이 제공하는 서비스, 조직을 구성하고 있는 조직구성원, 조직구성원들이 수행하는 각각의 업무, 조직이 위치하고 있는 건물, 사무실, 공장, 정부종합청사 등 극히 외형적인 일부분에 지나지 않는다.

조직도표(organizational chart) 역시 조직의 공식적 구조의 일부만을 반영하는 것으로 복잡한 조직 실체의 일부인 껍데기만을 보여 주고 있을 뿐이다. 따라서, 보통 조직에 관해 논의할 때 중요시하는 조직 내의 인간들의 학습, 지각(perception), 귀인과정(attribution process), 개인차(예 : 성격 및 태도 등), 동기부여, 조직 내의 여러 과정(예 : 리더십, 권력과 정치, 갈등관리, 의사전달, 의사결정 등), 조직의 목표 및 효과성, 조직문화, 조직구조, 조직환경, 조직 변화와 발전 등은 대부분 우리가 일반적으로 쉽게 관찰할 수 있는 범위에서 벗어나 있다고 할 수 있는데, 이러한 논의에 대해 상세히 살펴보고자 한다. 결국 조직의 공통적 특성을 파악하는 데에는 상당한 노력이 필요하다.

지금까지 조직의 중요성은 여러 학자가 가지고 있는 조직관에 따라 다양하게 제시되고 있다. 다음 장에서 살펴보겠지만, 스콧이 제시하는 조직이론 유형 분류에 따라, 또는 모건(Gareth Morgan)이 제시하는 여덟 가지의 조직을 바라보는 이미지에 따라 조직을 다르게 정의하고 있다. 그러나 각각이 제시하는 조직에 대한 정의는 조직의 전체 모습 중 그 일부분만을 우리에게 제시한다고 할 수 있다. 그럼에도 불구하고, 각각의 이미지 또는 관점을 통해 전체의 모습에 대한 단서를 발견할 수 있듯이, 다양한 조직 정의를 포괄적으로 통합함으로써 우리는 조직의 모습을 좀 더 실제와 유사하게 파악할 수 있다(Harmon & Mayer, 1986 : 17).

조직에 대한 다양한 정의를 통합하면, 조직이란 1) 공동의 목표를 가지고 있으며, 2) 이를 달성하기 위해 의도적으로 정립한 체계화된 구조에 따라 구성원들이 상호작용하며, 3) 경계를 가지고, 4) 외부 환경에 적응하는, 5) 인간들의 사회적 집단으로서, 6) 조직화(organizing) 과정의 산물로 이해할 수 있다(Daft, 2004 : 11; Hall, 2002 : 31; Weick, 1979 : 3).

여기서 이러한 통합적 조직 정의에 포함된 요소들에 대해 좀 더 상세히 고찰해 보면 다음과 같다.

1 목표 지향적

조직은 목표 지향적이다. 조직은 목표 달성을 위해 존재한다. 조직구성원들의 목표는 조직이 추구하는 목표와 서로 다를 수 있으며, 조직의 목표가 여러 가지일 수도 있다. 그러나 조직은 이런 목표들 없이는 존재할 수 없다. 모든 조직은 그 자체의 목표를 가지고 있으며 그 목표에 따라 조직 내의 질서를 유지하고 조직구성원의 행동을 통제한다. 조직의 목표란 조직이 달성하려는 미래의 바람직한 상태로서, 조직에는 일반적으로 상충될 수도 있는 복수의 목표가 있다. 또한, 이러한 조직의 목표와 개인의 목표는 거의 상충되어 존재하는데 이것들을 통합시키는 것이 조직관리의 차원에서 매우 중요하다.

조직의 목표에 대해서는 제4부 제1장에서 자세히 다룬다.

2 체계화된 구조와 구성원들의 상호작용

조직이 공동의 목표를 효과적으로 달성하기 위해서는 조직이 수행해야 하는 과업을 여러 부서에 분담시키고, 분담된 과업에 대한 구성원의 역할을 규명하며, 그 역할 간의 관계를 결정하는 규정과 절차를 가지고 있어야 한다. 이렇게 체계화된 구조가 있음으로 해서 조직 내의 여러 가지 활동이 분화되고, 분화된 활동이 다시 조정·통제되어 통합되는 것인데, 결국 이러한 조직구조를 바탕으로 조직구성원들이 상호작용하면서 조직의 목표를 달성하게 된다.

즉, 조직의 구조란 조직구성원들의 '유형화된 상호작용(patterned interactions)'을 의미하는 것으로(Kast & Rosenzweig, 1974), 구조 형성의 기초 요인은 조직구성원들의 행동을 지속적으로 조건짓는 요인들이라고 할 수 있다(오석홍, 2003 : 297). 그리고 이렇게 2인 이상의 조직구성원들이 상호작용을 하는 것은 조직 내의 여러 과정(예 : 리더십, 권력과 정치, 갈등관리, 의사전달, 의사결정 등)을 형성시킨다. 이러한 조직 내의 과정, 즉 일정한 목표의 성취를 지향하는 조직구성원들의 상호작용은 조직구조를 통해 흘러나오는 것인 동시에 조직구조의 양태에 영향을 미치는 것이기 때문에, 조직구조와 조직 내의 과정은 실제로 분리하기 어려운 현상이다(박연호, 2003). 조직의 구조에 관한 사항은 제4부 제4장과 제5장에서 상세히 논의한다.

3 조직의 경계

조직의 경계(boundary)는 조직의 내부에 있는 요소와 외부에 존재하는 요소를 구분할 수 있게 한다. 이러한 경계는 조직화에 필수적인 특성이다. 여러 개의 쇳조각들을 모아서 조직화하면 하나의 기계가 되어 다른 기계들과 구분할 수 있고 여러 가지의 음(音)을 조직화하면 하나의 음악이 되어 다른 소음들과 구분이 된다(Daft, 2001 : 8). 이와같이 조직구성원들이 조직화되어 어떠한 목표의 달성을 추구하게 되면, 그렇게 생성된 조직은 다른 조직들과 구분되는 하나의 사회적 집단이 되는 것이다.

조직의 경계는 조직과 환경을 구분해 주고 있는데, 조직을 바라보는 관점에 따라 다른 모습을 가지고 있다. 즉, 조직을 환경으로부터 봉쇄된 폐쇄 체제(closed system)로 바라볼 경우, 조직의 경계가 매우 뚜렷하고 고정적이며 안정적인 반면에, 조직을 환경과 상호작용하는 개방 체제(open system)로 간주할 때에는 유동적이고 자유로운 조직의 경계가 나타나게 된다. 특히, 조직환경에 관해서는 제4부 제6장에서 자세히 다루고자 한다.

4 외부 환경에의 적응

조직을 하나의 개방 체제로 봄으로써 조직에 대한 전체적 이해가 가능하다. 개방 체제란 환경으로부터 투입물(inputs)을 받아들여 이러한 투입물을 전환한 후 다시 산출물(outputs)의 형태로 환경에 내보내는 상호작용적 요소들의 집합체라고 할 수 있다(Daft, 2004 : 14-15). 여기서 조직환경이란 조직의 경계 밖에 존재하면서 조직 전체나 일부분에 영향을 미칠 가능성이 있는 모든 것이다(Daft, 2004 : 136). 환경은 조직이 생존하는 데 필요로 하는 자본, 인적·물적 자원, 기술적 정보, 시장 등을 제공하여 조직의 생성, 존속 및 성장에 커다란 영향을 미친다. 따라서 급변하고 불확실한 환경에서 조직이 생존하고 발전하기 위해서는 환경의 변화에 따라 신속하게 적절한 대응책이 마련되어야 한다. 이러한 대응책에는 새로운 조직전략, 조직설계, 조직관리 등이 포함된다.

예를 들어 정보화 시대의 출현으로 인해 많은 행정정보가 컴퓨터를 사용하여 효과적으로 관리될 수 있게 되자 민원 업무나 정보 처리를 주로 수작업(手作業)으로 처리했던 여러 행정관청에서도 업무의 전산화를 위한 시설 도입 및 전문 인력의 양성을 서두르고 있으며, 이미 상당한 성과를 보이고 있다.

5 인간의 사회적 집단

조직은 인간, 그리고 그들로 이뤄진 집단으로 구성되어 있다. 인간이 없는 집단을 우리는 조직이라고 하지 않는다. 따라서, 공장이나 건물 그 자체는 조직이 아니다. 통합적 조직 정의에 포함되는 위의 네 가지 요소 모두를 갖추고 있다고 하더라도 인간이 존재하지 않을 경우는 그것을 조직이라고 하지 않는다. 예를 들어 무인 인공위성, 기업체의 무인공장, 방송국의 무인송신소 등은 인간이 존재하지 않으므로 조직으로 간주할 수 없고, 단지 조직이 그 목적을 달성하기 위해 수단으로 사용하는 자원으로 보아야 할 것이다(김인수, 2005 : 23).

그러나 이렇게 인간으로 구성된 조직은 조직의 형성이 일단 공식화되고 정착되면 조직구성원들의 존재와는 별도의 실체를 갖게 되어, 물론 몇 년도 지나지 않아 없어지는 조직도 많지만, 조직구성원들의 사망이나 교체 등에도 불구하고 수 세대나 수 세기(예 : 로마교황청)를 존속할 수 있다(오석홍, 2003 : 77). 이러한 이유 때문에 조직은 인간이 하는 일에 영속성을 부여할 수 있는 것이다(윤우곤, 1977 : 23).

또한 조직의 가장 중요한 기본 요소는 조직을 구성하는 인간과 그들이 수행하는 역할이라고 할 수 있기 때문에, 최근의 관리 기법은 인력자원의 중요성을 강조하면서 조직구성원들에게 많은 권한을 부여함으로써 조직에 더 많이 기여할 수 있도록 조직을 설계하는 경향이 높다(Daft, 2004 : 12).

6 조직화 과정의 산물

와이크(Karl Weick)는 조직(organization)이라는 명사는 허구에 불과하다면서 조직화(organizing)라는 동사의 사용에 주의를 기울여 줄 것을 강조하면서(Weick, 1979 : 358), 조직화(organizing)를 "현저하게 상호 연관된 행위를 통해 모호성을 감소시키는 데 그 타당성이 합의된 문법(a consensually validated grammar)"(Weick, 1979 : 3)이라고 정의했다. 즉 인간은 너무나 많은 정보에 지속적으로 노출되어 그 정보를 적절히 다룰 수 없기 때문에, 많으면서도 모호하고 계속해서 변하는 정보를 지닌 '조직' 자체가 무엇인가에 대해 알 수 없다. 다만, 행위자들은 사회적 상호작용을 통해 다양한 해석을 주고 받으면서 공통적 해석을 얻게 되는 소위 모호성의 감소(reduction of equivocality)를 통해 조직의 실체를 파악할 수 있다. 와이크에 의하면, 일반적으로 일컬어지는 조직(organization)이라는 것은 어떤 집단에 소속되면서 부여받게 되는 사회적 정체성을 나타내는 상징일 뿐이고, 실제로 존재하는 것은 행위자들 사이의 사회적 상호작용이라는 조직화의 과정(organizing)이다.

이러한 주장은 조직을 폐쇄 체제(closed systems)의 시각에서 보는 것이 아니라, 개방 체제(open systems)의 시각에서 바라보자는 것이다. 개방 체제의 시각은 공식조직과 비공식조직의 구분에 관심이 없으며, 조직을 상호 의존적 행동들의 집합으로 보고, 구조(structure)를 강조하기보다는 과정(process)과 관계(relation)를 강조한다. 또한, 조직을 바라보는 합리적 시각(rational systems)이 인간의 행동에 앞서 조직의 목표나 인간의 의도가 존재한다고 보았다면, 와이크는 인간의 행동이 먼저 있고, 그 다음에 의미 형성(sense-making)이 이뤄진다고 보았다. 따라서, 조직화(organizing)는 미리 주어진 목표나 계획된 의도를 달성하기 위한 합리성을 내재한 것이 아니라, 시행착오 · 우연 · 미신적 학습(superstitious learning) · 의미 형성(sense-making)과 관련된다.

조직의 정의에서 '조직화'를 포섭하는 것은 두 가지 관점에서 의미가 크다.

첫째, 이 책에서는 폐쇄적 체제모형의 시각에서 한 걸음 더 나아가 개방적 체제모형(open systems)의 시각을 적극적으로 포섭했다. 조직이론을 다루는 국내 문헌(오석홍, 2009; 김인수, 2005; 박연호, 2003)은 조직을 바라보는 시각으로 폐쇄적 합리모형(closed rational models)을 배척하면서도 조직에 대한 정의를 논할 때는 공동의 목표를 강조하면서 마치 인간과 조직은 목표에 부합하기 위한 합리적 행동을 전제하고 있기 때문에 통합적이고 균형 잡힌 정의라고 보기 어렵다.

둘째, 인간의 행동에 대한 해석을 중시하는 의미 형성을 포괄함으로써 조직에 대한 새로운 시각들을 통합했다. 이를 바탕으로 이 책 제1부 제2장에서는 인간이나 조직의 행동을 해석하여 설득력 있는 이미지(images)를 회상적으로 도출해 내는 '은유적' 접근 방법(Morgan, 2007)을 활용한다.

제 3 절 지식정보사회에서의 조직

20세기 후반에 비약적인 발전을 거듭한 정보 기술(information technology : IT)은 사회의 모든 부문에 걸쳐서 가히 혁명적인 변화를 가져왔고, 이러한 정보 기술의 발달은 전통적인 산업사회를 지식정보사회로 변화시켜 놓았다(박우순 · 이창원 · 김근세, 2001; 이창원 · 임영제, 2004). 지식정보사회[1]란 지식과 정보가 지배하는 사회로, 지식과 정보가 가장 중요한 자원 또는 권력의 원천이 되는 사회를 의미하는데, 과거에 증기기관이 산업혁명을 이끌었다면 정보 및 통신 기술은 오늘날 정보 시대(information age) 또는 지식 시대(intelligence age)를 주도하고 있다.

이러한 지식정보사회의 조직은 그 조직이 보유하고 있는 지식 및 정보의 양과 질에 의해 경쟁력의 우위가 결정된다(Senge, 1990). 지식정보사회의 조직은 경제환경의 변화에 신속 · 정확하고 더욱 유연하게 대응하기 위해 높은 조직적 지능을 요구하는데,[2] 이러한 조직적 지능은 바로 정보 기술을 얼마나 적절하게 사용하는가의 여부에 달려 있다. 왜냐하면 정보 기술은 지식정보사회의 핵심인 지식과 정보를 관리하며 이용하는 기술로서 그 역할이 어느 때보다 막중하기 때문이다. 따라서, 지식정보사회의 초일류 조직은 외부의 데이터베이스(database)와 연결된 네트워크(network) 등 다양한 정보 채널을 통해 정보를 수집하고, 자체 데이터베이스와 네트워크를 통해 정보를 공유하며, 다양한 정보 기술을 이용하여 정보 자료를 분석, 적절한 의사결정을 한 뒤 그 결과를 데이터베이스에 저장시킴으로써 조직의 노하우(know-how)를 축적하여 계속적으로 조직의 지능을 개발해 나갈 수 있는 능력을 가져야 한다. 특히 고도화된 정보 기술로 구성된 조직의 기술적 기반(technology infrastructure)은 지식정보사회의 조직이 가져야 할 필수적인 요소라 할 수 있다.

한편 업무를 어떻게 하면 효율적으로 수행할 것인가 하는 문제는 모든 조직이 가지고 있는 오랜 과제이며, 이를 위한 다각적 노력이 지속적으로 있어 왔다. 이러한 노력의 핵심을 차지하는 최근의 추세가 정보사회의 대두에 따른 정보 기술의 도입, 즉 컴퓨터를 비롯한 다양한 정보 하드웨어(hardware) 및 소프트웨어(software)의 도입과 이의 적극적인 활용이다. 이러한 인식은 크게 다음과 같은 두 가지 차원에서 나타났다고 볼 수 있다.

---

1) 지식과 정보의 차이를 강조하는 학자들은 지식과 정보의 개념적 특성을 강조하지만, 이 책에서는 지식과 정보의 개념적 차이를 인정하면서도 상호 교환적인 개념으로 이해하여 지식정보사회라는 용어를 사용하기로 한다.

2) 조직적 지능이라 함은 환경 변화에 따른 의미 있는 정보를 수집하고, 수집된 정보를 조직구성원이 공유할 수 있게 하며, 조직 전체가 환경 변화에 대응할 수 있는 적절한 의사결정 시스템을 수립하여 시행해 나가는 능력을 의미한다.

첫째, 조직환경의 변화에 따른 것이다. 기업조직이든 행정조직이든 이제는 정보사회라고 하는 새로운 환경으로 제반 조직환경이 변화함에 따라 과거의 정보관리 체제로는 폭증하는 업무 관련 정보를 감당하기 어려울 뿐만 아니라 고객들의 다양한 수요에 효과적으로 대처할 수 없는 상황에 이르게 되었다.

둘째, 행정조직의 경우 개방화 시대의 행정조직 역시 민간조직과 마찬가지로 적극적인 관리혁신(management innovation) 없이는 정부의 경쟁력 강화를 기대할 수 없다는 위기감이 대두하게 되었다(김판석, 1994). 이러한 인식의 변화가 행정조직의 업무에 정보 기술을 도입하여 활용하는 모습으로 나타나게 된 배경이다.

1 지식정보사회의 대두와 조직 변화

지식정보사회의 등장은 정보 기술의 도입을 통해 조직구조의 변화에 영향을 미칠 뿐만 아니라 조직 내의 개인 및 집단 행태에도 커다란 영향을 미치는데, 이러한 정보화는 반드시 조직구조를 통해서만 조직 행태에 변화를 가져온다는 것은 아니고, 정보화는 그 자체로 조직구조와 조직 행태에 영향을 미친다(박우순 · 이창원 · 김근세, 2001).

즉, 지식정보사회의 조직은 정보 기술의 도입을 통해 수평적으로 연결된 네트워크 구조(network structure)나 가상조직(virtual organization)의 형태를 띠게 되는데(Naisbitt, 1988; Toffler, 1990), 수평화는 전통적인 조직의 계층제를 완화하거나 제거하는 방향으로 진행되고, 네트워크화는 환경의 변화에 유연하고도 신속하게 적응할 수 있는 신축성을 확보할 수 있게 만들어 준다(박우순 · 이창원 · 김근세, 2001). 또한, 조직 행태의 변화를 살펴보면, 정보 기술의 도입으로 조직 내의 개인 간에도 경쟁을 보편적인 원리로 수용하게 되었고, 연공서열에 의한 보상 체계보다는 개인의 전문적 기술과 능력에 의한 보상 체계로 변화하면서 동기 유발의 기본 패러다임이 바뀌게 되었으며, 조직문화는 여성의 참여 촉진에 따라 강한 문화에서 여성적인 유연한 문화로 변화해 가고 있고(Benveniste, 1994), 계층제적인 조직구조로부터 벗어나면서 조직 내 개인의 자율성이 현저하게 향상되었다(박우순 · 이창원 · 김근세, 2001).

정보 기술의 도입은 조직의 관리 과정적 측면에서도 변화를 가져오는데, 예를 들어 기존 업무가 분할·통합되거나 기존 업무의 폐지 혹은 새로운 업무의 추가로 업무 내용의 변화가 발생하고(유평준, 1990), 단순사무직의 경우 수평적 의사소통의 빈도가 줄며(Whisler, 1970), 수집 가능한 정보의 범위를 확대시켜 주고(Kraemer & King, 1986), 관리자의 통제력 증진이 가능해진다(Kraemer, Dutton, & Northrop, 1981).

그리고, 지금까지 살펴본 정보 기술의 도입으로 인한 조직구조 및 관리 과정과 조직 행태의 변화는 궁극적으로 조직의 효과성에 영향을 미치는데, 예를 들어 조직생산성을 향상시키고(Kraemer, Dutton, & Northrop, 1981), 정보 수집의 범위를 확대시켜 줌으로써 행정조직 의사결정의 질을 높여 주며(Kraemer & King, 1986), 정보 기술 사용자 만족도 및 시스템 이용도에 영향을 주고, 업무 능률을 제고하기도 하지만(Gardner & Schermerhorn, 1988), 인간적 소외감을 증폭시키기도 하고(Barbour, 1993), 조직 내 정보의 비대칭성으로 인한 정보력에 따른 계층 간 갈등을 증폭시키며(김현성, 1996), 조직구성원들의 정신적·육체적 스트레스 수준을 소진 상태(burnout)로 높이기도 한다(Hobfoll & Shirom, 1993).

2 정보 기술의 도입이 조직구조, 관리 과정 및 조직구성원 개인 행태에 미치는 영향

이 책은 전술한 바와 같이, 정보 기술의 도입으로 인해 조직구조, 관리 과정 및 조직구성원 개인 행태가 영향을 받는다고 본다. 따라서, 여기서는 정보 기술의 도입이 조직구조, 관리 과정 및 조직구성원 개인 행태에 미치는 영향을 나눠 제시한다.

1) 정보 기술의 도입이 조직구조에 미치는 영향

(1) 수평화 및 네트워크화

지식정보사회의 조직은 정보 기술의 도입을 통해 새로운 조직 형태가 될 수 있는데, 그 예로서는 후기기업가조직(post-entrepreneurial organization), 삼엽(三葉)조직(shamrock organization), 혼돈정부(chaos government), 공동(空洞)조직(hollow organization) 등을 들 수 있다(박우순, 1996 : 709-716; 이창원·임영제, 2004).

후기기업가조직은 신속한 행동, 좀 더 창의적인 탐색, 더 많은 신축성, 직원과 고객과의 더욱 밀접한 관계 등을 강조하는 조직 형태(Kanter, 1989)로, 무엇보다도 행동을 제약하는 경직적인 구조와 절차에 얽매이지 않고 모든 기회를 추구하는 좀 더 유연한 신축적인 조직이 되어야 한다는 것을 강조한다.

삼엽조직은 조직을 구성하는 세 가지 형태의 근로자 집단, 즉 소규모 전문직 근로자들, 계약직 근로자들 및 신축적인 근로자들을 나타내기 위해 붙여진 이름으로 (Handy, 1989), 조직구조와 고용 체계는 직원의 수를 소규모로 유지하는 반면에 산출의 극대화를 가능하도록 설계되기 때문에, 조직구조는 계층 수가 적은 날씬한 조직이 되며, 고품질의 상품과 서비스를 적시에 공급할 수 있는 장점이 있다.

혼돈정부는 자연과학에서 비롯된 카오스이론(chaos theory), 비선형 동학(non-linear dynamics), 또는 최근의 복잡성이론(complexity theory) 등을 정부조직에 적용한 조직 형태로, 비선형적 동학을 적용하여 정부조직의 혼돈에 숨어 있는 질서(hidden order)를 발견하고, 조직 간 활동의 조정과 정부 예산의 개혁을 도모할 수 있다는 것을 주장한다(Kiel, 1994).

정부의 업무가 축소된 형태를 공동정부(空洞政府) 또는 공동조직(hollow organization)이라고 하는데(Milward, 1994), 이러한 형태의 공동정부는 기업에서 중요한 조직 기능, 예컨대 통제, 조정, 통합, 계획 등의 기능만을 본부에 두고 기타 생산, 제조 등의 현업 활동을 직접적으로 수행하지 않는 조직을 공동기업(hollow corporation)이라고 지칭한 데에서 유래했다.

지금까지 논의한 후기기업가조직, 삼엽조직, 혼돈정부, 공동조직의 조직구조상의 공통점은 정보 기술의 발달로 조직이 수평화 또는 네트워크화되어, 그 결과 조직의 신축성과 유연성이 발휘되는 방향으로 그 형태를 잡아가고 있다는 것인데, 수평화는 전통적인 조직의 계층제를 완화하거나 제거하는 방향으로 진행되고 있고, 네트워크화는 환경의 변화에 유연하고도 신속하게 적응할 수 있는 신축성을 확보할 수 있게 만들어 준다(박우순 · 이창원 · 김근세, 2001).

(2) 집분권화 현상 및 공식화의 감소

정보 기술 도입의 결과로 행정조직 내에서 권력이 집중되는지 혹은 분산되는지의 여부, 즉 집권화와 분권화는 이를 연구하는 학자들의 가장 큰 관심사 중의 하나다.

여기에는 다음과 같은 두 가지 주장이 대립되어 있다.

첫째, 정보 기술은 조직의 집권화를 촉진할 수 있다는 것이다. 집권화 경향은 정보 기술의 도입으로 인해 최고관리자의 정보력이 확대되면서 사고 범위와 영향력의 행사 범위가 넓어지고, 관리 업무를 수행하는 과정에서 부하들에의 의존을 줄일 수 있다는 측면에서 정당화되고 있다(박재창, 1993 : 5). 이와 관련하여 일찍이 리빗과 휘슬러(Leavitt & Whisler, 1958)는 정보 기술의 발달로 조직의 최고관리층은 더욱더 집권적인 의사결정을 내리게 되고, 이에 따라 중간관리층은 감소할 것이라고 주장한 바 있다.

둘째, 정보 기술이 분권화를 유발할 가능성도 존재한다. 하위 계층 공무원들이 다뤄 오던 반복적이고 일상적인 업무들이 전산화되면서, 이들로 하여금 전에 하지 않던 의사결정을 하게끔 의사결정의 폭이 넓어지게 되어 상대적으로 분권화를 유발할 수 있다는 것이다. 특히 개인용 컴퓨터의 보급은 이 부분에 대한 비전문가의 컴퓨터 시스템에의 접근을 용이하게 함으로써 분권화에 기여하고 있다. 따라서 정보 기술이 발달함에 따라 그 이전에 불가피하다고 생각되었던 집권화 현상은 끝나고 오히려 더욱 다양하고 균형을 이루는 분권화된 조직이 등장할 것이라는 예측도 가능하다(Denhardt, 1991 : 276).

한편 정보 기술 그 자체의 도입만으로는 집권화나 분권화의 효과를 가져오지 못하며, 해당 조직의 초기 구조와 역사와 문화, 관리자의 철학, 또는 직무의 성격과 같은 조직 상황적 요인과 결합되어야만 그 결과가 나타난다고 주장하는 학자들도 있다. 그러나, 정보 기술의 도입이 권력구조에 미치는 영향을 가장 합리적으로 해석하면 정보 기술의 도입은 조직의 집분권화(centrally decentralized) 현상을 초래할 가능성이 가장 높다고 볼 수 있다. 즉, 정보 기술의 도입을 통해 권력구조에서는 수평적 분화의 심화와 전문성의 강화로 분권화가 촉진되는 모습을 보이나(Donovan, 1988), 정보 기술의 발달로 분화된 과업 수행에 대한 통제가 용이해져서 중요한 의사결정이 집권적으로 이뤄지는 경향을 보여 재집권화되는 모습을 보인다는 것이다(박통희, 2002). 결국, 의사결정이 본질적으로 조직구성원 개개인에게 위임되고 분권화되지만, 정보 기술을 이용하여 통합된 정보 체계를 통해 집권화되는 집분권화 현상이 나타날 것으로 보인다.

또한 수평적 분화가 확대되고 전문화에 의존하게 되기 때문에 업무에 관한 세부적인 표준화나 지침이 축소되고, 결과 중심의 규제 체제로 전환하여 공식화는 줄어드는 경향이 높을 것으로 본다(박통희, 2002).

국내에서 수행된 연구 중 노화준(1988) 및 노화준·이달곤(1990) 등의 연구 결과를 보면, 정보 기술의 사용으로 의사결정 시에 집권화나 분권화의 뚜렷한 경향이 나타나지 않았고, 유평준·김도훈·유병무(1994) 등의 연구 결과도 정보 기술의 도입으로 인한 권력 관계의 변화를 인정하지 않았는데, 이렇게 모호한 연구 결과들이 도출된 이유는 정보 기술 도입의 결과를 집권화 및 분권화의 이분법적 시각으로 이 현상을 바라보았기 때문이며, 집분권화 현상을 고려하여 실증 연구를 수행하면 다른 연구 결과가 도출될 수도 있을 것으로 보인다.

2) 정보 기술의 도입이 조직관리 과정에 미치는 영향

(1) 업무 내용의 변화

정보 기술의 도입이 행정조직에 미칠 수 있는 영향 중 하나는 정보 기술이 조직구성원의 업무의 일부를 대행함으로써 야기되는 업무 내용(job content)의 변화인데, 이것은 주로 정보 기술의 도입을 통해 기존 업무의 분할 통합, 기존 업무의 폐지, 새로운 업무의 추가, 업무 적응 능력의 향상 등으로 나타나는 변화다(유평준, 1990; 임영제, 1997 : 97-104). 예컨대 관리직이나 전문직 종사자가 비서나 부하 직원에게 시키던 단순 보조 업무(예 : 서류 작성, 자료 정리 등)를 개인용 컴퓨터를 이용해 직접 수행할 수 있게 되었다. 이러한 경우 전문직들은 업무의 진행 속도와 그 품질을 직접 통제할 수 있게 되며, 이와 대조적으로 단순사무직들은 컴퓨터 기술의 도움으로 전에 하지 못하던 전문적 성격을 띤 업무를 한정된 범위 내에서 수행할 수 있게 된다(Odgers & Keeling, 2000 : 306-307).

(2) 리더십 유형의 변화

정보 기술의 발달로 모든 유형의 정보 교환이 가능해졌고, 이를 통해 각종 학습이 가능해졌기 때문에, 조직구성원들이 집합적으로 새로운 비전을 만들고 문제 해결에 참여할 수 있게 되었다(Tapscott, 1996; 유홍림, 2002). 이러한 상호 연계적 리더십(internetworked leadership)의 중요성이 제고된 것은 정보 기술이 도입됨에 따라 조직 내 리더십이 조직구성원들에 의해 공동으로 창조·공유하고 있는 비전(vision)을 기반으로 하고, 이를 통해 조직구성원들이 집합적·유기적으로 연계될 수 있기 때문이다.

(3) 의사결정 유형의 변화

행정조직에 도입된 정보기술은 여러 가지 방법으로 조직의 의사결정에 변화를 주고 있다. 즉, 수집 가능한 정보의 범위를 확대시켜 주고(Kraemer & King, 1986), 컴퓨터를 이용한 모델링(modeling) 기법을 사용할 수 있게 하며, 어떤 문제를 언제 결정할 것인가 하는 의사결정 일정을 사전에 전산화하여 자동으로 이를 관리할 수 있게 해 준다(Ostrowski, Gardner, & Motawi, 1986). 마틴(Martin, 1994)은 정보 기술은 의사소통과 정보접근성을 증진시키고, 증진된 의사소통과 정보접근성은 지식의 발굴과 결합을 통해 조직의 핵심 지식을 발전시킨다고 주장하며, 고리와 스콧(Gorry & Scott, 1971 : 64-65)에 따르면, 조직의 전산화는 정보의 가치를 향상시켜 주고 정보분석 능력을 제고시켜 주어 정보 과정 및 의사결정 과정을 개선시켜 줄 수 있다고 한다.

(4) 의사전달 유형의 변화

정보통신 기술의 발달은 의사전달(communication)의 양 및 방향에서의 변화, 의사전달의 목적과 본질에서의 변화, 그리고 의사전달 네트워크 내에서 인간관계의 변화를 가져왔다(Foster & Flynn, 1984; 김인수, 2005 : 257-263).

첫째, 정보 기술의 도입 이전에는 개인 간의 의사전달은 주로 수직적이고 조직의 과업이 요구하는 방향에서의 상호작용이 대부분이었다. 의사전달 채널은 좁고, 과업중심의 수직적 관계로 형성되어 있었다. 이러한 형태의 의사전달은 정보 기술의 도입으로 변화를 겪게 되었으며, 상호 보완적인 기술이나 공통의 문제와 관련된 광범위하고 수평적인 네트워크를 형성하게 되었다.

둘째, 조직 내에서 근거리통신망(local area network : LAN)이 설치되고, 구성원 개인에게 할당된 PC가 이 LAN에 연결됨에 따라 커뮤니케이션의 목적과 본질에서도 변화가 일어나고 있다. 과거에는 단순한 정보의 교환에 그치던 의사 전달이 이제는 전자결재로까지 발전하게 되었고, 문서로 처리되던 것들이 '종이가 없는(paperless) 시스템'으로 발전했다.

셋째, 정보 기술은 정보전달 네트워크에 의한 새로운 관계를 형성함으로써 조직구성원 간 비인적 의사전달 매체에 의해 구성원 간의 접촉을 좀 더 쉽게 하는 통로를 제공함으로써, 조직 내 인적·비인적 접촉의 수를 증가시켰다. 결국, 정보통신 기술의 발달로 인한 조직 내 의사전달은 1) 비동시성(송신자와 수신자가 정보를 교환할 때 시간적으로 동시에 연계되어 있지 않아도 의사전달이 가능함), 2) 선택성(정보의 송·수신자가 원하는 정보만을 송수신할 수 있음), 3) 비대면성(송·수신자가 직접 대면하지 않고도 정보를 교환할 수 있게 되어 의사전달 과정에서 정보 왜곡 현상이 줄어 문제의 본질에 용이하게 접근할 수 있음), 4) 경제성(정보 교환 과정에서 발생하는 거래 비용이 획기적으로 적어졌음) 등의 특성을 갖게 되었다(김난도, 1997).

(5) 조직문화의 변화

정보 기술의 발달에 의해 비약적으로 보편화된 인터넷(internet)은 과거의 규범과 문화로써는 유능한 인력을 유지하고 관리할 수 없는 한계에 직면하게 만들었는데, 신축성과 유연성을 강조하는 조직구조는 조직문화를 근본적으로 변화시키고 있고, 전통적으로 경직적이며 강한 문화를 지닌 조직은 더 이상 유능한 인력을 유치할 수 있는 방법을 상실하게 되었다(박우순·이창원·김근세, 2001). 따라서, 조직문화는 강한 문화에서 여성적인 유연한 문화로 변화해 가고 있다(Benveniste, 1994). 즉 개방, 창의, 자율을 공유 가치로 하는 네트워크 문화, 열린 문화로의 변화가 정보사회의 조직문화가 될 수 있다는 것이다(이학종, 2000 : 338).

3) 정보 기술의 도입이 조직구성원 개인 행태에 미치는 영향

(1) 조직구성원의 욕구 및 가치의 변화

정보사회의 도래로 인해 사람들이 물질적 가치보다 정신적 가치를 더 추구하게 된다고 볼 수 있다. 이러한 견해의 근거로는 두 가지를 들 수 있는데, 하나는 사회의 생산력이 고도로 증가하여 물질적 욕구가 이미 충족되었기 때문이며, 다른 하나는 정보사회에서는 교육 수준이 필연적으로 높아지고 또 대다수가 직접 정보를 창출하고 사용하는 직업에 종사하기 때문이라는 것이다. 정신적 가치의 강조는 욕구 단계로 보아서 저급 욕구보다 고급 욕구가 강해진다는 것인데, 이와 병행해서 욕구의 다양화도 나타나게 된다. 이것은 고급 욕구일수록 다양한 욕구 충족 수단을 필요로 하고 그 결과로 사회적으로 가치의 분화 현상이 일어나기 때문이다(정홍익, 1987). 이러한 사회적 가치 및 욕구의 변화는 조직구성원의 행태에도 영향을 미치게 된다. 즉, 조직구성원들은 좀 더 고급 욕구를 추구하고, 욕구의 다양화를 보이며, 이로 인해 가치의 분화 현상을 보인다는 것이다.

(2) 조직구성원 동기 요인의 변화

조직구조가 수평적이며 네트워크 구조로 바뀌면서 조직 내 개인의 자율성이 현저하게 향상되면, 개인은 조직의 간섭이나 통제를 벗어나서 창의성을 발휘하면서 자신의 업무를 수행할 수 있게 되는데, 여기에 정보 기술이 도입되면서 업무 수행에 필요한 시간적·공간적 제약까지 사라진다. 결국 이러한 변화는 연공서열에 의한 보상 체계보다는 개인의 전문적 기술과 능력에 의한 보상 체계로의 변화를 요구하면서 조직구성원들의 동기 유발의 기본 패러다임이 바뀌게 된다(박우순·이창원·김근세, 2001).

제 4 절 이 책의 개요

1 조직론의 기본 분석모형

[그림 1-1-1]은 위에서 살펴본 통합적 조직 정의를 중심으로 지금까지 논의된 내용을 하나의 '분석 틀'에 종합하여 놓은 것이다. 이 그림은 이 책의 내용 및 구성 요소에 관한 전반적 이해를 돕기 위해 작성된 것으로서 조직론이 개인, 집단, 조직 등 세 수준의 인간 행태를 모두 이해하려 하고, 각 수준별 행태가 서로 체계적으로 연계되어 있음을 보여 준다(김호섭 외, 2002).

각 수준별 행태는 서로가 영향을 주고받고, 개인적 수준에서 조직적 수준으로 나아갈수록 조직 행태에 대한 이해가 점차 향상된다고 할 수 있는데, 더 나아가 이 그림은 조직론이 단순한 조직 내부의 행태에만 관심을 갖는 것이 아니라 환경적 요소가 조직구성원들의 행동 및 성과에 미치는 영향이 크다는 것을 전제로 함을 제시한다.

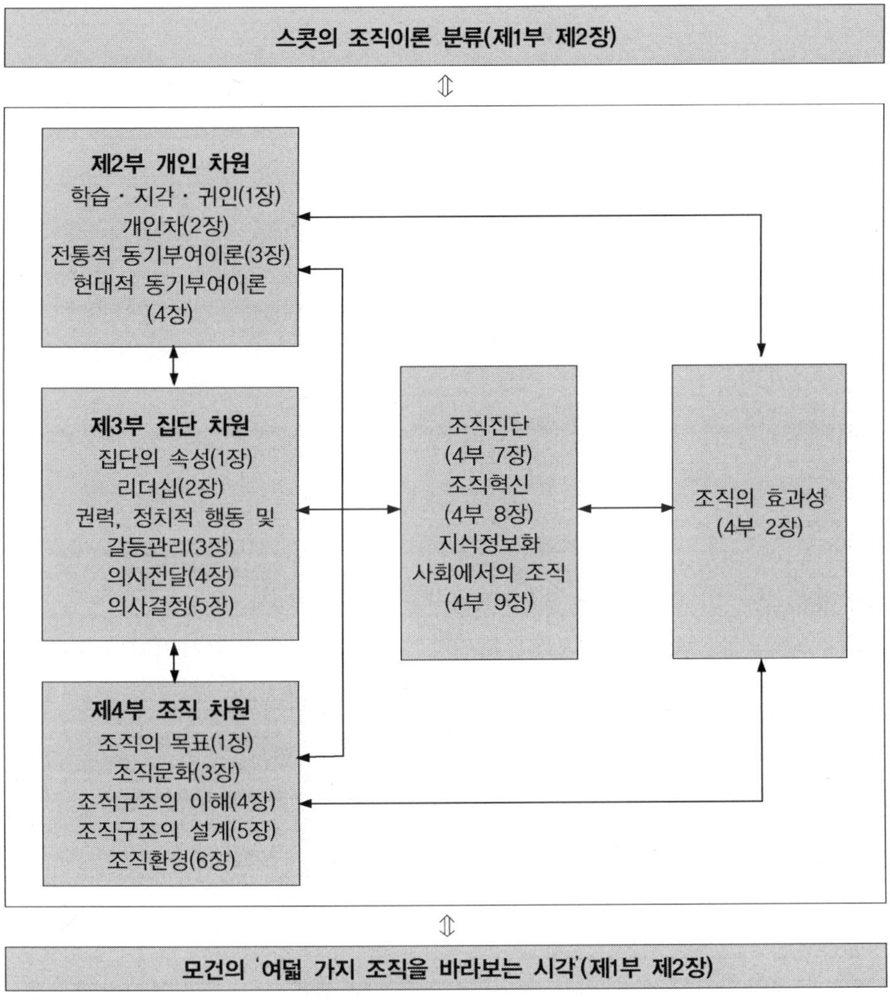

그림 1-1-1 이 책의 구성 틀

2 이 책의 구성

지금까지 조직이 현대 사회에서 차지하는 중요성을 살펴보았으며, 조직에 관한 다양한 정의를 소개한 후, 이로부터 통합적인 조직의 정의를 도출했다. 또한 지식정보사회의 대두와 이에 따른 조직 변화를 논의했다.

앞에서 이 책은 조직을 "1) 공동의 목표를 가지고 있으며, 2) 이를 달성하기 위해 의도적으로 정립한 체계화된 구조에 따라 구성원이 상호작용하며, 3) 경계를 가지고, 4) 외부환경에 적응하는, 5) 인간의 사회적 집단으로서, 6) 조직화 과정의 산물"이라고 정의했다.

이러한 조직 정의는 이 책의 개요를 설명하는 데도 합리적으로 이용되는데, 제1부에 관한 소개는 이미 했으므로 여기서는 생략한다. 제2부에서는 개인 차원의 연구를 중심으로 살펴보고, 제3부에서는 조직 내의 여러 과정에 관한 연구로서 리더십, 권력, 갈등관리, 의사전달, 의사결정 등을 다루며, 제4부는 조직 전체 수준에 관한 관리로서 조직 정의에서 제시된 조직의 목표, 조직구조, 조직환경 및 그 밖의 조직 전체 수준에서 중요시하는 개념인 조직의 효과성, 조직문화, 조직혁신 등을 소개한다. 이러한 체계는 일면 조직분석의 수준에 의한 것으로도 간주할 수 있는데, 즉 조직과 관련된 여러 변수 중 제2부는 개인 수준의 여러 변수, 제3부는 집단 수준의 여러 변수, 제4부는 조직 전체 수준의 여러 변수를 다루는 것으로 볼 수 있다.

지난 개정판은 각 장에서 지식정보사회에 관한 논의를 포함시키고자 했고, 또 되도록 각 장의 주요 변수에 대한 한국 행정조직에서의 실증적 연구 결과를 포함시키고자 했다.

이번 전정판의 가장 큰 변화는 스콧의 조직이론 분류와 더불어, 모건의 여덟 가지 조직 이미지(images of organization)를 소개함과 동시에, 스콧의 조직이론 유형 분류와 모건의 '여덟 가지 조직을 바라보는 시각'을 통합함으로써 조직을 이해하는 새로운 관점의 분석틀을 제시했다는 것이다.

제2부의 내용을 좀 더 자세히 살펴보면, 먼저 제1장에서는 조직 내 인간들의 학습, 인간이 환경을 이해하고 해석하는 과정인 지각(perception), 그리고 마지막으로 자신의 행동이나 타인의 행동에 관해 원인과 결과를 밝히는 과정인 귀인 과정(attribution process)을 살펴본다. 제2장에서는 개인을 다른 사람들과 구분시켜 주는 특징이라고 할 수 있는 개인차(individual differences)에 관해 성격과 태도를 중심으로 논의한다. 특히 새롭게 논의되고 있는 조직시민행동(OCB)과 직무 스트레스에 관한 논의를 추가했다. 제3장에서는 인간의 동기 및 그러한 동기를 설명하는 동기이론 중 내용이론을 중심으로 전통적 동기부여이론을 살펴보고, 마지막으로 제4장에서는 동기이론 중 과정이론을 중심으로 현대적 동기부여이론을 소개한다. 그리고 지식정보사회에서의

동기부여에 대한 논의를 포함시켰다. 또, 공정사회에 대한 최근의 논의를 고려하여 동기부여이론의 하나인 공정성 이론을 설명하면서 공정성 지향이라는 주제로 '공정성과 불공정성'에 대한 논의를 추가했다.

다음 제3부에서는 집단 수준의 여러 변수를 중심으로 조직 내의 인간들이 형성하는 여러 가지 과정을 다룬다. 특히 지식정보사회에서 변화되거나 새롭게 나타날 수 있는 현상들을 포함해서 각 장의 논의를 전개했다. 먼저 제1장에서 집단의 속성을 살펴보고, 제2장에서는 조직 내에서 지도의 과정인 리더십을 다뤘는데, 리더십의 일반이론과 지식정보사회에서의 리더십을 소개했다. 제3장에서는 조직 내 권력 및 정치적 행동(politics)을 소개하고, 조직 내 행동 주체 간의 대립적·적대적 상호작용이라고 할 수 있는 갈등(conflict)에 관해 그 관리 과정을 중심으로 하여 살펴보며 지식정보사회에서의 조직 내 권력 및 갈등을 설명했다. 제4장에서는 정보를 전달하는 과정인 의사전달(communication)을 다뤘는데, 정보 기술을 사용한 의사전달에 관한 내용도 포함시켰다. 마지막으로 제5장에서는 조직 내의 행동 주체가 행동 방향을 모색하고, 그에 대한 결단을 내리는 과정인 의사결정(decision making)에 관해 논의했다. 특히 지식정보사회에서 다양한 정보 기술을 활용한 의사결정의 내용을 포함시켰다.

이 책의 마지막 제4부에서는 조직 전체 수준의 여러 변수를 다루는데, 먼저 제1장에서는 조직이 존재하는 이유를 설명한다고 할 수 있는 조직의 목표(organizational goal)를 살펴본다. 제2장에서는 조직의 효과성(organizational effectiveness)이라는 개념을 소개함으로써 우리가 조직을 연구하는 궁극적인 목적이라고 할 수 있는, 어떻게 그리고 왜 조직이 효과적일 수도 있고 효과적이지 못할 수도 있는지를 설명한다. 또한 제3장에서는 이러한 조직의 효과성을 결정하는 주요한 요소로 활발히 연구가 진행 중인 조직문화(organization culture)를 소개한다. 모건이 제시한 여덟 가지 조직 이미지 중 하나인 문화로서 조직 이미지(organization as culture)를 이해하는 데 도움이 될 것이다. 제4장에서는 조직구성원들의 유형화된 상호작용이라고 할 수 있는 조직구조(organization structure)에 대해 소개한다.

제5장에서는 조직목표를 달성하고 효과적으로 운영하기 위해 어떻게 조직을 설계해야 하는지에 대해 다룬다. 제6장에서는 조직학 현대 이론 중 거시조직이론(巨視組織理論)을 소개함으로써 현대 조직학에서 가장 중시하는 분야라고 할 수 있는 조직환경(organizational environment)을 살펴본다. 이 장을 통해 스콧이 제시하는 조직

과 환경과의 관계를 전제한 개방형 조직이론을 이해하는 데 도움이 될 것이다. 제7장에서는 바람직한 조직의 상태와 현재 조직의 상태를 비교하여 조직의 발전 방향을 제시해 주는 조직진단에 대해 소개한다. 제8장에서는 지식정보사회의 조직혁신을 소개한다. 이를 통해 모건이 제시한 변화로서 조직 이미지(organization as flux and transformation)를 이해하는 데 도움이 될 것이다. 제9장에서는 지식정보화사회에서의 조직에 대해 논하면서 제4부를 마친다.

연구 문제

1. 본인이 태어나서 성장하는 동안 관련을 맺어온 주요 조직을 제시하고 각각의 특성을 구체적으로 설명하시오.
2. 현대 조직관리와 연관하여 정보와 정보기술의 중요성을 구체적 예를 들어 제시하시오.
3. 조직이 생존하기 위해서는 인간의 두뇌처럼 환경에서 발생하는 모호한 사건들을 해석해서 조직구성원들이 취할 방향을 제시하는 것이 필요하다는 견해가 있다. 이러한 견해와 이 장에서 제시한 통합적 조직 정의의 공통점 및 차이점을 제시하시오.

사례 연구 1-1

강진군 "업무 중심"의 경쟁력 있는 조직으로 개편

전남 강진군 행정조직이 '군민'과 '업무' 중심 조직으로 개편된다. 강진군은 지난 2007년부터 팀제로 운영되어 오던 성과 중심의 체계에서 벗어나 '일(업무) 중심'의 실용적·창의적 대과(大課) 조직으로 탈바꿈한다고 밝혔다. 본청의 1실 25팀을 1실 11과 48담당으로, 농업기술센터는 1과 5담당을 2과 6담당으로, 사업소는 5소 9담당을 5소 10담당으로 개편하고, 의회사무과와 읍·면은 현행대로 유지하기로 했다. 특히 강진군에 맞는 대형 국책사업 유치 및 강진읍 상가발전 전담기구를 신설했으며, 농업과 유통 분야의 기능 강화 및 한우 명품화 추진을 위한 축산기술 지도 분야를 중점적으로 보강했다. 반면, 2007년부터 운영해 온 '서울사무소'의 사업소 직제는 폐지하고 기획홍보실에 업무를 통합하는 대신, 전라남도 투자유치사무소 내에 그 기능을 함께 하도록 하여 예산과 인력을 동시에 절감할 수 있도록 했다. 이번 조직개편의 핵심은 다음과 같다.

첫째, 핵심 시책 추진 조직의 신설이다. 군수가 역점적으로 추진하는 사업의 추동력을 강화하기 위해 '미래산업과'를 신설했다. 강진의 인적 네트워크 구성 및 관리, 강진읍 시가지 종합개발계획 수립 추진, 한·중·일 엑스포 추진, 1등 브랜드사업 30개(명인, 명품, 명소) 육성 등의 업무를 수행하도록 했다.

둘째, 군정 핵심 분야 조직의 보강이다. 고부가가치 농산물의 생산·가공 및 식품 유통 분야 강화, 명품 한우 육성을 위한 축산기술 지도 분야의 조직을 중점 보강했다. 농업기술연구 기능 확대와 한우 명품화를 위해 농업기술센터 내에 '연구개발과'와 '축산기술' 담당을 신설했다. 또한 다양한 복지 수요 증가에 따른 맞춤형 복지 서비스 기능을 강화하고자 주민복지과 내에 '희망복지' 담당을 신설했으며, 전국 최고 교육도시 건설을 위해 총무과 내에 '교육단체' 담당을 신설하여 실력·지성·감성이 어우러진 교육정책을 맡도록 했다.

셋째, 행정 환경 변화에 따른 조직의 정비다. 서울사무소 등 업무가 안정된 분야는 기능 변화에 맞게 조직의 기능을 축소·조정했으며, '환경'과 '축산', '수산'과 '산림' 등 관련 부서를 통합 정비함으로써 업무 효율을 극대화했다.

(데일리안, 광주·전주, 2012. 6. 2. 기사 내용을 수정·요약)

사례 문제

1. 위의 사례를 읽고 정보사회에 적합한 조직개편은 어떤 것인가 토의하고 발표하시오.
2. 이 장에서 제시한 여러 가지 조직 정의를 이용하여 우리나라 정부조직을 설명하시오.

제 2 장

조직이론의 통합

제1장에서 살펴보았듯이 조직이란 1) 공동의 목표를 가지고 있으며, 2) 이를 달성하기 위해 의도적으로 정립한 체계화된 구조에 따라 구성원들이 상호작용하며, 3) 경계를 가지고, 4) 외부 환경에 적응하는, 5) 인간들의 사회적 집단으로서, 6) 조직화(organizing) 과정의 산물로 이해할 수 있다(Daft, 2004 : 11; Hall, 2002 : 31; Weick, 1979 : 3).

그러나 이러한 조직을 바라보는 시각은 엄청나게 다양하다. 이 책의 저자들은 조직을 종적·역사적 맥락과 횡적·비교적 맥락에서 이해될 수 있다고 믿으며, 두 가지 맥락을 통합적으로 이해할 수 있는 새로운 시각을 제시한다.

먼저, 조직을 바라보고 분석, 이해하기 위해서는 조직이론을 역사적으로 살펴볼 필요가 있다. 이 책에서는 스콧(W. Richard Scott)의 조직이론 분류 방식을 살펴본다. 스콧은 조직에 관한 이론을 폐쇄-합리적 조직이론, 폐쇄-자연적 조직이론, 개방-합리적 조직이론, 개방-자연적 조직이론으로 분류했다. 이를 통해 조직이론의 역사적 흐름을 체계적으로 분석할 수 있고, 조직 현상에 대한 전반적 이해를 높일 수 있다.

더불어 조직에 대한 횡적 이해를 높이기 위해 모건(Gareth Morgan)이 제시한 '조직에 관한 여덟 가지 관점'을 살펴본다. 모건은 조직을 기계장치, 유기체, 두뇌, 정치체제, 심리적 감옥, 흐름, 지배, 문화라는 여덟 가지 이미지(metaphor)를 통해 바라볼 수 있다고 주장했다. 결국 조직을 하나의 시각에 의존하여 보게 되면 조직의 모습을 제대로 볼 수 없으므로 다양한 시각을 통해 조직에 대한 실질적 이해를 높일 수 있다.

이 책에서는 스콧의 조직이론 분류 방식과 모건의 여덟 가지 이미지를 통합하여 조직에 관한 새로운 시각을 제시했다(최천근 · 이창원, 2012). 왜냐하면, 조직에 대해 한 가지 관점을 지나치게 강조하게 되면, 그 밖의 다른 관점들을 간과하게 되는 오류에 빠질 수 있기 때문이다. 또한, 복잡하고도 모순적인 현상인 조직을 제대로 이해하려면, 여러 가지 다양한 조직이론을 통합적 시각에서 이해하는 것이 중요하다. 이렇게 통합적 시각을 사용하여 조직을 이해한다면, 각각의 조직이론을 단독적으로 사용하여 조직을 이해할 때에는 생각하지 못했던 방법으로 조직을 관리할 수 있다.

제 1 절 조직이론 연구의 전제

페퍼(Pfeffer, 1982 : 1)는 조직이론(organization theory)이라는 분야가 잘 가꿔진 정원이라기보다는 점점 잡초더미를 닮아가고 있다고 비판하면서 조직이론에 관한 체계적 연구의 필요성을 역설했다. 여기서 우리는 조직을 바라보고 분석, 이해하는 방법인 조직이론(Daft, 2004 : 24)이 무엇인가에 대해 살펴본다.

1 조직이론의 의미

조직이론이란 조직에 관한 사실들의 집합(a collection of facts)이라기보다는 조직에 대한 일종의 사고 방식(a way of thinking about organizations)으로 조직을 바라보고 분석하는 방법이다(Daft, 2004 : 24). 즉, 우리가 연구 대상으로 하는 조직과 그에 연관된 요인의 상호 관계에 관해 체계적 · 논리적으로 기술 · 설명 · 처방하는 이론인 것이다(오석홍, 2003 : 5).

여기서 조직이론의 정의에 포함되어 있는 '조직'의 의미와 '이론'의 의미를 간략하게 제시하는 것이 조직이론의 정의를 명확하게 하는 데 도움이 될 것인데, 조직의 의미나 정의는 앞에서 충분히 살펴보았으므로 이론의 의미에 대해서만 살펴보면, 일반적으로 이론이란 복잡한 현실을 인간의 인지적 능력이 수용할 수 있는 수준으로 단순화한 모형이라고 정의할 수 있다. 이론은 세 가지 중요한 요소, 즉 현실을 기술하는 능력, 현실을 움직이는 중요한 변수 간의 인과 관계를 설명하는 능력, 현실 문제를 개선할 수 있는 처방 능력 등을 포함하고 있어야 한다(Reynolds, 1971). 따라서 우리에게 필요한 조직이론이란 조직 현상을 정확하게 기술하며, 현실 조직의 문제를 진단하고, 처방하는 데 도움이 되는 이론이라 할 수 있다(김인수, 2005 : 30).

2 조직이론의 일반적 분류

조직이론은 일반적으로 연구 목적에 따라 크게 서술적 이론과 규범적 이론으로 분류할 수 있고, 분석의 단위에 따라서는 미시조직이론과 거시조직이론으로 분류된다. 서술적(descriptive) 조직이론이란 조직을 정확하게 파악해서 기록하고 설명하는 이론(오석홍, 2003 : 4)으로 조직이 사실 어떠한가 하는 문제를 다룬다(유종해, 1988 : 40). 이에 반해 규범적(normative) 조직이론은 조직의 미래 상태를 처방적(prescriptive)으로 설정하려는 이론(오석홍, 2003 : 4)으로 조직이 어떻게 되어야 하는가의 문제를 다룬다.

규범적 조직이론은 예를 들어 조직이 효과성을 높이기 위해서는 어떻게 구조화되어야 하는가에 대한 처방을 내린다(양창삼, 1994 : 4). 서술적 조직이론과 규범적 조직이론은 모두 실증적인 경험에 근거를 두고 있을 수 있으며, 따라서 어느 이론이 반드시 우월하다고 규정할 수는 없고 단지 연구 목적에 따라 서로 다른 이론이 사용되는 것에 불과하다(유종해, 1988 : 40). 그러나 상술한 바와 같이 우리에게 필요한 조직이론이란 조직 현상을 정확하게 기술하며, 현실 조직의 문제를 진단하고 처방하는 데 도움이 되는 이론이므로, 서술적인 측면과 규범적인 측면 모두를 포함하는 조직이론이 필요하다.

조직이론은 또한 그 분석 단위에 따라 크게 조직 내의 개인이나 소집단의 행동을 연구하는 미시조직이론과 조직 자체의 내부적 · 대환경적(對環境的) 행동을 연구하는 거시조직이론으로 분류된다. 즉, 미시조직이론이 주로 개인 수준으로 조직구성원들의 학습, 지각(perception), 성격, 태도, 욕구 및 동기(動機) 등과 집단 수준으로 조직 내의 여러 과정(예: 리더십, 권력과 정치, 갈등관리, 의사전달, 의사결정 등) 등에 초점을 맞추는 반면, 거시조직이론은 조직의 목표, 조직구조, 조직환경 및 그 밖의 조직 전체 수준에서 중요시하는 개념인 조직의 효과성, 조직문화, 조직 변화와 발전 등에 중점을 둔다.

제 2 절 스콧의 조직이론 분류 방법

역사적인 고찰에 의해 조직이론의 변천 과정을 살펴보고자 할 때에는 조직이론사의 내용 규명에 앞서 첫째, "조직이론사의 연구 대상이 되는 조직이론은 무엇인가?", 둘째, "조직이론사의 시대 구분은 어떻게 할 것인가?" 등의 문제에 직면하게 된다(오석홍, 2003: 3). 지금까지 조직이론에 대한 분류는 여러 학자에 의해 이뤄져 왔지만, 그 중 기존 조직이론을 가장 체계적으로 정리한 것의 하나로 스콧(Scott, 1998)의 조직이론 분류를 들 수 있다. 스콧은 두 가지 차원, 즉 1) 조직환경 개념의 포함 여부, 2) 인간이나 조직을 합리적(rational) 존재로 보는지 또는 자연적(natural)[1] 존재로 보는지를 기준으로 하여 조직이론을 네 가지로 분류했다.

첫째, 폐쇄-합리적 조직이론으로 1) 조직을 외부 환경과 단절된 폐쇄 체제로 보면서, 2) 조직구성원들이 합리적으로 사고하고 행동하는 것으로 간주하는 이론이다. 시기적으로는 대체로 1900년에서 1930년 정도를 전후한 이론들이다.

둘째, 폐쇄-자연적 조직이론으로 1) 조직을 아직도 외부 환경과 단절된 폐쇄 체제로 보지만, 2) 조직구성원들이 합리적이 아닌 자연적 관점으로 보는 것으로 조직구성원의 인간적 문제에 중점을 둔다. 1930년에서 1960년 정도 사이를 지배했던 조직이론들이다.

셋째, 개방-합리적 조직이론으로 1) 비로소 조직환경의 중요성을 강조하지만, 2) 조직이나 인간의 합리성 추구를 다시 강조한다. 1960년에서 1970년 정도 사이를 풍

1) 조직구성원이나 조직을 자연적 존재로 보는 관점은 조직구성원의 심리 및 사회적 욕구를 강조하고, 조직의 목표 달성보다는 조직의 생존과 조직 속에 흐르는 비공식성·비합리성 등에 중점을 둔다.

미했던 이론들이다.

넷째, 개방-자연적 조직이론으로 1) 역시 조직환경의 중요성을 강조하지만, 2) 조직의 합리적인 목적 수행보다는 조직의 존속이나 비합리적인 동기적 측면을 강조한다. 1970년대 이후에 각광을 받고 있는 이론들이다.

다음에서는 전술한 네 가지 조직이론을 차례로 살펴본다. 또한 1960년대 이후의 개방 체제적 조직이론은 이 책의 제4부 제6장에서 다시 애슬리와 반 데 벤(Astley & Van de Ven, 1983)의 분류 체계를 이용하여 주요 거시조직이론 중심으로 상세히 살펴볼 것이다.

조직의 특성 \ 체제의 본질	폐쇄적	개방적
합리적	***폐쇄-합리적 조직이론*** - 과학적 관리론(Taylor, 1911) - 관료제론(Weber, 1924) - 행정관리학파(Fayol, 1919) - POSDCoRB(Gulick & Urwick, 1937)	***개방-합리적 조직이론*** - 제한된 합리성(Simon, 1957). - 구조적 상황이론(Lawrence & Lorsch, 1967) - 조직경제이론(Williamson, 1975)
자연적	***폐쇄-자연적 조직이론*** - 인간관계론 - 환경유관론(Selznick, 1949) - XY이론(McGregor, 1960)	***개방-자연적 조직이론*** - 조직군 생태이론(Hannan & Freeman, 1977) - 자원의존이론(Pfeffer & Salanick, 1978) - 사회적 제도화 이론(DiMagio & Powell, 1983) - 조직화이론(Weick, 1979) - 혼돈이론(Prigogine & Stengers, 1984)

그림 1-2-1 스콧의 조직이론 분류

출처 : Scott(2003 : 108) 재구성.

1 폐쇄-합리적 조직이론

조직을 외부 환경과 단절된 폐쇄 체제로 보면서 또한 조직구성원들이 합리적으로 사고하고 행동하는 것으로 간주하는 이러한 폐쇄-합리적 조직이론은 1900년경부터 싹트기 시작해 1930년대에는 구체적인 모습을 형성하고, 1940년대에 이르러 성숙하게 된 조직이론의 한 범주다. 폐쇄-합리적 조직이론의 범주에 속하는 이론을 제시한 대표적 학자로는 테일러(Frederick W. Taylor), 베버(Max Weber), 페이욜(Henri Fayol) 등이 있으며, 그들의 이론은 독자적으로 행해진 연구의 결과임에도 불구하고 공통된 특성을 지니고 있음으로 해서 한 범주의 학파로 간주된다.

여기에서는 먼저 테일러(Taylor, 1947)의 과학적 관리론, 베버(Weber, 1947)의 고전적 관료제론, 페이욜(Fayol, 1949) 등 행정관리학파의 이론을 살펴본 후, 이러한 폐쇄-합리적 조직이론의 공통된 특성 및 문제점에 관해 알아본다.

1) 과학적 관리론

테일러는 그의 저서 『과학적 관리의 원칙(*The Principles of Scientific Management*)』에서 조직구성원이 조직 내의 직무를 수행하기 위한 유일 최고의 방법을 규명할 수 있고, 이를 위해 시간 및 동작연구(time and motion studies)에 주로 의존하는 직무과정 분석이 중요하다고 주장했다.

과학적 관리론은 1) 과학적 분석에 의해 유일 최고의 작업 방법을 발견할 수 있다는 점, 2) 과학적 방법에 따른 생산성 향상은 근로자와 경영자를 다 같이 이롭게 해주며 나아가 공익을 보호할 수 있다는 점, 3) 조직 내의 인간은 경제적 유인에 의해 동기가 유발되는 타산적·합리적 존재라는 점, 4) 조직의 목표는 명확하게 알려져 있고 과업은 반복적이라는 점 등을 기본 전제로 삼았다(오석홍, 2003 : 20).

테일러에 의하면, 과학적 관리 하에서 관리자들은 생산활동을 계획·조직·통제하는 역할을 수행할 때 자의적 권력 지배나 명령이 아닌 경험적 연구에 의해 발전된 법칙과 규칙을 기초로 관리해야 한다고 했다.

테일러가 규정한 과학적 관리 하에서 관리의 기본 원리는 다음과 같다(박기찬, 1992; 박연호, 2000).

첫째, 근로자의 개별적인 과업은 과학적 분석에 의해 설계되어야 하고 과업 수행에 관한 유일 최고의 방법이 규정되어야 한다는 것이다. 즉, 테일러는 근로자들의 조직적 태업의 원인을 1) 기계의 생산성 향상이 실업을 증대시킨다는 사고, 2) 고의적 과업 지연이 개인의 이익을 증대시켜 준다는 사고, 3) 주먹구구식 작업 방식의 만연에서 찾고, 이에 대한 해결 방안으로 관리의 과학화를 모색했던 것이다. 테일러는 동작연구와 시간연구를 통해 근로자의 표준과업량(표준생산량)을 설정하고, 그에 따라 과업 수행에 관한 유일 최고의 방법을 규정함으로써 과업 내용 설계 및 과업 수행 방법 결정의 과학화를 이뤘으며, 할당된 과업의 달성도에 따라 임금의 고하를 연계시키는 임금 결정 체계를 개발함으로써 고의적 태업을 막고자 했다.

둘째, 이렇게 과학적으로 설계된 과업을 원활하게 수행하기 위해서는 근로자들을 과학적인 방법으로 선발하고 훈련시켜야 한다는 것이다.

셋째, 과학적으로 설계된 과업과 과학적으로 선발·훈련된 근로자를 적절히 결합시켜야 한다는 것으로, 근로자들을 정신적·육체적으로 가장 알맞은 과업에 배치해야 한다는 것을 의미한다.

마지막으로, 공장조직을 종래의 군대식 조직에서 철저한 기능식 조직으로 전환해 관리자와 근로자가 책임을 적절하게 분담하고 과업의 과학적 수행을 위해 서로 협동해야 한다는 것이다. 결국 노사가 우호적으로 협력할 때 조직의 생산성은 극대화되며 원칙적으로 노사 간의 이해는 일치할 수 있다는 것이 테일러의 생각으로, 노사 양측이 공동 협력하여 산출시킨 이익을 공평하게 분배하는 것을 주장했다.

이러한 과학적 관리론의 일반적인 평가는 다음과 같다(오석홍, 2003: 22-23; Moorhead & Griffin, 2004: 11-12).

과학적 관리론은 직무를 전문화하고 대량 생산을 가능하게 함으로써 미국 산업계에 지대한 영향을 미쳤다. 또한 과학적 관리론은 생산성 극대화를 위한 효율적인 관리 방법을 모색·개발함으로써 체계적인 조직연구에 선구적 역할을 했으며 폐쇄-합리적 조직이론의 기틀을 마련하는 데 큰 도움을 주었다. 나아가 생산성 극대화를 추구하는 과정에서 성과급제도, 동작·시간연구를 통한 직무연구, 과학적인 선발과 훈련 등 현대 인사관리 분야에서 사용되고 있는 여러 기법 등을 개발해 인사관리 분야의 발전에 기여했으며, 미국의 산업조직 경영과 정부 운영면에서 능률성을 향상시켰다고 볼 수 있다.

그러나 이러한 과학적 관리론의 성과가 큰 것도 사실이나 문제점도 많이 있다.

첫째, 조직마다 처한 상황이 상이하다는 사실을 간과했다. 즉, 조직 형태에는 유일 최고의 형태가 존재할 수 없고, 단지 각 조직이 처한 여러 가지 상황적 조건에 의해 적합한 조직 형태가 결정될 수밖에 없다는 점을 인식하지 못했다.

둘째, 조직과 조직구성원들의 합리성만을 강조하여, 조직은 조직목표를 달성하기 위한 도구이고, 조직구성원들은 경제적 유인에 의해 동기가 유발되는 타산적·합리적 존재라는 점만을 중시했다. 따라서 과학적 관리론은 조직의 기계화·비인간화를 조장했다. 조직 내의 인간을 주어진 과업량만을 수행하려는 수동적이고 기계의 부품과 같은 존재와 임금만을 위해 일을 하는 존재로 간주하여 인간의 사회·심리적 측면을 무시했던 것이다. 또한 분업화를 중요시하는 과학적 관리론은 생산성 제고에는 크게 기여했으나, 노동자에게는 매일 반복되는 일을 강요하기 때문에 노동자들을 로봇 같은 존재로 격하시킨다는 주장이 있어 미국 하원이 그의 관리 방법들을 조사하기도 했다.

셋째, 노사 간의 이해는 일치될 수 있으므로 서로 협력해 조직의 생산성을 향상시킬 수 있다는 기본 전제가 비판을 받게 되었다. 즉, 노조는 증가된 생산성으로 인한 이윤을 점점 더 요구하게 되어 관리자와 노동자 간 융화가 촉진될 것이라는 테일러의 예상은 어긋났다.

넷째, 노사 양측 모두 과학적 관리론을 반대하는 경우가 많았다. 즉, 관리자들은 기존의 관리법을 포기하지 않으려 저항했고, 근로자들은 1) 인간을 기계의 부품처럼 취급한다는 점, 2) 계속적으로 최고의 능률을 달성하도록 강요한다는 점과 그 혜택이 주로 기업주에 귀속된다는 점, 3) 실직의 위험이 커진다는 점 등의 이유를 들어 저항적인 행동을 보이는 경우가 많았다.

마지막으로, 연구 대상으로 삼았던 조직이 산업생산 조직에만 국한되었다는 점으로 인해 연구 결과를 일반화하는 데 문제가 많다는 점도 지적할 수 있다.

2) 관료제론

베버는 권한(authority)의 형태에 따라 조직을 크게 전통적 권한(traditional authority) 형태, 합리적·법적 권한(rational-legal authority) 형태, 카리스마적 권한(charismatic authority) 형태로 분류했다.

전통적 권한이란 전통적인 것을 신성한 것으로 인식하고 전통이 규정하는 범위 안에서 지배자는 권한을 행사하며 피지배자는 이러한 권한에 복종하는 관계를 가지는 권한을 말한다. 이러한 권한에 포함되는 대표적인 예로는 장로제·전제적 가부장제·봉건제에서 장로(長老)의 권한·부권(父權)·영주(領主)의 권한 등을 들 수 있다. 이러한 전통적 권한 유형을 행사하는 조직은 특수주의적이고 산만한 조직구조를 가지고 있다. 왜냐하면, 조직의 구성이 주로 지배자의 가신(家臣), 총신(寵臣), 및 친척 등으로 이뤄지기 때문이다.

합리적·법적 권한이란 조직의 규범적 규칙이 합리적·합법적으로 제정되어서 이렇게 제정된 규칙에 복종하는 것이 정당한 것으로 간주되는 권한을 말한다. 즉, 합법성에 근거한 신념을 가지고 규칙의 제정이나 실행이 모두 합리적·합법적으로 이뤄져야 하며, 복종은 어느 개인에 대한 것이 아니라 누구에게 얼마만큼 복종해야 하는가를 규정해 놓은 규칙에 의해서만 정당화될 수 있다는 것이다. 이러한 권한 유형에 해당되는 대표적인 예로는 합리적 관료제(rational bureaucracy)가 있으며, 좀 더 보편주의적인 조직구조를 가지고 있다.

카리스마적 권한은 지배자에 대한 개인적인 헌신과 충성을 바탕으로 한 것으로서 카리스마를 가진 지배자와 헌신적인 복종자 사이에 아주 개인적이고 밀접한 관계가 존재하는 권한을 말한다. 이러한 권한의 유형에 포함되는 예로는 고대의 신권정치나 히틀러·무솔리니 등의 예를 들 수 있다.

이와 같은 분류를 통해 베버는 합리적·법적 권한을 기초로 한 합리적인 관료제를 조직의 구조로 규정할 경우 가장 효율적이고 합리적인 조직을 이룰 수 있다고 주장했다. 이러한 베버의 관료제론은 권한의 합법적 근거 이외에도 여러 차원에서 특징이 있다(오석홍, 2003: 408-409).

첫째, 권한과 관할 범위의 규정이다. 모든 직위의 권한과 관할 범위는 법규에 의해 규정되며, 권한은 사람이 아니라 직위에 부여된다. 사람은 직위를 갖게 됨으로써 권한을 행사하게 되는 것이다. 즉, 직위와 소유를 분리하며, 조직의 계층에 따라 책임과 권한의 부여를 구체적으로 규정함으로써 권한의 남용이나 임의성을 최소화하려는 것이다.

둘째, 계서제적(階序制的) 구조다. 권한의 계층이 뚜렷하게 구획되는 계서제 속에 모든 직위가 배치된다. 계서제는 상명하복(上命下服)의 질서정연한 체제로 상위직은 하위직을 감독한다.

셋째, 문서화의 원리다. 즉, 의사소통의 책임 소재를 분명히 하고 의사결정을 공식화하기 위해 문서화를 강조하고 있다. 모든 직위의 권한과 임무는 문서화된 법규에 따라 규정된다.

넷째, 임무 수행의 비개인화다. 관료들은 지배자의 개인적 종복으로서가 아니라 법규에 정한 직위의 담당자로서 직위의 목표와 법규에 충성을 바쳐야 한다. 공식적인 임무 수행에 개인적 특성이나 기호가 영향을 주지 않는 비개인성(impersonality)이 요구된다. 이를 통해 관료의 개인적 능력이나 특성에 상관 없이 조직의 지속적인 안정을 유지하려는 것이다.

다섯째, 관료의 전문화와 전임화다. 임무 수행에 필요한 전문적 훈련을 받은 사람들이 채용되는데, 채용 기준은 전문적 능력이다.

여섯째, 업무 수행에 관한 규칙과 절차를 철저히 공식화하고, 업무를 분업화하며 자기가 맡은 분야의 유능한 기술을 가진 전문인을 양성하여 분업화된 직무를 맡김으로써 능률을 극대화시킬 수 있다는 특징을 가진다.

이러한 관료제의 여러 가지 순기능적인 면을 살펴보면 1) 표준화에 의해 조직구성원들의 행동이 통제되고 예측이 가능하므로 조직의 능률을 높일 수 있다는 점, 2) 종신재직권을 허용함으로써 고용의 안정성이 제공된다는 점, 3) 규칙과 규정을 통해 공정성과 통일성이 확보된다는 점, 4) 수직적 권한 계층을 통해 책임 수행이 용이하다는 점 등이다(양창삼, 1994 : 569-570).

그러나 이러한 순기능보다는 관료제의 역기능이 더 많이 지적된다(유종해, 1988 : 177-178).

첫째, 목표와 수단의 대치(goal displacement)라는 현상이 빚어진다. 관료들은 조직의 목표 그 자체보다는 그러한 목표를 달성하는 수단인 규정이나 절차 등을 중시하게 된다는 것이다.

둘째, 변동에 대한 저항이다. 관료들은 규정이나 규칙에 지나치게 집착하는 경우가 많아짐으로써 조직 자체가 변동하는 환경에 신속히 적응하는 능력이 결여된다.

셋째, 인간성의 상실과 무사안일주의다. 관료제의 지나친 표준화 추구는 조직구성원들이 자신을 기계의 하나의 부품으로 느끼게 하고 조직에 대한 일체감을 잃게 한다. 또한 관료제는 선례를 중시하고 상관의 지시에 무조건 영합하면서, 책임은 남에게 미루는 무사안일주의를 가져오기도 한다.

넷째, 관료제의 지나친 전문화 추구는 전문화가 아집화되고 다른 분야에 대한 몰이해로 바뀌어져서 오히려 무능이 촉진된다는 것이다.

지금까지 살펴본 것은 관료제의 시행 과정에서 발생할 수 있는 실천적 차원의 평가였고, 관료제론의 이론적인 면에 대한 평가는 다음과 같다.

먼저 베버의 관료제론은 현대 조직의 기본적 질서를 유지하는 데 필요한 공식적 구조의 특성을 지적한 폐쇄-합리적 조직이론으로 조직이론의 발전에 큰 족적을 남겼음에 틀림없다(오석홍, 2003: 411).

그러나 이론적 측면에서 많은 비판을 받기도 하는데, 요약하면 다음과 같다(김인수, 2005: 56-57; 오석홍, 2003: 411-412).

먼저, 조직의 공식적 요인에만 집착하여 인간적 요인과 비공식적 요인을 도외시했다는 것이다. 인간은 베버가 생각하는 것만큼 합리적이지 않으며, 공식적 규정에 얼마든지 회피적 내지 저항적인 반응을 보일 수도 있다. 또한 규정의 비공식적 수정이 오히려 조직의 능률을 제고할 수도 있다는 점과 응집력 강한 비공식적 집단이 작업능률을 향상시킬 수도 있다는 것을 간과했다.

또한, 공식적 규정이나 제도가 모든 상황을 규율할 수 있다고 보는 것은 조직을 폐쇄 체제적 관점으로 보기 때문으로, 관료제론은 폐쇄 체제적 관점에 입각하여 조직의 업무가 변하지 않는다는 가정과 조직구성원들이 합리적으로 행동한다는 가정 하에서만 성립될 수 있는 이론이다.

따라서 조직의 환경이 비교적 안정적인 경우의 일부 정부기관이나, 조직이 방대하고 조직구성원의 인간적 요소가 크게 중요하지 않은 군대조직을 설명하는 경우에는 큰 문제가 없을지 모르나, 급변하는 환경에 적응해야 하는 대부분의 조직을 설명하는 데는 적합하지 않다.

3) 행정관리학파

행정관리학파에 속하는 학자들로는 페이욜(Henri Fayol), 무니(James D. Mooney), 라일리(Alan C. Reilly), 귤릭(Luther Gulick), 어윅(Lyndall F. H. Urwick) 등이 대표적이다. 이들은 조직의 관리 기능을 중시하면서 관리층이 맡아야 할 조직 및 관리작용의 원리들을 개척하는 데 주력했으며, 주로 조직의 상층부를 중심으로 하향적 방식에 의한 조직의 합리화를 추구했다(오석홍, 2003: 18).

이들 학자 중 행정관리론의 개척자로 불려지는 페이욜은 최고관리자의 관점에서 관리의 문제를 연구하여 관리적 활동론과 관리의 일반원칙론을 제시했다. 그는 계획·조직·명령·조정·통제 등을 관리의 5요소로 보고 이러한 관리적 활동론을 실천하기 위해 일반적인 원칙의 제정이 필요하다고 주장했다. 이러한 관리의 일반원칙론은 분업과 조정의 두 차원을 중심으로 1) 분업의 원칙, 2) 권한-책임 상응의 원칙, 3) 규율의 원칙, 4) 명령 통일의 원칙, 5) 지휘의 일원화 원칙, 6) 전체 이익에 대한 개인 이익 종속의 원칙, 7) 종업원의 보고의 원칙, 8) 권한의 집중(집권화) 원칙, 9) 계층조직의 원칙, 10) 질서의 원칙, 11) 공평의 원칙, 12) 신분 안정의 원칙, 13) 솔선력 배양의 원칙, 14) 단결의 원칙 등 14가지로 구성되어 있다. 요약하면, 페이욜은 집권화되고 기능적으로 전문화된 조직구조, 면밀한 감독과 통제를 강조했다.

이렇게 볼 때 테일러의 과학적 관리론이 주로 기술적이고 생산관리적인 측면에서의 관리 원칙만을 제시하는 미시적인 접근 방법이었다면, 페이욜 등의 행정관리학파는 조직의 전반적인 관리를 다루는 거시적인 접근 방법이었다고 할 수 있다(김인수, 2005: 58).

귤릭과 어윅(Gulick & Urwick, 1973)은 최고관리자가 반드시 수행해야 할 일곱 가지 기능을 POSDCoRB라는 용어를 만들어서 소개했다. POSDCoRB는 기획(planning), 조직(organizing), 인사(staffing), 감독(directing), 조정(coordinating), 재무(budgeting)를 말한다(최천근 · 이창원, 2012: 117).

행정관리학파는 과학적 관리론, 고전적 관료제론 등과 함께 조직학의 출범 초기에 그 기초를 쌓는 데 크게 기여했다. 즉, 그들이 제시한 관리의 원리는 비록 보편적인 것이 아니라고는 하나 아직도 조직설계와 운영의 실제에서 중요한 기준을 제시하고 있다(오석홍, 2003: 22).

그러나 행정관리학파에 대한 비판 또한 거세다.

첫째, 그들은 관리를 정태적이고 비인간적 과정으로 파악했다(이상진, 1990: 26). 따라서 비공식적 집단의 생성이나 조직 내의 갈등, 조직목표의 형성 등 동적인 조직 현상은 설명하기 어렵다.

둘째, 그들이 제시하는 원리들은 경험적으로 검증되지 않은 것이 대부분이기 때문에 구체적인 상황에 따라 수정이 불가피하다(이상진, 1990: 26). 즉, 그들이 제시하는 원리들은 의심스러운 전제에 바탕을 둔 것으로, 보편성 없는 원리를 보편적 원리라고 했다(오석홍, 2003: 22).

셋째, 다른 모든 폐쇄-합리적 조직이론과 마찬가지로 조직을 환경과는 무관한 폐쇄 체제로 간주함으로써 관리의 일반 원칙과 같은 유일 최고의 조직관리법을 개발하려고 했고, 조직과 조직구성원을 합리적 존재로만 봄으로써 조직을 결국 일종의 기계장치처럼 설계하려 했으며, 조직구성원들을 기계의 부속품처럼 행동하도록 요구했다(김인수, 2005 : 58).

4) 폐쇄-합리적 조직이론의 특성 및 문제점

폐쇄-합리적 조직이론의 조직관은 앞 장에서 살펴본 것과 같이 베버의 조직 정의에서 잘 나타난다. 즉, 베버는 조직이란 특정한 목적을 가지고 그 목적을 달성하기 위해 조직구성원 간에 상호작용하는 인간들의 협동집단(corporate group)이라고 정의했다. 이러한 폐쇄-합리적 조직이론은 조직을 주어진 목표를 달성하기 위해 만든 도구 또는 기계로 간주하기 때문에, 그 중심 주제는 조직구조의 분석과 그 합리적 편성을 위한 일반적인 원리·원칙을 명시하는 데 있었다(정수영, 1984 : 40).

폐쇄-합리적 조직이론의 공통적 특성과 그 문제점을 살펴보면 다음과 같다.

첫째, 조직을 외부 환경과 아무 상관이 없는 폐쇄 체제로 규정하여 조직 내외의 불확실성·비합리적 요인·환경적 영향 등을 간과한 채 한정적이고 공식적 요인의 연구에만 집착했다. 즉, 환경과의 관련성 속에서 제기되는 위협과 기회를 무시하거나 최소화하여 환경에 대한 조직의 개방적 측면을 고려하지 않음으로써(김인수, 2005 : 58) 조직의 주요한 속성을 관찰하지 못했다. 결국 각 조직별로 처한 여러 가지 상황은 동일할 수 없으므로 조직관리에서 유일 최고의 방법이 존재한다고 믿는 것은 단지 조직이 외부 환경과 아무 상관이 없는 폐쇄 체제인 경우에만 타당한데 이러한 폐쇄 체제로서의 조직은 존재할 수 없다는 것을 파악하지 못한 것이다.

둘째, 조직에 참여하는 인간은 합리적·경제적인 존재로서 자신에게 이익이 가장 큰 행동을 타산적으로 선택하는 존재이므로 경제적인 유인이 동기를 유발한다고 보았다(오석홍, 2003 : 22). 즉, 인간은 단순히 경제적인 것만을 위해서 일하는 것이 아니고 심리적·사회적 욕구의 충족을 위해서도 얼마든지 동기가 부여된다는 사실을 무시한 것이다. 결국 조직 내의 인간을 경제적이고 타산적인 존재로만 간주함으로써 인간 경시 풍조를 조장했다.

셋째, 능률(efficiency)의 제고만을 유일한 가치 기준으로 삼았기 때문에 조직의 생산활동에 관련된 공식적 구조와 과정적 변수에만 초점을 맞췄다(오석홍, 2003 : 16). 즉, 조직을 원활히 운영하기 위해 조직구성원들에게 합리성과 능률을 강조했으며, 이를 뒷받침하는 수단으로 조직구성원들에 대한 강력한 통제와 명령적 지도 체제, 직무 중심의 반복적이고 일상적 업무 수행 방법을 사용하여 결국 인간을 기계적 존재로 부각시켰다(김인수, 2005: 58). 따라서 조직 속에 흐르는 비공식적이고 비합리적인 측면은 거의 무시되었으며, 능률만이 단일 가치 기준으로 규정되어 그 밖의 다른 가치 기준, 특히 인간적 가치가 간과되었다(박연호, 2000: 19).

넷째, 조직의 관리 과정이나 조직구조 형성에 관한 원리와 과학적 기법의 고안을 추구했으며, 이를 통해 보편적 법칙성을 발견하고자 했다. 그러나 그들이 제시한 원리는 대개의 경우 단순히 개인적 경험과 판단에서 귀납한 것을 나열한데 불과하고, 주요 개념과 명제의 과학적 검증성이 희박했으며(정수영, 1984: 41), 대부분의 이론이 한정적인 대상을 근거로 발전했음에도 불구하고 이론 전개 시 있어야 할 전제·가정 등을 간과하는 학문적 미숙성을 나타냈다(오석홍, 2003: 16-17).

이와같이 조직을 조직목표 달성의 도구로 간주하는 폐쇄-합리적 조직이론은 환경에 대한 조직의 개방적 측면을 무시한다는 점과 조직과 조직구성원을 기계적 존재로 부각시킨다는 점을 주요한 이유로 비판받고 있지만, 오늘날에도 산업공학 및 인간공학을 중심으로 한 경영과학 분야로 독자적인 학문 영역을 구축하고 있다(김인수, 2005: 54-55).

2 폐쇄-자연적 조직이론

폐쇄-자연적 조직이론은 선행 학파인 폐쇄-합리적 조직이론의 문제점 및 한계점을 극복하면서 폐쇄-합리적 조직이론과는 다른 대안을 제시하려는 노력에서 이뤄진 이론이다. 즉 폐쇄-합리적 조직이론의 특징인 관리 원칙 및 규칙의 지나친 강조, 비인간화, 고정된 명령 체계, 경직성, 따분하고 단조로운 직무 등의 문제를 해결하고자 1930년대를 전후하여 나타나기 시작했고, 1940년대에는 상당한 영향력을 행사했으며, 1950년대에 이르러 더욱 성숙한 조직이론의 한 범주다(오석홍, 2003: 10).

폐쇄-자연적 조직이론의 범주에 속하는 대표적 이론으로는 인간관계론, 환경유관론, 맥그리거(McGregor, 1960)의 XY이론 등을 들 수 있다. 특히 인간관계론은 조직연구에 미친 커다란 영향력으로 인해 폐쇄-자연적 조직이론과 동일시되어 사용되기도 한다.

1) 인간관계론

인간관계론이 성립될 당시 미국 기업들의 상황을 살펴보면(이도화, 1992), 기업들은 조직의 규모와 기술에 대한 의존도가 커지고 있었으며, 근로자들은 점점 더 전문화된 훈련을 받고 작업에 배치되었는데, 그 결과 기계적이고 전문화된 작업 방식에 대한 근로자들의 불만이 증가되는 경향이 나타났다. 이러한 불만과 점차 그 세력이 강해지는 노조에 대응하기 위해 당시 기업들은 무엇보다 종업원들과의 관계를 개선해야 했다. 이러한 배경 속에서 메이요(Elton Mayo)와 그의 동료들이 수행한 호손(Hawthorne) 연구의 결과가 공표되자 인간관계론은 한 시대를 풍미하는 조직이론으로 각광을 받기 시작한 것이다.

인간관계론의 구체적인 내용을 살펴보기에 앞서 인간관계론자들이 그들의 이론적 근거로서 내세우는 두 가지 가설을 요약하면 다음과 같다(유종해, 1988 : 46-48).

먼저, 인간의 행위는 외부적 요소보다 내부적 요소에 의해 결정된다고 보고 어떤 사람의 행동을 알고자 할 때에는 그 사람의 내부적인 주관, 즉 태도나 감정구조에 더 비중을 두어야 한다고 주장한다. 즉, 폐쇄-합리적 조직이론에서는 인간의 행동이 금전이나 승진 등 경제적·외부적 요인에 의해 일어나며, 그러한 요인으로 인간의 행동을 좀 더 효과적으로 규제할 수 있다고 믿는 반면에, 인간관계론에서는 인간 스스로 자기 자신을 통제하도록 하는 것이 효과적인 행동규제 방법이라고 주장한다.

또한, 조직 내의 여러 가지 관계를 맺는 데에는 최선의 방법이 존재한다는 것이다. 여기서 최선의 방법이란 일반적으로 조직 내에서 일하는 사람들이 최대의 독립성을 가지고 자기 일에 완전히 몰두할 수 있으며, 독자적으로 의욕을 가질 수 있는 관계를 의미한다. 즉, 개인의 목표와 조직의 목표는 일치할 수 있다고 믿는 견해인 것이다. 이와같이 '최선의 방법'이 존재한다는 것과 조직과 개인 사이에 '근본적 갈등의 부재'를 믿는다는 점에서 인간관계론과 폐쇄-합리적 조직이론 사이에도 유사점이 있음을 알 수 있다.

인간관계론자들의 주장을 요약하면 다음과 같다(김인수, 2005 : 59-60; 박연호, 2000 : 28-29; 오석홍, 2003 : 39; 윤재풍, 1986 : 39-40).

첫째, 조직은 기술적·경제적 체제일 뿐 아니라 인간들로 구성된 사회적 체제(social system)다. 따라서 조직의 생산성을 향상시키는 데는 1) 공식조직뿐 아니라 조직구성원들의 태도 결정에 중요한 역할을 하는 비공식집단이 매우 중요하고, 2) 권위주의적 리더십보다는 민주적 리더십이 더욱 효과적이며, 3) 조직구성원의 조직에 대한 만족감을 증진시키는 것이 중요하다.

둘째, 인간은 사회적 욕구를 지녔으므로 인간의 행동은 경제적 유인에 의해 영향을 받을 뿐 아니라 사회적·심리적 유인에 의해서도 영향을 받는다. 즉, 생산 수준의 결정에는 육체적 능력보다 사회적 규범과 비경제적 보수 및 제재가 큰 영향을 미친다.

셋째, 개인은 조직구성원들이 많을 경우 개인으로 행동하는 것이 아니라 집단의 일원으로 행동하는데, 이러한 집단의 규범 설정 및 시행할 때 리더십의 역할이 중요하다. 따라서 관리자는 기술적 능력뿐만 아니라 사회적 기술을 갖춰야 하며, 조직구성원에게 관심을 가지고 배려해 주는 인간 중심적이고 민주적인 리더십을 발휘해야 한다. 그리고 관리자는 조직구성원들이 조직 내에서 자신의 의견을 자유롭게 표현할 수 있도록 의사전달의 통로를 발전시켜야 하며, 의사결정에 적극적인 참여를 유도해야 한다. 왜냐하면, 참여를 통해 조직구성원의 사회적·심리적 욕구가 충족될 수 있기 때문이다.

인간관계론은 과학적 관리론에 대한 반발의 형태로 등장했기 때문에 기본적으로 과학적 관리론과는 많은 차이점이 존재하는데, 특히 조직 내의 인간을 바라보는 시각에서 근본적 차이를 발견하게 된다.

예를 들어, 과학적 관리론이 조직에 참여하는 인간은 합리적·경제적인 존재로서 자신에게 이익이 가장 큰 행동을 타산적으로 선택하는 존재이므로 동기 유발을 위해 경제적인 유인을 사용해야 한다고 본 반면, 인간관계론에서는 인간을 사회적·심리적 존재로 보고 민주적이고 참여적인 관리 방식과 개방적인 의사전달 체계를 사용함으로써 조직구성원들의 사회적·심리적 욕구를 충족시켜야 한다고 보았다.

또한, 인간관계론과 과학적 관리론은 조직의 목표와 조직구성원의 목표를 바라보는 시각에도 차이가 생긴다(유종해, 1988 : 55-56). 과학적 관리론은 조직과 개인 모두를 합리적·경제적 존재로 보기 때문에 양자 모두 높은 생산성을 추구한다고 본다. 즉, 조직의 목표와 조직구성원의 목표가 서로 일치한다고 보고 조직구성원들의 목표를 소홀히 한다. 반면에 인간관계론에서는 조직구성원들의 사회적·심리적 욕구와 조직 내 비공식집단 등을 중시하여 조직의 목표와 조직구성원들의 목표가 서로 일치하지 않을 수 있음을 강조하면서 양 목표의 균형 유지를 위한 민주적·참여적 관리 방식에 관심을 가졌다.

이렇게 인간 중심적 관리를 중시한 인간관계론은 현대 조직학에 지대한 영향을 미치게 되는데, 영국에서 인간관계론적 안목과 기계적·기술적 조직관을 결합시켜 발전시킨 사회·기술 학파(Rice, 1958), 행태과학, 조직인도주의[2) 등이 좋은 예다.

그러나 인간관계론은 이러한 학문적 기여에도 불구하고 많은 비판을 받게 된다(오석홍, 2003 : 33-34; 조석준, 1986 : 108-109; Scott, 1998 : 61-66).

첫째, 표면적으로 인간관계론은 냉정하고 계산적이며 합리성만을 추구하는 조직을 인간화할 수 있다고 하지만, 오히려 교묘하게 조직구성원들을 착취하는 도구로 사용되었다는 것이다. 즉, 만족한 젖소가 더욱 많은 우유를 생산해 내듯이, 만족한 근로자들이 더욱 많은 생산을 한다는 식의 논리를 주장한다는 점에서 인간관계론을 '젖소 사회학(cow sociology)'으로 혹평하기도 한다(Bell, 1960 : 238-244; Bendix, 1956 : 308-340; Landsberger, 1958; Braverman, 1974 : 139-151). 이러한 관념론상의 문제 이외에도 실증적 차원에서의 문제도 지적된다. 즉, 조직구성원의 직무만족도와 생산성의 관계 역시 일반적으로 인간관계론의 주장처럼 높은 정(正)의 상관 관계를 보일 수 없는데(Brayfield & Crockett, 1955; Iaffaldano & Muchinsky, 1985; Petty, McGee, & Cavender, 1984; Schwab & Cummings, 1970; Vroom, 1964),[3) 왜냐하면 조직구성원의 생산성에 영향을 주는 요인에는 작업만족도와 인과 관계가 있다고 하는 조직구성원의 동기(動機) 수준(Herzberg, 1966) 이외에도 능력 수준, 기술 수준, 직무숙지도, 조직구성원의 통제 밖에 있으면서 생산성을 제고하거나 저해하는 각종 작업환경 등 여러 가지가 있기 때문이다(Campbell & Pritchard, 1976).

둘째, 폐쇄-합리적 조직이론과 마찬가지로 조직을 폐쇄 체제적인 관점으로 바라봄으로써 경제적 환경, 노동시장의 조건 등 외부 조직환경의 영향을 적절히 고려하지 못했다는 점이다. 예를 들어 호손연구가 실시된 시기는 미국 경제가 심한 불경기에 빠져 있던 때로서 근로자들이 서로 생산성을 조절했던 것은 비공식집단의 압력에 의

2) 조직인도주의(organizational humanism)가 근본적으로 추구하는 것은 조직을 인간화시켜야 한다는 것으로 요즘 각광받고 있는 조직개발론의 기틀을 마련해 주었다.

3) 생산성이나 근무 성과의 개념에 다른 조직구성원들에게 도움을 주고자 하는 이타적 행동인 오건(Organ, 1988)의 조직 내 시민행위(organizational citizenship behavior)를 포함시키면, 직무만족도와 조직 내 시민행위 측면의 직무 성과 양 변수 간의 상관 관계가 높다는 주장도 있다(Motowidlo, 1984; Motowidlo, Packard, & Manning, 1986; Puffer, 1987; Smith, Organ, & Near, 1983).

해서가 아니라 근로자 스스로 실직(失職)을 두려워했던 것 때문으로 보는 학자들도 있다. 만일 그것이 사실이라면 그들은 매우 합리적으로 환경 변화에 적응한 것으로 볼 수 있다.

셋째, 조직에 대한 시각이 극히 제한적이라는 것이다. 폐쇄-합리적 조직이론이 조직의 기술적·구조적 측면만을 중시했다면, 인간관계론은 조직구성원의 심리적·사회적 측면만을 강조함으로써 조직의 전체적인 모습을 설명하는 데 결국 실패했다는 것이다. 따라서 과학적 관리론의 조직관이 '인간 없는 조직(organizations without people)'이라면, 인간관계론의 조직관은 '조직 없는 인간(people without organizations)'으로 비판을 받는다(Bennis, 1959).

넷째, 인간의 사회적·심리적 측면을 밝힘으로써 인간에 대한 우리의 이해의 폭을 넓혔으나 결국 인간의 복잡한 모습을 보이는 데는 실패한 불완전한 이론이라는 것이다.

다섯째, 근로자들의 만족을 중시하면서도 근로자들은 관리층이 내세운 관계를 수락해야 하며, 관리층은 근로자들을 조작할 수 있다고 봄으로써 근로자들은 목적을 위한 수단이지 그 자체가 목표는 아닌 것이었다. 결국 인간관계론은 관리층만이 합리적이고 근로자들은 비합리적인 인간이라는 시각을 갖고 있었다.

2) 환경유관론

환경유관론이란 인간관계론 이후에 나타난 이론으로, 조직을 조직환경에 적응하는 유기체로 간주하기 시작한 이론을 말한다. 이러한 환경유관론적 입장에서 조직을 연구한 학자로는 파슨스(Talcott Parsons), 바너드(Chester Barnard), 셀즈닉(Philip Selznick) 등이 대표적인데, 파슨스(Parsons, 1951)와 바너드(Barnard, 1938)는 조직을 조직환경과 상호작용하는 사회적 단위로 보았다는 점에서 환경유관론의 지적 선구자로 일컬어진다.

환경유관론을 형성하는 데 가장 중요한 계기가 된 것은 셀즈닉(Selznick, 1949)의 연구인데, 연구의 주요 내용은 다음과 같다. 조직은 목표를 달성하기 위한 합리적인 수단이며 공식적·합리적 구조와 비공식적 구조 모두를 포함하고 있다. 그런데 목표의 달성을 위해 설계된 공식적·합리적 구조만으로 조직 현상을 설명한다는 것은 너무 부족하다. 왜냐하면, 공식적·합리적 구조는 조직의 비합리적 차원을 설명할 수 없기 때문이다. 즉, 개인은 전체 조직의 구성원으로서 조직 내에서 공식적 역할 이외에 비공식적 역할을 더 많이 수행하고 있다. 또한 이러한 조직구조는 조직구성원의 특성과 외적 환경에 영향을 받는다.

즉, 셀즈닉에 의하면 조직과 환경은 상호작용을 하기 때문에 조직 내부의 합리적 계획은 조직구성원의 특성이나 외부적 환경에 의해 제약을 받거나 의도한 것과 전혀 다른 결과를 초래한다는 것이다. 따라서 그는 조직을 자주적일 수 없는 존재로 보고 조직이 통제하기 어려운 조직 외부의 변수들에 관심을 두었다. 이러한 외부 환경에 대한 고려를 통해 그는 폐쇄-자연적 조직이론의 한계를 극복하고 개방체제이론의 밑바탕을 마련할 수 있었던 것이다.

또한 셀즈닉은 조직 내에서 공식적·비공식적으로 지속되는 조직 관행이나 조직 절차가 조직구성원에게 전수되고 공유된다는 사실에 주목하여 조직의 제도화 과정에 관심을 기울였다. 여기서 조직을 제도화한다는 것은 일반적으로 조직에 영속성을 부여한다는 것을 의미한다. 즉, 조직을 목표 달성을 위한 수단 내지 도구로 생각할 경우에는 목표 달성을 더 잘 수행할 수 있는 다른 조직의 등장과 함께 조직은 그 생명을 잃게 되지만, 조직을 제도로 생각하면 영속성이 부여되어 환경의 변화에 따라 스스로 소멸되는 것을 방지할 수 있다는 것이다.

이러한 셀즈닉의 제도화이론[4]은 조직을 폐쇄 체제가 아닌 개방 체제로 간주한다는 점에서 그 의의가 있으나 여전히 조직 내부의 문제에 연구 초점이 한정되어 있어서 일반적인 개방 체제 모형이라기보다는 전통적인 모형에 더 가깝다고 할 수 있다.

3) 맥그리거의 XY이론

인간관계론이 개인과 조직 간의 상호 관계에 중점을 두었던 데에 비해 맥그리거(McGregor, 1960)의 XY이론[5]을 비롯한 후기인간관계론은 개인과 조직 간의 통합에 중점을 두고 있다. 맥그리거(Dauglas M. McGregor)는 머슬로(Abraham H. Maslow)와 마찬가지로 자아 실현을 향한 인간들의 능력에 대해 본질적으로 낙관적이었다. 인간의 본성에 관한 맥그리거의 이러한 낙관주의는 조직구성원과 조직을 동시에 만족시키는 방향으로 개인과 조직의 욕구를 통합할 수 있다고 본다. 맥그리거의 XY이론

4) 제도화이론(institutional theory)에 대한 전체적인 설명은 이 책의 제4부 제6장 제4절에 있다.
5) 머슬로의 XY이론은 이 책의 제2부 제3장에서 상세히 설명한다.

은 머슬로의 욕구계층이론[6]을 바탕으로 하여 인간관을 두 가지로 대별하고, 이러한 인간관에 따른 인간관리전략을 제시했다. 즉, 그는 전통적 관리 체제를 정당화시켜 주는 인간관을 X이론, 새로운 인간관으로 제안한 것을 Y이론이라고 했는데, X이론은 머슬로가 말한 욕구계층 가운데서 주로 하위 욕구를 중요시하는 것이며, Y이론은 비교적 상위 욕구를 중요시하는 것이다. X이론에 입각한 관리전략은 강제 · 통제 · 명령 · 처벌 등을 기초로 하고, Y이론은 자율에 의한 통제를 중시한다는 것을 제시하면서 맥그리거는 X이론적 관리전략을 비판했다. 즉, 관리란 폐쇄-합리적 조직이론에서 제시하는 것처럼 조직구성원에 대한 지시와 통제가 주무기가 되어서는 안 되고, 조직구성원의 잠재력이 능동적으로 발휘되게 하면서 개인과 조직이 원하는 바를 서로 통합시킬 수 있는 Y이론적 인간관이 바탕이 되어야 한다고 주장했다.

4) 폐쇄-자연적 조직이론의 특성 및 문제점

지금까지 살펴본 폐쇄-자연적 조직이론의 근본적인 가정은 조직구성원들은 욕구를 가진 인간들이며, 그들의 사회적 욕구를 연구하고, 그 결과를 이용함으로써 조직의 생산성을 향상시킬 수 있다는 것이다(Morgan, 1986).

이러한 폐쇄-자연적 조직이론의 대표적인 특성과 그 문제점을 살펴보면 다음과 같다(김인수, 2005 : 66; 오석홍, 2003 : 28-29).

첫째, 폐쇄-자연적 조직이론은 조직을 폐쇄 체제적 관점에서 기계시했던 폐쇄-합리적 조직이론에 비해 미약하지만 개방 체제적 관점에서 조직을 바라보고자 노력했다. 즉, 폐쇄-자연적 조직이론 중 일부 이론이 조직과 환경의 상호작용을 중시하기 시작한 것이다. 그러나 초기의 폐쇄-자연적 조직이론은 조직 내의 공식적 요인 · 비공식적 요인 · 환경적 요인을 함께 고찰할 수 있는 통합적 안목을 갖지 못했기 때문에 본격적인 개방 체제 모형으로 간주될 수는 없는 것이었다. 또한 이미 전술한 바와 같이, 환경유관론 역시 여전히 조직 내부의 문제에 연구 초점이 한정되어 있어서 일반적인 개방 체제 모형이라기보다는 전통적인 모형에 더 가깝다고 할 수 있다.

둘째, 폐쇄-자연적 조직이론은 조직의 새로운 가치 기준으로서 조직구성원의 사회적 욕구가 어느 정도로 충족되는가 하는 '사회적 능률'을 중요시했다. 이러한 새로운

6) 머슬로의 욕구계층이론은 이 책의 제2부 제3장에서 상세히 설명된다.

가치 기준의 제시는 공식적 목표를 능률적으로 수행하는 수단으로 조직을 간주하는 폐쇄-합리적 조직관에 대한 비판이었다. 결과적으로 조직 연구에서 두 가지 가치 기준, 즉 폐쇄-합리적 조직이론의 '수단적 능률'과 폐쇄-자연적 조직이론의 '사회적 능률'이 사용되기에 이르렀고, 가치 기준의 다원화를 촉진하는 계기가 되었다. 그러나 폐쇄-합리적 조직이론과 폐쇄-자연적 조직이론 모두 인간을 조직목표 달성의 수단으로 보며, 목표 달성을 위한 행동을 유발시키는 데 인간의 피동성 및 동기부여의 외재성을 강조한다는 것이 문제로 지적될 수 있다.

셋째, 공식구조가 조직구성원의 행동에 미치는 영향이 절대적이라고 폐쇄-합리적 조직이론이 보았다면, 폐쇄-자연적 조직이론은 공식적 구조나 과정 대신에 조직의 사회적·정서적·심리적 측면만을 중시함으로써 조직의 전체적인 모습을 설명하는 데 결국 실패했다. 즉, 폐쇄-합리적 조직이론이 공식적 구조와 능률 등을 지나치게 강조했다면, 폐쇄-자연적 조직이론은 비공식집단과 조직의 인간적 요소만을 중시했다.

넷째, 폐쇄-자연적 조직이론은 조직과 인간을 사회적·심리적 존재로 파악한다. 따라서 민주적이고 참여적인 관리 방식과 개방적인 의사전달 체계를 사용함으로써 조직구성원들의 사회적·심리적 욕구를 충족시켜야 한다고 보았다. 이것은 인간의 사회적·심리적 측면을 밝힘으로써 인간에 대한 이해의 폭을 넓혔으나 결국 인간의 복잡한 모습을 보이는 데에는 실패한 것이었다. 즉, 폐쇄-합리적 조직이론이나 폐쇄-자연적 조직이론 모두 인간의 욕구 체계를 지나치게 단순화하고 획일화해서 보는 것은 마찬가지였다. 인간관에서 폐쇄-합리적 조직이론과 폐쇄-자연적 조직이론은 상호보완 관계에 있다고 할 수 있다. 왜냐하면, 조직의 목표를 달성하고 생산성을 향상시키기 위해서는 조직구성원의 경제적 욕구와 심리적·사회적 욕구를 별개로 나눠 고찰하기보다는 통합적으로 고찰하는 것이 더욱 합리적이기 때문이다.

다섯째, 폐쇄-자연적 조직이론은 폐쇄-합리적 조직이론의 형식적 과학성과 원리들을 비판하고 그 대응 방안으로 "지각할 수 있는 사실에 입각한 검증을 통해 과학을 발전시켜야 한다"는 실증주의(empiricism)를 주창한 것이었다. 그러나 폐쇄-자연적 조직이론에 이용된 실증주의 역시 한정적인 대상과 상황을 기초로 발견한 규칙성을 보편적으로 적용하려는 과오를 범했다. 폐쇄-합리적 조직이론이나 폐쇄-자연적 조직이론 모두 산업조직만이 주된 연구 대상이었다.

3 개방-합리적 조직이론

개방-합리적 조직이론과 개방-자연적 조직이론[7]은 다양한 접근 방법과 가치 기준을 내포하고 있는 조직이론들이다. 폐쇄-합리적 조직이론의 합리적·경제적 인간관, 폐쇄-자연적 조직이론의 사회적 인간관에 비해 개방 체제적 조직이론은 이러한 것들을 통합시킨 복잡한 인간관, 즉 인간을 거의 무한한 잠재력과 가변성을 지닌 복잡한 존재로 규정한다.

이러한 개방 체제적 조직이론을 과거의 폐쇄 체제적 조직이론과 비교할 때 가장 크게 다른 점은 정치, 경제, 사회, 문화, 기술, 조직 간 요소 등 조직을 둘러싼 환경 변수를 본격적으로 고려하기 시작한다는 것을 들 수 있다. 따라서 개방-합리적 조직이론이 등장하게 되는 1960년 정도를 조직에 대한 과거의 폐쇄적 관점이 개방적 관점으로 바뀌는 분기점으로 보기도 한다.

개방-합리적 조직이론은 이미 전술한 바와 같이 1960년에서 1970년 정도 사이를 풍미했던 이론들로, 1) 비로소 조직환경의 중요성을 강조하지만, 2) 조직이나 인간의 합리성 추구를 다시 강조한다. 개방-합리적 조직이론을 제대로 이해하기 위해서는 체제이론과 구조적 상황이론을 살펴보아야 한다.

1) 체제이론

체제의 개념 역시 여러 학자에 따라 각기 다른 의견이 제시되고 있으나, '일련의 연관된 요소', '연관된 요소들의 공동 목표 달성 지향', '연관된 요소들이 하나의 총체적인 관계 형성' 등이 포함되어야 한다는 것에 대해서는 일반적으로 공통된 인식을 보이고 있다(오석홍, 2003 : 49). 따라서 이 책에서는 헨리(Henry, 1975)의 정의를 이용하여 "체제란 하나의 실체인 바 그 안의 모든 것은 모든 것에 연관되는데, 달리 말하면 체제는 전체의 목적을 위해 함께 일하는 부분으로 구성된다"라고 규정한다. 또한 여기에서 체제이론이라고 할 때에는 개방체제이론을 의미한다. 체제론적 접근 방법에서 조직이란 유기체와 같이 그들의 환경에 대해 개방적이며, 생존을 위해서는 항

7) 개방–합리적 조직이론과 개방-자연적 조직이론으로 분류될 수 있는 조직이론은 이 책의 제4부 제6장 '조직환경'에서도 상세히 소개된다.

상 환경과의 적절한 관계를 유지해야만 하기 때문이다.

조직은 생존을 위해 부정적 엔트로피[8]를 획득하고 개발해야만 한다. 폐쇄 체제는 엔트로피를 경험하지만, 개방 체제는 환경으로부터 에너지를 유입함으로써 부정적 엔트로피를 획득할 수 있다. 성공적인 개방 체제는 또한 역동적 항상성(恒常性)[9]을 통해 지속적인 상태 균형을 달성할 수 있다. 환경에 적응하는 과정에서 체제는 외부의 영향을 흡수하거나 이를 통제함으로써 대처해 나가려고 할 것이며, 사회 체제는 생존에 필수적인 외부의 자원을 체제의 경계선 내에 흡수하는 방향으로 나갈 것이다. 지속적인 상태는 성장과 팽창을 통한 체제의 특질을 보존하는 것이 된다.

개방 체제는 분화(differentiation)의 증가, 그리고 전문화(specialization)를 통한 역할 분화 및 동일 귀착성(equifinality)[10]에 의해 특징지어질 수도 있다. 즉, 개방 체제의 경우 체제가 그 목적을 달성하는 데는 유일 최고의 방법이 존재할 수 없으며, 다양한 방법이 있을 수 있다는 것이다.

조직을 이러한 개방 체제로 보는 개방체제이론은 다음의 세 가지 주제에 초점을

---

8) 엔트로피(entropy)란 "자연소화(自然消火), 부패, 혼돈, 무질서, 와해로 가는 경향, 부분이 소멸되어 다른 것으로 대치될 수 없는 경향"을 의미한다. 폐쇄 체제는 외부에서 에너지의 입력을 계속 받지 못하므로 엔트로피 작용에 의해 소멸될 가능성이 높지만, 개방 체제는 이러한 엔트로피적 경향을 막기 위해 외부에서 에너지의 입력을 계속 받으므로 체제를 유지할 수 있다. 즉, 개방 체제는 이러한 부정적 엔트로피(negative entropy)의 특징이 있는 것이다.

9) 모건(Morgan, 1986 : 46)의 항상성(homeostasis)에 대한 설명을 오세철과 박상언(1990 : 1)의 번역을 통해 소개한다. 항상성의 개념은 자기규제(self-regulation)와 지속적인 상태를 유지할 수 있는 능력을 말한다. 생물학적 유기체는 비록 환경과 끊임없는 교환을 하면서도 또한 형태의 규칙성과 환경으로부터의 개별성을 유지하려고 하는 것이다. 이러한 형태와 개별성은 소위 '부정적 환류(negative feedback)'에 근거하여 체제의 운영을 조절하고 통제하는 항상적 과정을 통해 획득되는데, 이 때 부정적 환류란 어떤 표준이나 규범으로부터의 이탈이 곧 그것을 바로잡는 행위를 촉발시키는 것을 말한다. 그러므로 우리의 체온이 정상적인 한계를 초과하여 올라갈 때, 땀을 흘린다든지 심호흡을 하는 등 체온의 상승을 막도록 하는 어떤 신체적 기능이 작용하게 되는 것이다. 사회적 체제도 지속적인 형태를 유지하려면 이러한 항상적인 통제 과정을 필요로 한다.

10) 모건(Morgan, 1986 : 47)의 동일 귀착성, 즉 이인동과성(異因同果性)에 대한 설명을 오세철과 박상언(1990 : 62-63)의 번역을 통해 소개한다. 이 원칙은 개방 체제 하에서는 주어진 최종 상태에 귀착하는 데 많은 상이한 방법이 있을 수 있음을 뜻하는 것이다. 이러한 사실은 특정한 인과관계 유형을 산출하기 위한 구조로서 체제 관계들이 항상 고정화되어 있는 좀 더 폐쇄적인 체제와 대비되는 점이다. 살아 있는 체제는 상이한 출발점에서, 상이한 자원을, 상이한 방식으로 사용하고서도 특정한 결과를 얻을 수 있는 유연성 있는 조직 유형인 것이다. 주어진 한 특정 시점에서의 체제의 구조는 더욱 복잡한 기능적 과정에 대한 한 측면 혹은 표현일 뿐이며, 그 구조가 과정을 결정하지는 않는다.

맞추고 있다(Morgan, 1986: 44-76).

첫째, 조직을 둘러싼 환경을 강조한다. 즉, 폐쇄체제이론에서 조직을 명확히 규정된 목표를 달성하기 위해 설계된 도구로 간주했던 것에 반해, 개방체제이론은 조직이 환경에 둘러싸여 상호 교호작용을 하기 때문에 조직설계 시 일반환경뿐만 아니라 조직과의 직접적인 상호작용에 의해 규정되는 과업환경까지 고려해야 한다는 것을 의미한다.

둘째, 조직은 상호 연결된 하위 체제로 구성되어 있다는 것이다. 예를 들어, 조직 내의 인간, 즉 조직구성원은 집단이나 부서에 속하고 그 집단이나 부서는 다시 조직에 포함되는 상황에서 조직을 하나의 체제라고 규정한다면 인간이나 집단·부서는 각각 조직이라는 상위 체제에 대한 하위 체제가 되는 것이다.

셋째, 조직 내 여러 종류의 하위 체제들을 어떻게 조화시키는가가 중요한 문제다. 여기서 조직 내의 하위 체제는 그 조직이 직면해 있는 환경의 다양성만큼 다양해져야 한다는 필요 다양성(requisite variety)[11]의 개념이 도입되며, 이렇게 다양해지고 차별화된 조직 내 하위 체제는 다시 통합되어야 한다는 조직화 원리의 중요성도 부각되는 것이다.

개방체제이론은 투입(inputs), 전환 과정(conversion process), 산출(out-puts), 환류(feedback), 환경(environment) 등의 개념으로 조직을 설명한다. 이러한 개념들을

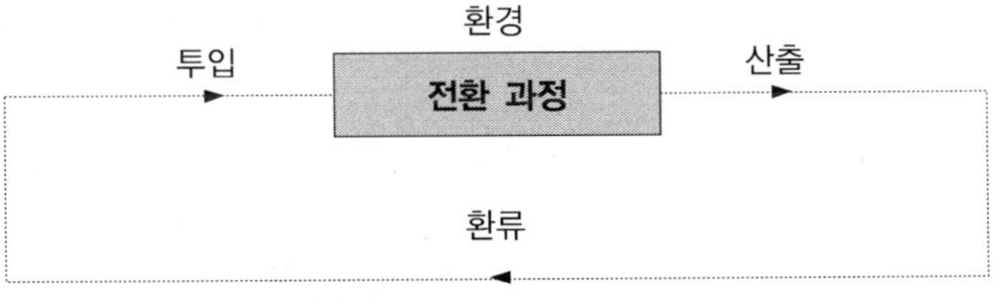

그림 1-2-2 개방 체제로서 조직

11) 모건(Morgan, 1986: 47)의 필요 다양성에 대한 설명을 오세철과 박상언(1990: 62)의 번역을 통해 소개한다. 필요 다양성의 원칙은 체제의 내부적인 규제 체계는 체제가 당면하고 있는 환경만큼 다양해야만 한다는 것을 뜻한다. 왜냐하면 필요한 다양성을 내부적인 통제 속에 모두 포괄함으로써만 이 체제는 환경에 의해 제기된 모든 다양성과 도전을 처리할 수가 있기 때문이다. 환경의 다양성으로부터 자신을 고립시키는 어떤 체제도 쇠퇴하기 마련이며, 또한 그의 복잡성과 개별성을 상실하기 마련이다. 따라서 필요 다양성은 모든 종류의 살아 있는 체제의 중요한 특징일 수밖에 없다.

도식화한 것이 [그림 1-2-2]인데, 각 개념들의 대략적인 의미는 다음과 같다(박연호·이상국, 2000: 27-34; 오석홍, 2003: 50-51; 이상진, 1990: 33).

조직의 경계 밖에 있는 모든 것을 환경이라고 한다. 행정조직과 환경과의 상호 관계는 1) 다양한 의견 제시자들의 요구와 정당한 권리에 초점을 두고, 민중·언론·이익단체·사기업·정당·국회·법원 등으로 분류할 수 있으며, 2) 행정조직이 받아들이는 인력자원·재무자원·물자·지식·기술 등으로 분류할 수도 있다.

조직의 경계는 조직과 환경을 구별시키는 것으로 이러한 경계를 넘나드는 교호작용에서 조직이 환경으로부터 받아들이는 모든 것을 투입이라고 한다. 행정조직 체제가 외부 환경으로부터 받아들이는 투입물에는 1) 행정조직체의 행정활동을 위해 필요한 각종 자원, 2) 국민들의 요구 및 건의, 3) 국민들의 지지 및 반대 등이 포함된다. 물론 투입의 요소는 이상과 같이 민간 부문에만 존재하는 것이 아니고 입법부나 사법부와 같은 정부기관도 법률, 제재 등의 형태로 행정관리자들에게 요구를 하며 또한 예산 등의 형태로 지지 또는 반대를 표시한다.

이러한 투입물이 산출물로 되기까지의 과정을 전환 과정이라고 하는데 행정조직체에서는 일반적으로 정책형성 과정을 전환 과정이라 할 수 있다. 또한 이러한 전환 과정을 거친 투입물을 산출이라고 하는데, 여기에는 정책·규칙·각종 행정 서비스가 포함된다. 산출의 일부, 산출의 효과에 관한 정보, 조직 내적 관계에 관한 정보가 의사결정 중추에 되돌아와서 이후의 행동 조정에 영향을 미치는 것을 환류라고 한다. 행정개혁, 행정책임 등과 같이 행정 과정에서 발견된 문제를 시정하고자 하는 것 등이 환류에 포함된다.

체제이론에 대한 일반적 평가는 다음과 같다(오석홍, 2003: 51-52; 이상진, 1990: 33). 체제이론은 복잡한 조직 현상을 통합적으로 접근할 수 있는 틀을 제공했으며 많은 행태과학의 지혜를 통합하는 데 기여했다. 그러나 체제이론은 추상화의 수준이 높은 거대이론 또는 광범위이론에 바탕을 두고 있기 때문에 실제 연구에서는 구체적인 방향을 제시해 주지는 못한다. 즉, 연구의 범위에 포함시켜야 하는 변수의 수가 너무 많고 다차원적 인과관계가 너무 많아 실제 연구에 필요한 상세하고 구체적인 지식을 제공하지는 못한다는 점에서 비판을 받고 있다. 또한 체제이론에서 제시하는 개념들이 명확하지 않아 그러한 개념들을 측정하는 방법이 발달되지 못했으며, 행정 체제를 종합적·체계적으로 연구하는 데에는 도움이 되나 행정 체제의 변동을 설명하기에는 충분하지 못한 것이 사실이다.

2) 구조적 상황이론

구조적 상황이론(structural contingency theory)은 1960년대부터 조직연구에 널리 보급되었으며, 거시적이고 추상적인 체제이론을 구체화하고 실용화하는 방안으로서 강구된 중범위이론이다. 이러한 구조적 상황이론은 조직 간의 차이점을 강조하며 조직구조 및 조직의 효과성에 영향을 미치는 상황 요인을 규명하려 한다. 즉, 조직과 환경의 상호관계, 하위 체제의 상호관계, 변수의 형태 또는 유형의 정의를 통해 구체적 상황에 적합한 조직설계와 관리 방법을 제시하고자 했다. 요약해서 설명하면, 구조적 상황이론은 상황변수(예: 환경, 기술, 규모 등)·조직 특성변수(예: 조직구조, 관리 체계, 관리 과정 등)·조직의 효과성의 세 가지 변수 간의 관계에서, 상황과 조직 특성의 적합이 조직의 효과성을 결정한다고 주장하는 것이다. 즉, 이 이론은 성과(즉, 조직의 효과성)를 중시하여 조직의 설계는 환경, 기술, 규모 등 상황변수에 의해 좌우되며, 또한 이러한 상황변수에 적합하게 설계되어야만 조직의 효과성이 제고된다는 점을 강조한다. 갤브레이스(Galbraith, 1973)는 구조적 상황이론의 기본 전제를 다음과 같이 요약했다.

먼저, 조직의 설계에서 모든 상황에 적용될 수 있는 최선의 조직화 방법은 존재하지 않는다. 또한, 어떠한 조직화 방법도 똑같이 효과적일 수는 없다. 즉, 구조적 상황이론은 모든 상황에 적합한 보편적 원리는 존재할 수 없다는 것이다. 구조적 상황이론은 모든 상황에 적합하게 조직을 설계하고 관리하기 위한 유일 최고의 방법(one best way)은 존재하지 않으며, 조직이 처해 있는 상황이 다르면 효과적인 조직설계 및 관리 방법도 다르다는 것이 기본적인 주장이다.

구조적 상황이론의 대표적인 학자들로는 1) 비교적 안정된 환경에는 기계적 조직구조가 적합하고, 변동이 심한 환경에는 유기적 조직구조가 적합하다고 주장한 번스와 스토커(Burns & Stalker, 1961: 2), 조직 기술의 유형과 그에 적합한 조직구조의 유형을 제시한 우드워드(Woodward, 1965: 3), 환경의 불확실성에 따라 적합한 조직구조는 다르다는 것을 제시한 로렌스와 로쉬(Lawrence & Lorsch, 1967: 4), 조직기술이나 조직이 처한 환경의 특성에 따라서 조직구조, 관리 과정, 조직의 대환경전략은 달라져야 한다고 주장한 톰슨(Thompson, 1967 : 5), 조직 기술보다는 조직의 규모가 조직구조에 미치는 영향이 강하다는 것을 주장한 퍼(Derek Pugh)를 중심으로 한 애시턴(Aston)그룹(Pugh & Hickson, 1969 : 6), 정치 · 경제 · 사회 · 문화 등 거시적 환경에 따른 조직의 관리 방식을 연구하여 비공식적 참여제도를 채택하는 국가의 조직과 공식적 참여제도를 택하는 국가의 조직을 비교분석한 탄넨바움(Allan Tannenbaum)과 그의 동료들(Tannenbaum, Kovacic, Rosner, Vianello, & Wieser, 1974) 등이다. 톰슨은 안정성(stability)과 동질성(homogeneity)이라는 두 가지의 중요한 환경 차원을 조직구조의 핵심적 상황 요인으로서 구분했다. 톰슨은 조직이 불안정적이고 이질적인 환경에 처해 있다면 분권화, 감시 단위의 증가, 그리고 복잡한 분화구조를 통해 적응해야 한다고 주장했다. 이와 유사하게 로렌스와 로쉬는 환경적 안정성을 조직구조의 분화, 공식화, 그리고 집권화의 정도와 연계시켰다. 로렌스와 로쉬는 한 조직 내에서도 여러 형태의 조직구조가 고안되어야 한다고 보았다. 이는 한 조직이라도 다양한 하위환경(subenvironments)에 직면할 수 있기 때문이다.

조직 기술의 영향 또한 상황이론가들로부터 관심을 끌어 왔다. 페로(Perrow, 1967)는 과업다양성과 문제의 분석 가능성 차원으로 기술을 분류하면서, 이에 따라 조직구조와 조직목표가 달라진다고 보았다. 어떠한 상황변수들이 조직구조에 영향을 미치며, 또한 어떤 변수가 상대적으로 더 중요한 것인지에 대해서는 논란이 분분하다. 상황이론가들은 기술이나 환경의 절대적 영향(technological or environmental imperative)을 강조하는 반면(Perrow, 1970; Lawrence & Lorsch, 1967), 구조론자들은 조직 규모의 절대성(size imperative)을 강조한다 (Blau, 1970; Blau & Schoenherr, 1971).

다른 상황이론가들은 조직의 효과성에 영향을 미치는 내적 변수를 강조했다. 피들러(Fiedler, 1967)는 리더와 부하의 관계, 직위 권력, 과업구조 등 세 가지 상황변수가 어떠한 방법으로 결합하느냐에 따라 리더십의 상황이 결정되고, 이러한 리더십 상황에 따라 효과적인 리더십 스타일이 다르게 나타난다는 상황적합적 리더십이론을 주장했고, 브룸(Vroom, 1964)은 이와 유사한 논리를 근로자의 동기부여와 근무 성과에 적용하여 부하의 관리는 부하의 특질에 따라 달라야 한다고 결론지었다.

구조적 상황이론은 '유일 최고의 방법'을 '상황에 달려 있다(it all depends)'라는 것으로 대치하면서 조직의 내적 · 외적 환경에서의 중요 변수를 규명하고, 이러한 변수들의 상호작용 과정 및 이러한 상호작용의 결과를 분석하는 방향으로 조직이론을 전환시켰다. 즉, 관리자는 일련의 원칙에 숙달되기보다는 먼저 상황분석의 기술을 숙지하고 다양한 이론 및 원칙을 이해하며 당면한 상황에 적용 가능한 원칙을 선택하는 방법을 배워야 한다는 것을 구조적 상황이론은 강조하고 있는 것이다.

3) 개방-합리적 조직이론에 대한 평가

구조적 상황이론을 중심으로 개방-합리적 조직이론들을 평가하면 다음과 같다(김인수, 2005 : 67-72, 625-626; 이상진, 1990 : 50).

개방-합리적 조직이론은 폐쇄체제이론에 비해 복잡하고 세련된 내용을 담고 있으며 조직학의 과학성을 높이는 데 크게 기여했다. 개방-합리적 조직이론의 근본적 가정은 조직은 환경에 적합한 가장 효과적인 조직구조를 개발하려 한다는 것이다. 즉, 개방-합리적 조직이론을 신봉하는 학자들은 조직을 개방 체제로 간주하되 조직구조를 가능한 한 합리적으로 설계하려 했다. 따라서 조직환경을 이론에 반영하기 시작했다는 측면에서는 이론적 발전으로 볼 수 있으나, 조직과 조직구성원을 다시 합리적 존재로 간주했다는 것은 이론적 후퇴라고 할 수 있다.

이러한 문제 이외에도 개방-합리적 조직이론은 다음과 같은 비판을 받는다.

첫째, 개방-합리적 조직이론은 전략적 선택의 중요성을 무시하고 있다. 차일드(Child, 1972)의 전략적 선택이론(strategic choice theory)에 의하면, 조직과 조직환경은 어느 정도 느슨하게 연결되어 있기 때문에 주어진 환경에서 조직을 설계하는 방법은 단지 하나가 아니라 몇 가지 대안이 존재하며, 이러한 대안 중 조직관리자는 전략적으로 선택을 하게 된다고 한다. 또한 조직구조의 설계에서 수익성과 조직효과성만이 조직관리자의 유일한 관심사가 아니라는 것이다. 오히려 조직관리자는 자신의 권력 획득이나 유지 등에 더욱 관심이 많을 수 있으므로 조직설계도 그러한 방향으로 움직여지는 경향이 높을 수 있다는 주장이다. 마지막으로 조직환경은 결국 조직관리자의 지각을 통해 인지되는 것이므로 동일한 환경에 속해 있는 조직들이라도 조직관리자의 지각 차이로 인해 다르게 인지되고 결과적으로 동일한 환경에 속해 있는 조직들에 대해 상이한 조직설계가 얼마든지 가능하다는 것이다. 이러한 모든 주장은 결국 "환경과 조직 특성의 적합이 조직의 효과성을 결정한다"는 개방-합리적 조직이론의 주장을 강력하게 비판할 수 있게 했다.

둘째, 이론의 부재다. 즉, 개방-합리적 조직이론은 조직에 대한 통계적 · 실증적 현상분석에만 치우쳐 조직구조에 대한 이론의 결핍을 나타내고 있다. 즉, 부분적 상황에만 주목할 뿐 전반적인 사회적 · 정치적 · 문화적 계기를 배제하고 있어 이론의 부재라는 비판을 듣고 있다. 연구의 영역은 다양해졌지만 학문적 발전은 초기의 연구의 틀에서 크게 벗어나지 못하고 있어서 이론과 방법론에서 근본적인 변화가 요구된다(Drazin & Van de Ven, 1985).

4 개방-자연적 조직이론

개방-자연적 조직이론은 개방-합리적 조직이론과 마찬가지로 조직환경의 중요성을 강조하지만, 조직의 합리적 목적 수행보다는 조직의 존속이나 비합리적인 동기적 측면을 강조하는 이론들로서, 1970년대 이후에 각광을 받고 있다.

1) 와이크의 이론

대프트와 와이크(Daft & Weick, 1984)는 단순히 투입-과정-산출의 과정으로 보는 체제모형에서 벗어나 좀 더 복잡한 체제로 보았다. 즉, 조직이 생존을 하기 위해서는 인간의 두뇌처럼 환경에서 발생하는 모호한 사건들을 해석해서 조직구성원들이 취할 방향을 제시하는 것이 필요한데, 이것이 조직을 다른 하위 체제와 구분시키는 요소라는 것이다. 조직구조나 설계는 그것이 조직환경, 조직 기술, 조직 규모 등 어느 것에 의해 결정되든지 간에 조직이 직면하는 여러 가지 문제나 기회를 조직 내의 핵심 의사결정자들이 어떻게 해석하는가에 달려 있다는 것이다. 일단 이러한 해석이 이뤄지면 조직은 어떻게 대응을 취할 것인가를 결정할 수 있는데, 결국 이러한 해석과 그에 따른 대응 조치, 또한 이러한 조치의 결과라는 일련의 과정을 통해 조직은 학습을 하게 되고, 이러한 학습은 조직이 취하는 앞으로의 의사결정에 영향을 주게 된다는 것이다.

와이크(Weick, 1979)는 이렇게 조직화를 환경 탐색, 해석, 그리고 학습의 과정으로 파악하면서 조직환경은 단순히 주어지는 것이 아니라 조직구성원들 사이의 상호작용에 의해 구성·재구성·창조되는 것이며, 조직구조나 전략 역시 그러한 환경에 대한 해석에서부터 시작된다고 보았다.

예를 들어 미국의 담배회사인 필립 모리스(Phillip Morris)가 1985년에 제너럴 푸드(General Foods)를 매수한 것은 필립 모리스가 환경 탐색, 해석, 그리고 학습 과정을 거치고 있는 것으로 볼 수 있다(Kreitner & Kinicki, 1989 : 610). 즉, 미국 공중위생국으로부터의 제재 및 각종 세금의 인상 등 여러 가지로 기업환경이 어려워지고 담배라는 단어 자체가 사회적으로 '더럽다'라는 의미로 간주되는 분위기에서 필립 모리스는 이러한 기업환경에 대한 해석의 결과로 제너널 푸드를 매수하는 것 같은 다각화전략, 즉 대응 조치를 취했고, 그러한 전략의 결과로서 조직 스스로 학습하게 된 것이다.

2) 마치의 쓰레기통모형

마치(James G. March)의 쓰레기통모형(Cohen, March, & Olsen, 1972)은 고도로 불확실한 조직 상황에서의 의사결정 양태를 설명하는 모형으로, 조직 내의 불확실한 상황을 조직화된 무정부 상태(organized anarchy)로 규정하고, 무정부 상태의 의사결정은 유동적인 참여자들에 의해 여러 가지 문제와 잠재적 해결 방안을 따로따로 쓸어넣은 쓰레기통 같은 곳에서 두서없이 이뤄진다고 설명한다(오석홍, 2003 : 538). 즉, 조직화된 무정부 상태에서는 합리적이고 표준적인 의사결정이 이뤄지지 않고, 의사결정자 자신이 무슨 목표가 좋은지 무슨 대안이 좋은지도 모르면서, 어떤 목표 달성을 위해 어떤 수단을 선택해야 하는지도 모르고, 의사결정에 참여하는 사람도 일정하지 않다는 것이다(이상진, 1990 : 125).

결국 의사결정 과정에서 나타나는 조직의 문제, 잠재적 해결책, 참여자, 선택 기회 등과 같은 사건들이 일련의 무원칙한 결합 과정을 거침으로써 조직은 점차 의사결정에 관한 학습을 하게 되고, 전체는 아니지만 조직의 많은 문제가 이러한 학습을 통해 해결될 수 있다는 것이다. 따라서 마치는 조직을 이러한 무원칙한 문제 해결 방식으로 조직의 성과 수준을 유지하고 개선하는 미래를 향한 과정의 연속체로 파악한다(Daft, 2004 : 465-468).

3) 환경조작관, 자연선택관, 그리고 상호작용관

환경조작관(environment enactment view)은 '조직이 환경에 따라 움직이고, 심지어 조직의 이해에 맞게 환경을 창조한다'는 관점이다. 자연선택관(natural selection view)은 '조직을 둘러싸고 있는 환경이 그 환경에 가장 적합한 조직을 선택하고, 그 환경에 적응하지 못하는 조직은 도태된다'는 관점이다. 상호작용관(interaction view between organization and environment)은 조직과 환경은 어느 하나가 다른 하나를 지배하기보다는 상호작용하는 관계로 이해하는 관점이다.

페퍼와 샐란식(Pfeffer & Salancik, 1978)의 자원의존이론(resource dependency theory)은 조직이 필요한 자원을 환경(환경 내의 다른 조직)에 의존해야만 한다는 사실에 관련하여, 조직은 핵심적 자원(critical resources)을 통제하는 환경 내 다른 조직들의 요구에 더욱 적극적으로 반응한다는 것을 중시한다. 즉, 자원의존이론은 조직 간의 의존 관계를 제기하면서 조직 간의 의존 관계가 조직행위에 영향을 크게 준다는 점을 강조한다. 그러나 자원의존이론은 환경에 대한 의존성을 회피하기 위한 조직 관리자의 재량적 역할에도 초점을 맞춘다. 즉, 조직관리자들이 조직의 생존을 보장받기 위해 환경의 제약으로부터 더욱 많은 자율성(autonomy)과 재량권(freedom)을 얻는 방향으로 외부적인 의존 관계를 관리하려 한다는 점도 역시 강조한다. 이러한 점에서 자원의존이론은 '환경조작관'에 해당한다고 할 수 있다.

앞에서 살펴본 구조적 상황이론의 특징 중의 하나는 환경에 대한 결정론적인[12] 지향성인데, 구조적 상황이론의 대안으로 환경에 대한 임의론적 지향성을 강조하는 것이 전략적 선택 관점(strategic choice view)이다. 전략적 선택 관점에서는 조직관리자가 전략적 선택을 통해 어느 정도 상황적 제약 조건을 완화할 수 있다고 주장한다. 즉, 조직은 조작화(enacted)된 인위적 환경과 적합도를 유지하려 한다(Pfeffer, 1982). 따라서 전략적 선택 관점은 '환경조작관'에 해당한다.

마이어와 로완(Meyer & Rowan, 1977) 및 디마지오와 파월(DiMaggio & Powell,

12) 개인이나 조직의 행위가 표출되는 환경의 구조적 특성을 중시하여 개인이나 조직의 행동이 환경의 구조적 제약에 의해 결정되고 이에 수동적으로 반응한다는 입장을 결정론(determinism)이라 하고, 개인이나 조직이 환경이나 내부적 상태에 단지 수동적으로 반응한다고 보는 것이 아니라 자율적으로 환경에 대해 행동을 취함으로써 적극적으로 환경을 형성(shape)한다고 보는 입장을 임의론(voluntarism)이라 한다.

1983) 등의 제도화이론(institutional theory)에 의하면, 조직은 조직의 정당성과 생존을 확보하기 위해 사회문화적 규범이나 가치 체계 등에 비춰 적절하거나 문제의 소지가 없는 것으로 간주되는 조직 형태나 구조를 갖게 된다고 한다. 또한 하난과 프리먼(Hannan & Freeman, 1977) 및 앨드리히(Aldrich, 1979) 등의 조직군 생태학이론(population ecology theory)은 비교적 동질적인 조직들의 집합인 조직군의 생성과 소멸 과정에 초점을 두고 변이(variation), 선택(selection), 보존(retention)이라는 세 가지 요소를 고려하면서 환경에 따른 조직군의 형태와 그 존재 및 소멸 이유를 설명한다.

이들에 의하면, 조직은 조직 내부의 구조적 요인과 외부 환경 요인에 의해 구조적 타성(惰性)에 빠지기 쉬우며, 환경에 대한 적응 능력을 제한하는 이러한 구조적 타성으로 인해 조직의 변화는 조직이 환경에 적응하는 것으로 이뤄지기보다는 외부 환경의 선택에 의해 좌우된다고 주장한다. 따라서 제도화이론은 조직과 사회문화적 환경 및 제도적 환경 간의 적합도 유지를 중시하고, 조직군 생태학이론은 조직과 자연적 환경 간의 동질성(isomorphism) 유지를 중시한다. 따라서, 제도화이론과 조직군 생태학 이론은 자연선택관에 해당한다고 할 수 있다.

환경에 대한 적극적 조작 관점 혹은 자연선택 관점은 조직이 환경을 조작하거나, 혹은 환경이 조직을 선택한다는 사고에 입각해 있다. 더욱이 이들 관점은 변화가 환경으로부터 발생된다는 생각에 의해 지배된다.

그러나 조직의 변증법적인 분석(dialectical analysis)을 중시하는 학자들에게 조직 변화의 중심 소재지는 조직과 환경 간의 상호작용이다. 조직 그 자체가 정(正, thesis)과 반(反, antithesis)이라는 극단성의 씨앗을 잉태하고 있다는 변증법적인 분석이 변화의 소재지 혹은 초점을 환경으로부터 조직으로 이전시키는 것이다. 벤슨(Benson, 1977)은 조직이 환경을 통제하거나 혹은 환경이 조직을 선택한다는 극단적 과정에 대한 변증법적 조화를 주장하는데, 이러한 주장이 함축하는 바는 조직의 변화가 조직과 환경 간의 상호작용을 통해 발생된다는 것이다. 벤슨(Benson, 1977)과 자이츠(Zeitz, 1980)의 주장에 의하면, 사회는 지속적으로 무엇인가로 되어 가는 상태이며, 모건(Morgan, 1986)은 이를 흐름과 변형으로서 조직(organization as flux and transformation)이라고 지칭한 바 있다. 즉, 개방-합리적 조직이론이나 조직군 생태학이론은 모두 갈등을 체제 와해적인 것이며 제거되어야 할 것으로 간주하나, 조직을 변증법적으로 분석하는 관점은 갈등이 당연한 현상이며 때로는 발전적 순기능을 수행하기도 한다고 본다.

4) 혼돈이론 : 자기조직화

환경조작관, 자연선택관, 그리고 상호작용관 등의 대전제는 질서정연함 속의 질서를 상정하면서 단순하고 질서정연한 세계관을 갖는 뉴턴(Isaac Newton)의 기계론적 패러다임이나 부정적 엔트로피(negative entropy), 즉 역전환 가능성을 상정하는 균형모형의 경우에만 타당한 것이다. 그러나 이러한 역전환 가능성을 상정하는 균형모형은 역전환 불가능성(entropy) 개념에 의해 도전받고 있다(Rifkin, 1980). 혼돈으로부터의 질서(Prigogine & Stengers, 1984), 즉 환경의 분석 불가능성을 상정하는 비균형모형의 경우에는 이러한 대전제가 뿌리째 흔들린다는 것이다.

균형모형은 자생이론(theory of autopiesis)과 제2의 인공지능학파(Maruyama, 1963)에 의해 도전받게 되었다. 자생이론에 의하면, 체제는 운영 규범으로부터의 이탈을 규제하고 수정하는 부정적 환류 과정을 유지함으로써 안정된 균형을 유지할 수 있고, 또한 새로운 조건의 변화를 수용하기 위해 규범을 수정할 수 있게 해 주는 이중적 순환학습(double-loop learning)[13]의 능력을 개발함으로써 스스로 진화해 갈 수 있다. 이러한 관점에서 자생이론은 프리고진과 스텐거스(Prigogine & Stengers, 1984)의 혼돈이론에 입각한 '분산구조(dissipative structure)'[14]에 관한 연구와 일맥상통한다. 그뿐만 아니라 이러한 분산구조 개념을 사회 체제에 적용하려는 시도가 자생이론 혹은 자기조직화라 할 수 있다.

자생이론 혹은 자기조직화라는 개념을 이해하려면 혼돈이론에 대한 설명이 필요하다. 이러한 혼돈이론은 신과학(new science), 비선형 역학(non-linear dynamics), 자기조직화 이론(self-organization theory), 복잡계 이론(complexity theory) 등으로 불린다. 원자론 및 기계론(atomism and mechanism)을 근간으로 질서정연한 세계관을 갖는 뉴턴의 기계론적 패러다임에 입각한 전통적인 과학은 작은 입력으로 균등하

13) 이중적 순환학습의 개념에 대해서는 제1부 제2장 제3절 '두뇌로서 조직'에서 좀 더 자세히 다루기로 한다.

14) 엔트로피가 없는 비균형 상태를 유지할 수 있는 자기조직화 체제를 의미하며, 균형 체제와 대비되는 개념이다.

게 작은 효과를 거둘 수 있는 선형 관계 및 인과 관계가 관심의 대상이며, 안정, 질서, 균형 및 평형 등을 강조하는 경향이 있다. 이에 반해 혼돈이론은 작은 입력으로 막대한 효과를 유발시킬 수 있는 비선형 관계 및 순환고리적 상호 관계, 그리고 시간의 흐름에 더욱 민감한 일시성 등에 주의를 돌리고 있다. 혼돈이론이 특별히 관심을 끌고 있는 이유 중의 하나는 오늘날의 사회적 변화의 특징을 설명할 수 있는 무질서, 불안정, 다양성, 비평형 등을 부각시키고 있기 때문이다.

조직이 환경에 수동적으로 적응한다는 관점이나 적극적으로 환경을 조작한다는 관점, 환경과 상호작용할 수 있다는 관점 등의 대전제는 질서정연함 속의 질서(order in the orderliness), 즉 분석 가능한 환경을 상정하는 균형모형의 경우에만 타당하다. 그러나 혼돈으로부터의 질서(order out of chaos), 즉 분석 불가능성을 상정하는 비균형모형의 경우에는 변화나 갈등을 당연한 것으로 간주하는 것이 유용할 수도 있다. 일반적으로 균형모형은 체제의 균형을 파괴할 우려가 있는 변화를 위기로 인식하나, 비균형모형에서는 자기혁신의 호기로 인식될 수 있다. 문자 그대로 위기는 위험과 기회를 동시에 함축하고 있는 것이다.

혼돈이론에 의하면, 모든 체제들은 끊임없이 '요동'치고 있는 종속적인 체제들을 포함하고 있다고 한다. 라이퍼(Leifer, 1989)는 환경으로부터의 위기가 증가함에 따라 환경의 분석 가능성의 정도가 떨어질 뿐만 아니라 항상성의 유지 자체가 곤란해지는 분기점(bifurcation point)에까지 이르는 혁명적인 순간에는 변화가 어느 방향으로 일어날 것인가 하는 것을 미리 결정하는 것이 본질적으로 불가능하다고 주장한다.

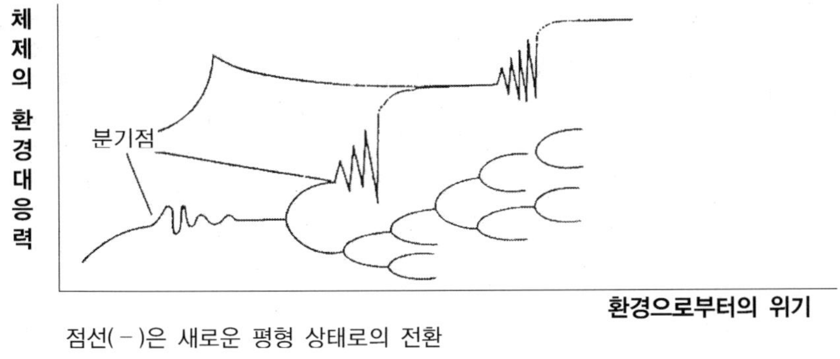

그림 1-2-3 분산구조

자료: Leifer(1989 : 899-916)를 수정 보완.

즉, 체제가 '혼돈' 속으로 와해되어 갈지, 또는 요동을 통한 새로운 동태적 질서([그림 1-2-3]의 직선 부분)라고 부르는 좀 더 고차원의 질서 내지는 조직화의 방향으로 도약할지 알 수 없다는 것이다.

분산구조모형이 시사하는 바는 조직이 분기점에 도달하는 경우 과거와는 전혀 다른 자기혁신적 방법으로 조직을 운영해야 한다는 것이다. 그렇다면 환경에 대한 조직의 수동적 적응, 구조적 타성(structural inertia)으로 인한 유지 보존(retention) 과정의 한 형태로서 관료제화를 극복시켜 줄 수 있는 방법은 무엇인가? 자기조직화를 가능하게 해 주는 홀로그래픽 조직설계(holographic design)를 위해 다음의 네 가지 상호 기능적으로 연관된 조직화 원칙들이 필수적인 방법이다.

첫째, 여러 기관에 한 가지 기능이 혼합되는 중첩성(overlapping)과 동일 기능이 여러 기관에서 독립적으로 수행되는 중복성(duplication) 등을 포괄하는 개념(Landau, 1973; 백완기, 1992)인 가외적 기능의 원칙(principle of redundant functions)이다. 그러나 현대 조직에서 필요한 지식과 기술의 범위는 너무나 광대하여 과연 어느 정도의 가외성을 확보하는 것이 바람직한가 하는 문제가 대두된다.

둘째, 이러한 문제에 대한 해답을 줄 수 있는 것이 이미 체제이론에서 살펴본 필요다양성의 원칙이다. 이 원칙은 어떤 한 체제가 환경에 의해 제기된 문제에 효과적으로 대처하려면 그 자기규제적인 체제(self-regulating system)의 내부적인 다양성은 당면한 환경의 다양성과 복잡성에 상응해야만 한다는 것을 제시한다.

셋째, 절대적으로 필요한 핵심적인 사항 이외에는 세부적인 표준운영절차(SOP)를 지정해 주어서는 안 된다는 핵심적 사항에 대한 최소한의 구체화 원칙(principle of minimum critical specification)이다.

넷째, 규범이 행동의 적절한 근거가 되는가의 여부를 판단하는 기능인 학습을 위한 학습의 원칙(principle of learning to learn)이다(Morgan, 1986 : 77-109).

이러한 네 가지 원칙이 상호 기능적으로 작용하는 조직은 분기점에 도달하는 경우 '요동을 통한 새로운 동태적 질서(new dynamic order through fluctuations)', 즉 분산구조(dissipative structure)로의 끊임없는 자기혁신이 가능하다.

혼돈이론에 근거한 자기조직화는 균형체제 모형으로는 극복하기 어려운 관료제조직의 자기혁신에 많은 시사점을 던져 준다. 일부 혁신적인 조직들은 주요 운영 부문들을 재구조화하는 데 이 원칙을 적용하기 시작했다. 이러한 자기창조적 발상은 관료제적 타성에 젖어 있는 경우 쉽게 나오기 어려운 것이다. 국민의 민원을 처리하는 부서와 급변하는 환경에 직면한 행정조직에 우선적으로 자기조직화 개념을 적용한 관료제의 자기혁신 방안을 고려해 볼 필요가 있다.

5) 개방-자연적 조직이론에 대한 평가

개방-자연적 조직이론은 조직환경의 중요성을 강조하면서 조직이 목표 달성보다는 생존을 중시하고 조직 속에 흐르고 있는 비공식성·비합리성에 초점을 맞춰 규칙만으로는 설명하기 힘든 조직의 비합리적인 동기적 측면을 중점적으로 다루고 있다. 따라서 조직 내 하위 체제 간 상호의존성을 강조하기보다는 각 하위 체제가 하나의 독립적인 단위로 자기조직화의 행태를 보인다는 것을 강조하는데, 또한 이러한 시각은 결국 조직관에서 수동성보다는 능동성을, 폐쇄성보다는 개방성을, 권위적 신념보다는 민주적 탐구의 중요성을 강조하는 것으로 대부분의 조직에서 이것은 상당한 기간 동안의 '인성의 변화'를 요구한다는 점에서 오늘날 조직학습, 학습조직 및 조직문화의 이론들로 설명된다(김인수, 2005 : 74). 그러나 개방-자연적 조직이론은 조직의 비합리적인 면을 강조한 자체는 높이 살 만하지만 그러한 비합리성을 탈피하는 방안은 찾기 힘들다. 비합리적이고 무질서한 조직을 그대로 설명만 하는 조직이론인 것이다.

5 조직이론 분류에 대한 평가

스콧이 제시한 네 가지의 조직이론 분류는 합리성과 환경이라는 두 가지 차원에서 조직이론을 유형화하고, 역사적으로 조직이론의 발전 과정을 비교적 상세히 설명할 수 있다는 점에서 높게 평가할 수 있다. 하지만, 다음의 두 가지 점에서 비판이 제기될 수 있다.

첫째, 조직이론이 폐쇄적 이론에서 개방적 이론으로, 합리적 이론에서 자연적 이론으로 발전해 오고 있다고 전제함으로써 자칫 폐쇄-합리적 조직이론은 아주 낡고 오래된 이론으로 이해될 수 있는 오류를 내포하고 있다. 하지만, 조직 현상과 조직 행태를 설명하는 데 폐쇄-합리적 이론의 영향은 지대하고 현재까지도 크게 영향을 미치고 있다고 할 것이다. 예컨대, 1990년 이후에 행정학계의 새로운 흐름으로 자리잡고 있는 신공공관리론(new public management : NPM)은 폐쇄-합리적 조직이론의 대표자라 할 수 있는 과학적 관리론의 새로운 형태라고 할 수 있다.

둘째, 스콧의 조직이론 분류는 조직에 대해 두 가지 차원에서 비교적 단순하게 조직이론을 설명했다는 평에도 불구하고, 지나치게 단순화하여 조직에 대한 이론들의 독립적 특성을 다소 무시할 수 있다는 것이다. 예컨대, 개방-자연적 조직이론에서는 조직군 생태이론, 자원의존이론, 혼돈이론 등 그 가정과 전제가 상당히 다른 조직이론들을 하나의 범주에 포함시키는 문제를 드러내게 된다.

이에 대한 비판을 극복하기 위해서는 조직을 바라보는 새로운 시각이 필요하다. 스콧의 조직이론 분류에 대한 보완적 시각으로써 모건의 여덟 가지 조직 이미지가 그것이 될 수 있다. 왜냐하면, 모건(Morgan, 2007)은 조직이론의 역사적 발전보다는 조직을 바라보는 이미지를 횡단면적으로 제시하고 있고, 스콧의 단순화된 네 가지 이론 분류에서 뛰어넘어 여덟 가지의 이미지를 제시하고 있기 때문이다.

제 3 절 조직을 바라보는 여덟 가지 시각

모건이 제시한 '조직에 관한 여덟 가지 시각'에 대한 아래의 설명은 최천근 · 이창원(2012)의 논문에 수록된 내용을 발췌한 것이다.

모건은 은유(metaphors)를 활용하여 조직을 이미지화함으로써 단순히 조직 현상의 이해를 넘어 이론과 실제를 연결하는 고리가 되고 결과적으로 조직 현상의 문제해결과 변화관리의 실질적인 통찰력을 얻고자 노력했다. 모건은 그의 저서 『조직의 이미지(*Images of Organization*)』에서 조직을 기계장치, 유기체, 두뇌, 문화, 정치체제, 심리적 감옥, 끊임없는 변환 과정, 지배 도구 등 여덟 가지의 은유를 통해 들여다보고 각각의 은유를 활용함으로써 얻을 수 있는 장점과 약점을 제시하고 있다(박상언 · 김주엽, 2004). 또 실제 사례를 제시하여 분석하는 방법을 통해 자신이 창조한 이미지(은유)들이 실제 조직 상황에서 어떻게 활용될 수 있는지를 제시해 주었다. 다음에서는 조직에 대한 다양한 시각을 가질 수 있도록 모건이 제시하는 조직의 여덟 가지 이미지들을 소개하고자 한다(Morgan, 2007).

1 은유의 정의

모건(Gareth Morgan)은 『조직의 이미지』에서 상징적인 방법으로 조직을 설명하고자 은유(metaphors)를 활용했다. 모건은 은유를 "경험에서 오는 하나의 요소를 다른 요소로 이해하려는 시도"라고 정의했다(Morgan, 1997 : 13). 결국 은유는 A는 B라는 가정을 통해 표현되는데, 은유라는 틀은 A를 이해하는 데 특정한 형태로 사물을 바라보는 시각(the way of thinking)을 형성시킨다. 일상에서 은유를 피할 수 없다. 주변의 환경을 이해하려는 노력들은 모두 은유를 활용한다고 해도 과언이 아니다. 하지만 하나의 은유나 이론으로 사회 현상을 완벽히 이해할 수는 없다. 우리는 보충적이고 대립적인 시각을 가지기 위해 다양한 은유를 활용해야 하고, 다양한 시각의 장점을 활용하여 진실을 이해할 수 있다(Morgan, 1997 : 4).

모든 이론이 일반화된 경험들로 구성되어 있다는 점에서 은유를 사용한다는 것은 어떤 이론의 적용에 시사하는 바가 크다. 첫째, "경험에서 오는 하나의 요소를 다른 요소로 이해하려는 시도"는 편향된 입장을 취하게 한다. 둘째, 은유의 사용은 현상의 왜곡(distortion)을 초래한다. 셋째, 하나의 은유를 통해 현상을 보기로 결정한다는 자체는 다른 은유를 통해 현상을 보지 않겠다는 것을 의미한다.

은유는 현대 조직을 바라보고 형성하는 방식을 창조한다. 어떤 은유는 매우 설득력이 있다는 장점이 있으나, 통합적인 시각을 저해할 수 있다는 단점이 있다. 모건의 은유적 접근 방법이 갖는 진정한 장점은 동시에 다양한 은유들을 활용함으로써 통합적 시각을 가질 수 있도록 한다는 것이다. 다만, 주의해야 할 점은 조직에 관한 모든 이론이 '편향된 방법'으로 어떤 현상을 보고 이해하고 상상하도록 유도하는 내재적인 이미지에 기초하고 있다는 생각을 인식하는 것이다(Morgan, 1997 : 348). 조직에 대한 어떤 이미지를 사용한다는 것은 특정한 시각으로만 조직 현상을 보도록 하는 함정에 빠뜨릴 수 있고, 다른 이미지를 사용하는 시각들도 조직 현상을 이해하는 데 필요한 경우가 있다. 조직 현상을 바라보는 다른 방식을 만들기 위해 다른 이미지를 사용할 때에야 비로소 조직 현상을 다양한 시각에서 이해할 수 있다. 다양한 은유들은 서로 연결되어 있으면서 공명하기 때문에 다양한 은유를 사용하는 것이 대단히 중요하다(Morgan, 1997 : 350).

2 기계장치로서 조직

모건은 조직의 여덟 가지 이미지 중 먼저 기계장치로서 조직(organizations as machines)을 제시한다. 이는 조직을 효과적으로 작동하는 기계와 같은 존재로 취급하는 것을 의미한다. 대표적인 이론으로는 프레더릭 대왕(Frederick the Great)의 군대조직, 테일러(F. W. Taylor)의 과학적 관리론, 페이욜(H. Fayol)의 일반관리 원칙, 베버(M. Weber)의 이념형 관료제 등을 들 수 있다.

모건은 프러시아 제국의 프레더릭 대왕을 '기계장치로서 조직'이라는 은유를 창조한 사람으로 지칭한다. 프레더릭은 1740년부터 1786년까지 프러시아 제국을 다스렸으며, 그 동안 군대조직을 기계적 조직의 원형으로 발전시켰다. 프레더릭 대왕의 원칙으로 유명한 것은 프러시아 군사들은 적군을 두려워하는 것보다 아군의 상사를 더 두려워해야 한다는 것이다(Morgan, 2007 : 15). 프레더릭 대왕의 사상은 테일러에게로 직접적으로 연결된다.

테일러는 포드 자동차의 조립 라인과 같은 작업의 조직화를 결정하는 산업화 시대의 공학으로서 과학적 관리론(scientific management)을 개발했다. 테일러는 다섯 가지의 간단한 원칙을 주창했다. 첫째, 작업의 조직에 관한 모든 권한을 근로자에게서 관리자에게로 전환시킨다. 둘째, 작업이 진행되어야 하는 정확한 방식을 구체화하기 위해 과학적 방식을 사용해야 한다. 셋째, 적합한 인물을 선택한다. 넷째, 작업자를 훈련시킨다. 다섯째, 근로자의 실적을 평가한다. 테일러의 다섯 가지 원칙은 노무형 작업과 사무형 작업 모두에 상당한 영향을 미쳤다.

베버는 현대 사회학의 창시자 중의 한 사람이다. 베버는 이념형 관료제를 개발했는데, 관료제(bureaucracy)를 작업의 분할, 계층제적 감독, 세밀한 규칙과 규제를 통해 달성할 수 있는 정확성, 신속성, 명확성, 규칙성, 신뢰성, 능률성을 강조하는 조직의 형태라고 정의했다. 관료제는 모든 시민을 공평하게 대우하고, 정치적 통제가 가능하기 때문에 현대 행정조직에서 폭넓게 채택되었다.

기계장치로서 조직을 바라보는 시각의 장점은 기계, 지식정보 체제, 로봇이 잘 작동하는 조건에서는 잘 적용될 수 있다는 것이다. 그 조건들은 1) 수행하는 작업이 간단할 때, 2) 생산되는 산출물이 적합하다고 보장할 정도로 환경이 안정적일 때, 3) 계속해서 동일한 제품을 생산하기를 원할 때, 4) 정확성이 요구될 때, 5) 근로자들이 조직 논리에 순응하면서 행동할 것으로 여겨질 때를 포함한다.

하지만 기계장치로서 조직을 바라보는 시각은 인간의 역량을 개발하기보다는 오히려 제한하는 경향이 있고, 사회적 경제적 변화의 속도가 빨라지면서 이러한 시각의 한계는 더욱 분명하다. 그 이유는 첫째, 현대 조직의 환경은 때때로 적대적이고 비협력적이다. 둘째, 기계적으로 구조화된 조직은 조직혁신에 반하고, 상하좌우로 분화된 기계적 구조는 할거주의를 초래하기 쉽다. 셋째, 인간은 실수와 문제의 근원을 숨기게 되어 필요한 정보가 왜곡될 수 있다. 따라서 관리자들은 실제 문제가 무엇인지, 어떻게 해결해야 하는지 종종 알 수 없다. 넷째, 높은 수준의 전문화가 이뤄진 곳에서는 한 분야의 행동이 다른 분야의 이해에 반해서 작용할 수 있기 때문에 사회문제를 효과적으로 대응하기 곤란할 때가 있다. 다섯째, 새로운 문제가 발생해도 이미 만들어져 있는 해답이 없다는 이유로 무시되거나 이미 만들어져 있는 과정을 통해서만 관리된다. 여섯째, 계층제적 통제 체제는 근로자의 성과를 감독하지 못할 뿐만 아니라, 근로자는 통제에 의존하면서 자기 책임성을 느끼지 못한다.

3 유기체로서 조직

다음으로 유기체로서 조직(oganizations as organisms)을 제시하는데, 이는 조직을 하나의 살아 있는 생명체처럼 간주하는 것이다. 조직을 유기체로 보는 이미지는 1930년대의 호손실험(Hawthorne Experiments)에서 기인한다. 조직은 생명체와 마찬가지로 욕구를 가지고 있고 환경에 대한 적응력을 필요로 한다는 것이다. 조직을 유기체로 보는 시각은 1950년대 일반체제이론이 사회과학에 적용되면서 일반화되었다고 볼 수 있다. 또 조직을 유기체로 바라보는 이러한 흐름은 인간관계론, 상황적합이론으로 연결된다.

유기체로서 조직은 조직의 생존, 환경과의 관계, 조직의 효과성과 같은 주제에 관심을 가지게 되었다. 첫째, 조직의 생존과 관련하여, 체제론자들(systems theorists)은 조직이 생존하기 위해 충족시켜야 할 주요한 조직의 행동에 관심을 가졌으며, 환경의 요구를 충족시키는 방법으로 조직화해야 한다고 주장한다. 둘째, 환경과의 관계와 관련하여, 전통적 관리론자들이 조직의 환경에 상대적으로 관심을 가지지 않았는데 비해 체제론자들은 조직의 내·외부와의 관계에 관심을 가졌다. 셋째, 조직의 효과성과 관련하여, 공식적 계층제 조직에 의존하기보다는 사회문제를 진단하고 정보를 교환하는 등 협력적 관계를 통해 문제가 해결될 수 있다고 보았다.

대표적 인간관계론자인 머슬로(Maslow, 1943)는 인간 욕구 5단계 이론을 주장했다. 즉, 인간의 욕구는 생리적 욕구, 안전 욕구, 사회적 욕구, 자기 존중의 욕구, 자아실현의 욕구로 단계가 있다는 것이다. 이에 의하면, 근로자를 임금과 안정적 근로만을 제공함으로써 동기부여하려는 관료제적 조직은 인간의 발달을 욕구계층 중에서 1단계 또는 2단계에 한정시킨다. 하지만, 욕구 5단계 이론에 의하면, 임금을 높이지 않으면서도 근로자의 참여와 헌신을 높일 수 있는 방법으로 상위 단계의 욕구를 충족시킴으로써 근로자에게 동기를 부여할 수 있다는 가능성이 있다.

모건은 종의 다양성을 표현하기 위해 민츠버그(Mintzberg, 1979)가 분류한 다섯 가지 조직 유형을 소개했다. 효과적인 조직은 구조적 설계, 조직의 나이, 크기, 기술, 생태계의 조건 간의 관계가 결합적일 때 가능하다. 예를 들어 설명하자면, 첫째, 기계적 관료제와 분할된 구조는 과업과 환경이 간단하고 안정적일 때에만 효과적이다. 집권화된 체제는 변화에 둔감하다. 둘째, 직원들에게 상당한 자율권을 부여하는 전문화된 관료제는 병원과 같은 공공조직에 적합한 것으로 나타났다. 왜냐하면, 전문 기술을 가진 직원들은 과업을 수행하는 데 자율과 재량이 필요하기 때문이다. 셋째, 간단한 구조는 불안정한 환경에서 잘 작동한다. 왜냐하면, 간단한 구조를 가진 조직은 비공식적이고 탄력적이기 때문이다. 넷째, 애드호크라시(adhocracy) 조직은 간단한 조직과 같이 불안정한 환경에서 잘 작동한다. 왜냐하면, 애드호크라시 조직[15]은 유기체적인 조직으로 복잡하고 불확실한 과업을 수행하는 데 매우 적합하기 때문이다.

조직을 유기체로서 바라보는 시각은 왜 조직이 유기체적 형태로 변화하고, 어떻게 유기체적 형태로 변화하는지를 설명하고, 조직의 생존을 조직의 주요한 목적으로 강조한다. 또한, 유기체로서 조직 이미지는 조직과 환경과의 관계를 이해하는 데 도움을 준다. 하지만, 유기체로서 조직이라는 은유를 지나치게 활용해서는 안 된다. 왜냐하면 조직은 언제나 통합적이고 기능적인 결합체는 아니기 때문이다. 모건은 "조직

15) 애드호크라시 조직에 대해서는 제4부 제5장 제2절에서 자세하게 다루기로 한다.

은 비전, 사상, 규범, 신념 등의 산물이기 때문에 조직의 형태나 구조는 유기체적 구조에서 보는 것보다 훨씬 섬세하고 잠정적이다"고 경고한다(Morgan, 2007 : 71). 나아가, 유기체로서 조직 이미지는 규범적 지침으로서 기능하게 되면, 인간은 자신의 운명을 개척해 나가는 존재로 간주하기보다는 인간관계론자들이 가정하듯이 조직에 의해 동기부여되는 대상으로 여겨질 수 있는 위험이 있다.

4 두뇌로서 조직

모건은 두뇌로서 조직(organizations as brains)도 제시한다. 두뇌로서 조직은 조직에 관한 다른 이미지들과는 상당히 다른 아주 특이한 은유다. 두뇌는 작은 변화를 통해 끊임없이 개선해 나가는 특성을 지닌다. 이는 원인과 결과의 사슬에 의존하는 대부분의 기계장치와는 구별된다. 두뇌로서 조직 이미지를 이해하기 위해 두뇌와 같은 조직이 어떻게 작동하는지를 이해할 수 있는 네 가지 방법을 소개한다. 제한된 합리성, 정보 처리 체제, 학습조직, 홀로그래픽적 조직으로 보는 시각이 그것이다.

사이먼(Herbert Simon)은 대부분의 의사결정이 제한된 합리성(limited rationality)에 기초하고 있다고 주장했다. 여기서 제한된 합리성란 두뇌와 같이 움직이는 조직을 의미한다. 조직의 구성원들의 정보 처리 역량은 완벽할 수 없기 때문에 조직 자체가 완벽하게 합리적일 수 없다. 다시 말해, 구성원들은 가능한 조치와 그 결과에 대한 불확실한 정보에 기초하여 행동을 하고, 어떤 의사결정과 관련하여 제한된 수의 대안들만 고려할 수 있으며, 대안의 최종 결과에 대한 정확한 가치 판단을 내리지 못한다.

1940년대 위너(Wiener, 1948)는 사이버네틱스(cybernetics)라고 불리는 인공 지능에 관한 이론을 개발했다. 연구 결과에 따르면, 시스템이 스스로 통제할 수 있으려면 정보의 교환과 부정적 피드백(negative feedback)이 중요하다. 사이버네틱스 원리에 기초하여 조직의 의사전달과 학습에 관한 일곱 가지의 주요 원칙을 도출했다. 첫째, 조직은 주변 환경의 주요한 국면을 감지하고, 점검하며, 훑어보는 능력을 가져야 한다. 둘째, 조직은 환경에 대한 정보를 조직 행태에 대한 운영 규범과 연결시킬 수 있어야 한다. 셋째, 조직은 운영 규범에서 벗어나는 주요한 일탈 행위를 간파할 수 있어야 한다. 넷째, 조직은 규범과 일탈 행위 사이의 차이가 간파되면 이를 교정하기 위한 조치를 취할 수 있어야 한다. 다섯째, 조직은 규범에서 벗어나는 행동을 발견하기 위해 더 큰 환경에서의 변화를 훑어보고 예측해야 한다. 여섯째, 조직은 운영 규범에 의문을 가지고 바꿀 수 있는 능력을 개발해야 한다. 일곱째, 조직은 적합한 전략적 목표가 자연적으로 도출되도록 허락해야 한다.

프리브람(Pribram, 1971)은 두뇌가 홀로그래픽적 원리에 따라 기능한다고 주장했다. 즉, 기억이라는 것은 두뇌의 여러 곳에 저장되어 있다가 두뇌의 어느 곳에서든 다시 재구성될 수 있다. 홀로그래픽적 특성은 지식의 분권과 분산을 의미하는데, 다섯 가지 원칙으로 표현된다. 첫째, 테일러의 분할의 원칙에 반해, 조직의 비전, 가치와 역할 등은 전체 조직에서뿐만 아니라 조직의 각 부분에서도 온전히 기능해야 한다. 둘째, 스스로 조직할 수 있는 능력을 가진 조직은 어느 정도의 가외성(redundancy)을 허용한다. 가외성을 지닌 부분을 허용함으로써 다른 부분에서 고장이 나더라도 이를 대체하고 전체 조직이 유지될 수 있도록 돕는다. 셋째, 환경을 통제하려는 조직은 통제를 받는 환경만큼이나 복잡하고 다양해야 한다. 왜냐하면, 어떤 조직을 온통 같은 생각을 가진 사람들만으로 구성하게 된다면 집단사고의 함정에 빠질 수 있기 때문이다. 따라서, 필수적 다양성(requisite variety)이 요구된다. 넷째, 홀로그래픽의 원리는 자유로움을 전제로 한다. 즉, 홀로그래픽 조직에서 일하는 사람들은 조직의 구체적인 규범이나 관료제적 규칙에 얽매이기보다는 조직을 이끄는 비전이나 전략, 로드맵, 기대되는 결과를 공유한다. 다섯째, 홀로그래픽 조직은 학습 양식(learning to learn)의 과정을 촉진시켜야 한다는 관리적 철학을 지지한다.

두뇌로서 조직이라는 이미지는 '학습조직'을 창조할 수 있는 능력과 방법을 제공해 줄 뿐만 아니라 중앙통제적 시스템에 의존하는 기존의 조직관리 사고틀에 심각한 의문을 제시하고 있으며, 새로운 통제 방식의 가능성을 제공해 준다(박상언 · 김주엽, 2004). 단일순환 학습(single-loop learning)은 주어진 조직의 운영 규범에 맞춰 실수를 찾아내고 수정해 나가는 학습활동을 말한다. 많은 조직이 환경을 관찰하고, 목표를 설정하며, 목표에 대한 조직의 성과를 점검하기 위해 학습활동을 전개한다. 하지만, 단일순환 학습은 조직이 주어진 운영 규범의 범위 내에서 행동을 수정한다는 점에서 제한적 학습활동이다. 이중순환 학습(double-loop learning) 또는 학습 양식(learning to learn)은 운영 규범의 적절성 자체에 의문을 제기함으로써 어떤 상황을 여러 차례에 걸쳐서 탐구한다. 이중순환 학습이 성공하기 위해서는 변화를 두려워하지 않고 손해 발생 가능성을 수용하는 문화를 만들어야 하며, 합의를 이끌어내는 과정에서 조직 내 의견 차이를 조장하는 분위기도 필요하다. 규칙이 학습 과정을 방해하는 관료화된 조직에서는 조직학습(organizational learning)이 어렵다. 왜냐하면 관료주의는 분할적 형태의 사고와 행동을 초래하기 쉽기 때문이다. 관료화된 조직의 하부조직은 그 하부조직의 목표를 조직 전체의 목표에 우선하여 추구하기 때문에 전체 조직의 이해와는 다른 전략에 기초하여 운영되기도 한다. 조직의 진정한 역량은 스스로 조직할 수 있고 모든 구성원이 관여하는 집단 지성에 의해 형성되는 상호작용의 네트워크를 어떻게 창출하느냐에 달려 있다.

두뇌로서 조직 이미지는 몇 가지 한계가 있다. 첫째, 두뇌로서 조직은 규범적 차원에서만 작동할 수 있다. 두뇌로서 조직은 두뇌로서 조직으로 운영하는 것이 부적합할 때에도 두뇌로서 조직이 활용되어야 한다고 조직관리자들에게 강요할 수 있기 때문이다. 둘째, 조직 내부의 권력과 통제라는 현실을 도외시한다. 셋째, 조직을 이상적으로만 생각하여 학습조직처럼 운영하면, 조직 내부에서 다양한 저항을 불러일으킬 수도 있다.

5 문화로서 조직

조직이 바로 조직문화 자체라고 보는 관점이다. 모건은 문화를 "사회 체제에서 지식, 사상, 가치, 법규 및 일상 의식의 발전 형태"라고 정의한다(Morgan, 2007: 120). 문화로서 조직(organizations as culture) 이미지는 조직이 단순히 목표를 달성하고자 하는 도구적 존재만이 아니라, 그 자체가 하나의 문화적 실체라고 보는 것이다. 즉, 조직은 구체적인 구조나 규칙이나 관계에서 발견될 수 있는 것처럼 조직구성원의 마음속에서 "사회적으로 구성되는 현실(socially constructed realities)"이기도 하다(Morgan, 2007: 141).

조직문화와 하부문화(subculture)를 파악하는 방법은 연구자가 내부자의 입장이 아니라 관찰자(outsider)의 입장에서 구성원들이 속해 있는 집단이나 조직의 일상적인 활동을 관찰함으로써 가능하다. 이를 통해 연구자들은 조직의 행동이 그 조직의 지식, 이념, 가치, 법규, 일상의 의식과 연결되었다는 사실을 발견할 수 있다. 다수의 의사결정은 무의식적으로 결정되기 때문에 다양한 형태의 조직문화는 일상의 규칙적 활동에서 발견될 수도 있다. 사무직 근로자를 두고 있는 두 개의 작은 회사를 예로 들어보자. A회사는 여성 근로자가 50% 이상이고, 협력적인 분위기가 조성되어 있으며, 거의 모든 근로자는 육아를 위해 일찍 퇴근한다. 새로운 업무는 주중 일과 시간에 배당된다. B회사는 여성 근로자가 10% 정도를 차지하고, 매우 경쟁적인 분위기가 있으며, 열정적인 직원들은 밤늦게까지 일한다. 새로운 일이 생기면 오후 늦은 시각에 몇몇 열심히 일하는 직원에게 부여한다. 두 회사 사이에 새로운 일을 부과하는 방법에서의 차이는 바로 두 회사에 존재하는 문화의 차이 때문이다.

문화로서 조직 이미지를 사용함으로써 조직과 환경의 관계가 사회적으로 구성된다는 사실을 인정할 수 있다. 모건에 의하면, 조직은 내부 운영 체계를 조직할 때 조직을 둘러싼 환경도 구성한다. 다시 말해, 조직의 미션이 무엇이고, 조직을 둘러싼 환경이 어떠한지 정의하는 자체가 조직의 미션과 환경을 구성하는 것이다(Morgan, 2007: 148). 조직문화는 사회적 상호작용의 과정에서 만들어지고, 조직문화는 다시 조직의 특징을 결정짓게 된다. 따라서 조직의 문화는 사전에 고정된 것이 아니라, 계속해서 변화하고 현실을 미리 구성해 가는 과정이라고 이해할 수 있다.

조직문화는 중요하기 때문에 관리자들은 조직문화의 개발을 이해해야 한다. 심지어 어떤 관리자들과 컨설턴트들은 조직문화를 조작의 대상으로 이해하고, 구호의 수준에서 문화를 이해하고자 한다. 즉, 조직문화를 가치공학(value engineering)의 일종으로 보고 조작이 가능한 가치, 스토리, 규범, 의식과 같은 것으로 간주한다. 하지만, 새로운 형태의 문화를 만드는 것은 새로운 조직을 만드는 것만큼이나 어렵다. 가장 큰 어려움은 조직 내에서 공유되는 적절한 가치 체계를 창출하는 것이다. 문화적 변화는 기존에 당연한 것으로 인정되고, 내면화되어 조직의 모든 영역에서 활용되고 있는 공유된 가치 체계의 변화를 의미하기 때문에 상당한 저항을 불러일으킬 수 있다.

요약하면, 조직을 문화로서 인지했을 때 조직의 관리가 구조나 전략 외에도 조직의 핵심 가치나 구성원들의 공유된 신념 등에 의해 상당한 영향을 받는다는 것을 깨닫게 해준다. 나아가 조직의 변화관리를 성공적으로 이끌어 나가기 위해서는 조직문화와의 적합성을 확보해야 한다는 함의를 제공해 준다. 하지만, 문화로서 조직을 보는 시각은 맹목(blindness) 또는 자기민족 중심주의(ethnocentrism)를 초래할 수 있다는 지적이 있다. 사람들이 정상이라고 여기는 규범은 자칫 그 규범에 순응하지 않는 행동들은 모두 비정상적인 것으로 볼 수 있기 때문이다.

6 정치적 존재로서 조직

정치적 존재로서 조직(organizations as political systems)은 자신의 이해를 두고 투쟁하는 모습으로 조직을 바라보는 시각으로 합리적이고 안정적인 존재로서 조직을 바라보는 전통적 시각에서 벗어나 있다. 즉, 조직은 상호 대립적인 이익을 추구하는 다양한 세력의 경쟁과 갈등의 장이자 타협을 이뤄가는 장이라는 것이다. 이렇게 조직을 바라볼 때 조직은 표면적으로는 조화로운 협동 체제처럼 보이지만 실제로는 다양한 정치활동이 발생하고 있다는 것을 알 수 있게 되며, 조직 변화에 대한 저항 등이 왜 발생하는지 등에 대한 의문을 해결하는 실마리를 제공해 준다.

조직의 구성원들 사이에는 다양한 의견이 존재한다. 다양한 집단과 구성원들은 조직 전체의 이해를 추구하기보다는 자신들의 특수한 이해를 추구하기 위해 싸우기도 한다. 조직의 정치 과정은 갈등 상황과 권력싸움에서 쉽게 발견할 수 있다. 모건은 "구성원들이 다른 생각을 가지고 다르게 행동하기를 원할 때 조직의 정치 과정이 이뤄진다"고 주장한다(Morgan, 2007 : 167). 갈등은 조직 내에서 항상 존재한다. 어떤 이유에서든 어떤 형태로 발생하든 갈등의 원천은 이해관계의 차이에 있다. 갈등의 결과는 관련된 행위자들 사이의 권력 관계에 달려 있다. 권력이 큰 사람이 이긴다. 모건은 조직을 민주적으로 관리하는 것이 가능한지에 대해 다소 부정적이다. 직원들의 협력적 관계조차도 관리자들에 의해 조장된 것이고, 조직행동을 결정하는 권력은 소수의 개인이나 집단에 놓여 있기 때문에 조직관리는 민주적이라기보다는 독재적이다.

정치 체계로서 조직 이미지는 조직의 합리성에 대한 허구를 밝히는 데 도움을 준다. 즉, 합리적이라면 이는 누구를 위한 것인가, 누구의 목적을 위해 움직이고 있는가, 어떤 이해를 위해 일하고 있는가 하는 질문을 던지다 보면 '합리성'이라는 것의 실체를 알게 된다. 합리성은 어떤 이해에 기초하고 있기 때문에 조직에서 말하는 합리성은 다양하게 정의될 수 있다(Morgan, 2007 : 209). 나아가, 정치 체계로서 조직 이미지는 조직의 구성원이 정치적 행위자로 변하는 이유를 설명한다. 하지만, 학자들이 조직을 정치 체계의 시각으로 보게 되면 조직의 모든 행동을 정치적 결과물로 해석하는 위험에 빠질 수 있다. 왜냐하면, 조직의 모든 행동이 정치적 결과물은 아니며, 합리적 결정에 의하거나 우연에 의해 결정되기도 하기 때문이다.

7 심리적 감옥으로서 조직

심리적 감옥으로서 조직(organizations as prison metaphor)은 구성원들이 스스로 만들어 놓고도 스스로 그 속에 갇혀버리고 마는 심리적 감옥으로 조직을 바라보는 시각을 의미한다. 심리적 감옥으로서 조직 이미지는 조직 행태를 합리성의 문제뿐만 아니라, 무의식(unconsciousness) 또는 무기력(powerlessness)의 문제로 바라본다.

정신분석학자 융(Carl G. Jung)에 의하면, 인간의 정신은 시간과 공간의 한계를 뛰어넘는 집단적 무의식(collective unconsciousness)에 의해 결정된다. 자기 이해와 인간 본성에 대해 완전히 이해하기 위해서는 자기 성격의 경쟁적 요소를 인지해야 한다. 조직문화를 형성하는 의미 유형은 무의식적인 요소에 의해 결정될 수 있고, 무의식의 분출은 자아 실현의 효과를 가진다. 융이 개인 차원에서 자기 이해를 발전시키려고 했다면, 모건은 조직 차원에서 자기 이해를 발전시키려고 했다. 만약 조직 차원에서 자기 조직에 대한 이해를 하지 못한다면, 그 조직은 '심리적 감옥(a psychic prison)'에 갇히게 될 것이라고 주장한다. 즉, 통제할 수 없는 무의식의 세계를 지금 당장 다루지 않는다고 할지라도, 그 무의식의 세계가 없어지지는 않으며, 오히려 나중에 다시 나타날 것이다(Morgan, 2007 : 244). 심리적 감옥으로서 조직 이미지에 의하면, 우리가 조직에 대해 바라볼 때 지나치게 합리적으로 이해하려고 한다고 지적한다. 합리성을 과장하는 것은 비합리적이라는 것을 위장하기 위한 것일 수도 있다. 모건에 의하면, 합리성과 비합리성은 동전의 양면이고, 합리성을 지나치게 강조하게 되면 현상의 왜곡과 기능 장애가 발생하게 된다(Morgan, 2007 : 246).

예컨대, 조직문화는 집단사고(groupthinking)와 같은 감옥에 구속된 것일 수도 있다. 모건은 미국의 케네디 정부 시절 피그만 침공 사건에서 나타난 집단사고 등을 그 예로 들었다. 즉, 미국 중앙정보부(CIA)의 계획은 피그만 침공의 성패와 관련된 기본적 가정에 대한 진지한 비판 없이 진행되었고, 나중에 그 계획은 실패로 끝났으며, 자칫 핵전쟁으로 발전될 수도 있었다.

심리적 감옥으로서 조직의 이미지는 조직을 바라보는 다른 이미지에 대한 비판적 시각을 견지한다. 먼저, 기계장치로서 조직을 구축함으로써 20세기의 많은 조직이 산업화의 비능률에 빠지게 되었다고 비판한다. 예를 들면, 가격과 수요의 불확실성에 대응하기 위해 완충 재고(buffer stocks)를 비축해 둘 필요가 있는데, 기계장치로서 조직이라는 시각에서 보면 완충 재고 그 자체가 체제의 여유분 또는 사용되지 않는 자원이기 때문에 완충 재고는 비능률이 된다. 둘째, 조직 내에서 개인의 생존이 그 조직의 생존에 우선한다는 점을 들어 유기체로서 조직 이미지에 대해 비판한다. "인간은 자신의 기본적 신념을 지키기 위해 전쟁도 불사하고 죽음의 두려움에 기꺼이 마주한다"(Morgan, 2007 : 228). 셋째, 조직이 현재 가지고 있는 어떤 훌륭한 조직문화 때문에 새로운 도전에 직면하기를 꺼린다면 강한 조직문화가 독이 될 수도 있다는 점에서 문화로서 조직이라는 시각을 비판한다. 모건은 밀랍으로 붙인 날개로 날다가 태양에 너무 가까이 가서 밀랍이 녹아 바다로 떨어졌다는 이카로스의 신화를 예로 들면서 조직의 장점이 나중에는 몰락으로 이끄는 약점이 될 수 있다고 지적했다.

8 흐름으로서 조직

흐름으로서 조직(organizations as flux and transformation) 이미지는 왜 조직이 끊임없는 변화의 소용돌이 속에 빠져 있는지에 대한 해답의 실마리를 제공해 준다. 마치 계속해서 물이 흐르는 강에 있는 소용돌이가 조직이라고 생각해 보자. 만약 강이 흐르지 않는다면 소용돌이도 없고, 조직도 없다. 조직이론과 관리론의 역사를 보면 대체로 인간이 조직하고 예측하고 통제하는 것이 가능하다는 가정에 기초하고 있다. 모건은 복잡한 체제로 인해 조직하고 예측하고 통제하는 것은 불가능하다고 주장한다(Morgan, 2007 : 300). 비록 인간의 행동이 변화를 만들어가기도 하고 환경 변화에 따라 행동하는 것이 사실이지만, 결국에는 계속되는 변화의 부분일 뿐이다.

모건은 조직 변화의 원동력을 설명하기 위해 첫째, 자기생산(autopoiesis), 둘째, 카오스이론과 복잡성이론, 셋째, 순환적인 관계들(circular relations), 넷째, 변증법적 논리를 들고 있다. 모건은 이 네 가지의 변화 원동력이 지속적으로 작용하고 있기 때문에 조직은 지속적인 변화에 직면할 수밖에 없으며, 이러한 시각으로 조직을 바라보면 변화 기제에 대한 이해와 함께 효과적인 변화관리에 대한 단서를 얻을 수 있다고 주장한다.

9 지배를 위한 도구로서 조직

지배를 위한 도구로서 조직(organizations as domination) 이미지는 정치적 존재로서 조직 이미지와 유사하게 보이지만, 권력의 행사를 목적이 아니라 수단으로 여긴다는 점에서 차이가 있다. 지배는 권력의 비대칭적 배분의 결과이고, 권력은 비대칭적 의존에 기인한다(Morgan, 2007 : 99). 지배를 위한 도구로서 조직을 바라보는 시각은 지배계층이 자신의 이익을 위해 피지배계층을 조종하고 착취하는 존재로서 조직을 인식하는 것이다. 다국적 기업의 후진국에 대한 노동 착취 행위, 열악한 작업환경, 산업재해, 스트레스, 도시 빈민층의 양산, 사회계층 간의 갈등 등도 결국 조직의 이러한 추한 모습에서 기인한다고 볼 수 있다는 것이다.

테일러리즘의 가장 큰 장점은 권력을 가진 자에게 권력을 부여한다는 것이다. 조직은 이윤을 극대화하기 위한 수단인 동시에 작업장에서 일반적 감독과 통제를 관리자에게 부여하고 있다. 이러한 이유에서 기계장치로서 조직은 지배의 도구로 활용된다(Morgan, 2007 : 25). 베버에 의하면, 현대 사회를 이끄는 논리는 합리화를 통한 지배의 과정에 있다고 한다. 즉, 합리성의 추구가 지배의 방법이 될 수 있다는 것이다. 베버의 주요 관심은 시대와 장소에 따라 지배의 유형이 달라진다는 것이다. 카리스마적 지배는 개인의 자질에 의한 지배이고, 전통적 지배는 전통과 선례의 관점에서 지배하는 권력을 말하며, 합리적 법적 지배는 법, 규칙, 규제, 절차에 따라 정당화되는 권력에 의한 지배를 의미한다.

지배를 위한 도구로서 조직 이미지는 합리적 체계로서 조직이 초래할 수 있는 병폐와 예기치 않은 결과를 설명한다. 이윤의 창출과 조직의 확장이라는 목표를 달성하기 위해 집단이 추구하는 합리적 행동들의 결과가 노동자에 대한 착취, 환경 파괴, 자원 배분의 불공평이 될 수 있다. 따라서, 지배를 위한 도구로서 조직 이미지는 지배하는 사람들을 위한 것이 아니라, 지배당하는 사람들을 위한 조직이론을 개발하는 방법을 일깨워 준다는 장점이 있다.

그럼에도 불구하고, 지배를 위한 도구로서 조직 이미지는 몇 가지 한계가 있다. 첫째, 지배를 위한 도구로서 조직 이미지가 조직과 사회의 음모이론(conspiracy theory)과 연결될 수 있다는 것이다. 음모이론은 지배를 위한 도구로서 조직이 우연에 의한 것이 아니라 누군가에 의해 만들어진 것으로 가정한다. 이러한 논리에 의하면 근원적 사회문제의 해결책을 찾기보다는 책임질 사람이 누구인가를 찾는 데에 집중하게 된다. 둘째, 지배를 위한 도구로서 조직을 지나치게 강조하다 보면 지배 도구가 아닌 형태의 조직을 생각하지 못하게 한다. 셋째, 지배를 위한 도구로서 조직 이미지는 정치적으로 급진적 사상과 연계되어 있다는 점에서 다소 이념적이라는 비난을 받을 수 있다.

10 모건의 조직 이미지에 대한 평가

모건은 이러한 여덟 가지 조직의 이미지 중에 어느 것도 조직의 전체 모습은 아니며, 단지 부분적인 모습이거나 심지어 왜곡된 모습일 수도 있다는 점을 강조한다. 따라서 조직을 제대로 이해하고 관리하고자 하는 사람들은 가능하면 다양한 조직 은유를 활용하여 다양한 조직의 모습을 찾아보고, 다양한 은유들이 깔아놓은 조직적 맥락을 바탕으로 창의적인 문제 해결의 방법을 찾아볼 것을 권유한다(박상억 · 김주엽, 2004).

제 4 절 통합적 시각

스콧의 조직이론 분류 방법과 모건의 '조직을 바라보는 여덟 가지 시각'을 통합해서 제시하는 아래의 내용은 최천근 · 이창원(2012)의 논문에 수록된 내용을 발췌한 것이다.

종적 역사적 시각으로써 스콧의 조직이론 분류 방법(폐쇄-합리적 조직이론, 폐쇄-자연적 조직이론, 개방-합리적 조직이론, 개방-자연적 조직이론)을 살펴보았고, 횡적 비교적 시각으로써 모건의 여덟 가지 조직 이미지(기계장치, 유기체, 두뇌, 문화, 정치체제, 심리적 감옥, 흐름, 지배 도구)를 살펴보았다. 조직을 바라보는 시각은 통합적이

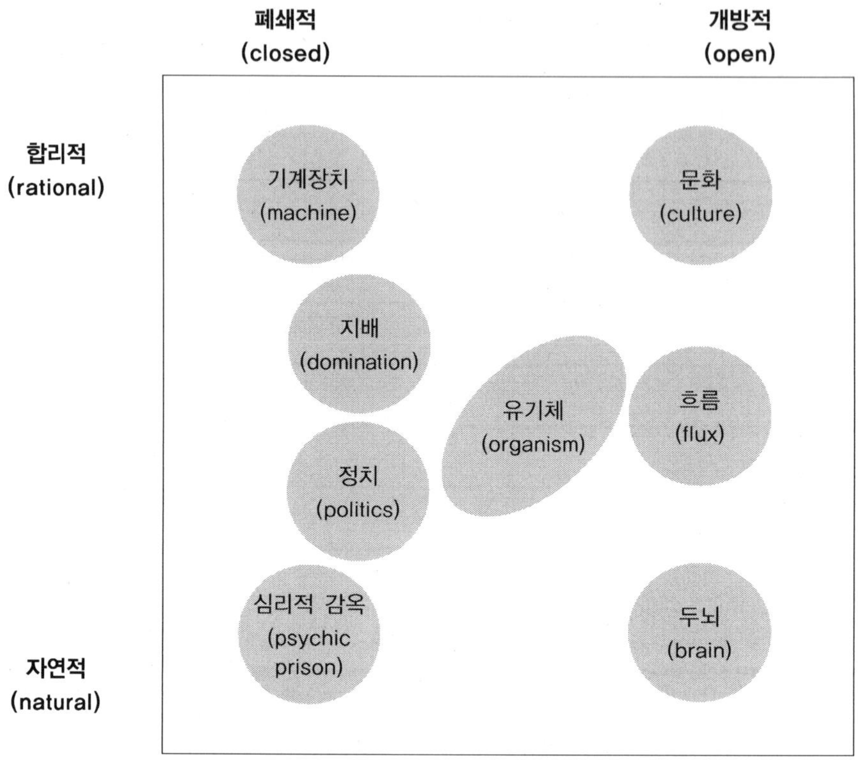

그림 1-2-4 스콧의 유형론과 모건의 이미지

어야 하며, 조직을 제대로 이해하기 위해서는 종적 역사적 맥락과 횡적 비교적 맥락을 모두 살펴보아야 한다. 이 책에서는 스콧의 조직이론 분류 방법과 모건의 여덟 가지 조직 이미지를 통합적으로 이해할 수 있는 방법을 제시한다(최천근 · 이창원, 2012).

먼저, 두 가지 접근 방법을 통합하면 [그림 1-2-4]와 같다. 스콧의 조직이론 유형 분류의 바탕에 모건의 여덟 가지 조직 이미지를 각각 대입했다. 첫째, 모건이 말하는 기계장치로서 조직 이미지는 스콧의 합리적-폐쇄적 조직이론과 상통한다. 기계장치로서 조직 이미지에 해당하는 조직이론(프러시아의 군대, 테일러리즘, 베버의 관료제 이론, 과학적 관리론 등)은 정확히 스콧의 합리적-폐쇄적 조직이론에 해당하기 때문이다.

둘째, 지배를 위한 도구로서 조직 이미지는 베버의 합리성과 지배에 대한 연구에서 출발했다는 점에서 스콧의 합리적-폐쇄적 조직이론으로 분류할 수 있다. 다만, 지배를 위한 도구로서 조직 이미지는 합리성 추구의 어두운 면인 '지배와 착취'를 강조했다는 점에서 기계장치로서 조직과 확연히 구별된다.

셋째, 유기체로서 조직 이미지는 스콧의 조직이론 분류 방법 중 어느 하나에만 포함시키기는 어렵다. 왜냐하면, 유기체로서 조직 이미지에는 크게 인간관계론(human relation theory)과 상황적합이론(contingency theory)이 포함되는데, 이 중에서 인간관계론은 스콧이 말하는 자연적-폐쇄이론에 해당하지만, 상황적합이론은 환경과의 관계를 중시한다는 점에서 합리적-개방이론에 해당하기 때문이다. 따라서, 모건이 제시하는 유기체로서 조직 이미지는 자연적-폐쇄이론과 합리적-개방이론에 부분적으로 포함된다.

넷째, 정치 체계로서 조직 이미지는 조직이 합리적 목적을 추구하기보다는 부분적 이해를 추구하고 갈등 관계를 인정하고 있다는 점에서 자연적-폐쇄이론에 해당한다.

다섯째, 심리적 감옥으로서 조직 이미지는 조직의 무의식에 대한 탐구를 강조하고, 조직의 합리성을 비판한다는 점에서 자연적-폐쇄이론에 해당한다.

여섯째, 조직문화라는 것이 합리적 목표를 지닌 조직의 공통된 가치, 규범 등 신념체제라고 할 수 있으므로 문화로서 조직 이미지는 합리적-개방적 조직이론에 해당한다고 할 수 있다. 하지만, 마틴(Martin, 1992)의 주장처럼 조직문화를 하나의 공유된 가치가 존재한다는 통합적 시각뿐만 아니라 조직 내부에 하부문화가 존재하기 때문에 분화적(differentiated) 시각과, 조직 내부에 공유된 가치가 존재하지 않을 수도 있다는 파편적(fragmented) 시각이 존재할 수 있다. 이에 의하면, 분화적 또는 파편적 시각에서의 조직문화에 의하면 문화로서 조직 이미지는 조직문화의 통합성을 고집하지 않는 자연적-개방적 조직이론에 속할 수도 있다. 그럼에도 불구하고, 대부분의 조직문화 연구가들은 조직문화를 하나의 공유된 가치로 인식한다는 점에서 조직문화를 합리적 개방조직이론으로 분류한다.

일곱째, 흐름과 변화로서 조직 이미지는 개방적 조직이론에 해당한다. 조직이 환경의 변화에 순응하기 위해 합리적으로 행동한다고 가정한다면 합리적-개방적 조직이론에 해당한다. 하지만, 환경의 변화에 의해 조직이 자연적으로 변화하는 이미지를 강조한다면 자연적-개방적 조직이론에 해당한다.

여덟째, 조직이 스스로 학습할 수 있다고 보는 두뇌로서 조직 이미지는 자연적-개

표 1-2-2 조직이론의 특징 비교

이론 / 특징	폐쇄-합리적 조직이론	폐쇄-자연적 조직이론	개방-합리적 조직이론	개방-자연적 조직이론
장점	1) 조직의 효율성 강조 2) 정확성, 안정성, 책임성의 요구	1) 인간의 사회적 욕구 강조 2) 조직의 비공식적 요인을 개척함 3) 환경과의 상호작용 확인	1) 환경을 이론에 반영 2) 조직을 유기체로 강조	1) 조직의 비합리적인 동기적 측면 중시 2) 조직의 자기조직화 및 학습 중시 3) 조직의 효과적 생존 강조
단점	1) 인간적 가치의 간과 2) 환경의 중요성 간과 3) 조직의 비공식적 요인 고찰의 실패	1) 조직의 비공식적 측면만의 강조 2) 인간의 심리적 · 사회적 측면만의 강조	1) 조직의 전략적 선택의 중요성 무시 2) 조직과 환경을 지나치게 실물적으로 봄	처방적인 면이 부족함
공헌 분야	경영과학 분야	행동과학 및 인력관리 분야	조직설계 및 조직 개발 분야	조직문화이론, 혼돈이론
대표적 학자	Taylor, Weber, Fayol	Mayo, Barnard, Selznick, McGregor	Burns와 Stalker, Woodward, Lawrence와 Lorsch, Thompson, Aston그룹	Weick, March, Pfeffer와 Salancik, DiMaggio와 Powell, Hannan과 Freeman, Leifer
모건의 여덟 가지 관점	기계장치 지배 도구	유기체(인간관계론) 정치 체제 심리적 감옥	유기체(상황적합이론) 흐름 문화(통합적 시각)	두뇌 흐름 문화 (파편적 시각)

방적 조직이론에 해당한다. 왜냐하면 조직은 주어지는 목표나 전략을 반드시 필요로 하지는 않으며, 오히려 그들이 속해 있는 환경에 대한 이해와 학습을 통해 스스로 목표와 전략을 찾기 때문이다.

다음으로 스콧의 조직이론의 네 가지 분류 방법의 특징을 구체적으로 정리하면 <표 1-2-2>와 같다. 이미 결정된 목표를 달성하고자 도구나 기계 정도로 조직을 바라보는 폐쇄-합리적 조직이론은 조직구성원이 자연적이고 사회적인 존재임을 가정한 폐쇄-자연적 조직이론에 의해 도전을 받게 되었다. 이러한 폐쇄-자연적 조직이론도 지나치게 조직의 비공식적 측면과 조직구성원의 심리적 · 사회적 측면만을 강조하다가 환경의 개념을 조직이론에 본격적으로 도입한 체제이론 및 구조적 상황이론 등에 의해 대체되었다. 이러한 개방-합리적 조직이론은 조직을 유기체로 간주하면서 조직환경에 대한 효과적 적응을 강조함으로써 1960년대 이후 각광을 받게 되었지만, 이러한 이론을 신봉하는 학자들이 조직을 개방 체제로 간주하되 합리적 조직설계만을 중시하여 조직과 조직구성원의 사회성이나 정치성을 반영하지 못한다는 비판에 직면하게 되었다. 따라서 결국 개방-합리적 조직이론은 조직의 자기조직화와 학습을 중시하면서 조직의 비합리성과 효과적 생존을 강조하는 개방-자연적 조직이론에 의해 대체되었고, 이러한 개방-자연적 조직이론도 조직이 비합리적이고 무질서한 것을 탈피하는 방안을 제시하는 데에는 효과적이지 못하다는 한계점을 지적받고 있다.

스콧의 조직이론사적 고찰과 모건의 조직 이미지에 대한 이해는 결국 어떠한 조직이론도 조직의 모습을 제대로 제시해 주지 못하고 있다는 것을 보여 준다. 각 조직이론은 조직에 대해 어떤 한 가지 관점만을 강조함으로써 조직에 대한 그 밖의 다른 관점들은 간과되어 버리기 때문이다. 따라서 복잡하고도 모순적인 현상인 조직을 제대로 이해하려면, 여러 가지 다양한 조직이론을 사용하여 조직을 이해하는 것이 중요하다. 이렇게 다양한 조직이론을 사용하여 조직을 이해하면, 각각의 조직이론을 단독적으로 사용하여 조직을 이해할 때에는 생각하지 못했던 방법으로 조직을 관리할 수 있다.

예를 들어 개방-자연적 조직이론은 폐쇄-합리적 조직이론과는 다른 조직관리법을 제시한다. 즉, 폐쇄-합리적 조직이론은 조직관리자들에게 주로 조직 내의 효율성을 중시하는 조직관리법을 제시하는 반면에, 개방-자연적 조직이론은 조직구성원들이 공유하고 있는 규범, 가치관, 전통 등을 조직에 효과적인 방향으로 변화시키고자 노력하는 조직관리법을 강조하는 것이다. 따라서 조직관리자가 조직을 단지 폐쇄-합리적 관점이나 또는 개방-자연적 관점으로 볼 때보다는, 이 두 가지 관점을 모두 이용하여 조직을 볼 때에 좀 더 다양하게 조직을 관리할 수 있으며, 이렇게 다양한 조직이론을 사용하여 조직을 이해하고자 할 때 복잡하고도 모순적인 현상인 조직을 더욱 잘 이해할 수 있는 것이다.

스콧의 조직이론 분류는 역사적 관점에서 조직이론에 대한 관점이고, 모건의 여덟 가지 조직 이미지 분류는 조직을 바라보는 시각을 횡단면 또는 비교적으로 설명한 것이다. 스콧의 조직이론 분류가 역사적 관점에서 조직이론의 발전 과정을 보여 주고 있다는 장점이 있는 반면, 조직이론을 지나치게 단순화하여 세부적인 내용을 보여 주지 못한다는 단점이 있다. 모건의 여덟 가지 조직 이미지는 조직을 바라보는 시각을 비교적 포괄적으로 망라하고 있다는 장점이 있으나, 여덟 가지의 조직 이미지에 대해 일관되게 구분할 수 있는 사전적 기준을 제시하지 못했다는 비판이 제기된다.

역사적 관점에서 스콧의 조직이론 분류와 비교적 관점에서 모건의 여덟 가지 조직 이미지를 통합적으로 고찰할 수 있는 방법을 제시했다. 조직을 연구하는 학자들이나 조직에 대해 공부하는 학생들에게 통합적 시각을 제시함으로써 조직을 전체적으로 이해할 수 있도록 도와 주는 데 기여할 수 있을 것으로 판단된다. 또한, 스콧의 조직이론 분류와 모건의 조직 이미지를 독립적으로 보지 않고, 상호 연관시켜 조직을 바라봄으로써 역사적 시각과 함께 비교론적 시각을 두루 배양할 수 있을 것으로 기대된다.

다만, 조직에 대한 스콧과 모건의 시각을 통합적으로 바라볼 때에도 다음과 같은 주의가 필요하다. 첫째, 스콧의 조직이론 분류에 모건의 여덟 가지 조직 이미지를 획일적으로 대입하기는 어려운 측면이 있다는 사실이다. 예컨대, 스콧의 '폐쇄-합리적 조직이론'과 모건의 '기계장치로서 조직 이미지'는 상당히 유사하여 상호 호환 가능성이 높다. 하지만, 모건의 '유기체로서 조직 이미지'는 스콧의 '폐쇄-자연적 조직이론'과 '개방-합리적 조직이론'을 모두 포괄하는 좀 더 광범위한 이미지를 보이고 있다는 사실이다. 다른 예로서 모건의 '문화로서 조직 이미지'는 조직문화를 어떻게 해석하느냐에 따라 스콧의 '개방-합리적 조직이론'으로 볼 수도 있지만 '개방-자연적 조직이론'에 속하는 것으로 해석할 수도 있다. 둘째, 두 가지 시각을 통합함으로써 자칫 개별 시각의 독자적인 이론적 기여를 희석시킬 수 있다는 점에 유의할 필요가 있다.

따라서, 비록 두 가지 조직에 대한 시각을 통합하더라도 스콧의 조직이론 분류의 독창성이라고 할 수 있는 조직이론의 역사적 발전 과정에 대한 이론적 기여를 도외시할 수는 없고, 모건의 조직에 대한 여덟 가지 이미지가 제시했던 포괄적이고 풍부한 조직에 대한 설명을 잊지 말아야 할 것이다.

그럼에도 불구하고, 어떠한 하나의 조직이론도 조직의 모습을 완전히 설명해 주지 못한다는 사실을 염두에 둘 필요가 있다. 각 조직이론은 조직에 대해 어떤 한 가지 관점만을 강조함으로써, 조직에 대한 그 밖의 다른 관점들은 간과하도록 할 수 있기 때문이다. 따라서 복잡하고도 모순적인 현상인 조직을 제대로 이해하려면, 여러 가지 다양한 조직이론을 사용하여 조직을 이해하는 것이 중요하다. 나아가, 조직에 대한 이해를 증진하기 위해서는 다양한 조직이론들에 대해 통합적으로 고찰할 필요가 있다.

연구 문제

1. 본인이 현재 소속해 있는 조직 하나를 선택하여 폐쇄-합리적 조직이론 또는 모건의 조직 관점을 이용하여 설명하시오.
2. 1번 문제에서 선택한 조직을 폐쇄-자연적 조직 또는 모건의 조직 관점을 이용하여 설명하시오.
3. 1번 문제에서 선택한 조직을 개방-합리적 조직 또는 모건의 조직 관점을 이용하여 설명하시오.
4. 1번 문제에서 선택한 조직을 개방-자연적 조직 또는 모건의 조직 관점을 이용하여 설명하시오.
5. 모건의 여덟 가지 조직 관점과 스콧의 조직이론을 비교하여 설명하시오.

사례 연구 1-2

사례 1: 1팀제의 청산 시작되나(1단 · 1담당관 · 7과 확대 … 전국 최초 팀제 청산)

제천시는 현재 2국 2담당관 18과 2직속 4사업소 17읍 · 면 · 동에서 2국 1단 3담당관 25과 2직속 4사업소 17읍 · 면 · 동으로 1단 1담당관 7과(21팀 1담당)가 늘어난다.

제천시장은 "조직 운영의 비전과 목표를 새롭게 제시하고 시민 편의와 행정 서비스 만족도를 향상시키며 변화된 행정 수요와 환경 변화에 선제적 탄력 대응을 하기 위해 조직개편을 하게 됐다"고 밝혔다. 시장은 "그동안 모든 것이 지휘 총괄하는 상급자 없이 실무자 위주로 업무가 추진되는 팀제의 부작용을 이번 조직개편을 통해 신속하면서 안정적인 업무의 연속성을 확보하는 데 주안점을 두게 됐다"고 덧붙였다. 조직개편은 시정 핵심 전략사업의 원활한 추진을 위한 국 단위 전략사업단으로 단장은 서기관(4급) 자리로 2년 한시기구로 만들어지며 투자유치과, 평생학습과, 체육진흥과, 문화예술과, 관광과, 뉴새마을과가 신설된다. 시는 이달 중 공청회를 열어 개편안에 대한 여론을 수렴한 뒤 입법예고를 거쳐 내달 열리는 제천시의회 임시회에서 승인을 얻을 계획이다. 조직개편안에 따른 인사는 오는 8월 초로 예정돼 있다.

지난 2007년 전국 기초지자체 가운데 처음으로 행정조직에 수평적 팀(team)제를 도입해 화제가 됐던 팀제가 이번 조직개편을 통해 완전히 청산될 것으로 보인다.

(충청일보, 2012. 6. 4, 기사 내용 일부 수정)

사례 2: 부서 신설, 명칭 변경, 유사조직 통폐합 등 1담당관 5팀 신설, 1과 12팀 폐지, 통폐합 실시

광진구는 지난해 11월부터 4개월간 '조직진단 TF팀'을 구성해 전면적인 조직 · 인력 진단을 해왔다. 그 결과 기존 조직을 합리적이고 효율적으로 조정하기 위해 부서 신설과 명칭 변경, 유사조직 통·폐합 등으로 1담당관과 5팀을 신설하고 1과 12팀을 폐지·통폐합해 현행 5국 1담당관 27과 조직을 5국 2담당관 26과로 새롭게 개편한다. 먼저 구는 구정 발전 및 전략과제 발굴 등 정책 기능 강화와 날로 커지는 대민 홍보활동의 중요성을 반영해 부구청장 직속으로 '정책홍보담당관'을 신설해 구정정책의 신속한 집행과 정확한 홍보 전달 체계를 구축한다. 또 지역경제 활동과 일자리사업을 연계해 새로운 사회적 기회 창출과 고용 증대 효과를 높이기 위해 '지역경제과'와 '일자리지원과'를 통합해 지역경제 활성화와 공공일자리 창출의 시너지 효과를 극대화 하도록 했다. 아울러 다양한 복지 수요 증가에 따른 맞춤형 복지 서비스 기능을 강화하기 위해 기존 '주민생활지원과'를 '복지정책과'로 명칭을 변경하고 사회복지 통합관리의 콘트롤 타워 역할을 수행할 '희망나눔팀'을 신설해 통합복지 사례관리 업무를 중점 추진한다. 또 외국인 주민의 증가와 더불어 다문화 관련 사업의 효율적인 추진을 위한 '외국인지원팀'을 신설, 유사한 업무의 중복으로 기능이 분산됐던 20개 팀을 10개 팀으로 통·폐합, 조직의 효율성을 높이기로 했다. 이와 함께 구민들이 쉽게 업무의 특성을 파악할 수 있도록 3개과 및 9개팀의 명칭을 변경했다. 광진구는 "이번 조직개편은 어려운 구 재정 여건 속에서 유사 중복 조직을 과감히 통·폐합, 효율적인 인력 재배치로 내부조직 역량을 강화하기로 했다"고 말했다. (아시아경제, 2012. 4. 30. 기사 내용 일부 수정)

사례 문제

1. 위의 사례를 개방-합리적 조직이론을 이용하여 설명하고, 설명이 잘되는 부분과 설명하기 어려운 부분을 구체적으로 제시하시오.
2. 위의 사례를 개방-자연적 조직이론을 이용하여 설명하고, 설명이 잘되는 부분과 설명하기 어려운 부분을 구체적으로 제시하시오.
3. 위의 사례를 모건의 다양한 조직 관점 중 설명 가능한 모든 관점으로 제시하시오.

제 2 부

개인 차원의 연구

제 1 장 학습, 지각 및 귀인
제 2 장 개인차
제 3 장 전통적 동기부여 이론
제 4 장 현대적 동기부여 이론

개관

제1부에서 조직이 현대 사회에서 차지하는 중요성을 살펴보았으며, 조직에 관한 다양한 정의를 소개한 후, 이로부터 통합적인 조직의 정의를 도출했다. 또한 지식정보사회의 대두와 이에 따른 조직 변화를 논의했고, 조직을 이해하고 설명하며 분석할 수 있는 방법으로 통합적 시각을 제시했다.

우리는 조직의 행동을 이해하기 위한 첫 번째 단계로 조직 안에 있는 구성원 개인에 대한 이해가 필요하다. 조직을 연구할 때 조직 내의 인간, 즉 조직구성원을 중요시하는 이유는 무엇일까? 인간이 존재하지 않는 조직이란 있을 수 없기 때문이다. 사회문화가 발전할수록 사회와 조직에서 개인의 역할이 더욱 중요해지는데, 이것은 결국 개인 행위가 조직체에 주는 영향이 더욱 커진다는 것을 의미한다. 따라서 효과적인 조직관리를 위해 우리는 조직 내 인간들의 본질을 이해하도록 힘써야 하며, 그들의 행위가 어떻게 이뤄지는가를 파악해야 한다.

제1장에서는 조직 내 구성원들의 학습(learning), 인간이 환경을 이해하고 해석하는 과정인 지각(perception), 그리고 마지막으로 자신의 행동이나 타인의 행동에 관해 원인과 결과를 밝히는 과정인 귀인(歸因, attribution)과 특정한 대상에 대한 개인 감정, 신념 및 행동 경향이라고 할 수 있는 태도(attitudes)를 살펴본다.

제2장에서는 모든 개인은 다르다는 전제에서 한 개인을 다른 사람들과 구분시켜 주는 특징이라고 할 수 있는 개인차(individual differences)에 관해 성격과 태도를 중심으로 논의한다.

제3장에서는 인간의 동기(動機) 및 그러한 동기를 설명하는 동기이론 중 내용이론을 중심으로 한 전통적 동기부여이론을 살펴본다. 사람들은 다양한 이유 때문에 조직에서 일을 한다. 전통적 동기부여이론에서는 사람들에게 가장 중요한 욕구가 무엇인지를 발견하고 범주화하려고 시도한다.

제4장에서는 동기이론 중 과정이론을 중심으로 한 현대적 동기부여이론을 소개한다. 현대적 동기부여이론에서는 사람들의 욕구가 무엇인가보다는 사람들이 어떤 과정을 통해 자신의 욕구를 충족시키는지에 관심을 가진다.

제 1 장 학습, 지각 및 귀인

조직 행태(organizational behavior)에서 가장 중요한 요소 중 하나는 조직환경(environment)으로부터 어떤 대상에 관한 정보를 이해하고 학습하고 해석·판단하는 것이다. 이와 관련하여 학습(learning), 지각(perceptions), 귀인(attributions)에 대해 살펴보고자 한다.

먼저 학습의 본질, 강화이론과 학습, 조직 내 학습의 조직관리상의 의미, 지각 및 귀인의 본질, 지각과 인상관리 등을 살펴보고, 마지막으로 지각과 귀인의 조직관리상의 의미를 논의한다.

제 1 절 학습

어떤 조직에서든 조직의 구성원들은 어떤 행동이 보상을 받고, 어떤 행동은 처벌을 받는지에 대해 빨리 학습한다. 따라서, 학습은 조직구성원들의 행동을 바람직한 방향으로 이끌기 위한 중요한 단서를 제공해 준다. 여기서는 먼저 학습의 정의를 살펴본 후, 학습에 관한 전통적 관점과 현대적 관점을 소개하고, 마지막으로 조직 내에서의 학습을 다룬다.

1 학습의 정의

학습(learning)이란 직·간접적인 경험으로 인해 행동 또는 잠재적 행동이 비교적 영구적으로 변화하는 것을 말한다(Akins, 1987; Hulse, Deese, & Egeth, 1980, Griffin & Moorhead, 2008 : 107). 예컨대, 우리는 스마트 폰(smart phone)의 다양한 기능을 활용하고 실험함으로써 스마트 폰이라는 새로운 도구를 사용하는 방법을 배울 수 있다. 이제 학습의 정의를 좀 더 상세하게 살펴보면 다음과 같다.

첫째, 학습은 변화를 수반한다. 인간은 학습을 한 후에는 나쁘게 되든 더 좋게 되든 학습 이전과는 어느 정도 달라진다.

둘째, 학습이 가져온 그러한 변화는 오래 지속되는 경향이 있다.

셋째, 학습은 행동 또는 잠재적 행동에 영향을 준다. 우리는 인간의 마음 그 자체를 읽을 수 없기 때문에 학습이 얼마나 이뤄졌는지를 알기 위해서는 그 인간의 행동을 관찰해야만 한다. 따라서 훈련 과정 이전에는 워드프로세서로 1분에 70 단어를 치던 직원이 훈련 과정 이후에는 85 단어를 친다면 우리는 학습이 이뤄진 것으로 추론한다. 그러나 잠재적 행동에 영향을 주는 학습은 관찰하기가 쉽지 않다.

넷째, 학습으로 인한 변화는 직·간접적인 경험에서 비롯된다. 전술한 워드프로세서의 예에서 그 직원은 아마 훈련 과정 동안 실제 키보드로 연습을 많이 했을 터인데, 이것은 직접 경험의 예다. 출근 시간을 잘 지키는 직원은 상사가 늦게 출근하는 직원을 꾸짖는 것을 관찰함으로써 지각(遲刻)에 관한 처벌을 학습했다. 상사가 출근 시간을 잘 지키는 그 직원에게 직접적으로 말을 하거나 어떠한 처벌을 직접 내린 것은 아니지만 그 직원은 지각에 관한 처벌을 학습한 것이다. 이것이 대리학습(vicarious learning)이라고 하는 간접 경험을 통한 학습이다. 대리학습에 관해서는 뒤(115쪽)에서 자세히 다루기로 한다.

2 조직에서의 학습

대부분의 사람은 학습이라고 하면 공식적인 교육, 특히 학교에서의 교육을 연상하게 된다. 그러나 학습은 또한 조직 내에서도 광범위하게 이뤄진다. 조직 내에서는 직무와 관련된 여러 가지 형태의 교육이 있으나, 단순히 오리엔테이션 차원의 학습도 많이 이뤄진다. 직무 성과 측면의 학습은, 직원들은 어떻게 하면 직무를 더욱 효과적으로 할 수 있고, 어떠한 성과를 거둬야 하며, 바람직한 보상을 받으려면 무엇을 해야 하는가 등을 배우게 된다. 인간 관계 차원의 학습은 직장 내에서 동료들과 어울리는 방법, 용납되는 행동과 그렇지 않은 행동, 소속된 집단을 지배하고 있는 규범 등을 파악함으로써 이뤄진다. 또한 정치적인 측면의 학습은 상사와 잘 지내는 방법, 피해야 할 사람, 믿어도 될 사람 등을 파악함으로써 이뤄진다. 마지막으로 경력 차원의 학습은 조직 내에서 성공하는 방법, 진급하는 방법, 어떤 부서에서 근무하는 것이 경력관리 차원에서 좋으며 피해야 할 부서는 어떤 부서인가 등을 파악함으로써 이뤄진다. 따라서 조직생활과 조직 내에서 개인의 행동은 명백하게 학습에 의해 영향을 받는다고 할 수 있다.

3 학습이론

학습이 어떻게 가능하게 되는가에 대해 설명하는데, 고전적 관점과 현대적 관점이 있다.

1) 고전적 관점

먼저 학습에 관한 고전적 관점을 살펴보자. 학습에 관해 가장 영향력 있는 접근 방법은 파블로프(Pavlov, 1927)에 의해 제시되고 구드리(Guthrie, 1952)에 의해 보완된 고전적 조건화 이론이다. 고전적 조건화(classical conditioning)란 조건화된 자극(conditioned stimulus)을 무조건화된 자극(unconditioned stimulus)과 관련시킴으로써 조건화된 자극으로부터 새롭게 조건화된 반응(conditioned response)을 얻어 내는 과정을 말한다. 예를 들어, 어떤 부하 직원이 어느 날 상사로부터 아주 나쁜 소식을 들었다고 가정하자. 이 때 그 부하 직원은 나쁜 소식을 당시에 상사가 입고 있던 옷의 색깔과 연관시킬 수 있고, 다음에 그 상사가 같은 옷을 입고 나타난다면 그 부하 직원은 아주 불길한 예감을 경험하게 된다.

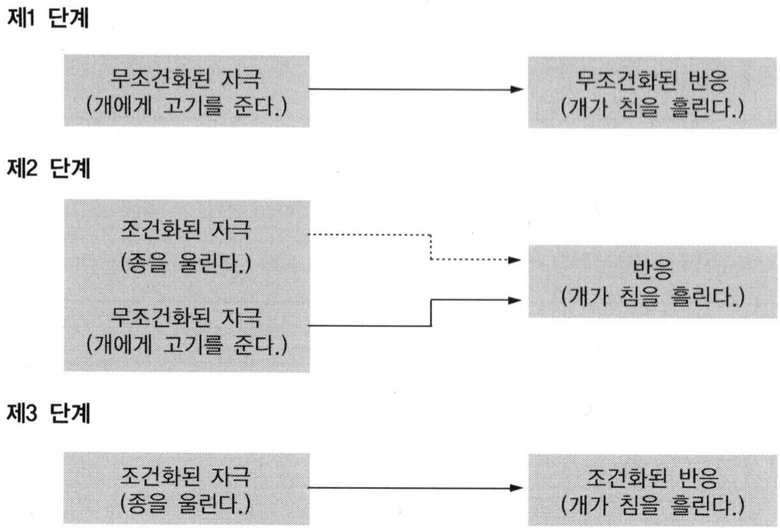

그림 2-1-1 고전적 조건화의 예

고전적 조건화는 개를 이용한 일련의 실험을 기초로 하고 있다. 파블로프(Ivan Pavlov)는 개에게 고기를 주면 침을 흘린다는 것을 알았다. 여기서 고기는 무조건화된 자극이며, 침을 흘리는 것은 반사적인(reflective), 즉 무조건화된 반응(unconditioned response)이다. 이러한 관계는 [그림 2-1-1]의 제1 단계에서 제시된다. 다음에 파블로프는 고기를 줄 때마다 종을 울리기 시작했다. 종을 울리기 전에 개는 종소리와 고기를 관련시키지 못했다. 따라서 종만 울리는 것으로는 아무런 반응이 없었다. 그러나 고기를 줄 때마다 종을 울림으로써 파블로프는 개로 하여금 두 가지 자극(즉, 무조건화된 자극인 고기와 조건화된 자극인 종소리) 사이에 관계가 있다는 것을 알게 했다. 이것은 [그림 2-1-1]의 제2 단계에서 제시된다. 결국 개는 고기와 종소리를 연관시켜 고기를 주지 않아도 종이 울릴 때마다 침을 흘렸다. 여기서 종소리는 조건화된 자극이고 고기를 주지 않아도 종이 울릴 때마다 침을 흘리는 것은 새롭게 조건화된, 즉 학습된 반응이다. [그림 2-1-1]의 제3 단계가 이러한 관계를 보여준다.

학습이론가들은 고전적 조건화가 학습 과정에 관해 통찰력을 제공하는 것이 사실이지만 인간의 학습을 설명하기에는 부적당한 점이 많다는 것을 주장한다. 먼저 고전적 조건화는 한 가지 자극과 한 가지 반응 사이의 단순한 인과관계에 의존하고 있다. 이러한 설명으로는 인간의 특징인 복잡한 형태의 학습행동을 다룰 수 없다. 또한 고전적 조건화는 인간이 선택을 할 수 있다는 것을 고려하지 않기 때문에 인간의 행동은 반사적인, 즉 무의식적인(involuntary) 것이라고 가정한다. 따라서 고전적 조건화는 인간들이 많은 행동 중에서 의식적이고 합리적으로 하나의 행동을 선택하는 상황을 설명할 수 없다. 이러한 단점으로 인해 학습이론가들은 복잡한 학습의 전체적 과정을 좀 더 설득력 있게 설명할 수 있는 다른 관점들을 찾기 시작했다.

2) 현대적 관점

학습에 관한 현대적 관점은 학습을 하나의 인지적 과정(cognitive process)으로 본다. 즉, 인간은 의식적이고 적극적인 행동 및 참여를 통해 학습을 한다는 것이다(Bazerman & Carroll, 1987; Cellar & Barrett, 1987; Hulse, Deese, & Egeth, 1980). [그림 2-1-2]는 학습에 관한 인지적 관점을 간단히 예시하고 있다(Wood & Bandura, 1989).

첫째, 인지적 관점에 의하면 인간은 과거의 경험을 바탕으로 학습을 하게 되고, 이러한 과거의 학습을 현재의 행동에 관한 기초로 사용한다. 여기서 경험이란 추정된 지식(presumed knowledge)을 의미하는데, 예를 들어 어떠한 직무를 선택할 것인지를 결정해야 하는 직원은 본인의 직무에 관한 과거의 경험을 바탕으로 직무 선택을 한다.

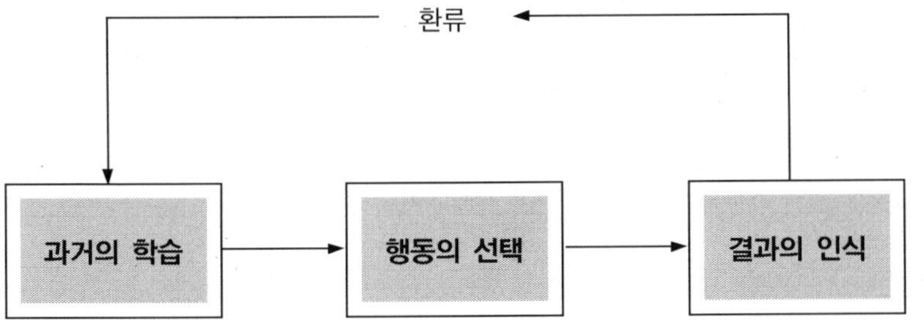

그림 2-1-2 인지적 과정으로 본 학습

자료: Moorhead & Griffin(2004: 149).

둘째, 인간은 자신이 취할 행동에 관해 선택을 한다. 즉, 인간은 자신이 취할 수 있는 여러 대안을 인식하고 그 중 하나를 선택한다.

셋째, 인간은 자신이 선택한 것에 관한 결과를 인식한다. 따라서 전술한 그 직원은 자신이 선택한 직무가 보상도 좋고 그 직무를 통해 성취감도 느낄 수 있게 되면 자신의 결정이 올바른 것이었다는 사실을 이해하게 된다.

넷째, 인간은 그러한 결과를 평가한 후 이러한 평가와 그 이전에 학습한 것까지 함께 통합하게 되는데 이것이 결국 앞으로 그 사람의 선택에 영향을 주게 된다. 즉, 전술한 그 직원은 다음 해에 동일한 상황(즉, 직무 선택)에 직면하게 되면 같은 직무를 택할 가능성이 높다.

이미 전술한 바와 같이 학습에 관한 현대적 이론은 인지적 관점을 중시한다. 이러한 현대이론 중 조직 내 인간들의 학습과 가장 관련이 깊은 것은 강화이론이다.

4 강화이론

작동적 조건화(operant conditioning)라고도 하는 강화이론(reinforcement theory)은 스키너(Skinner, 1953)의 연구와 관계가 깊다. 간단히 말해, 강화이론에 의하면 인간의 행동은 행동에 결부되는 결과에 의해 영향을 받는다는 것이다. 즉, 좋은 결과를 낳는 행동은 행해질 가능성이 높고, 나쁜 결과를 낳는 행동은 행해질 가능성이 낮다. 강화이론은 인간 행동의 원인을 선행적 자극과 행동의 외적 결과로 규정하면서 1) 행동에 선행하는 환경적 자극, 2) 그러한 환경적 자극에 반응하는 행동, 3) 행동에 결부되는 결과로서 강화 요인(reinforcer) 등 세 가지 변수의 연쇄적인 관계를 설명하고 바람직한 행동을 학습시킬 수 있는 강화 요인의 활용전략을 처방하는 이론이다(Szilagyi & Wallace, 1983 : 103-108).

행동에 선행하는 자극이란 인간의 감각에 의해 지각될 수 있고 그러한 자극에 대한 반응행동이 따르게 되는 환경적 상황을 말한다. 반응행동이란 환경적 조건 내지 자극에 반응하여 나타나는 관찰 가능한 행동을 의미한다. 행동의 원인은 행동에 선행하는 자극과 행동의 외적 결과다. 예를 들어 상관의 업무지시라는 자극에 대해 성실히 업무를 수행하는 반응을 보일 수 있을 것이다. 행동의 결과란 반응행동에 결부하여 제공되는 환경적 사건을 의미한다. 이것은 주로 다음에 이어지는 행동의 강화 요인으로서 역할을 수행한다.

1) 조직에서의 강화 요인

강화 요인으로서 역할은 크게 적극적 강화(positive reinforcement), 회피(avoidance), 소거(extinction), 처벌(punishment) 등 네 가지 범주로 구분된다. [그림

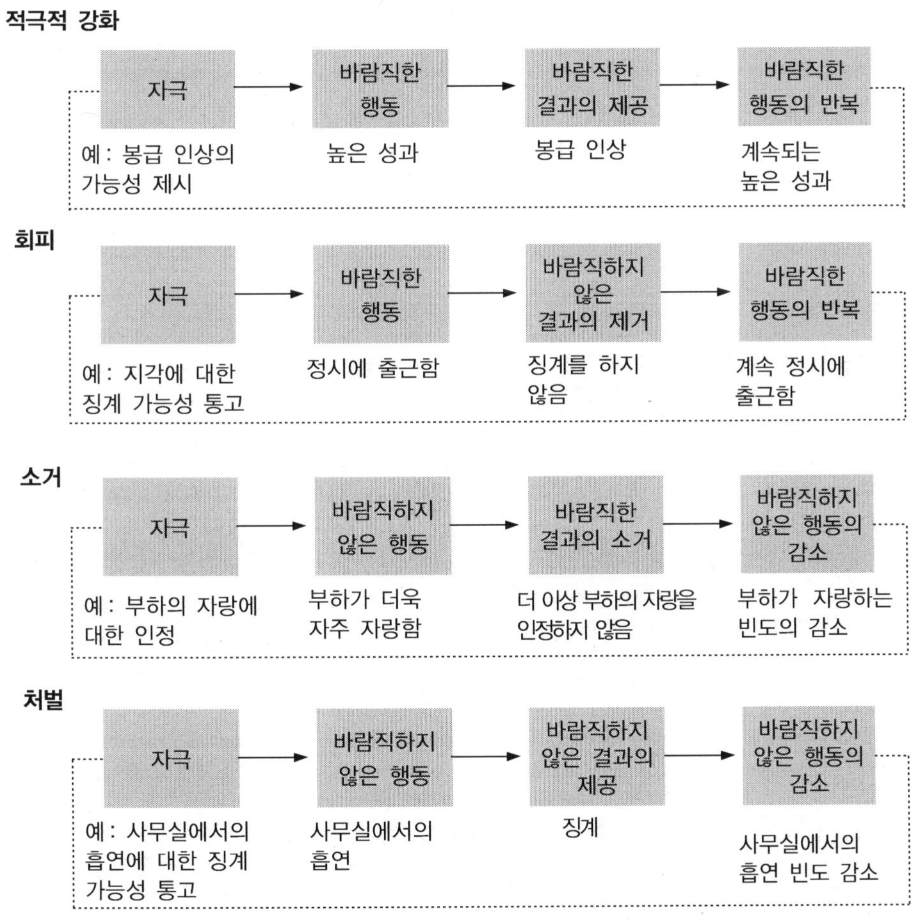

그림 2-1-3 강화 요인의 종류

자료: Moorhead & Griffin(2004; 150)

2-1-3]은 이러한 네 가지 강화 요인을 도식화하여 제시한다(Moorhead & Griffin, 2004 : 150).

첫째, 적극적 강화란 자극에 따른 반응 행동에 관해 제공되는 보상이나 기타 바람직한 결과를 말한다. 예로는 칭찬, 보상, 승진, 긍정적인 인정 등이 있다. 예를 들어 [그림 2-1-3]에서 보는 것과 같이 봉급을 인상해 줄 수 있다는 가능성이 자극으로서 어느 직원에게 제시했다고 하자. 이러한 자극에 대한 반응으로서 그 직원이 높은 성과라는 바람직한 행동을 보이고, 이러한 반응에 대해 그 직원에게 봉급 인상이라는 바람직한 결과를 제공하면 그 직원은 계속해서 높은 성과를 올리는 것과 같은 바람직한 행동을 반복한다는 것이다. 반응 행동에 따라 적극적 강화를 제공함으로써 얻을 수 있는 일반적 효과는 그러한 행동을 유지하고 빈도를 증가시키는 데 있다. 개인마다 중요시하는 강화 요인은 다르기 때문에 적극적 강화를 유용하게 사용하려면 그 개인의 개인적 욕구를 고려해야 한다.

둘째는 회피다. 부정적 강화(negative reinforcement)로도 알려진 회피는 바람직한 행동의 빈도를 늘리는 또 하나의 수단이다. 이것은 바람직한 행동에 대해 보상해 주는 것이 아니라 바람직하지 않은 결과를 회피시켜 줌으로써 바람직한 행동의 빈도를 늘리는 것이다. 예를 들어 [그림 2-1-3]에서 보는 것과 같이 지각을 자주 하는 부하에게 앞으로 다시 지각을 하면 징계를 하겠다고 통고했다고 하자. 이러한 자극에 대한 반응으로서 그 부하가 정시에 출근하는 바람직한 행동을 보이고, 이러한 반응에 대해 그 부하에게 징계하지 않으면(즉, 바람직하지 않은 결과를 회피시켜 주면), 그 부하는 계속해서 정시에 출근하는 것과 같은 바람직한 행동을 반복한다는 것이다.

셋째는 소거다. 적극적 강화와 회피가 바람직한 행동의 빈도를 증가시키고자 하는 것이라면, 소거는 바람직하지 않은 행동, 특히 전에 보상을 받아 강화된 행동이지만 이제는 그 정도가 지나쳐 바람직하지 않게 된 행동의 빈도를 줄이고자 할 때 사용된다. 예를 들어 [그림 2-1-3]에서 보는 것과 같이 부하가 자랑을 해도 상사가 그것을 그대로 인정했다고 하자. 이러한 자극에 대한 반응으로서 그 부하가 빈번하게 자랑을 하는 것과 같은 바람직하지 않은 행동을 보이게 되고, 이러한 반응에 대해 상사가 부하의 자랑을 더 이상 인정하지 않으면(즉, 바람직한 결과를 소거시키면), 부하가 빈번하게 자랑하는 빈도(즉, 바람직하지 않은 행동의 빈도)가 줄어든다는 것이다.

넷째는 처벌이다. 소거와 같이 처벌은 바람직하지 않은 행동의 빈도를 줄일 수 있다. 처벌이란 바람직하지 않은 행동에 대해 바람직하지 않은 결과를 제시하거나 바람직한 결과를 제거함으로써 그러한 바람직하지 않은 행동이 다시 야기될 확률을 낮추는 강화 요인이다. 예를 들어 [그림 2-1-3]에서 보는 것과 같이 사무실에서 담배를 피우는 부하에게 앞으로 다시 흡연을 하면 징계를 하겠다는 통고를 했다고 하자. 이러한 자극에 대한 반응으로서 그 부하가 다시 담배를 피우는 바람직하지 않은 행동을 보이고, 이러한 반응에 대해 그 부하를 징계하면(즉, 바람직하지 않은 결과를 주면), 부하의 흡연 빈도(즉, 바람직하지 않은 행동의 빈도)는 줄어든다는 것이다.

2) 조직에서의 강화 일정

부하가 어떤 행동을 할 때마다 강화를 하는 것이 좋은가, 아니면 어떤 계획이나 일정에 따라 강화를 하는 것이 좋은가 하는 이러한 문제는 일반적으로 상황에 따라 다르다고 할 수 있다. 여기서는 조직의 관리자가 사용할 수 있는 다섯 가지 기본적인 강화 일정(schedules of reinforcement)을 소개한다(Griffin & Moorhead, 2008: 110-113).

첫째는 연속적 강화다. 연속적 강화(continuous reinforcement)란 행동이 일어날 때마다 강화 요인을 제공하는 것을 말한다. 이것은 특히 초기 단계의 학습에서 바람직한 행동의 빈도를 늘리는 데 매우 효과적이다. 그러나 강화 요인이 제거되면, 강화 효과 역시 빨리 소멸된다. 연속적 강화는 관리자에게 큰 도움을 주지 못하며, 따라서 다음 네 가지의 부분적 강화(partial or intermittent reinforcement)가 더 많이 사용된다.

둘째는 고정 간격 강화(fixed-interval reinforcement)다. 이는 부하의 행동이 얼마나 발생하든 미리 결정되어 있는 일정한 간격으로 강화 요인을 제공하는 것이다. 예를 들어 매월 25일에 봉급을 주는 것은 고정 간격으로 강화 요인을 제공하는 것이다. 이러한 강화법은 부하들의 성과를 높게 유지시키는 데 항상 효과적인 것은 아니다. 왜냐하면 어느 부하가 자기 상사는 매일 오후 2시에만 사무실에 들러서 업무를 감독한다는 것을 알게 된다면, 그 부하는 상사의 칭찬이나 인정을 받기 위해 그 시간에는 열심히 일할 것이지만 기타 다른 시간에는 그 시간만큼 열심히 일하지 않을 가능성이 높기 때문이다.

셋째는 변동 간격 강화(variable-interval reinforcement)다. 이는 강화 요인을 사용하는 시기에 일정한 간격을 두지 않고 변동적인 간격으로 강화 요인을 사용하는 것이다. 칭찬이나 인정 같은 적극적 강화 요인과 회피 같은 부정적 강화 요인을 사용할 때에는 효과적일 수 있다.

넷째는 고정 비율 강화(fixed-ratio reinforcement)다. 이는 행동의 일정 비율에 의해 강화 요인을 제공하는 것을 말하는 것으로, 생산량에 비례하여 임금을 지급하는 성과급제(piece-rate wage system)가 좋은 예다. 고정 비율로 강화 요인을 제공하는 것은 일반적으로 바람직한 행동을 유지시키는 데 효과적이라고 할 수 있다. 왜냐하면 부하들은 보상과 같은 바람직한 강화 요인을 받는 데 필요한 것을 찾아내서 열심히 성과를 유지하는 경향이 높기 때문이다.

다섯째는 변동 비율 강화(variable-ratio reinforcement)다. 이는 강화 요인을 제공하는 데 필요한 행동의 횟수가 시간에 따라 변화하는 것을 말한다. 이러한 강화 일정에 맞춰 업무를 수행하는 부하는 일반적으로 열심히 일하도록 동기를 부여받기 쉽다. 변동 비율로 강화 요인을 제공할 때에는 강화 요인을 제공하는 사이의 시간 간격이 너무 길지 않게 해서 부하들의 사기가 떨어지지 않도록 배려할 필요가 있다. 그러나 봉급의 인상이나 진급 같은 보상을 강화 요인으로 사용할 때는 적절하지 못하다. 이러한 보상을 사용하는 데는 일반적으로 고정간격으로 강화 일정을 적용하는 것이 적당하다.

지금까지 살펴본 강화 일정의 내용을 통해 모든 형태의 강화 요인에 적용될 수 있는 조직 내의 강화 일정은 존재하지 않는다는 것을 알 수 있다. 따라서 관리자는 사용하고자 하는 강화 요인의 종류에 가장 적합한 강화 일정을 사용하면서 부하들이 취하는 행동과 그에 적절한 보상이 연결되도록 노력해야 한다.

5 조직관리상의 의미

조직 내의 학습을 좀 더 효과적으로 이해하기 위해 먼저 조직 내 자극의 일반화(stimulus generalization), 자극의 차별화(stimulus discrimination), 대리학습(vicarious learning), 사회적 학습(social learning) 등을 살펴본다. 또한 조직 내 학습과 조직구성원들의 동기(motivation), 근무성과 평정(performance evaluation) 및 보상(rewards)의 관계를 소개한다(Moorhead & Griffin, 2004 : 153-155).

1) 조직 내 자극의 일반화와 차별화

자극의 일반화란 인간들이 동일하거나 유사한 자극을 여러 다른 환경에서도 일반화할 수 있는 능력이고, 자극의 차별화란 자극 사이의 차이점을 인식할 수 있는 능력을 말한다(Nord, 1969). [그림 2-1-4]는 자극의 일반화 및 차별화 과정을 도식화하여 제시한다.

자극에 반응을 보이고 다시 이러한 반응 행동에 대한 결과가 초래된다는 전체적 과정을 경험하게 되면 인간은 자신의 행위가 어떠한 결과, 즉 어떠한 강화 요인을 가져왔는가를 배우게 되는데, 그 후 그 사람은 다른 환경에서 비슷한 자극을 받았을 때에도 과거와 동일한 행동을 하면 유사한 결과, 즉 유사한 강화 요인을 얻게 될 확률이 높다는 것을 알게 되어 그러한 행동을 반복하게 된다고 한다. 이것이 자극의 일반화 과정이다. 예를 들어 어느 조직에 문제 해결을 효과적으로 잘하는 관리자가 있다고 하자. 여러 해 동안 그는 그 조직 내의 심각한 문제점들을 성공적으로 해결한 공으로 여러 번 표창을 받았다. 즉, 자극은 문제 해결이라는 직무를 부여받은 것이며, 자극에 대한 반응 행동은 문제 해결이고, 결과는 표창인 것이다. 이러한 경험을 한 그 관리자가 다른 유사한 조직에서 유사한 직무(즉, 문제 해결이라는 직무)를 부여받게 되면, 그는 문제를 효과적으로 해결하면 표창을 받게 된다는 사실을 알고 있으므로 다시 표창을 받기 위해 문제 해결을 위한 행동을 반복하게 된다는 것이다.

그러나 이 관리자가 문제점이 거의 없는 조직에 새로 소속하게 되었다고 하자. 이러한 조직에서는 문제 해결이라는 직무는 거의 필요가 없을 것이다. 즉, 그는 새로운 환경(즉, 새로운 자극)에 처하게 된 것이며, 이러한 새로운 환경에서 적극적 강화(즉, 표창)를 받으려면 다른 형태의 반응행동이 필요하다는 것을 알게 되고, 앞으로 그는 새로운 행동을 취하게 된다는 것이다. 이것이 자극의 차별화 과정이다.

2) 조직에서의 대리학습과 사회적 학습

대리학습이란 다른 사람들의 경험을 통해 학습하는 것이다(Weiss, 1977). 대리학

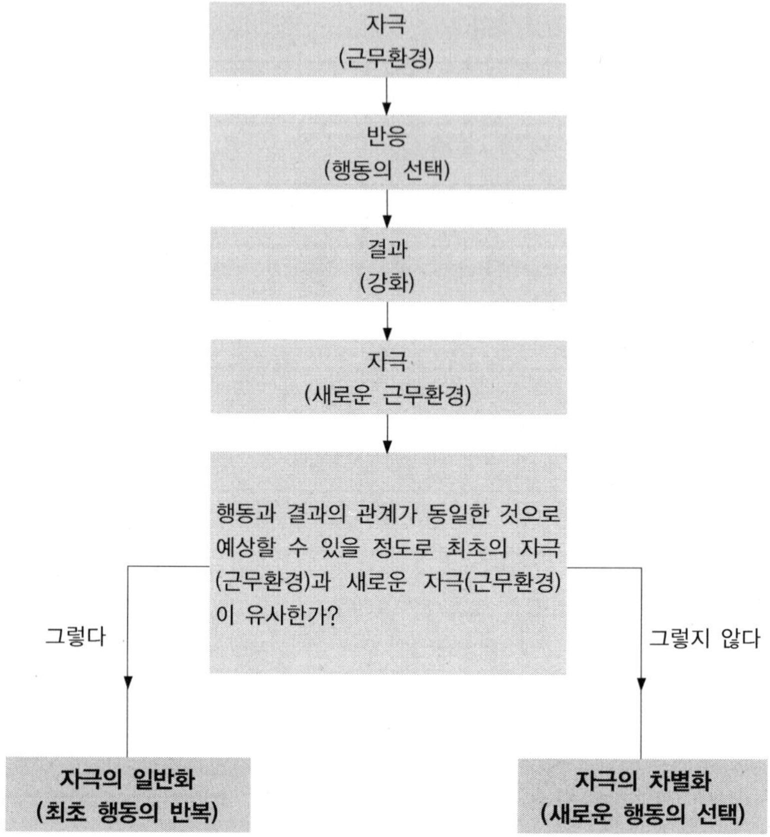

그림 2-1-4 조직 내 자극의 일반화 과정 및 차별화 과정

습이 이뤄지기 위해서는 모델이 되는 행동은 비교적 단순해야 한다. 복잡한 행동은 대리학습으로는 이해하기 어렵고 본인이 직접 해보지 않고는 배울 수 없기 때문이다. 또한 모델이 되는 행동은 구체적이어야 하며 지적인 것은 적당하지 않다. 예를 들어 관리자가 취하는 행동에 어떻게 반응하는 것이 효과적인가 하는 것은 다른 사람의 경우를 봄으로써 배울 수 있지만, 컴퓨터 프로그램을 작성하는 것은 단순히 관찰을 통해 배울 수 없는 것이다.

대리학습과 관련된 개념으로 사회적 학습이 있다. 사회적 학습이론에 의하면 인간의 행동은 인간의 인지(cognitions)와 사회적 환경에 의해 결정된다고 한다(Bandura, 1969, 1977; Sims & Gioia, 1986). 즉, 인간은 최소한 부분적으로는 다른 사람들이 본인에게 기대하는 것에 반응하여 행동과 태도를 배우게 된다는 것이다. 예를 들어 기존 직원들은 신입 직원에게 그 부서에서는 어떤 옷을 입는 것이 적당하고 상사에게는 어떻게 행동해야 하는지를 보여 줄 수 있다. 그 신입 직원은 자신이 이미 알고 있는 것이나 다른 직원들이 알려 주고 보여 주는 것에 대해 반응 행동을 보이고, 이러한 행동의 결과에 따라 그러한 행동이 강화되거나 중지된다.

제 2 절 지각

조직 내 개인 행동을 이해하는 데 또 하나의 중요한 개념은 지각(知覺, perception)이다. 사람들이 모든 것을 똑같이 지각한다면, 이 세상의 많은 일이 너무 단순해질 것이다. 그러나 사람들은 동일한 것도 아주 다르게 지각하는 것이 사실이다. 또한, 사람들이 지각하는 것은 객관적 현실과는 상당히 다를 수 있다. 따라서 사람들의 행태는 현실 그 자체에 기초하기보다는 현실에 대한 지각에 기초한다. 이 때문에 현실 그 자체 뿐만 아니라 현실에 대한 지각도 조직이론에서 상당히 중요하다. 여기에서는 지각의 정의와 조직에서의 지각 과정을 살펴본다(Moorhead & Griffin, 2004 : 100-102).

1 지각의 정의

지각(perception)이란 인간이 인간을 둘러싸고 있는 환경에 대한 정보를 인식하여 그것을 해석하는 일련의 과정이다(Griffin & Moorehead, 2008 : 75; Robbins & Judge, 2011 : 202). 인간의 지각은 여러 가지로 구분할 수 있는 과정으로 이뤄져 있다. 인간은 언어, 시각적 이미지, 움직임, 외적 형태 등 여러 가지 정보를 받아들이며, 정보의 수신자로서 인간은 이러한 정보를 흡수하여 해석하는 전체적 과정을 거침으로써 지각을 하게 된다.

인간은 보통 사물을 객관적으로 바라보고, 동일한 것은 동일하게 지각한다고 생각한다. 이러한 생각이 옳은지 알아보기 위해 프로야구 팀 삼성과 현대가 한국시리즈에서 벌인 경기 내용을 양 팀의 팬들에게 이야기해 보라고 하면, 대개 양쪽의 이야기는 서로 다를 것이다. 이러한 차이점은 주로 지각의 차이에서 오는 것이 많다. 양 팀의 팬들은 동일한 경기를 보았지만 그 경기를 다르게 해석한 것이다.

[그림 2-1-5]는 이러한 지각의 차이가 발생하는 과정을 설명하고 있다(Lord, 1985; Zalkind & Costello, 1962). 지각의 초점은 인간을 둘러싸고 있는 환경에 있는 어떠한 사물(다른 사람, 사건, 활동 등), 즉 지각 대상이다. 여기서 자극이 그러한 지각 대상을 인식하게 만들면, 인간은 그 지각 대상이 무엇인지 파악하고 그 의미를 해석하게 된다. 마지막으로, 이러한 해석은 인간의 반응을 일으키는데 반응에는 관찰 가능한 행동이나 태도의 변화 등이 있고 행동 및 태도의 변화가 함께 발생하는 경우도 있다.

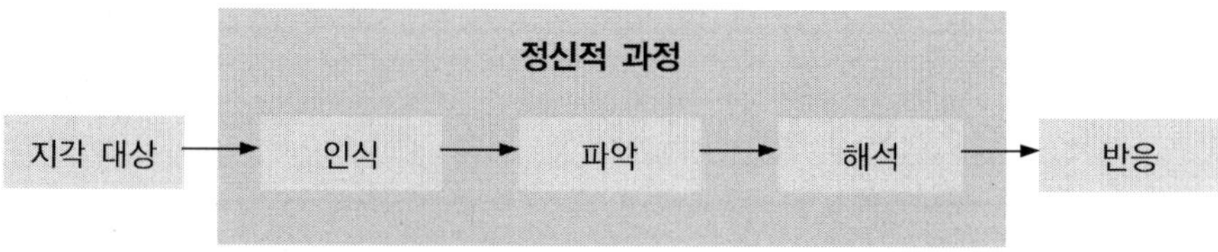

그림 2-1-5 지각의 기본적 과정

2 지각의 결정 요인

똑같은 현실을 보고도 다르게 지각하게 되는 사실을 어떻게 설명할 수 있을까? [그림 2-1-6]에서 보듯이 지각은 지각 대상의 특성과 지각의 당사자인 지각자의 특성, 그리고 상황적 과정에 영향을 받는다(Chao & Kozlowski, 1986; Cronshaw & Lord, 1987; Levine & Shefner, 1981).

1) 지각 대상의 특성

지각은 환경과 구분되는 지각 대상이 가지고 있는 특성에 의해 영향을 받는데, 이러한 지각 대상의 특성으로 인해 지각의 주체인 인간이 그 지각 대상을 다르게 지각하게 된다. 이렇게 인간의 지각에 영향을 주는 지각 대상의 특성에는 대조(contrast),

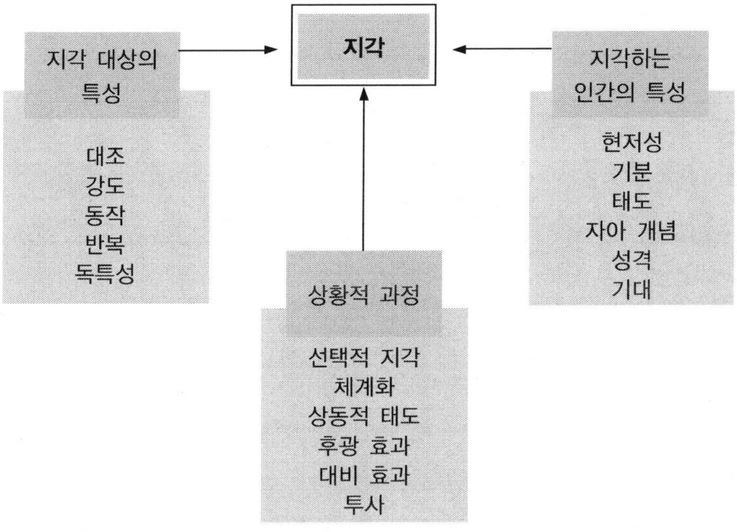

그림 2-1-6 지각에 영향을 미치는 특성과 과정

자료: Robbins & Judge(2011 : 203)를 수정.

강도(intensity), 동작(movement), 반복(repetition), 독특성(novelty) 등이 있다. 어떠한 지각 대상이 그것을 둘러싸고 있는 환경과 대조가 된다면, 그것이 눈에 띄는 것은 당연하다. 지각 대상은 또한 밝기, 색상, 깊이 및 소리 같은 특성상 그 강도가 서로 다르다.

인간은 또한 움직이거나 변화하는 지각 대상에 먼저 주의를 집중할 때가 많다. 예를 들어, 인간은 밤거리의 반짝이는(즉, 변화하는) 네온사인에 주의를 빼앗기거나, 다른 사람들은 모두 서 있는데 그 속을 혼자 통과해서 걸어가는 사람에게 주의를 집중하기 쉽다.

반복하는 것도 지각 대상에 대한 주의를 높일 수 있다. 예를 들어 부하 직원이 추가 예산 지원을 계속적으로 요구하면 관리자는 한 번 요구받은 것보다 훨씬 기억을 많이 할 수 있는 것이다.

지각 대상의 독특성도 인간의 지각을 자극할 수 있다. 특이한 옷을 입은 사람, 특이한 표지를 한 서적, 특이한 이름의 스포츠 팀 등이 우리의 주의를 끌기 쉽다. 이와 유사한 것으로 인간은 행동이나 모습이 우리의 기대와 다른 사람들을 기억하기 쉽다.

2) 지각하는 인간의 특성

인간의 개인적 특성 또한 어떻게 사물을 지각하고 해석하는가에 영향을 준다. 일반적으로 가장 중요한 개인적 특성은 현저성(salience), 기분(disposition), 태도(attitudes), 자아 개념(self-concept), 성격(personality), 기대(expectations) 등이다(Levine & Shefner, 1981).

현저성이란 지각 대상의 중요성에 관한 개인적 느낌이다. 인간은 지각 대상이 자신에게 중요하다고 느낄 때 관심이 간다.

개인적 기분(dispositions) 역시 어떻게 사물을 지각하고 해석하는가에 영향을 준다. 기분이란 여러 가지 종류의 환경적 자극에 의해 인간의 감정이 단기적으로 반응하는 것이다.

개인적 기분이 단기적 반응이라면, 태도(attitudes)는 지각 대상에 관해 장기적으로 지속되는 느낌이다. 태도는 인간의 지각에 상당한 영향을 줄 수 있다. 1986년 미국의 레이건(Ronald W. Reagan) 대통령이 인기가 좋았을 때, 『뉴스위크(*Newsweek*)』는 그를 "20세기의 가장 강력한 지도자 중 한 사람"이라고 불렀다. 사람들은 레이건에 대해 긍정적인 태도를 가졌고 그래서 호감을 가지고 그를 보았던 것이다. 그러나 16개월 뒤 그의 명성이 떨어지기 시작하자 『뉴스위크』는 "국가는 리더십을 요구하고 있지만 백악관에는 전혀 존재하지 않는다"라고 주장했다. 왜냐하면, 레이건에 대한 미국 사람들의 태도가 변하면서 그들의 지각 또한 따라서 변했기 때문이다.

자아 개념 역시 인간의 지각에 영향을 줄 수 있다. 자아 개념이란 자기 자신에 대한 지각이다. 일반적으로 자기 자신에 대해 좋게 지각하는 사람은 지각 대상을 긍정적이고 여유 있게 보지만, 부정적인 자아 개념을 가진 사람은 반대로 적대적이고 제한적인 지각을 한다고 한다.

개인의 성격이란 그 개인을 독특하게 다른 사람들과 구분시키는 총체적 특성과 특징을 말한다. 이러한 성격상의 특성으로 인해 환경을 인식하고 해석하는 방법이 개인별로 다를 수가 있다. 일반적으로 외향적인 사람은 대화에 적극 참여하지만, 내성적인 사람은 반대로 다른 사람이 말하는 것에 별로 관심이 없다.

인간의 지각에 영향을 미치는 마지막 개인적 특성은 기대다. 사람들은 기대하는 대로 사물이나 현상을 해석한다. 예컨대, 만약 어떤 사람이 공무원들은 부패했다고 기대한다면, 그 사람은 공무원들의 실제 특성과 관계 없이 공무원들이 부패했다고 지각할 수 있다.

3) 상황적 과정

상황적 과정이란 인간이 지각한 사물이나 사람을 불리한 환경 또는 상황의 특성을 지각하는 과정을 말한다.

인간이 환경으로부터의 객관적 정보를 지각한다는 것은 결국 그러한 정보를 해석하고 형상화한다는 점에서 상황적 과정은 일종의 여과기(filter)의 역할을 한다고 할 수 있다. 인간의 환경 인식은 지각 대상 및 지각하는 사람의 특성에 의해 영향을 받는다. 동일한 사람에 의한 동일한 지각 대상도 상황이 다르면 다르게 지각되기 쉽다. 상황적 과정으로서 중요한 것에는 선택적 지각(selective perception), 체계화(organization), 상동적 태도(stereotyping), 후광 효과(halo effect), 대비 효과(contrast effects), 투사(projection) 등이 있다 (Walsh, 1988).

선택적 지각이라는 상황적 과정은 인간이 편하게 느끼는 지각 대상에는 주의를 기울이지만 익숙하지 않거나 불편한 정보에 대해서는 무시해 버리는 것을 말한다. 예를 들어, 상사가 어떤 직원에 대해 호감을 가지고 있다고 생각해 보자. 하루는 상사가 그 직원이 인터넷 서핑을 하고 있는 모습을 보게 되었다. 그런데, 선택적 지각으로 인해, 그 상사는 방금 그 직원이 게으름을 피우는 장면을 잊어버리게 된다. 사람들은 보고 싶은 것만 보고, 듣고 싶은 것만 들리게 마련이다.

체계화라는 상황적 과정은 인간이 논리적으로 일관성 있게 지각하는 경향이 있다는 것을 말한다. 선택적 지각이라는 과정과 유사하게, 인간은 보통 자신이 바라보는 관점과 어울리지 않는 자극에는 주의를 기울이지 않는다고 한다. 예를 들어 어떤 관리자가 자기 부하 직원 중 하나를 아주 성실한 직원으로 믿고 있다고 하자. 어느 날 그 직원이 빈둥거리고 있는 것을 관리자가 보게 된다고 하더라도, 그 관리자는 직원이 열심히 일을 한 다음에 휴식하고 있는 것으로 생각하기 쉽다. 왜냐하면, 그 직원이 빈둥거리고 있다고 지각하는 것은 그 관리자가 가지고 있는 그 직원의 평소 이미지와 어울리지 않기 때문에, 그 관리자가 그러한 자극에 주의를 기울이지 않기 때문이다.

또한 체계화라는 과정을 통해 인간은 지각 대상을 하나로 묶어 명칭을 부여하기도 한다. 직원들은 거의 무의식적으로 자기 직장의 봉급, 관리자, 동료, 근무 조건, 진급 기회, 조직 관행 등 각각의 조직 특성에 관해 개별적인 태도를 가지고 있기 마련이다. 그러나 직원들에게 "여기서 근무하는 것이 어떤가?"라고 물어보면, 대개의 경우 자기 직장 특성에 관해 개별적인 태도를 나타내는 것이 아니라 이러한 각각의 태도를 하나로 묶어 "정말 지겹다"든지 "더할 나위 없이 좋다" 등의 전체적 태도로 표현하는 경우가 많다는 것이다.

상동적 태도란 인간이 자기가 추정하는 특성이나 자질을 바탕으로 사람들을 분류하는 경향이 있다는 것을 말한다. 예를 들어, 누가 구청장인지 모르는 어떤 사람이 구청장실에 들어갔는데 여자와 남자가 책상 앞에 서서 이야기를 하고 있다고 하자. 만일 그 사람이 구청장은 남자일 것이라는 상동적 태도를 갖고 있다면 이 중 남자를 구청장으로 판단하는 경향이 있다는 것이다.

후광 효과는 개인의 한 가지 특성(예, 지능, 사회성, 외모 등)에 기초하여 그 사람에 대한 일반적인 평가를 내리는 현상을 말한다. 예컨대, 지능이 뛰어나다는 하나의 특성이 있다는 사실에 기초하여 그 사람의 다른 특성인 사회성, 근면성, 창의성 등도 모두 뛰어나다고 평가하는 경향이다.

대비 효과는 어떤 사람에 대한 평가에 있어서 최근에 마주쳤던 다른 사람과 비교하게 되는 경향을 말한다. 예컨대, 채용 담당자가 신입 사원을 채용하기 위해 인터뷰를 한다고 생각하자. 그런데, 채용 담당자가 어떤 후보자를 인터뷰하면서 평가할 때, 바로 앞선 후보자가 아주 뛰어났다면 무의식적으로 이 번 후보자에게 다소 낮은 점수를 주게 된다.

마지막으로, 지각은 투사(投射)라는 과정에 의해서도 영향을 받는다. 투사는 다른 사람을 자신의 시각으로 바라볼 때 일어나는 현상이다. 예를 들어 본인이 호전적이고 권력에 굶주려 있으면서 신분을 의식하는 사람이라면, 그 사람은 다른 사람들도 모두 본인과 같은 사람으로 간주하고 세상에서 성공하기 위해서는 본인의 이익만을 추구해야 한다고 생각한다는 것이다. 이러한 사람은 다른 사람들의 행동 중에서 자신의 견해(즉, 다른 사람들도 호전적이고 권력에 굶주려 있으면서 신분을 의식한다는 견해)와 유사한 것만을 집중해서 보고는 자신의 그러한 견해를 점점 강화시키게 된다.

3 인상관리

인상관리(impression management)는 고프먼(Erving Goffman)의 연극학적 이론에 기반을 둔 것으로 인간은 대인 관계에서 상대방에 대해 자신의 인상을 관리하려는 속성을 가지고 있음을 전제하고 있다(Rosenfeld, Giacalone, & Riordan, 1995).

고프먼에 따르면, 자기 표현은 단지 기능적인 면만이 아니라 타인과의 원만한 상호작용을 위해서도 중요하다. 인간 관계에서 효과적인 상호작용을 위해서는 타인에 대한 정보를 확보하고 있어야 가능하다. 그러나 타인에 대한 정보를 많이 알고 있기는 쉽지 않다. 이럴 때 자기 표현이 도움이 되는 것이다. 고프먼은 자기 표현이 잘못되었을 때, 즉 상대방에게 보여 주는 인상이 모순되거나 의심될 때 인간 관계는 혼란에 빠질 수 있다고 주장했다(Goffman, 1959).

행정가들이나 정치가들도 타인으로부터 인정받고 높은 지위를 누리려는 욕구가 있기 때문에 타인들이 자신에 대해 가지는 인상과 자기 스스로 평가하는 자신의 인상에 관심을 갖고 있다. 따라서 타인으로부터 유능한 행정가나 정치가로 인정받기 위해 자신의 지위와 이미지를 극대화하려고 노력한다(Frink & Ferris, 1998 : 1261). 그리고 이를 위해 다양한 인상관리 전략을 구사한다. 여기서 인상관리란 “자신의 이미지나 아이디어에 대한 타인의 반응을 통제, 조작하려고 시도하는 과정”을 말한다(Leary & Kowalski, 1990; Schlenker, 1980; Tedeschi & Reiss, 1981). 또한 인상관리는 타인이 호감을 가지도록 이미지를 관리하는 것뿐만 아니라 잘못된 행위에 대한 비난관리(McGraw, 1991)에도 사용된다.

우리는 흔히 첫인상이 가장 중요하다고 말한다. 1946년 사회심리학자인 애쉬(Solomon Asch)는 참가자들에게 특정 인물을 소개하면서 몇 가지 형용사를 제시함으로써 그에 대한 인상 형성을 유도했다. 한 집단에는 ‘똑똑한-근면한-충동적-비판적-질투심’의 순으로, 다른 집단에는 그 반대의 순으로 소개했는데 전자의 경우가 더 호의적인 인상을 갖는 것으로 나타난 것이다. 이러한 실험 결과는 인상관리에는 일종의 초두 효과(初頭效果)가 큰 영향을 발휘한다는 것으로 사람들은 일반적으로 초기에 제시된 정보가 대상 인물에 대한 차후 정보의 맥락을 형성하고 이 맥락에 기초하여 차후의 정보를 처리한다는 것이다. 따라서 호의적인 첫인상의 조성은 조직구성원

간의 인간 관계에서 매우 중요하다 (Reece & Brandt, 1990 : 294-295).

제 3 절 귀인

이제 지각(perception)이라는 개념을 확대하여 사람들이 다른 사람에 대해 어떻게 지각하는지에 대해 설명하고자 한다.

1 귀인이론

하이더(Heider, 1958)와 켈리(Kelley, 1971)에 의하면, 사람들이 다른 사람을 관찰할 때, 그 사람이 어떤 형태로 행동하는 이유에 대해 추론하고 설명하려는 경향이 있다고 한다. 이와같이 다른 사람의 행동의 원인을 설명하는 것을 귀인(attribution)이라고 한다. 귀인의 과정은 지각 대상을 어떻게 지각하는가에 따라 다르며, 이러한 지각은 또한 개인에 따라 크게 다르다.

귀인이론(attribution theory)은 조직학에서 비교적 새롭게 등장한 것으로 인간의 지각, 동기 및 리더십과 관련이 있는 이론이다 (Cronshaw & Lord, 1987; Ford, 1985; Martinko & Gardner, 1987). 여기에서는 귀인(歸因)과 지각 간의 관계만을 살펴보고자 한다 (Moorhead & Griffin, 2004 : 102).

2 귀인 과정

조직학에서 귀인이론은 평가자가 피평가자의 행동의 원인을 설명하는 방식에 따라 피평가자를 다르게 평가하게 된다고 주장한다. 즉, 평가자가 피평가자의 행태를 관찰할 때, 피평가자의 행태가 내부적인 이유인지 아니면 외부적인 이유 때문인지를 판단한다. 이러한 귀인의 과정은 현실에 대한 지각에 기초하고, 이러한 지각은 사람에 따라 상당히 차이가 있다.

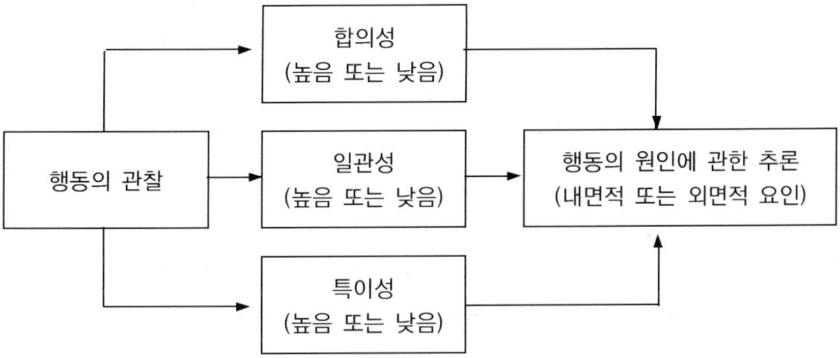

그림 2-1-7 귀인 과정

자료: Griffin & Moorhead(2008: 77).

[그림 2-1-7]은 귀인이론의 기본적 과정을 보여 준다. 먼저 인간은 우리 자신이나 다른 사람의 행동을 관찰한다. 그런 다음 인간은 그러한 행동을 합의성, 일관성, 특이성을 기준으로 평가한다. 합의성(consensus)은 동일한 상황에 처한 여러 사람이 같은 방식으로 행동하는 정도를 말하고, 일관성(consistency)이란 같은 사람이 다른 시간에도 동일하게 행동하는 정도다. 또한 특이성(distinctiveness)이란 같은 사람이 다른 상황에서도 동일한 방식으로 행동하는 정도를 말한다. 이러한 합의성, 일관성, 특이성 등이 다양하게 연결되면서, 인간은 어떠한 행동에 대해 그 원인을 추론하게 된다.

일반적으로 인간은 어떠한 행동이 인간의 내면적인 요인이나 외면적인 요인으로 인해 야기된다고 생각한다. 내면적 요인에 의한 행동이란 그 행동이 그 사람의 개인적 통제 아래 있다고 믿는 행동이지만, 외면적 요인에 의한 행동은 어떤 상황이 그 사람을 그렇게 행동하도록 만든 경우를 말한다. 예를 들어 부하 직원 중 하나가 소란스럽게 일을 한다고 하자. 여기서 그러한 행동의 원인을 이해하면, 그 직원의 행동을 변화시킬 수 있다. 만약 그 직원만이 그러한 행동을 하고(즉, 낮은 합의성), 매주 여러 번 하며(즉, 높은 일관성), 다른 곳에서도 한다면(즉, 높은 특이성), 논리적으로 그 직원의 내면적인 요인이 그러한 행동의 원인이라고 결론을 내릴 수 있는 것이다. 그러나 그 직원이 속한 부서의 모든 직원이 그러한 행동을 하고(즉, 높은 합의성), 그 직원만이 자주 그러한 행동을 하지만(즉, 높은 일관성), 다른 곳에서는 그 직원이 그러한 행동을 하지 않는다면(즉, 낮은 특이성), 그 직원의 외면적인 요인이 그러한 행동의 원인이라고 할 수 있다.

지금까지 살펴본 인간의 귀인 과정은 조직관리상 중요한 의미가 있다. 예를 들어 관리자가 부하의 업무 성과가 낮은 이유를 부하의 능력이나 동기 같은 내면적인 요인으로 돌리면, 이러한 요인을 발전시키는 전략을 개발하고자 할 것이다. 반면에 업무 성과가 낮은 이유를 업무 지원의 부족이나 직무설계 자체가 잘못된 것으로 돌리면, 업무 성과를 높일 수 있는 다른 조치를 취해야 할 것이다.

3 귀인오류

귀인이론의 연구에서 가장 흥미로운 결과는 실수 또는 오류가 귀인 과정을 왜곡시킬 수 있다는 것이다. 사람들이 다른 사람의 행동에 대해 평가를 할 때, 외면적 요인의 영향을 과소평가하고, 내면적 요인의 영향을 과대평가하는 경향이 있다(Miller & Lawson, 1989 : 194-204). 이러한 경향을 귀인오류(attribution error)라고 한다. 다시 말해, 판매부 관리자는 판매부서 직원들의 실적이 저조한 원인을 경쟁사에서 생산하는 혁신적 제품의 출현에서 찾기보다는 직원들의 게으름에서 찾게 된다.

또 다른 흥미로운 오류는 자기고양적 편향(self-serving bias)인데, 자신의 성공은 자신의 능력과 노력과 같은 내면적 요인에서 찾으려고 하는 반면, 자신의 실패는 불행이나 동료의 비협조 등과 같은 외면적 요소에서 원인을 찾는 경향이 있다(Goerke et al., 2004 : 279-292). 소위 잘되면 자기 탓, 못되면 남 탓을 하는 경향을 말한다.

4 조직관리상의 의미

조직에서 일하는 사람들은 항상 다른 사람을 평가하고 판단한다. 특히, 관리자들은 부하 직원의 성과와 실적에 대해 평가해야만 한다. 따라서, 사람에 대한 판단은 조직생활에서 대단히 중요하다. 조직관리상 동기, 채용 및 근무성과 평정의 측면에서 귀인이론이 갖는 의미를 살펴보고자 한다.

1) 동기

조직 내에서 지각은 동기와 상당히 밀접한 관계를 갖고 있다. 예를 들어 어떤 직원이 금전 문제로 어려움을 겪고 있다고 하자. 금전 문제로 인한 걱정으로 기분이 좋지 않고 현재로서는 금전이 가장 중요한 문제이기 때문에, 그 직원은 봉급 문제에 특히 민감할 것이다. 즉, 그 직원의 개인적 특성 중 기분(disposition)과 현저성(salience)이 어떻게 사물(즉, 봉급문제)을 지각하고 해석하는가에 영향을 준다는 것이다. 또한 투사(投射, projection)라는 과정을 통해 그 직원은 조직 내의 다른 직원들도 주로 금전에 신경을 많이 쓴다고 생각할 수도 있다. 따라서 다른 직원이 열심히 업무를 수행해서 봉급을 대폭 인상받으면 그 직원도 봉급이 인상되도록 열심히 업무를 수행할 것이다. 즉, 그 직원의 지각(즉, 다른 직원의 봉급 인상이 열심히 업무를 수행한 대가라는 해석)이 동기에 영향을 미치는 것이다. 귀인 과정 역시 동기에 영향을 줄 수 있다. 예를 들어 그 직원이 상사와 인척 관계에 있을 때 봉급 인상이 상사의 인척이라는 요인 때문이 아니라(즉, 봉급 인상이라는 결과가 그 직원의 외면적인 요인 때문이 아니라), 그 직원의 노력 때문이라고(즉, 그 직원의 내면적인 요인이라고) 생각하면 다른 직원들도 열심히 노력해서 봉급 인상을 받고자 할 것이다.

2) 채용

지각은 직원을 채용하는 데에도 영향을 줄 수 있다. 채용에 지원한 사람이 다른 지원자와 대조가 되거나 독특하면 그가 채용될 가능성이 영향을 받는 것은 당연하다. 채용을 하는 사람 역시 상동적 태도로 인해 지원자들을 인종이나 성별로 정형화할 수 있고, 후광 효과로 인해 지원자의 한 가지 특성만으로 다른 특성에 대한 평가를 무시할 수도 있다. 또한 면접 시 면접관의 기분이나 지원자의 어떤 특성에 대한 태도가 면접관의 지각에 영향을 줄 수 있다.

3) 근무성과 평정

근무성과 평정(performance evaluation)이란 조직구성원들의 근무 성과를 평가하여 그들의 근무에서 부족한 면은 수정하고 강점은 파악해 조직구성원들에게 보상을 해 줄 수 있는 기초를 마련하는 것이다. 근무성과 평정에서 몇 가지 영역은 특히 지각의 왜곡을 일으키기 쉽다(Wexley & Pulakos, 1983). 직원 사이의 대조는 근무성과 평정에 영향을 줄 수 있다. 예를 들어 상사가 부하 직원들을 하나씩 평가하는데, 처음 두 명은 근무성과가 아주 좋아서 좋은 평가를 받았고, 그 다음 부하는 처음 두 명보다는 조금 근무성과가 낮다고 하자. 이 때 상사가 처음 두 직원에게 높은 평가를 한 것에 영향을 받는다면, 세 번째 직원은 처음 두 명의 직원들과 대조가 되어 본래 받아야 할 평가보다 낮은 평가를 받을 수 있다는 것이다.

선택(selection) 역시 근무성과 평정에 영향을 미칠 수 있다. 어느 특정 직원에게 특별히 호감을 갖고 있는 상사는 그 직원이 성과를 내지 못하는 경우가 발생해도 그러한 경우를 무시할 수 있다. 근무성과 평정자의 개인적 특징(예: 현저성, 기분, 태도 등) 역시 후광 효과와 상동적 태도와 마찬가지로 근무성과 평정에 영향을 미친다. 예를 들어 근무 시간을 잘 지키는 것을 강조하는 상사는 그것을 평가 기준으로 삼아 비중을 많이 두는 반면, 다른 상사는 근무 시간 준수 여부를 별로 중요시하지 않아 평정 시 별로 고려하지 않을 수도 있는 것이다.

마지막으로 부하가 거둔 업무 성과의 원인을 내면적 또는 외면적 요인으로 돌리는 것에 따라 상사의 근무성과 평정이 영향을 받는다. 즉, 이미 전술한 바와 같이 부하의 행동을 상사가 관찰 시 그 행동의 합의성, 일관성, 특이성에 따라 상사의 근무성과 평정이 영향을 받는다는 것이다.

연구 문제

1. 본인이 그동안 생활해 오면서 경험한 것을 중심으로 이 장에서 배운 '적극적 강화'를 설명하시오.
2. 본인이 그동안 생활해 오면서 경험한 것을 중심으로 이 장에서 배운 '회피'를 설명하시오.
3. 본인이 그동안 생활해 오면서 경험한 것을 중심으로 이 장에서 배운 '소거'를 설명하시오.
4. 본인이 그동안 생활해 오면서 경험한 것을 중심으로 이 장에서 배운 '처벌'을 설명하시오.
5. 이 장에서 공부한 조직 내 '자극의 일반화'와 '자극의 차별화'의 예를 본인의 경험을 토대로 제시하시오.
6. 조직구성원들이 사람들이 동일한 사건을 각기 다르게 지각하는 예를 한 가지 들고, 그러한 차이가 발생하는 이유를 지각 대상의 특성, 상황적 과정, 지각하는 사람의 특성 등으로 나눠 설명하시오.
7. 바람직한 '인상'이란 것이 어떤 것인가를 제시하고, 효과적인 인상관리 방안을 예를 들어 구체적으로 설명하시오.
8. 조직 내 귀인 과정의 예를 한 가지 들고, '합의성', '일관성', '특이성' 등의 기준을 중심으로 설

명하시오.
9. 조직관리자가 부하들의 근무 성과를 평정할 때 발생하는 지각상 오류의 예를 들고, 그러한 오류를 관리할 수 있는 방안을 제시하시오.

사례 연구 2-1

시민 · 노동단체의 엇갈린 인식 차이

여야가 쟁점 법안을 2월 임시국회에서 합의 처리하기로 한 가운데 시민 · 노동단체들이 뚜렷한 입장차를 드러내고 있다.

MB(이명박) 악법 저지 비상국민행동은 7일 성명을 통해 "MB악 법 저지 투쟁은 끝난 것이 아니고 이제부터 시작"이라며 "지금까지 모든 국회 파행의 책임은 민의 수렴은 커녕 국회법에 따른 기본적인 법안 심의조차 무시한 현 정부와 한나라당"이라고 주장했다. 이들은 "현 정부와 한나라당은 앞선 독재정권의 전철을 밟지 말아야 한다"고 덧붙였다.

한국노총도 논평을 내고 "대화와 협상을 통한 성숙한 의회정치를 기대한다"고 밝혔다. 한국노총은 "여야 간 대립과 갈등이 협상을 통해 대화로 해결된 것에 대해 환영의 뜻을 표한다"며 "그러나 여야는 비쟁점 법안들에 대한 심사를 시작했지만 쟁점 법안 처리 시기와 방법 등에 있어서 미묘한 입장차를 보이고 있어 불씨는 여전히 남아 있다"고 우려했다.

보수단체인 바른사회시민회의는 "합의는 그들만의 잔치일 뿐 폭력 국회에 대한 책임은 끝까지 물어야 한다"고 날을 세웠다. 이 단체는 "이번 국회는 입법부의 다수결 원칙과 의회민주주의 정신을 심각하게 훼손했다"며 "국회가 우선 국민 앞에 사죄하고 폭력 행위자들에 대해서는 법이 정한 최고 수준의 책임을 물어야 한다"고 비판했다.

(뉴시스, 2009. 1. 7. 기사 내용을 요약)

사례 문제

1. 위의 사례를 보면 동일한 사건에 대해 시민단체 간에 많은 인식(지각)의 차이를 보이고 있는데, 이를 여러 가지 가정을 사용하되 이 장에서 배운 '지각에 영향을 미치는 특성과 과정'을 토대로 설명하시오.
2. 다양한 지각오류를 극복하고, 지각 차이를 줄임으로써 문제 해결을 합리적이고 원만히 할 수 있는 방안을 위의 사례를 적용하여 토의하고 그 결과를 발표하시오.

제 2 장 개인차

인간은 모두 다르다. 어떤 사람이 다른 사람과 다른 개인적 특성을 개인차(individual differences)라 한다. 인간은 사고 방식, 자신이 처한 환경을 해석하는 방식, 그러한 환경에 반응하는 방식 등이 서로 다르다. 개인차는 크게 육체적 차이(physical differences), 심리적 차이(psychological differences), 감정적 차이(emotional differences)로 분류할 수 있다. 이 장에서는 주로 개인의 성격과 태도라는 두 가지 주요 심리적 변수를 살펴본다. 특히, 개인차를 설명할 때 매우 중요한 요소인 개인의 성격(personality)을 성격의 구조와 조직관리상의 의미를 중심으로 설명한다. 다음에 개인차의 또 다른 주요 요소인 태도(attitude)를 태도 형성에 관한 주요 관점과 직무에 관련된 태도를 중심으로 살펴보고, 마지막으로 개인의 태도와 행동과의 관계 및 개인차의 조직관리상의 의미를 제시하고자 한다.

제 1 절 개인의 성격

왜 어떤 사람은 조용하고 소극적인데 반해, 어떤 사람은 시끄럽고 적극적인가? 이러한 개인차를 설명할 때 개인의 성격은 매우 중요한 요소다. 다음에서는 성격의 본질, 성격의 구조를 제대로 이해하기 위해 필요한 성격의 결정 요인, 형성 단계, 그리고 성격을 구성하는 특성들을 살펴보고자 한다.

1 성격의 본질

성격이란 개인을 나타내는 데 사용할 수 있는 개인 특유의 심리학적 특성(traits)과 특질(dimensions)의 총체다(Carson, 1989; Mischel, 1971) 관리자에게 성격이라는 개념이 중요한 이유는 무엇일까? 많은 학자에 의하면, 인간은 성격에 따라 자신의 근무 환경을 지각해서 평가하며, 그러한 환경에 반응하는 방식이 다르다고 한다(Terborg, 1981). 즉, 인간의 행동은 인간과 인간을 둘러싸고 있는 상황 사이의 끊임없는 상호작용으로 결정된다고 할 수 있다. 성격에 의해 나타나는 인간의 특성은 직장 내의 다양한 요소에 영향을 주기도 하고 영향을 받기도 한다.

관리자들은 어떤 사람의 성격을 측정하여 분석함으로써 그 사람이 어떤 직무에 적합한 사람인지 아닌지 파악하는 데 도움을 얻는다. 개인의 성격을 측정하기 위해 "나는 나의 미래에 관해 불안을 느낀다"와 같은 일련의 질문에 답을 하도록 하는 자기보고 설문조사 기법을 가장 많이 활용한다.

2 성격의 결정 요인

성격의 결정 요인이란 개인의 성격을 형성하는 데 주요 역할을 할 가능성이 높은 요인들을 말한다. [그림 2-2-2]에서 보듯이 가장 널리 연구된 결정 요인으로는 생물학적 요인, 사회적 요인, 문화적 요인, 환경적 요인 등이 있다.

생물학적 요인이란 성격적 특성에 영향을 미치는 유전적 요인을 말한다. 많은 연구에서, 유전이 성격의 형성과 발달에 본질적으로 영향을 미친다는 것이 밝혀졌다. 특히, 많은 국가의 연구자들은 태어나서부터 다른 곳에서 자란 1,000여 쌍의 일란성 쌍둥이에 대해 연구했다(Illies, Arvey, & Bouchard, 2006). 연구 결과에 의하면, 유전적 요인이 쌍둥이들 사이의 성격의 유사하다는 것을 약 50% 정도 설명했고, 직업적 관심과 취미 생활의 유사성을 약 30% 정도 설명하는 것으로 밝혀졌다. 그러나

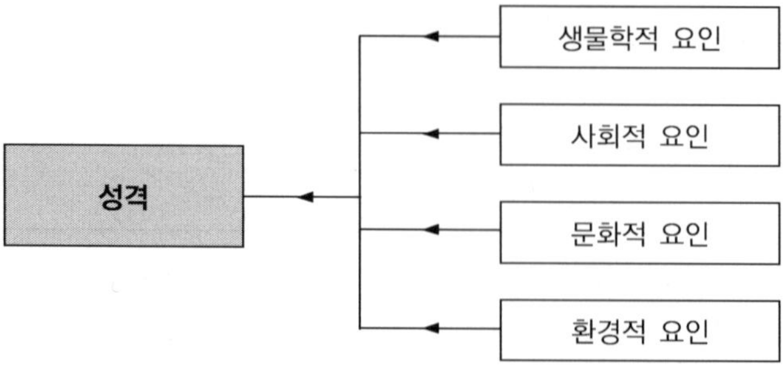

그림 2-2-2 성격의 결정 요인

일반적으로 성격이 생물학적 요인과 직접적으로 연결되어 있다고 주장하는 초기의 성격이론은 현대에 와서 많은 도전을 받고 있는데, 왜냐하면 성격적 특성을 생물학적 요인만으로 유형화하는 것에는 예외가 너무 많기 때문이다.

사회적 요인 또한 성격의 중요한 결정 요인이다. 어릴 때 부모와 지낸 경험은 우리의 성격에 막대한 영향을 주며, 성장하면서 학교나 이웃에서 만난 사람들에 의해서도 성격이 영향을 받는다. 사회화에 관한 여러 가지 연구에 의하면 직장 내의 사회적 요인은 인간의 성격, 지각 및 행동에 영향을 준다고 한다(Wanous, Reichers, & Malik, 1984).

문화적 요인이란 인간의 성격에 영향을 미치는 좀 더 광범위한 사회문화적 환경의 특성을 말한다. 문화권마다 인간의 동기, 용납되는 행동, 권위에 대한 존중 등이 다르기 때문에 개인의 성격도 문화의 영향을 받을 수 있다는 것이다. 예를 들어 어떤 문화권에서는 서로 경쟁하는 것이 자연스러운 반면 다른 문화권에서는 서로 협동하는 것을 자연스럽게 보기도 한다(Adler, 1986).

마지막으로 환경적 요인이란 인간을 둘러싸고 있는 주변 환경과 상황을 의미하는데, 인간이 속한 사회의 제도·문화·관습 등이 포함된다.

3 성격의 형성 단계

성격의 구조를 이해하기 위한 두 번째 주요 접근법은 성격 형성의 단계를 연구하는 것이다. 이러한 접근법의 주요 학자로는 프로이트(Freud, 1933), 에릭슨(Erikson,

1963), 피아제(Piaget, 1960) 등이 있다.

정신분석학 이론의 선구자인 프로이트(Sigmund Freud)에 의하면, 인간의 행동은 주로 무의식적인 동기에 의해 결정된다고 주장했다. 이러한 동기는 성격 발달의 여러 단계에 의해 형성되고 각각의 단계는 인간의 성(sex)과 관련된 잠재적 요소를 갖고 있다는 것이다. 프로이트는 성격의 발달은 구강 성격 단계, 항문 성격 단계, 남근 성격 단계, 잠재 단계 및 성기 성격 단계 등 다섯 단계로 나눌 수 있는데, 각각의 단계에서 욕구 충족이 적당히 이뤄져야 정상적인 성격이 형성되며 지나치게 충족되거나 그렇지 못한 경우 극단적인 성격이 형성된다고 보았다(양창삼, 1994: 111-113).

에릭슨(Eric Erikson)은 성격 형성의 단계를 주장하는 프로이트의 개념을 받아들였으나 프로이트의 주장이 너무 생물학적이고 성적인 요소에 치우쳐 있다는 점을 지적했다. 에릭슨은 인간이 성장하면서 반드시 거치는 사회적 적응에 초점을 맞추면서 인간은 여덟 가지의 기본적인 발달 단계를 거쳐 성숙한다고 주장했다. 8단계는 영아 단계, 유아 단계, 아동 초기 단계, 아동 후기 단계, 청년 단계, 성년 단계, 중년 단계, 노년 단계인데, 전 단계에서 다음 단계로 넘어가는 데에는 고비고비마다 위기가 따른다고 했다. 따라서 인간의 성격이 건전하게 발달하기 위해서는 각 개인이 이러한 위기를 효과적으로 대처해야 한다. 에릭슨의 주장을 조직이라는 상황에 적용해 보면, 조직구성원은 신입 직원의 단계에서 중견 조직구성원을 거쳐 원로급으로 성장해 가는 과정에서 단계별로 위기를 경험하게 된다고 할 수 있다.

피아제(Jean Piaget)도 프로이트처럼 인간의 성격 발달이 여러 단계를 거쳐 이뤄진다고 주장했다. 그러나 피아제는 성격의 단계와 그러한 단계 간의 발달은 인간의 의식적인 활동이라는 것을 제시했다. 피아제가 제시한 성격의 단계는 조직이라는 상황과는 밀접하게 관련되어 있지 않다. 피아제의 이론이 현대의 성격이론에 기여하는 바는 인간의 성격 형성에 의식적 요소가 최소한 무의식적 요소만큼 중요하다는 주장이다. 지금까지 살펴본 세 가지 접근법 중 피아제의 이론이 실증적 연구를 통해 가장 잘 뒷받침받고 있다(Mischel, 1971).

전술한 세 가지 접근법을 조직이라는 상황에 적용할 때 가장 중요한 것은 발달(development)이라는 개념이다. 인간은 시간의 흐름에 따라 완전히 무작위적이고 불안정하게 변화하기보다는 적어도 어느 정도 예측할 수 있는 방식으로 변화한다.

더욱이 이러한 인간의 변화는 일반적으로 인간과 인간들이 활동하는 사회 체제 모두에게 바람직한 것이 많다. 조직구성원들이 조직에 들어가 점점 많은 참여를 하게 되고, 결국 그 조직을 떠나게 되는 전체적 과정 역시 인간이 어느 정도는 예측할 수 있는 방식으로 변화 및 발달해 가는 것을 보여 준다.

4 5대 성격 특성(Big Five)

특성이론에 근거한 '빅 파이브(Big Five)' 성격이론은 다섯 개의 기본적인 차원이 존재하고 이것들이 인간 성격의 많은 부분을 설명한다고 주장한다. 연구 결과, 다섯 가지 성격 유형과 직무 성과 간에는 중요한 관계가 있는 것으로 나타나고 있다. 즉, 성격 유형은 다섯 가지 유형의 배합이라는 것이다(김성국, 2008 : 67 : 김지성 외, 2007 : 150-151; 임창희, 2009 : 97).

첫째 특질은 정서 안정성(emotional stability)이다. 정서 안정성은 스트레스에 견디는 개인의 능력과 관계된다. 정서가 안정적인 사람들은 온화하고 자신감이 있으며 안정적이다.

둘째 특질은 외향성(extraversion)이다. 외향성은 인간 관계에서 안락함의 정도를 말한다. 외향적인 사람은 사회성이 높고, 적극적이고, 새로운 관계를 형성하는데 개방적이다.

셋째 특질은 개방성(openness)이다. 개방성은 새로운 것에 대한 관심과 흥미 정도를 나타낸다. 개방성이 높은 사람은 창의적이고 호기심이 많다.

넷째 특질은 친화성(agreeableness)이다. 친화성은 다른 사람들과 잘 어울릴 수 있는 개인의 능력을 말한다. 친화성을 가진 사람은 친절하고, 협력적이며, 이해심이 있고, 다른 사람들과의 관계에서 부드러운 특질을 가지고 있다.

다섯째 특질은 성실성(conscientiousness)이다. 성실성이 높은 사람은 책임감이 있고 규칙적이며 믿음직스럽다(Robbins & Judge, 2011 : 173).

학자들의 연구에 의하면, 외향적인 사람이 내성적인 사람보다 일반적으로 조직에서 더 높은 임금을 받으며, 승진도 빠르고, 자신의 경력에 더 만족하는 경향이 있다고 한다(Seibert & Kraimer, 2001). 친화성이 높은 직원일수록 다른 사람에 대한 평가가 관대한 경향이 커지며, 반대로 성실성이 높은 직원은 타인을 가혹하게 평가하는 경향이 높다고 한다(Bernadin, Cooke, & Villanova, 2000). 또 성실성이 높은 직원일수록 일반적으로 업무 성과도 높다고 하며, 정서적 안정성이 높고 친화성과 개방성이 높은 직원은 고객을 상대하는 서비스업에서 높은 성과를 내는 경향이 매우 높다고 한다. 관리자의 경우 정서적 안정성이 높고 외향적인 성격 유형이 높은 성과를 달성한다고 한다(Hurtz & Donovan, 2000).

5 성격과 조직관리

인간의 성격에 관한 이론을 조직에 직접 적용하기 위해서는 조직과 밀접한 관련이 있는 성격적 특성을 파악하고 설명하는 것이 중요하다. 이러한 성격적 특성 혹은 성격 유형으로는 통제 위치(locus of control), 권위주의적 성격(authoritarianism), 마키아벨리즘(Machiavellianism), MBTI에 의한 16개 성격 유형, 기타 성격 유형이 있다.

1) MBTI에 의한 성격 유형

MBTI(Myers-Briggs Type Indicator)는 융(Carl G. Jung)의 성격 유형론을 바탕으로 하여 브릭스(Catherine Briggs)와 마이어스(Isabel Briggs Myers)가 연구 개발한 성격 유형 지표로서, 자기보고(self report)를 통해 개인이 선천적으로 갖고 태어난 심리적 경향성을 파악해 보는 검사다(Moorhead & Griffin, 2004 : 93). 자기보고를 통해 인식과 판단 과정에서 나타나는 사람들의 선호 경향을 알아내고 각자의 선호 경향이 합쳐져서 사람의 행동에 어떻게 작용하는지 결과를 예측하여 실생활에서 도움을 얻으려는 데 목적이 있다.

각 개인 응답을 기초로 더 자주, 더 일관되게 사용하는 선호를 파악하여 외향성/내향성(EI), 감각/직관(SN), 사고/감정(TF), 판단/인식(JP)의 네 가지 성격 유형 지표로 분류했다. 이러한 용어들은 다음과 같이 정의된다.

첫째, 외향성-내향성(EI : Extroversion-Introversion)이다. 에너지를 어디서 획득하고, 관심이 어느 쪽에 있는가에 따라 외향성(E)과 내향성(I)으로 나뉜다. 외향성인 사람은 주로 외부 세계를 지향하기에 사교적, 정열적, 활동적이다. 내향성인 사람의 에너지는 주로 자기 내부 세계를 지향하기에 조용하고 신중하며 수줍음을 잘 탄다.

둘째, 감각-직관(SN : Sensing-Intuition)이다. 정보를 수집하고 인식하는 방법에 따라 감각형(S)과 직관형(I)으로 구분된다. 감각형의 사람들은 실제 경험을 중시하며 자료에 근거하여 정확하게 일처리를 한다. 직관형의 사람들은 육감에 의존하여 미래지향적, 창의적이며 비약적으로 일처리를 한다.

셋째, 사고-감정(TF : Thinking-Feeling)이다. 판단을 내리고 의사결정을 하는 과정에서 논리적 결과와 개인적 가치 중 어디에 근거하여 결정을 내리는지에 따라 논리적이고 분석적인 사고형(T)과 상황적이고 예술적인 감정형(F)으로 나눈다.

넷째, 판단-인식(JP : Judging-Perceiving)이다. 채택한 생활 양식에 대해 사전계획하고 체계적인 판단형(J)과 자율적이고 융통성이 있는 인식형(P)으로 구분된다. 이 지표는 외부 세계를 받아들이거나 외부 세계에 자기를 보여 주는 과정에서 주로 나타나는 기능에 관한 것이다.

MBTI를 실시하면 각 지표 점수가 나오는데, 나타난 점수는 개인이 그 방향을 더 자주 빈번하게 사용하고 있으며 그 방향으로 선호가 드러난다는 의미다. 이 네 가지 선호지표가 역동적으로 결합하게 되면 16가지 조합이 가능해지는데, 각 개인은 이 중 한 가지의 성격 유형으로 구분된다.

2) 통제 위치

통제 위치란 본인이 취한 행동이 그러한 행동의 결과에 직접적으로 영향력을 미친다고 믿는 정도를 말한다(Gist, 1987; Rotter, 1966; Spector, 1982). 자신의 운명에 대한 지각 수준이 내재론자(internal)는 자신의 운명을 스스로 통제할 수 있다고 믿는 사람들이고, 외재론자(external)는 자신의 삶이 외부 요소에 의해 결정된다고 믿는 사람들이다. 내재론자는 외재론자에 비해 동기부여가 높고, 성공의 결정 요인이 자신의 노력 여하에 달렸다고 본다.

이러한 통제 위치의 개념은 조직관리의 측면에서 중요한 의미가 있다. 내재론자는 전반적으로 직무를 잘 수행할 수 있고, 자신의 일과 관계되는 것을 결정하는 데 영향력을 행사하기 원하는 경향이 있다. 자신에게 발생하는 일이 대부분 얼마나 본인이 환경을 제대로 통제하느냐에 따라 결정된다고 믿는다. 내재론자는 창의적이고 독립적인 활동이 필요한 직무에 적합하다. 외재론자는 순종적이며 지시에 잘 따르기 때문에 되도록 규정에 의거한 직무를 맡게 하는 것이 좋다.

3) 권위주의적 성격

권위주의적 성격이란 조직과 같은 사회적 체제 내에서도 권력과 지위의 차이가 존재해야 한다고 믿는 정도를 말하는데(Adorno, Frenkel-Brunswik, Levinson, & Sanford, 1950), 그러한 믿음이 강하면 강할수록 권위주의적이라고 할 수 있다. 이러한 성격은 조직관리의 측면에서 중요한 의미가 있다. 권위주의적 성격을 가진 직원은 자기보다 권위를 덜 가진 부하를 복종시키려고 하며, 상급자의 지시와 명령에 잘 복종을 한다. 이러한 자를 관리할 때는 법과 규정에 의한 통제가 명령보다도 효율적일 수 있다. 매우 권위주의적인 사람들은 잠재적으로 위험성이 많은 일이라 할지라도 권력을 가진 사람이 그 일을 시키면 심각하게 반대하지 않고 순종하는 경향이 있다(*Psychology Today*, 1989).

4) 마키아벨리즘

마키아벨리즘 또한 중요한 성격적 특성이다. 마키아벨리적 성격이라는 개념은 16세기 이탈리아의 정치사상가인 마키아벨리(Niccolo Machiavelli)의 이름에서 유래한 것이다. 그는 그의 저서 『군주론(*The Prince*)』에서 귀족들이 어떻게 쉽게 권력을 얻고 그러한 권력을 사용하는지를 설명했다. 현대로 와서 마키아벨리즘이란 용어는 인간이 권력을 쟁취해서 다른 사람들의 행동을 통제하고자 하는 행동을 설명하는 데 사용되고 있다.

마키아벨리즘은 "개인의 실용주의적 성향, 감정 억제력 및 목적 달성을 위해 수단이 정당화될 수 있다고 믿는 수준"(Robbins & Judge, 2011 : 147)으로 정의할 수 있는데, 마키아벨리즘이 강한 사람은 감정적이지 않고, 개인적 목적을 달성하기 위해 거짓말도 기꺼이 할 수 있으며, 충성과 우정에는 별로 비중을 두지 않고, 다른 사람의 행동을 조작하는 것을 즐긴다고 한다. 반대로 마키아벨리즘이 약한 사람은 타인에게 도덕적이며 정직하여 타인을 이용하려고 하지 않을 것이다.

5) 그 밖의 특성들

전술한 여섯 가지 성격적 특성 이외에 몇 가지 다른 특성들이 조직관리의 측면에서 중요하다. 비교적 새로운 개념인 자기감시성(self-monitoring)이란 다른 사람들의 행동을 모방하려는 정도를 말한다(Snyder & Cantor, 1980). 자기감시성이 강한 사람은 다른 사람의 행동을 관찰한 후 그러한 행동을 자기 행동의 모형으로 삼는다. 최근에 인간의 성격적 특성으로 중요하게 인정되고 있는 자긍심(자존감, self-esteem)이란 자신에 대해 개인으로서 존재 가치가 있다고 믿는 정도를 말한다. 자긍심이라는 성격적 특성은 직무 성과, 직무만족도, 그리고 직업을 찾는 과정 등과 관련이 있다. 예를 들어 자긍심이 높은 사람은 높은 지위의 직업을 추구하는 반면, 자긍심이 낮은 사람은 현재의 상태에 그대로 만족하는 경향이 높다는 것이다(Ellis & Taylor, 1983; Tharenou & Harker, 1984). 또한 자긍심이 높은 사람이 업무를 수행하면 일반적으로 높은 수준의 성과를 얻게 되고 그렇게 높은 성과를 달성함으로써 직무만족도 역시 높아진다.

A형 성격은 급하고 경쟁 지향적이며, 성취 욕구가 강한 반면, B형 성격은 상황에 과도하게 반응하거나 경쟁적, 공격적인 행동과 서두르는 경향이 없다(임영제 외, 2003 : 87).

제 2 절 태도

사람의 태도(attitudes)는 조직에서 그들의 행태에 영향을 미친다. 대부분의 사람은 자신의 감정을 태도라는 메커니즘을 통해 표현하기 때문에 태도 그 자체가 대단히 중요하다.

1 태도의 개념

태도란 인간 행동을 결정하는 요소로서 성격 및 지각 등과 연결되어 있으며, 조직 내 구성원의 행동에 영향을 주는 또 다른 형태의 개인차다. 태도의 개념을 정의해 보면 "사물, 사람, 사건에 대해 좋다거나 나쁘다는 평가적 진술을 의미"하며, 사람들이 어떻게 느끼는지를 보여 준다. "나는 나의 일을 좋아한다"라고 말한다면, 이는 일에 대한 나의 태도를 표현한 것이다(Robbins & Judge, 2011 : 109). 이렇게 구성원의 조직과 직무에 대한 태도가 호의적으로 형성된다면 개인과 조직에 긍정적인 영향을 가져올 수 있다(오세덕 · 이명재 · 임영제, 2004 : 59).

2 태도의 구성 요소

태도는 일반적으로 어떤 대상에 대해 특정한 방식으로 행동하는 안정적인 특징으로 여겨진다. 한 개인의 태도는 다음 세 가지 요소로 구성되어 있다. 첫째, 특정 대상에 대한 믿고자 하는 가치적 신념인 인지적 요소(cognitive component)다. 둘째, 어떤 대상에 대해 좋아하거나 싫어하는 감정인 정의(情誼)적 요소(affective component)다. 셋째, 어떤 대상에 대해 특정 방식으로 행동에 옮기겠다는 행동적 요소(behavioral component)다. [그림 2-2-3]은 태도의 구성 요소에 대한 특징을 잘 설명해 주고 있다(Robbins & Judge, 2011 : 151). 예를 들어, 자신은 승진을 할 자격이 있다고 생각하는데 승진을 하지 못했고 대신 직장 동료가 승진을 했다고 가정하자. 이 때, 그 직원은 인식적(cognitive)인 측면에서 승진할 자격이 있다고 생각하고, 감정적(affective)

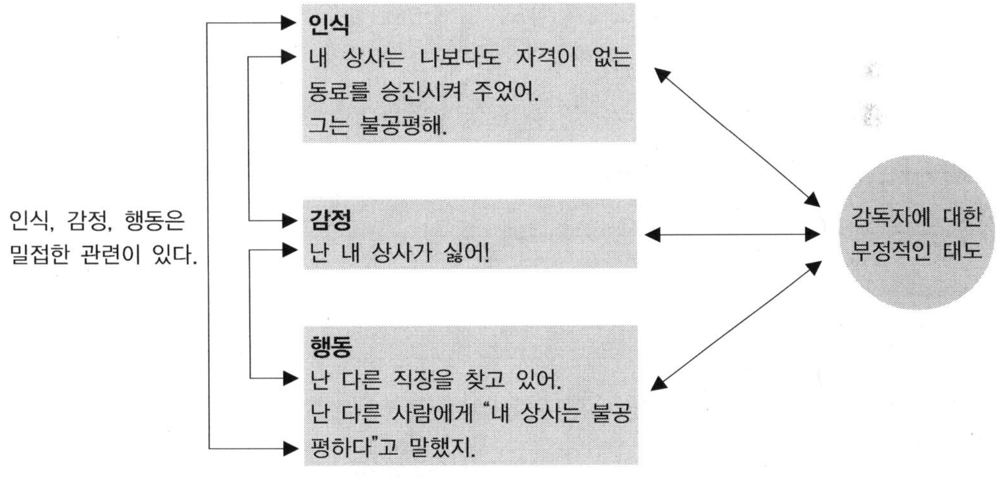

그림 2-2-3 태도의 구성 요소

자료 : Robbins & Judge(2011 : 110).

인 측면에서는 그의 상사를 싫어하게 되며, 행동적(behavioral)으로는 다른 직장을 구할지도 모른다.

3 태도의 형성

개인의 태도 형성에 영향을 미치는 요인으로는 여러 가지가 있지만, 타고난 요소와 환경적 요소와의 상호작용에 의해 형성된다고 볼 수 있다. 그러한 요소를 구체적으로 살펴보면 다음과 같다(Organ & Bateman, 1991 : 167-170; 오세덕 · 이명재 · 임영제, 2004 : 60-61).

첫째, 태도는 직접 경험을 통해 형성된다. 경험은 사물이나 사람에 대한 가장 직접적인 인지를 제공한다. 둘째, 유전적인 성격과 후천적인 교육, 훈련에 의해 형성된다. 셋째, 문화적인 요소다. 사회의 관습이나 전통 등 문화적인 것이 태도 형성에 결정적인 영향을 미치기도 한다. 넷째, 일반적으로 사람들은 친근한 사람이나 사물을 더 좋아하는 경향이 있다. 노출에 대한 의식이 없었더라도 특정한 자극에 대한 반복적인 노출은 긍정적 감정을 야기할 수 있다. 다섯째, 가족과 학교, 교회, 또래집단과 같은 사회화 기관들이 태도를 형성한다. 우리가 아는 것의 대부분은 상호작용하는 집단에 의해 여과된 것이다. 여섯째, 전문가집단에 의해 표현되는 많은 종류의 태도는 종종 그들 직업의 근본 가치를 반영한다.

4 인지부조화이론

인지(認知, cognition)란 태도, 신념, 사상, 행위를 알아차리는 것을 말하는데, 인간은 원래 이러한 많은 인지 사이에 일관성이 결여되었을 때 이를 피하려는 본능이 있다는 것이다. 1950년대 후반 페스팅거(Leon Festinger)는 태도와 행동 사이의 연계를 설명하기 위해 인지부조화이론(cogntive dissonance theory)을 제창했다. 부조화란 비일치성, 비일관성 또는 비양립성을 의미한다. 그러므로 인지부조화는 개인이 태도 사이에 또는 태도와 행동 사이에 지각하는 비양립성을 의미한다.

예컨대, 어떤 사람이 흡연이나 과식은 건강을 해친다고 알고 있으면서도 계속해서 담배를 피우고 과식한다고 가정하자. 이 때 그의 태도와 행동은 서로 조화되지 않기 때문에, 그는 어느 정도의 긴장과 불편함을 느끼게 되고 태도를 변화시킴으로써 이러한 감정을 줄이려고 할 것이다. 즉, 과식과 관련된 인지부조화에 대해 "다음에 다이어트하면 되지 뭐"라고 생각하면서 불편한 감정을 줄인다.

사람은 머릿속에 생각하게 되는 인지 사이에 불일치가 생기면 마음이 불안해지게 되는데, 이를 탈피하고자 자신의 인지 상태를 조화시키려고 노력하게 된다. 이 때 한쪽의 인지를 변화시켜 다른 쪽과 일치시키면 자연스럽게 태도의 변화가 일어나게 되어 마음속의 긴장과 불안을 해소시키게 되는 데 이것이 인지부조화이론의 핵심이다(윤대혁, 2009 : 107).

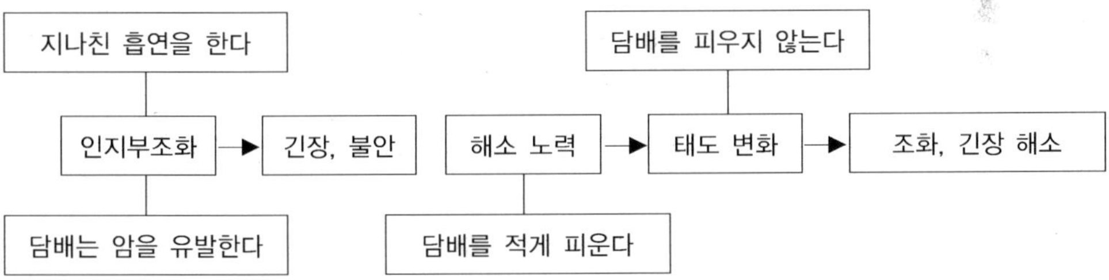

그림 2-2-4 인지부조화와 태도 변화

자료 : 윤대혁(2009 : 107).

5 태도 변화

태도는 성격(personality)만큼이나 안정적이지 않다. 사람의 태도는 새로운 정보가 추가되면 변화될 수도 있다. 예컨대, 관리자는 새로운 신입 사원 A가 경력이 짧다는 이유로 나쁜 태도를 가질 수 있다. 하지만 관리자는 그 신입 사원과 얼마 동안 일하면서 그 사원이 성실하고 능력이 있다는 것을 알게 되고 좋은 태도를 가지게 된다.

과연 사람의 태도는 어떻게 변화하는 것인가? 태도는 인지적, 정의(감정)적, 행동적 요소의 한 가지만 변화시켜도 변화가 가능하다. 스스로 자기의 태도를 변화시킬 수 있는 개인적 차원과 사람들과의 교류, 리더와의 관계를 통해 태도를 변화시킬 수 있는 대인적 차원의 방법을 중심으로 살펴보면 다음과 같다.

첫째, 개인적 차원으로 학습과 훈련, 자기암시, 자기분석 등을 통해 태도를 변화시킬 수 있다. 둘째, 대인적 차원으로 설득, 토론, 의사결정 과정 참여, 여론 지도자의 활용, 계획적인 태도 변화, 적절한 모델의 행동을 관찰함으로써 태도를 변화시킬 수 있다(강정애 외, 2009 : 70-72).

6 직무 만족

조직관리자는 직원들의 태도를 매우 중요하게 다뤄야 한다. 직원들의 태도는 조직의 입장에서 중요한 여러 가지 행동과 밀접하게 연관되어 있다. 예를 들어 불만족한 직원은 자주 직장에 지각하거나 다른 직장으로 옮기려는 경향이 높다. 따라서 직무 만족과 같은 태도에 관한 이론과 연구를 살펴봄으로써 관리자들은 직장에 대한 직원들의 태도를 좀 더 효과적으로 이해할 수 있다.

1) 직무 만족의 의의

직무 만족(job satisfaction)이란 사람들이 자신의 직무에 대해 감사하고 성취감을 느끼는 정도를 말한다. 특히 직무 만족은 직무에 대한 개인적 태도로서 조직학 분야에서 가장 널리 연구된 분야 중 하나다. 직무 만족에 관해서는 수천 건의 연구가 발표되었으며(Griffin & Bateman, 1986; Locke, 1976), 사실상 거의 모든 조직관리자가 직원들의 만족이나 불만족에 관해 관심이 많다.

[그림 2-2-5]는 직무 만족과 불만족의 주요 원인과 결과를 요약해서 제시하고 있다. 주요 원인은 크게 조직 요인, 근무 부서 요인, 개인적 요인 등 세 가지로 나눌 수 있고, 주요 결과는 결근과 이직으로 나뉜다.

2) 직무 만족과 불만족의 원인

먼저 조직 요인으로는 봉급, 승진 가능성, 직무 그 자체, 조직의 방침 및 절차, 그리고 근무 조건 등이 있다. 일반적으로 직원들은 이러한 각 요인에 관해 각기 다른 수준의 만족을 경험하게 된다.

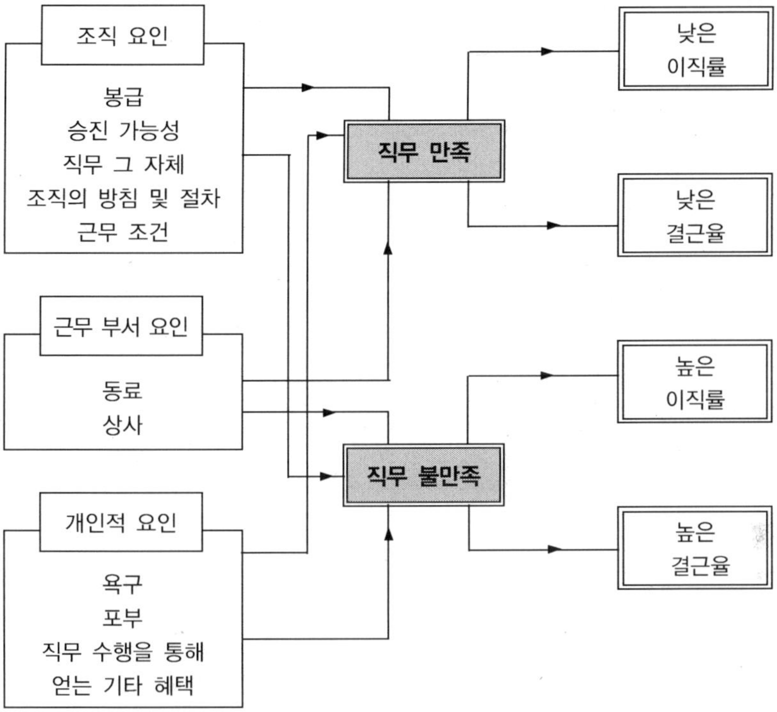

그림 2-2-5 직무 만족 및 불만족의 원인 및 결과

직무 만족과 불만족은 자신이 근무하는 부서 내의 상사나 동료에 의해서도 영향을 받는데 이를 근무부서 요인이라 한다. '상사'라는 요인은 조직 요인으로서 간주될 수도 있겠지만, 직위 자체보다는 상사의 개인적 특성이 부하의 태도에 더 큰 영향을 미치기 때문에 이를 근무부서 요인에 포함시키게 된 것이다.

직무 만족은 단순히 직무의 조건에 의해서만 영향을 받는 것은 아니다. 성격도 주요한 역할을 하는데, 이를 개인적 요인이라 한다. 연구에 의하면, 자신의 가치와 역량에 대해 긍정적인 평가를 하는 사람들은 자신의 일에 좀 더 만족하는 경향이 있는 것으로 나타났다(Judge & Hurst, 2007 : 159-174). 자신의 가치와 역량에 대해 부정적인 평가를 하는 사람들은 지루하고 반복적인 일에 얽매이기 쉽다.

3) 직무 만족과 불만족의 결과

직원들이 자신의 일에 만족하거나 만족하지 못한다면 어떤 일이 일어날까? [그림 2-2-5]에서 보는 것과 같이 직원들의 직무 만족과 불만족은 그들의 이직률과 결근율에 영향을 미친다. 일반적으로 사람들은 자신의 업무에 불만족하면 몸이 별로 아프지 않아도 아프다고 하면서 결근을 하기 쉽고, 또한 다른 직장으로 이직할 수도 있다. 또는 작업과 관련된 조건의 개선을 요구하는 목소리를 내거나 노조에 가입하여 노조 활동을 할 수도 있다. 그렇지 않다면 작업과 관련된 조건이 저절로 개선되기를 기대하면서 소극적으로 기다릴지도 모른다.

직무 만족이 작업 성과에 영향을 미치는가? 행복한 직원은 생산성이 높은 일꾼이 될 가능성이 높다(Judge, Thoresen, Bono, & Patton, 2001 : 376-407). 조직적인 차원에서의 연구도 같은 결론에 도달한다. 즉, 직무 만족이 높은 직원들로 구성된 조직은 그렇지 못한 조직보다 더 효과적이다.

직무 만족이 조직시민행동(OCB)[1]에 영향을 미치는가? 직무 만족이 직원들의 조직 시민행동에 주요한 결정 요인이라고 가정할 수 있다. 직무에 만족하는 직원들은 조직에 대해 긍정적으로 이야기하고, 다른 사람을 돕고, 조직의 기본적 기대를 뛰어넘는 활동을 할 것으로 기대된다.

4) 한국 행정조직에서 직무만족도에 관한 연구

김형성 · 황성원(2011)은 중앙부처 특채자들을 대상으로 직무 만족과 공정성 인식이 조직 내의 역할외 행동인 조직시민행동에 어떠한 영향을 주는지를 연구했다. 연구를 위해 직무 만족은 내적 만족과 외적 만족으로, 공정성 인식은 분배공정성과 절차공정성으로 나누고 조직시민행동에 주는 영향을 분석한 결과, 직무 만족은 복종적 행동에는 어떠한 영향을 주지 않았다. 충성적 행동에는 내적 보상과 분배공정성이 영향을 주는 것으로 분석되었다. 고취적 참여와 주민봉사적 행동은 내적 보상과 절차공정성이 영향을 주었으며, 사회 기능적 참여는 외적 보상과 절차공정성이 영향을 주는 것으로 분석되었다.

---

1) 조직시민행동(OCB)의 개념에 대해서는 제2부 제2장 제3절에서 자세히 다루기로 한다.

정재명(2010)은 여성 인력의 효율적 관리 측면에서 공직 인사상 여성들이 차별을 인식했을 때 직무 만족과의 인과 관계를 조직에서의 신뢰(상관 신뢰와 조직 신뢰)를 매개변수로 하여 연구했다. 연구의 분석 결과는 공직 인사상 여성 공무원의 차별 인식이 클수록 상관에 대한 신뢰와 조직에 대한 신뢰의 정도는 낮은 것으로 나타났다. 상관 신뢰와 조직 신뢰 모두 직무 만족에 정(+)의 상관 관계를 가지며, 여성 차별 인식은 상관 신뢰와 조직 신뢰를 매개로 하여 직무 만족에 유의미한 부(-)의 영향을 미치는 것으로 연구 결과가 제시되었다. 그러나 여성 차별 인식이 직무 만족과의 직접적인 관계성에서는 부(-)의 영향을 미치는 것으로 나타났지만 연구 결과가 통계적으로 유의미하지는 않았다.

김은희(2007)는 현재의 공공조직의 보상 시스템이 지방공무원의 심리적 임파워먼트에 미치는 영향 관계를 규명하고, 나아가 이들의 영향 관계가 직무 만족에 미치는 영향력을 분석했다. 이 연구의 분석 결과를 살펴보면 내적 보상은 지방공무원의 심리적 임파워먼트 구성 요인인 의미성, 유능성, 결정성, 영향성 등에 모두 유의한 영향을 미쳤으나, 외적 보상은 결정성과 영향성에만 유의한 영향을 미쳐 지방자치단체의 공무원은 외적 보상 시스템보다는 자아 성취, 책임성 확대 등의 내적 보상을 통해 형성된 심리적 임파워먼트를 더 중시함을 알 수 있었다. 또한 심리적 임파워먼트 구성 요인은 직무 만족에 유의한 영향을 미치고, 그 중에서도 직무에 대한 영향성 요인이 가장 큰 영향력을 가지고 있음을 알 수 있었다. 그리고 내·외적 보상 시스템은 직무 만족에 대한 직접적인 영향력보다는 심리적 임파워먼트를 매개하여 직무 만족에 미치는 영향력이 강력함을 확인함으로써 매개변수로서 심리적 임파워먼트의 역할이 중요함을 시사하고 있다.

7 조직몰입

1) 조직몰입의 의미

직무 만족처럼 조직몰입(organizational commitment)은 직원들의 이직률과 결근율에 영향을 미친다(Mowday, Porter, & Steers, 1982). 조직몰입이란 조직에 대해 갖고 있는 개인적 태도로서 개인이 자신이 소속되어 있는 그 조직에 얼마나 헌신하고자 하는가 하는 정도, 즉 조직구성원이 조직에 대해 가지는 애착의 정도라고 할 수 있다(Grusky, 1966). 알렌과 마이어(Allen & Meyer, 1990)는 조직몰입을 1) 조직에 소속되고 조직과 동일화되려는 조직구성원의 감정적 애착심을 의미하는 정의적(affective) 차원, 2) 만약 조직을 떠날 경우 조직구성원이 지불해야 하는 비용에 기초를 둔 지속적(continuance) 차원, 3) 조직구성원이 조직에 머물려는 의무감을 뜻하는 규범적(normative) 차원 등 세 가지 차원으로 설명한다.

직무 만족과 조직몰입의 가장 큰 차이점은 1) 직무 만족이 개인의 직무나 직무의 어떤 측면에 대한 태도만을 의미하는 데 반해 조직몰입은 조직 전체에 대한 개인의 태도라는 면에서 좀 더 포괄적인 개념이고, 2) 직무 만족은 직무환경이 변화함에 따라 비교적 쉽게 변하지만 조직몰입은 비교적 오래 지속된다는 것이다(Steers, 1984 : 464).

조직몰입은 조직에 몇 가지 긍정적인 결과를 낳을 수 있다. 조직에 몰입이 높은 직원은 출근율이 높고 이직률이 낮으며 직무를 열심히 수행하는 경향이 크다. 따라서 조직관리자는 직원들의 조직몰입이 높게 유지되도록 노력해야 한다.

2) 한국 행정조직에서 조직몰입에 관한 연구

고종욱(2006)은 직무 스트레스-산출 간 관계에서 조절변수로서의 조직몰입의 역할을 탐구했는데, 직무 스트레스 변수로는 역할 모호성과 역할 갈등의 두 변수를, 그리고 산출변수로는 직무 만족과 조직시민행동을 검토했다. 그리고 조절 효과를 검증하기 위해 조직몰입의 두 차원(정감적 몰입과 계산적 몰입)을 함께 고려했다. 연구결과 역할 모호성과 역할 갈등 모두 공무원의 직무 만족과 조직시민행동에 부정적 영향을 미치고 정감적 몰입은 공무원의 직무 만족 및 조직시민행동에 정의 영향을 미치는 것으로 나타났다. 그리고 정감적 몰입 수준이 높은 경우에 직무 스트레스와 조직시민행동 간의 관계가 더 강한 것으로 밝혀졌다.

박국흠(2008)은 조직몰입이 개인의 혁신에 미치는 영향을 분석했다. 지방공무원에 대한 실증적 조사분석 결과 첫째, 조직몰입과 정치경제적 성향 그리고 직급이 혁신구현에 영향을 미치는 것으로 나타났다. 둘째, 혁신 탐색에 대해서는 조직몰입 변수만이 영향을 미치는 것으로 나타났다.

원구환 · 류숙원 · 김상윤(2008)은 공기업 조직을 4개 형태로 재분류하고 공기업 조직간 조직구성원의 직무 스트레스, 조직 보상, 조직공정성 문화 요인이 조직몰입에 미치는 영향을 비교 연구했다. 분석 결과는 첫째, 직무 스트레스는 조직몰입에 부정적인 영향을 미치는 것으로 나타났으며 하부 요인 중 역할 갈등, 역할 모호성, 역할 과부하가 차례대로 가장 큰 영향력을 보였다. 둘째, 조직 보상은 조직몰입에 긍정적인 영향을 미쳤으며, 하부 요인은 사회적 보상, 물질적 보상, 상징적 보상 순으로 가장 큰 영향력을 보였다. 셋째, 조직공정성 문화 요인은 상호작용 공정성만이 유의한 영향력을 보였으며, 분배공정성은 음(-)의 영향력, 절차공정성은 유의하지 않은 결과를 나타냈다.

8 신뢰

행동론적 관점에서 신뢰(trust)는 1) 위험에도 불구하고, 2) 신뢰 대상이 신뢰자의 이해에 부합하도록 행동하리라는 주관적 기대와 3) 그러한 기대를 근거로 자신을 취약한 상태에 두려는 자발성(Mayer et al., 1995)이라고 할 수 있다(원숙연·박통희, 2000). 그러나, 신뢰를 인지적·감정적 차원으로 구성된 태도로 볼 경우 신뢰는 "한 단위(신뢰자)가 다른 단위(신뢰 대상)에 대해 느끼는 긍정적 의미의 평가적 태도"라고 할 수 있다(이종범, 1986: 187).

나태준·최순영(2003)은 조직의 생산성과 성과 향상을 위해 긍정적 기능을 하는 조직 신뢰가 서울시 조직에는 어느 정도 작용하고 있는지를 측정하고 그 영향 요인은 무엇인지를 규명하여, 조직 신뢰를 향상하기 위한 유용한 정책대안을 도출하고자 했다. 조직 내 신뢰에 대한 응답 분석 결과, 전체 평균은 5점 만점에 3.06을 보여 주고 있어, 불신과 신뢰의 연속선상에서 보통의 신뢰를 보여 주고 있다. 또한 위계적 회귀분석의 결과, 분권화, 공정성, 혁신성이 조직 신뢰에 가장 큰 영향을 미치는 것으로 나타났다. 조직 신뢰 향상 방안으로는 의사결정에 대한 참여의 확대, 인사공정성의 제고, 커뮤니케이션의 활성화 등을 제시하고 있다.

박통희(2004)는 한국 사회에서 매우 중요한 사회심리적 변수로 지목되어 온 '정(情)'의 개념을 정리하고, '정'의 생성 준거로서 거론되어 온 중요한 개인적 연계들을 중심으로 공직사회에서 그 차이를 비교했다. 동시에 그러한 차이가 대인 간 신뢰에 어떤 영향을 미치고 있는지를 분석했다. 그 연구 결과로 '정'은 대인 간 신뢰에 매우 강력하게 영향을 미치는 것으로 나타났다. 즉, '정'을 느끼면 느낄수록 상대방을 신뢰하는 것으로 밝혀졌다.

배병룡(2005)은 구성원들 간에 형성된 신뢰문화를 조직 내 신뢰로 개념화하고 이 조직 내 신뢰가 어떤 매개 경로를 통해 주민에 대한 공무원들의 반응성에 영향을 미치는가를 검증하는 연구에서, 매개변수로 구성원들 간의 협력, 조직민주성, 조직몰입 세 가지를 고려했다. 연구 결과 첫째, 조직 내 신뢰가 반응성에는 직접적인 영향을 미치지 않았으나 민주성과 조직몰입에는 직접적인 영향을 미쳤다. 둘째, 협력은 반응성에 직접적인 영향을 미치지 않았으나 민주성과 조직몰입에 대해서는 직접적인 영향을 미쳤다. 셋째, 민주성과 조직몰입은 각각 반응성에 직접적인 영향을 미쳤다. 결국 조직 내 신뢰가 반응성에 직접적인 영향을 미치지 않았지만 협력, 민주성 및 조직몰입 각각의 매개에 의한 다양한 경로를 통해 반응성에 영향을 미친다는 것을 알 수 있다.

김호정(2009)은 부산시에 소재하는 국립대학과 지역교육청에 근무하는 254명의 공무원을 대상으로 직무 갈등과 관계 갈등이 조직효과성에 미치는 영향과 직무 갈등과 관계 갈등 간 신뢰의 역할을 분석한 것이다. 주요 분석 결과는 다음과 같다. 첫째, 조직 내 구성원들 간에 관계 갈등이 심할수록 집단 성과 · 집단 만족 · 집단몰입이 감소한다. 둘째, 직무 갈등은 집단 성과 · 집단 만족 · 집단몰입에 의미 있는 영향을 미치지 못한다. 셋째, 직무 갈등과 관계 갈등은 비교적 높은 상관 관계를 갖고 있는데 이는 주로 직무 갈등이 관계 갈등을 유발하기 때문이다. 넷째, 신뢰는 직무 갈등과 관계 갈등 간에 조절 완충 역할을 하지 못해 오히려 신뢰는 직무 갈등과 관계 갈등의 영향을 받는 입장에 있는 것으로 나타났다.

제 3 절 조직시민행동(OCB)

1 조직시민행동의 개념

조직에서 직원들은 공식적인 업무만을 행하지는 않는다. 직원 스스로 생각해 타인에 대한 지원활동, 사회봉사 활동 등 여러 가지 자발적인 행동을 하고 있다. 이는 직접적인 업무 영역이 아닌 직무 외 행동이지만, 이런 행동들은 조직의 성장과 효과성에 기여할 수 있다고 여러 연구에서 밝혀지고 있다. 예컨대, A라는 직원은 일은 다른 사람에 뒤지지 않게 하고 있으나, 시간외 근무를 하는 것을 꺼리고 새로운 직원이 적응하는 것을 도와 주려 하지 않고, 자신이 낼 수 있는 실적 이상의 기여를 하려고 노력하지 않는다고 가정하자. 이 직원은 괜찮은 성과를 내는 직원이지만, 훌륭한 조직시민이라고 볼 수는 없다. 반면에 B라는 직원은 보통 수준으로 일을 해내지만, 상사가 시간외 근무를 요구하면 늦게 까지 일을 하고, 신입 사원을 돕는 데 시간을 할애하며, 조직의 성공을 위해 헌신하다면, 그는 훌륭한 조직시민이라고 할 수 있다.

오건(Organ, 1988)은 조직시민행동(organizational citizenship behavior; OCB)을 "개인의 자유재량으로 조직의 공식적인 보상 체계에 의해 보상되지는 않는, 전체적으로 통합되어 조직이 효과적으로 기능하는 데 도움이 되는 행동"이라 했는데, 이는 조직의 동료를 기꺼이 도와 주고, 조직목표와 가치를 공유, 협동하여 자발적으로 봉사하는 일련의 행동을 의미한다(이창원 · 정법권, 2008). 또한 "조직의 효과적인 활동에는 기여하지만 공식적으로 요구되지 않은 임의적 행동"(Robbins & Judge, 2011 : 65), "개인이 자신의 직무에서 요구되는 의무 이상의 행동을 함으로써 조직의 전반적 복리에 기여하는 행동"(유태용, 2006 : 452)으로도 정의된다.

포사코프 등(Podsakoff, MacKenzie, & Hui, 1993)은 조직시민행동이란 "조직효과성에 기여하는 종업원들의 재량적 행동"으로 정의했으며, 재량적이란 다음의 세 가지 조건을 충족한다는 의미다. 첫째, 종업원이 그 수행 여부에 의해 명백히 보상받거나 징계를 받지 않는 행동이어야 한다. 둘째, 종업원의 맡은 바 역할에 대한 직무기술서에 포함되지 않는 행동이어야 한다. 셋째, 종업원이 그 수행을 위해 훈련을 받지 않는 행동이어야 한다(김경석, 2007 : 1072).

조직시민행동은 직원의 공식적이고 필수적인 직무 요건은 아니지만 조직활동을 효과적으로 촉진시켜 준다(Robbins & Judge, 2011 : 64). 조직시민행동은 직무의 공식적인 의무는 아니지만 조직의 평판을 높이는 등 조직의 생존에 필수적이다(서재현 외 공역, 2007 : 194).

조직시민행동의 행태에는 실증적 연구를 통해 크게 다섯 가지 차원(하위 요인)으로 분류할 수 있다(Lepine, Erez, & Johnson, 2002). 첫째, 이타주의(altruism)는 조직과 관련된 과업이나 문제를 가진 특정 인물에 대해 기꺼이 도와 주는 행동을 말하고, 둘째, 성실성(양심성, conscientiousness)은 시간을 정확하게 지키고, 조직의 규칙 등 요구하는 수준 이상의 역할을 수행하고, 규정 등을 잘 따르는 것을 말한다. 셋째, 예의성(courtesy)은 다른 사람의 권리를 염두에 두고 존중하는 것이다. 넷째, 스포츠맨십(sportsmanship)은 불평, 불만, 험담을 하지 않고, 과장해서 이야기하지 않는 등 정당한 행동을 말한다. 다섯째, 시민정신(civic virtue)은 조직생활에 책임감을 갖고 참여하는 것을 말한다(유태용, 2006 : 452-453).

조직시민행동에 영향을 미치는 요인으로는 원만하고 성실성을 가진 성격이 조직시민행동을 할 가능성이 크며, 조직의 공정성(특히 분배보다는 절차공정성)이 지각이 될 때, 직무 만족, 조직몰입이 이뤄질 때 구성원은 조직시민행동을 증가시키게 된다. 조직시민행동에 대한 연구는 아직 초기 단계에 머무르고 있으나, 지금까지의 연구에 따르면 조직시민행동이 조직의 효과성에 상당한 영향을 미친다고 주장한다.

2 한국 행정조직에서 조직시민행동에 대한 연구

윤영채 · 이광순(2009)은 준공공조직을 대상으로 직무 만족, 조직공정성, 조직몰입이 조직시민행동의 선행 요인인지를 규명하고, 조직시민행동이 개인의 성과 평가에 어떤 영향을 미치는지에 대해 연구했다. 연구 결과에 의하면, 직무 만족, 절차공정성, 조직몰입은 조직시민행동의 선행 요인으로서 개인의 근무성과 평가에 긍정적 영향을 미치고, 분배공정성은 부정적 영향을 미치는 것으로 나타났다. 조직관리자는 성과를 높이기 위해 조직시민행동을 활용할 수 있으며, 조직시민행동을 촉진시키기 위해 직무 만족, 절차공정성, 조직몰입을 높여야 한다고 강조했다.

김민강 · 박통희(2008)는 공직의 강력한 신분 보장의 역효과를 타개하기 위한 최근의 신자유주의적 인사 혁신을 맥락으로 조직시민행동에 대한 인사공정성, 직위 위협, 조직 신뢰의 영향을 분석했는데, 그 결과로는 낮은 인사공정성이 직위 위협을 심화시키며 조직시민행동을 파괴한다는 사회적 담론과는 달리, 인사공정성은 직위 위협에 통계적으로 유의미한 영향을 미치지 않았다. 더구나 분배공정성을 높게 인식하는 공무원들이 오히려 조직시민행동에 소극적인 것으로 나타났다. 또한 직위 위협도 조직시민행동을 파괴할 것이라는 사회적 우려와는 달리 오히려 증진시키는 것으로 밝혀졌다. 그러나 조직에 대한 신뢰는 조직시민행동을 제고하는 것으로 확인되었다.

이창원·정법권(2008)은 서울시 자치단체 공무원을 대상으로 단체장에 대한 부하의 신뢰가 리더십과 조직시민행동 간의 관계를 어떻게 매개하는지에 대한 연구에서, 카리스마적, 영감적 리더십과 배려가 상급자에 대한 부하의 '신뢰'라는 매개변수를 거쳐 조직시민행동에 영향을 미치는 것으로 나타났다. 또한 신뢰는 변수 그 자체로서 조직시민행동에 영향을 미치는 것으로 제시되었다.

김호균(2007)은 지방자치단체 공무원을 대상으로 지방자치단체의 조직효과성을 측정하는 변수의 하나로 조직시민행동을 구성 개념 변수로 설정해 구성원이 인식하는 조직공정성, 조직신뢰 정도와의 이론적 인과 관계를 실증적으로 분석했다. 조직구성원이 인식하는 분배공정성과 상호작용 공정성의 정도가 긍정적일수록 조직 신뢰 정도는 높은 것으로 해석되었고, 조직시민행동을 3개 하위 구성 개념 변수로 범주화해 고찰하는 경우 구성원의 조직 신뢰는 이타주의, 시민의식, 양심 순으로 유의미한 영향을 미치는 것으로 판단되었다.

배귀희(2007)는 공공조직에서의 조직공정성과 조직시민행동에 관한 연구에서, 조직공정성은 조직 신뢰를 통해 조직몰입과 조직시민행동에 영향을 미치는 것으로 판명되었고, 조직공정성과 조직몰입과의 관계에서 조직 신뢰가 억제변수 역할을 하고 있음을 밝혀냈다.

제 4 절 직무와 스트레스

조직에서 직원들은 조직의 변화, 과중한 업무와 치열한 경쟁, 인간 관계 부적응 등에서 스트레스를 느끼게 된다. 스트레스는 개인의 건강을 해치고 삶의 질이 저하될 뿐만 아니라 업무 능률을 떨어뜨려 조직의 비용을 증대시키는 등 부정적인 영향을 미친다. 하지만 적당한 스트레스는 업무의 긴장도를 높여 긍정적인 영향을 미치기도 한다.

1 스트레스의 정의 및 특징

스트레스(stress)는 "개인의 긴장을 유발시키며, 일상생활의 균형 감각을 잃게 하여 심리적 · 생리적 반응을 가져오게 하는 힘"이라고 정의할 수 있다. 스트레스에 의한 긴장(strain)이나 스트레스 결과는 스트레스를 주는 다양한 사건을 경험함으로써 유발된 개인의 바람직하지 못한 반응이나 결과로 정의된다. 즉, 스트레스는 긴장을 가져오고, 그 결과 업무 수행의 질적 저하, 의욕 저하, 의사소통 회피 등 삶의 불만족이 생기며, 우울증이 생기기도 한다(김원형 외, 2009 : 273-274).

스트레스는 본질적으로 부정적이거나 항상 나쁜 의미를 가지는 것은 아니다. 잠재적 이익을 제공할 때는 기회가 될 수 있는 긍정적인 가치도 가지고 있다. 스트레스는 제약(constraint)과 요구(demand)와 관련이 있다. 제약은 원하는 일을 하는 것을 방해하고, 요구는 원하는 것의 손실을 의미한다. 스트레스는 제약 조건이 제거될 것인지, 손실을 피할 수 있을 것인지 아닌지에 대한 의심과 불확실성이 있을 때에만 존재한다(김지성 외, 2007 : 690-692).

스트레스의 대표적인 특징으로는 첫째, 건설적 · 긍정적인 순기능적 성격과 파괴적 · 부정적인 역기능적 성격의 양면성을 가지고 있다. 둘째, 지각 또는 경험을 통해 발생된다. 이 때 지각된 스트레스를 실제적 스트레스라 하고 그렇지 않은 스트레스를 잠재적 스트레스라 한다. 셋째, 단순한 자극이나 반응이 아니라 자극과 개인 상호 간의 상호작용의 결과다. 넷째, 스트레스를 받는 상황이 동일하다 할지라도 각 개인의 반응의 방법과 정도는 같지 않다. 다섯째, 부적합, 불균형 상태에서 발생한다. 그러므로 균형을 맞추기 위한 적응적 반응이 강조된다(강정애 외, 2009 : 86).

2 스트레스의 원인과 결과

스트레스를 유발하는 원인은 크게 세 가지로 나눠 볼 수 있다 (Robbins & Judge, 2011 : 672). 환경적인 요인, 조직적인 요인, 개인적인 요인 등이다. 첫째, 환경적 요인으로 경제적인 불확실성, 정치적인 불확실성, 사회적 신분, 노동 조건, 기술 변화 등이 있고, 둘째, 조직적인 요인으로 개인의 직무 과다, 시간적인 업무 압박, 부서 간 관계, 역할 갈등과 모호성, 부서장의 압력, 조직구조, 고용 안정 등이 있으며 셋째, 개인적인 요인으로 직장과 가정 갈등, 경제적 문제, 개인의 성격적 특성 등이 있다. 이 밖에 정보의 홍수와 불균형 또한 스트레스를 유발하는 원인이다.

이러한 스트레스의 원인에 따르는 결과는 생리적 반응, 심리적 반응, 행동적 반응이 있는데, 생리적 반응으로는 심장 박동과 호흡 수 증가, 혈압 상승, 두통, 소화 장애 등이 있고, 심리적 반응으로는 분노, 불안, 흥분, 긴장감, 초조함, 우울함, 피로 등이 있다. 행동적 반응으로는 음주 및 흡연, 식습관 변화, 반사회적 행동, 결근, 이직 등이 있다. 개인이 받는 스트레스의 원인과 스트레스에 의해 발생되는 결과에 대한 스트레스 모형은 [그림 2-2-7]과 같다.

정갑두(2009)는 개인 욕구와 자아존중감이 직무 스트레스에 미치는 영향 연구에서, 개인 욕구는 직무 스트레스 유발 요인에 대해 부분적으로 유의미한 영향을 미치고 있으며, 역할 과중보다는 역할 모호성에 대한 영향력이 유의미함을 밝히고 있다. 심리적 특성의 집합이라고 할 수 있는 개인 성격이 직무 스트레스에 미치는 영향에 관심을 갖는 이유는 개인차를 관리하여 조직효과성 향상에 기여할 수 있기 때문이다.

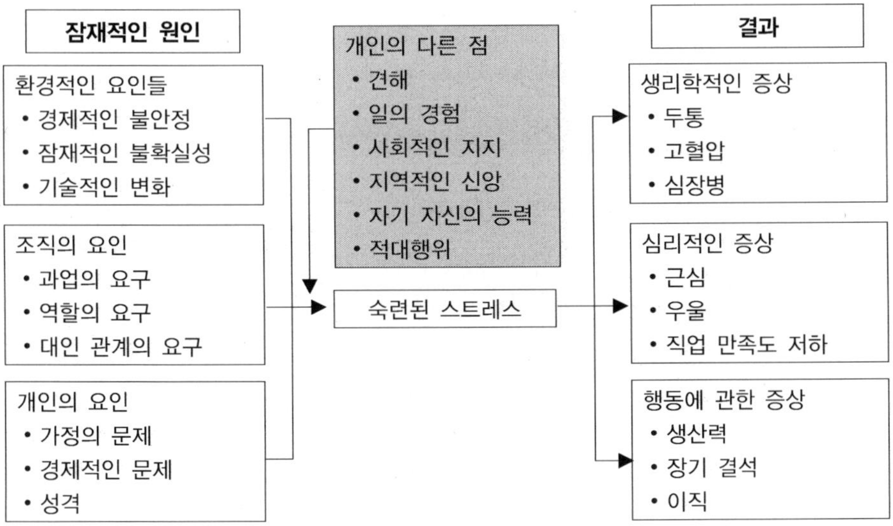

그림 2-2-7 스트레스 모형

자료 : Robbins & Judge(2011 : 672); 김지성 외(2007 : 692).

양안숙(2008)은 일선 보육시설 종사자들의 직무 스트레스 요인이 그 결과로 알려진 이직 충동에 어떠한 영향을 미치는가를 분석해 보고자 했다. 분석 결과 직무 스트레스의 과다와 자율성의 제한은 협조적 행동과 능동적 행동을 위축시키며, 직무와 관련해 소진하게 만드는 요인으로 작용함을 알 수 있다. 또한 이렇게 위축된 개인의 행동은 직무 만족과 조직몰입에 부정적인 영향을 미치며, 이로 인한 이직 충동을 경험하게 만든다. 이직 충동은 조직에서의 역할을 충실히 하지 않게 하는 요인으로 작용하게 되어 업무의 질 저하를 가져올 수 있는 것으로 나타났다.

3 스트레스의 관리

스트레스로 인한 피해는 직접적이기보다는 간접적으로 막대하게 나타나기 때문에 조직에서 사전에 이를 예방하는 관리가 필요하다. 직무와 역할을 조정(업무 재설계)하고 작업환경을 개선해야 하며, 구성원들에게 적절한 근무 시간과 의사결정 참여의 기회 및 복지 프로그램을 제공해야 한다. 개인적으로는 명상, 충분한 운동, 적당한 휴식, 철저한 시간 관리와 업무 계획, 사회적 지원 네트워크를 넓히는 것 등이 필요하다. 개인과 조직의 상호 조정을 통해 스트레스의 예방과 감소를 할 수 있는 전략에 대해 [그림 2-2-8]은 잘 설명해 주고 있다.

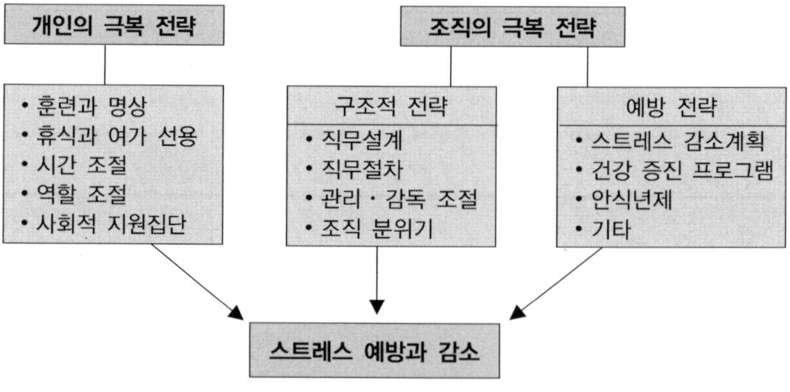

그림 2-2-8 개인과 조직의 상호 조정

자료: 임창희(2009: 590) 재인용.

표 2-2-4 스트레스 관리전략

1차적 스트레스 관리전략 (원인 지향적 관리 전략)	-개요 : 스트레스 원인의 수와 강도를 줄이고 예방 -목표 : 작업환경, 기술, 조직구조의 변화 -가정 : 스트레스를 가장 효율적으로 관리하는 방법은 스트레스 원인을 제거하는 것 -예 : 직무 재설계, 인지적 재구조화
2차적 스트레스 관리전략 (반응 지향적 관리 전략)	-개요 : 스트레스에 대한 개인의 반응을 수정하거나 예방 -목표 : 개인의 변화 -가정 : 스트레스 원인을 제거할 수 없는 경우 스트레스에 대한 개인의 반응을 수정 -예 : 이완훈련, 바이오피드백, 스트레스 관리 훈련, 신체 단련, 영양 섭취
3차적 스트레스 관리전략 (증후 지향적 관리 전략)	-개요 : 스트레스에 의해 생긴 부정적인 결과를 좀 더 효율적으로 대처할 수 있는 사람의 도움을 받아 최소화함 -목표 : 개인의 변화 -가정 : 일단 발생한 스트레스 결과에 대한 치료에 중점을 둠 -예 : 종업원 지원 프로그램, 의학적 치료

자료 : 김원형 외(2009 : 298).

스트레스에 대처하는 방법으로는 스트레스를 일으킨 문제 자체를 직접적으로 통제하거나 변화시키는 문제 중심적 대처 방법과 개인이 스트레스를 주는 문제를 미리 회피하거나 최소화 또는 문제에서 자신을 격리시키는 방법인 정서 중심적 대처 방법이 있다. 구체적으로 스트레스에 대처하거나 관리하는 전략은 <표 2-2-4>와 같다(김원형 외, 2009 : 298).

제 5 절 개인차의 조직관리상의 의미

조직관리자는 개인차에 관한 각종 이론으로부터 조직관리상의 여러 가지 의미를 도출할 수 있는데, 특히 조직관리자는 인간이 여러 가지로 다르다는 사실을 기억해야 한다. 예를 들어 직장에서 경력을 쌓음으로써 개인적 발전을 달성하고자 하는 부하가 있다고 하자. 그러한 부하는 직장에서 승진할 가능성과 관계가 깊은 프로젝트를 수행함으로써 상당히 동기가 유발될 것이다. 그러나 다른 직장에 자리가 날 때까지만 그 직장에 있고자 하는 부하도 있을 수 있다. 물론 그러한 부하는 직장에서 승진할 가능성과 관계가 깊은 프로젝트를 수행하는 데에는 별로 관심이 없을 것이다.

또한 같은 행동이라도 어떤 사람에게는 만족을 주지만 또 다른 사람에게는 불만족을 줄 수 있다. 예를 들어 두 명의 부하가 아파서 결근을 했을 때, 상사가 부하들의 집을 위문차 방문했다고 하자. 한 부하는 상사가 방문한 것을 진정으로 고맙게 생각하는 반면, 다른 부하는 본인이 진짜 아픈지 확인하기 위해 상사가 방문했다고 생각해서 화를 낼 수도 있는 것이다.

따라서 조직관리자는 개인 간에 그러한 차이가 있다는 것을 인정하고 그에 따라 합리적으로 행동하는 것이 중요하다. 조직관리자는 부하에 대해 가능한 한 선입견을 버리고 부하들을 있는 그대로 대우하며 이해하도록 노력해야 한다.

연구 문제

1. 본인과 주위 사람들의 성격을 이 장에서 학습한 이론을 근거로 구체적으로 분석해 보시오.
2. 본인이 경험한 '인지부조화'의 예를 구체적으로 제시하고, 인지부조화를 이용한 태도 변화의 예를 제시하시오.
3. 직무 만족과 불만족이 조직의 성과에 미치는 영향을 구체적으로 예를 들어 설명하시오.
4. 조직몰입과 신뢰가 조직의 성과에 미치는 영향을 구체적으로 예를 들어 설명하시오.
5. 조직몰입이 조직시민행동에 미치는 영향을 설명하고 조직시민행동을 증가시킬 수 있는 방안에 대해 설명해 보시오.
6. 조직 내에서의 스트레스 관리가 필요한 이유에 대해 설명하시오.

사례 연구 2-2

美 페이스북 프로파일링… FBI · CIA 등 수사기관도 이용

채용 담당자가 지원자의 페이스북을 찾아 들어간다. 담당자는 개인이 작성한 프로필, 친구 수, 게시된 사진, 방문한 장소 등을 분석해 지원자가 직장에서 얼마나 성공할지를 평가한다. 이전의 페이스북 검토가 술 취한 사진 등 지원자의 방탕한 사생활을 잡아내는 도구로 쓰였다면, 최근의 페이스북 분석은 사회학 · 경영학 전문가들이 참여하는 좀 더 전문적인 프로파일링으로 진화하고 있다.

미국 노던일리노이대 경영학과 도널드 클룸퍼 교수 연구팀은 페이스북 게시물 내용을 분석하면, 직장에서 얼마나 성공할지를 비교적 정확히 예측할 수 있다는 내용의 연구 결과를 발표했다.

『응용사회심리학 저널』 2월호에 실린 논문에서 연구팀은 사회생활을 갓 시작하는 젊은이 56명의 페이스북을 통해 직장에서의 성공도를 예측했다. 이들은 관계심리학에서 즐겨 쓰이는 분석틀인 '빅 파이브(Big Five · 5대 성격 특성)'의 기준에 맞춰 페이스북 게시물을 분류한 후 점수를 매겼다. '빅 파이브'는 성실성, 정서적 안정, 친화성, 외향성, 경험에 대한 개방성 등으로 이 같은 성향을 많이 갖출수록 사회생활에서 성공할 가능성이 크다고 여겨진다.

연구팀의 평가 기준으로는 자신의 페이스북 프로필을 매우 상세하게 적거나(성실성) 일상에 대한 불만을 덜 올리고(정서적 안정) 여행을 즐길수록(개방성) 높은 점수를 받았다. 채용 담당자들이 싫어하는 것으로 알려진 술 마시고 즐기는 사진은 오히려 '외향성' 점수를 높이는 데 도움이 됐다. 연구팀은 페이스북 분석으로 젊은이들을 평가한 지 약 6개월 후, 이들의 상사에게 연락해 직장 내 성취도를 물었다. 그 결과 페이스북 예측에서 높은 점수를 받은 젊은이는 직장에서 좋은 평가를 받을 확률이 월등히 높았다. 페이스북 프로파일과 성공의 상관 관계는 지능지수, 적성검사 결과보다도 정확했다고 연구팀은 전했다.

페이스북 · 트위터 등 소셜네트워크서비스(SNS) 사용자가 빠르게 늘자 미 연방수사국(FBI)과 중앙정보국(CIA)도 정보 수집 및 프로파일링을 통해 미래를 예측할 수 있는 시스템을 적극적으로 구축 중이다.

FBI는 지난 14일 SNS 정보를 수집해 미래의 위험을 감지할 수 있는 프로그램을 개발해 달라고 요청하는 공문을 주요 소프트웨어 회사들에 발송했다.

CIA 역시 과거 수개월에 걸친 추적 끝에 간신히 알아냈던 '표적'의 취향 · 거주지 · 방문지 · 지인 같은 정보를 큰 공 들이지 않고 얻어내기 위해 페이스북을 활용한다.

(조선일보, 2012. 2. 24)

사례 문제

1. 위의 사례를 읽고 지식정보사회에 적합한 조직구성원들의 성격은 어떠할지 토의하고, 그 결과를 발표하시오.
2. 대부분의 조직에서 조직구성원의 성격으로 적극적이고 진취적인 성격형을 선호하는 이유를 토의하고, 이러한 성격이 교육훈련을 통해 학습될 수 있는지를 논의한 후 그 결과를 발표하시오.

제 3 장 전통적 동기부여 이론

조직 내 인간들의 행동은 여러 가지 개인 수준 변수의 영향으로 인해 매우 다양하게 나타난다. 이렇게 다양한 조직구성원들의 행동을 효과적으로 관리하기 위해서는 여러 조직구성원의 행동을 동기 유발에 의해 이끌어내서 행동의 방향을 조직의 효과성과 일치하도록 하는 것이 필수적이다. "개인의 행위를 어떤 목적을 위해 어떤 방향으로 작동시키는 내적 심리 상태(inner state)"라고 할 수 있는 동기(motivation)는 모든 조직과 관리자에게 중요하다. 왜냐하면 효과적인 조직과 비효과적인 조직 사이의 차이를 조직구성원들의 동기 수준에서 찾는 경우가 많기 때문이다. 이 장에서는 동기를 유발하는 필요 조건이라고 할 수 있는 인간의 욕구(need)를 중심으로 인간의 동기를 설명한다.

제 1 절 동기의 본질

스티어스와 포터(Steers & Porter, 1991 : 5-6) 및 랜디와 베커(Landy & Becker, 1987 : 1-38)에 의하면, 동기란 사람들이 어떤 방향으로 행동하도록 원인을 제공하는 동력의 집합이다. 예를 들면 전공서적을 20분 이상 읽기 어렵다고 생각하는 학생이 반나절 만에 소설책 한 권을 읽어 낼지도 모른다. 즉, 동기는 개인과 상황과의 상호작용의 결과로 볼 수 있으며, 상황이나 시간에 따라 달라진다고 할 수 있다.

1 개인 행위와 동기

사회가 다원화되고 다양화됨에 따라 개인의 역할이 더욱 중요해지는데, 이것은 결국 개인 행위가 조직에 미치는 영향이 더욱 커진다는 것을 의미한다(이학종, 1984: 62). 따라서 효과적인 조직관리를 위해 우리는 조직 내 개인 행위가 어떻게 해서 이뤄지는가 하는 것을 필수적으로 파악해야 한다.

조직 내 개인의 행위는 일반적으로 다음과 같이 설명된다(Coffey, Athos, & Reynolds, 1975: 148-160; Gibson, Ivancevich, & Donnelly, 1982: 48-49).

조직 내 개인의 행위에 영향을 주는 요소에는 개인적 요소와 조직체 요소가 있는데, 개인적 요소는 다시 환경적 요소, 육체적 요소, 심리적 요소로 나눌 수 있다. 환경적(environmental) 요소는 사회·문화와 가족 관계 등 거시적인 사회규범과 윤리·도덕 등 개인으로 하여금 집단사회의 일원으로서 사회의 공통된 행위를 형성시키는 요인들을 말한다. 육체적(physiological) 요소는 유전에 의한 선천적 요인으로서 신체적 특성 및 지능적 특성을 들 수 있다. 심리적(psychological) 요소는 선천적으로 주어진 성격과 후천적으로 사회환경과의 상호작용을 통해 경험적으로 이뤄진 성격·지각·욕구·동기 등 개인 고유의 독특한 행위를 형성시키는 요인들을 말한다.

조직 내에서 이러한 개인적 요소에 직접적인 영향력을 행사하여 개인의 행위를 동작시키는 조직체 요소로는 직무의 특징, 작업 조건, 집단의 특징, 리더십의 유형, 조직의 방침 및 각종 제도 등을 들 수 있다. 결국 조직 내 개인의 행위는 이러한 조직체 요소의 영향에 대한 반응으로서 개인 자신에 존재하고 있는 위의 세 가지 개인적 요소에 의해 형성된다. 또한 이러한 개인 행위의 결과, 개인은 만족이나 불만족을 느끼게 되고 성과(performance)를 보게 되는데, 그러한 결과는 다시 개인적 요소와 조직체 요소에 영향을 줌으로써 계속적으로 개인의 행위에 영향을 미친다. 이러한 개인의 행위는 일반적으로 목표 지향적인데, 목표 지향적 행동이란 무엇인가를 달성하고자 하는 욕구에 의해 동기가 유발된 행동을 의미한다(박내회, 1993: 143). 조직체에서 개인들로부터 구체적인 성과를 얻으려면, 이러한 개인의 행위가 성과 지향적이어야 한다.

2 동기의 정의

동기(motivation)란 용어는 라틴어의 'movere'에서 유래되었는데, 이것은 '움직인다(to move)'라는 의미를 가지고 있다(Steers & Porter, 1991 : 5). 이 책에서는 동기부여를 조직의 목적을 달성하기 위한 개인의 노력 강도와 방향과 지속성을 일정한 방향으로 이끄는 일련의 과정이라고 정의한다(Robbins & Judge, 2011 : 238).

결국 동기라는 것은 세 가지 주제, 즉 1) 인간의 행동을 작동시키는 것은 무엇인가? (What energizes human behavior?), 2) 그러한 행동을 일정 방향으로 이끄는 것은 무엇인가? (What directs and channels such behavior?), 3) 그렇게 작동된 행동은 어떻게 유지되고 계속되는가? (How is this behavior maintained or sustained?)에 관심을 집중하는 것이라고 할 수 있다(Steers & Porter, 1991 : 6).

3 동기이론의 발달

1950년대는 동기에 대한 연구가 급격히 발전을 이룬 시기다. 전통적 동기이론은 흔히 욕구이론(need-based theories) 또는 내용이론(content theories)라고 불리기도 한다. 전통적 동기이론에 의하면 인간은 기본적으로 하나 또는 그 이상의 중요한 욕구의 결함 때문에 동기가 부여된다고 가정한다. 전통적 동기이론은 사람들에게 가장 중요한 욕구를 찾아내고 이를 유형화하는 데 관심을 가졌다. 이 기간 동안에 네 가지 특별한 이론이 형성되었다. 이러한 이론들은 이후에 많은 비판을 받았고 이론의 타당성 측면에서 의문이 제기되었음에도 불구하고, 지금까지도 조직구성원들에 대한 동기부여를 설명하는 데 가장 많이 이용된다. 이 당시의 이론들은 이후 현대적 동기이론의 기초를 세웠고, 관리자들은 여전히 전통적 동기이론의 개념을 사용하고 있다.

현대적 동기이론은 전통적 동기이론의 철저하게 검증되지 않았다는 점을 비판했다. 또한 현대적 동기이론은 전통적 동기이론이 관심을 가졌던 욕구의 내용보다는 동기부여가 어떻게 형성되는지와 관련된 동기부여의 과정에 관심을 가지기 시작했다. 동기부여를 형성하는 욕구를 찾아내기보다는 욕구를 만족시키기 위해 사람들은 어떤 행동을 선택하게 되는지에 관심을 가졌다. 이러한 이유 때문에 현대적 동기이론은 과정이론(process theory)이라고 불리기도 한다.

논의의 편의상 이 장에서는 전통적 동기부여이론을 살펴보고, 다음 장에서 현대적 동기부여이론을 중심으로 살펴보고자 한다.

제 2 절 전통적 동기이론

일반적으로 동기이론은 전통적 동기이론인 동기를 유발하는 요인의 내용을 설명하는 내용이론(content theories)과 현대적 동기이론인 동기유발의 과정을 설명하는 과정이론(process theories)으로 분류할 수 있다.

내용이론에는 합리적·경제적 인간모형, 사회적 인간모형, 머슬로(Abraham H. Maslow)의 욕구계층이론(theory of need hierarchy), 머레이(Henry A. Murray)의 명시적(明示的) 욕구이론(manifest needs theory), 앨더퍼(Clayton R. Alderfer)의 ERG이론, 맥클리랜드(David C. McClelland)의 성취동기이론, 맥그리거(Douglas M. McGregor)의 XY이론, 허즈버그(Frederick Herzberg)의 욕구충족요인이원론(two-factor theory), 리커트(Rensis Likert)의 관리체제이론, 샤인(Edgar H. Schein)의 인간모형, 해크맨(J. Richard Hackman)과 올드햄(Gred R. Oldham)의 직무특성이론(job characteristics theory) 등이 있다.

내용이론은 인간의 행동을 작동시키고 에너지를 일정한 방향으로 조정하며 유지시키는 내적 요인에 초점을 맞추는 이론으로(이학종, 1984 : 113), 인간의 욕구와 욕구에서 비롯되는 충동, 욕구의 배열, 유인(誘因) 또는 달성하려는 목표 등을 설명한다(오석홍, 2003 : 151).

1 합리적 · 경제적 인간모형

합리적 · 경제적 인간모형(오석홍, 2003 : 154-155)에서는 인간을 이기적이며 경제적 · 자기중심적이고 이해 타산적으로 보는데, 이러한 측면에서 맥그리거의 X이론적 인간관과 밀접한 관계에 있다고 하겠다. 합리적 · 경제적 인간모형은 고정적이고 명확히 알려진 조직의 목표, 반복적인 조직의 업무, 불변하는 환경 등을 특징으로 하는 폐쇄 체제적 관점에서 조직을 바라본다는 특성을 가지고 있으며 능률이라는 개념을 중요시한다. 그러나 이 모형은 너무 수단적 능률에 집착한 나머지 인간의 가치적 측면을 경시하여 조직 내의 인간이나 환경적 책임 등의 도덕적 가치들을 외면하는 결과를 가져왔다.

이 모형에 의하면, 조직구성원은 조직목표의 달성을 위해 노동력을 제공하며, 조직은 그것에 대한 대가로 경제적 · 물질적 욕구를 지닌 타산적 존재인 조직구성원에게 경제적 유인을 제공한다고 본다. 이러한 인간관의 대표적 예로는 앞에서도 살펴본 테일러의 과학적 관리론을 들 수 있다. 또한 이 모형은 스콧의 폐쇄 체제적 관점과 모건의 기계적 관점으로 조직을 바라봄으로써 완전한 조직의 모습을 관찰하지 못했다. 결국 인간의 합리적 · 경제적 측면만을 중시함으로써 인간을 기계의 부속품처럼 경시하는 풍조를 뒷받침하는 결과를 초래했다.

2 사회적 인간모형

사회적 인간모형은 인간의 경제적 욕구보다 사회심리적 욕구를 강조하는데, 이 책의 제1부 제2장에서도 살펴본 메이요의 호손연구를 출발점으로 본격화되기 시작했다. 호손연구는 노동자의 생산성을 결정하는 요인으로 물리적 · 경제적 · 육체적 요인보다는 인간 관계의 사회심리적 요인과 비공식집단의 역할을 더욱 중시한다. 즉, 이 모형은 맥그리거의 Y이론과 밀접한 관계에 있는데, 인간의 감정적 · 심리적 측면을 중요시하면서 조직 내의 비공식조직, 리더십, 커뮤니케이션, 참여 등의 문제에 연구의 초점을 맞춘다. 결국 이 모형에 의하면 조직구성원은 개인이 아닌 비공식적 집단이나 소집단의 구성원으로 행동하기 때문에 조직구성원은 집단규범을 벗어나면서까지 생산량을 높이려 하지는 않는다는 것이다.

이와 같은 특성을 지닌 사회적 인간모형은 합리적·경제적 인간모형을 전적으로 부정하기보다는 단점을 보완·수정하려고 노력했지만, 두 가지 인간모형 모두 인간의 욕구 체계를 획일적으로 본다는 점, 동기부여라는 것을 외재적으로 본다는 점, 인간을 근본적으로 피동적으로 본다는 점 등의 문제점을 지니고 있다(오석홍, 2003 : 156).

3 성장이론

인간이 복수 욕구를 지닌 존재라는 것을 인식하고 인간의 자아 실현적 욕구 및 성장적 측면을 강조하는 동기이론을 성장이론(growth theory)이라고 한다. 성장이론이 합리적·경제적 인간모형 및 사회적 인간모형과 구별되는 특성은 다음과 같다.

첫째, 인간이 단일 욕구 체계를 갖고 있다고 주장하는 합리적·경제적 인간모형 및 사회적 인간모형과는 달리 복수 욕구의 존재를 주장한다.

둘째, 인간의 고급 욕구를 중시한다. 이러한 고급 욕구에는 자아 실현의 욕구, 책임 있는 일을 통한 성장의 욕구, 독자성의 욕구, 자아 만족의 욕구 등이 있는데, 이 중에서 자아 실현의 욕구를 가장 중심적으로 다루고 있다.

셋째, 인간의 자아 실현 욕구를 중요시함에 따라 동기부여의 외재성뿐 아니라 내재성도 인식하게 되었다.

넷째, 인간을 조직으로부터 조종받는 수동적인 존재가 아닌 능동적인 존재로 간주했다. 따라서 인간의 자율적인 업무 성취와 보람 있는 인간 생활을 보장하는 관리 체제가 바람직하다고 보고 있다. 즉, 조직의 목표와 개인의 목표가 융화·통합될 수 있다는 인식 하에 사람들이 일을 통해 자아를 성취하고 성숙할 수 있는 여건을 조성하는 통합형의 인간관리 방침을 내세운다. 이러한 관리전략에서는 권한보다 임무 중심의 조직설계, 관리 단위의 하향 조정, 구조의 저층화를 중요시하고 있다.

성장이론에 포함되는 이론에는 머슬로의 욕구계층이론, 머레이의 명시적 욕구이론, 앨더퍼의 ERG이론, 맥클리랜드의 성취동기이론, 맥그리거의 XY이론, 허즈버그의 욕구충족요인이원론 등이 있다.

1) 머슬로의 욕구계층이론

인간의 목표 지향적 행동은 일정 시점에서 인간이 지니고 있는 여러 가지 욕구 중 가장 강도가 강한 욕구와 그에 따른 동기에 의해 작동된다고 볼 수 있다. 조직 내의 인간의 행동을 연구하던 학자들은 이러한 사실을 인식한 후, 인간이 공통적으로 지니고 있는 가장 중요한 욕구를 알아내어 그것을 실제 조직에 적용할 수 있도록 체계화하려고 노력했다. 이러한 학자 중에 가장 대표적인 사람이 머슬로다. 그는 임상적인 관찰을 토대로 하여 1) 인간의 동기는 다섯 가지 욕구의 계층에 따라 순차적으로 유발되고, 2) 동기로 작용하는 욕구는 충족되지 않은 욕구이며, 충족된 욕구는 그 욕구가 나타날 때까지 동기로서의 힘을 상실하며, 3) 대개의 경우 인간은 그러한 다섯 가지의 욕구들을 부분적으로밖에 충족시키지 못하기 때문에 인간은 항구적으로 무엇인가를 원하는 동물(perpetually wanting animal)이라고 하는 다섯 욕구계층이론을 주장했다(Maslow, 1943 : 370-396; 1954 : 92).

[그림 2-3-1]에서 보는 것과 같이, 다섯 계층의 욕구에는 생리적 욕구(physiological needs), 안전에 대한 욕구(safety needs), 소속의 욕구(belongingness and love needs), 존경에 대한 욕구(esteem needs), 자아 실현의 욕구(self-actualization needs) 등이 있다. 머슬로는 이들 중 계층의 최하위에 있는 생리적 욕구가 가장 욕구의 강도가 강하며 안전에 대한 욕구, 소속의 욕구, 존경에 대한 욕구로 갈수록 점차 강도가 약해지다가 최고급 욕구인 자아 실현의 욕구는 그 우선순위가 가장 낮다고

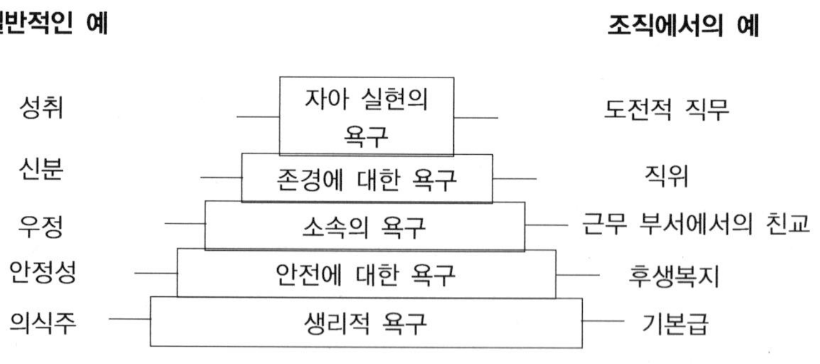

그림 2-3-1 머슬로의 욕구 5계층

자료 : Moorhead & Griffin(2004 : 122).

주장했다. 또한 개인이 기본적으로 편안하기 위해서는 욕구계층의 가장 밑에 있는 세 가지 욕구가 충족되어야 하기 때문에 이러한 욕구를 결핍의 욕구(deficiency needs)라고 하며, 욕구계층 상위의 두 가지 욕구는 개인적 성장과 발달에 초점을 두고 있기 때문에 성장의 욕구(growth needs)라고 했다.

머슬로의 욕구계층이론은 인간의 기본적 욕구를 파악하여 계층별로 분류하고 그들 간의 관계를 설명함으로써 인간의 행동을 작동시키는 동기를 이해하고 조직구성원들 개인의 문제를 해결하는 데 개념적 틀을 제시해 주었다는 점에서 높은 평가를 받고 있다.

그러나 이러한 머슬로의 욕구계층이론 역시 많은 한계점을 지니고 있는데, 그 구체적인 내용을 살펴보면 다음과 같다(오석홍, 2003 : 160).

첫째, 모든 인간에게서 다섯 가지 욕구의 계층이 항상 고정적인 것은 아니다.

둘째, 어느 욕구가 충족된다 하더라도 그 욕구가 동기 유발 요인으로서의 의미를 완전히 상실하는 것이 아니라 강도가 약화되어 하나의 욕구로서 여전히 존재하고 있다는 것이다. 즉, 욕구의 충족이라는 것이 상대적이듯이 욕구의 기능 상실 또한 상대적이므로 욕구의 완전 상실이란 사실상 존재하지 않는다는 것이 지적된다.

셋째, 항상 하나의 욕구가 하나의 행동을 유발한다고 보기보다는 두 가지 이상의 복합적인 욕구가 하나의 행동을 유발한다고 보는 것이 타당할 것이다.

넷째, 인간의 행동이 항상 욕구 충족을 위해 수행되는 것은 아니라는 것이다. 예를 들어 인간의 습관적 행동과 성격과 관련이 높은 행동 중에는 인간의 욕구와는 관계가 없는 행동이 많이 존재한다.

다섯째, 후술할 앨더퍼의 ERG이론에서 주장하는 바와 같이 인간은 욕구 만족에 의해 욕구 발로가 단계적으로 전진할 뿐만 아니라 욕구 좌절 시 욕구 발로가 후진적·하향적으로 진행될 수 있다는 것이다.

여섯째, 인간의 욕구계층을 다섯 가지로 분류하는 것의 타당성이 의심스럽다는 것이다. 왜냐하면 몇몇 실증적 연구의 결과 다섯 가지의 욕구계층은 나타나지 않고 생리적 욕구와 안전에 대한 욕구가 하나의 욕구계층으로 나타나고 또한 소속의 욕구, 존경에 대한 욕구, 자아 실현의 욕구가 다른 하나의 욕구계층으로 나타나는 등 두 가지 욕구계층만이 존재한다는 것이 제시되기 때문이다(Hall & Nougaim, 1967; Lawler & Suttle, 1972; Wahba & Bridwell, 1976).

2) 앨더퍼의 ERG이론

앨더퍼(Alderfer, 1969, 1972)는 머슬로가 제시한 욕구계층이론의 문제점 및 한계점을 보완하기 위해 조직의 실체를 다룬 현장연구를 실시했다. 이러한 연구 결과를 기초로 하여 조직 내 개인의 욕구와 동기를 좀 더 현실적으로 설명한 ERG이론을 발표했다. 그는 머슬로와 같이 인간이 복수의 욕구를 지니고 있고 그것은 공통적인 것으로 범주화되어 계층적 구조를 이루고 있으며, 욕구의 충족은 계층적 구조에 따라 순차적으로 이뤄진다고 주장했다. 그는 인간의 욕구를 생존 욕구(existence needs), 대인 관계 유지 욕구(relatedness needs), 성장 욕구(growth needs)의 세 가지 범주로 분류했다. 앨더퍼의 이론을 ERG이론이라고 명명하는 것은 이 세 가지 범주의 첫 자를 따서 나타낸 것이다. 이러한 세 가지 욕구의 특성을 살펴보면 다음과 같다.

첫째 범주인 생존 욕구는 육체적인 생존을 유지하려는 다양한 유형의 물리적·생리적 욕구들로서 이 욕구가 충족되지 않으면 인간의 생존이 위협을 받게 된다. 이러한 욕구에는 굶주림·갈증, 주거지와 쾌적한 작업환경에 관한 욕구, 물리적 측면의 안전 욕구 등이 있다. 생존 욕구는 머슬로의 다섯 가지 욕구계층 가운데 생리적 욕구와 안전에 대한 욕구의 일부분을 포함한다. 조직구성원의 생존 욕구를 충족시키기 위해 조직은 조직구성원들에게 기본 봉급과 안정된 작업환경 등을 제공해 줄 수 있다.

둘째 범주인 대인 관계 유지 욕구는 인간이 인간답게 살기 위해 타인과의 관계를 유지하려는 욕구로서 주로 자신을 둘러싸고 있는 사회환경과 인간 관계에 관심을 집중시키는 욕구다. 대인 관계 유지 욕구는 개인 간의 친교, 집단에 대한 소속감, 자존심 등이 있다. 머슬로가 제시한 다섯 가지 욕구계층 중에서 안전에 대한 욕구, 소속의 욕구, 존경에 대한 욕구의 각 일부분에 해당한다.

셋째 범주인 성장 욕구는 창조적·개인적인 자기 발전을 도모하기 위한 인간의 노력과 관련된 욕구를 말한다. 즉, 자신의 성장을 위해 자신감을 가지고 직무에 임하려는 욕구 및 개인의 능력 개발과 창의적 성취감 등을 포함한다. 이러한 성장 욕구는 머슬로의 다섯 가지 욕구계층 중에서 존경에 대한 욕구 일부분과 자아 실현의 욕구에 해당한다.

엘더퍼의 ERG 이론의 특징은 첫째, 머레이처럼 두 가지 이상의 욕구가 동시에 작용하여 복합적으로 하나의 행동을 유발한다고 주장하여 개인 행동을 좀 더 현실적으

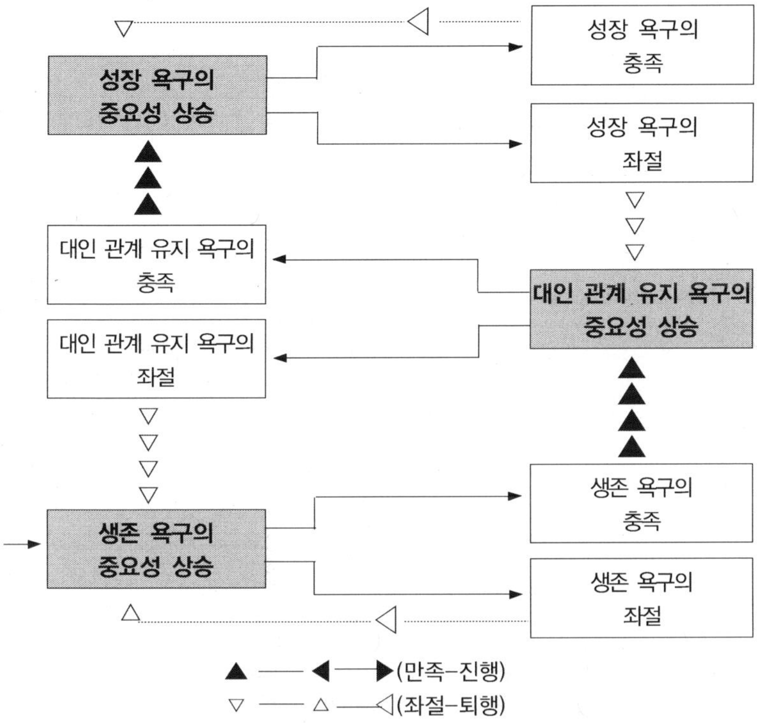

그림 2-3-2 앨더퍼의 ERG이론

자료: Moorhead & Griffin(2004: 125).

로 설명했다(Schneider & Alderfer, 1973). 둘째, 앨더퍼는 [그림 2-3-2]에서 보는 것과 같이 욕구 만족 시 욕구 발로의 전진적·상향적 진행뿐만 아니라 욕구 좌절로 인한 욕구 발로의 후진적·하향적 퇴행을 제시하고 있다. 앨더퍼는 성장 욕구가 충족되지 않았을 때, 인간은 욕구 좌절에 따른 내면적 긴장 상태를 오래 지속시키려 하지 않기 때문에 성장 욕구 대신에 욕구계층상 하위 욕구인 대인 관계 유지 욕구를 더 중요시하여 만족시키려 한다고 주장했다.

앨더퍼의 이론 역시 그 타당성을 평가할 만한 연구가 거의 없지만, 일반적으로 머슬로의 욕구계층이론이나 머레이의 명시적 욕구이론보다는 인간의 동기를 좀 더 현실적으로 설명하는 것으로 평가받고 있다(Alderfer, 1969).

3) 맥클리랜드의 성취동기이론

성취동기이론은 맥클리랜드(McClelland, 1962)의 업적과 가장 관련이 많다. 맥클리랜드는 모든 사람이 공통적으로 비슷한 욕구의 계층을 가지고 있다고 주장한 머슬로의 이론을 비판했다. 그는 개인의 행동을 동기화시키는 잠재력을 지니고 있는 욕구는 학습되는 것이므로 개인마다 그 욕구의 계층에 차이가 있다고 주장했다. 즉, 개인의 동기는 개인이 사회문화와 상호작용하는 과정에서 취득되고 학습을 통해 동기가 개발될 수 있다는 전제를 기초로 하여 조직 내 성취 욕구의 중요성에 중점을 둔 성취동기이론을 제시했다.

그는 개인의 욕구 중 사회문화적으로 학습된 욕구들을 성취 욕구(need for achievement), 권력 욕구(need for power), 친교 욕구(need for affiliation)로 분류하여 각각의 특성에 대해 다음과 같이 설명했다.

성취 욕구란 우수한 결과를 얻기 위해 높은 기준을 설정하고 이를 달성하려는 욕구다. 맥클리랜드는 조직 내에서의 성취 욕구를 집중적으로 연구하여 성공적인 기업가가 되게 하는 요인이 어떤 물질적인 것이 아닌 성취 욕구라는 점을 입증하고자 했다. 그의 연구 결과에 의하면, 성취 욕구가 강한 사람이 그렇지 않은 사람에 비해 다음과 같은 특징이 있다고 한다(Litwin & Stringer, 1968; McClelland, 1962, 1966).

첫째, 성취 욕구가 강한 사람은 자신의 노력이나 능력에 의지하여 무엇인가를 성취할 수 있는 상황을 선호한다.

둘째, 성취 욕구가 강한 사람은 목표 설정을 중요시하고 실제 목표 설정에서도 모험성과 난이도가 잘 절충되기를 원한다.

셋째, 성취 욕구가 강한 사람은 경과 진행 상황과 노력한 결과 및 성과에 대한 환류(feedback)가 제공되기를 원한다.

넷째, 성취욕이 높은 사람은 자기의 일에 대한 몰두가 높다.

다섯째, 성취 욕구가 강한 사람은 함께 일하는 동료에 대해 깊은 관심을 갖고 목표 달성에 기여할 수 있는 성과 지향적인 동료들과 일하기를 원한다.

여섯째, 누자임(Noujaim, 1968)에 의하면, 성취 욕구가 강한 조직관리자는 그렇지 않은 조직관리자에 비해 적은 횟수의 회합을 가지며 조직 내의 많은 문제를 단독적으로 해결하는 경향이 높다고 한다.

권력 욕구(need for power)란 타인의 행동에 영향력을 미치거나 통제하려는 욕구를 의미한다. 권력 욕구가 강한 사람은 다른 사람에게 영향력을 행사하거나 통제하려는 생각으로 시간을 보내며, 논쟁에서 이기려 하고, 타인의 행동을 변화시키려 하며, 권위와 지위를 얻기 위해 자신의 영향력을 행사할 대상을 찾는 데 많은 시간을 보낸다. 조직관리자의 권력 욕구와 조직의 효과성의 관계를 살펴보면, 권력 욕구와 성취 욕구가 동시에 높은 관리자들로 구성되어 있는 조직은 성장을 하는 데 비해 권력 욕구는 높으나 성취 욕구는 낮은 관리자들로 구성된 조직은 권력이나 복종에 지나치게 얽매여 있기 때문에 오히려 침체하게 된다고 한다(박내회, 1989 : 161). 권력에 대한 욕구가 강한 관리자는 자신의 이익보다 조직 발전을 위한 권력 추구를 하고 본인의 권력 추구가 조직의 효과성을 위협하면 권력에 대한 욕구를 억제할 수 있을 때 성공적인 관리자가 될 수 있다(McClelland & Burnham, 1976; Moorhead & Griffin, 2004 : 131; Pinder, 1984).

친교 욕구(need for affiliation)가 강한 사람은 자기의 의사결정이나 강력한 성취욕보다는 타인과의 따뜻하고 친근한 관계를 유지하는 데에 많은 시간을 할애한다. 친교 욕구가 강한 사람은 판매직이나 가르치는 직업같이 많은 사람과의 접촉이 있는 직업을 택하는 경우가 많다(Moorhead & Griffin, 2004 : 130). 조직관리자의 친교 욕구는 조직의 효과성에 바람직할 수도 있고 바람직하지 않을 수도 있다.

4) 맥그리거의 XY이론

맥그리거(McGregor, 1960)는 머슬로의 욕구계층이론을 토대로 하여 인간의 본질에 대한 기본 가정을 두 가지로 구분하고, 그에 따라 관리전략(예 : 조직구조의 형성 · 정책 수립 · 리더십의 방향)을 두 가지로 나눈 후, 각각 X이론과 Y이론이라고 명명했다. 맥그리거는 X이론이 시대에 부적합한 이론이라고 비판하면서 미래의 이상적인 관리 체제로 Y이론을 제시했다.

여기에서는 X이론과 Y이론이 제시하는 인간 본질에 대한 기본 가정 및 관리전략에 관해 고찰해 본 후, Y이론을 조직관리 체제에 적용하는 것이 바람직하다는 그의 견해의 타당성을 간단히 살펴보겠다.

맥그리거는 X이론을 인간의 하급 욕구에 착안하여 권위적 통제에 입각한 관리전략을 처방하는 전통적 관점이라고 규정했다. 우선 그는 X이론에서 기초로 하고 있는 인간의 본질에 대한 기본 가정을 다음과 같이 제시했다(Hersey & Blanchard, 1982: 49). 1) 대부분의 사람은 본질적으로 일을 싫어하며 가능하면 일을 하지 않으려고 한다. 2) 대부분의 사람은 야망이 없고 책임지기를 싫어하고 외재적인 지도를 받으려 한다. 3) 대부분의 사람은 안전을 원하고 변화에 저항적이다. 4) 대부분의 사람은 본질적으로 자기 중심적이며 조직 문제를 해결하는 데 창의력을 발휘하지 못한다. 5) 대부분의 사람은 영리하지 못하며 속기 쉽고 엉터리 사기극에 넘어가기 쉽다. 6) 대부분의 사람에 대한 동기 유발은 주로 생리적 욕구나 안전에 대한 욕구를 자극함으로써 가능하다.

이러한 인간관을 갖고 있는 X이론적 관리자는 지시와 통제의 방법을 이용해 조직을 관리한다. 관리자는 조직구성원에게 생산성·적정한 작업량·업적에 대한 보상 등을 강조하며, 조직구성원을 구조화하고 통제하며 엄격히 감독한다.

그러나 현대 사회의 모든 조직환경이 급변하고 조직구성원의 생활 수준과 교육 수준이 급속히 향상되는 시점에 처해 있는 조직에서 X이론을 관리 체제에 적용하는 것이 타당하지 않다는 비판과 함께 X이론에 대한 한계점 및 문제점이 여러 방면에서 제기되고 있다. X이론은 인간의 본성을 바람직하게 설명하지 못하며 고급 욕구를 가지고 있는 인간의 동기를 유발하는 데 실패하고 있다.

X이론이 시대에 부적합하고 인간의 본질과 동기 유발을 제대로 이해하지 못하는 이론이라고 비판한 맥그리거는 인간의 고급 욕구, 즉 존경에 대한 욕구 및 자아 실현의 욕구 등에 착안하여 통합형의 관리전략을 처방하는 Y이론을 가장 이상적인 이론으로 제시했다.

Y이론은 인간 본질의 기본 가정을 다음과 같이 설명한다(Hersey & Blanchard, 1982: 49).

첫째, 대부분의 사람이 본질적으로 일을 싫어하는 것은 아니다. 그들에게 일이란 작업 조건만 제대로 정비되면 놀이를 하거나 쉬는 것과 같이 극히 자연스러운 것이며, 인간이 물리적·사회적 환경에 도전하는 여러 방법 중의 하나다.

둘째, 대부분의 사람은 자기 표현과 자제의 기회를 참여를 통해 발견만 하면 자기 행동의 방향을 스스로 정하고 자율적으로 자기 규제를 할 수 있는 존재다.

셋째, 대부분의 사람은 조직 문제를 해결할 때 비교적 높은 수준의 창의력과 상상력을 발휘할 수 있다.

넷째, 적절한 조건만 갖춰지면 대부분의 사람은 책임지기를 원하며 책임 있는 행동을 수행하고자 노력한다.

다섯째, 대부분의 사람은 이기적으로만 행동하는 것이 아니라 같은 사회 내의 타인을 위해 행동하기도 한다.

여섯째, 대부분의 사람에게 동기 유발은 생리적 욕구, 안전에 대한 욕구, 소속의 욕구, 존경에 대한 욕구, 자아 실현의 욕구 등 모든 계층에서 가능하다.

이러한 인간관을 견지하는 Y이론이 의존하는 관리의 중심 원리는 조직구성원들이 그들의 노력을 조직의 성공에 지향시킴으로써 그들 자신의 목표를 가장 잘 달성할 수 있도록 하는 조건을 형성해야 한다는 통합(integration)의 원리다. 여기서 통합이란 조직구성원 개인의 목표와 조직의 목표를 통합시키는 것을 의미한다.

통합의 원리에 입각하여 조직구성원을 관리하는 관리자는 우선 조직구성원이 조직의 목표를 달성하기 위해 일하는 동시에 자신의 목표를 달성할 수 있도록 성취의 기회를 마련하고 성취의 장애를 제거하며 기본적인 행동 방향을 제시해 주고 성장을 촉진시켜 주어야 한다.

그러나 중요한 것은 모든 사람이 성숙할 수 있는 잠재력이나 자발적으로 성숙화될 수 있는 잠재력을 가지고 있다는 것이지 모든 사람이 현재 성숙하다는 것은 아니므로 조직 내 인력자원의 동기적 측면, 직무와 관련된 과업의 성질, 조직의 여러 가지 상황 요인 등을 고려하여 가장 적절한 경우에 Y이론을 사용하는 것이 무조건 Y이론을 적용하는 것에 비해 효과적일 것이다(박내회, 1989 : 158).

5) 허즈버그의 욕구충족요인이원론

허즈버그의 욕구충족요인이원론(Herzberg, Mausner, & Snyderman, 1959; Herzberg, 1966)은 많은 점에서 전술한 이론들과 유사한 점이 있으나, 그의 이론은 주로 조직관리의 입장에서 조직구성원들의 동기에 관해 설명하고자 했다.

허즈버그는 첫 번째 범주의 욕구를 충족시키는 요인은 주로 환경에 관한 것으로 직무에 불만족을 느끼게 하거나 예방하는 데 작용한다고 보면서 이를 위생 요인(hygiene factors)이라고 했다. 또한 두 번째 범주의 욕구를 충족시키는 요인은 인간에게 만족을 주고 우수한 직무 수행을 위해 동기를 유발하는 데 작용하는 것으로 보고 이를 동기 요인(motivators)이라고 했다.

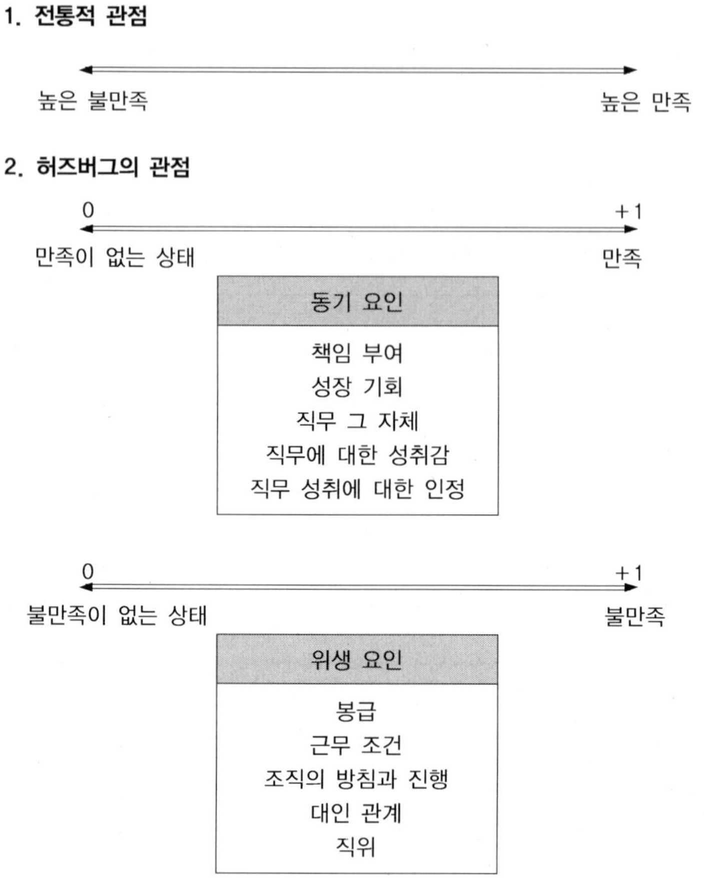

그림 2-3-3 허즈버그의 욕구충족요인이원론

자료: Moorhead & Griffin(2004: 126).

이러한 위생 요인과 동기 요인은 [그림 2-3-3]에 제시되어 있다. 봉급은 위생 요인에 포함되어 있는데, 이러한 연구 결과는 박천오(1989)가 우리나라 4~7급 공무원 153명을 대상으로 수행한 연구에서 보수는 동기 요인이 아닌 것으로 나타나 있고, 윤종래(1991)도 고등학교 교사들을 대상으로 한 연구에서 보수 체계가 직무만족도에 중요한 영향을 미치지 못하고 있다는 것을 제시했다.

허즈버그에 의하면, 동기 요인은 직무와 조직구성원 사이의 관계에 관한 것으로 더 나은 직무 수행과 노력을 위한 동기부여의 요인이 되며, 이러한 동기 요인이 갖춰져 있지 않더라도 불만족을 초래하지는 않는다고 한다. 이에 반해 위생 요인은 그러한 요인이 없을 경우 조직구성원에게 극도의 불만족을 초래하지만 그것이 잘 갖춰져 있더라도 조직구성원의 직무 수행 동기를 유발시키는 것은 아니라는 것이다. 예를 들어 작업환경이 나쁜 상태에서 불만족을 경험하고 있는 종업원에게 작업환경을 개선시켜 주었을 경우, 종업원의 불만족을 제거할 수는 있으나 그 종업원을 만족하게 만드는 것은 아니라는 것이다. 이것을 통해 허즈버그는 만족을 주는 요인과 불만족을 방지하는 요인은 서로 다른 차원에 속한다고 주장했다. 즉, 만족의 반대는 불만족이 아니고 만족이 없는 상태이며, 불만족의 반대는 만족이 아니라 불만족이 없는 상태라고 규정했다. 이것을 이해하기 쉽게 도식화해 놓은 것이 [그림 2-3-3]이다.

4 복잡한 인간에 관한 모형

지금까지 살펴본 내용이론들은 성장이론을 포함해 인간의 본질을 단순하게 획일화하고 보편화하는 문제점을 공통적으로 갖고 있다. 복잡한 인간에 관한 모형은 이러한 종래의 동기이론을 부정하면서 일종의 상황적응이론으로서 발달하게 된 이론이다. 즉 1) 인간의 욕구 체계는 복잡할 뿐만 아니라 고도의 변전성(變轉性)을 가진다는 것, 2) 사람은 조직생활의 경험을 통해 새로운 욕구를 배울 수 있다는 것, 3) 사람들의 역할과 조직 상황이 다르면 욕구도 달라질 수 있다는 것, 4) 조직에 참여하는 이유가 되는 욕구는 사람에 따라 다를 수 있다는 것, 5) 사람들은 그들의 욕구 체계와 능력 및 담당 업무가 다름에 따라 서로 다른 관리전략에 순응할 수 있다는 것 등을 전제로 하고 있다.

복잡한 인간모형은 종래의 단순한 인간모형들을 유형화할 수 있는 기반을 제공하기도 하며 상황적응적인 관리 처방을 발전시키기도 했다. 사람마다 욕구가 다르고 그 발로의 양태와 동기 유발에 이르는 경로 또한 사람마다 다르다는 복잡한 인간모형의 주장은, 모든 개인과 개별적인 상황에 항상 적용할 수 있는 관리전략이란 존재할 수 없다는 것을 의미하기도 한다. 그러나 조직 내에서 인간을 균질화시킬 수 있는 여러 세력이 작용하는 것 또한 사실이기 때문에 제한된 범위 내에서는 여러 가지 전제와 한정을 붙인 규칙성(regularities)을 발견할 수 있다.

이러한 제한된 법칙화에 따른 관리전략으로 상황적응적인 관리전략이 사용되고 있는데 이것의 핵심적 내용은 다음과 같다. 첫째, 조직구성원의 변전성(變轉性)과 개인차(individual differences)를 감지하도록 힘써야 한다. 둘째, 개인차를 존중해 주고 개인차의 발견을 위해 진단가적 접근을 해야 한다. 셋째, 사람들의 욕구와 동기가 서로 다른 만큼 그들은 다르게 취급되어야 한다.

1) 샤인의 인간모형

복잡한 인간에 관한 모형에 포함되는 이론으로는 샤인(Schein, 1970 : 55-75)의 인간모형이 대표적이다. 샤인은 조직 내 인간의 본질에 대한 시각을 역사적 등장 순서에 따라 네 가지로 분류했다. 이러한 네 가지 인간모형에는 합리적·경제적 인간모형, 사회적 인간모형, 자아 실현적 인간모형, 복잡한 인간모형 등이 있다. 합리적·경제적 인간모형과 사회적 인간모형은 이미 살펴보았고, 자아 실현적 인간모형 또한 성장이론에 대한 논의에서 고찰했다. 따라서 여기서는 샤인의 복잡한 인간모형을 좀 더 상세히 살펴보도록 한다.

샤인에 의하면, 인간은 다양한 욕구와 잠재력을 가진 복잡한 존재이며 복잡성의 유형이 사람마다 다르다는 것이다. 그가 바라보는 인간 본질의 기본 가정은 다음과 같다. 1) 인간의 욕구 체계는 매우 복잡하다. 인간의 욕구가 계층별로 배열되어 있지만 때와 장소 등 상황에 따라서 달라질 수도 있고, 조직 생활의 경험을 통해 새로운 욕구를 배울 수도 있다. 2) 조직구성원으로 포함되어 있는 조직이나 조직 내의 부서 및 수행하는 역할이 달라지면 사람들의 욕구도 달라질 수 있다. 3) 조직에 생산적으로 참여하는 이유가 되는 욕구는 사람에 따라 다를 수 있다. 4) 개인의 궁극적인 만족과 조직의 궁극적인 효과성은 동기 유발뿐만 아니라 직무의 성격·직무 추진 및 방해의 상황·직무 수행에 필요한 능력과 경험·다른 조직구성원의 성격 등 복합적인 작용에 의해 결정된다. 5) 사람들은 그들의 욕구 체계와 능력 및 담당 업무가 다름에 따라 서로 다른 관리전략에 순응할 수 있다.

이와 같은 기본적인 가정을 토대로 하여 다음과 같은 내용을 지닌 관리전략을 사용할 수 있다. 첫째, 조직구성원의 변전성과 개인차를 파악해야 한다. 둘째, 개인차를 배제하거나 무시하지 말고 존중해 주며 개인차의 발견을 위한 진단 과정을 중요시해야 한다. 셋째, 욕구가 다른 부하들을 다르게 처방할 수 있는 융통성을 지녀야 한다.

이러한 관리전략에 따라 조직관리자들은 일종의 진단자가 되어 조직구성원의 다양한 욕구와 능력을 감지할 수 있는 감수성과 진단 능력을 구비해야 하는 것이다.

2) 해크만과 올드햄의 직무특성이론

해크만과 올드햄(Hackman & Oldham, 1976)의 직무특성이론은 직무의 특성이 직무 수행자의 성장 욕구 수준(growth need strength)에 부합될 때 직무가 그 직무 수행자에게 더 큰 의미와 책임감을 주고 이로 인해 동기 유발의 측면에서 긍정적인 성과를 얻게 된다는 것을 제시한다. 이 이론은 직무 수행자의 성장 욕구 수준이라는 개인차를 고려하고 좀 더 구체적으로 직무 특성, 심리 상태 변수, 성과 변수 등의 관계를 제시했다는 측면에서 허즈버그의 욕구충족요인이원론보다 진일보한 것으로 볼 수 있다.

이 이론은 다섯 가지 직무 특성과 세 가지 심리 상태 변수, 그리고 네 가지 성과 변수로 구성되어 있다. 먼저 다섯 가지 직무 특성을 살펴보자.

첫째는 기술적 다양성(skill variety)으로서 직무를 수행하는 데 요구되는 기술의 종류가 얼마나 여러 가지인가를 의미한다.

둘째는 직무 정체성(task identity)으로서 직무의 내용이 하나의 제품이나 서비스를 처음부터 끝까지 완성시킬 수 있도록 구성되어 있는가, 아니면 제품의 어느 특정 부분만을 만드는 것인가를 의미한다.

셋째는 직무 중요성(task significance)으로서 개인이 수행하는 직무가 조직 내 또는 조직 밖의 다른 사람들의 삶과 일에 얼마나 큰 영향을 미치는가를 의미한다.

넷째는 자율성(autonomy)으로서 개인이 자신의 직무에 대해 개인적으로 느끼는 책임감의 정도를 의미한다.

다섯째는 환류(feedback)로서 직무 자체가 주는 직무 수행 성과에 대한 정보의 유무를 의미한다.

해크만과 올드햄은 이러한 다섯 가지 직무 특성이 서로 어떻게 작용하면서 동기부여를 하는지에 관해 아래의 공식을 통해 제시했다.

즉, 어떤 직무가 갖는 잠재적 동기지수(motivating potential score : MPS)에는 다섯 가지 직무 특성이 모두 영향을 미친다. 그 중에서 처음 세 가지 직무 특성은 직무가 의미 있고, 가치 있으며, 소중하다고 느낄 수 있도록 만드는 데 기여한다. 자율

잠재적 동기지수

$$잠재적\ 동기지수 = \frac{(기술\ 다양성 + 직무\ 정체성 + 직무\ 중요성)}{3} \times 자율성 \times 환류$$

성은 그 직원으로 하여금 어떤 결과에 대한 개인적 책임감을 가지도록 만드는 역할을 하고, 환류는 자신이 얼마나 효과적으로 일하고 있는지 알게 해 준다. 직무특성이론을 동기부여 측면에서 보면, 개인은 그들이 소중하게 생각하는 직무에 대해 일을 잘 해냈다고 알아차렸을 때 내부적인 보상을 얻게 된다고 주장한다. 더 나아가 이 공식에 의하면, 극단적으로 자율성과 환류 중 어느 한 가지만 없어도 잠재적으로 동기가 전혀 부여되지 않는다는 것이다.

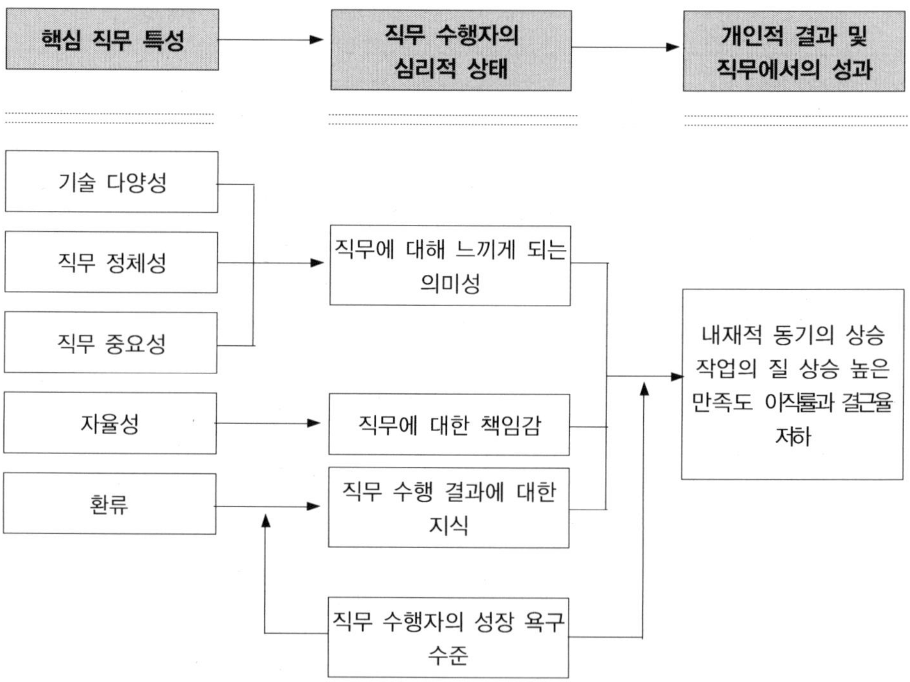

그림 2-3-4 직무특성이론의 체계

자료: Moorhead & Griffin(2004: 173).

직무 특성에 의해 영향을 받는 개인의 세 가지 심리 상태 변수를 살펴보면 다음과 같다. 먼저 직무에 대해 느끼는 의미성(feeling of meaningfullness)이란 개인이 자신의 직무에 대해 '해볼 만하다' 또는 '가치가 있다'라고 느끼고 있는 정도를 의미한다. 직무특성이론에 의하면, 기술 다양성(skill variety), 직무 정체성(task identity), 직무 중요성(task significance)과 같은 직무 특성이 이러한 심리 상태에 영향을 준다고 한다. 또한 직무에 대한 책임감(feeling of responsibility)이란 개인이 자신이 수행하는 일의 결과에 대해 개인적으로 느끼는 책임감과 부담감의 정도를 의미한다. 직무 특성 중 자율성(autonomy)이 이러한 심리 상태에 영향을 준다고 한다. 끝으로 직무 수행 결과에 대한 지식(knowledge of results)이란 개인이 직무 수행 과정에서 직무를 얼마나 효과적으로 수행하고 있는지를 알고 이해하는 정도를 의미한다. 직무 특성 중 환류(feedback)가 영향을 준다고 한다.

전체적으로 직무특성이론의 체계를 살펴보면 [그림 2-3-4]와 같다. 이 그림에서 제시하는 것과 같이, 이 이론은 개인의 성장 욕구 수준이 직무 특성과 심리 상태, 심리 상태와 성과 간의 관계를 조절해 주는 변인으로 작용한다는 것을 제시한다.

직무특성이론에 대한 일반적인 평가는 다음과 같다(Moorhead & Griffin, 2004: 173-175; Roberts & Glick, 1981). 이 이론을 평가하는 여러 연구가 이 이론의 전반적 타당성을 인정하고 있지만, 개인차의 역할에 관한 이 이론의 주장은 그 타당성을 의심받고 있다. 또한 이 이론을 조직관리자들이 실제로 조직에서 적용하기에는 더 많은 구체적 지침이 요구된다는 점도 지적된다. 김호정(1989)은 부산과 경상남도에 거주하는 8급 이상 4급 이하 공무원 777명을 대상으로 연구를 수행했는데, 해크만과 올드햄이 제시하는 다섯 가지 핵심 직무 특성, 즉 기술 다양성, 직무 정체성, 직무 중요성, 자율성, 환류 중 환류를 제외하고는 모두 직무 만족에 영향을 미친다는 것을 확인했다. 마지막으로, 태도 형성의 상황론적 관점(Salancik & Pfeffer, 1977; 1978)에 의하면, 조직 내의 사회적 정보가 일종의 단서와 지침으로 작용해서 조직 내에서 받아들여지는 태도와 행동이 무엇인지 조직구성원들에게 구체적으로 알려 준다. 따라서 개인화의 가장 큰 부분을 차지하는 태도는 직무 특성 같은 조직의 객관적 속성과 사회적 정보 모두에 의해 형성된다고 보는 것이 더욱 타당하다고 하겠다.

제 3 절 욕구이론의 통합

이 장에서는 인간의 욕구를 중심으로 인간의 동기를 설명했다. 특히 욕구이론 중 머슬로의 욕구계층이론, 앨더퍼의 ERG이론, 맥클리랜드의 성취동기이론, 허즈버그의 욕구충족요인이원론 등은 많은 차이점에도 불구하고 몇 가지 측면에서 서로 유사하다. 예를 들어 머슬로와 앨더퍼는 인간의 욕구가 계층이 있다고 주장했으나, 허즈버그는 인간의 욕구를 두 가지로 범주화해서 두 가지의 독립적인 요인으로 제시한다는 점에 차이가 있다. 그러나 [그림 2-3-5]에서 보는 것처럼 세 가지 이론들이 제시하는 인간의 욕구 체계는 매우 유사한 것이 사실이다.

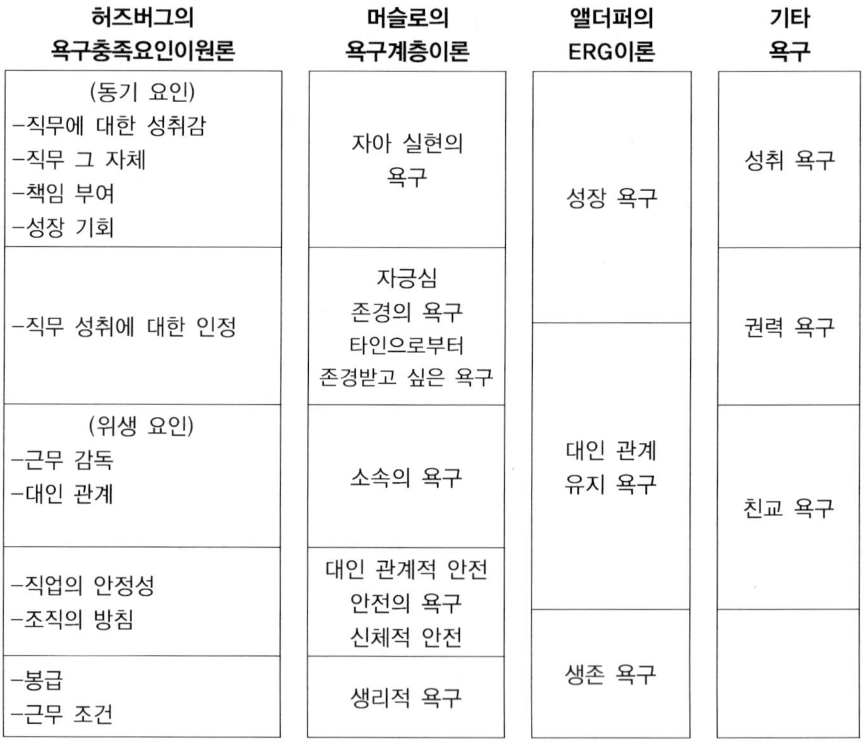

그림 2-3-5 욕구이론의 상호 관계

자료: Moorhead & Griffin(2004: 131)

허즈버그가 제시한 위생 요인은 머슬로가 제시한 욕구계층의 하위 세 가지 욕구에 해당된다. 특히 봉급과 근무 조건은 머슬로의 생리적 욕구와 부합하고, 직장의 안정성과 조직의 방침은 안전에 대한 욕구에 해당되며, 근무 감독과 인간 관계는 소속의 욕구와 상응한다. 허즈버그의 동기 요인은 머슬로가 제시한 욕구계층의 상위 두 가지 욕구에 해당된다. 예를 들어, 직무 성취에 대한 인정은 존경에 대한 욕구와 부합하고, 직무에 대한 성취감, 직무 그 자체, 책임 부여, 성장 기회 등은 모두 자아 실현의 욕구와 상응한다고 할 수 있다.

또한 머슬로의 욕구계층이론과 앨더퍼의 ERG이론도 유사성이 많다. 예를 들어 앨더퍼의 ERG이론에서 생존 욕구는 머슬로의 생리적 욕구와 안전에 대한 욕구 중 신체적 안전에 대한 욕구에 해당되고, 대인 관계 유지 욕구는 머슬로의 대인 관계적 안전의 욕구, 소속의 욕구, 그리고 다른 사람으로부터 존경을 받고자 하는 욕구와 상응한다. 마지막으로 앨더퍼의 성장 욕구는 머슬로의 존경에 대한 욕구 중 자긍심(self-esteem)과 자아 실현의 욕구에 해당한다.

맥클리랜드가 제시한 친교 욕구는 앨더퍼의 대인 관계 유지 욕구 일부분, 머슬로의 소속의 욕구, 허즈버그의 위생 요인 중 대인 관계 등과 유사하다. 또한 권력 욕구는 앨더퍼의 대인 관계 유지 욕구 일부분과 성장 욕구 일부분에 해당된다. 마지막으로 성취 욕구는 앨더퍼의 성장 욕구 및 머슬로의 자아 실현 욕구와 상응한다.

지금까지 살펴본 욕구이론들은 개념적으로 많은 유사성이 있지만, 공통적인 문제점이 있다. 즉, 일반적으로 욕구이론은 동기를 유발하는 요인의 내용은 설명하지만 동기 유발의 과정에 관해서는 제대로 설명하지 못하는 것이 사실이다. 예를 들어 어떤 두 직원이 모두 대인 관계 유지 욕구가 결핍되어 있다 하더라도, 그러한 욕구를 충족시키고자 하는 방법이나 과정은 다를 수 있다. 따라서 다음 장에서는 동기 유발의 과정을 설명하는 현대적 동기이론인 과정이론을 살펴보고자 한다.

연구 문제

1. 머슬로의 욕구계층이론, 앨더퍼의 ERG이론, 허즈버그의 욕구충족요인이원론, 맥클리랜드의 성취동기이론 간의 공통점 및 차이점을 설명하시오.
2. 리커트의 관리체제이론과 맥클리랜드의 XY이론 및 아지리스의 미성숙-성숙이론 간의 공통점 및 차이점을 설명하시오.
3. 해크만과 올드햄의 직무특성이론과 앨더퍼의 ERG이론 간의 공통점 및 차이점을 설명하시오.
4. 직무특성이론에서 제시하는 다섯 가지 직무 특성을 이용하여 본인이 현재 수행하고 있는 직무를 설명하시오.
5. 동기부여의 내용이론을 이용하여 조직구성원들을 동기부여시킬 수 있는 방안을 구체적으로 예시하시오.

사례 연구 2-3

내부 고객 만족과 업무 능률

청주우체국장은 삭막할 수밖에 없는 이곳을 어떻게 하면 푸르름과 꽃들이 만발한 곳으로 만들어 수많은 청주시민에게 마음의 안식과 볼거리를 제공할까 고민해 다른 기관과 차별화된 '녹색우체국 만들기'에 앞장섰다.

청사 외부에는 폐기 처분해야 할 우편적재함을 빨간 화분으로 탈바꿈해 주목나무를 심어 푸른 숲을 만들고 내부에는 100여 종이 넘는 화초를 가꿔 사람의 마음을 움직이는 정원을, 또한 썰렁하기 쉬운 유리창틀에는 꽃잎과 나뭇잎을 말려 만든 수준 높은 누름꽃 작품들이 전시돼 있다. 이렇게 고객의 입장에서 시작한 작은 변화들이 모여 지난해에는 고객 만족 전국 최우수국이라는 영예를 차지했다.

물론 고객 만족은 청사환경과 이용의 우수시설만으로는 부족하다. 우선 고객 만족은 나의 마음을 만족시키는 데서 출발한다고 볼 수 있다. 내가 만든 물건이나 제품들이 내게 스스로 만족을 주지 못할 때 타인을 향한 자랑과 홍보와 매출이 가능할 수 있겠는가? 이에 청주우체국은 내부 고객 만족이 외부 고객 만족과 직결된다는 생각에 가족 사랑을 최우선 가치로 삼고 있으며 직원의 내부 만족을 강조하고 있다.

먼저 직원 상호간 칭찬 day 운영, 화목한 직장상 수여, Fun 월례조회 시행, 생일 축하도서 전달, 삼성경제연구소의 sericeo를 통한 직원 지적 수준 향상 도모, Feel (fun-emotion-empathy-learn)을 이끌어내는 사회공헌 활동 등을 통한 나누는 기쁨을 누리며 활기찬 내부 만족과 CS활동을 연계, 고객만족도를 증대했다. 아울러 미니정원 조성, 폐적재함을 활용한 화분 가꾸기로 내집 분위기 연출 등 우체국 공간을 친환경적으로 바꿨다. 이와 함께 CS 우수사례 창조와 우수직원 동기부여, 지역경제 활성화를 위한 전통 재래시장(육거리시장)과의 업무협약 등을 통해 내부 고객과 외부 고객 만족을 동시에 꾀하고 있다. (뉴시스 대전·충남, 2012. 6. 6. 기사 내용 일부 발췌)

사례 문제

1. 금전적 보상 같은 외재적 보상과 심리적 보상 같은 내재적 보상 중 어떠한 보상이 본인에게 더욱 동기 유발을 시키는지 허즈버그의 이론과 연관지어 함께 논의하시오.
2. 사례에서 제시된 여러 가지 의견 및 주장에 대해 함께 토의하고, 정보사회에서 조직 구성원들의 욕구는 어떻게 변화하고 있는가를 논의하시오. 또한 현대 조직의 입장에서 이러한 욕구의 변화를 효과적으로 관리할 수 있는 방안에는 어떠한 것들이 있는지 구체적으로 제시하시오.

제 4 장

현대적 동기부여 이론

인간의 동기를 이해하고 설명하는 데 내용이론이 제시하는 것만으로는 부족한 것이 사실이다. 따라서 좀 더 실질적인 동기의 모습을 제시하고자 하는 많은 학자의 노력에 의해 동기 유발의 과정을 설명하는 여러 가지 과정이론(process theory)이 발달하게 되었다.

내용이론은 주로 어떠한 요인이 동기 유발을 하는가에 관심을 두는 반면, 과정이론은 인간의 행동이 어떻게 동기 유발이 되는가에 중점을 둔다. 즉, 과정이론은 사람들이 어떠한 방법으로 그들의 욕구를 충족시키고, 욕구 충족을 위해 여러 가지 행동의 대안 중에서 어떠한 방법으로 행동 선택을 하는가에 중점을 둔다고 할 수 있다.

이 장에서는 이러한 과정이론의 내용 및 특성을 좀 더 명확하게 이해하기 위해 과정이론인 애덤스(J. Stacy Adams)의 공정성이론(equity theory), 브룸(Victor H. Vroom)의 기대이론(expectancy theory), 로크(Edwin Locke)의 목표설정이론(goal-setting theory) 등을 살펴본다. 또한 참여적 관리와 귀인이론은 인간의 동기를 어떻게 설명하는가를 살펴보고, 조직의 효과성 측면에서 지금까지 고찰한 조직구성원들의 동기가 미치는 영향을 논의하며, 마지막으로 지식정보사회에서의 동기부여에 대한 논의를 함으로써 이 장을 마치게 된다.

제 1 절 공정성이론

공정성이론(Adams, 1963a, 1963b)은 기본적으로 인간은 공정하게 대우받기를 원한다는 것을 전제로 하고 있다. 여기서 공정성(equity)이란 우리가 다른 사람과 비교하여 공정하게 대우를 받고 있다는 믿음이며, 불공정성(inequity)이란 다른 사람과 비교하여 불공정하게 대우를 받고 있다는 믿음이다(Moorhead & Griffin, 2004 : 139).

여기에서는 먼저 이러한 공정성과 불공정성에 관한 지각(perception)의 형성 과정과 공정성이나 불공정성을 지각한 인간의 반응을 살펴본다. 또한 전체적으로 공정성이론을 평가하고 공정성이론이 조직관리의 측면에서 제시하는 의미를 고찰한다.

1 공정성 및 불공정성에 관한 지각 형성

공정성이론(equity theory of motivation)은 세 가지 가정, 즉 1) 사람들은 직무 수행에 대한 자신의 기여(노력, 경력, 교육, 역량 등)에 부합되는 공정하고 형평성 있는 보상(급여, 승진, 인정 등)이 무엇인가에 관한 신념을 형성하게 된다는 것, 2) 사람들은 자신의 투입에 대한 산출의 비율을 타인의 투입에 대한 산출의 비율과 비교하는 경향이 있다는 것, 3) 이러한 비교 후 자기 자신에 대한 처우가 불공정하다고 느끼면 공정성을 얻기 위해 동기를 유발하게 된다는 것 등을 토대로 성립되었다.

공정성 및 불공정성에 관한 지각 형성의 과정은 일반적으로 네 단계로 나눠 설명된다(Moorhead & Griffin, 2004 : 139-141). 첫째 단계로 조직구성원은 조직에서 본인이 어떻게 대우받는가를 평가한다. 다음에 그 직원은 비교 대상이 되는 다른 직원이 어떻게 대우받고 있는가를 평가한다. 이렇게 본인과 비교 대상이 어떻게 대우받고 있는가를 평가한 후, 그 직원은 본인과 비교 대상의 상황을 비교한다. 이러한 비교의 결과, 그 직원은 공정성이나 불공정성을 지각하게 된다는 것이다.

지금까지 살펴본 공정성이론을 이해하기 쉽게 도식화시켜 놓은 것이 [그림 2-4-1]이다(Szilagyi & Wallace, 1983 : 100).

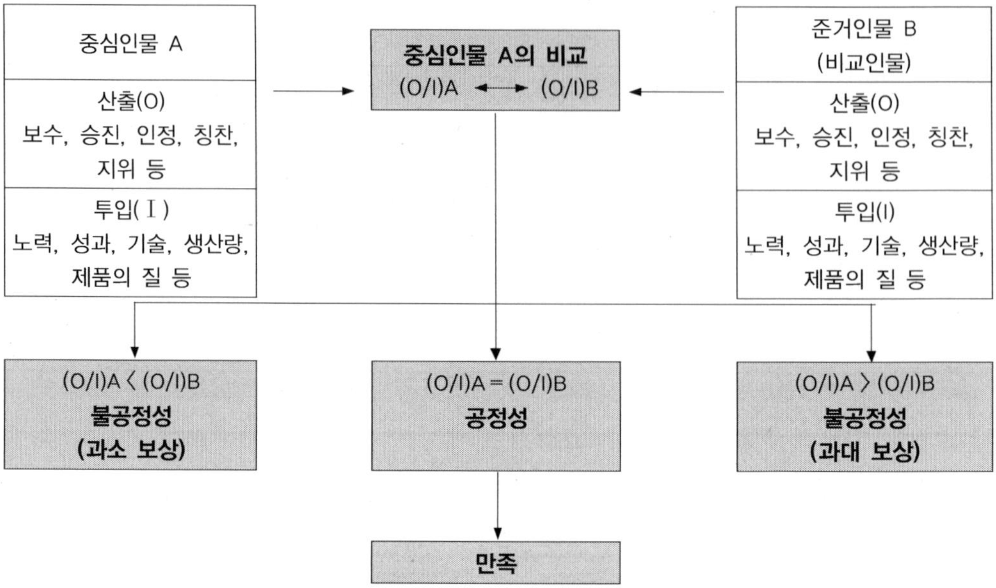

그림 2-4-1 애덤스의 공정성이론

결국, 공정성이론에 의하면 인간은 자신의 투입에 대한 산출의 비율보다 비교 대상의 투입에 대한 산출의 비율이 크거나 작다고 지각하면 불공정성을 느끼게 되고, 이에 따른 심리적 불균형·긴장·불안감 등을 해소시키기 위해 공정성 추구의 행동을 작동시키는 동기가 유발된다고 한다. 여기서 투입(inputs)은 조직에 대한 개인의 기여를 말하는 것으로, 교육이나 경험, 노력, 충성 등이 그것이다. 산출(outcomes)은 그 사람이 보상으로 받는 것을 말하는데, 급여, 인정, 사회관계, 내부보상 등을 포함한다. 자기 자신의 투입에 대한 산출과 비교 대상의 투입에 대한 산출을 평가하는 것은 객관적 자료에 의하기도 하지만, 일정 부분은 주관적 지각에 기초한다.

2 공정성 및 불공정성에 대한 반응

공정성을 평가한 결과 공정하게 대우받고 있다고 느낀다면, 그 사람은 현재 상태를 유지하고자 노력할 것이다. 하지만, 불공정하게 대우받고 있다고 느낀다면, 이러한 불공정한 상태를 감소시키고자 노력할 것이다. 게다가 이러한 불공정한 상태가 크면 클수록, 동기부여는 더 커질 것이다.

불공정성 이론에 따르면, 불공정하다고 지각한 직원은 다음의 여섯 가지 방법 중 하나를 사용하게 된다(Adams, 1965; Adams & Jacobsen, 1964; Adams & Rosenbaum, 1962; Thibaut, 1950).

첫째, 자신의 투입을 변화시키는 것이다. 만약 급여가 적다고 생각하면 노력과 같은 투입을 줄이고, 급여가 많다고 생각하면 투입을 늘리는 방법이다.

둘째, 자신의 산출을 변화시키는 것이다. 만약 산출되는 제품의 양에 따라 급여를 받는다면, 제품의 질은 신경쓰지 않고 양을 늘림으로써 급여를 더 받으려고 할 것이다.

셋째, 다소 복잡한 방법으로 자신의 지각을 왜곡시키는 것이다. 즉, 자신에 대한 최초의 평가 자체를 바꾼다. 예를 들어, 자신이 다른 사람보다 급여를 적게 받고 있다면, 자신에 대해 스스로 평가했던 것보다 실제로는 적은 시간을 일했다고 스스로 인정해 버리는 방법이다.

넷째, 비교 대상의 투입과 산출에 대한 자신의 지각을 바꾸는 것이다. 결국, 다른 사람에 대한 평가는 대부분 자신의 지각에 의존하기 때문이다. 예를 들어, 자신이 비교 대상에 비해 보상이 적다고 느낀다면, 비교 대상이 자신이 처음에 평가했던 것보다 훨씬 많은 시간을 일했다고 인정하는 것이다.

다섯째, 비교 대상을 바꾸는 것이다. 만약 현재의 비교 대상이 직장 상사가 아주 아끼는 직원이었다면, 다음에는 비교 대상을 비교에 적합한 평범한 다른 사람으로 바꾸는 것이다.

여섯째, 현재의 상황을 그만두는 것이다. 현재의 상황을 호전시킬 수 있는 유일한 방법은 다른 상황에서 일하는 것밖에 없다고 판단되면 직장을 옮기거나 다른 부서로 자리를 이동하는 것이다.

이와 같은 불공정성을 해소하는 여러 가지 행동 중 어느 하나를 선택하는 것은 개인이 처해 있는 상황에 따라 다르지만 일반적으로 다음과 같은 특성이 있다(Steiner & Johnson, 1964; Steiner & Rodgers, 1963).

첫째, 불공정성이 커질수록 심리적 불균형과 긴장이 더욱 커지고 이를 해소하려는 행동을 작동시키는 동기 유발 역시 커지게 된다(Pritchard, Jorgensen, & Dunnette, 1970; Weick & Nesset, 1968).

둘째, 개인은 산출 시에 유의성이 강한 결과를 극대화시키려고 노력한다(Leventhal

& Michaels, 1969).

셋째, 투입을 변화시킬 때 개인은 변화하기 힘든 투입은 되도록 회피하는 경향이 있다.

넷째, 자존심이나 자아 개념이 직접 개입되어 있을수록 이와 관련된 투입과 산출을 조정하거나 변경하는 것에 많은 저항감을 보인다(Leventhal & Lane, 1970).

다섯째, 개인은 준거인물의 투입과 산출에 대한 자기의 지각을 변화시키기보다는 자신의 투입과 산출에 대한 지각을 변화시키는 데 더욱 큰 저항감을 나타낸다.

여섯째, 준거인물은 오랜 기간이 지날수록 비교 대상으로 정착된다. 개인은 이러한 준거인물의 변화에 많은 저항감을 갖게 된다(Weick & Nesset, 1968).

일곱째, 보상을 산출로 볼 때 불공정성에 대한 민감성은 과대 보상보다도 과소 보상으로 인한 긴장과 불안감이 더 예민하게 나타난다(Leventhal, Weiss, & Long, 1969).

3 공정성이론의 조직관리상의 의미

조직관리의 측면에서 공정성이론이 제시하는 의미를 살펴보면 다음과 같다(Robbins, 2003 : 170-173; Moorhead & Griffin, 2004 : 141-142). 일반적으로 조직의 공식적인 보상(예 : 봉급)은 비공식적 보상(예 : 성취감)보다 관찰하기가 쉽기 때문에, 직원들이 공정성이나 불공정성을 지각하는 데 중심적인 역할을 한다. 공정성이론은 일반적으로 조직관리의 측면에서 다음의 세 가지 의미를 부여한다.

첫째, 조직구성원 모두가 조직이 제공하는 보상의 기준이 무엇인가를 이해해야 한다. 예를 들어 어떤 조직이 업무의 양보다는 업무의 질을 기준으로 보상한다면, 그러한 기준을 모든 조직구성원이 알고 있어야 한다.

둘째, 조직구성원들은 자신의 보상에 대해 다각적인 견해를 갖게 된다. 즉, 조직구성원들은 유형의 보상뿐 아니라 무형의 보상도 지각하고 경험하게 된다.

셋째, 조직구성원들의 행동은 현실에 대한 지각을 기초로 한다. 예를 들어 두 직원이 동일한 보상을 받아도 다른 직원이 더 많이 받는다고 서로 생각할 수 있는데, 그 이유는 사람은 공정성이나 불공정성의 기준을 현실에 두지 않고 현실에 대한 자신의 지각에 두기 때문이다.

따라서 조직관리자는 이러한 현상을 고려해서 직원들이 지각하는 보상이 공정하게 시행되도록 조직의 보상 체계를 마련해야 하는 것이다.

4 공정사회 지향

오래 전부터 공정성(equity)에 대해서는 개인적 또는 조직적 의미에서 벗어나 사회가 지향해야 할 가치로 논의되어 왔다. 특히 최근에는 전 세계적으로 국가 운영의 기본 가치로서 '정의'와 '공정' 등이 언급되고 있는 바, 다음에서는 현대 사회에서 공정이라는 개념이 갖는 의미를 살펴보고자 한다.

1) 공정과 정의

일반적으로 정의란 '도덕적인 올바름'을 말하는데, 최근에 정의는 '평등(equality)'이나 '형평(equity)'과도 깊은 관련이 있는 것으로 여겨지고 있다.

정의란 시대와 상황, 문화에 따라 달라지고, 또한 역사적·문화적 맥락에 따라 다르게 사용되는 것을 알 수 있는데, 예를 들어, 시장경제를 기본으로 하는 자유주의 국가에서 정의와 사회주의 또는 공산주의 이념을 지향하는 국가에서 말하는 정의는 상당히 다를 수밖에 없고, 정의를 논의하는 수준이 개인인가, 아니면 조직인가, 아니면 하나의 집단인가, 아니면 어떤 국가인가에 따라 다르게 논의가 될 수 있다(이한구, 2011 : 16).

정의의 어원인 'just'라는 단어가 '올바른'이라는 의미 이외에 '공정한'이라는 의미를 지니고 있다는 점에서 '정의'는 '공정'이라는 의미를 내포하고 있다고 할 수 있는데, 오래 전 아리스토텔레스(Aristoteles)도 정의를 "동등한 사람이 동등한 배당을 받는 것"으로 정의했고, "불공정이 불평등을 의미한다면 공정은 평등을 의미하는 것"이라고 하여 정의를 평등의 개념으로 파악한다(이종수 외, 2008 : 160; 최명관, 1990).

20세기 미국의 철학자 롤스(John Rawls)는 "사상 체계의 필수 요소가 진리라고 한다면, 정의는 사회제도의 필수 요소다. 이론이 아무리 정치하더라도 그것이 진리가 아니면 배척되거나 수정되듯이, 법이나 제도가 아무리 효율적인 것이라도 그것이 정당하지 못하면 수정되거나 폐지되어야 한다"고 주장한다(이한구, 2011: 17; Rawls, 1971).

롤스는 사회의 모든 가치, 즉 자유와 기회, 소득과 부, 인간적 존엄성 등은 평등하게 배분되어야 한다고 주장하고, 만약 어떤 가치의 일부나 전부를 불평등하게 배분할 필요가 있다면, 그것은 사회의 최소 수혜자에게 유리한 방법으로 배분될 때에만 정당화 될 수 있다고 주장한다(이종수, 2012: 202).

롤스는 사회 정의의 기본 원리에 대해서 논하면서 두 가지 원리를 제시했다(이종수, 2012: 202-204; 이종수 외, 2008: 163-164). 첫째, '기본적 자유의 평등 원리'라고 일컬어지는데, 개개인에 대해, 다른 사람의 유사한 자유와 상충되지 않는 한도 내에서 최대한의 기본적 자유에의 평등한 권리가 인정되어야 한다는 것이다. 둘째, '차등 조정의 원리'는 다시 '차등 원리'와 '기회 균등의 원리'로 나뉜다. 먼저, '차등 원리'는 '저축 원리'와 양립하는 범위 내에서 가장 불우한 사람들의 편익을 최대화해야 한다는 것이다. 이 때, '저축 원리'란 사회 협동의 모든 산물 중 어느 정도 비율의 것을 분배나 재분배에 충당하지 않고, 설비나 기타 생산 수단 및 교육에 대한 투자 등의 형태로 장래 세대의 복지를 위해 유보 내지 저축하는 것이 적절한 것인가를 규정하는 원리다. 다음으로 '기회 균등의 원리'는 사회·경제적 불평등은 그 모체가 되는 모든 직무와 지위에 대한 기회 균등이 공정하게 이뤄진 조건 하에서 직무나 지위에 부수해 존재해야 한다는 것이다.

롤스는 두 가지의 원리가 상충하게 될 때에는 '기본적 자유의 평등 원리'가 '차등 조정의 원리'에 우선해야 하고, '차등 조정의 원리'에서 서로 갈등이 발생할 때에는 '기회 균등의 원리'가 '차등 원리'에 우선되어야 한다고 주장한다(이종수, 2012: 204; 이종수 외, 2008: 164).

롤스는 어떤 제도, 법규, 또는 정부의 정책이 어떤 개인에게 유리할지 불리할지를 따지지 못하는 원초적 상태에서 합리적 인간은 '최소극대화(maximin) 원리'[1]에 입각해 합리적인 규칙을 선택할 것이라고 가정한다(이종수, 2012: 206; 이종수 외, 2008: 164). 이러한 가설적 상황을 무지의 베일(veil of ignorance)이라고 하는데, 롤스의 정의론에서 가장 핵심적인 아이디어 중 하나라고 할 수 있다. 그러나, 무지의 베일

1) 최소극대화 원리란 최소 수혜자에게 최대의 몫이 주어져야 한다는 원리다.

에 가려 있는 원초적 상태에서 당사자들이 최소극대화 원리에 따르리라는 보장이 없다는 점이 비판을 받기도 한다.

최근 한국 사회에 공정이란 무엇인가에 대해 논의의 단초를 제공한 미국 샌델(Sandel, 2009) 교수는 공동체가 지향하는 가치에 따라 정의를 세 가지로 범주화하고 있는데, 공리주의적 정의, 자유주의적 정의, 공동체주의적 정의가 그것이다(이한구, 2011 : 18-19).

첫째, 벤담(Jeremy Bentham)에 의해 주창된 공리주의는 최대 다수의 최대 행복을 실현하는 것이 정의라고 보지만, 많은 학자가 공리주의라는 정의론에 많은 문제점이 있다고 비판한 바 있다. 공리주의가 개인의 기본권과 소수자의 인권을 침해할 수 있기 때문이다. 결국, 공리주의를 지나치게 강조하게 되면 정치적 전체주의를 정당화할 수도 있다는 것인데, 샌델(Michael Sandel)이 공리주의적 정의를 비판하는 것도 이런 맥락이다(이한구, 2011 : 18-19; Sandel, 2009).

둘째, 자유주의는 천부적 개인의 자연권을 지키는 것이 정의라고 주장하는데, 통상 고전적 자유주의와 진보적 자유주의로 나눈다. 로크(John Locke)에 의하면, 고전적 자유주의는 개인의 생명과 자유 이외에도 소유권을 자연권의 핵심으로 보았고, 따라서 자신의 노동으로 획득한 생산물은 모두 그의 소유가 된다. 반면에 진보적 자유주의는 생명권과 자유권은 절대적으로 보호되어야 할 자연권으로 인정하면서도, 소유권에 대해서는 공동체의 유지를 위해 어느 정도의 제한을 허용, 자유와 함께 평등도 동시에 고려해야 한다는 생각을 기초로 한다(이한구 2011 : 18-19; Sandel, 2009).

셋째, 공동선(common good)의 실현을 정의라고 규정하는 공동체주의는 개인의 권리와 공동체 전체의 이해가 조화를 이뤄야 한다고 강조한다. 공동체주의는 사회가 독립적인 원자적 개인들의 집합이 아니며, 사회공동체의 이해가 개인의 이해 보다 우선해야 한다는 점과 개인은 혼자일 수 없으며, 그가 속해 있는 공동체의 문화와 전통, 그리고 공동체의 가치에 의해 형성되고 존속된다는 점에서 자유주의와 대립하는 경향이 있다. 공동체주의가 추구하고 있는 공동선이라는 것은 사적인 선(private good)이나 집단적인 선(collective good)과 구별되는데, 결국 공동선은 공동체 구성원 모두가 공유하면서도 모두에게 이익이 되는 선을 의미한다(이한구, 2011 : 18-19; Sandel, 2009).

샌델은 이와같이 정의의 세 유형을 제시하고 공동체주의의 정의를 지지하면서 공리주의적 정의와 자유주의적 정의를 비판하고 있지만, 샌델의 입장이 현대 정의론을 대표하는가에 대해서는 아직 논란의 여지가 있다(Sandel, 2009).

요즘의 시대 상황을 살펴보면, 정부의 역할과 생산된 재화의 배분에서 혁신적 자유주의자와 공동체주의자의 주장이 상충하고 있다는 것을 알 수 있다. 혁신적 자유주의자는 국가 이익을 생산한 자에게 다소 유리하게 배분할 것을 주장하는 데 반해, 공동체주의자는 훨씬 더 평등한 배분을 주장한다. 양자는 자신들이 주장하는 배분이 정의라고 주장하기 때문이다(이한구, 2011 : 19-20). 좀 더 구체적으로 살펴보면, 혁신적 자유주의자는 개인의 속성상 이익의 배분만을 강조하면, 곧 아무도 더 이상 이익을 생산하지 않을 수도 있고, 이 때문에 성장이 낮아지거나 멈춘다면 배분을 위한 생산 총량의 크기는 작아지게 되고, 사회적 문제 해결을 위한 재원을 확보하기 어려울 수 있으며, 또한 노력에 대한 대가를 보상하지 않는 것은 부정적 인센티브(negative incentives)를 강화하게 되어 정의롭지 못하다고 주장한다. 이에 대해 공동체주의자는 개인이 능력을 발휘하는 것은 공동체 속에서 가능한 것이며, 공동체가 먼저 안정되어야만 개인의 능력도 발휘될 수 있고, 결국 개인의 성취 결과는 공동체 구성원 모두에게 어느 정도 환원되어야 한다고 주장한다(Sandel, 2009).

양측의 주장 모두 경청할 만한 가치가 있는 주장으로서, 현대의 정의와 관련된 문제는 이제 국가의 선택 문제로 귀결되고 있다. 결국 '정의'는 가치 배분의 구체적 원칙에 관한 서술적 의미보다는 '옳다'라고 하는 정의적 의미를 많이 담고 있는 가치 개념이다. 그 속에서 우리는 후술하는 바와 같이 형평과 평등, 그리고 자유라는 사회적 가치의 배분 원리에 관한 서술적 의미를 도출해 낼 수 있다.

2) 공정과 형평

공정(justice)은 형평과 관련이 깊다. 일반적으로 형평(equity)이라는 개념은 공정성(fairness) 혹은 사회적 정의(social justice)와 비슷한 의미로 쓰이고 있다. 형평의 원리는 '각자의 몫은 각자에게로'라는 로마의 격언에 따른 것이다(이종수 외, 2008 : 164). 아리스토텔레스는 형평의 개념을 여러 개인 간의 관계에서 재화의 적절한 분배를 의미하는 '공정한 평등'으로 여기고 있다. 18세기 프랑스 철학자 돌바흐(d'Holbach, 1970)에 의하면, 형평이란 각자의 재능과 업적에 따라 차별적으로 대우하는 것을 의미한다. 돌바흐(Paul H. D. d'Holbach)는 정의가 곧 형평이라고 주장한다. 그는 기계적 평등은 사회 정의에 어긋날 뿐만 아니라 사회 공동선과 양립하지 않는다고 주장했다(이종수, 2012: 160-161; 이종수 외, 2008: 164-165).

이들 두 철학자의 형평에 대한 개념을 종합하면, 사회적 형평이란 동일한 것은 동일하게 취급하고, 서로 다른 것은 서로 다르게 취급하는 것을 의미한다. 따라서, 사회적 형평의 개념은 동전의 양면과 같이 정당한 불평등의 개념을 함께 지니게 된다(이종수 외, 2008: 165).

따라서 사회적 형평 개념으로서 분배적 정의의 핵심 문제는 어떠한 불평등이 정의라는 기준에서 합치될 수 있는가하는 문제다. 즉, 정부에서 주장하는 능률성과 효과성 개념에는 사회적 형평성이라는 개념이 무시되고 있다. 왜냐하면, 능률성이나 효과성의 개념에서는 비용의 부담자와 효과의 향유자가 누구인가에 대해서는 크게 고려하지 않기 때문이다. 누구를 위한 비용의 절감이고, 누구를 위해 효과적이어야 하는가 하는 문제에 별로 관심을 갖지 않는다. 이처럼 '누구를 위한(for whom) 것인가'의 문제는 국가의 역할 수행에서 정의 내지 형평성을 요구하는 문제로서 중요한 의미를 지닌다. 하나의 사회협동체를 정의로운 것으로 혹은 정의롭지 않은 것으로 규정하고자 할 때, 우리의 관심은 일차적으로 권력과 의무, 기회와 재화, 이익과 부담, 지위와 특권 등 여러 사회적 가치들의 절대량보다는 이들 가치가 어떻게 배분되어 있는가에 관심을 가져야 한다(이종수 외, 2008: 165).

3) 공정과 평등

공정을 논의할 때 보통 함께 논의하는 다른 개념이 평등이다. 일반적으로 평등(equality)은 똑같은 원칙에 따르거나, 같은 처지에 있는 사람을 똑같이 대접한다는 것을 의미한다. 정치 및 행정과 관련하여 평등이라는 개념은 어떤 개인이나 집단이 다른 개인이나 집단과 비교하여 권력과 부, 그리고 명예나 기회 등 다양한 사회적 가치를 배분할 때, 얼마나 평등하게 배분하느냐 하는 문제다. 가치 배분에서 차별이 있고, 그 차별을 정당화할 수 있는 정당한 이유가 없다면 평등이 실현되었다고 할 수 없다(이종수 외, 2008: 167).

평등 이념은 크게 두 가지 요소로 구성되어 있다. 첫째는 모든 인간으로서 고유한 존엄과 가치를 지니고 있으며 이를 합리적인 이유가 없는 한 최대한 존중해야 한다는 이념이다. 둘째는 모든 개인에게 사회가 제공하는 재화와 혜택의 분배에 균등하게 참여할 기회를 보장해야 한다는 기회 균등의 이념이다. 근대의 평등사상은 경제적 부에 근거한 유동적·개방적인 사회계층의 존재를 승인하는 능력주의(meritocracy)에 근거하면서 '기회 균등으로서 평등'을 강조해 왔다. 이 두 가지 평등 이념은 상호 보완적이지만, 동시에 대립적인 성격도 지니고 있기 때문에, 기회 균등과 능력주의에 근거한 현대의 여러 제도들은 인간의 존엄과 가치에 근거한 평등 이념을 끊임없이 위협하고 있다(강정인, 1991 : 6).

능력주의(meritocracy)는 영(Young, 1958)이 최초로 사용한 개념인데, 인간의 사회적 지위나 가치가 타고난 재능과 노력의 총화인 능력에 의해 결정되는 제도를 의미한다. 샤(Schaar, 1967)는 능력주의에 근거한 기회균등이론이 경험적으로 인간은 그 재능 및 노력에서 불평등하다는 현실과 모든 인간은 평등하게 취급되어야 한다는 평등 이념의 타협으로 제시되었다고 주장한다. 기회균등이론은 천부적 인권론자들의 "모든 인간은 평등하게 창조되었다"는 주장과는 달리 모든 인간은 똑같은 재능과 품성을 갖고 있지 않으며, 따라서 상황을 불문하고, 개인을 모든 상황에서 동일하게 대우하는 것은 불가능하고, 어떤 경우에는 동일하게 취급하는 것이 오히려 소망스럽지도 않다고 주장한다. 이러한 방식으로 평등을 이해하는 것이 정의의 원칙에 합치하고 인간의 잠재적인 능력의 발전을 극대화하기 때문에 사회경제 발전에 이바지하는 진보적인 이데올로기로서 이해되었다(강정인, 1991 : 7).

평등의 개념을 좀 더 구체적으로 분석하기 위해 어떠한 상태를 평등하다고 할 수 있는지에 관한 평등의 기준을 살펴볼 필요가 있다. 블래스토스(Blastos, 1962 : 35)는 정당한 분배에 관해 다섯 가지, 즉 필요(need), 각자의 가치(worth), 각자의 일(work), 각자의 능력과 업적(merit), 각자가 체결한 계약(agreement)에 따라 분배해야 한다는 것을 강조한다. 이러한 다섯 가지 분배의 원칙을 살펴볼 때 어떠한 원칙에 입각한 분배가 평등한 것인지 기준을 정하는 것은 쉽지 않다는 것을 알 수 있다(이종수 외, 2008 : 167).

이러한 분배의 원칙 속에는 평등과 불평등의 두 원리가 공존한다는 사실을 인정할 필요가 있다. 즉, 인간의 존엄성과 인간으로서의 가치 등에 대한 인식에 바탕을 둔 절대 평등과 각자의 잠재적 후천적 능력과 기여도 및 필요의 다양성에 바탕을 둔 상대적 평등이 있는데, 상대적 평등은 비례의 평등(equality of proportion)을 의미하며 불평등이 되는 것이다(이종수 외, 2008 : 167).

구체적인 행정의 지침으로서 의미를 지니게 되는 평등은 내용에 따라 법적 평등, 정치적 평등, 사회·경제적 평등으로 나눠 논의할 수 있다(이종수 외, 2008: 168). 먼저, 법적 평등은 법 적용상의 평등, 법 자체의 평등, 법의 평등한 보호를 받을 수 있는 실질적인 여건을 마련하는 것을 말한다. 정치적 평등은 출신지, 지역, 신분이나 인종, 성별 및 납세액, 빈부, 장애 등의 차이에 구애되지 않고 정치 과정에 평등하게 참여할 수 있는 정치적 권리와 정치적 영향력의 평등화를 말한다. 마지막으로, 사회·경제적 평등은 사회·경제적으로 상승할 수 있는 기회가 평등하게 주어질 것을 요구하는 기회의 형식적 평등, 빈곤 가정 출신 학생에 대한 장학금 지원 등과 같은 기회의 실질적 평등, 그리고 사회·경제적 격차 그 자체의 시정 등으로 나눠 논의할 수 있다(이종수 외, 2008: 168).

우리나라에서도 최근 '공정사회'의 가치 아래 실질적 기회 균등을 보장하기 위해 다방면으로 노력하고 있지만 교육제도의 개혁이나 소득 및 부의 재분배에서 그 성과는 아직 미흡한 편이라고 할 수 있다. 따라서 관련 제도의 확대가 지속적으로 강화될 필요가 있다.

4) 공정과 자유

공정에 대한 논의는 필연적으로 자유에 관한 논의를 동반한다. 자유(freedom)란 다른 사람이나 집단, 조직이나 정부로부터 제약과 간섭이 없는 상태를 말한다. 베를린(Isaiah Berlin)은 자유의 의미를 두 가지로 구분하는데, 소극적 자유는 '간섭과 제약이 없는 상태'를 의미하고, 적극적 자유는 '무엇을 할 수 있는 자유'를 말한다(이종수 외, 2008: 166).

무엇을 위한 자유인가에 대해 논의할 때, 자유는 시민적·정치적 자유와 경제적 자유로 크게 분류할 수 있다. 시민적·정치적 자유의 기본 가정은 철학적 개인주의에 있다. 철학적 개인주의란 인간은 그 속에서 자신이 살아가는 정치 체제로부터 독립된 존재라는 것이다. 이러한 개인주의적 철학에 기초한 정치이론은 '제약의 결여'를 가져오게 된다. 이는 소극적 자유의 개념과 관련이 있다. 정치적 자유의 실질적 예에는 신체에의 폭행·살상으로부터의 자유, 노예적 구속이나 고역으로부터의 자유, 신체의 자유, 프라이버시의 자유, 사상의 자유, 신앙의 자유, 집회·결사의 자유, 표현의 자유, 거주·이전의 자유, 직업 선택의 자유 등이 있다. 경제적 자유는 경제활동의 자유와 개인적 재산의 자유로운 보유·처분을 내용으로 하는 재산에 관한 자유를 포함한다(이종수 외, 2008: 166).

자유라는 개념은 무엇인가로부터 제약을 받지 않는 것을 의미하면서도, 공동체의 사회성이라는 한계를 고려해야 한다. 왜냐하면, 개인의 자유를 최대한 보장하면 타인의 자유와 상충되거나 사회의 일반적 이익과 대립되는 경우가 발생하기 때문이다. 이러한 경우 자유는 더 이상 '제약의 결여'에 머무를 수 없다. 자유는 남의 권리 및 자유와 상충되지 않는 범위 내에서만 보장될 수 있다. 자유는 기본적으로 평등한 자유(equal liberty)의 개념을 바탕으로 하고 있는데, 이러한 자유는 평등에 의해 제약을 받고 있으면서도 평등은 바로 이 자유에 의해 보장된다(이종수 외, 2008: 166).

제 2 절 기대이론

현재 동기에 관해 가장 널리 인정되고 있는 이론 중의 하나가 기대이론(expectancy theory)이다. 기대이론(Porter & Lawler, 1968; Vroom, 1964)은 공정성이론보다 복잡하고 포괄적인 이론으로, 브룸의 이론이 발표된 이후에도 여러 해에 걸쳐 이론의 범위가 계속해서 확대되어 왔다(Robbins, 2003: 173-175; Moorhead & Griffin, 2004: 143-148).

1 브룸의 기대이론

가장 기본적인 기대이론은 톨먼(Tolman, 1932)과 레빈(Lewin, 1938)의 연구에서 시작되었지만, 조직 내에서의 동기에 적용할 수 있는 이론으로 발전시킨 사람은 브룸(Victor H. Vroom)으로 알려져 있다.

기대이론은 전통적 욕구이론과 동기이론을 보완하는 이론으로 발달하게 되었다. 즉, 이 이론은 욕구 충족과 직무 수행이 직접적으로 관계가 있다는 주장을 비판하면서 욕구·만족·동기 유발의 체계에 기대감(expectancy)이라는 개념까지 첨가한 것

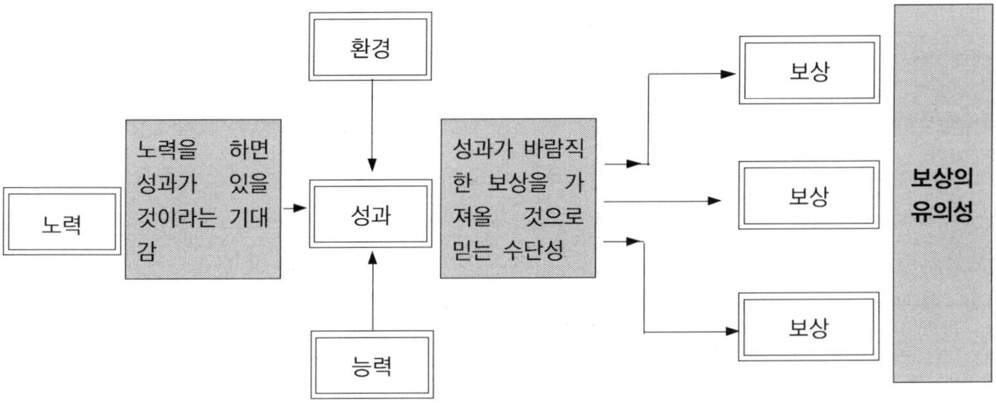

그림 2-4-2 브룸의 기대이론

자료 : Griffin & Moorehead(2008: 104).

으로 동기 유발의 과정을 집중적으로 설명하고 있다. 이론은 개인이 여러 가지 선택 가능한 행동 중에서 하나의 행동을 선택하는지를 설명하려고 했다. 기본적으로 동기라는 것은 개인이 얼마나 많이 어떤 것을 원하는지와 원하는 것을 성취할 수 있는 가능성이 얼마나 높은지에 달려 있다고 주장한다.

[그림 2-4-2]는 브룸의 기대이론을 요약해서 제시하고 있다. 기대이론에 내포되어 있는 중요한 개념을 설명하면 다음과 같다.

첫째, 일정한 노력(effort)을 기울이면 근무 성과(performance)를 가져올 수 있으리라는 가능성에 대한 인간의 주관적인 확률과 관련된 믿음을 기대감이라고 한다. 브룸은 성과에 영향을 미치는 요인으로 노력 이외에도 직무 수행의 능력(ability)과 직무 수행에 필요한 여러 가지 환경적 요인을 들었다. 기대감을 수치로 표현할 경우, 기대감은 일정한 노력이 어떠한 성과를 초래할 것이라는 완전한 의심인 0에서부터 시작하여 일정한 노력이 어떠한 성과를 초래하리라는 것에 대한 완전한 믿음인 1 사이에 존재한다.

$$0 \leq \text{기대감} \leq 1$$

둘째, 개인이 지각하기에 어떤 특정한 수준의 성과를 달성하면 바람직한 보상이 주어지리라고 믿는 정도를 수단성(instrumentality)이라고 한다. 결국 기대감이 노력과 성과 간의 관계에 대한 믿음이라면 수단성은 성과와 보상 간의 관계에 대한 믿음이다. 수치로 표현할 경우, 이것은 높은 성과가 항상 반대로 낮은 보상을 초래할 것이라는 것에 대한 완전한 믿음인 -1에서부터 성과와 보상 사이에 전혀 관계가 없다고 믿는 0, 높은 성과가 항상 높은 보상을 초래할 것이라는 완전한 믿음인 1 사이에 존재한다.

$$-1 \leq \text{수단성} \leq 1$$

셋째, 어느 개인이 원하는 특정한 보상에 대한 선호의 강도를 유의성(valence)이라고 한다. 즉, 유의성은 직무상에서 받을 수 있는 보상에 대해 그 개인이 느끼는 보상의 중요성을 의미한다. 이러한 선호의 강도는 개인이 보상을 받지 않았을 때보다 받았을 때 더 선호를 느끼게 되면 정(正)의 유의성을 갖고, 무관심할 때는 0의 유의성, 싫어하면 부(負)의 유의성을 갖는다.

$$-n \leq \text{유의성} \leq +n$$

넷째, 행동의 소산인 결과(outcome)가 있다. 이것은 개인 행동의 성과와 같은 1차적 결과(first-level outcome)와 성과에 따른 승진 등과 같은 2차적 결과(second-level outcome), 즉 보상으로 구분할 수 있다. 높은 수준의 성과는 봉급 인상, 승진, 상사로부터의 인정, 피로, 스트레스, 휴식 시간의 부족 등을 초래할 수 있다. 봉급 인상, 승진, 상사로부터의 인정 등은 일반적으로 정(正)의 유의성을 갖는 반면, 피로, 스트레스, 휴식 시간의 부족 등은 일반적으로 부(負)의 유의성을 갖는다.

브룸은 전술한 두 가지의 기본 가정과 그 속에 내포되어 있는 주요 개념을 이용하여, 일정한 행동을 작동시키는 개인의 동기는 1차적 결과, 즉 성과에 대한 유의성과 자신의 행동이 1차적 결과를 가져오리라는 주관적 기대감에 의해 결정된다고 했다. 그리고 1차적 결과(즉, 성과)에 대한 유의성은 2차적 결과, 즉 보상에 대한 유의성과 그 보상이 성과에 의해 생기리라는 개인적 기대감, 즉 수단성에 의해 결정된다고 했다.

지금까지 살펴본 브룸의 기대이론을 한성대 행정학과 홍길동 군의 예를 이용하여

표 2-4-1 기대모형의 예

기대감	성과	수단성	보상	
0.2	행정고시 합격	0.8	훌륭한 배우자	8
		1.0	사회적 존경	10
		0.8	안정적 직장	5
0.4	공기업 입사	0.6	훌륭한 배우자	8
		0.8	사회적 존경	10
		0.5	안정적 직장	5
0.6	자영업	0.5	훌륭한 배우자	8
		0.3	사회적 존경	10
		−0.5	안정적 직장	5
1.0	미취업	−0.5	훌륭한 배우자	8
		−0.9	사회적 존경	10
		−1.0	안정적 직장	5

실질적으로 다시 검토해 보자.

<표 2-4-1>에서 예시된 홍길동 학생은 본인이 학업을 수행한 성과로서 행정고시 합격·공기업 입사·자영업·미취업을 얻을 수 있으며, 이러한 성과에 대한 보상으로 훌륭한 배우자·사회적 존경·안정적 직장 등을 얻을 수 있다고 지각한다고 가정하자. 또한 <표 2-4-1>에 각 성과가 이러한 보상을 얻는 데 수단이 된다고 믿는 정도인 수단성이 제시되어 있는데, 그 학생은 보상에 대한 유의성으로 훌륭한 배우자에 8, 사회적 존경에 10, 안정적 직장에 5라는 가치를 둔다고 하자. 이 때 이 학생의 성과에 대한 유의성, 즉 각 학점별 유의성을 계산해 보면 각각의 값이 다음과 같다.

행정고시 합격의 유의성$=(0.8\times8)+(1.0\times10)+(0.8\times5)=20.4$
공기업 입사의 유의성$=(0.6\times8)+(0.8\times10)+(0.5\times5)=15.3$
자영업의 유의성$=(0.5\times8)+(0.3\times10)+(-0.5\times5)=4.5$
미취업의 유의성$=(-0.5\times8)+(-0.9\times10)+(-1.0\times5)=-18.0$

이미 전술한 바와 같이 일정한 행동을 작동시키는 개인의 동기는 성과에 대한 유의성과 자신의 행동이 성과를 가져오리라는 주관적 기대감에 의해 결정되므로, 이 학생의 행동이 특정 학점 취득을 위해 동기를 부여하는 정도는 다음과 같다.

행정고시 합격을 위한 동기 수준=0.2×20.4=4.08
공기업 입사를 위한 동기 수준=0.4×15.3=6.12
자영업을 위한 동기 수준=0.6×4.5=2.7
미취업을 위한 동기 수준=1.0×(-18.0)=-18.0

결국 이 학생은 공기업 입사를 위한 동기 수준이 가장 높으므로 여러 가지 행동 중에서 공기업 취업을 획득하기 위한 행동을 수행할 것으로 기대할 수 있다. 이처럼 브룸의 기대이론은 기대감·수단성·유의성에 따라 개인의 행동 방향과 동기의 강도가 정해진다고 보는데, 이 중 어느 것 하나라도 수학적으로 0이 될 경우에는 그 행동을 수행할 개인의 동기가 유발되지 않는다는 것을 의미한다.

따라서 조직관리에서 브룸의 기대이론에 의하면, 직원들에 대한 동기부여가 발생하기 전에 세 가지 조건이 충족되어야 한다. 첫째, 노력에 따른 성과에 대한 기대가 있어야 한다. 즉, 직원들은 노력을 하면 높은 수준의 성과를 도출할 수 있다고 합리적으로 기대할 수 있어야 한다. 둘째, 성과에 따른 결과에 대한 기대가 있어야 한다. 직원들은 성과를 달성하면 이에 상응하는 가치 있는 결과가 발생할 것이라고 믿어야만 한다. 셋째, 기대하는 결과의 가치는 긍정적이어야 한다. 예컨대, 기대되는 결과를 낳기 위해서는 상당한 스트레스와 피곤함을 견뎌야 할지 모른다. 그러나 급여 인상, 승진, 인정 등의 긍정적 가치가 부여된다면 전체적으로 긍정적인 가치가 존재하게 된다.

2 포터와 롤러의 기대이론

브룸의 기대이론은 여러 학자에 의해 수정 및 보완되었다. 브룸의 기대이론에 대한 수정 및 보완은 주로 보상과 기대감을 파악하고 측정하는 데에 초점을 두었다 (Smith & Brannick, 1990). 중요한 예외가 포터와 롤러(Porter & Lawler, 1968)에 의해 제시된 기대이론인데, 그들은 성과뿐만 아니라 보상에 대한 개인의 만족감을 주요 변수로 삼아 브룸의 기대이론을 보완했다. 포터(Lyman W. Porter)와 롤러(Edward E. Lawler)의 이론이 제시되기 전에는 개인의 만족도에 의해 근무성과가 결정된다고 보았지만, 포터와 롤러는 보상이 적절하면 높은 수준의 근무성과가 만족을 초래할 수 있다고 보았다. 포터와 롤러의 기대이론을 도식화하면 [그림 2-4-3]과 같다.

포터와 롤러의 기대이론과 브룸의 이론은 상당한 차이가 있다. 예를 들어 포터-롤러의 이론에는 능력 이외에도 특성(traits)과 역할 인지(role perceptions), 즉 자신의 직무를 이해하는 정도가 포함되어 있다. 즉, 이 이론이 제시하는 인간의 동기 유발 과정을 보면, 조직 내의 어떤 직원이 노력을 하는 정도는 그 직원에게 부여할 수 있는 잠재적 보상의 가치(value of the potential reward), 즉 보상의 유의성과 노력을 하면 보상이 있을 것이라는 기대감에 의해 결정된다고 한다. 또한 그 직원의 노력의 결과 달성되는 근무성과는 그 직원의 능력, 특성 및 역할 인지의 수준에도 영향을 받는다는 것이다. 근무성과가 있으면 보상이 따르는데, 보상은 다시 내재적 보상(intrinsic rewards)과 외재적 보상(extrinsic rewards)으로 나눌 수 있다. 내재적 보상에는 성취감 등이 있고, 외재적인 보상에는 봉급이나 승진 등이 있다. 이렇게 보상을 받은 직원은 다른 직원이 받는 보상과 비교하여 그것이 공정하다고 생각하면 만족하게 된다. 이러한 과정을 통해 결정된 보상에 관한 만족도는 앞으로 동기 유발 과정에서 다시 그러한 보상의 유의성에 영향을 주고, 노력의 결과 거둔 실제 성과는 앞으로 노력하면 성과가 있을 것이라는 기대감에 영향을 주면서 동기 유발의 과정이 전체적으로 다시 반복된다는 것이다.

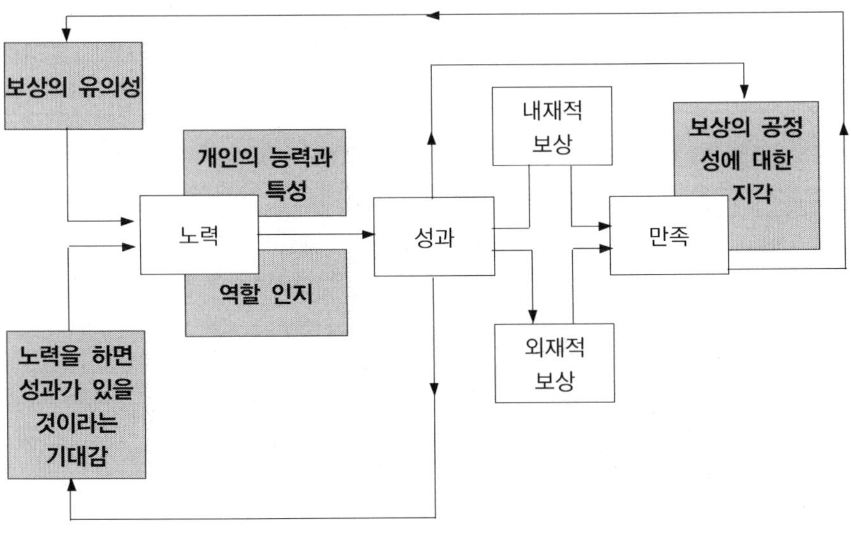

그림 2-4-3 포터와 롤러의 기대이론

자료: Griffin & Moorehead(2008, 106).

3 기대이론의 평가

지금까지 살펴본 공정성이론과 기대이론은 모두 동기 유발의 과정에 초점을 맞춰 인간의 동기를 설명한 이론이라는 공통점을 지니고 있다. 그러나 기대이론은 기대・수단・보상의 상호작용 과정에서 최대화된 보상을 유발하는 과정에 관심을 집중시킨 반면에 공정성이론은 개인이 지각한 투입과 산출의 비율이 불균형 상태에 처해 있을 때, 이것이 동기 유발에 미치는 영향에 관심을 집중시킨다. 즉, 인간은 소득과 보상이 최대가 될 가능성이 있는 직무 수행 수준을 선택한다는 것이 기대이론의 주장이라면, 준거인물이나 어떤 내적 기준에 비교하여 공정한 직무 수행 수준을 선택한다는 것이 공정성이론의 논리다.

많은 실증적 연구가 기대이론의 주장을 검증하기 위해 수행되었는데, 기대감과 유의성은 개인적 노력 및 성과와 관련이 있는 것으로 밝혀졌다(Pinder, 1984). 또한 기대이론이 제시하는 것과 같이, 직원들이 1) 조직이 제공하는 보상에 가치를 두고, 2) 노력을 하면 성과가 있을 것으로 믿으며, 3) 성과가 있으면 바라는 보상이 있다고 믿을 때 동기 유발이 된다는 것도 밝혀졌다(Campbell & Pritchard, 1976; Pinder, 1984).

기대이론이 전통적 동기이론을 보완하여 설명하는 데 크게 기여한 것은 사실이지만, 앞 장에서 살펴본 성장이론을 설명하는 데는 별로 기여하지 못했다(오석홍, 2003 : 172). 물론 포터와 롤러의 기대이론에서는 내재적 동기 유발의 개념을 수용하고 있지만, 성장이론의 전제가 되는 인간의 내재적 동기 유발이 기대이론에서 제시하는 교환적・외재적 동기 유발과 상충된다. 이 밖에도 사람들이 모든 행동을 기대에 맞춰 선택하는 것이 아니라는 점, 즉 기대이론이 제시하는 것처럼 인간이 항상 합리적이고 객관적으로 행동을 선택하는 것이 아니라는 점과 이론의 구조가 너무 복잡해서 실증적 연구를 통해 여러 변수 간의 관계를 모두 측정하여 검증하기 어렵다는 점으로 인해 비판을 받는다(Moorhead & Griffin, 2004 : 146-148).

4 기대이론의 조직관리상의 의미

기대이론은 이론의 구조가 너무 복잡해서 조직 내에서 직접적으로 적용하기가 쉽지 않다. 즉, 조직관리자가 기대이론을 조직에서 적용하기 위해서는 각각의 직원이 어떠한 보상을 원하고, 그러한 보상이 그들에게 얼마나 가치를 부여하는가를 파악해야 하며(즉 유의성을 측정해야 하며), 성과에 대한 기대감과 수단성을 측정하고, 마지막으로 동기 유발이 되도록 여러 변수 간의 관계를 조절해야 하기 때문이다(Moorhead & Griffin, 2004 : 146-148). 이러한 복잡성에도 불구하고 내들러와 롤러(Nadler & Lawler, 1983)는 조직에서 기대이론을 적용할 때 필요한 지침을 <표 2-4-2>와 같이 제시한다.

표 2-4-2 조직에서 기대이론의 적용 지침

1. 각 직원이 우선적으로 어떤 보상을 원하는지 파악한다.
2. 조직의 목표를 달성하기 위해서는 어떤 성과가 어떤 수준으로 요구되는가를 파악한다.
3. 요구되는 수준의 성과가 달성 가능한지 확인한다.
4. 직원들이 원하는 보상을 요구되는 성과에 연결시킨다.
5. 어떤 상황이 기대감을 발생시키는지 분석한다.
6. 보상이 충분히 제공되도록 한다.
7. 전체적 보상 체계가 모든 직원에게 공정하게 시행한다.

제 3 절 목표설정이론

1 목표설정이론의 정의

목표 설정은 직원들의 성과를 고양할 수 있는 아주 유용한 방법이다(Katzenbach & Santamaria, 1999 : 107-117). 동기부여의 측면에서 보면, 목표는 두 가지 목적으로 사용될 수 있다. 첫째는 동기부여를 관리하는 데 중요한 분석틀을 제공한다. 관리자와 직원은 자신들을 위해 목표를 설정하고 목표를 달성하기 위해 일을 할 수 있다.

예컨대, 조직의 전체적인 목표가 판매 실적을 10% 올리는 것이라면, 관리자들은 이 목표를 달성하기 위해 직원들의 목표를 설정할 수 있다. 둘째, 목표 자체가 아주 효과적인 통제의 수단이 될 수 있다. 직원들의 개인별 목표에 따른 달성 여부를 비교하는 것은 전체적인 조직의 성과를 점검하는 아주 훌륭한 방법이다.

1960년대 후반 로크(Edwin Locke)는 목표를 향해 일하려고 하는 의도가 동기부여의 주요한 원천이라고 주장했다. 즉, 목표는 무슨 일을 해야 하는지와 얼마나 많은 노력을 기울여야 하는지를 알려 준다. 요컨대, 구체적인 목표는 성과를 높이고, 목표가 감수할 수 있을 정도의 난이도가 있을 때 쉬운 목표보다도 더 큰 성과를 낳으며, 환류가 있으면 더 높은 성과를 발생시킨다고 주장했다.

2 목표설정이론의 구조 및 주요 연구 결과

목표설정이론(goal setting theory)은 로크에 의해 제시된 이후 동기이론 중 가장 많이 연구되었으며, 또한 가장 타당성이 있는 것으로서 이 이론의 가장 기본적인 가정은 인간의 행동이 의식적인 목표(conscious goals)와 성취 의도(intentions)에 의해 결정된다는 것이다(Moorhead & Griffin, 2004 : 191).

[그림 2-4-4]에서 보는 것과 같이 로크(Locke, 1968)는 목표설정이론의 기본 모형에서 목표의 난이도(difficulty)와 구체성(specificity)에 의해 개인의 성과가 결정된다고 주장했다. 목표의 난이도는 목표가 도전적이어서 목표 달성을 위해 노력을 요구하는 정도를 의미한다(Moorhead & Griffin, 2004 : 191). 목표를 달성하고자 하는 사람에게 어려운 목표를 제시하면 더욱 노력을 하는 경우가 많다. 목표의 구체성은 목표

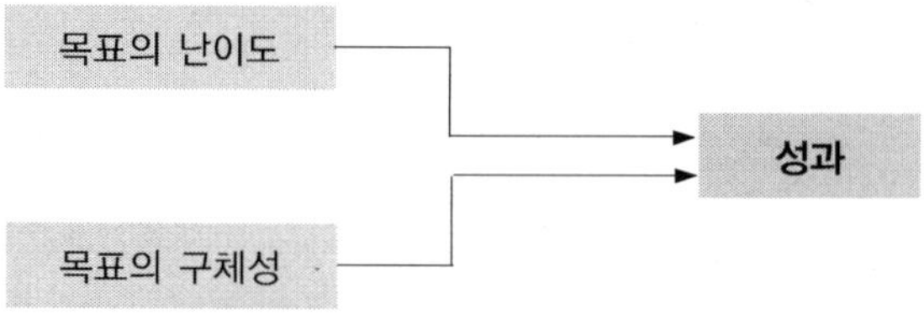

그림 2-4-4 목표설정이론의 기본 모형

가 명확하게 규정되는 정도인데, 일반적으로 목표가 정량적(quantitative)으로 설정되면 구체적인 목표라고 한다(Moorhead & Griffin, 2004 : 192). 구체적인 목표는 인간에게 노력의 방향을 제시해 주고, 도전적인 목표(즉, 난이도가 높은 목표)는 노력의 강도(intensity)를 높여 주지만, "최선을 다하라"는 식의 목표는 노력의 방향이나 강도 중 어느 것도 충족시키지 못하기 때문에 개인의 성과를 높이기 어렵다(백기복, 1996 : 204).

이러한 기본 모형은 많은 변수를 추가하게 되면서 전체적으로 [그림 2-4-5]에서 보는 것과 같은 체계를 이루게 되었다. 즉 개인의 성과는 목표의 특성 및 종류에 의해 결정되며 그 영향의 정도는 여러 가지 상황 요인에 따라 달라진다는 것이다.

첫째, 목표의 특성과 관련하여 목표의 난이도와 구체성이 중요하다. 성취 가능한 범위 내에서 어렵고 도전적인 목표일수록 성과가 높다. "최선을 다하라"라는 식의 모호한 목표보다는 목표량과 기간을 제시하는 구체적인 목표일 때 성과가 높다.

둘째, 목표의 종류에 따라 동기부여는 달라진다. 특히 목표가 주어진 것이냐, 참여에 의해 결정된 것이냐가 중요하다. 주어진 목표의 경우 직무 수행자의 목표 수용(acceptance)이 중요하다. 왜냐하면, 목표가 수용되지 않으면 성과가 높아질 수 없기 때문이다. 참여에 의해 결정된 목표는 상사와 부하가 토론을 통해 공동으로 설정한 목표로서 MBO(management by objectives)에서 참여에 대한 많은 논란이 있었으나 특별한 효과는 없는 것으로 나타났다. 외부의 자극(예 : 경쟁자)에 의해 스스로 설정하는 목표로서 개인이 여러 가지 목표 수준들 중에서 하나를 선택하게 되는 경우다.

셋째는 상황 요인들이다. 환류와 관련하여, 목표가 성과를 높이려면 환류가 필수적으로 동반되어야 한다. 보상 조건과 관련하여, 목표 달성에 따른 적절한 보상이 주어졌을 때가 그렇지 않은 경우보다 성과가 높다. 직무 복잡성과 관련하여, 직무 복잡성

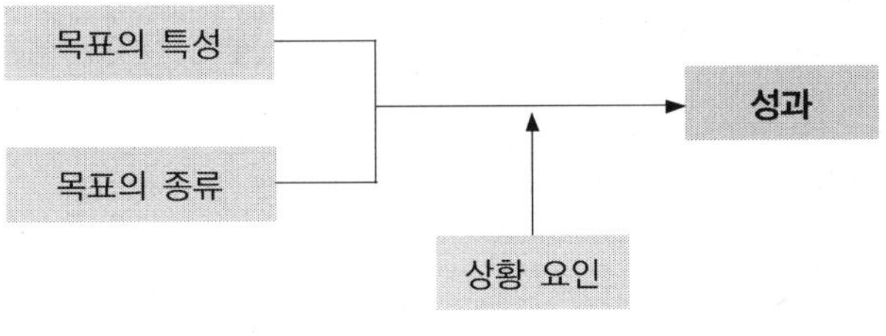

그림 2-4-5 목표설정이론의 전체적 체계

이 증가함에 따라 목표의 성과에 대한 효과가 떨어진다. 그러나 직무 복잡성에 관한 더 많은 연구가 필요하다. 능력과 관련하여, 목표가 어려울수록 능력과 성과의 상관관계가 높아진다. 또한 목표와 능력 간의 상호작용이 성과에 영향을 준다. 경쟁 상황과 관련하여, 경쟁은 지시된 목표의 수용도를 높여 주고 스스로 목표를 세우도록 하여 성과를 높여 준다.

3 목표설정이론의 평가

목표설정이론은 여러 가지 상황에서 광범위하게 실증적으로 검증되었는데, 목표의 난이도 및 구체성은 그런 대로 일관성 있게 개인의 성과와 밀접하게 관련이 있는 것으로 밝혀졌다(Moorhead & Griffin, 2004 : 194). 그러나 다른 변수들의 영향에 관해서는 앞으로 더 많은 연구가 필요하고, 특히 목표설정이론을 조직 전체의 차원으로 적용하기 위해서는 많은 거시적 주제에 대한 연구가 수행되어야 한다(Smith, Locke, & Barry, 1990). 또한 목표설정이론은 하나의 이론이라기보다는 단지 효과적인 동기유발 기법(effective motivational technique)이라는 주장도 있고, 시간의 경과에 따른 성과의 변화도 앞으로 설명해야 할 분야다(Moorhead & Griffin, 2004 : 194).

4 목표설정이론의 조직관리상의 의미

목표설정이론을 조직에 효과적으로 적용하기 위해서는 다음의 세 단계가 필요하다(백기복, 1996 : 213). 먼저, 직원의 과거 근무 실적, 시간연구나 동작연구의 결과, 상사의 의지, 외적 제약, 조직의 정책이나 전략 등을 고려하면서 각 직원에게 어렵고 구체적인 목표를 부여한다. 일반적으로 자신감과 능력이 있는 직원에게는 좀 더 어려운 목표를 설정해 주는 것이 성과를 높인다.

다음은 목표의 수용도나 목표에 관한 집착도를 제고하는 단계다. 즉, 목표의 중요성과 의미를 상세히 설명해 주고, 강제로 목표를 수행하도록 하기보다는 그들의 능력에 맞는 목표를 설정해 주며, 목표 달성에 대한 보상을 제공함으로써 목표를 수용하도록 유도하는 것이다. 이 단계에서 관리자들을 대상으로 목표 추진 과정을 관리하는 방식을 교육시킬 필요도 있다.

마지막 단계에서는 목표 달성에 필요한 능력과 기술을 확보할 수 있도록 교육훈련을 실시하고 목표 달성이 얼마나 잘되고 있는지 환류를 해 준다. 목표설정이론과 유사한 목표관리(목표 설정에 의한 관리 : MBO, management by objectives)는 이 책의 제4부 제1장 '조직의 목표'에 제시되어 있는데, 목표관리에 관한 논의 시 두 접근법의 차이점을 소개한다.

제 4 절 참여적 조직관리 및 귀인이론

직원들의 동기를 설명하는 다른 주요 접근법으로 참여적 조직관리(participative management)와 귀인이론(attribution theory)이 있다.

1 참여적 조직관리

참여적 조직관리는 조직 내 구성원들이 일상적인 의사결정과 조직관리 과정에 관여하는 일종의 통합 관리 시스템이다(Griffin & Moorhead, 2008 : 449). 조직 내의 인적 자원을 중시하는 접근법으로 이 책의 제1부에서 살펴본 인간관계론과 관계가 깊다. 인간관계론은 직원들이 자신의 직무에 만족하면 좀 더 열심히 일을 한다고 가정하면서(Wren, 1979), 조직 내의 여러 활동에서 근로자들이 참여하는 것을 권장했다. 인간관계론자들은 직원들에게 자신의 직무에 관한 여러 가지 의사결정에 참여할 기회를 부여하면 그들의 만족도가 높아질 것이고, 결국 이렇게 상승된 만족도의 영향으로 그들의 근무 성과 역시 높아질 것으로 판단한 것이다.

참여적 조직관리의 효과는 앞 장에서 살펴본 여러 가지 욕구이론과 이 장에서 살펴본 기대이론에 의해 설명된다. 즉, 의사결정에 참여한 직원은 결정된 사항을 적절히 실행하는 데 좀 더 몰입할 수 있고, 더욱이 의사결정을 해서 그것을 실행한 후 긍정적 보상까지 받게 되는 직원은 개인적 성취 욕구가 충족되고 인정감, 책임감, 자긍심 등을 느낄 수 있다. 물론 직원들에게 의사결정에 참여하도록 요청하는 것 그 자체로도 직원들의 자긍심이 높아질 수 있고, 실제로 의사결정에 참여함으로써 직원들은 자신들의 근무 성과와 그들이 원하는 보상과의 관계(즉, 수단성)를 더욱 잘 이해할 수 있는 것이다.

다만, 참여적 조직관리가 효과를 낼 수 있는 전제 조건은 직원들이 관여하는 의제들이 동기가 부여될 수 있을 정도로 그들의 관심을 끌 수 있어야 하고, 직원들이 조직에 유용한 기여를 할 수 있을 정도로 역량과 지식을 겸비하고 있어야 하며, 관리자와 직원들 사이에는 신뢰와 확신이 존재해야 한다는 것이다. 따라서 참여적 조직관리가 모든 조건에서 조직원의 성과를 개선하는 데 확실한 방법이 되는 것은 아니다.

2 귀인이론

제2부 제1장에서 귀인이론에 대해 자세히 살펴보았으나, 이 장에서는 동기부여와 관련하여 귀인이론을 살펴본다. 귀인이론에 의하면, 인간은 자기지각(self-perception)이라는 과정을 통해 자신의 행동을 관찰한다고 한다. 또한 이러한 지각을 기초로 인간은 자신의 행동이 주로 외면적 요인에 대한 반응인지 또는 내면적 요인에 대한 반응인지를 판단한다고 한다(Anderson, 1983).

이러한 판단을 통해 인간은 자신이 주로 외면적 요인에 의해 동기 유발이 되는지 또는 내면적 요인에 의해 동기 유발이 되는지를 파악하고 특정 유형의 보상을 선호하게 된다. 즉, 자신이 외면적 요인에 의해 동기 유발이 된다고 믿는 사람은 봉급이나 승진 같은 외면적 보상을 추구하지만, 자신이 내면적 요인에 의해 동기 유발이 된다고 믿는 사람은 성취감 같은 내재적 보상을 추구한다는 것이다.

제 5 절 정보사회에서 동기부여

정보사회에서 동기부여는 복종과 근면보다는 상상력과 유연성, 그리고 그 결과에 대한 책임과 몰입이 이뤄지는 방향이어야 한다(드러커 외, 1997). 과거 산업사회에서 개인은 복종과 근면을 제공하는 대신 안전을 보장받았지만, 변화된 정보사회의 조직은 조직구성원들에게 사내기업가(intrapreneur), 즉 커다란 조직구조 안에서 자율적인 부서를 운영하는 관리자를 허용함으로써, 구성원의 조직에 대한 몰입과 구성원 본인의 발전을 동시에 추구할 수 있게 하는 것이 중요하다는 것이다.

과거 산업화 시대의 동기부여 수단은 정보화사회에서는 무용지물로 변화했는데, 정보화사회의 동기부여는 1) 사명감, 2) 계획의 조정, 3) 학습, 4) 평판, 5) 가치 창조 활동에의 참여 등을 강조한다(드러커 외, 1997).

정보화사회에는 사람들로 하여금 자신들이 하는 과업의 중요성을 믿도록 도와 주는 것이 필수적인데, 이것이 사명감의 형성이다. 따라서 훌륭한 리더는 비전의 힘과 열정으로써 다른 사람들에게 영감과 목적 의식을 제공하고 업무의 자긍심을 심어 줄 수 있다. 결국 사명감은 전통적 조직에서 경력 계층 사다리보다 더 중요한 동기부여의 원천이 된다.

'계획의 조정'이란 조직이 조직구성원들로 하여금 그들의 활동과 방향을 스스로 결정하게 한다는 것이다. 정보사회에서 경력 경로(career path)가 확실성을 잃어버리고 조직의 미래 역시 예측한다는 것이 매우 어려워지면서, 많은 사람의 경우 봉급이 많은 고위직보다는 스스로의 활동과 방향을 결정할 수 있는 일자리를 더 선호하게 된 것이 사실이다. 따라서 리더는 부하들로 하여금 신나게 일을 할 수 있도록 유도하는 것이 필요하고, 절차보다는 결과를 강조하며, 일을 할 때 작업과 의사결정을 위임하는 것이 필요하다. 정보사회에서 조직구성원 스스로가 자신이 수행하는 과업을 선택한다는 것은 능력 있는 구성원의 입장에서는 대단히 중요한 잠재적 보상을 받는 것이다.

정보사회와 같이 불확실성이 높은 사회는 새로운 기술을 배우고 또한 그러한 기술을 새로운 분야에 적용하는 '학습'이 매우 중요한 동기부여의 수단이 된다. 첨단 기술의 세계에서는 사람들이 불확실성을 이해하고 있기 때문에, 종종 어떤 조직의 매력도(attractiveness)는 학습과 경험을 제공할 수 있는 조직의 능력에 달려 있게 되며, 결국 교육훈련과 도전적 프로젝트에 대한 접근 가능성이 봉급이나 기타 복리후생보다 더욱 중요하게 된다.

정보사회에서 평판은 전문적 경력 쌓기의 주요 원천이고, 평판을 높일 수 있는 기회 역시 동기부여의 주요 수단으로 자리잡게 된다. 좋은 평판을 축적한다는 것은 본인의 자부심을 높여 준다는 것은 물론이고, 다른 형태의 보상이나 다른 조직으로부터의 스카우트 제의를 받을 수 있는 일종의 홍보 효과도 제공한다. 따라서 정보사회에서는 조직구성원의 전문성을 대내외적으로 홍보하고, 보상을 주며, 혁신의 주체로서 인정을 함으로써 그 조직구성원에게 동기를 엄청나게 부여할 수 있다.

마지막으로, '가치 창조 활동에의 참여' 또한 중요한 동기부여 수단이 된다. 즉, 정보사회에서 혁신적인 조직에서는, 공공조직의 경우 예산 절감액 중 일정분을 절감 기여자에게 제공, 프로젝트의 성과에 따른 지분 참여 허용, 새로운 창업 기회의 개발, 전략적으로 중요한 성과에 대한 무상 주식 공여, 핵심적 성과 달성을 조건으로 제공하는 상여금, 성과 목표를 공동으로 달성한 경우에 집단 보너스의 제공 등의 유인책을 실시한다.

연구 문제

1. 본인의 경험을 바탕으로 브룸의 기대이론을 적용할 수 있는 예를 구체적으로 제시하시오.
2. 본인의 경험을 바탕으로 포터와 롤러의 기대이론을 적용할 수 있는 예를 구체적으로 제시하시오.
3. 본인의 경험을 바탕으로 공정성이론을 적용할 수 있는 예를 구체적으로 제시하시오.
4. 본인의 경험을 바탕으로 목표설정이론을 적용할 수 있는 예를 구체적으로 제시하시오.
5. 브룸의 기대이론과 포터와 롤러의 기대이론 간의 공통점 및 차이점을 설명하시오.
6. 조직구성원의 이직에 관해 브룸의 기대이론, 포터와 롤러의 기대이론 및 애덤스의 공정성이론을 이용하여 설명하시오.
7. 정보사회의 현대 조직에서 새롭게 부각되는 조직구성원들의 다양한 특성을 감안한 동기부여 방안을 기대이론을 이용하여 예시하시오.

사례 연구 2-4

KT의 성과급 추진

KT가 경영 성과-부문 성과-개인 성과를 따지는 3단계 성과보상제 도입을 추진 중이다. KT 경영진은 최근 열린 인사보수제도개선협의회에서 경영성과급·부문성과급·개인성과급 3단계로 이뤄진 성과급 체계를 도입하는 방안을 제시했다.

KT는 그동안 호봉제를 골격으로 경영 성과에 따라 노사가 합의한 상여금을 일괄 지급하는 체계를 가져왔다. 우선, 경영성과급은 전년도 영업 이익의 10%를 고루 배분하는 방식이다. 여기에는 차등이 없다.

하지만 부문성과급은 개인고객 부문·기업고객 부문·홈고객 부문·대외 부문 등 4개 CIC(Company In Company·사내독립기업)별로 경영 성과에 따라 ±100% 차등폭을 두고 나눠 준다. 개인별 성과에 따라서도 ±50% 차등성과급이 지급된다.

특히 영업직의 경우 부문성과급을 없애는 대신 개인성과급 폭을 -200%에서 300%까지 차별화하기로 했다. 영업 실적 없이 묻어가는 식의 직원들을 골라내겠다는 판단이다. 이렇게 되면 영업 직원들은 영업성과급과 개인성과급을 합쳐 최대 600%까지 성과급이 차이난다.

KT 경영진은 또 53세부터 매년 10%씩 임금을 삭감하는 방식으로 임금피크제 도입을 추진 중이다. 대신 임금피크제 도입을 전제로 정년을 58세에서 60세로 연장하겠다는 방침이다. 이럴 경우 57세가 되면 기존 임금의 절반 수준으로 떨어지게 된다.

KT 관계자는 "경영진이 밝힌 성과급제와 임금피크제에 대해 노조 측이 반대하고 있어 현재 도입 여부는 불투명하다"면서도 "KT-KTF 합병을 계기로 일한 만큼 성과급을 나눠 주겠다는 방침은 확실해졌다"고 밝혔다.

(이데일리, 2009. 5. 26. 기사를 수정·요약)

사례 문제

1. 사례에 나타난 기업의 성과급의 예상되는 장단점을 브룸의 기대이론을 이용하여 설명하시오.
2. 사례에 나타난 기업의 성과급의 예상되는 장단점을 애덤스의 형평성이론을 이용하여 설명하시오.
3. 동기부여의 내용이론과 과정이론을 종합적으로 적용하여 사례에 나타난 기업의 성과급의 예상되는 장·단점을 설명하고, 그러한 문제를 해결하기 위한 방안을 구체적으로 제시하시오.

제 3 부

집단 차원의 연구

개관

제1부에서 조직의 의미와 조직이론의 역사적 흐름과 은유적 조직 이미지를 고찰했고, 제2부에서는 조직 내의 인간을 중심으로 살펴보았다. 제3부에서는 집단 수준의 여러 변수를 중심으로 조직 내의 인간들이 왜 집단을 형성하는지를 소개하고, 집단이 어떻게 움직이는지를 다룬다.

제1장에서 집단의 속성을 살펴본다. 집단은 둘 이상의 개인들로 구성되며, 이들은 서로 영향을 주기도 하고 영향을 받기도 한다. 조직에서 인간의 행동을 제대로 이해하기 위해서는 인간의 행동에 영향을 미치는 집단의 속성에 대해 이해할 필요가 있다.

제2장에서는 조직 내에서 지도의 과정인 리더십을 다룬다. 수많은 연구 결과에 의하면, 리더십에 의해 조직의 성패가 결정된다고 한다. 조직의 효과성을 높일 수 있는 리더십의 중요성, 리더의 자질과 효과적인 리더의 행태 및 상황에 따라 리더십은 어떻게 달라져야 하는지 등에 대해 구체적으로 살펴본다. 더불어 지식정보사회에서 필요한 리더십은 무엇인지를 소개한다.

제3장에서는 조직 내에서의 권력을 소개하고, 조직 내 행동 주체 간의 대립적·적대적 상호작용이라고 할 수 있는 갈등에 관해 그 관리 과정을 중심으로 하여 살펴보고 지식정보 사회에서의 갈등관리를 설명했다. 이 장은 모건이 제시한 정치 체제로서 조직 이미지를 이해하는 데 도움이 될 것이다.

제4장에서는 정보를 전달하는 과정인 의사전달을 다룬다. 잘못되거나 왜곡된 의사전달은 대인 간의 갈등과 정책결정 과정의 오류를 초래하기도 한다. 조직의 성과가 낮은 가장 큰 이유 중 하나가 바로 의사전달의 비효율성 때문이기도 하다.

마지막으로 제5장에서는 조직 내의 행동의 주체가 행동 방향을 모색하고, 그에 대한 결단을 내리는 과정인 의사결정에 관해 논의했다. 특히 지식정보사회에서 다양한 정보 기술을 활용한 의사결정의 내용을 포함시켰다.

제 1 장

집단의 속성

제2부에서 인간의 개별적 행태에 대해 살펴보았다면, 제3부에서는 사람들 사이의 상호 관계가 조직의 목표를 달성하는 데 중요한 역할을 한다는 것에 대해 살펴보고자 한다. 실제로 관리자의 역할 중의 상당한 부분이 조직 내외의 다른 사람들과의 직·간접적인 상호 관계와 관련이 된다.

이번 장에서는 조직 내에서 사람들 사이의 관계와 집단 역할에 대해 살펴본다. 특히, 집단의 정의와 중요성 등을 살펴보고 집단 형성의 이유와 그 발전의 단계에 관해 논의한다. 다음으로 집단의 성과에 영향을 미치는 네 가지 요인을 살펴본 후, 집단 내 행동을 이해하는 데 또 하나의 유용한 관점인 역할역학(role dynamics)을 살펴본다. 또한 조직은 조직을 구성하고 있는 집단들 사이에 바람직한 관계와 상호간의 행동이 조성되어야 하기 때문에 집단 간의 행동(intergroup behavior)을 논의하고, 최근 관심이 크게 고조되고 있는 팀조직을 살펴본다. 마지막으로 조직 내에서 집단을 관리하는 데 중요한 요인들을 논의함으로써 이 장을 마치게 된다.

제 1 절 대인 관계와 집단

1 대인 관계의 본질

조직 내에서 대인 관계(interpersonal relations)의 본질은 개인의 본질만큼이나 다양하다. 극단적으로 보면, 대인 관계는 매우 사적이면서 긍정적일 수 있다. 이러한 대인 관계는 예컨대, 당사자가 서로서로 잘 알고 있고, 상호 존경심을 지니며, 서로 간에 상호작용을 하는 것을 즐겨할 때 발생한다(Heaphy & Dutton, 2008). 다른 한편으로 대인 관계는 사적이면서도 부정적일 수 있다. 이런 경우는 당사자들이 서로를 싫어하고, 상호 존경심이 없으며, 서로 상호작용하는 것을 꺼려할 때 발생한다.

하지만 조직의 구성원들은 조직의 목표 달성에 목적을 두고 전문적인 방법으로 상호작용하기 때문에 대부분의 상호작용은 이러한 양 극단의 사이에 위치한다. 따라서 상호작용은 직무와 관련이 되고, 상대적으로 공식적이고 구조화되어 있다. 예컨대, 두 명의 관리자들은 상대방의 업무를 존중하고, 상대방이 조직에 기여하는 전문적인 역량을 인정하기도 한다. 하지만, 이들은 서로 공통된 관심사는 없으며 그들이 처리하는 업무 이외에는 할 이야기도 별로 없다. 따라서 상호작용의 본질은 관계되는 당사자들의 상대적 목표에 달려 있다.

대인 관계의 결과로서 많은 것이 초래된다. 동기부여에 관한 상당한 이론들에 따르면, 사람들은 사회적 욕구(social needs)를 가진다. 조직 내에서 대인 관계는 이러한 사회적 요구의 충족을 위해 필요하다. 특히, 소속감이 필요한 사람들에게는 양질의 대인 관계가 직장 내에서 중요한 요소가 된다(Griffin & Moorhead, 2008 : 240). 만약 이러한 사람이 나쁜 대인 관계에 직면하게 된다면 조직 내에서 나쁜 결과를 초래하는 것은 명약관화하다.

좋은 대인 관계는 조직에서 시너지 효과를 발생하기도 한다. 예컨대, 서로서로를 지원하고 다른 사람들과 공동으로 하는 일에 능력이 있다면 그렇지 않은 사람에 비해 더 많은 것을 달성할 수 있다(McDermott & Archibald, 2010). 반대로 대인 관계를 통해 갈등과 반목을 초래할 수도 있다. 따라서 사람들이 서로 어떻게 그리고 왜 상호 관계하는지를 이해하는 것은 아주 복잡한 과정이다.

2 집단의 본질

집단이란 개인들의 집합체만을 의미하는 것이 아니라, 둘 이상의 사람들이 모여 협동하고 상호작용하는 것으로 구성된다. 집단(groups)의 정의는 집단에 관한 연구만큼 다양하지만 이 책에서는 집단을 "공동의 목표를 공유한 채 상호작용하면서 또 서로가 같은 집단의 멤버임을 인식하고 있는 두 명 이상의 소규모적인 구성체"(Forsyth, 1999)로 정의한다. 여기서 집단은 정규적인 대면접촉(face-to-face contact)을 통한 상호 지각(mutual perception)을 중심으로 서로가 각기 같은 구성원으로 지각하고 있는 사람들의 모임이라는 점(Bales, 1950 : 33)이 중요하다. 따라서 두 사람이 거리상 바로 옆에 위치하고 있다고 하더라도 그들이 상호작용을 하지 않거나 서로에게 어떤 영향을 미치지 못하고 있다면 집단이라고 할 수 없다(Shaw, 1991 : 11).

집단으로 인정받기 위해서는 구성원들 각자가 자신을 집단의 구성원으로 인식하고 상대방을 같은 집단의 구성원으로 지각(知覺)하고 인정함으로써 상호간에 동일한 집단에 소속되어 있다는 정체성(正體性, identity)을 갖고 있어야 하며(Schein, 1970), 집단의 멤버라는 소속감을 통해 겉으로도 다른 사람들과 구별되어야 한다.

조직 내 인간들의 행동을 이해하기 위해서는 개인이 조직에 영향을 미치는 방법뿐만 아니라 개인에게 영향을 주는 요인이 무엇인가를 파악해야 한다. 개인의 행동은 집단에 의해 영향을 받기도 하지만(Clark & Powell, 1984), 집단에 영향을 미치기도 한다.

집단에 대한 연구가 왜 중요한지 조직관리의 측면에서 살펴보자. 조직관리자들은 주로 업무집단(work group)을 통해 조직구성원들의 행동을 조정하면서 조직의 목표를 달성한다. 조직관리자들은 조직구성원들의 행동을 감독하면서, 한편으로는 업무집단 내의 상호작용을 관리하고 조정한다. 예를 들어 관리자가 판매 직원의 성과를 격려하는 노력을 기울이면 개인 및 소속 업무집단 모두가 영향을 받는다(Yammarino & Dubinsky, 1990). 따라서 관리자가 조직구성원들의 근무 성과를 높이려면 조직구성원 개인과 구성원들로 이뤄진 업무집단 모두에 주의를 기울여야 한다. 개인의 행동은 소속 집단의 성공이나 실패에 결정적인 역할을 하기 때문에, 관리자는 집단을 효과적으로 관리하기 위해 집단 내 개인들이 갖고 있는 욕구와 그들의 역학 관계를 파악하고 있어야 한다.

집단역학(group dynamics)에 관해 수행된 많은 연구는 개인의 행동이 함께 일하는 동료들로부터 아주 많은 영향을 받는다는 것을 제시한다. [그림 3-1-1]은 집단역학의 세 가지 국면을 제시하고 있다(Moorhead & Griffin, 2004 : 283). 첫째 국면은 집단 형성의 이유를 포함하고, 두 번째 국면은 집단 발전의 네 가지 단계와 집단 성과에 영향을 미치는 네 가지 요인을 포함한다. 또한 마지막 국면은 생산적이면서 적

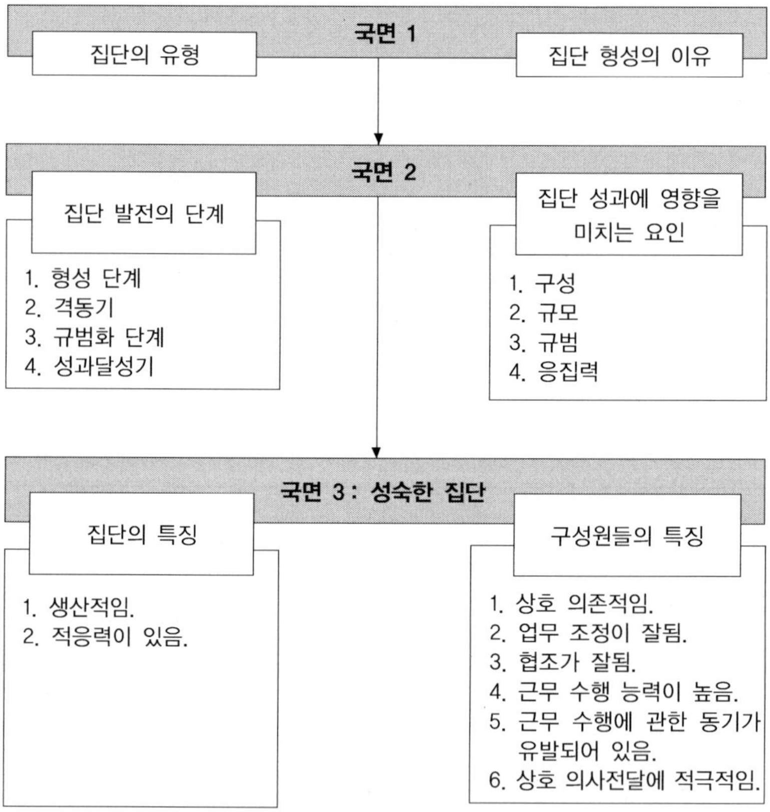

그림 3-1-1 집단연구의 기본 모형

자료 : Griffin & Moorhead(2008 : 240).

응력이 있는 성숙한 집단에 관한 것이다. 이하에서는 이러한 개념적 틀에 따라 집단의 역학 관계를 설명하고자 한다.

제 2 절 집단의 유형과 형성

조직구성원들의 참여를 통해 집단이 형성되는 이유와 조건을 살펴볼 때 조직 내 과업을 효과적으로 수행해 더 많은 경제적 이익을 올리고자 하는 공식집단의 형성 조건과 개인의 욕구를 충족시키고자 하는 비공식집단의 형성 조건으로 나눌 수 있다.

1 집단의 유형

집단은 크게 공식집단(a formal group)과 비공식집단(an informal group)으로 구분할 수 있다(Robbins & Judge, 2011 : 310). 공식집단이란 조직이 조직목표의 달성을 위해 형성된 구조이다. 공식집단에는 다시 명령집단(command groups)과 과업집단(task groups)이 있다. 명령집단은 조직도를 보면 쉽게 알 수 있는데, 주로 관리자에게 직접 보고하는 사람들로 구성된다. 과업집단도 조직의 규칙에 의해 결정되는데, 특정한 과업을 완수하기 위해 함께 일하는 구성원들을 말한다. 예컨대, 대학생 한 명이 범죄사건으로 조사를 받고 있다고 하자. 이 문제를 처리하기 위해서는 교무처장, 소속 대학 학장, 소속 학과 학과장, 학생상담실장 등 다양한 구성원들 간의 조정이 필요하다. 이렇게 형성된 집단이 소위 과업집단이라고 할 수 있다. 따라서 모든 명령집단은 또한 과업집단이라고 할 수 있다. 하지만 과업집단은 조직계층의 경계를 넘나들기 때문에 과업집단 자체가 명령집단이 되는 것은 아니다.

비공식집단이란 사회적 관계를 위해 필요에 따라 조직 내에서 자연적으로 형성된 것이다(Robbins & Judge, 2011 : 311). 즉, 어떤 조직목표를 위해 누군가에 의해 만들어진 것이 아니다. 따라서 공식적으로 조직되지도 않았고, 조직적으로 결정되지도 않았다. 예컨대, 조직에서 다른 부서에 근무하면서도 점심을 함께 하는 비공식집단이 자연스럽게 형성되기도 한다.

비공식집단은 다시 이해집단(interest groups)과 친교집단(friendship groups)으로 분류될 수 있다. 이해집단은 각 구성원이 관심이 있는 어떤 특정한 목표를 성취하기 위해 형성된 집단이다. 해고된 동료를 돕기 위해 모인 근로자 집단이나 여름 휴가 일정을 조정하기 위해 모인 사람들이 그 예다. 다음으로 구성원들이 하나 이상의 공통된 특성을 가지기 때문에 형성되는 집단이 있는데 이를 친교집단이라고 한다. 친교집단에는 동창회모임, 고향모임, 출신대학모임 등이 그 좋은 예다.

2 집단의 형성

왜 사람들은 집단을 형성하고자 하는가? 사람들이 공식집단을 만드는 이유와 비공식집단이 형성되는 이유에는 다소 차이가 있다.

먼저, 조직 내의 공식집단은 조직구성원들에게 주어진 과업을 수행하는 과정에서 형성되는 것으로, 일반적으로 이러한 집단이 형성되는 이유는 업무집단 내에서 조직구성원들이 함께 일하면 조직 내의 과업이 효과적으로 조정 및 완수된다고 조직관

표 3-1-1 사람들이 집단에 참여하는 이유

이유	편익
안전	개인은 집단에 참가함으로써 혼자 있을 때 생기는 불안감을 감소시킬 수 있다. 사람들은 어떠 집단의 일원으로 있을 때, 더 강하다고 느끼고, 자기를 의심하지 않고 위협에 더 저항한다.
지위	다른 사람이 중요하다고 생각하는 집단에 속함으로써 인정과 지위를 얻는다.
자부심	집단은 자기 가치(self-worth)를 느끼게 할 수 있다. 즉, 어떤 집단의 일원이라는 사실이 집단 외부에 있는 사람들에게 지위를 전달하는 것 외에도, 집단구성원 스스로에게 자기 가치감을 제공한다.
친교	집단은 사회적 욕구를 충족시킬 수 있다. 사람들은 집단 구성원 간에 이뤄지는 상호작용을 즐긴다. 많은 사람들의 경우 직무 수행 과정에서의 상호작용은 친교 욕구를 충족시키는 기본 원천이다.
권력	집단행동을 통해 개인적으로 달성할 수 없는 것을 달성할 수 있다. 구성원의 숫자가 많아지면 권력을 행사할 수 있다.
목표 달성	특정 과업을 달성하기 위해 두 사람 이상이 필요한 경우가 있다. 직무를 수행하기 위해 다양한 재능, 지식, 또는 권력이 필요한 경우, 경영자는 공식적 집단을 사용한다.

리자들이 기대하기 때문이다. 또한 이렇게 집단을 형성해서 과업을 수행하면 개인이 개별적으로 일을 하는 것보다 더 많은 이익을 기대할 수 있는데, 왜냐하면 일반적으로 여러 직원이 집단을 형성해 서로 협조를 통해 업무를 수행하면 일종의 상승(synergy) 효과가 일어나서 개별적으로 업무를 수행하는 것보다 더 많은 성과를 가져올 수 있기 때문이다(백기복, 1996 : 253).

인간이 비공식집단을 형성하는 가장 중요한 목적 중의 하나는 욕구 충족을 위해서다. <표 3-1-1>는 사람들이 집단에 참가하는 여러 가지 이유를 제시하고 있다(Robbins & Judge, 2011).

제 3 절 집단 발전의 단계

집단은 고정적인 것이 아니라 계속해서 변화하고 발전한다. 일반적으로 집단은 1) 형성 단계(forming), 2) 격동기(storming), 3) 규범화 단계(norming), 4) 성과달성기(performing), 5) 해산기(adjourning)의 다섯 단계를 거쳐 발전되는데, 각 단계의 내용을 살펴보면 다음과 같다(백기복, 1996 : 257-258; Tuckman, 1965 : 384-399, Hellriegel, Slocum, & Woodman, 1989 : 209, Robbins & Judge, 2011 : 313-315).

1 형성 단계

첫 번째 단계인 형성기는 집단구성원들이 어떤 행동을 해야 하고, 이러한 행동을 위해서는 어떤 기술이나 자원이 필요한가를 결정하는 단계다. 이 단계에서는 일반적으로 집단의 목표, 구조, 리더십 등에서 상당한 정도의 불명확성이 존재한다(Robbins, 2003 : 220). 따라서 이 단계에서는 집단의 리더가 가장 중요한 역할을 수행하는데, 이유는 리더가 집단의 목표, 규칙 및 집단구성원들이 해야 할 일들을 정하며, 소속 집단에 관한 교육을 실시함으로써 구성원들의 행동을 집단이 추구하는 목표에 일치시키고자 노력하기 때문이다.

2 격동기

두 번째 단계인 격동기는 집단구성원들이 갖고 있었던 집단에 대한 기대와 실제 간의 차이로 인해 구성원들이 리더의 능력에 대해 회의를 느끼고 리더와 구성원들 간에 갈등이 발생하기 시작하는 단계다. 이 단계에서는 일부 구성원들이 리더의 결정에 반항을 해서 집단의 주요 의사결정이나 의사전달이 어려워지므로, 리더는 집단 내에 자신의 추종자들을 갖고 있어야 하고, 주요 의사결정에 책임을 질 사람들을 선정해야 한다. 결국 이러한 과정을 거쳐 집단의 격동기에 집단의 규범, 기준, 규칙 등이 개발되기 시작한다.

3 규범화 단계

세 번째 규범화 단계는 집단의 응집력(cohesiveness)과 집단구성원들의 동료 의식이 개발되는 단계다. 즉, 구성원들이 상호 호감을 갖고 자신을 집단의 일부분으로 느끼게 되는 단계로 서로 느끼는 것을 공유하고 각자의 행동에 관해 환류(feedback)를 주고받게 된다. 이 단계에서 주의할 것은 집단의 응집력이 높아짐으로써 구성원들이 집단사고(group think)[1]에 빠질 위험이 증가한다는 것이다.

4 성과달성기

네 번째 단계인 성과달성기는 집단구성원들이 수행해야 할 역할에 관해 각자 충분히 이해하게 되면서 업무 수행과 의사전달이 더욱 효과적으로 이뤄지는 단계로 구성원들이 복잡하게 상호 의존적이 된다. 의사결정도 많은 구성원의 동의를 기초로 가능한 모든 대안에 관해 복합적인 분석을 통해 이뤄지는 경우가 많다.

---

1) 재니스(Janis, 1982 : 9)는 집단의 의사결정 시 구성원들이 응집력이 높은 세력집단(in-group)에 깊게 관여하게 되면, 다른 대안들을 실질적으로 검토하고자 하는 의욕을 무시하면서 만장일치를 추구하는 사고 방식을 갖게 된다고 주장하면서 이러한 사고 방식을 집단사고라고 명명했다.

5 해산기

영구적인 과업집단의 경우에는 성과달성기가 조직 발달의 마지막 단계가 될 것이다. 하지만 임시적 위원회, 임시적 팀, 임시적 과업집단의 경우에는 해산기가 집단 해체의 준비 단계로 존재한다. 집단의 관심은 집단의 목표나 성과를 달성하려는 것이 아니라 집단의 활동을 잘 마무리하는 것이 된다. 어떤 집단에서는 구성원들이 집단의 성과를 누리면서 긍정적으로 마무리하는데 비해, 어떤 집단에서는 집단의 성숙기에서 누리던 친밀감이나 연대감 등이 사라지는 것에 대해 두려워하기도 한다.

지금까지 집단 발전의 5단계를 살펴보았지만, 모든 집단이 이러한 5단계를 거쳐 발전하는 것은 아니다. 어떤 집단은 마지막 단계에 이르기 전에 해산하기도 하고, 또 어떤 집단은 다음 단계로 발전도 하기 전에 현 단계를 완수하지 못하기도 한다 (Wanous, Reichers, & Malik, 1984; Hellriegel, Slocum, & Woodman, 1989 : 209). 현 단계의 업무를 완수하지 못하면 다음 단계의 업무를 수행하는 집단구성원들은 좌절해서 소속된 집단이 완전하게 발전하지 못하고 생산성도 낮아지기 쉽다 (Obert, 1983). 집단 발전의 5단계 전체를 충분히 거쳐 발전된 집단은 성숙하고 효과적인 집단이 되는데(Bass & Ryterband, 1979 : 252-254), 이러한 집단의 구성원들은 상호의존적이고, 업무 조정이 잘되며, 협조가 잘되고, 근무 수행 능력이 높으며, 근무 수행에 관한 동기가 유발되어 있고, 상호 의사전달에 적극적인 특징을 갖고 있다 (Bass, 1954).

제 4 절 집단 성과에 영향을 미치는 요인

집단의 성과는 지금까지 살펴본 집단의 유형, 형성의 이유, 집단 발전의 단계 이외에도 여러 가지 요인의 영향을 받아 결정된다. 성과가 높은 집단에서는 집단의 성과가 그 구성원들이 개인별로 집단에 기여하는 것의 합(sum) 이상이 되는 상승 효과가 발생한다. 몇 가지 요인이 이러한 현상을 설명할 수 있는데(Davis, 1964 : 82-86), 이러한 요인에는 집단의 구성, 규모, 규범, 응집력 네 가지가 있다 (Moorhead &

Griffin, 2004 : 291-297, 2008 : 246).

1 집단의 구성

집단의 구성(group composition)은 집단의 과업에 중요한 영향을 미치는 요인들에서 구성원들 사이의 유사 또는 차이의 정도를 말한다(Griffin & Moorhead, 2008 : 246). 집단의 구성은 집단의 성과를 결정하는 데 중요한 역할을 하며(Shaw, 1981), 일반적으로 집단 구성의 동질성(homogeneity)이나 이질성(heterogeneity)으로 설명된다. 집단 내 직무에 영향을 미치는 구성원들의 연령, 근무 경험, 교육, 전공, 문화적 배경 등이 유사한 경우를 동질적 집단이라 하고, 이러한 요인들이 다양한 경우를 이질적 집단이라고 한다. 동질적 집단은 보통 전공을 기준으로 조직구성원들을 명령집단에 배속할 때 형성된다.

집단의 구성이 집단 성과에 미치는 영향은 비교적 많이 연구된 분야다. 예를 들어 집단구성원들의 연령과 집단에 소속된 기간의 이질성은 이직률과 관계가 있다고 한다(O'Reilly Ⅲ, Caldwell, & Barnett, 1989). 즉, 집단구성원들의 연령과 근무 경험이 이질적인 집단은 동질적인 집단보다 이직률이 높다는 것이다. <표 3-1-2>는 집단의 동질성 및 이질성에 따라 어떤 특성을 갖고 있는 과업이 적당한가를 제시한다.

지금까지 살펴본 집단의 구성과 과업의 특성 간의 관계는 집단의 구성에 따른 구성원들의 상호작용으로 설명할 수 있다. 동질적 집단은 일반적으로 구성원 간의 갈등과 의견 차이가 많지 않고, 의사전달이 원활하며, 상호작용이 많기 때문에 구성원 간의 상호 협조와 신속성을 요구하는 과업을 수행하는 데 적당하다. 그러나 수행해야

표 3-1-2 집단의 구성과 과업 특성 간의 관계

동질적 집단이 효과적인 경우	이질적 집단이 효과적인 경우
1) 집단의 과업이 단순함. 2) 집단의 과업이 연속적임. 3) 구성원들의 협조가 필요함. 4) 신속성이 요구됨.	1) 집단의 과업이 복잡함. 2) 집단의 과업이 집합적임. 3) 구성원들의 창조성이 요구됨. 4) 신속성은 별로 필요하지 않음.

자료 : Moorhead & Griffin(2004 : 292).

하는 과업이 정보를 복잡하게 분석해야 하고 가능한 한 최선의 해결책을 도출하기 위해 구성원들의 창조성을 요구한다면, 이질적 집단이 좀 더 다양한 견해를 창출해 낼 수 있기 때문에 동질적 집단보다 효과적이다. 집단에서 토론을 많이 하고 견해 차이로 인해 갈등이 많을수록 집단 내 의사결정의 수준이 높아질 수 있는 것이다.

2 집단의 규모

집단의 정의에서 보았듯이, 집단은 상호 관계를 하고 서로 영향을 미치기만 하면 적게는 두 명에서 많게는 수천 명의 크기가 될 수 있다. 집단의 규모는 집단의 전반적 행태에 영향을 준다(Robbins, 2003 : 234). 특히 집단의 규모는 집단의 성과를 결정하는 데 중요한 역할을 한다. 스티어스(Steers, 1984)에 의하면, 집단의 규모가 증가할수록 1) 구성원들의 만족도가 낮아지고, 2) 결근율과 이직률이 증가하며, 3) 리더의 역할이 증대되지만 리더가 구성원 개인에게 부여하는 개별적 배려는 점점 줄게 된다고 한다. 또한 집단의 규모가 증가할수록, 1) 집단의 활동이 다양해지므로 집단 구성원들이 각각의 활동에 사용할 수 있는 시간이 적어지고, 2) 각 구성원들이 의사결정 과정에 참여해서 자신의 의견을 제시할 기회가 줄게 되며, 3) 각 구성원에 대한 상사의 직접적 통제나 감독의 기회가 줄게 되어 집단 내 이완 현상이 늘어날 수 있다고 한다(백기복, 1996 : 259; Cartwright & Zander, 1968).

집단의 규모와 성과 간의 관계에 대해서는, 집단의 규모가 증가할수록 다양한 인적 자원의 확보가 가능해서 집단의 성과가 높아진다는 연구 결과도 있고, 조직 내 문제와 사회적 압력으로 인한 구성원들의 추진력 억제가 도리어 집단의 성과를 낮춘다는 연구 결과도 있다(백기복, 1996 : 260; Steers, 1984).

그러나 더 중요한 것은 과업의 특성에 따라 집단의 규모가 성과에 미치는 영향은 다르다는 것이다(백기복, 1996 : 261-262; Steiner, 1972).

첫째, 집단구성원들 각자의 개별적 과업 수행의 결과물을 산술적으로 합한 것이 곧 집단의 성과가 되는 부가적 과업(additive task)의 경우, 과업을 수행하는 사람들의 숫자가 늘어날수록 집단의 산출물, 즉 성과도 높아진다. 다시 말해, 부가적 과업을 수행하는 집단의 성과는 집단의 규모가 증가함이 따라 높아지고, 필요한 성과가 정해지는 경우에 구성원 각자가 집단에 투입해야 하는 노력은 집단의 규모가 증가함에 따라 감소하게 된다.

둘째, 소수의 구성원들의 성과가 곧 집단의 성과가 되는 우수자 결정 과업(disjunctive task)의 경우, 집단의 성과는 집단에서 과업 수행에 대한 충분한 능력을 가진 구성원들의 비율이 어느 정도인가에 따라 결정된다. 일반적으로 집단의 규모가 증가함에 따라 집단의 성과는 높아진다고 한다.

셋째, 최하의 성과를 거둔 구성원의 성과가 곧 집단의 성과가 되는 열위자 결정 과업(劣位者決定課業, conjunctive task)의 경우, 일반적으로 집단의 규모가 증가함에 따라 집단의 성과가 낮아진다고 한다. 예를 들어 군대에서 행군을 할 때 소속 분대 전원이 완주를 했을 때의 기록으로 그 분대의 성과를 측정하는 경우, 가장 늦게 행군을 완주한 분대원의 기록이 그 분대의 성과가 되기 때문에, 분대원의 숫자가 증가할수록 분대의 성과는 낮아지기 쉽다.

3 집단의 규범

조직원들은 자신의 상사에 대해 공개적으로 비난을 하지 않는다. 세종로에 있는 중앙청사에 근무하는 공무원들은 대부분 정장을 입는다. 그 이유는 규범(norms) 때문이다.

집단의 규범이란 집단구성원들의 행동 적절성을 판단하는 기준(standard)을 말한다(Robbins, 2003 : 229, Moorhead & Griffin, 2004 : 294). 이러한 규범은 집단구성원들이 공유하면서 수용할 수 있는 행동의 기준을 말하는 것으로, 집단의 목표를 달성하고 구성원들의 정체성(正體性)을 유지하는 데 매우 중요한 역할을 한다.

공식화된 규범은 일반적으로 문서화되어 있어 구성원들이 준수해야 하는 규칙이나 절차로 존재하지만, 비공식화된 규범은 불문율의 형태로 존재하면서 구성원들의 행동에 영향을 미친다.

이러한 규범은 집단 속에서 오랜 기간을 두고 서서히 강화되고 정착되기도 하지만 어떤 규범은 하나의 사건 직후에 갑자기 자리를 잡는다(Hackman, 1992). 집단구성원들이 규범을 준수하는 것은 집단의 의사결정을 신속하게 만들지만, 지나치게 규범에 순응하는 것은 집단의 다양성과 사고의 유연성을 제한하여 특히 환경 변화에 신속하게 대처해야 하는 집단의 효과성을 저해하기도 한다(백기복, 1996 : 270).

결국 조직관리의 측면에서 보면, 공식조직이 충족시켜 주지 못하는 구성원들의 욕구를 충족시켜 주고 이들의 행동을 예측해 주며 공식조직에 보완적 역할을 하는 규범의 순기능적 측면을 강화하고, 구성원들의 동조행동을 지나치게 강요하는 규범의 역기능적인 측면을 최대한 관리함으로써 집단구성원 개인의 발전과 집단의 성과 모두를 높일 수 있을 것이다(이학종, 1984 : 160).

4 집단의 응집력

집단은 응집력에서 차이가 있다. 집단의 응집력(cohesiveness)은 집단구성원들을 집단에 계속 소속해 있도록 작용하는 힘(Festinger, 1950 : 274)으로, 집단구성원들 간의 친밀도, 즉 구성원 각자가 동일 집단의 구성원으로 얼마나 서로 가깝게 느끼고 있느냐에 대한 척도(Swanda, 1979 : 219-220)로서 집단이 얼마나 잘 뭉쳐 있는가의 정도를 나타낸다(박내회, 1989 : 231).

응집력이 높은 집단의 특징을 살펴보면, 1) 집단의 목표와 구성원의 목표가 서로 일치하고, 2) 집단의 목표가 명백히 구체화되어 있으며, 3) 카리스마적인 리더가 집단 내에 존재하고, 4) 집단에 주어진 과업을 성공적으로 달성시키며, 5) 집단의 규모가 작지만 구성원들이 신뢰를 바탕으로 개방적인 관계 속에서 의사소통을 원활하게 수행하고, 6) 구성원들이 상호 협조함으로써 자신들의 성장과 개발에 장애가 되는 요

표 3-1-3 집단목표와 조직목표의 일치/불일치 및 집단응집력 수준에 따른 집단 성과

		집단목표와 조직목표의 관계	
		불일치	일치
집단의 응집력	높음	낮은 수준의 집단 성과	높은 수준의 집단 성과
	낮음	낮은 수준의 집단 성과	중간 수준의 집단 성과

소들을 효과적으로 극복한다 (Cartwright & Zander, 1968).

집단의 응집력은 구성원들의 욕구 충족과 관계가 있지만, 집단의 응집력이 반드시 조직의 목표 달성에 기여한다고 볼 수는 없다 (이학종, 1984 : 178-179). 즉, 응집력이 강한 집단에서는 일반적으로 규범적인 동조행동이 강하고 구성원들의 욕구 충족의 정도도 높지만, 이러한 집단의 목표와 조직의 목표가 일치하지 않는 경우 집단 전체적으로 조직의 목표와 다른 집단의 목표를 추구하기 때문에 집단의 성과가 높을 수 없다.

5 역할

집단 내 행동을 이해하는 데 또 하나의 유용한 집단의 특성은 역할역학(role dynamics)이다. 역할이란 다른 사람들이 어떠한 직위를 갖고 있는 사람에게 기대하는 일련의 행동이다 (Graen, 1976). 따라서 역할은 공식적인 것과 비공식적인 것 모두를 포함하는데, 공식적 역할은 직무와 연관되면서 명백하게 규정할 수 있는 것이고, 비공식적 역할은 사회적이면서 명백하지 않게 수행되는 것을 말한다.

[그림 3-1-2]는 집단 내에서 개인의 역할이 수행되는 과정을 제시한다 (Moorhead & Griffin, 2004 : 210-211). 먼저 집단 내 구성원들은 다른 구성원이 특정의 역할을 어떤 방법을 통해 수행하도록 기대한다. 다음 이러한 역할은 공식적 방법과 비공식적 방법을 통해 그 구성원에게 전달된다. 그러면 그 구성원은 이러한 역할을 인지하게 되고, 이것을 기초로 그러한 역할을 수행하게 되며, 이러한 과정은 계속 순환하게 되는데, 역할을 인지하는 과정에서 여러 가지 오류가 발생하기도 한다.

이러한 오류 이외에도 [그림 3-1-2]에서 제시하는 각 단계에서 다음 단계로 이전

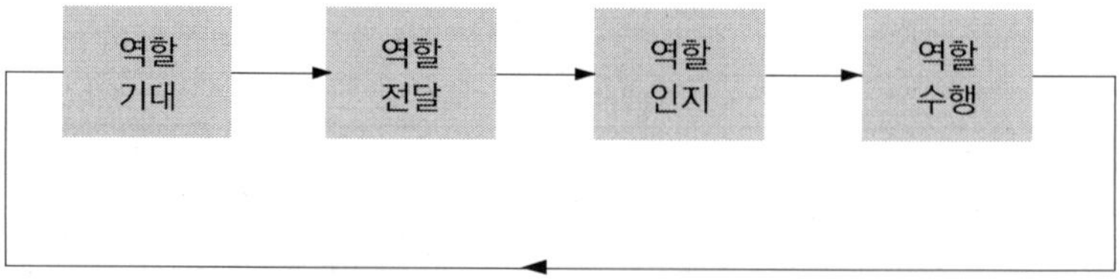

그림 3-1-2 집단 내 개인 역할의 수행 과정

되는 과정마다 다양한 오류가 발생하는데, 이러한 오류는 결과적으로 역할 모호성(role ambiguity)과 역할 갈등(role conflict)을 야기한다. 또한 어떤 특정의 구성원에게 과중한 역할을 기대하게 되면 결과적으로 집단의 효과성을 저하시키게 된다(Katz & Kahn, 1978).

역할 모호성은 역할을 수행해야 하는 사람이 자신의 역할에 관해 확실히 알지 못하고 다른 사람들이 자신에게 기대하는 것을 분명하게 알지 못할 때 발생한다. 예를 들어, 역할 모호성은 직무가 부적절하게 기술되어 있는 경우, 관리자가 업무를 모호하게 지시하는 경우, 동료로부터 업무를 불명확하게 전달받는 경우 등에서 발생할 수 있다.

역할 갈등은 역할에 관한 요구나 메시지가 기본적으로 명확하나 그러한 요구나 메시지가 상호 모순되는 경우에 발생한다. 역할 간 갈등(interrole conflict)은 어느 집단구성원이 두 가지 이상의 역할을 동시에 수행함으로써 겪게 되는 갈등이다. 예를 들어, 주간에는 직장에서 근무를 하고 야간에는 대학원에서 석사 과정을 이수하고 있는 공무원이 다음 날 시험이 있는데, 그 공무원의 상관이 국정감사 자료 준비 때문에 그 공무원에게 밤샘 작업을 지시했을 경우 그 공무원이 경험하게 되는 것을 역할 간 갈등이라고 할 수 있다.

역할 내 갈등(intrarole conflict)은 동일 역할에 관해 다른 사람들로부터 상충되는 메시지를 듣게 될 때 발생하는 갈등이다. 예를 들어, 어느 상관의 부하 중 하나가 그 상관에게 다른 부하가 빈둥거리면서 일을 열심히 하지 않는다는 이야기를 한다고 하자. 그런데 다른 부하는 상관에게 빈둥거린다고 했던 그 부하가 너무 일을 열심히 해서 건강을 해칠 정도라는 이야기를 한다고 했을 때 그 상관은 역할 내 갈등을 경험하게 되는 것이다.

전달자 내적 갈등(intrasender conflict)이란 동일한 사람이 역할 수행자에게 상호 모순적인 메시지를 보낼 때 발생하는 갈등이다. 예를 들어, 어느 상관이 부하에게 안전규칙의 철저한 준수를 강조하면서도 동시에 어떠한 위험을 무릅쓰더라도 작업 목표를 달성하도록 지시하는 경우, 그 부하는 상호 모순적인 역할기대를 지각하게 되는 것이다.

마지막으로, 개인과 역할 간의 갈등(person-role conflict)은 개인에게 주어진 역할이 그 사람의 기본적인 가치관, 태도, 욕구 등과 상충될 때 발생하는 갈등이다. 예를 들어, 어느 경찰관이 소속 부서에서 그 경찰관의 가치관에 반하는 역할을 비공식적으로 요구하는 경우 그 경찰관이 지각할 수 있는 것이 개인과 역할 간의 갈등이다.

따라서 집단 내 구성원이 인지해서 수행해 내는 역할은 그 집단의 기능에 중요한 영향을 미친다. 집단 내 구성원이 수행하는 역할, 해당 역할을 수행하는 개인에 관해 집단이 갖게 되는 규범으로 구성된다고 할 수 있다. 결론적으로, 집단 내 개인과 집단 사이에 발생하는 역할을 둘러싼 상호작용은 그 집단의 응집력 및 성과에 큰 영향을 미친다.

제 5 절 팀조직[2)]

오늘날 많은 조직에서 팀을 활용하고 있다. 카첸바흐와 스미스(Katzenbach & Smith, 1993 : 45)는 "상호 보완적인 기능을 가진 소수의 사람들이 공동의 목표를 달성하기 위해 책임을 공유하고 문제 해결을 위해 공동의 접근 방법을 사용하는 조직 단위"를 팀(team)으로 정의한다. 임창희(2009; 274)는 팀이란 "소수의 사람이 상호 보완적인 업무 기술을 가지고 공동의 목표를 달성하기 위해 공동의 작업 방식으로 스스로가 상호간에 책임을 가지고 협동적으로 직무를 수행하는 집단"이라고 했다.

집단과의 차이에서 집단은 각자가 독립적으로 기여한 결과로 성과를 얻지만 팀은 공동의 노력으로 성과를 얻으며 책임도 공동으로 진다고 했다. 또한 집단의 목표가 개인 목표의 집합이라면 팀의 목표는 별도로 존재하며 팀원은 이러한 공동 목표에 몰입한다고 했다(임창희, 2009 : 274). 팀조직이 등장하게 된 배경을 요약하면, 1) 신속한 환경 대응의 필요성, 2) 관료주의 병리 현상의 타파 필요성, 3) 업무 수행에 요구되는 새로운 의식과 행동의 변화 등을 들 수 있다(송상호, 1999 : 51). 팀조직은 조직 경영에서 자율운영팀(self-managed team)의 의미로 도입되고 있다. 자율운영팀 조직은 성과의 향상은 물론, 구성원 만족도의 증진과 동기부여, 조직 유연성의 확보라는 측면에서 조직혁신의 새로운 방법론으로서 주목받고 있으며, 실제 여러 사례를 통해 그 유효성이 입증되고 있다(오종석 · 정동섭, 1998 : 162).

2) 김상묵(2000), 지식정부의 바람직한 조직모형 검토. 『한국행정학회 동계학술대회 발표논문집』.

표 3-1-4 전통적 부서와 현대적 팀조직의 차이

요소	전통적 부과	현대적 팀
조직구조	계층적 / 개인	수평적 / 팀
직무 체계	단일 업무	전체 업무 · 다수 업무
목표	상부에서 주어짐.	스스로 찾아내는 데 시간 투여
리더	강하고 명백한 지도자	리더십 역할 공유
지시/전달	상명하복 · 지시 · 품의	상호 고충 전달 · 토론
정보 흐름	폐쇄 · 독점	개방 · 공유
보상	개인주의, 연공주의	팀 · 능력 위주
책임	개인 책임	공동 책임
평가	상부 조직에 대한 기여도로 평가	팀이 의도한 목표 달성도로 평가
업무통제	관리자가 계획 · 통제 · 개선	팀 전체가 계획 · 통제 · 개선

자료: 임창희(2009: 275).

임창희(2009)는 팀제란 우리나라에서는 과거의 피라미드 형태의 과(課) · 부(部)제 조직에 대응되는 말로 이해하는 것이 타당하다고 하면서, 전통적 부서와 현대적 팀의 차이를 <표 3-1-4>와 같이 정리했다.

조직의 환경 변화가 역동적인 환경에서는 전통적인 피라미드 형태의 부서조직이나 고정적인 인력 배치보다는 팀제가 더 신축적으로 신속하게 반응한다. 그러므로 팀제의 장점은 의사결정을 신속하게 할 수 있으며 부서를 융통성 있게 신설, 확장, 추가, 해체할 수 있기 때문에 인력을 효율적으로 활용할 수 있고 조직 내 정보 교환이 원활하다는 점이다. 그러나 무엇보다도 집단의 계층이 수평적으로 되어 있어서 멤버들의 창의적인 아이디어가 발굴되고 의사결정에 참여시킴으로써 동기부여가 된다는 점이 더욱 부각된다. 이처럼 이상적인 팀제조직은 권한위임과 네트워크가 잘 되어 있는 정보 공유의 조직, 소형으로 하나가 된 고객 중심의 자율적이고 수평적인 조직 등의 의미를 모두 포함하고 있다. 그러나 팀제가 잘못 활용되면, 우선 조직의 인력 규모를 축소하고 조직의 구조를 수평화(flat) 과정에서, 중간계층을 조직 밖으로 퇴출시키고 멤버 간 상호 경쟁만을 강조하는 조직으로 오해받을 수도 있기 때문에 실제 도입과 운영에 신중을 기해야 할 것이다(임창희, 2009: 275).

제 6 절 조직 내의 집단관리

조직 내에서 집단을 관리한다는 것은 쉽지 않다. 일단 조직관리자는 본인의 조직에 존재하는 집단들의 유형(명령집단, 과업집단, 우호집단, 이익집단 등)을 파악해야 한다. 예를 들어 명령집단이 매우 큰 것이 있다면, 그 명령집단에는 관리를 필요로 하는 몇 개의 비공식집단이 존재하고 있다고 보아야 할 것이다. 조직관리자가 이러한 비공식집단을 이용하고 싶으면, 비공식집단 중 몇 개의 집단을 조직에서 필요로 하는 과업을 기준으로 하여 명령집단이나 과업집단으로 공식화하는 방법도 있을 수 있다. 이 때 물론 조직관리자는 과업 부여 시 구성원들이 집단에 참여하는 개인적 동기와 집단의 구성을 고려해야 한다.

조직관리자는 집단 발전의 각 단계에서 집단의 활동을 활성화함으로써 집단을 생산적으로 만들 수 있다. 조직관리자가 집단 발전의 여러 단계를 거치면서 취할 수 있는 조치에는 1) 개방적인 의사전달을 장려하고, 2) 집단구성원들 간의 신뢰가 형성되도록 분위기를 조성하며, 3) 중요한 문제에 관해서는 토론을 활성화하고, 4) 업무와 관련된 정보를 적절한 시점에 제공하며, 5) 외부 환경 요소(예 : 경쟁 집단, 외부 위협이나 기회 등)를 분석하는 데 도움을 주고, 6) 집단 규범의 순기능적인 측면을 강화하며, 7) 집단구성원들의 역할 갈등과 역할 모호성을 해소해 주는 것 등이 있다.

집단을 관리하려면 조직관리자는 집단구성원들의 목표와 집단의 목표 모두를 고려해야 한다. 즉, 집단구성원들이 집단의 목표 달성을 위해 노력함으로써 자신의 목표 달성도 가능한 보상 체계가 개발된다면 집단의 생산성이 획기적으로 증대될 수 있는 것이다.

결론적으로 조직관리자는 조직 내의 집단구성원들을 관리하는 것이 함축하고 있는 조직적 의미를 파악해야 한다. 집단은 집단구성원들의 행동에 영향을 미치는데, 이들의 개인적 노력을 집단 수준으로 통합하면 이것이 결국 집단의 성과가 되는 것이다. 집단이 우리 사회에 존재하는 한 조직관리자들은 그들이 속해 있는 집단의 구성원들을 좀 더 이해할 수 있도록 노력해야 한다.

연구 문제

1. 팀제 하에서의 효과적 리더십을 사례를 중심으로 구체적으로 제시하시오.
2. 본인이 속한 조직에서 공식집단을 하나 선택한 후 그 집단이 형성된 이유를 구체적으로 설명하시오.
3. 본인이 속한 조직에서 비공식집단을 하나 선택한 후 그 집단이 형성된 이유를 구체적으로 설명하시오.
4. 본인이 현재 소속한 집단 하나를 선택한 후, 그 집단의 구성이 집단 성과에 미치는 영향을 구체적으로 설명하시오.
5. 4번 문제에서 선택한 집단의 규모가 집단 성과에 미치는 영향을 구체적으로 설명하시오.
6. 4번 문제에서 선택한 집단의 규범이 집단 성과에 미치는 영향을 구체적으로 설명하시오.
7. 4번 문제에서 선택한 집단의 응집력이 집단 성과에 미치는 영향을 구체적으로 설명하시오.
8. 4번부터 7번까지의 문제를 연구한 결과를 토대로 그 집단의 효과적 관리 방안을 제시하시오.

사례 연구 3-1

정부 합동 사이버 질서 확립 캠페인

법무부를 비롯한 5개 정부부처가 공동으로 깨끗한 사이버 공간 만들기에 나섰다. 법무부와 교육과학기술부, 행정안전부, 문화체육관광부, 방송통신위원회 등 5개 부처는 18일 서울교육문화원 대극장에서 '아름다운 사이버세상 만들기 한마당' 행사를 열고 사이버 질서 확립을 위한 공동선언을 채택했다.

선언문은 사이버 공간에서의 개인정보 보호, 악성 댓글과 명예훼손 등 사이버 폭력 추방, 저작권 침해행위 근절을 위한 협력, 인터넷 중독 예방, 정보 취약계층의 인터넷 사용 활성화 등에 협력키로 하는 내용을 담고 있다.

법무부 장관은 행사에서 "사이버 질서 확립을 법질서 운동의 최우선 과제로 추진하겠다"며 "올해를 사이버 질서 확립의 원년으로 선포하고 부처 간 협력의 틀을 공고히 하겠다"고 말했다.

방송통신위원장은 "열린 공간이라는 인터넷의 진정한 가치를 이용자 스스로 지키고 존중하려는 마음이 자리잡을 때 성숙한 인터넷 문호가 꽃필 것"이라며 "이 행사가 'IT(정보 기술)강국'에서 '윤리강국'으로 거듭나는 전환점이 될 것으로 기대한다"고 밝혔다.

공동선언에 따라 5개 부처는 정책협의회를 만들어 TV 공익광고를 함께 제작하고, 사이버 질서 마련 방안에 대한 포럼과 세미나 등을 정기적으로 개최하며, 저작권 보호와 개인 정보 유출 등을 주제로 한 캠페인을 벌이기로 했다.

또 초·중등 교과 과정에 인터넷 윤리에 관한 내용을 보강하고 사이버 범죄에 대한

수사 공조 체제도 강화할 예정이다. (연합뉴스, 2009. 5. 18. 기사 내용 일부 수정)

사례 문제

1. 위의 사례를 읽고 정부 부처 간 상호작용의 유형을 구체적으로 제시하시오 단, 필요하면 여러 가지 상황을 상정(想定)하시오.
2. 어느 한 부처의 힘으로는 현대 사회의 문제 해결을 할 수 없는 경우가 있다. 위의 사례를 읽고, 정부 부처의 협력적 관계가 필요한 경우를 구체적으로 설명하시오.

제 2 장 리더십

조직에서 리더십에 대한 논의는 상당히 인기 있는 주제이며, 특히 성공적인 리더십의 비결은 우리가 조직생활을 하면서 가장 많이 논의하고 연구하는 주제 중의 하나다. 어느 조직에서는 효과적인 리더가 다른 조직에 가서는 실패하기도 하지만, 어떤 리더는 어느 조직에 있든지 성공하기도 한다. 리더십에 관해 많은 연구가 이뤄졌음에도 불구하고, 이러한 현상에 관해 완벽한 설명을 하지 못하고 있는데, 그렇다면 왜 우리는 리더십에 관한 연구를 계속해야 하는 것일까?

이 장에서는 리더십의 본질에 대해 살펴보고, 리더십 이해의 기초를 제공했던 리더십에 대한 전통적 접근법을 소개한다. 특히, 리더십에 대한 특성론적 접근법과 행태론적 접근법, 상황론적 접근법, 상호관계이론 등을 살펴본다. 다음으로 카리스마적 접근 방법, 변혁적 리더립, 진정성 리더십 등 몇 가지 현대적 접근법을 소개한다.

제 1 절 리더십의 본질

현대 사회에서 리더십이란 용어를 자주 사용하고 있다. 하지만 리더십에 대한 정의는 다양하다. 리더십(leadership)은 어떤 목표와 비전을 성취하기 위해 특정 집단에 영향을 미치는 능력이다(Robbins & Judge, 2011 : 410; Yukl, 2002). 여기서 영향을 미친다고 함은 다른 사람의 지각, 신념, 태도, 동기, 또는 행태에 영향을 미친다는 것을 의미한다. 조직론적 관점에서 보면, 리더십은 개인이나 집단의 행태에 지대한 영향을 미치기 때문에 대단히 중요하다. 다만, 리더십에서 말하는 목표라는 것은 리더가 생각하는 바람직한 상태이기 때문에 조직목표와 일치할 수도 있으나 상충할 수도 있다. 리더십은 물리적 힘이나 강압과는 다르다. 부하 직원의 행태를 이끌기 위해 물리적 힘이나 공식적 권위에만 의존하는 관리자는 리더십이 있다고 말할 수 없다.

지난 50여 년에 걸쳐 개발되어 온 대부분의 리더십이론은 리더의 특징을 강조해 왔으며 특성, 행동 또는 권력과 같이 한 가지 유형의 리더 특징에 초점을 국한시키는 것이 일상적 관행이 되어 왔다. 따라서 이론과 경험 연구는 다음의 다섯 가지 접근 방식으로 분류하는 것이 유용하다. 다섯 가지 접근 방식은 1) 특성 접근, 2) 행동 접근, 3) 권력-영향력 접근, 4) 상황 접근, 5) 통합 접근이다(Yukl, 2002). 여기에서 통합 접근이란 한 가지 유형 이상의 리더십 변수를 포함하는 것으로, 최근에는 연구자들이 한 연구에서 두 가지 유형 이상의 리더십 변수를 포함시키는 것이 더 일상화되고 있다. 따라서 이 책에서는 전통적 접근 방식으로 유클(Yukl, 1994)이 제시한 특성 접근, 행동 접근, 권력-영향력 접근, 상황 접근을 설명하고, 현대적 접근 방식을 통해 통합 접근을 설명하고자 한다.

제 2 절 전통적 접근법

전통적 리더십에 관한 이론은 리더십 과정의 어느 측면을 강조하느냐에 따라 일반적으로 다음의 세 가지 이론으로 분류할 수 있다(Yukl, 1994).

첫째, 리더를 중심으로 성공적인 리더의 개인적 특성 및 자질에 연구의 초점을 맞춘 특성론적 접근법(trait approach)이다.

둘째, 리더와 부하 간의 관계를 중심으로 리더의 행동을 통해 리더십 효과성을 설명하고자 하는 행태론적 접근법(behavioral approach)이다.

셋째, 리더의 행동이 상황에 따라 어떻게 다른가를 파악하고, 효과적인 리더의 행동이나 특성은 상황에 따라 다르다는 것을 강조하는 상황론적 접근법(situational approach)이다.

1 특성론점 접근법

초창기 리더십 연구에서 가장 많이 연구되었던 접근 방식은 리더가 가지고 있는 속성(신체적 특성, 성격 특성, 능력 등)을 강조한 특성 접근이다. 예컨대, 인도의 간디, 영국의 대처 수상, 프랑스 나폴레옹 황제, 남아공 만델라 대통령 등 위대한 영웅의 개인적 자질이나 특성은 일반적인 사람들과 구별된다고 생각하고 연구했다. 그러나 1930~40년대의 수많은 특성 연구는 연구자들의 넘치는 의욕에도 불구하고 리더십 성공을 보장해 줄 만한 어떤 특성도 찾지 못했다. 이유는 특성이 집단 성과나 리더 승진과 같은 지연된 결과에 어떻게 영향을 미치는지를 설명할 수 있는 인과사슬 내의 매개변수에 주의를 기울이지 못했기 때문이다(Yukl, 2006).

스톡딜(Ralph M. Stogdill)은 초기의 리더십 연구를 통해, 1904~48년까지 실시된 124편의 특성 연구를 검토한 후 다음과 같은 결론을 내렸다(Stogdill, 1948 : 35-71). "몇 가지 특성을 가지고 있다고 해서 그 사람이 리더가 되지는 못한다. 리더의 개인적 특성의 패턴이 부하들의 특성과 활동 및 목표와 적절하게 연계되어야만 하는 것이다."

그 후 1974년, 그는 1949~70년까지 이뤄진 163편의 특성 연구를 통합하여 더 강력한 결과를 얻었다는 점, 그리고 리더와 비(非)리더를 구분짓게 해 주는 특성에 관해서는 연구자들마다 다른 결과를 얻었다는 점, 그리고 리더 특성의 효과는 상황에 따라 다르게 나온다는 것을 보여 준다는 점을 지적했다(Stogdill, 1974).

그러나 리더십의 특성이론의 성과가 전혀 없었던 것은 아니다. 리더의 특성을 통해 리더십 유효성을 예견한 관리자의 동기나 관리 기술에 관한 연구들은 신뢰할 만한 것들이었다. 이를테면 맥클리랜드(McClelland, 1966)의 성취동기이론이나 마이너(Miner, 1965)의 관리역할동기부여이론, 캐츠(Daniel Katz)나 칸(Robert L. Kahn)이 제안한 관리자의 세 가지 기술유형론 등이 그것이다. 대규모 계층조직에서 일하는 관리자들 중 유효한 관리를 하는 사람들은 권력과 성취에 대한 강한 욕구를 갖고 있는 반면, 친교 욕구는 비교적 약한 경향이 있다. 효과적인 리더들은 자부심이 크고 정력적이며, 정신적으로 성숙도가 높고 스트레스를 참아 내는 능력도 뛰어날 뿐만 아니라 권력층에 우호적인 태도를 갖는다. 또한 그들은 자기 반성적, 철학적 또는 이상주의적이기보다는 현실적이고 결과 지향적이다.

2 행태론적 접근법

1950년대 초 많은 연구자는 방법론과 개념상의 문제에서 많은 제한점을 가지고 있는 특성 접근에 강한 비판을 제기하면서, 리더의 어떠한 행동이 리더십 효과성과 관계가 있는가를 파악하고자 노력했다. 즉, 효과적인 리더의 행동은 그렇지 못한 리더의 행동과 다르며 모든 상황에서 효과적인 리더의 행동이 존재한다는 것을 전제로 수행된 접근법이다. 특성론적 접근법이 리더십에 맞는 사람을 선택하는 방법을 연구했다면, 행태론적 접근법은 어떤 사람이든 리더가 될 수 있으며 리더십을 훈련시킬 수 있다고 가정했다. 이 때문에 많은 학자가 행태론적 접근법이 특성론적 접근법에 비해 우월하다고 주장했다. 대표적인 연구로는 오하이오주립대학교의 리더십 연구, 미시간대학교의 리더십 연구, 그리고 관리그리드 모형 등이 있다.

1) 오하이오주립대학교의 리더십 연구

1940년대 후반과 1950년대 초반에 수행된 오하이오주립대학교 리더십 연구자들은 리더십 행동의 범주를 확인하고, 범주 내에서의 리더의 반복된 행동을 측정하기 위한 설문지를 개발했다. 예비 설문지를 통해 군인과 민간인 표본을 대상으로 리더의 행동 유형과 이에 따른 조직 성과 및 조직구성원들의 만족감 간의 관계를 분석했다.

연구팀은 리더의 행동을 배려(consideration)와 구조 주도(initiating structure)의 두 가지로 분류했는데, 배려는 리더의 사람에 대한 관심과 대인관계에 관한 것으로, 지원적·우호적이고 개방적인 자세로 부하를 생각해 주고 대변해 주는 리더의 행동과 부하의 이해 관계를 대변하는 행동 등을 포함한다. 반면에 구조 주도는 리더의 성취에 대한 관심과 관련된 것으로, 부하에게 지시하는 행동·역할을 규정해 주는 행동·문제 해결·직무 성과가 저조한 부하를 질책하고 성과를 높일 수 있도록 독려해 주는 행동 등이 포함된다. 이러한 배려와 구조 주도로 이뤄지는 리더십 행동 유형을

구조 주도 (initiating structure): 낮음 → 높음

배려 (consideration): 높음 → 낮음

배려 \ 구조 주도	낮음	높음
높음	① 낮은 구조 주도 높은 배려 (부하에게 업무구조를 적게 강조하는 반면 부하의 욕구 만족에는 높은 관심을 두는 리더의 행동)	② 높은 구조 주도 높은 배려 (부하에게 업무구조를 높게 강조하고 부하의 욕구 만족에도 높은 관심을 두는 리더의 행동)
낮음	③ 낮은 구조 주도 낮은 배려 (부하의 업무구조를 적게 강조하고 또한 부하의 욕구 만족에도 관심을 적게 두는 리더의 행동)	④ 높은 구조 주도 낮은 배려 (부하에게 업무구조를 높게 강조하지만 부하의 욕구 만족에는 관심을 적게 두는 리더의 행동)

그림 3-2-1 구조 주도-배려의 리더십 행동 유형

요약하면 [그림 3-2-1]과 같다(Kreitner & Kinicki, 1989 : 454).

오하이오주립대학교의 리더십 연구 이후 리더의 배려와 구조 주도가 다양한 리더십 효과성의 기준과 어떠한 관련이 있는가를 조사하는 연구가 많이 수행되었다. 그러나 연구 결과는 대부분의 리더십 효과성 결과에 대해 미약하거나 일관되지 못했다(Bass, 1990; Fisher & Edwards, 1988).

2) 미시간대학교의 리더십 연구

미시간대학교의 리더십 연구의 초점은 리더 행동, 집단 과정, 집단 성과 간의 관계를 파악하는 데 있으며, 효과적인 리더와 비효과적인 리더를 구분하기 위해 집단의 생산성을 객관적으로 측정할 수 있는 변수를 사용했다. 즉, 집단의 성과를 높이는 리더의 행동 연구가 관심 대상이었다(강정애 외, 2009 : 78). 오하이오주립대학교의 연구가 시작된 시점과 거의 비슷하며, 리커트(Rensis Likert)에 의해 효과적 관리자들과 비효과적 관리자들의 관리행동의 차이점이 정리되었는데, 주요 연구 결과를 요약하면 다음과 같다(Likert, 1961, 1967).

첫째, 리더의 행동은 과업 지향(job-centered or production-centered) 행동과 관계 지향(employee-centered) 행동으로 분류할 수 있다. 과업 지향 행동은 직무 중심으로 주로 생산 과업에 관심을 가지면서 생산의 방법, 절차 등을 중시하고 리더에게 주어진 공식적 권한에 의존해 부하들을 철저히 관리하는 행동 유형을 말한다. 또한 관계 지향 행동이란 부하 중심적 행동으로 부하와의 관계를 중시하고 부하의 욕구

충족과 만족 등에 관심을 갖는 행동 유형이다.

둘째, 리더가 관계 지향 행동을 사용하는 것이 과업 지향 행동을 사용하는 것보다 생산성을 높이는 데 효과적이다. 또한 부하들의 만족감을 높이는 데에도 관계 지향 행동이 과업 지향 행동보다 효과적이라는 것이다. 그러나 리커트의 이러한 연구 결과는 상황에 따라서 적합한 리더의 행동은 다르다는 사실을 무시하고 있다는 점에서 의문스러운 결론이라고 하겠다.

셋째, 리더의 수평적·수직적·대각적인 연결 관계를 연결핀(linking pin) 관계라고 하는데, 리더의 이러한 연결핀으로서 역할이 효과적으로 될 때 부하와의 관계가 원활해지고 리더십 효과성도 제고될 수 있다. 즉, 리더십은 주로 부하와의 상호 관계를 중심으로 이뤄지는 것이 사실이지만, 리더가 리더의 상위 계층 및 동료들과 얼마나 좋은 관계를 맺고 있느냐에 따라서 리더가 관리하는 집단의 이익을 대변하고 집단에 필요한 자원과 이익을 얻을 수 있는 정도가 영향을 받는다는 것이다.

3) 관리그리드 모형(고 과업-고 관계 리더)

관리그리드 모형은 블레이크와 모튼(Blake & Mouton, 1964)에 의해 리더십의 유형을 분류하는 개념적 틀로 개발되었는데, [그림 3-2-2]에서 보듯이 두 가지의 차원(dimensions)으로 구성되어 있다. 첫 번째 차원은 생산에 대한 관심(concern for production)이다. 생산에 대한 리더의 관심은 9점 척도로 측정되는데, 9는 높은 관심을 1은 낮은 관심을 나타낸다. 생산에 대해 높은 관심을 보이는 리더는 과업 중심적이고, 결과를 얻고 임무를 완수하는 데에 초점을 맞춘다. 두 번째 차원은 인간에 대한 관심(concern for people)으로서 역시 9점 척도로 측정되는데, 9는 높은 관심을, 1은 낮은 관심을 나타낸다. 인간에 대해 높은 관심을 보이는 리더는 갈등을 피하고 부하들과 우호적인 관계를 가지려고 노력한다.

관리그리드 모형은 [그림 3-2-2]에서 제시하는 바와 같이 이러한 두 가지 차원을 이용하여 리더의 행동을 다섯 가지로 분류했다(Blake & Mouton, 1964).

첫째, 무관심형(impoverished management)이다. 이것은 생산 및 인간에 대한 관심이 모두 낮은 유형이다. 둘째, 친목형(country club management)이다. 이것은 인간에 대한 관심은 높고 생산에 대한 관심은 낮은 유형이다. 셋째, 과업형(authority-obedience management)이다. 이것은 생산에 대한 관심은 높고 인간에 대한

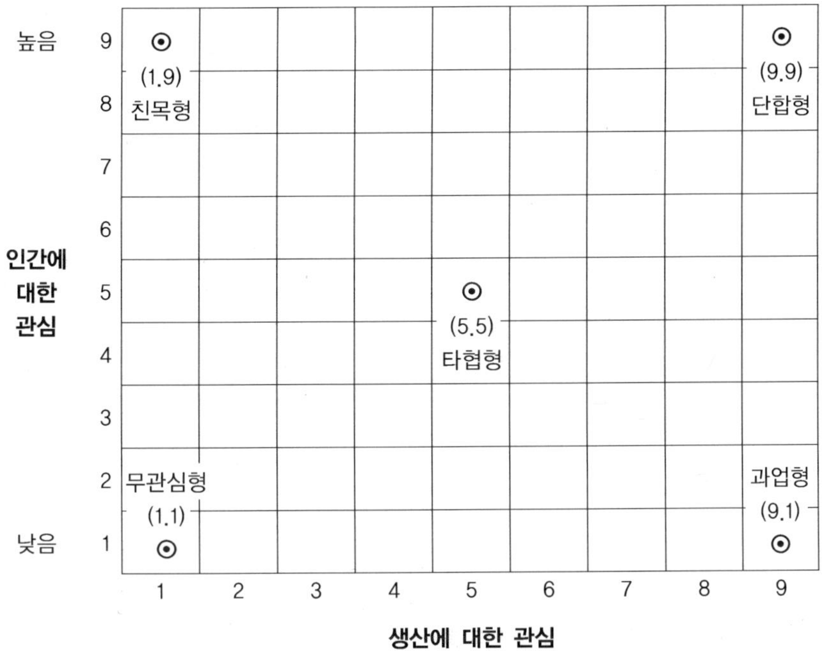

그림 3-2-2 관리그리드의 리더 행동 유형

자료: Griffin & Moorhead(2008: 332) 참조.

관심은 낮은 유형이다. 넷째, 타협형('organization man' management)이다. 이것은 인간과 생산에 절반씩의 관심을 두는 유형이다. 다섯째, 단합형(team management)이다. 이것은 생산 및 인간에 대한 관심이 모두 높은 유형이다. 즉, 조직의 목표 달성을 위해 조직과 조직구성원들의 상호 의존 관계와 공동체 의식을 강조함으로써 구성원들 간에 신뢰와 존경의 관계가 형성되고 조직목표 달성을 위해 헌신하도록 유도하는 유형이다.

관리그리드 모형을 제시한 블레이크(Robert B. Blake)와 모튼(Jane S. Mouton)은 이러한 다섯 가지 리더 행동의 유형 중 단합형이 가장 이상적임을 주장했다.

4) 행태론적 접근법에 대한 비판

지금까지 살펴본 행태론적 접근법이 공통적으로 갖고 있는 문제점을 요약하면 다음과 같다(이창원, 1991, 1994, 1995; 이학종, 1984: 254).

첫째, 리더의 행동을 구분하고 측정하는 데 신뢰성 있고 타당성 있는 측정 방법이 개발되지 않고 있다.

둘째, 효과적인 리더의 행동은 상황에 따라 다르다는 사실을 간과하고 있다. 즉, 상황 변수를 고려하지 않고는 효과적인 리더의 행동을 파악할 수 없다는 사실을 고려하지 않은 접근 방식이다.

셋째, 대부분의 연구가 이요인 분류법(二要因分類法, two-factor taxonomy)을 이용하여 리더의 행동을 너무 광범위한 두 가지 범주로 단순하게 구분해 왔다는 점을 들 수 있다(Yukl, 1989; Yukl & Van Fleet, 1982; Yukl, Wall, & Lepsinger, 1990). 즉, 대부분의 연구가 리더의 행동을 오하이오주립대학교에서 개발한 척도를 이용하여 구조 주도와 배려의 두 가지 범주로 구분하거나, 미시간대학교에서 개발한 척도를 이용하여 구조 주도 및 배려와 유사한 개념인 직무 중심적 행동과 부하 중심적 행동의 두 가지 범주로 분류해 왔다. 리더의 행동을 이렇게 단순하고 추상적으로 분류하게 되면 한 가지 범주가 포함해야 하는 리더의 행동이 너무 광범위하기 때문에, 그러한 리더 행동의 범주가 부하들을 어떻게 변화시키고 또한 그러한 변화가 집단 성과나 조직 성과를 어떻게 변화시킬 수 있는가에 대한 설명을 구체적으로 하지 못한다. 예를 들어, 리더의 직무 중심적 행동이라는 행동 범주가 부하들을 어떻게 변화시키고, 또한 그러한 변화가 업무집단의 효과성(work group effectiveness)에 어떠한 영향을 주는가를 논리적으로 설명하기란 용이하지 않다.

넷째, 지금까지 행태론적 접근 방식을 이용하여 수행된 연구들의 연구방법론적인 한계를 살펴보면, 대부분의 연구가 리더의 행동과 집단 성과(또는 조직 성과)를 동시에 측정하는 정태적(靜態的) 상관 관계 분석 방법(static correlational research method)에 지나치게 의존함으로써 리더의 행동과 집단 성과(또는 조직 성과) 간의 인과 관계(causality)를 파악하기가 어려웠다는 점을 지적할 수 있다.

3 상황론적 접근법

리더십의 행태론적 접근법이 효과적인 리더의 행동은 상황에 따라 다르다는 사실을 간과하고 있다는 비판에 직면함으로써 많은 연구가 리더십 과정에 영향을 미치는 상황 변수에 관심을 집중하기 시작했다. 예컨대, 강한 카리스마형 리더십을 지닌 리더라고 할지라도, 조직이 위험에 처해 있는 상황이라면 부하 직원들로부터 인정을 받을 수 없다는 것이다. 즉, 상황에 따른 효과적인 리더의 특성, 기능, 행동 등을 파악하는 것이 연구의 초점이 된 것이다. 주요 상황론적 접근법을 살펴보면 다음과 같다.

1) 피들러의 상황적합적 리더십이론

이 이론은 리더의 성격과 상황의 복합성이라는 두 가지 요인을 모두 고려하기 위해 피들러(Fiedler, 1967)가 개발했다. 피들러(Fred E. Fiedler)의 상황적합적 리더십이론(contingency theory of leadership)에 의하면, 리더의 효과성은 상황에 의해 결정되며, 결과적으로 어느 리더가 어느 한 상황이나 조직에서는 효과적이지만 다른 상황에서는 그렇지 못할 수 있다고 한다. 또한 이 이론은 이와 같은 불일치가 발생하는 이유를 설명하고 어떤 리더가 어떤 상황에서 효과적인지를 규명하고자 했다.

피들러는 리더의 스타일을 LPC(the least preferred coworker) 점수를 사용하여 분류했는데, LPC 점수란 리더들이 자기가 가장 싫어하는 동료를 어떻게 평가하는가에 대한 점수로서, 그 점수에 따라서 리더를 과업 지향적 리더(task-oriented leader)와 관계 지향적 리더(relation-oriented leader)로 분류했다(Rainey, 1997 : 262).

피들러의 상황적합적 리더십이론에서는 리더의 LPC 점수 이외에 리더십 효과성에 중요한 영향을 미치는 상황 변수를 세 가지로 파악했다.

첫째, 리더와 부하의 관계(leader-member relations)다. 이것은 리더가 부하로부터 지지(support)와 충성(loyalty)을 받는 정도로 부하와의 관계가 어느 정도로 우호적(friendly)이며 협동적(cooperative)인가 하는 것이다. 예컨대 부하가 리더를 좋아하고 지지, 신뢰하고 있다면 리더의 권한 행사는 더욱 용이할 것이다.

둘째, 직위 권력(position power)이다. 직위 권력이란 직위에 부여된 공식적이고 합법적인 권력을 말한다. 이러한 직위 권력이 클수록 리더는 부하의 과업 성과(performance)를 평가하고 그것에 따라 보상(rewards)이나 처벌(punishments)을 할 권한이 많은 것이다. 즉, 직위 권력이 클수록 리더십 행사는 쉬워지고 직위 권력이 없는 리더는 다른 방법의 영향력을 행사해야 한다.

셋째, 과업구조(task structure)다. 과업의 구조화 정도는 1) 과업을 달성하는 데 필요한 표준화된 절차가 어느 정도로 준비되어 있는가, 2) 완제품이나 완수된 용역에 관해 얼마나 분명하고 상세하게 규정하고 있는가, 3) 과업이 제대로 달성되었는지에 관한 객관화된 기준이 어느 정도로 준비되어 있는가 등으로 판단한다. 이러한 과업구조가 모호하다면 리더나 부하 모두 업무를 수행하는 적절한 방법을 파악하지 못하므로 리더십 행사에 어려움을 줄 것이다.

피들러는 상술한 세 가지 상황 변수(즉, 리더와 부하의 관계, 직위 권력, 과업구조)가 어떠한 방법으로 결합하느냐에 따라 리더의 상황적 유리성(situational favorableness)이 결정되고, 이러한 상황적 유리성에 따라 효과적인 리더십 스타일이 <표 3-2-3>에서 보는 바와 같이 다르게 나타난다고 했다.

피들러의 상황적합적 리더십이론은 연구의 결과가 일관성을 갖지 못함에 따라 많은 논쟁의 대상이 되어 왔다. 또한 이 이론이 사용한 측정 도구인 LPC 점수가 타당성이 결여되어 있고, 리더의 행동은 변화시킬 수 없다는 피들러의 가정은 비현실적이다(Moorhead & Griffin, 2004 : 351). 예를 들어 이창원(1991, 1994, 1995)에 의하면, 연구들은 행동교육을 통해 리더의 관리행동도 변화가 가능하다는 것을 제시하고 있다. 그럼에도 불구하고 피들러의 상황적합적 리더십이론은 리더십 효과성을 결정하는 데 상황 요인의 중요성을 명백하게 고려했다는 점에서 그 이전의 어떤 리더십이론보다 발전된 이론으로 평가받고 있다.

표 3-2-3 피들러의 상황적합적 리더십이론

<table>
<tr><th>리더와 부하의 관계</th><td colspan="4">좋음</td><td colspan="4">나쁨</td></tr>
<tr><th>과업구조</th><td colspan="2">구조화</td><td colspan="2">비구조화</td><td colspan="2">구조화</td><td colspan="2">비구조화</td></tr>
<tr><th>직위 권력</th><td>많음</td><td>적음</td><td>많음</td><td>적음</td><td>많음</td><td>적음</td><td>많음</td><td>적음</td></tr>
<tr><th>상황적 유리성</th><td colspan="3">매우 유리함</td><td colspan="3">적당히 유리함</td><td colspan="2">매우 불리함</td></tr>
<tr><th>효과적 리더십 스타일</th><td colspan="3">과업 지향적 리더</td><td colspan="3">관계 지향적 리더</td><td colspan="2">과업 지향적 리더</td></tr>
</table>

자료: Moorhead & Griffin(2004: 350)

2) 경로-목표이론

경로-목표이론(經路-目標理論, path-goal theory of leadership)은 1970년대에 에

반스(Martin Evans)와 하우스(Robert J. House)에 의해 개발된 이론으로 리더의 특성보다는 상황과 리더의 행동에 초점을 맞췄다(Evans, 1970; House, 1971; House & Mitchell, 1974). 따라서 경로-목표이론은 리더십의 상황적응 가능성을 인정한다.

경로-목표이론은 이미 살펴본 동기의 기대이론에 그 뿌리를 두고 있다. 경로-목표이론에 의하면, 부하는 리더의 행동이 그들의 기대감에 영향을 미치는 정도에 따라 동기가 유발된다. 즉, 리더는 부하가 바라는 보상(즉, 목표)을 받게 해 줄 수 있는 행동(즉, 경로)이 무엇인지 명확하게 해 줌으로써 부하의 성과를 높일 수 있다는 것이다. 경로-목표이론은 또한 상황에 따라 효과적인 리더의 행동이 달라진다는 것을 제시한다.

경로-목표이론은 [그림 3-2-3]에서 제시하는 것과 같이 리더의 행동을 네 가지(지시적 리더십, 지원적 리더십, 참여적 리더십, 성취 지향적 리더십)로 분류하고, 상황변수로는 부하의 특성(예: 부하의 능력 및 성격, 부하의 욕구 및 동기 등)과 근무환경의 특성(예: 과업의 구조화 정도, 작업집단의 특성, 조직 내의 규칙 및 절차 등)을 고려하면서 효과적인 리더의 행동에 관해 다음과 같이 주장한다.

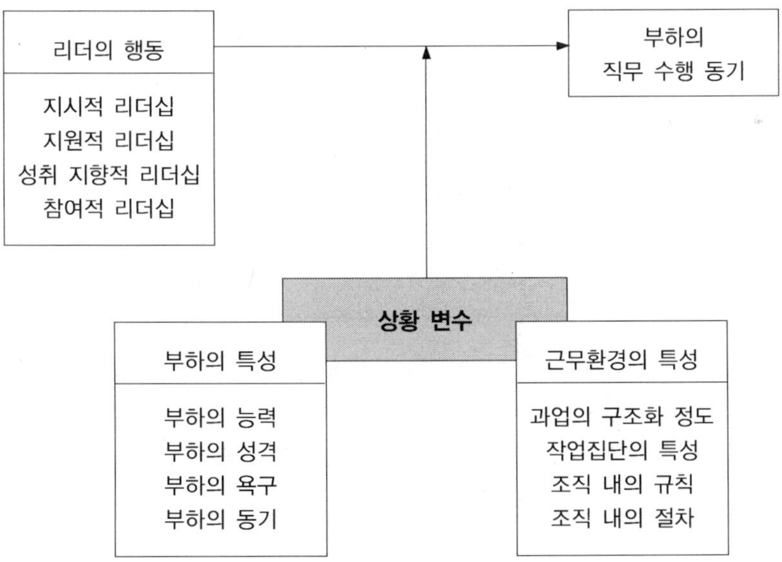

그림 3-2-3 경로-목표이론

자료: Moorhead & Griffin(2004: 354)

첫째, 지시적 리더십(directive leadership)은 부하들의 역할 모호성이 높은 상황에서 필요한 리더십 유형이다. 즉, 부하들에게 그들이 무엇을 해야 하는지를 알려 주고, 업무에 대해 구체적으로 지도한다.

둘째, 지원적 리더십(supportive leadership)은 부하의 욕구를 배려하고, 우호적인 작업 풍토를 조성한다. 또한 지원적 리더십은 부하가 과업을 어렵게 느끼거나 자신감이 결여되어 있을 때 또는 실패에 대한 공포가 높은 경우에 부하의 불안감을 감소시킴으로써 부하가 결국 노력의 수준을 높일 수 있게 한다.

셋째, 성취 지향적 리더십(achievement-oriented leadership)은 부하에게 도전적인 목표를 설정해 주고 또한 부하에게 높은 성과를 달성할 수 있다는 리더의 확신을 나타내 보여 줌으로써 부하가 목표 달성을 추구하는 데 자신감을 갖게 해 준다.

넷째, 참여적 리더십(participative leadership)은 부하들이 구조화되지 않은 과업을 수행할 때 필요한 리더십 유형이다. 즉, 부하가 과업 목표, 계획, 절차, 방법 등에 관한 의사결정에 참여함으로써 과업과 그들에 대한 역할기대를 학습하게 되고, 이러한 학습을 통해 부하의 역할 명료성이 높아지며, 또한 노력이 성과를 가져올 것이라는 기대도 높아진다.

이러한 경로-목표이론의 주요 주장은 그 타당성이 인정받고 있으나, 이론 전체의 타당성은 아직 입증되지 못했다(Moorhead & Griffin, 2004 : 354).

3) 리더-참여 모형

상황론적 접근법 중에서 리더가 의사결정을 내리는 방법 자체가 결정하는 내용만큼이나 중요하다는 이론이 있다. 브룸(Victor H. Vroom)과 예튼(Phillip W. Yetton)의 리더-참여 모형(leader-participation model)은 리더십 행태와 의사결정에서의 참여에 관한 이론이다. 경로-목표이론과 마찬가지로, 리더-참여 모형은 주어진 상황에 적합한 리더십 스타일을 찾아내려고 시도했다. 이 모형은 의사결정에 참여의 유형과 한계를 결정하는 데 일곱 가지의 상황과 다섯 가지의 리더십 유형을 종합한 모형을 제시했다(Vroom & Yetton, 1973; Vroom & Jago, 1988).

이 리더-참여 모형에 의하면, 부하 직원이 의사결정 과정에 참여하도록 허용하는 정도는 상황의 특성에 달려 있다고 전제한다(Vroom & Jago, 1988). 즉, 어떤 하나의 의사결정 과정이 모든 상황에 적합한 것은 아니라는 것이다. 의사결정이 필요한 의제의 특성을 잘 파악한 후에 리더는 부하 직원에게 허용해야 할 참여의 정도를 결정해야 한다. 여기서 의사결정에서 다섯 가지 리더십 유형은 다음과 같다(Vroom & Jago, 1988).

첫째, 결정형(decide) 리더십으로 리더가 혼자 의사결정을 하고 결정된 사항을 집단에게 알리는 유형이다. 둘째, 위임형(delegate) 리더십으로 리더가 부하 직원에게 문제의 본질을 파악하고 해결책을 개발하도록 허락하는 유형이다. 셋째, 개인자문형(consult Individually) 리더십으로 리더는 부하 직원에게 문제를 개별적으로 설명하고, 부하 직원의 의견을 취합한 후에 의사를 결정하는 유형이다. 넷째, 집단자문형(consult group) 리더십으로 리더가 회의에서 집단 구성원에게 문제를 설명하고, 집단의 의견을 취합한 후 의사를 결정하는 유형이다. 다섯째, 유도형(facilitate) 리더십으로 리더는 문제를 집단에 설명하고, 문제의 본질과 한계를 정의한 후에 집단의 토의 과정을 촉진시키면서 집단 스스로 의사결정을 하게끔 유도하는 유형이다.

다음으로 일곱 가지 상황은 다음과 같다(Vroom & Jago, 1988). 첫째, 의사결정의 중요성으로 의사결정 문제가 의사결정의 질을 요구하고 있는가에 관한 것이다. 둘째 리더가 합리적이고 우수한 의사결정을 위해 충분한 정보를 가지고 있는가에 관한 것이다. 셋째, 해결해야 할 문제가 구조화되어 있는가에 관한 것이다. 넷째, 의사결정의 결과에 대한 부하들의 수용 여부가 그 의사결정의 효과적인 실행에 중요한 역할을 하고 있는가에 관한 것이다. 다섯째, 만약 혼자서 단독적으로 의사결정을 한다면, 그 결정이 부하들에 의해 수용되리라고 확신할 수 있는가에 관한 것이다. 여섯째, 이 같은 문제 해결을 통해 달성될 수 있는 조직목표가 무엇이라는 것을 부하들도 알고 있는가에 관한 것이다. 일곱째, 무엇이 더 나은 해결책인가에 대해 부하들 간에 갈등이나 의견의 불일치가 있을 가능성이 있는가에 관한 것이다. 이러한 일곱 가지 상황에 따라 그 상황에 적합한 의사결정의 유형이 결정되어야 한다고 주장했다.

리더-참여 모형은 다소 복잡하다는 단점이 있다(House & Aditya, 1997). 이러한 단점을 극복하기 위해 브룸은 상황을 정확히 빠르게 평가하여 부하 직원의 참여의 정도를 결정하는 데 도움을 줄 수 있는 전문가용 소프트웨어를 개발했다.

4) 수직적-쌍방 관계 연결이론

그랜(Gearge Graen)과 단세로(Fred Dansereau)가 개발한 수직적-쌍방 관계 연결이론(vertical-dyad linkage model)은 리더와 각각의 부하 간의 관계가 서로 다를 수 있다는 것을 강조하는데(Moorhead & Griffin, 2004 : 358), 여기서 수직적-쌍방 관계란 리더와 각각의 부하가 이루는 쌍(pair)을 의미한다(Dansereau, Graen, & Haga, 1975; Graen & Cashman, 1975). 또한 이 모형에서 수직적이라는 용어를 사용하는 이유는 리더와 부하 직원 간의 관계가 계층제의 상하 관계에 기초를 두고 있기 때문이다(Steers & Black, 1994 : 418-419).

이 이론은 이전의 리더십이론들과는 다르게 리더가 모든 부하에게 동일한 행동을 하는 것이 아니라는 것을 제시한다. [그림 3-2-5]는 이 이론의 기본적 개념을 보여준다.

이 이론에 의하면, 리더는 자신이 신뢰하는 소수의 부하들과 내집단(內集團, in-group)을 형성해서 그들과 특별한 관계를 맺는다고 한다. 일반적으로 이러한 내집단은 책임과 자율성이 있는 특별 임무를 수행하며, 이에 따라서 특권도 누린다. 내집단에 속하지 않는 부하들을 외집단(外集團, out-group)이라고 하며, 리더와 함께 하는 시간이 적고 리더의 관심을 적게 받는다.

[그림 3-2-5]에서 보는 바와 같이 리더는 각각의 부하와 1 대 1의 관계를 맺는다. 리더는 부하들과 상호작용을 하는 초기에 내집단 관계나 외집단 관계를 맺는다. 리더가 어떤 방식으로 이러한 결정을 하는지 분명하지는 않지만, 리더와 부하 간의 상호

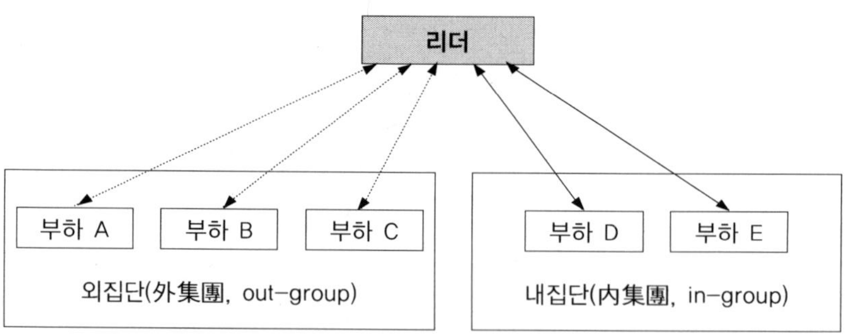

그림 3-2-5 수직적-쌍방 관계 연결이론

자료: Moorhead & Griffin(2004: 358)

적합성(compatibility)과 부하의 능력에 따라 결정되기도 한다. 이러한 내집단과 외집단의 존재는 연구 결과 확인되었고, 이러한 연구들에 의하면 내집단의 구성원들은 일반적으로 외집단의 구성원들보다 근무 성과와 만족도가 높다고 한다(Duchon, Green, & Taber, 1986 : Vecchio & Gobdel, 1984).

5) 허시와 블랜차드의 리더십상황이론

허시(Paul Hersey)와 블랜차드(Kenneth Blanchard)의 이론은 리더의 행동을 과업행동(task behavior)과 관계성 행동(relationship behavior)의 두 가지로 구분하고 부하의 성숙도(maturity)를 상황 변수로 채택했다(Hersey & Blanchard, 1982, 1984).[1] 즉, 리더의 행동은 부하의 성숙도에 따라 달라져야 한다는 것이다. 여기서 성숙도라고 하는 것은 두 가지 요소, 직무상의 성숙도(job maturity)와 심리적 성숙도(psychological maturity)로 이뤄지는데, 직무상의 성숙도는 부하의 과업 관련 기술과 기술적 지식의 정도를 의미하고, 심리적 성숙도란 부하의 자신감과 자존심의 정도를 나타낸다.

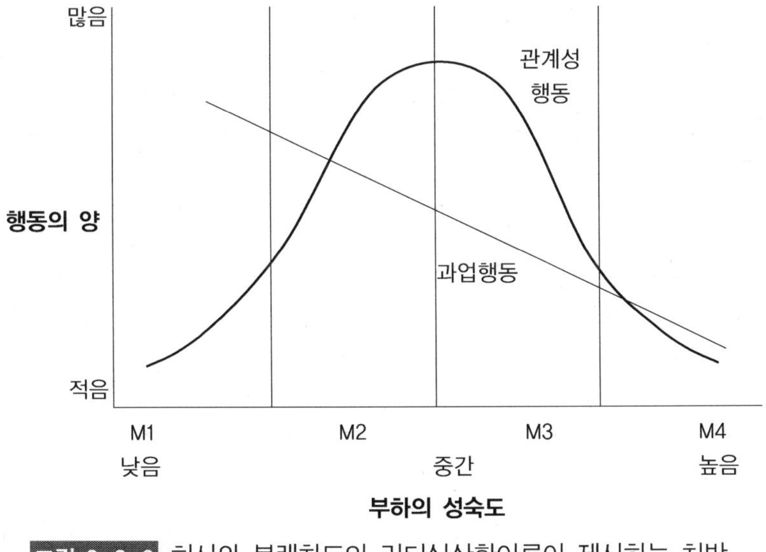

그림 3-2-6 허시와 블랜차드의 리더십상황이론이 제시하는 처방

자료: Moorhead & Griffin(2004: 359)

1) 이들은 나중에 성숙도를 준비성(readiness)이란 용어로 바꿔 사용하고 있으나 그 기본 내용은 유사하다.

[그림 3-2-6]에 제시되어 있는 허시와 블랜차드의 주장을 요약하면 다음과 같다(Moorhead & Griffin, 2004 : 359).

첫째, 부하의 성숙도가 낮은 상황일 경우에는 부하의 역할, 목표, 표준, 절차 등의 설정에서 리더가 매우 지시적인, 즉 과업행동이 효과적이다.

둘째, 부하의 성숙도가 중간 정도의 상황에서 리더는 부하에게 깊은 관심을 가지고 부하가 갖고 있는 문제 해결에 지원적이며 의사결정 과정에 부하를 참여시키도록 노력하는 관계성 행동이 효과적이다.

셋째, 부하의 성숙도가 높은 상황에서 효과적인 리더의 행동은 부하에게 권한을 대폭 위임해 주어 부하 스스로 과업을 수행할 수 있도록 배려해 주는 것이다.

이 이론은 일반 조직관리자들의 흥미는 많이 끌었지만, 과학적 타당성은 아직 입증받지 못했다. 따라서 기계적으로 이 이론을 조직 내에 적용하는 것은 아직 어렵다고 할 수 있다.

6) 리더십 대체물 접근법

커와 저미어(Kerr & Jermier, 1978)의 리더십 대체물 접근법(leadership substitutes approach)은 리더십의 중요성을 감소시키는 상황적 요인을 대체물(substitutes)과 중화물(neutralizers)로 나눠 설명하고 있다. 대체물이란 리더의 행동을 필요 없게 하는 부하의 특성, 과업 및 조직의 특성 같은 상황 요인이다. 즉, 어떤 상황 요인이 존재하는 경우 부하는 리더의 지시 없이도 자신의 직무를 성공적으로 수행할 수 있다는 것이다. 중화물이란 리더가 취한 행동의 효과를 약화 내지 중화시키는 상황 요인이다.

리더가 취하는 행동을 필요 없게 하거나 행동의 효과를 약화 내지 중화시키는 부하의 특성으로는 부하의 능력, 경험, 훈련, 지식, 독립에 대한 욕구, 전문가 지향 성향(professional orientation), 조직이 제공하는 보상에 대한 무관심 등이 있다. 예를 들어 자신의 직무를 수행할 능력과 기술을 가지고 있으면서 독립에 대한 욕구가 강한 부하는 리더의 지시가 거의 필요 없고, 나아가 그러한 지시를 싫어할 수도 있다는 것이다.

수행하는 과업이 일상적이면서 구조화되어 있고, 결과에 대한 환류(feedback)가 빈번하게 되며, 과업 그 자체로 만족감을 느끼는 경우도 리더의 행동을 중요하지 않게 만든다. 예를 들어 과업 그 자체를 통해 부하들이 어느 정도 만족을 느낀다면, 리더의 지원적 행동이 불필요할 수도 있다는 것이다.

지금까지 수행된 연구들은 대체로 리더십 대체물과 중화물의 존재를 어느 정도 인정하고 있지만, 다른 잠재적 대체물과 중화물들을 파악하고 그것들이 리더십 효과성에 미치는 영향을 제시하기 위해서는 더 많은 연구가 필요하다(Howell, Bowen, Dorfman, Kerr, & Podsakoff, 1990).

7) 유클의 다중연결모형

유클(Gary A. Yukl)의 다중연결모형(多重連結模型, multiple linkage model)은 리더의 11가지 행동[2])을 원인 변수로 보면서 여섯 가지의 매개 변수와 세 가지 종류의 상황 변수를 이용하여 부서의 효과성(unit effectiveness)을 설명한다(Yukl, 1989 : 123-146). 여기서 여섯 가지 매개 변수란 1) 부하들의 노력(subordinate effort), 2) 부하들의 능력 및 역할 명료성(subordinate ability and role clarity), 3) 과업의 조직화(organization of the work), 4) 집단 내 협동 및 응집력(cooperation and cohesiveness), 5) 업무 수행을 위한 자원 및 지원(resources and support)의 제공, 6) 다른 부서와의 업무 조정(external coordination)의 원활성 등이다. 또한 상황 변수는 1) 매개 변수에 직접적으로 영향을 미치고 집단 성과에 간접적으로 영향을 미치는 것, 2) 집단 성과의 결정 요인으로 매개 변수의 상대적 중요성을 결정하는 것, 3) 리더의 행동이 매개 변수에 미치는 영향을 상황적으로 조절하는 것 등으로 분류할 수 있다.

유클의 다중연결모형은 리더십의 여러 선행 연구를 기초로 개발되었으며, 기존의 이론들을 집대성한 것인데, 가장 큰 문제는 이론의 복잡성으로 인해 실증적으로 그 타당성을 검증한다는 것이 상당히 어렵다는 것이다. 그러나 이창원(1991, 1994)의 연구들을 통해 다중연결모형의 타당성이 어느 정도는 입증되었다고 할 수 있다. 즉, 그의 연구에서 연구 대상 부서에 대한 상황분석은 기본적으로 다중연결모형을 이용해 효과적인 리더의 행동들을 도출해 냈는데, 관리행동 교육의 결과 이러한 행동들이 모

---

2) 11가지 행동은 명확화(clarifying) 행동, 지원적(supporting) 행동, 갈등관리 및 협동심 제고(managing conflict and team building) 행동, 동기 유발(motivating) 행동, 인정 및 보상적(recognizing and rewarding) 행동, 계획 및 조직화(planning and organizing) 행동, 문제 해결(problem solving) 행동, 협의 및 권한 위양(consulting and delegating) 행동, 통제 및 정보 수집(monitoring) 행동, 정보 전파 행동(informing), 교제망 개발 및 유지(networking) 행동 등이다. 각 행동의 정의 및 자세한 설명은 유클(Yukl, 1989)의 저서 『조직 내 리더십(*Leadership in Organizations*)』(2nd ed.) 제7장에 있다.

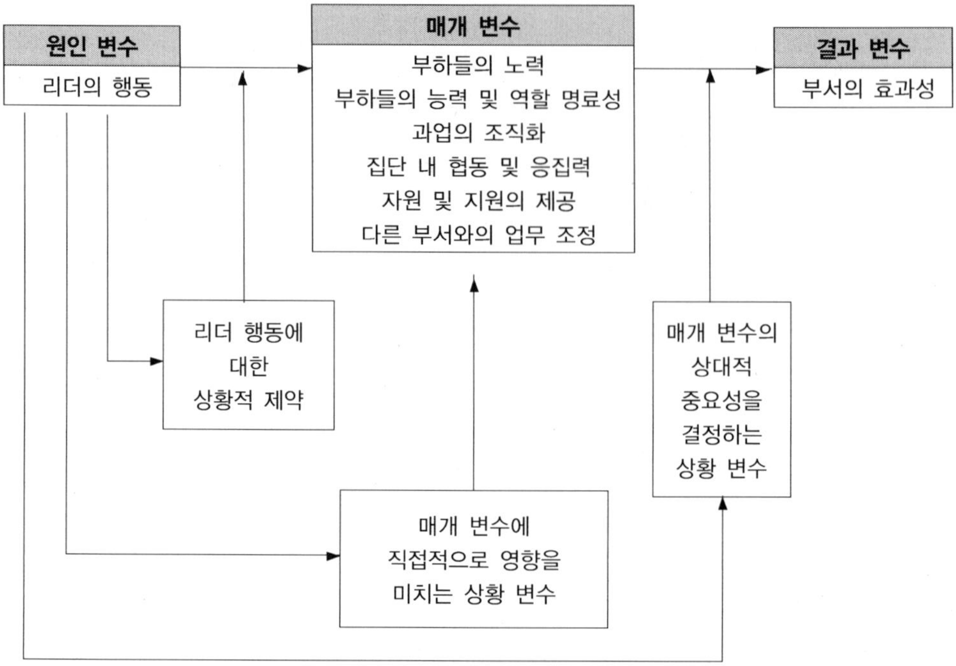

그림 3-2-7 유클의 다중연결모형

자료: Yukl(2010: 180)

두 실증적으로 효과적인 리더의 행동으로 확인된 것은 다중연결모형의 타당성을 제시하는 데 도움을 주는 것이라 하겠다. 물론 이 이론은 정교한 이론이라기보다는 하나의 개념적 틀(conceptual framework)로 보는 것이 타당하다고 할 수 있다.

8) 상황 접근에 대한 비판

지금까지 살펴본 이론들을 포함해서 리더십의 상황 접근이 공통적으로 갖고 있는 문제점들을 요약하면 다음과 같다(이창원, 1991, 1994; Yukl, 1989 : 79-80, 119-121).

첫째, 리더십 효과성에 관해 수행된 기존 실증적 연구들의 대부분이 실제적으로는 리더의 행동(또는 특성)과 리더십 효과성의 관계에 영향을 미칠 수 있는 여러 가지 상황 변수(예 : 부하의 특성, 과업의 특성, 작업집단 및 조직의 특성에 관계되는 여러 변수들)를 종합적으로 분석하는 대신에, 단지 한두 가지의 상황 변수만을 편의적이면서 선택적으로 사용하여 상황을 분석한 것이 사실이다. 리더의 행동(또는 특성)과 리더십 효과성의 관계를 좀 더 효과적으로 파악하기 위해서는, 양 변수 간의 관계에 영향을 미칠 수 있는 상황에 대한 종합적인 분석이 필요하다.

둘째, 행태론적 접근법과 마찬가지로 대부분의 연구가 이요인분류법을 이용하여 리더의 행동을 너무 광범위한 두 가지 범주로 단순하게 구분해 왔다는 점을 들 수 있다.

셋째, 역시 행태론적 접근법과 마찬가지로 대부분의 연구가 리더의 행동과 집단 성과(또는 조직 성과)를 동시에 한번 측정하는 정태적 상관 관계 분석 방법에만 너무 의존함으로써 리더의 행동과 집단 성과(또는 조직 성과) 간의 인과 관계를 파악하기가 어렵다.

넷째, 현대의 리더는 대개 지나치게 바쁘고 또한 다양한 업무를 동시에 수행해야 하는데, 이러한 경우 업무를 수행하다가 멈춰서 상황을 분석하고, 그러한 분석에 따라 적합한 관리행동을 파악하며 그 행동을 수행한다는 것이 상당히 비현실적이라는 것이다 (McCall, 1977). 또한 일반적으로 리더가 업무를 수행하면서 직면하게 되는 상황은 매우 다양하기 때문에 주어진 상황에서 적합한 리더의 행동은 한 가지가 아니라 매우 다양하다는 것도 상황론적 접근법을 실제 조직의 현장에서 적용하는 데에 제한적 요인으로 작용한다.

다섯째, 특성론적 접근법과 행태론적 접근법이 지나치게 일반적인 원리(general principles)를 파악하는 데만 주력했다면, 상황론적 접근법은 지나치게 수많은 단편적 상황마다 그러한 상황에 적합한 리더의 행동이나 특성을 파악하는 데 주력했다. 리더에게 필요한 것은 일반적이면서도 상황적합적인 요소를 갖춘 이론이다. 즉, 리더가 쉽게 적용할 수 있는 일반적인 원리가 있으면서도 그러한 원리 내에서 그들이 상황을 판단할 수 있고, 그러한 판단을 통해 몇 가지 대안 중 어떠한 선택을 할 수 있는 이론이 필요한 것이다.

제 3 절 현대적 접근법

1980년대에 들어오면서 리더십 분야의 연구자들은 추종자들의 입장에서 리더가 어떻게 보여지는지에 관심을 가지기 시작했다. 대표적으로 변혁적 리더십과 카리스마적 리더십 이론 등이 있다. 이러한 이론들은 합리적 과정보다는 감정과 가치관의 중요성을 강조했다(Yukl, 2006).

지금까지 살펴본 거래적 리더십, 구조 주도, 배려[3] 등의 리더십을 통합하면 앞의 1절에서 살펴본 '전통적 리더십(traditional leadership)'이라고 부를 수 있다. 이러한 전통적 리더십과 현대적 리더십은 쉽게 구분된다. 합리적 과정이나 교환 과정의 중요성을 강조하는 전통적 리더십과는 다르게, 현대적 리더십은 감정 및 가치관이나 상징적인 행태의 중요성과 어떠한 사건을 부하의 입장에서 볼 때 의미 있게 만드는 리더의 역할을 강조한다(Yukl, 1999b). 따라서 여기에서는 변혁적 리더십을 포함해서 비교적 최근 새롭게 등장한 리더십이론들을 소개하고자 한다.

1 카리스마적 리더십

베버(Max Weber)가 처음으로 사용한 카리스마의 개념은 원래 '신이 부여한 은총의 선물'이라는 신학적 개념이었다. 그는 카리스마적 리더란 위기시 사람들을 구원할 수 있는 해결책을 지니고 출현하는 신비스럽고, 자아도취적이며, 사람들을 끌어들이는 흡인력을 지닌 사람이라고 보았다. 베버는 조직에서 한 사람의 특출한 능력이 신 대신 동료나 하위자들에 의해 부여됨으로써, 조직이 형성되고 발전되어 나가는 것을 이해하기 위해 카리스마의 개념을 적용시켰던 것이다(Trice & Beyer, 1986: 113-164).

지금까지 제시된 카리스마적 리더십 관련 연구들 중에서 베버의 이론을 제외하고

3) 구조 주도·배려와 거래적 리더십은 구분이 가능하다. 구조 주도는 과업에 대한 성취 지향적 리더 행동으로 과업을 구조화하고 과업 요건을 명확히 하는 리더 행동을 의미하고, 배려는 부하들과 좋은 관계를 유지하는 것을 지향하는 리더의 행동이라고 할 수 있다. 거래적 리더십은 부하의 성과와 조직의 보상을 상호 교환하는 리더십으로 성과에 대한 적절한 보상의 약속과 이행을 핵심으로 한다. 이렇게 볼 때, 구조 주도와 배려는 반드시 부하의 성과와 연계된 리더의 행동이라고 할 수 없으며(Seltzer & Bass, 1990), 거래나 교환의 의미도 갖지 않으므로 거래적 리더십과 상호 독립적이다(Bryman, Stephens, & Campo, 1996). 경험적 연구에서도 구조 주도·배려·거래적 리더십은 서로 분리되어 다뤄지고 있다(예: Dorfman, Howell, Hibino, Lee, Tate, & Bautista, 1997; Ehrlich, Meindl, & Viellieu, 1990; Podsakoff, MacKenzie, & Fetter, 1993).

일반이론이라고 평가되는 것으로는 하우스(Robert J. House)의 이론과 바스(Bernard M. Bass)의 이론, 그리고 콩거(Jay A. Conger)와 카닝고(Rabindra N. Kanungo)의 이론 등이 있다(이창원 · 명승환 · 임영제, 2004 : 522-523).

하우스(House, 1977)는 카리스마적 리더를 "개인적인 능력에 의해 부하들에게 특별한 영향을 미칠 수 있는 리더"로 기술하면서, 어떤 리더가 카리스마적 리더로 인정되는 여부는 다음 여덟 가지 요인에 의해 결정된다고 보았다. 즉, 1) 리더의 신념이 옳다는 부하들의 신뢰, 2) 리더의 신념과 부하의 신념과의 유사성, 3) 리더에 대한 부하들의 무조건적인 수용, 4) 리더에 대한 부하들의 애착, 5) 리더에 대한 부하들의 자발적인 복종, 6) 조직의 사명에 대한 부하들의 감정적인 몰입, 7) 부하들의 높은 성과목표, 8) 조직 임무의 성공에 기여할 수 있다는 부하들의 신념이 그것이다.

한편, 바스(Bass, 1985)는 카리스마적 리더의 행동 패턴에 대한 여러 설문조사 결과를 종합한 후 다음과 같은 사실을 제시했다. 즉, 카리스마적 리더는 1) 모든 사람에게 자신들이 맡은 바에 열(熱)과 성(誠)을 다하도록 만들며, 2) 조직에 대한 충성심을 고취시키며, 3) 모든 사람으로부터 존경을 받고, 4) 무엇이 진정으로 중요한지를 알아내는 특출한 능력을 지니고 있을 뿐 아니라, 5) 사명감을 갖고 있으며 부하들에게 흥분을 불러일으킨다는 것이다.

카리스마적 리더의 특성을 다시 요약한다면 1) 뛰어난 비전, 2) 개인적 위험의 감수, 3) 관습에 얽매이지 않는 전략의 구사, 4) 상황에 대한 정확한 평가, 5) 부하들에 대한 계몽, 6) 자신감의 전달, 7) 개인적 권력의 활용 등이다(Conger & Kanungo, 1987 : 637-647).

지금까지 카리스마적 리더십에 대한 연구에서 가장 논란이 많은 부분은 카리스마가 리더의 속성에 의해 발현되는 것인지, 상황 조건에 의해 발현되는 것인지, 아니면 리더와 추종자들 간의 영향력 행사 과정에서 발현되는 것인지의 여부다. 이것은 마치 기존의 리더십 연구의 주요 조류인 특성이론, 행동이론, 상황이론에서 발생되는 논란과 비슷하다 하겠다. 최근의 연구 흐름을 살펴보면 초창기에 강조되던 카리스마적 리더의 특성과 행동보다는, 그러한 리더의 특성과 행동에 대한 추종자들의 지각이 카리스마적 리더십의 핵심 변수라는 쪽으로 비중이 모아지고 있다. 그러한 지각은 리더십이 발휘되는 상황적 맥락과 추종자의 개인적 · 집단적 욕구에 의해 영향을 받는 것으로 판단되고 있다. 어쨌든 카리스마적 리더십 연구는 그 개념적 확장을 거듭해 왔다고 볼 수 있으며, 기존의 리더십 연구들을 종합할 수 있는 통합적 모형 구축의 가능성을 시사한다. 그 대표적인 것이 카리스마적 리더십의 자기개념이론이다.

아울러 카리스마적 리더십이론은 사회과학의 여러 연구 결과들을 통합해서 개발되었으며, 이 이론의 중요한 공헌은 카리스마적 리더십을 검증 가능한 일련의 주장으로 표현했다는 데 있다(Nadler & Tushman, 1990).

2 변혁적 리더십

변혁적인 리더(transformational leader)는 인본주의 · 평등 · 평화 · 정의 · 자유와 같은 포괄적이고도 높은 수준의 도덕적인 가치와 이상에 호소하여 부하들의 의식을 더 높은 단계로 끌어올리려 한다. 번스(James M. Burns)에 의하면, 변혁적 리더십은 하나의 과정이기 때문에 반드시 리더와 부하와의 관계만이 아닌 동료들 간이나 혹은 하위 리더들 간의 영향력 과정도 포함된다. 즉, 변혁적 리더십은 조직 내의 어느 위치에 있는 사람에게도 발휘될 수 있는 것이다(Burns, 1978).

바스와 아볼리오(Bass & Avolio, 1990)에 의하면, 변혁적 리더십은 1) 카리스마적 리더십(charismatic leadership) : 리더가 난관을 극복하고 현상(status quo)에 대한 각성(disenchantment)을 확고하게 표명함으로써 부하에게 자긍심과 신념을 심어 줌, 2) 영감적 리더십(inspirational leadership) : 리더가 부하로 하여금 도전적 목표와 임무, 미래에 대한 비전을 열정적으로 받아들이고 계속 추구하도록 격려함, 3) 개별적 배려(individualized consideration) : 리더가 부하에게 특별한 관심을 보이고 각 부하의 특정한 요구를 이해해 줌으로써 부하에 대해 개인적으로 존중한다는 것을 전달함, 4) 지적 자극(intellectual stimulation) : 리더가 부하로 하여금 형식적 관례(conventional practice)와 사고(thinking)를 다시 생각하게 함으로써 새로운 관념을 촉발시킴 등 네 가지 요인으로 구성되어 있다.

그런데, 앞에서 살펴본 배려와 변혁적 리더십의 한 가지 요인인 개별적 배려는 경험적으로, 그리고 개념적으로 분명한 차이가 있는 것으로 보인다(Seltzer & Bass, 1990). 배려는 리더가 수행하는 일련의 관계 지향적 행동으로 측정되는데, 논란의 여지는 있지만 이러한 행동의 영향으로 부하는 리더를 받아들이고 리더에 대해 만족하게 된다. 반면에 개별적 배려는 개별 부하와 그들의 발전에 대한 리더의 관심을 통해 변화를 추구하는 리더의 행태를 측정하는 것이다. 따라서 개별적 배려는 부하에게 지원과 격려를 제공하며 리더가 코치(coach)와 같은 역할을 수행하는 행동들을 포함한다 (Yukl, 2002 : 254).

3 서번트 리더십

서번트 리더십(servant leadership)은 인간 존중을 바탕으로 구성원들이 업무 수행에서 잠재력과 기량을 충분히 발휘할 수 있도록 도와 주는 리더십으로서, 구성원들이 공동의 목표를 이뤄 나갈 수 있도록 환경을 조성해 주고 도와 주는 섬기는 리더십이다 (강정애 외, 2009 : 289).

서번트 리더십은 그린리프(Greenleaf, 1977)의 에세이 제목인 '리더로서 서번트(The Servant as Leader)'에서 출발했다. 서번트는 아랫사람의 의미를 가지고 있는 반면 리더는 윗사람의 의미를 가지고 있다. 이와같이 서로 상반되는 개념으로 이해되는 서번트와 리더의 역할을 한 명으로 통합할 수 있는가? 그린리프는 '그렇다'라고 대답했다. 그린리프(Robert K. Greenleaf)에 의하면 추종자들에 대한 봉사는 리더의 최우선적인 책임이며 윤리적 리더십의 핵심이다. 봉사란 부하들을 육성하고, 지지하고 위임하는 것을 포함한다. 그러므로 서번트 리더십은 다른 사람을 우선적으로 섬기고 싶다는 자연스런 느낌에 기초하고 있어, 리더는 우선적으로 다른 사람에게 서번트가 되어야 한다 (이상호, 2009 : 258-259).

서번트 리더십은 구성원의 인지 여부와는 상관없이 부하들을 지원하는 데 리더를 그룹 내에서 권력의 핵심에 두고 있지 않다 (Smith et al., 2004). 스피어스(Spears, 1995)는 서번트 리더십을 모든 인간의 존엄성과 가치에 대한 믿음에서 출발하여 리더의 권위는 추종자로부터 기인한다는 민주적 원칙에 입각한 리더십이라고 표현했다 (신구범, 2009 : 89).

그린리프는 섬기는 자로서 리더는 존중, 봉사, 정의, 정직, 공동체 윤리 등 다섯 가지 원칙을 강조했다. 서번트 리더십에서 리더의 목적은 섬김을 하는 것이다. 서번트 리더십과 앞서 설명한 변혁적 리더십은 많은 공통점이 있지만 역할과 도덕적 요소

표 3-2-5 서번트 리더십과 변혁적 리더십 이론의 비교

	서번트 리더십	변혁적 리더십
리더의 역할	구성원을 섬김	규범적 조직목표 추구를 위해 구성원을 영감적으로 고취시킴
부하의 역할	더 현명하고 자유롭고 자율적이 됨	조직의 목표를 추구하게 됨
도덕적 요소	명시됨	명시되지 않음
기대되는 결과	구성원들의 만족, 개발, 서비스에 대한 몰입, 사회적 개선	목표 일치, 노력 증대, 만족, 생산성, 조직 이익
개인 수준	섬기려는 욕망	이끌려는 욕망
대인 간 수준	리더가 부하를 섬김	리더가 부하를 고무시킴
집단 수준	리더는 구성원 욕구를 충족시키기 위해 집단을 섬김	리더는 집단목표를 추구하기 위해 집단을 결합함
조직 수준	리더는 조직이 공동체를 섬기도록 준비시킴	리더는 조직목표를 추구하기 위해 구성원을 고취시킴
사회 수준	리더는 사회의 개선을 위해 긍정적 유산을 남김	리더는 명확한 목표를 추구하도록 국가나 사회를 고취시킴

자료: 이상호(2009: 268).

등에서 차이가 있다.

바부토와 휠러(Barbuto & Wheeler, 2006: 305)는 서번트 리더십과 변혁적 리더십의 개념적 차이를 <표 3-2-5>와 같이 비교했다.

4 셀프 리더십과 수퍼 리더십

셀프 리더십(self leadership)은 조직 내에서 리더만이 아니라 구성원 모두가 스스로를 관리하고 이끌어가는 리더십 능력을 발휘해야 한다는 이론이다. 셀프 리더십에서 부하는 자기방향성과 통제력을 가지고 자신을 리드하고, 리더는 부하들이 그러한 능력을 가지도록 촉진하고 지원하는 역할을 한다(강정애 외, 2009: 288).

셀프 리더십은 개인이 그들 자신의 행동을 통제하기 위한 일련의 과정이라고 정의하고 있다(김지성 외, 2007: 463). 셀프 리더십은 과업이나 직무를 수행하기 위해 필요한 자기 주도와 자기 동기부여를 이루기 위해 스스로 자신에게 영향력을 행사하는

표 3-2-6 셀프 매니지먼트와 셀프 리더십

셀프 매니지먼트	-조직이 외적으로 정한 운영 기준에 벗어나지 않도록 하는 것 -일과 구별되면서 그것을 완수하면 받는 보상을 강조(외적 보상에 대한 자기관리) -조직이 정한 기준에 맞추기 위해 어떻게 일을 완수할 것인가에 대해 스스로 영향력을 행사하는 것
셀프 리더십	-내적으로 발생한 것보다 높은 기준에 맞추는 것 -직무 관련 행동을 수행하면서 따라오는 내재적 보상을 강조 -조직이 정한 기준을 어떻게 달성할 것인가 이외에 무엇을 왜 해야 하는가를 포함

자료: 이상호(2009: 295).

과정이다. 즉, 리더가 부하에게 영향을 미치는 일반적인 리더십과는 달리 자기가 자기 자신에게 스스로 영향을 미치는 과정이다(김해룡 · 김쌍언, 2009: 204).

셀프 리더십은 셀프 매니지먼트의 개념적 확대로 나타나게 되었는데, 셀프 매니지먼트는 해야만 하는 것에 초점을 두고, 셀프 리더십은 하고 싶은 것에 초점을 맞추고 있으면서 자기 통제의 더 높은 기준 강조와 내재적 동기부여의 역할을 중시한다. <표 3-2-6>은 셀프 매니지먼트와 셀프 리더십의 특징에 대한 설명이다.

수퍼 리더십은 다른 사람들이 스스로 자신들을 리드해 갈 수 있도록 도움을 주는 리더십 개념이다. 따라서 수퍼 리더십은 셀프 리더십의 관점에서 접근해야 한다. 수퍼 리더십은 각 구성원들이 셀프 리더십을 갖도록 하는 것인데, 셀프 리더십에 대한 새로운 개념이다. 사람에게는 커다란 잠재 능력이 있다는 확신을 가지고 사람들의 잠재 능력과 최선의 노력을 끌어내고 개발하는 리더십이다(이상호, 2009: 302).

5 팔로어십

흔히 리더십과 팔로어십을 별개의 개념으로 생각하는 경향이 있다. 그러나 실제 우리 주변의 조직을 살펴보면 리더십과 팔로어십은 결코 다른 개념이 아닌 동전의 양면처럼 긴밀하게 공존하면서 지속적인 상호작용을 통해 존재를 지켜나가는 것을 알 수 있다. 어떤 학자는 "최고의 리더는 팔로어에게 요구를 잘 하는 사람이 아니라 팔로어의 상황적 요구를 가장 잘 들을 수 있는 사람이다"라고 했다(신인철, 2007: 55-57).

팔로어십(followership)은 리더와 효과적인 추종자들 간의 상호작용을 하는 것을 강조한다. 효과적인 추종자들이 그들의 행태면에서 적극적이고 책임적이며, 자율적이고 비판적인 사고를 한다는 것이다(민진, 2009 : 223).

21세기 지식기반 사회에서 조직의 역량은 소수의 관리자들에게만 의존할 수 없고, 창의적인 사고를 가진 직원들로부터 창출된다. 따라서 조직의 가장 소중한 자산은 리더뿐 아니라 팔로어이기도 하다. 팔로어는 숫자상으로 리더보다 훨씬 많기 때문에 조직 성과에도 중대한 역할을 한다(김미경 · 김경환, 2009 : 279). 켈리(Kelley, 1992)는 그의 저서 『팔로어십의 힘(*The Power of Followership*)』에서 "조직의 성공에서 리더가 기여하는 것은 많아야 20% 정도이고 그 나머지 80%는 팔로어들의 기여로 볼 수 있다"고 했다. 팔로어는 리더의 또 다른 이름이며 팔로어십 또한 리더십의 또 다른 이름으로 인식하는 것이 현명하다. 자신이 원하는 바를 정확하고 즉각적으로 리더에게 알려 주고 표현할 수 있는 능력, 그것이 성공적인 팔로어십의 중요한 요소가 된다(신인철, 2007 : 44-194).

6 윤리적 리더십

최근 기업의 사회적 책임과 윤리 경영의 중요성이 대두되면서 기업의 이익과 윤리에 대한 균형적인 사고의 틀이 강조되고 있다. 윤리적 리더십이 대외적으로 조직의 이미지와 신뢰도를 높여 고객 만족과 조직의 이익, 사회 기여를 증가시킬 것이다.

브라운(Brown, 2005)은 윤리적 리더십을 "리더의 행동과 대인 관계상에 규범적으로 적합한 행동의 모범을 보이며, 상호간 원활한 의사소통과 적절한 강화물의 제공을 통해 부하들로 하여금 적합한 행동을 하도록 촉진하는 것"이라고 정의하고 있다. 아리스토텔레스의 사상에 기반을 둔 윤리적 리더십은 타인을 존중하고, 타인을 섬기고, 공정성과 정의에 관심을 기울이고, 정직한 리더다. 또한 공동체를 확립하는 리더다(장준호 · 조용현, 2009 : 183).

윤리적 리더는 다른 사람들에게 도움을 주기 위해 자신의 카리스마를 건설적인 방법으로 이용한다. 최고경영자는 조직의 도덕적 분위기를 주도하기 때문에 높은 윤리적 기준을 세우고, 행동하고 타인의 성실을 격려하고 보상해 주어야 한다(김지성 외,

2007 : 465).

제 4 절 한국 행정조직에서 리더십에 관한 연구

김대건(2006)은 정부조직의 개혁과 혁신의 성공은 궁극적으로 현재의 조직이 가지고 있는 조직의 관성(organizational inertia)과 조직의 경로의존성(organizational path-dependent)을 창조적이고 바람직한 방향으로 변화시키는 것에 달려 있는데, 개인이 가진 혁신적 개인 리더십만으로는 지속성 있는 조직 성과 혁신을 유도하기가 쉽지 않다. 이런 맥락에서 지속 가능한 정부혁신과 고성과 조직을 위한 조직 차원의 리더십, 즉 조직 리더십이 필요하다고 보았다. 이 연구는 조직 리더십에 대해 개념화를 시도했고, 조직 리더십을 위한 측정지표를 도출했다. 그리고 조직 리더십이 조직 성과와 조직혁신에 어떤 영향을 미치는지 개인 리더십과 함께 분석했다. 그 결과 조직 성과와 조직혁신에 대해 조직 리더십이 중요한 영향을 미치는 것으로 나타났다.

정윤길 · 이규만(2007)은 변혁적 리더십과 집단 효능감 및 팀 유효성, 즉 팀 몰입, 팀 성과 간의 관계를 규명하고 나아가 집단 효능감의 매개 효과를 검증하기 위해 정부투자기관 근무자를 대상으로 한 실증연구를 했다. 변혁적 리더십은 집단 효능감과 유의한 관계가 있는 것으로 나타났으며, 집단 효능감 역시 팀 몰입 및 팀 성과에 정(+)의 영향을 미치는 것으로 입증되었다. 또한 집단 효능감은 변혁적 리더십과 팀 유효성 간의 관계에서 부분 매개 역할을 하는 것으로 나타났다.

류은영 · 유민봉(2008)은 정부조직의 리더 행동 유형이 부하의 혁신 행동에 미치는 일반적인 영향에 대해 감성 지능의 매개 역할을 파악하고, 이들 간의 구조적 인과 관계와 매개 효과를 분석하기 위해 경로분석과 매개회귀분석을 했다. 연구 결과 첫째, 리더십 행동 유형과 혁신 행동에 미치는 직접적인 관계는 변혁적 리더십 중 카리스마와 지적 자극에 한해서 유의했다. 둘째, 변혁적 리더십 중 카리스마 및 지적 자극과 거래적 리더십 중 상황적 보상이 리더 감성 지능이라는 매개 변수를 거쳐 혁신 행동에 영향을 미치는 것으로 나타났다. 특히 상황적 보상은 혁신 행동과의 직접적인 관계는 유의하지 않고, 리더 감성 지능의 매개 효과를 거쳐야만 혁신 행동을 유발하는 완전 매개 효과를 확인했다.

이창원 · 임영제(2008)는 이론적으로 타당한 것으로 당연시되고 있는 변혁적 리더십 이론에 관한 여러 각도에서의 문제 제기를 주요 주제로 삼고 연구를 진행했다. 국내외의 연구들은 리더십과 효과성과의 관계, 리더십과 효과성을 매개하는 다양한 매개 변수를 연구하는 것으로 대별되는데, 이 연구에서는 조직시민행동, 성격, 감성 지능, 신뢰, 비교문화 연구, 기타 변수, 질적 연구 등으로 나눠 고찰했다. 이러한 변혁적 리더십 이론은 효과적 리더십의 특성에 대한 중요한 통찰력을 제공했지만, 변혁적 리더십에 관한 많은 연구가 개념화 및 측정에서 다양한 문제(개념적 문제점과 방법론적 문제점)를 갖고 있는 것으로 나타났다.

제 5 절 정보사회의 리더십

정보사회의 리더는 고전적 · 관료제적인 문제 해결 방법으로부터 많은 사람과의 협력을 포함하는 민주적인 과정으로 전환하기 위한 '변화의 담당자'가 되어야 하고(권기헌, 1997 : 218-219), 그러한 변화의 출발점은 공공정책과 행정 목표를 집합적으로 하기 위해 조직구성원들의 잠재력을 고양시키는 문제로부터 시작되어야 한다. 정보화사회에서 효과적인 리더는 조직구성원들의 사고 형태와 가정들을 '조직인간주의'의 방향으로 변화시켜야만 하는데, 여기서 '조직인간주의'의 가정과 원칙이란, 1) 인간은 완전성을 향한 꾸준한 경향이 있다. 2) 평등한 기초 위에서 인간의 존엄성이 보호되고, 인성이 개발되어야 한다. 3) 조직구성원들은 정책을 결정하고 통제하는 데 합의의 근원이 되어야 한다. 4) 조직의 변화는 대안에 대한 충분한 인식과 참여자에 의한 합의의 결과로 이뤄져야 한다. 5) 조직의 이익은 근본적으로 조직구성원들의 이익이므로, 이것은 되도록 공평하게 배분되어야 한다는 것 등이다(권기헌, 1997 : 218-219).

탭스콧(Don Tapscott)에 의하면, 정보화사회는 단순한 '지식 또는 정보'사회의 차원을 넘어선 '네트워크화된 지능(networked intelligence) 시대'이기 때문에 리더나 리더십 또한 상호 연계성(internetworked)을 지녀야 한다(유홍림, 1999 : 266-267).

즉, 한 명의 총명한 최고관리자만이 리더가 아니라, 파급 효과를 지닌 비전과 집합적 행동력을 가진 인간 지능의 결합 자체를 리더라고 하면서, 정보화사회의 리더십에 관해 다음과 같은 주장을 했다(Tapscott, 1996; 유홍림, 2002 : 276-277).

첫째, 정보화사회처럼 예측 불가능한 시대의 리더십은 특정 상관이 아닌 여러 가지 원천(sources)을 기반으로 하고 있기 때문에 상호 연계적 리더십을 체득하는 것이 개인의 책임이자 기회다.

둘째, 조직구성원 각자가 복잡한 정보사회에 대한 이해를 바탕으로 한 명백하고 공유된 비전(shared vision)을 가져야 하고, 이를 위해 조직구성원 전체가 끊임없는 학습 의지를 지녀야 한다.

셋째, 조직은 상호 연계적 리더십의 발휘를 통해 다양한 개인들의 역량이 효과적으로 결합되어야만 창조적 사고가 충만해지고 바람직한 조직문화가 형성될 수 있다.

넷째, 상호 연계적 리더십을 형성하고 발휘하는 데는 최고관리자의 지원과 관심이 필수적이다. 최고관리자의 변화에 대한 의지 및 변화를 위한 제스처가 미치는 영향력은 즉각적이고 강력하며 또한 급격한 변화에 따른 전환 및 적응에 추진력을 제공한다.

다섯째, 조직구성원 누구나 리더로서 기능을 수행해야 하는 네트워크화된 지능의 시대에는 적절하게 효과적으로 기술을 사용하는 것은 조직구성원들의 창의력을 자극하고, 자신과 조직에 대한 문제 의식을 갖게 하는 등 획기적 변혁의 원동력이 된다.

연구 문제

1. 본인이 잘 알고 있는 리더 중 한 명을 선택한 후, 그 리더의 리더십 특성을 특성론적 접근법을 활용하여 분석하시오.
2. 1번 문제에서 선택한 리더의 리더십을 행태론적 접근법에서 배운 여러 가지 모형을 활용하여 분석하시오.
3. 1번 문제에서 선택한 리더의 리더십을 상황론적 접근법에서 배운 여러 가지 이론을 활용하여 분석하시오.
4. 카리스마적 리더십이론과 변혁적 리더십이론의 공통점 및 차이점을 구체적으로 사례를 들어 제시하시오.
5. 팔로어십의 내용을 읽고 효과적인 팔로어는 어떤 행동을 하는 사람을 말하는지를 구체적으로 제시하고, 효과적 팔로어의 행동을 유형화하여 발표하시오.
6. 정보사회에서 효과적 리더가 갖춰야 할 요건이 무엇이 있는지를 구체적으로 제시하시오.

사례 연구 3-2

프로야구 감독의 대조적인 리더십 스타일

김응용 감독과 김인식 감독은 훌륭한 지도력과 철학을 가진 한국 프로야구판의 빼놓을 수 없는 지도자다. 한 야구 전문기자는 "두 사람은 스타일이 매우 다르지만, 확고한 철학을 가지고 있고 목전의 일에 일희일비하지 않고 장기적인 안목으로 팀을 이끌어가는 공통점이 있다"며 "다른 평범한 감독보다 몇 수 높은 고수"라고 평가했다.

그러면 둘의 공통점과 다른 점은 무엇인가?

우선, 팀을 하나로 일사불란하게 묶어내 최대의 힘을 끌어내는 능력, 즉 강력한 카리스마를 지녔다는 공통점이 있다. 김응용 감독이 경기인 출신으로 최초의 프로야구단 사장이 되고, 한국 프로야구 사상 전후후무할 기록으로 남을 한국 시리즈 10회 우승 감독의 신화를 이룰 수 있었던 것은 개성이 강한 선수를 한 손에 휘어잡을 수 있는 강력한 카리스마가 있었기 때문이다. 김인식 감독도 그만의 흡인력 강한 카리스마를 지니지 않았다면, 강압적인 지휘 방법을 구사하는 전 감독에 집단 반기를 들고 감독을 물러나게 한 오비(OB) 베어스 선수들을 추슬려 감독 취임 첫해(1995년)에 한국시리즈 우승을 일궈낼 수 없었을 것이다. 김인식 감독은 또 월드 베이스볼 클래식(WBC) 아시아 예선에서 아시아 최강 일본에 역전승을 이끌며 그의 지도력이 허명이 아님을 다시 한 번 보여줬다.

하지만 두 사람의 지도력은 전혀 다른, 아니 정반대의 빛깔과 냄새를 낸다. 김응용 감독이 덕아웃의 의자를 때려부수고 배트를 부러뜨려 선수들의 '군기'를 잡는 용장 스타일이라면, 김인식 감독은 선수들을 믿고 대화를 하면서 힘을 모아가는 덕장이라고 할 수 있다. 또 김응용을 '불의 지도자' '공포와 냉정의 리더십' '아버지형 지도자'로 비유하자면, 김인식은 '물의 지도자' '믿음과 대화의 리더십' '어머니형 지도자'로 표현할 수 있다.

이영만은 <김응용의 힘>에서 김응용 감독의 강한 카리스마를 오케스트라의 지휘자, 즉 마에스트로의 그것에 비유하며, 원칙과 균형, 관리를 카리스마의 가장 중요한 덕목이라고 설명한다. 다만, 김응용 감독은 침묵과 무표정, 냉정을 통해 그 덕목을 구현할 뿐이라고 부연한다. 또 이영만은 "우리는 모두 김응용에게 속았다. 우둔해 보이고 미련 곰탱이 같은 그는 사실 여우였다"며 냉엄하고 무섭다는 항간의 평가와는 다른 모습도 있음을 애써 강조한다.

반면, 고진현은 <김인식의 리더십>에서 선수에게 던진 따뜻한 말 한 마디가 나중에 충성심으로 되돌아오는 '나비 효과'로, 김인식 감독 특유의 외유내강형 카리스마를 설명한다. 김인식 감독의 두산 베어스 감독 시절, 고질적인 손목 부상에 시달리는 김동주가 "오늘 경기는 쉬고 싶은데요" 해서 "그래, 알아서 쉬어라" 하고 했더니, 팀이 위기에 빠지자 손목이 아픈 김동주가 대타로 기용해 달라며 덕아웃 앞에 나와 방망이를 휘두르는 것과 같은 일이 빈번하게 벌어진다는 것이다.

'김응용의 지도력이 좋으냐, 김인식의 지도력이 나으냐'는 사람에 따라, 상황에 따라 다를 것이다. 다만, 그들이 승패가 분명하게 갈리는 경기를 지휘하면서 겪은 수많은 실패와 성공을 통해 건져 올린 순도 높은 지도력을 따라 읽다 보면, 배울 만한 점이 한둘이 아닐 것이다. (한겨레신문, 2006. 3. 10. 오태규 선임기자 -내용 발췌)

사례 문제

1. 위의 사례를 읽고 두 사람의 리더십을 이 장에서 배운 상황론적 접근법을 활용해 설명하시오.
2. 위의 사례를 읽고 두 사람의 리더십을 이 장에서 배운 변혁적 리더십과 카리스마적 리더십 측면으로 분석하시오.

제 3 장

권력, 정치적 행동 및 갈등관리

이 장에서는 모든 조직에 널리 퍼져 있는 현상인 조직 내의 권력(power), 정치적 행동(politics), 갈등(conflict) 등을 살펴본다. 권력이라는 용어는 부패, 지배, 착취, 정치적 스캔들과 같은 것을 연상시킴으로써 일반적으로 가장 연구를 기피하는 주제였지만, 조직 내에 엄연히 존재하는 조직의 동력이고, 조직이 목표를 달성하거나 조직 내에서 개인이 자신의 위치를 확고히 하는 데에도 중요한 역할을 하며, 이러한 권력의 행사 과정에는 필연적으로 갈등이 발생한다. 또한 많은 관리자는 정치적 행동을 바람직한 것으로 보지는 않지만 조직생활을 하는 데 피할 수 없는 현상으로 받아들인다. 따라서, 조직 내의 권력, 정치적 행동, 갈등 등은 조직구성원들이 필수적으로 이해해야만 하는 중요한 조직 현상이다. 특히 이 책의 분석틀로 삼고 있는 모건(Gareth Morgan)의 조직을 바라보는 여덟 가지 이미지 중에서 하나가 정치 체제로서 조직이라는 점을 상기할 때 그 중요성을 인정하지 않을 수 없다.

이 장에서는 먼저 조직 내 권력의 본질을 살펴본 후, 권력의 유형과 그것을 효과적으로 행사하는 방법을 논의한다. 또한, 조직 내 정치적 행동의 본질 및 주요 요인을 살펴보고 권력 획득 및 유지를 위한 정치적 전략 등을 논의한 후, 조직관리 측면에서 그러한 정치적 행동의 효과적 관리 방안을 제시한다. 마지막으로, 갈등의 의의와 기능 및 유형, 갈등이 야기될 수 있는 조직 내 상황, 갈등의 관리 방안 등을 살펴보고, 지식정보사회에서의 조직 내 권력과 갈등을 논의함으로써 이 장을 마친다.

제 1 절 조직 내 권력

권력은 조직에 존재하는 가장 중요한 힘 중의 하나다. 또한, 권력과 정치적 행동은 어떤 집단이나 조직에도 존재하는 아주 자연스러운 과정이다. 조직의 행태에 대해 이해하고자 한다면 권력이 어떻게 형성되고 행사되는지에 대해 이해할 필요가 있다.

1 권력의 정의 및 영향력

권력에 대한 정의는 다양하게 이뤄지고 있으나, 일반적으로 인정받는 정의는 없는 것이 사실이다. 여기서는 권력(power)을 "어떤 사람이나 집단이 다른 사람이나 집단에게 영향력을 미칠 수 있는 잠재적인 능력"으로 정의한다(Galbraith, 1983; Mintzberg, 1983a; Moorhead & Griffin, 2004 : 372; Pfeffer, 1981; Yukl, 1989). 이러한 권력의 정의에서 중요한 것은 권력을 잠재적인 능력(potential ability)으로 표현했다는 점이다. 즉, 다른 사람들에게 영향력을 행사할 능력은 있지만 상황에 따라 그러한 능력을 행사하지 않을 수도 있다는 것이다.

권력이라는 현상과 유사한 현상으로 권한(authority)과 영향력(influence)을 살펴볼 필요가 있다. 특히, 영향력은 리더십의 중요한 구성 요소의 하나라는 점을 상기한다면 영향력의 중요성을 과소평가할 수 없을 것이다. 권력, 권한 및 영향력이라는 개념은 상호 관련이 있지만 또한 구분할 필요가 있다(Luthans, 1992 : 427). 권한은 권력의 원천 중 하나인데, 합법화된 권력이라고 할 수 있다. 따라서 모든 권력이 합법적일 필요는 없다.

권한은 개인이 조직 내에서 차지하고 있는 직위로 인해 보유하게 되는 공식적인 권력을 의미하는 경우가 많다. 일반적으로 권력이 "잠재적인 능력"에 초점을 둔다면, 영향력은 "그러한 잠재적 능력을 실제의 행동으로 옮기는 것"을 강조한다고 할 수 있다. 영향력은 "개인이나 집단에게 실제로 영향력이 행사되는 과정, 즉 개인이나 집단이 의도된 방향대로 움직이도록 행동과 심리적 측면에서 영향력을 행사하는 과정"

을 의미한다고 볼 수 있다. 결국, 권력은 "어떤 사람이나 집단이 다른 사람이나 집단을 자신들이 원하는 방향으로 변화시킬 수 있는 잠재적인 능력"이라는 관점에서 정적(靜的)인 개념이라면, 영향력은 이러한 잠재 능력을 실제의 행동으로 수행한다는 측면에서 동적(動的)인 개념이라고 할 수 있다(박내회, 1989: 325).

2 권력의 유형

권력이란 어떤 사람이나 집단이 다른 사람이나 집단에게 영향력을 미칠 수 있는 잠재적인 능력으로 정의될 수 있다. 그렇다면 이러한 능력의 원천은 무엇일까? 먼저 권력의 원천을 기준으로 권력을 분류하고, 다시 권력을 직위 권력과 개인 권력으로 나눠 살펴본다(Moorhead & Griffin, 2004: 373-375).

1) 권력의 원천

권력은 의존도(dependency)에 달려 있다고 해도 과언이 아니다. 을이 갑에 대한 의존도가 크면 클수록, 양자 간의 관계에서 갑의 권력은 더욱 커지게 된다. 이 때 의존도는 을이 인식하는 대안에 갑이 통제할 수 있는 정도에 달려 있다. 즉, 갑은 을이 원하는 어떤 것을 통제할 수 있다면 갑은 을에 대해 권력을 가지고 있다고 말할 수 있는 것이다.

의존도와 관련하여, 권력의 원천에 대해 프렌치와 레이븐(French & Raven, 1959)의 분류가 가장 많이 인용된다. 그들이 제시한 권력의 원천에는 합법적 권력(legitimate power), 보상적 권력(reward power), 강압적 권력(coercive power), 전문적 권력(expert power), 준거적 권력(reference power) 등이 있다.

(1) 준거적 권력

준거적 권력은 어떤 사람이 자신보다 뛰어나다고 생각하는 사람을 닮고자 할 때 발생한다. 일반적으로 준거적 권력을 갖고 있는 상사는 부하들로부터 호감과 존경을 받는다.

전문적 권력이 조직 내의 공식적 직위와 항상 일치하는 것은 아니듯이, 준거적 권력도 공식적 직위와 항상 일치하지는 않으며, 준거적 권력은 일면 앞 장에서 살펴본 카리스마의 개념과 유사하다. 왜냐하면 일반적으로 1) 준거적 권력이 있는 사람은 추종자들의 신뢰를 받고, 2) 추종자들이 그 사람과 유사해지려고 하며, 3) 의견을 수용하고, 4) 애정을 느끼며, 5) 감정적으로 연관을 맺고자 하기 때문이다.

(2) 전문적 권력

전문적 권력은 권력 수용자가 권력 행사자가 특정 분야나 상황에 대해 고도의 지식과 전문성을 갖고 있다고 인지할 때 발생하는 권력이다. 즉, 전문적 권력은 다른 사람이 필요로 하는 전문적인 기술이나 지식을 어떤 사람이 갖고 있을 때 발생하는 권력으로, 그러한 정보가 중요하면 중요할수록 또한 그러한 정보를 얻을 수 있는 대안이 적으면 적을수록 전문적 권력은 강화된다. 이러한 전문적 권력은 직위와 직무를 초월하여 조직 내의 누구나 가질 수 있다(Prietula & Simon, 1989).

(3) 합법적 권력

권한(authority)과 유사한 개념인 합법적 권력은 상사가 보유하고 있는 직위에 기반을 둔 권력인데, 일반적으로 직위가 높으면 높을수록 합법적 권력은 더욱 커지는 경향이 있다. 즉, 합법적 권력은 조직 내의 직위에 의해 결정되며, 결국 조직에 의해 권력이 부여되는 것이다.

(4) 보상적 권력

보상적 권력은 다른 사람들이 가치를 두고 있는 보상을 갖고 있는 정도를 말한다. 즉, 보상적 권력은 다른 사람들에게 보상을 제공할 수 있는 능력에 기반을 둔다(Seta, Paulus, & Baron, 2000 : 197).

(5) 강압적 권력

강압적 권력은 인간의 공포에 기반을 둔 권력으로, 이 때 권력의 강도는 처벌의 부정적 유인이 클수록, 복종 시 처벌의 회피 가능성이 클수록 커진다. 어떤 사람이 다른 사람을 처벌할 수 있는 능력을 가지거나, 육체적 또는 심리적으로 다른 사람에게 위해(危害)를 가할 수 있는 능력을 가진 경우에 발생하게 된다.

조직에는 미묘한 형태의 강압적 권력도 존재한다. 예를 들어 어느 직원에게 전혀 승진의 가능성이 없는 근무처로 배치한다고 위협하는 것도 강압적 권력의 한 가지 형태다. 강압적 권력을 육체적으로 행사하는 것은 부두, 감옥, 운동팀, 군대 등에서 아직도 종종 발생하지만, 일반적인 조직에서는 흔한 것이 아니다. 왜냐하면 강압적 권력을 행사하는 것은 일반적으로 부하들의 분노나 적대감을 일으킬 수 있기 때문이다.

2) 직위 권력과 개인 권력

전술한 프렌치(John E. French, Jr.)와 레이븐(Bertram H. Raven)의 권력에 대한 분석은 조직 내 권력의 원천을 설명하는 한 가지 접근법이다. 조직 내 권력을 분석하는 또 다른 접근법은 권력을 두 가지 유형, 즉 직위 권력과 개인 권력으로 분류하는 것이다.

첫째, 직위 권력(formal power)은 직무를 가지고 있는 사람과는 관계 없이 그 직위 자체로 인해 부여받는 권력이다. 따라서 합법적 권력, 보상적 권력, 강압적 권력과 전문적 권력의 몇 가지 측면 등은 모두 직위 권력과 관련이 있고, 결국 직위 권력은 권한과 유사하다고 할 수 있다.

둘째, 개인 권력(personal power)은 조직 내의 직위와 관계 없이 그 개인 자체로 인해 발생하는 권력이다. 따라서 준거적 권력, 전문적 권력과 강압적 권력 및 보상적 권력의 몇 가지 측면 등은 모두 개인 권력과 관련이 있다.

따라서 개인 권력을 가진 상사는 직위 권력만을 가진 상사보다 부하들의 충성심과 근무에 대한 열정을 더욱 많이 유발시킬 수 있다. 물론 개인 권력에만 의지하는 상사의 영향력에도 문제는 있다. 왜냐하면 직위 권력의 부재는 일반적으로 부하들로 하여금 상사의 지시 사항이나 명령을 수용하지 않게 만들기 때문이다.

결국, 전체 권력의 크기는 리더가 어떤 상황에서 개인 권력과 직위 권력을 얼마나 가지고 있느냐에 따라 결정될 것이다. 개인 권력과 직위 권력 모두를 지닌 리더는 전체적으로 가장 강한 권력을 가지고 있다고 말할 수 있다. 이에 반해, 개인 권력도 없고 직위 권력도 없는 리더는 전체적으로 가장 약한 권력을 가지고 있다. 개인 권력이나 직위 권력 어느 하나는 강하지만 다른 하나가 약하다면 중간 정도의 권력을 가지고 있다고 말할 수 있다.

3 권력의 행사

조직에서 권력은 여러 가지 방법으로 행사된다. 무어헤드와 그리핀(Moorhead & Griffin, 2004 : 375-379)은 권력을 효과적으로 행사하는 방법에 관해 유용한 관점들을 제시했다. 첫째, <표 3-3-1>에 제시된 바와 같이, 권력의 원천에 따라 부하들이 어떻게 반응을 보이고, 따라서 상사는 어떻게 그러한 권력을 행사해야 하는가를 처방한다. 둘째, 권력을 효과적으로 행사하기 위한 일반적인 지침인데, <표 3-3-2>에 요약되어 있다. <표 3-3-1>은 상사가 권력을 행사할 때 발생할 수 있는 부하들의 세 가지 반응을 제시한다(Stewart, 1989). 이러한 반응은 일반적으로 상사가 행사하는 권력의 원천, 그러한 권력을 행사하는 방법, 부하의 개인적 특성 등에 의해 결정된다.

표 3-3-1 권력의 행사에 따른 부하의 반응

권력의 원천	반응의 유형		
	몰입	복종	저항
준거적 권력	가능성 높음 (상사에게 중요한 요구라고 부하가 생각하는 경우)	가능함 (상사에게 별로 중요하지 않은 요구라고 부하가 생각하는 경우)	가능함 (상사에게 어떤 해를 초래하는 요구인 경우)
전문적 권력	가능성 높음 (상사의 요구가 설득력이 있어서, 부하와 상사가 과업목표를 공유하는 경우)	가능함 (상사의 요구가 설득력은 있으나, 부하가 과업목표에 무관심한 경우)	가능함 (상사가 오만하고 무례하거나, 부하가 과업목표에 반대하는 경우)
합법적 권력	가능함 (상사의 요구가 정중하고 매우 적절한 경우)	가능성 높음 (상사의 요구나 명령이 합법적으로 보이는 경우)	가능함 (상사가 오만하게 요구를 하거나, 부적절한 요구를 하는 경우)
보상적 권력	가능함 (매우 개인적으로 세심하게 사용하는 경우)	가능성 높음 (기계적으로 개인적이지 않게 사용하는 경우)	가능함 (오만하고 교묘하게 사용하는 경우)
강압적 권력	거의 가능성 없음	가능함 (도움이 되고 가혹하지 않게 사용되는 경우)	가능성 높음 (적대적이거나 교묘하게 사용하는 경우)

자료 : Moorhead & Griffin(2004 : 376).

표 3-3-2 효과적 권력 행사를 위한 지침

권력의 원천	지침
준거적 권력	1. 부하들을 공정하게 다룬다. 2. 부하들의 이익을 보호해 준다. 3. 부하들의 욕구와 감정에 민감하게 대처한다. 4. 자신과 유사한 부하들을 선택한다. 5. 역할모형화를 시도한다.
전문적 권력	1. 전문가적 이미지를 증진시킨다. 2. 전문성에 관한 신뢰를 계속 유지한다. 3. 결단력 있고 자신 있게 행동한다. 4. 계속 정보를 수집한다. 5. 부하들의 관심사를 파악한다. 6. 부하들의 자존심을 위협하지 않는다.
합법적 권력	1. 예의 바르고 성의 있게 지시한다. 2. 자신감 있게 지시한다. 3. 명확한 지시를 하고, 지시의 이해 여부를 확인한다. 4. 지시가 합법적이고 적절하다는 것을 제시한다. 5. 지시를 수행해야 하는 이유를 설명한다. 6. 적절한 명령 계통을 통해 지시한다. 7. 권력을 규칙적으로 행사한다. 8. 복종을 강조한다. 9. 부하들의 관심사에 민감하게 대처한다.
보상적 권력	1. 지시 사항의 준수 여부를 확인한다. 2. 합리적이고 실행 가능성이 있는 지시를 한다. 3. 윤리적이고 적절한 지시만 한다. 4. 부하들에게 바람직한 보상을 제공한다. 5. 제공할 수 있는 보상만을 제시한다.
강압적 권력	1. 부하에게 조직 내의 규정과 이러한 규정을 위반했을 때 받게 되는 벌칙을 고지한다. 2. 처벌을 하기 전에 경고를 한다. 3. 처벌은 일관성 있고 일률적으로 시행한다. 4. 처벌을 하기 전에 위반 사항을 완벽하게 파악한다. 5. 처벌에 관한 신뢰성을 유지한다. 6. 처벌의 강도는 위반의 정도와 일치한다. 7. 처벌은 개인적으로 시행한다.

자료 : Moorhead & Griffin(2004 : 377); Yukl(2002 : 146-152) 참조.

몰입(commitment)은 부하가 상사를 상사로 인정하고 본인과 상사를 동일시하는 경우에 보이는 반응이다. 몰입이 되어 있는 부하는 상사가 중요시하는 업무를 본인이 수행하게 될 때 동기가 크게 유발된다.

복종(compliance)이란 부하가 추가적인 노력을 하지 않는 범위에서 상사가 원하는 것을 수행하는 것을 말한다. 이러한 부하는 적절한 속도로 업무를 수행하지만, 초과근무는 거부할 수 있다. 상사의 일상적인 지시와 이러한 지시에 대한 부하들의 반응은 이러한 복종인 경우가 많다.

저항(resistance)은 상사의 요구가 가장 성공을 거두지 못하는 경우로, 부하가 상사의 제안이나 요구에 반대해서 그러한 제안이나 요구를 수행하지 않는 것이다. 이러한 부하는 상사가 원하는 것이 완수되지 못하도록 고의로 관련 업무를 지연시키기도 한다.

권력을 효과적으로 행사하기 위한 일반적인 지침들은 <표 3-3-2>에 제시하고 있다(Moorhead & Griffin, 2004 : 375-379).

제 2 절 조직 내 정치적 행동

여러 사람이 집단에서 일을 함께 하다보면 권력은 언제나 그곳에 존재한다. 사람들은 영향력을 증대시키고 보상을 얻고 승진을 하기 위해 노력할 것이다. 조직의 구성원들이 자신의 권력을 행동으로 옮기는 것이 정치적 행동이다.

1 정치적 행동의 본질

권력이라는 개념과 조직 내에서 매우 밀접하게 연결되어 있는 것이 바로 정치적 행동(politics)이다. 페퍼(Pfeffer, 1981)는 조직 내의 정치적 행동을 "조직에 불확실성과 이견 및 다툼이 있는 상황에서, 조직구성원들이 자신들이 선호하는 결과를 얻기 위해 권력 및 다른 자원을 획득, 사용하고 제고(提高)하고자 수행하는 행위"로 정의했다. 따라서 정치적 행동은 사람들이 권력을 얻고 또한 사용하고자 할 때 이용하는 일반적 수단이 된다고 할 수 있다.

페퍼(Pfeffer, 1992)에 의하면 조직, 특히 대규모 조직은 기본적으로 정치적 체제라는 점에서 정부조직과 유사하다고 한다. 정부를 이해하려면 정부의 정치적 행동을 이해해야 하듯이, 조직을 이해하려면 조직 내 정치적 행동을 이해해야 한다는 것이다. 이렇게 조직을 정치적 체제로 바라보는 관점은 조직을 합리적 체제로 보는 접근법과는 많은 차이가 있다. 즉, 조직을 정치적 체제로 바라보는 관점에 의하면, 조직의 효과성, 수익성, 생산성만이 조직구성원들의 관심사는 아니라는 것이다. 물론 대부분의 경우 겉으로는 그러한 가치만을 추구하는 것으로 포장을 하지만, 조직구성원 특히 관리자들은 오히려 조직 내에서 자신들의 지배와 통제를 계속 유지하고자 권력, 자율성, 안정성 등을 추구하기 때문에 조직구조나 의사결정도 조직의 효과성, 수익성, 생산성보다는 권력, 자율성, 안정성 등을 획득 및 유지하는 방향에서 결정한다고 한다.

조직 내 정치적 행동의 주요 요인을 요약하면 다음과 같다(Miles, 1980).

첫째, 자원의 희소성이다. 조직 내 정치적 행동의 발생 가능성과 조직 내 자원의 희소성 및 중요성 사이에는 직접적 관련이 있다. 즉, 상호 경쟁 관계에 있는 권력집단이나 조직구성원들이 필요로 하는 자원의 희소성이 높을수록 정치적 행동의 발생 가능성이 높아진다는 것이다. 또한 새로운, 즉 아직 주인이 없는(unclaimed) 자원이 조직 내에 발생하게 되면 역시 정치적 행동이 발생될 확률이 높아진다.

둘째, 의사결정 기준의 모호성이다. 의사결정의 기준을 정하는 것이 모호한 결정, 합의가 제대로 이뤄지지 않은 결정, 불확실성이 높은 장기적 전략에 관한 결정 등은 일상적 의사결정보다 조직 내 정치적 행동의 발생 가능성을 높게 한다.

셋째, 목표의 모호성 및 복잡성이다. 조직이 추구하는 목표가 모호하고 복잡할수록, 조직 내의 정치적 행동의 발생 가능성이 높아진다.

넷째, 조직 기술의 복잡성 및 외부 환경의 동태성이다. 일반적으로 조직이 의존하는 기술이 복잡할수록 그리고 조직의 외부 환경이 동태적일수록 조직 내 정치적 행동의 발생 가능성이 높아진다.

다섯째, 조직의 변화 정도다. 조직구조의 재조정이나 계획된 조직 개발(organization development)뿐 아니라 외부 세력에 의한 계획되지 않은 변화도 조직 내 정치적 행동의 발생 가능성을 높게 한다.

2 정치적 행동의 관리 방안

모건의 여덟 가지 조직 이미지에서 살펴보았던 것처럼 조직이 정치적 체제라는 것을 인정하게 되면, 조직 내 권력 획득 및 유지를 위해 조직구성원들이 주로 사용하는 정치적 전략을 파악할 필요가 있다. 듀브린(DuBrin, 1990)은 이러한 정치적 전략을 다음과 같이 요약했다.

첫째, 권력을 갖고 있는 사람들과 동맹 관계를 유지하라는 것이다. 이렇게 동맹 관계를 형성하여 권력집단(coalition)을 형성하는 것은 조직에서 권력 유지 및 획득에 필수적인데, 동맹 관계의 주요 대상은 상위 관리층의 주요 구성원이거나 다른 주요 부서의 직원이라고 한다. 또한 이러한 사람들과 가까운 관계에 있는 사람(예 : 비서나 직속 부하) 등도 동맹 관계의 대상이 될 수 있다.

둘째, 과거의 권력층에 속했던 사람들을 확실하게 대우를 해 주거나 아니면 완벽하게 제거하라는 것이다.

셋째, 분할 지배(divide and rule)를 하라는 것이다. 갈등으로 인해 나뉜 집단들은 대개의 경우 권력집단을 함께 형성하기 어렵기 때문에, 뭉쳐지게 될 경우 자신들의 권력 획득 및 유지에 결정적으로 방해가 되는 집단들을 갈등 관계에 있도록 의도적으로 만들 필요가 있다는 것이다.

넷째, 정보를 통제하라는 것이다. 현대의 정보사회에서는 특히 정보의 중요성을 아무리 강조해도 지나치지 않을 것이다. 전술한 바와 같이, 정보는 권력 획득 및 유지에 매우 중요한 원천이 된다.

다섯째, 성과를 신속하게 올릴 수 있는 것부터 착수하라는 것이다.

여섯째, 호의를 베풀되 그 상대방이나 집단이 빚을 졌다는 것을 확실하게 인식하도록 만들라는 것이다.

일곱째, 조직 내 변화를 추구할 때에는 혁명적인 방법보다는 점진적인 전략을 취하는 것이 효과적이라는 것이다.

여덟째, 일곱 번째 전략과 유사한 전략으로, 한꺼번에 모든 것을 달성하고자 하는 것보다는 한 번에 한 단계씩 달성하는 것이 효과적이라는 것이다.

아홉째, 위기 상황을 이용하라는 것이다. 기존의 제도나 규칙으로는 해결하기 어렵고 권한 및 책임의 관계가 모호해지는 위기 상황이 발생하게 되면 조직의 주요 자원이나 정보를 보유하고 있는 특정 권력집단은 반대 집단을 제거하면서 조직 전체의 권력을 획득하는 조치를 취하기가 용이하고 또한 기존의 권력을 점유하고 있는 경우에는 기존의 권력을 더욱 강화하기 쉽다는 것이다.

조직 내 정치적 행동들은 윤리적 측면에서는 바람직하지 않을지 모르나 조직생활을 하는 데 피할 수는 없는 현상이다. 따라서 이러한 정치적 행동을 무조건 없애려는 것보다는 효과적으로 관리하는 것이 더욱 중요할 것이다. 비맨과 샤키(Beeman & Sharkey, 1987)가 제시하는 관리 방안을 요약하면 다음과 같다(오세덕 · 이명재 · 임영제, 2004; 298).

첫째, 제도적 불확실성을 줄이라는 것이다.

둘째, 경쟁의 원천을 되도록 줄이라는 것이다.

셋째, 조직의 발전 및 효과성에 역기능적인 역할을 하는 권력집단은 조직구성원들의 공감대를 바탕으로 제거 또는 분할시키는 것이 필요하다고 한다.

넷째, 새로운 권력집단의 발생을 되도록 미연에 방지하기 위해, 개인 및 집단의 권력 추구보다는 조직의 목표 달성 및 효과성 제고에 전념하는 비정치적인 태도를 인사고과의 주요 평가 요소로 하는 것이 필요하다고 한다.

제 3 절 조직 내 갈등관리

갈등과 협상은 복잡하고 논란이 많은 대인 간 상호 관계의 과정이다. 여기에서는 갈등의 의미를 설명하고, 갈등의 통상적인 유형과 갈등을 유발하는 요인을 살펴보고, 이를 어떻게 관리할 것인지에 대해 이해하고자 한다.

1 갈등의 의미

갈등(conflict)은 조직 내에서 심각한 문제가 될 수 있다. 갈등은 조직구성원이 함께 일하는 것이 힘들 정도로 통제 불가능한 상황을 초래할 수 있다. 하지만 갈등에는 잘 알려지지 않는 긍정적인 측면도 있다(김지성 외, 2007 : 522). 갈등이란 행동 주체(개인 또는 조직) 간의 대립적, 적대적 상호작용을 말한다. 갈등은 양립할 수 없는 두 가지 이상의 목표 추구로부터 발생하며, 하나의 목표 성취는 다른 하나의 목표 희생을 전제로 한다(김병섭 외, 2009 : 275). 갈등의 존재 여부는 인식의 문제로서 아무도 갈등이 존재하는지 모른다면 갈등은 없다고 볼 수 있다.

토머스(Thomas, 1992)는 갈등을 "한 당사자가 소중히 여기는 어떤 것에 대해 다른 자가 부정적인 영향을 미쳤거나 미칠 것이라고 인식할 때 시작되는 과정이다"라고 정의했다. 갈등의 개념적 요소와 특징으로는 인식(지각)된 것, 반대, 양립 불가능성, 상호작용 등이 포함되어 있다. 목표의 상충, 사실에 대한 해석의 차이, 행동 기대에 기초한 의견 불일치, 미묘한 형태의 의견 불일치 등 갈등은 조직에서 경험할 수 있는 모든 것에 존재한다(Robbins & Judge, 2011 : 519).

2 갈등에 대한 관점의 변천

갈등에 대해 바라보는 시각은 시대적으로 변화해 왔는데, 이러한 갈등에 대한 관점의 변천을 살펴보면 다음과 같다(Robbins & Judge, 2011 : 519-520).

첫째, 전통적인 견해로 사람들은 갈등에 대해 부정적이고 나쁜 것으로 인식하여 피해야 할 것으로 정의했다. 모든 갈등은 피해야 하기 때문에 갈등의 원인에 초점을 두고 집단의 성과를 향상시키기 위해서는 이러한 역기능을 바로잡아야 한다고 했다.

둘째, 인간 관계적(human relations) 견해로는 갈등은 모든 집단에서 자연적으로 발생하고, 피할 수 없기에 갈등은 받아들여야 한다고 하면서 갈등의 존재를 정당화했다. 갈등은 제거할 수 없으며, 어떤 상황에서는 갈등이 조직의 성과를 향상시키기도 한다.

셋째, 상호작용적(interactionist) 견해다. 인간 관계적 견해는 갈등을 받아들이는 데 그쳤지만, 상호작용적 견해는 조화, 평화스럽고, 조용하며, 협동적인 집단은 정적이고, 냉담하며, 변화와 혁신의 필요성에 대해 무감각해지기 쉽다는 전제 하에 갈등을 장려한다. 갈등의 좋고 나쁨은 갈등의 유형에 달려 있다. 상호작용적 견해는 모든 갈등이 좋은 것이라고 하지는 않는다. 기능적(functional), 건설적 형태의 갈등은 집단의 목표를 지원하며 성과를 향상시키고, 역기능적(dysfunctional), 파괴적 형태의 갈등은 집단의 성과에 방해가 된다.

3 갈등의 종류

일반적으로 조직 내에서 존재하는 갈등은 세 가지 형태를 띠고 있다(Robbins & Judge, 2011: 486; Griffin & Moorhead, 2008: 406-407). 첫째는 직무 갈등(task conflict)으로 과업의 목표와 내용에 관한 갈등에 관한 것이다. 둘째는 과정 갈등(process conflict)으로 일이 어떻게 진행되어야 하는지에 관한 갈등이다. 셋째는 관계 갈등(relationship conflict)으로 대인 관계에서 발생하는 갈등이다.

4 갈등의 원인

갈등의 원인은 매우 다양하지만, 크게 개인적 원인과 조직적 원인으로 나눌 수 있다(윤대혁, 2009: 317-320; 임창희, 2009: 448-452).

첫째, 개인적인 원인으로는 다음과 같은 것들이 있다.

① 본능: 인간의 동물적인 공격성을 통제하는 메커니즘이 균형을 이루지 못하면 이성을 잃게 된다.

② 욕구 좌절: 일반적으로 욕구가 좌절되면 불만이 쌓여 공격적이 된다.

③ 방어 메커니즘: 긴장이나 불안이 고조되면 인간은 본능적으로 방어 메커니즘을 작동시켜 해소하려는 노력을 한다. 잘못을 부인하거나 실수를 정당화하기도 하는데 이 과정에서 타인과 갈등이 일어난다.

④ 성격, 가치관의 차이: 권위주의적이고 독선적인 사람은 남들과 자주 다투고, 온순한 사람도 성격이나 가치관이 다르면 서로 멀리하게 된다.

⑤ 학습과 경험: 학습된 내용이나 경험이 서로 다를 경우 문화적인 이질감을 느끼게 되어 갈등을 유발하는 원인이 될 수 있다.

둘째, 조직적 원인으로 다음과 같은 것들이 있다.

① 역할과 신분: 조직 내 역할이 서로 중복되거나 상충될 때 발생하고, 신분의 상하급자 간 나이 등이 역차이가 날 때 발생할 수 있다.

② 목표의 차이: 조직의 기능이 복잡해지면서 상이한 목표, 또는 각자 부서의 목표 달성만을 위주로 할 때 다른 부서와의 갈등을 유발한다.

③ 자원 부족과 할당: 제한된 자원을 확보하는 과정에서와 상호 경쟁적으로 자원을 할당받으려고 하는 과정에서 발생한다.

④ 제도와 규정의 미비와 불확실성: 책임과 기능이 구체화되어 있지 않을 때 발생한다.

⑤ 보상 체계: 조직 내의 보상 체계가 전체 차원보다는 개별 집단의 성과에 따라 이뤄지면 집단 간 갈등이 발생한다.

⑥ 관리 유형: 관리자의 독재성의 정도가 갈등의 원인과 관계가 깊다.

⑦ 상호 의존성: 개인 또는 집단 간 상호 의존성이 많을수록 갈등의 소지가 많다.

⑧ 집단 간 특성: 집단의 관행, 분위기의 차이가 갈등의 원인이 된다.

5 조직의 갈등 수준

조직에서 나타날 수 있는 주요한 갈등 수준은 개인 내부, 개인 간, 집단 내부, 집단 간 등의 네 가지가 있다. 이들은 서로 중첩되면서 상호 관련이 있다(서재현 외, 2007: 398-404).

1) 개인 내부적 갈등

개인 내부적 갈등은 개개인의 내부에서 발생하는 것이며 대개는 목표나 인지 혹은 정서 등이 충돌하는 형태로 나타난다. 이러한 갈등은 개인의 행동이 상호 배타적인 결과를 가져오는 경우에 발생한다. 개인 내부적 갈등은 세 가지 유형으로 나타날 수 있는데 첫째, 접근-접근 갈등으로 긍정적인 결과가 기대되는 둘 이상의 대안들 중에서 하나만을 선택하는 경우에 발생한다(예: 좋은 직장 두 개 중 하나를 선택해야 할 때). 둘째, 회피-회피 갈등으로 부정적인 결과가 기대되는 둘 이상의 대안들 중에서 하나만을 선택해야 하는 경우에 발생한다(예: 임금이 낮은 직무와 오지 근무 중 선택해야 할 때). 셋째, 접근-회피 갈등: 긍정적인 결과와 부정적인 결과가 함께 기대될 때 결정하는 경우에 발생한다(예: 근무지역은 나쁜데 마음에 드는 직무를 제안받았을 때). 개인 내부적 갈등은 해결 가능한 대안이 많거나, 대안의 결과가 긍정적인 것, 부정적인 것이 거의 비슷하거나, 갈등을 야기한 이유가 그 사람에게 중요한 상황일 때 일반적으로 증가한다.

2) 개인 간 갈등

개인 간 갈등은 두 사람 이상의 개인들이 서로의 태도나 행동 혹은 선호하는 목표가 상반된다고 인식할 때 발생한다. 개인 간 갈등을 두 가지 유형으로 나눠 보면, 첫째, 역할 갈등으로 직장에서 역할이란 다른 사람들이 직무 담당자에게 직무 수행에서 기대하는 총괄적인 업무 및 행동이다. 역할 갈등은 역할 지각과 역할 기대 간의 차이로, 역할에 대한 기대들이 상충적이거나 양립 불가능할 때 발생한다. 이 때 역할 담당자에게 직접적으로 영향을 미치는 역할 전달자 그룹이 역할을 규정하게 된다. 역할 갈등은 역할을 규정짓는 사람들의 메시지 및 요구가 상반될 경우 발생되는 유형에 따라 역할 전달자 내부적 갈등, 역할 전달자 간의 갈등, 역할 간 갈등, 개인-역할 갈등 등 네 가지 유형이 있다.

둘째, 역할 모호성은 한 가지 역할에 대한 기대가 불확실하거나 명확하지 못한 것인데, 이로 인해 스트레스가 유발된다. 유능한 경영자와 전문가는 자신들의 역할에서 비롯되는 대다수의 모호성에 대해 대처하는 능력을 지니고 있다.

3) 집단 내부적 갈등

집단 내부적 갈등은 한 집단의 역할 관계 및 효과성에 영향을 미치는 집단구성원 간의 분쟁을 말하는 것이다.

집단 내부적 갈등은 하나의 집단 내에서 구성원 간에 발생하는 갈등을 말한다. 앞에서 설명한 개인 간 갈등과 유사하지만, 집단 간의 갈등과 비교된다는 점에서 하나의 갈등 수준으로 분류했다. 예컨대, 하나의 조직 내에서도 변화를 갈망하는 구성원과 변화에 저항하는 구성원 사이에 갈등이 발생한다.

4) 집단 간 갈등

집단 간 갈등은 집단 사이 혹은 팀 사이의 반대, 이견, 분쟁 등을 말한다. 부서, 사업 부문 간에 수평적으로 발생할 수 있고, 경영층과 종업원 사이의 수직적으로 발생할 수도 있다. 집단 간 갈등을 일으키는 네 가지 원천은 다음과 같다.

첫째, 목표의 상반성 인식으로 목표에 대한 상반된 인식이나 혹은 실제로 목표가 상반되는 경우에 집단 간 갈등의 큰 원인이 된다. 마케팅과 제조 부문 간의 잠재적 갈등이 심각한 것은 두 부서 목표가 다르기 때문이다.

둘째, 차별성 인식으로 자신이 속한 집단과 다른 집단에 대해 인식하는 방법의 차이가 심할수록 그 사이에 갈등이 발생할 가능성이 커진다.

셋째, 업무의 상호의존도인데 의존성이 증가할수록 갈등이 늘어날 가능성이 크다.

넷째, 자원의 한계성 인식이다. 가용 자원 확보를 위해 집단 간 경쟁이 심화되어 갈등이 일어나게 된다.

6 갈등 과정

갈등 과정(conflict process)은 잠재적 대립 혹은 상충(potential opposition or incompatibility), 인지와 개인화(cognition and personalization), 의도(intentions), 행동(behavior), 결과(outcomes) 등 다섯 단계로 구성되어 있다. [그림 3-3-2]에 이

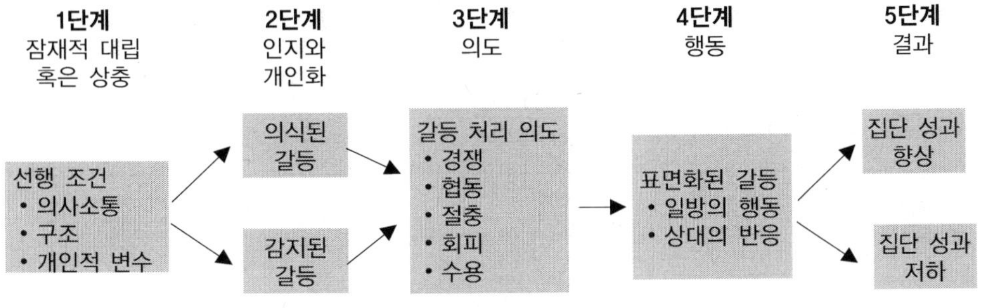

그림 3-3-2 갈등 과정

자료: Robbins & Judge(2011 : 521).

러한 갈등 과정이 잘 나타나 있다(Robbins & Judge, 2011 : 520-529; 윤대혁, 2009 : 321; 신구범, 2009 : 426-430).

1) 잠재적 대립 혹은 상충

갈등이 생길 수 있는 기회를 제공하는 상황이 존재하는 상태, 즉 갈등 유발의 원인이 잠재되어 있는 상태를 의미한다. 갈등을 유발시키는 조건에는 의사소통의 장애, 구조적인 문제, 개인적인 변수 등이 있다. 의사소통으로 인한 문제는 의미의 난해함과 오해, 의사소통 중의 '소음(noise)'으로 인해 발생된다.

구조적인 문제로는 개인, 집단 간 직무 요구가 상이하기 때문에 갈등이 발생되는 것이다. 구조적이라고 하는 것은 규모, 구성원에게 부과된 업무의 전문화 정도, 관할구역의 명확화, 구성원의 목표 적합성, 리더십 유형, 집단 간 의존성 등을 말한다.

가치관, 성격 특성 등 개인차 등 개인적인 변수가 갈등의 원인이 된다. 가치관이 다르기 때문에 편견, 의견 불일치, 보상에 대한 판단 등이 달라지게 되고 이것이 갈등의 원인이 되는 것이다(Robbins, 1974 : 31-55; Wall & Callister, 1995 : 17-23).

2) 인지와 개인화

갈등 원인을 인지하게 되어 한 당사자가 중요시하는 것에 부정적인 영향을 미치면 반대와 양립 불가능성이 발생되어 갈등이 현실화된다. 사람들은 느낌을 받을 때 감정을 적용시키며 당사자는 걱정, 긴장, 좌절, 적대감을 경험하게 된다. 인식된 갈등에 정서가 개입되면 문제가 지나치게 단순화되어 신뢰성이 감소되고 상대방의 행동에 대해 부정적인 해석을 하게 된다.

3) 의도

의도는 사람의 인식이나 감정, 외적으로 드러나는 행동 사이에 작용한다. 의도는 어떤 방향으로 행동하고자 하는 의사결정이다(Thomas, 1992). 사람은 타인의 행동에 반응하기 전에 그 의도를 먼저 파악하기 때문에 상대방의 의도를 잘못 파악하면 갈등은 증폭된다. 갈등 처리 의도는 두 가지 차원, 즉 협력성(한 당사자가 다른 쪽의 관심사를 만족시켜 주려는 정도)과 자기 주장성(한 당사자가 자신의 관심사를 만족시키려는 정도)을 이용해 다섯 가지 유형으로 나눴다.

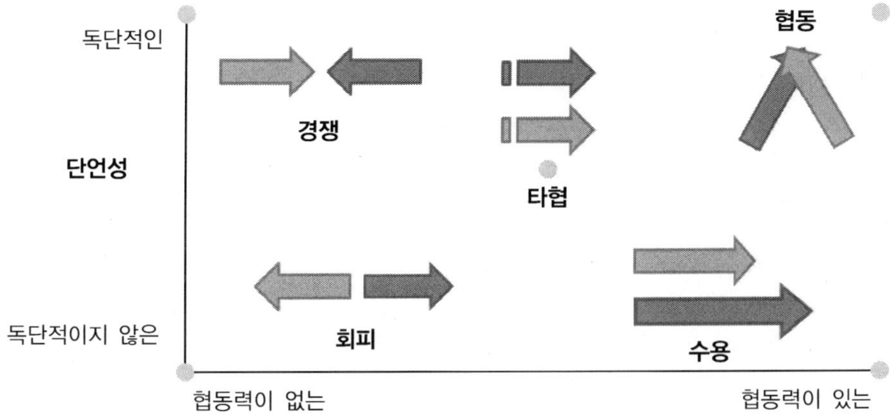

그림 3-3-3 갈등의 관리 방안

자료: Robbins & Judge(2011: 524).

첫째, 경쟁(competing)으로, 이는 상대방을 압도하여 자기의 주장을 관철하려는 것으로 상대방이 자기 주장을 받아들이도록 강요하는 것이다. 자신의 이익만을 추구할 때 경쟁이 발생한다.

둘째, 협동(collaborating)으로, 이는 갈등 당사자가 서로 상대방의 필요를 충족시키려고 할 때, 상호 이익을 추구하려는 것이다.

셋째, 회피(avoiding)로, 갈등은 존재하지만 그 상황에서 피하거나 억누르는 것이다.

넷째, 수용(accommodating)으로, 자신을 희생하더라도 상대방의 이해 관계를 우선시하는 것으로, 관계 유지를 위해 희생이 필요할 때 사용한다.

다섯째, 타협(compromising)으로, 갈등의 당사자들이 뭔가를 양보하려고 할 때 서로 나눌 수 있는 유형으로 분명한 승자나 패자가 없다.

4) 행동

행동은 갈등이 가시화되는 단계로 갈등 당사자들의 선언, 실행, 반응을 포함한다. 갈등 행동은 각 당사자가 의도를 실행하기 위해 취하는 행동이다. 오해나 미숙한 실행으로 인해, 겉으로 드러난 행동이 원래 의도와 다른 방향으로 가기도 한다(Thomas, 1992).

5) 결과

갈등 당사자 간의 행동, 반응 상호작용은 어떠한 결과를 가져온다. 이 결과는 의사결정의 질이 향상되고, 창의성을 자극하며, 변화적인 환경이 촉진되는 등 집단의 성과를 향상시키는 기능적 결과가 될 수도 있고, 반대로 집단의 성과에 방해가 되는 역기능적 결과가 될 수도 있다.

7 갈등관리 전략

불확실하고 변혁적인 요즘의 조직 환경에서는 갈등관리가 매우 중요하다. 갈등관리는 역기능적인 갈등 요인은 해소하고 순기능적인 갈등은 자극하거나 증대시키는 것이 좋다. 종래에는 갈등관리와 갈등 해소가 동일한 의미로 사용되었으나, 현대적인 의미에서는 갈등의 해소뿐만 아니라 갈등의 자극까지도 포함하는 개념으로 이해되고 있다(윤대혁, 2009 : 326).

1) 갈등의 해소 전략

갈등은 중요한 결정을 내릴 때 모든 관점을 고려하게 되고, 특히 소수 의견도 주장할 수 있게 함으로써 의사결정의 질을 향상시킨다. 갈등은 집단사고(group think)의 해독제이며, 적절치 않은 의사결정을 막아 주며, 새로운 생각을 촉진하고, 집단의 목표와 활동을 재평가하게 하며, 집단이 변화에 반응하는 확률을 높인다(김지성 외, 2007 : 532-533).

<표 3-3-3>은 갈등을 조직효과성 향상을 위한 수단으로 활용하고 갈등의 수준을 조절하는 데 도움을 주는 갈등 해소 및 자극 기법을 보여 준다. 정상적인 상황에서는 한 사람의 의도가 그에 어울리는 행동으로 표출되기 때문에 이러한 방법은 좋은 예가 될 것이다(Robbins & Judge, 2011 : 526).

표 3-3-3 갈등관리 기법

갈등 해결책	
문제 해결	문제점을 발견하고 그것을 해결하기 위해 솔직한 토론을 통해 직접 대면하여 토론을 함.
상위 목표	갈등의 상대방 도움 없이는 달성할 수 없는 같은 목표를 만드는 것
자원의 증대	돈, 승진, 기회, 사무실 공간이라는 자원의 부족에 의해 갈등이 생길 때, 자원의 증대는 윈윈(win-win) 해결책을 만들 수 있다.
회피	갈등을 회피하거나 억누르는 것
완화	갈등 당사자 간의 공동 이익을 강조하고 차이는 작게 취급하는 것
절충	갈등의 각 당사자가 뭔가 가치가 있는 것을 포기하는 것
권위적 명령	경영인은 공식적인 권위를 갈등을 해결할 때 사용하고 난 후에 자신이 원하는 바를 상대방에게 알림.
인정 변수의 변화	갈등의 원인이 되는 태도와 행동을 바꾸기 위해 대인관계 훈련과 같은 행동 변화 기법을 사용함.
구조적 변수의 변화	공식적 조직 구조와 갈등당사자의 상호작용 형태를 직업 재설계, 이동, 조정 지위들을 만듦으로써 변화시키는 것
갈등 · 자극 기법	
커뮤니케이션	갈등 단계를 높이기 위해 모호하고 위협적인 메시지를 사용함.
외부인의 투입	배경, 가치관, 태도, 또는 관리하는 스타일이 기존의 멤버들과 다른 직원을 집단에 투입함.
조직의 재구조화	현상에 혼란을 주기 위해 작업집단의 재판성 규칙과 규정의 변경, 상호 의존의 증가, 그리고 그 외 비슷한 구조적 변화를 주는 것
의도적 반대자 지정	집단에 의해 만들어진 대다수의 입장에 고의적으로 반대하는 비평가를 지정함

자료: Robbins & Judge(2011 : 526).

2) 갈등 해결의 유형과 사용 전략

갈등을 효과적으로 해결하려면 갈등 과정에서의 의도가 무엇인지를 정확히 이해해야 하며, 그에 따른 행동을 확실히 파악해야 한다. 여기서는 토머스(Thomas, 1992)가 제시한 갈등을 다루는 이차원적 모형을 통해 효과적인 갈등관리에 대해 살펴보고자 한다. 갈등 처리 의도는 두 가지 차원인 협력성과 자기 주장성을 이용해 다섯 가지 유형으로 설명된다. <표 3-3-4>는 갈등 해결의 유형과 사용 전략이다. 이러한 다섯 가지 방식 중 어느 것을 사용할 것인가의 결정은 상황의 본질에 달려 있다.

표 3-3-4 갈등 해결의 유형과 사용 전략

유형	사용 전략의 내용
경쟁	① 신속하고 결단력이 필요한 경우 ② 인기 없는 조치를 실행할 경우
협동	① 타협이 안 될 때 - 양쪽 관심사가 너무 중요한 경우 ② 양쪽의 관여(협력)가 필요한 경우
타협	① 복잡한 문제에 대한 잠정적 해결안 ② 임기응변적 해결이 요구될 경우
회피	① 한 문제는 사소, 다른 문제는 중요한 경우 ② 사람들의 생각을 가다듬게 할 필요가 있을 경우
수용	① 논제가 타인에게 중요한 의미를 지닌 경우 ② 다음 논제에 대한 사회적 신용 획득을 위한 경우

3) 갈등과 조직 성과

갈등은 조직에 필요한 것인가 아닌가 하는 기준은 일반적으로 갈등이 조직의 목표 달성과 성과 증진에 작용하여 이익, 또는 저해 요인이 되었는가의 여부로 결정된다고 하겠다. 또한, 모든 조직에는 갈등의 최적 수준(optimal level of conflict)이 존재한다. 조직에 갈등이 없다면 정체된 사고 방식, 부적절한 의사결정, 독재와 획일주의, 조직의 침체가 발생하여 변화와 개혁 추진 시에 어려움이 있게 되고 환경 변화에 대한 적응력이 낮아져 결국 조직의 성과는 저하된다. 즉, 갈등의 관리에서 조직에 갈등이 거의 없는 상태가 된다면, 조직의 생존이 위협받게 되고, 갈등이 너무 많으면, 조직 내 큰 혼란이 발생하게 되는 것이다. 이것을 간단히 나타내면 [그림 3-3-4]와 같이 된다(Gibson, Ivancevich, & Donnelly, 1988 : 308; DeCenzo & Silhanek, 2002 : 289). 따라서 조직관리자는 자신의 조직에 적절한 갈등의 수준을 파악하여 알맞은 수준을 유지하도록 관리해야 한다.

갈등은 무조건 부정적인 것이라는 전통적 견해의 가치관이 우리의 조직문화 속에 고착되어 있다. 즉, 갈등은 긍정적 측면이 있는데도 그것이 우리 문화 속에서 억압되고 있다는 것이다. 그러면 관리자들이 갈등을 부정적인 것으로 보고 갈등에 대해 불안해하는 이유는 어디에 있는가? 이것은 인간의 사회화 과정에서 주요 역할을 담당하는 가정·학교·사회 등이 지금까지 어릴 때부터 반(反)갈등적 가치관을 조장해

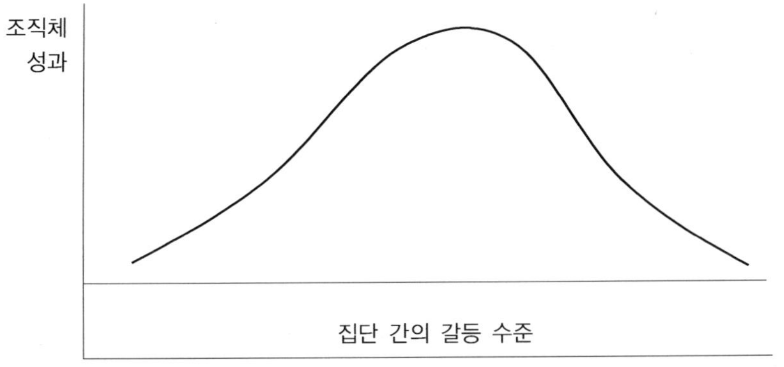

갈등 수준	낮음	이상적	높음
영향	역기능적	순기능적	역기능적
집단 행동	환경 변화 적응력 둔화, 무사안일적, 의욕 상실, 침체적	환경 변화에 신속한 적응력, 창의적, 변화 지향적, 활발한 문제 해결 행동, 적극적 목표 달성 행동	혼란, 분열, 상호 조정 결여, 목표 의식 결여
성과	낮음	높음	낮음

그림 3-3-4 갈등의 수준과 조직체 성과 간의 관계

왔기 때문이다. 즉, 부모나 교사나 사회적 지도자들 모두가 "의견의 불일치는 불행의 근원이 된다는 신념"을 강화해 왔으며, 그 결과 우리들 대부분은 "반응할 수 없는 권위"를 시인하는 관습과 더불어 성장해 온 데서 기인한다. 그리고 관리자들도 자기 직무에서 갈등이 적을수록 더 많은 보상을 받아 왔으며, 갈등 해소와 갈등관리를 구별하려고 하지 않아 온 것이 사실이다. 그러나 분명한 것은 조직이 활력을 유지하고 그 존속 가능성을 증대시키며 조직효과성을 제고하려면 조직에서의 갈등이 필요하다는 사실이다.

김호정(2009)은 부산시 소재 국립대학과 지역교육청에 근무하는 공무원을 대상으로 직무 갈등과 관계 갈등이 조직효과성에 미치는 영향과 직무 갈등과 관계 갈등 간에 신뢰의 역할을 분석했다. 첫째, 조직 내 구성원 간의 관계 갈등이 심할수록 집단 성과, 집단 만족, 집단 몰입이 감소한다. 둘째, 직무 갈등은 집단 성과, 집단 만족, 집단 몰입에 의미 있는 영향을 미치지 못한다. 셋째, 직무 갈등과 관계 갈등은 비교적 높은 상관 관계를 갖고 있는데, 이는 주로 직무 갈등이 관계 갈등을 유발하기 때문이다. 넷째, 신뢰는 직무 갈등과 관계 갈등 간에 조절(완충) 역할을 하지 못하고, 오히려 신뢰는 직무 갈등과 관계 갈등의 영향을 받는 입장에 있다.

기능적 갈등은 조직을 이롭게 한다. 갈등은 급진적인 변화의 수단으로 권력구조나 분위기 전환의 효과적 장치이며, 직장 내 집단을 더욱 응집시켜 외부 위협 시 협력과 연대를 이루게 하고, 집단이나 조직의 효과성을 증대시켜 갈등이 새로운 혁신의 시발점으로 개방적 분위기를 조성한다. 실패하는 조직은 갈등이 너무 많아서가 아니라 없어서 실패하는 경우가 대부분임을 명심해야 한다.

제 4 절 조직 내 협상

갈등은 사전에 협상에 의해 해결되기도 한다. 예컨대, 노사 협약을 통해 노동조합원이 불만 사항을 어떻게 보고를 하고, 관리자들은 노동자들의 불만에 어떻게 대처해야 하며, 분쟁은 어떻게 조정되는지에 대해 미리 규정하기도 한다. 이처럼 노사 간 갈등이 어떻게 해결될 것인지에 대해 미리 정해 둠으로써 갈등을 사전에 피할 수 있다.

1 협상의 의미

모든 사람은 일상생활 속에서 협상을 하면서 살아가고 있다. 특히 앞에서 다뤘던 갈등과 대립을 해소하기 위해 협상은 빈번히 사용된다. 이런 이유로 조직생활 전반에 걸쳐 직장 동료, 관리자와 직원 그리고 이웃, 가족 간에도 매일 매일 협상을 한다고 해도 과언이 아닐 것이다.

협상(negotiation, bargaining)이란 둘 혹은 그 이상의 당사자가 상품이나 서비스를 교환하면서 그에 대한 교환 비율을 결정하는 과정이다(Wall, 1985). 즉, 혼자서 목표를 이룰 수 없을 때, 상대방과 의사소통을 통해 내리는 의사결정 과정이다(김성환 외 역, 2005 : 21).

2 협상 전략

협상 전략에 대한 유형으로는 배분적 협상(distributive bargaining)과 통합적 협상(integrative bargaining) 두 가지가 있다. 배분적 협상은 파이를 나누는 제로섬(zero-sum, win-loss) 협상이며, 통합적 협상은 파이의 크기를 늘리는 플러스섬(plus-sum, win-win) 협상이라 할 수 있다(Waltion & McKersie, 1965).

물건을 사고팔 때 판매자는 구매자가 지불하려는 금액보다 높은 금액을 요구한다. 이 때 판매자와 구매자는 가격을 협상하게 되는데 이 상황을 배분적 협상이라 한다. 내가 이익을 보면 상대자는 손해를 보게 되는 것이다. 고정된 양의 자원을 나눠 가지려고 하는 협상이다. 일정한 파이를 두고 각자 더 많이 차지하려고 하기 때문에 단기적인 인간 관계에서 행해진다. 흔히 인용되는 예로 노동자와 경영자 사이의 노사 임금 협상을 들 수 있다.

[그림 3-3-5]는 A와 B 협상 당사자의 배분적 협상의 경계를 잘 보여 주고 있다. 각각 원하는 목표점과 최소로 받아들일 수 있는 저항점이 있고, 이 사이에 각각의 기대 영역이 있고, A와 B 기대 영역 사이의 교차 부분이 있으면 그 범위가 협상이 충족될 수 있는 타결 영역이 된다(Robbins & Judge, 2011 : 531).

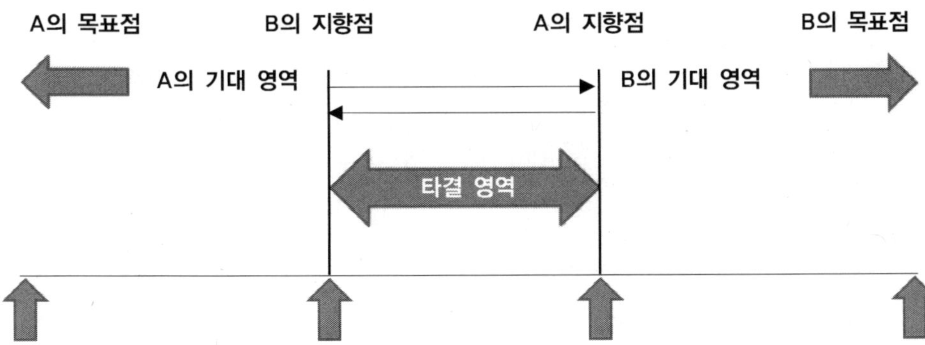

그림 3-3-5 협상 영역

자료 : Robbins & Judge(2011 : 501).

표 3-3-5 배분적 협상과 통합적 협상의 주요 특징

협상의 특징	배분적 협상	통합적 협상
이용 가능 자원	자원의 양이 고정적	자원의 양이 유동적
주요 동기	승-패 게임	승-승 게임
이해 관계	서로 반대됨	조화, 상호 수렴
관계의 지속성	단기간	장기간

자료: Lewiki & Litterer(1985: 280); Robbins & Judge(2011: 500) 참조.

통합적 협상은 배분적 협상과는 다르게 서로 이익이 되는 해결책을 얻고자 하는 것을 목표로 한다. 프로 선수들의 출전수당, 승리수당 등의 연봉 체결과 판매자의 실적 달성에 따른 인센티브제도 등이 통합적 협상의 좋은 예다. 통합적 협상은 당사자들이 강한 유대감과 서로 승리했다는 느낌이 들게 되는 장기적인 인간 관계에서 행해진다.

모든 협상자는 통합적 합의를 목표로 하게 되지만 대부분은 성공에 이르지 못한다. 그 이유는 보이지 않는 갈등과 파이의 고정 인식이 있기 때문이다. 서로가 이득이 되는 협상을 이끌어 내기 위해서는 상대방에 대한 신뢰, 목표의 공통성, 상대에 대한 인정과 원활한 의사소통, 문제 해결 능력, 정보의 공유 등 파이를 늘리려는 노력이 있어야 한다.

3 협상의 단계와 절차

협상은 대체적으로 [그림 3-3-6]의 단계를 걸쳐 진행된다. 먼저 협상의 준비와 계획 과정으로 내용과 목적, 상대방의 목적 등을 파악하여 계획을 세우는데, 전략적으로 합의에 이르지 못할 때 최선의 대안(Best Alternative to a Negotiated Agreement: BATNA)을 설정하는 것이 매우 중요하다. 상대방의 배트나(BATNA)를 알면 협상을 유리하게 진행할 수 있다(Bazerman & Neale, 1992: 67-68).

두 번째로 기본 규칙을 정하는 것인데 방법, 절차, 내용의 범위, 기간, 장소 등에 대해 서로 약속을 하는 것이다.

세 번째로 최초로 서로의 요구 사항을 제시, 정당성을 설명하고 상대방이 잘 이해

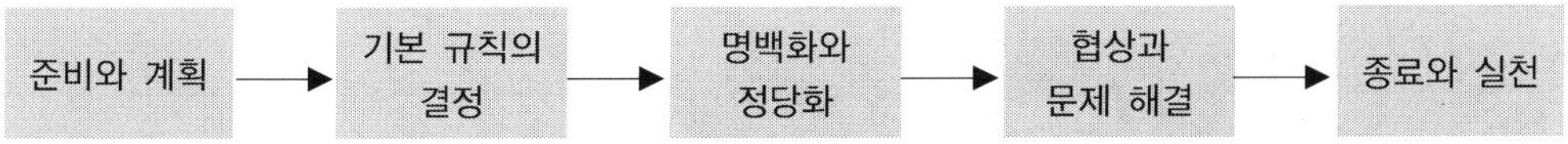

그림 3-3-6 협상 단계

출처 : Robbins & Judge(2011 : 504).

하고 있는지를 명확하게 하고, 필요한 증빙서류도 교환한다.

네 번째로 협상과 문제 해결인데 상호 접점을 찾는 단계다. 서로 윈-윈(win-win) 하기 위한 양 당사자의 양보가 필요하고, 양해각서(MOU)를 교환한다.

다섯 번째로 합의안을 공식화하고 실행과 감독, 그리고 사후관리 시스템도 만들어야 한다.

4 협상 영향 요인

협상의 성공적인 전략 수립을 위해서는 다음과 같은 영향 요인을 고려해야 한다. 먼저 협상 당사자 자신과 상대방의 스타일, 한계, 능력, 행동 방식 등을 파악해야 한다. 자신이 무엇을 할 수 있다는 자기 효용의 믿음은 특히 중요하다. 둘째, 신뢰 수립과 인간 관계 형성은 효율적인 협상에 필수적인 요소다. 셋째, 창의성은 효과적인 협상에 꼭 필요한 요소다. 경쟁적인 협상에 임하다 보면 생각이 고착되게 되는데, 창의성은 고정 관념을 버리는 데 크게 도움을 주는 역할을 한다. 의제를 해결 가능하게 쪼개고, 재구성하고, 파이를 늘리기 위한 방안과 새로운 대안을 창출한다. 이 밖에 성별의 차이와 국가의 문화 차이 등이 영향을 미친다.

직접적인 협상이 교착 상태에 빠지면, 제3자에게 도움을 청해 문제를 해결할 수 있다. 협상의 해결을 촉진하기 위해 설득과 대안을 제시하는 조정자(mediator), 협상의 합의를 결정할 수 있는 권위를 지닌 제3자인 중재자(arbitrator), 협상 당사자 간의 비공식적인 의사소통 연결을 하는 알선자(conciliator), 갈등관리의 지식을 활용해 문제 해결을 촉진하는 상담자(consultant) 등을 활용할 수 있다(Wall & Blum, 1991 : 283-287).

제 5 절 지식정보사회의 조직 내 권력 및 갈등

1 정보사회의 도래와 조직 내 권력 변화

토플러(Toffler, 1991 : 297-298)는 정보사회에서 권력 이동의 속성을 다음과 같이 요약했다(한상완, 1997 : 32-34).

첫째, 새로운 부(富)의 창출 체제는 데이터, 정보 및 지식의 교환에 더욱 의존하며, 지식의 교환 없이 새로운 부는 창출되지 못한다.

둘째, 새로운 체제에서는 대량 생산을 탈피하여 탄력적 주문 생산, 즉 탈대량화 생산으로 나아간다. 이 체제는 새로운 정보 기술(IT) 덕분에 고도로 다양한 제품, 심지어 주문화 제품을 대량 생산 비용에 근접한 원가로 단기간에 생산할 수 있다.

셋째, 탈대량화한 소규모의 작업 단위, 임시적 조직, 애드호크라시(adhocracy) 조직 또는 더욱 복잡해지는 조직협력체와 컨소시엄이 경직된 관료 체제를 대체한다. 위계질서는 의사결정을 신속히 하기 위해 평면화되거나 폐지되고, 지식의 관료적 조직화는 흐름이 자유로운 정보 체제로 대체된다.

넷째, 조직 단위의 수와 다양성이 늘어난다. 이러한 단위들이 늘어나고 그들 간의 업무 처리가 많아질수록 더욱 많은 정보가 생성되고 전달된다.

다섯째, 근로자의 상호 교환성이 더욱 줄어든다. 과거에는 산업노동자가 소유하는 생산 수단이 별로 없었다. 오늘날 가장 강력한 부의 증식 도구는 근로자의 머릿속에 들어 있는 기호다. 그러므로 근로자들은 생산 수단 중에서 극히 중요하며, 때로는 대체할 수 없는 부문을 소유하고 있다.

여섯째, 정보사회의 조직 내 새로운 주역은 노동자도 자본가도 아니고 관리자도 아니다. 새로운 주역은 바로 조직 내외에서 창의적 지식을 행동과 결합시키는 혁신자다. 결국, 전술한 권력의 원천 중 전문적 권력의 중요성이 다른 어떠한 권력의 원천보다도 정보사회에서는 그 상대적 중요성이 높아질 것으로 보인다.

정보사회에서 조직은 피라미드형에서 수평화·네트워크형으로의 전환을 요구받는데, 이러한 조직에서는 스피드와 유연성을 필수로 하는 수평과 분권이 요구되어, 권력의 과감한 분산이 가능하다. 왜냐하면, 조직이 고객의 요구에 신속히 대응하고 급변하는 조직환경에 유연하게 대처하기 위해서는 현장 중심의 조직관리가 필요한데, 정보사회에 적합한 조직에서는 현장에서 업무를 수행하는 구성원들에게 더 많은 재량권을 부여하여 기동성을 높이고, 현장 관리자에게는 더욱 많은 권한을 위임하여 의사결정의 신속성을 높이기 때문이다.

이렇게 조직 내에서 분권화가 가속화되면, 전통적 조직의 피라미드 구조를 과감하게 수평화(flat)시킬 수 있어 의사결정 단계의 단축, 관리 비용의 감축, 조직 세분화에 따른 낭비 제거 등도 가능해진다. 정보사회에 이러한 수평화 · 네트워크형 조직이 효과적으로 관리되면 생산성이 제고된다. 왜냐하면, 이러한 조직에서는 조직구성원 개인이 혼자 업무를 수행하는 것이 아니라 개인의 능력을 바탕으로 공동으로 전체 업무를 수행하기 때문에 전통적 조직보다 상승 효과를 효과적으로 얻을 수 있기 때문이다.

일곱째, 이러한 조직은 인재 육성에도 효과적이다. 이러한 수평화 · 네트워크형 조직은 조직구성원 스스로가 업무를 추진할 수 있도록 조직의 환경을 조성하고, 경험과 지식이 필요한 업무에는 리더나 선배 직원들이 코치해 주므로 구성원의 업무 수행 능력 제고에 효과적이다. 또한 업무 수행 성과에 따라 권한 위임과 보상이 이뤄지므로 리더는 구성원들의 기술 및 능력 신장에 노력을 기울일 수밖에 없다.

한편, 정보사회에서는 정보화로 인한 권력의 오 · 남용의 문제도 발생한다. 예를 들어, 권력자 자신이 수집한 정보를 이용하여 조직구성원들의 행동을 예측함으로써 자신의 권력을 유지할 뿐만 아니라, 자신에게 유리한 방향으로 정보를 조작할 수 있고, 새로운 정보통신 기술로 인해 작업 과정이나 일상생활에서 조직구성원들에 대한 감시와 통제, 구성원 신상과 활동에 막대한 통계 데이터의 축적과 통합이 이뤄지기도 한다(권태환 · 조형제 편, 1997 : 154, 168).

2 정보화로 인한 조직 내 권력의 변화로 야기된 갈등

다음은 정보사회와 갈등에 관해 논의한다. 정보화 과정은 공동체가 정보를 가진 자와 가지지 못한 자로 분리되는 과정으로 볼 수 있다. 카스텔스(Castells, 1989) 역시 정보사회에서 관리, 전문, 기술직과 같은 정보 관련 직업이 증대하더라도 이 부문만이 일방적으로 증대하는 것이 아니라 미숙련 서비스 노동 역시 동시에 늘어나 사회구조가 양극화될 가능성이 있음을 지적한다. 결국, 정보통신 기술의 발전 자체가 정보의 생산과 사용 기회의 평등한 기회를 보장하는 것은 결코 아니며, 정보 격차는 그것을 억제하기 위한 전략이 확실하게 수반되지 않을 경우 확대될 가능성이 크다 (Rogers, 1986). 더욱이 정보 행위가 경제활동의 핵심 요소인 정보사회에서 정보 격차는 사회적 불평등의 새로운 계기로 작용할 가능성이 매우 높고, 정보 네트워크 이용에 따른 불평등의 결과는 단순한 정보 격차의 문제에 그치는 것이 아니라 정보 부자와 정보 빈자 간의 갈등을 야기한다(권태환·조형제 편, 1997 : 228).

조직 내에서는 집단 간 정보 연계 공동 활용에 대한 이해의 부족으로 갈등과 반목이 발생하기도 한다(이석재 외, 1998a; 1998b). 먼저 개인 수준 갈등의 요인으로는 1) 조직구성원들의 직무 수행 시에 정보의 수집·분석 능력이 부족할 때 발생하는 심리적 요인과 2) 정보 교환 시에 신뢰성 부족으로 상호 교환이 이뤄지지 않을 때, 3) 정보의 창조와 활용에 제대로 적응하지 못할 때, 4) 조직이 개인의 능력과 노력이 바탕이 된 정보를 충분히 활용하거나 적용하지 못해 개인의 목표와 조직의 목표 간에 괴리가 발생할 때, 5) 조직 내에서 구성원들 간 정보 인식 차이가 발생할 때 갈등이 생긴다.

집단 수준의 갈등은 항상 변화하고 유동하는 정보에 대해 집단의 통제력이 상실될 때, 많은 갈등이 파생된다. 계급·계층 간 불평등 구조는 구입이나 유지비용이 많이 드는 정보통신 기기에 대한 접근·이용의 격차를 의미하는데, 더욱이 급속하게 진행되는 정보화 과정은 기존의 정보 격차가 줄어들기도 전에 다시 새로운 정보 격차를 만들고, 지식·정보의 격차가 존재하는 상황에서 새로운 정보 기술의 채택은 높은 수준의 지식·정보를 가지고 있는 집단이 새로운 정보 기술에 접근하는 것을 상대적으로 용이하게 한다(권태환·조형제 편, 1997 : 228-229). 따라서 정보화란 그 자체가 목적이 아니라 수단에 불과하므로, 정보 격차를 해소할 수 있는 보편적 서비스의 확대와 정보를 공유하고 교환할 수 있는 분위기 조성이 요구된다.

3 소셜네트워크서비스(SNS)의 영향

최근 학계에서는 트위터(twitter), 페이스북(facebook) 등으로 대표되는 소셜네트워크서비스(social network service : SNS)가 사회에 미치는 영향에 대해 뜨겁게 논쟁하고 있다.

정치 현상에서 정당과 의회를 기본으로 하는 전통적인 대의민주주의에 SNS라는 기술이 어떤 영향을 미치느냐는 하는 것이다. 한쪽에서는 인터넷에 연결만 되어 있으면 언제든지 접속하여 의견을 개진할 수 있는 SNS의 속도와 이동성은 대의민주주의에 긍정적인 영향을 미치며, 심지어 대의민주주의가 발전하기 위해서는 SNS를 적극적으로 활용할 필요가 있다는 주장이다. 즉, 주기적인 선거에 의해서만 정치 과정에 참여할 수 있는 대의민주주의의 한계를 극복하기 위해서는 실시간으로 그리고 온라인을 통해 참여할 수 있도록 가능성을 열어 주고, SNS를 활용함으로써 소통의 기회를 제공할 수 있다는 것이다. 반면에, SNS로 인해 디지털 기기의 사용에 익숙한 세대와 그렇지 못한 세대 간에 간극이 넓어지고, SNS를 통해 책임성이 없는 의견들이 무분별하게 그리고 선동적으로 제기됨으로써 갈등을 조장하는 부정적인 영향이 있다는 견해도 있다.

이러한 논쟁은 현대 사회의 조직에도 유사하게 적용될 수 있다. SNS라는 매체를 통해 조직구성원 간의 소통과 참여의 기회를 넓힐 수 있다는 긍정적인 측면이 있는 반면, 책임성 없는 글과 선동적인 의사 표시가 여과 없이 전달될 수 있다는 부정적인 측면도 있다. 따라서 조직관리자는 SNS의 긍정적 측면을 최대한 활성화하고, 부정적 측면을 최소화하는 방향으로 조직을 운영할 필요가 있다.

연구 문제

1. 본인이 잘 알고 있는 리더 한 명을 선택한 후, 그 리더가 갖고 있는 합법적 권력, 보상적 권력, 강압적 권력, 전문적 권력, 준거적 권력을 구체적으로 설명하시오.
2. 1번 문제에서 선택한 리더가 조직 내에서 권력 획득 및 유지를 위해 주로 사용하는 정치전략을 구체적으로 제시하시오.
3. 2번 문제에서 리더가 사용하는 정치전략을 관리할 수 있는 방안을 구체적으로 제시하시오.
4. 좌절에 의한 갈등을 본인의 경험을 중심으로 설명하시오.

5. 본인이 경험한 목표 갈등을 구체적으로 설명하시오.
6. 본인이 경험한 역할 갈등을 구체적으로 설명하시오.
7. 본인이 경험한 대인적 갈등을 구체적으로 설명하고, 그 갈등을 해결하기 위해 사용했던 갈등 관리 방안을 루블(T. Ruble)과 토머스(K. Thomas)의 이차원모형을 이용하여 설명하시오.
8. 지식정보화 사회에서 권력 및 갈등의 특성을 과거 산업사회의 권력 및 갈등의 특성과 비교하여 설명하시오.

사례 연구 3-3

한미 FTA와 갈등

서울 경찰청장이 지난달 27일 한·미 자유무역협정(FTA) 제2차 공청회의 단상을 점거하며 무산시킨 사람들을 법대로 조처하겠다고 밝혔다. 공청회는 서로 정보를 공유하며 소통하는 자리인데 왜 한쪽은 저지하고 다른 쪽은 강행하려 했을까?

갈등에는 내용적 갈등과 절차적 갈등이 있다. 내용에는 좋은 내용과 나쁜 내용이 있고, 절차도 좋은 절차와 나쁜 절차가 있다. 이것을 조합해 보면 네 가지 유형의 갈등이 나온다.

첫째, 좋은 내용과 좋은 절차가 만나면 갈등은 발생하지 않는다. 둘째, 나쁜 내용이 좋은 절차를 만날 경우 나쁜 내용을 수정, 보완하여 좋은 내용이 되는 생산적인 갈등이 된다. 셋째, 좋은 내용이 나쁜 절차를 만난 경우 비용과 시간을 낭비하는 소모적인 갈등이 된다. 넷째, 나쁜 내용과 나쁜 절차가 만난 경우 당장은 은폐하거나 억압할 수 있지만, 나중에 한꺼번에 폭발하는 파괴적 갈등이 된다.

한·미 자유무역협정도, 분야에 따라 유리한 내용도 있고 불리한 내용도 있을 터다. 내용을 대상으로 삼은 갈등은, 협정으로 예상되는 편익이 손실보다 크다고 생각하는 찬성 쪽과 손실이 편익보다 크다고 생각하는 반대쪽이 각각 이용하는 정보와 자료 등 사실 관계의 차이 또는 동일한 사실에 대한 해석의 차이에서 비롯된다. 공청회와 토론 회 등은 정보를 공유하고 관점의 차이를 좁히거나 해소하는 좋은 절차로 활용할 수 있지만 경우에 따라서는 나쁜 절차로 악용될 수도 있다.

절차의 좋고 나쁨을 판단하는 기준을 세 가지만 든다면 첫째, 절차의 틀이다. 상호 불신의 경쟁 구도에서 이뤄지는 공청회나 토론회는 서로 필요한 사실만을 선택하여 주관적 경험과 가치관을 토대로 해석하기 때문에 소모적이고 파괴적인 절차가 된다. 반면에 상호 신뢰에 바탕을 둔 협력 구도에서 이뤄지는 공청회나 토론회는 서로 견해 차이를 인정하고 상생의 대안을 모색하므로 생산적인 절차가 된다.

둘째, 사람이다. 협상의 원칙 중에 '문제와 사람을 분리하라'는 원칙이 있다. 아무리 좋은 내용이라도 문제를 제기하는 사람의 견해와 이해 관계를 무시하고 대화의 상대방에서 배제하거나 마주앉은 사람을 공격하는 나쁜 절차다. 반면에 찬성 쪽과 반대쪽이 문제 해결 과정에서 상호 신뢰의 협력 관계를 형성하는 절차는 좋은 절차다.

셋째, 공정성이다. 정보와 자료를 독점하고, 결정한 후에야 참여의 기회를 주며, 선수가 심판까지 보는 절차는 나쁜 절차다. 반면에 정보와 자료를 공유하고, 타당성 검토 과정부터 참여하며, 선수와 심판을 분리하는 절차는 좋은 절차다. 갈등관리의 선진국들은 정책을 수립하고 집행하는 부서와 공청회, 토론회 등을 주관하는 부서가 다르다.

신뢰는 상호 관계다. 정부는 국민들이 믿고 맡겨 주지 않는다고 억울해하지만, 정부도 협정에 반대하는 국민들을 신뢰하지 않기는 마찬가지다. 정부가 국민을 불신하면 국민도 정부를 못 믿는다. 불신의 악순환을 깨는 방법은 정부가 먼저 정보를 공개하고, 반대쪽의 처지와 이해관계를 존중하며, 반대하는 사람들도 협상 팀에 합류하여 우리나라의 협상력을 강화하는 것이다. 정부와 국민이 서로 신뢰할수록 협정으로 말미암은 비용은 줄고 편익은 늘어난다. (한겨레신문, 2006. 7. 14. 신창현칼럼)

사례 문제

1. 사례에 나타난 갈등의 주요 원인을 분석하고 해결 방안을 제시하시오.
2. 사례와 관련하여 바람직한 협상은 어떤 것인지를 구체적으로 제시하시오.

제 4 장

의사전달

갈등(conflicts)의 원인으로 가장 많이 지목받는 것은 잘못된 의사전달이다(Thomas & Schmidt, 1976 : 317). 왜냐하면 개인은 조직에서 일하는 시간의 70% 이상을 쓰기, 읽기, 말하기, 듣기와 같은 의사전달에 사용하기 때문에 집단의 성과를 저해하는 가장 큰 주범 중의 하나가 효과적인 의사전달의 부족이라고 말해도 과언이 아니다.

이 장에서는 먼저 의사전달의 의의와 과정을 살펴본 후, 조직 의사전달의 유형과 효율화, 조직 의사전달 네트워크 등을 논의하고, 마지막으로 정보사회의 의사전달을 살펴봄으로써 이 장을 마친다.

제 1 절 의사전달의 의의와 과정

1 의사전달의 개념과 중요성

의사전달(communication)이란 복수의 행위 주체가 정보를 교환해서 의미를 공유하는 과정이라고 할 수 있다(이창원 · 명승환 · 임영제, 2004 : 461-498). Communication

의 어원을 살펴보면, 공통성을 뜻하는 라틴어 communis를 어원으로 하고 있는 바, 일방적인 의사전달이 아니라 의사의 상호 소통까지 포함한다고 볼 수 있다. 대부분의 인간은 다른 사람과 끊임없는 상호작용을 하며 살아가는데, 의사전달은 사람들 사이에서 일어나는 상호작용 중 가장 근본적인 현상 중의 하나라고 할 수 있다.

조직 내 인간의 행동도 의사전달을 매개로 하여 끊임없이 상호작용을 한다. 따라서 조직 내의 다른 과정들도 의사전달에 의존하고 있으며, 의사전달의 형태와 기술은 조직의 활동 범위와 조직구조, 조직구성원의 만족도 및 태도, 의사결정과 동기부여 등에 영향을 주는 주요 요소다. 결국 조직의 효과성을 높이는 데 합리적인 의사전달은 필수적인 것이라고 할 수 있으며, 조직관리자에게도 효과적 의사전달은 필수적 역할이다.

2 의사전달의 기능

이미 상술한 바와 같이 조직이 효과적인 목적을 달성하는 데 합리적인 의사전달은 필수적이다. 조직 내에서 일반적으로 의사전달은 다음의 기능을 수행한다(Scott & Mitchell, 1976; 이창원 · 명승환 · 임영제, 2004 : 462).

첫째, 조정(통제)을 위한 기능이다. 조직에는 구성원들이 따라야 하는 권한 계층과 공식적인 지침인 규범이 존재한다. 이러한 것들은 의사전달을 통해 조직구성원들에게 전달되며 구성원의 행동을 통제하게 된다.

둘째, 조직구성원들의 동기 유발을 촉진하는 기능이다. 의사전달은 구성원들이 해야 할 일은 무엇이며, 자신이 일을 잘하고 있는지를 알려 줄 뿐만 아니라 자신의 직무 성과를 개선하기 위해서는 어떻게 해야 하는지를 알려 준다. 즉, 구체적 목표를 설정해 주고 진보 상황을 환류시켜 줌으로써 바람직한 행동을 강화시키는 것은 동기부여의 기본 과정이라고 볼 수 있는데, 이러한 과정에서 의사전달은 촉매제의 역할을 수행한다.

셋째, 사회적 욕구의 충족 기능이다. 조직구성원들은 의사전달을 통해 자신의 감정을 표출하고 다른 사람과의 교류를 넓혀 나가며, 사회적 욕구를 충족시킨다.

넷째, 정보 전달의 기능이다. 의사전달은 개인과 집단에 정보를 전달함으로써 의사결정에 촉매제 역할을 한다.

다섯째, 조직체의 유지 기능이다. 조직은 조직을 구성하는 구성원이나 조직 내에서 활동하는 여러 가지 하부집단의 상호작용과 협동을 통해 유지된다. 이러한 유지가 지속적으로 되기 위해서는 하부집단의 의사와 정보를 전달하는 기능이 원활하게 이뤄져야 한다.

마지막으로, 효과적인 리더십 발휘의 기능이다. 효과적인 리더십은 적절한 권위 유지와 부하들의 수용에 의해 이뤄진다. 부하들의 수용은 의사전달의 활성화에 의해 가능해진다. 즉, 훌륭한 리더로서의 자질을 겸비한 사람이라도 그를 따르는 부하들이 리더의 의견이나 지도력을 잘 수용하지 못한다면 효과적인 리더십은 발휘될 수 없는 것이다.

3 의사전달의 과정

일찍이 라스웰(Harold D. Lasswell)은 누가, 어떠한 채널을 통해, 누구에게, 어떤 정도의 효과로 말하는가를 의사전달에서 중요한 요소로 지적했고, 정보이론의 선구자로서 샤논(Claude E. Shannon)과 위버(Warren Weaver)는 1) 정보원, 2) 전달자, 3) 신호, 4) 수신자, 5) 목적 등의 다섯 가지 구성 요소에 의해 인간 의사전달을 분석했다. 종전 모형들의 통합을 시도한 벌로(David K. Berlo)는 의사전달 과정을 S-M-C-R모형으로 단순화하고 있는 바(Berlo, 1960 : 24), 즉 "전달자(sender 혹은 source)가 메시지(message)를 특정의 경로(channel)를 통해 수신자(receiver)에게 전달하는 것"으로 언급하고 있다.

4 비언어적 의사전달

비언어적 의사전달(nonverval cmmunication)이란 언어를 사용하지 않는 방법으로 이뤄지는 의사전달이라 할 수 있다(Reece & Brandt, 1990 : 36). 비언어의 개념 속에 포함될 수 있는 것으로는 목소리의 크기와 강약, 음색, 얼굴 표정과 눈의 움직임, 보디 랭귀지(body language) 혹은 키네틱스(kinetics)라고 불리는 신체의 움직임과 다른 사람과의 거리 및 접촉, 의복의 선택, 장신구의 선택, 습관적이고 문화적인 제스처 등을 꼽을 수 있다(Wilson, Hantz, & Hanna, 1992). 일반적으로 우리는 일상생활 속에서 말에 의한 의사전달보다 비언어적 의사전달을 더 많이 하고 있다. 이런 점에 비춰볼 때 인간 관계에서 비언어적 의사전달이 매우 중요함을 짐작할 수 있게 해 준다.

비언어적 의사전달은 다음과 같은 특성을 갖고 있다(설기문, 2002 : 188-198).

첫째, 비언어적 의사전달은 계속적으로 존재하는 현상이다. 즉, 우리가 타인과 함께 있는 동안에 설사 그가 아무 말도 하지 않는다고 하더라도 그의 기분이나 상태를 표정이나 몸짓을 통해 알 수 있는 것이다.

둘째, 우리는 비언어적 메시지를 사용해 의사전달을 하지 않을 수 없다. 언어의 사용 여부와 관계 없이 비언어적 의사전달이 존재한다면 우리는 항상 비언어적 의사전달을 하고 있다고 해야 할 것이다.

셋째, 비언어적 의사전달은 문화에 따라 달리 해석된다.

넷째, 비언어적 의사전달은 모호하다. 경우에 따라 언어적 메시지가 모호하며 오해가 생길 수 있듯이 비언어적 메시지도 상황에 따라 잘못 이해될 수도 있으며, 이로 인해 갈등이나 다툼이 유발될 가능성도 존재한다.

제 2 절 조직 의사전달의 유형과 효율화

조직 의사전달을 유형화하자면 전달의 경로, 흐름의 방향, 전달의 대상, 목적, 수단 등의 기준에 따라 여러 가지로 분류할 수 있으나, 통상 조직 의사전달은 그 경로를 기준으로 공식적 및 비공식적 의사전달로 2대분하고, 다시금 공식적 의사전달을 방향성을 기준으로 하향적, 상향적 및 수평적 의사전달로 3대분하는 절충식 분류법을 사용하고 있다(이창원 · 명승환 · 임영제, 2004 : 474-477).

1 조직 의사전달의 유형

1) 공식적 의사전달

(1) 하향적 의사전달

하향적(downward) 의사전달은 조직의 계층구조를 따라 상급자로부터 하급자에게로 명령이나 지시·방침·성과 표준 등이 전달되는 의사전달을 말하며, 다른 유형에 비해 가장 빈도가 높다.

(2) 상향적 의사전달

상향적(upward) 의사전달은 하급자의 성과 보고로부터 의견이나 제안·태도·고충 등의 상향적 전달에 이르기까지 매우 광범하다. 상향적 의사전달은 조직에서 상하급자 간에 쌍방적 의사전달을 가능케 하고 상의하달의 오류를 시정하는 장점이 있는 반면 여과 효과(filterring effect)에 의해 그 정확성이 훼손될 가능성이 있다. 즉, 하급자들은 상급자의 질책을 우려해서, 또는 상사의 귀를 즐겁게 하기 위해 중요한 부정적 정보들 중 상당량을 걸러내고 전달하는 경우가 많다(Thompson, 1967 : 125).

(3) 수평적 의사전달

수평적(horizontal) 의사전달은 조직에서 위계 수준이 같은 구성원이나 부서 간의 의사전달을 의미하는 것으로 상호작용적 의사전달이라고도 한다. 하향적인 메시지의 흐름이 대개 권위적인데 비해 수평 흐름에 의한 메시지의 내용은 주로 협력적인 성격을 띠며 그 왜곡의 정도도 덜하다. 근래에 와서 수평적 의사전달의 중요성이 크게 인식되어 왔는데, 그 이유는 각 구성원 간 및 부서 간의 갈등을 관리하고 조정활동을 강화함으로써만이 조직목표 달성이 보장되기 때문이다.

2) 비공식적 의사전달

의사전달은 인간 욕구의 발로라는 측면이 있고 동시에 자연스러운 물의 흐름과 같은 속성이 있어, 조직도표와 같은 정해진 통로로만 흐르게 할 수는 없다. 조직구성원들은 직종과 계급을 넘어서 인간적 유대, 예컨대 감정적인 친지 관계·학연·지연·입사 동기 등의 유대를 기반으로 자생적 의사전달을 유지하게 되는데, 이러한 비공식적 의사전달(informal communication) 체계 혹은 경로를 흔히 소문 혹은 풍문(grapevine)이라고 부른다. 소문 혹은 풍문은 이를 통해 흐르는 정보의 내용이 루머(rumour)의 형태인 데다가 의사전달 과정에서 왜곡의 소지가 많아 관리자들에게는 경원시되어 왔다.

그러나 소문 혹은 풍문은 조직에서 필연적이고 자연적인 현상임을 인정해야 할 것이다. 비공식적 의사전달은 공식적 의사전달에 비해 매우 전달 속도가 빠르며, 또한 융통성을 겸비하고 있다. 관리 목적에 이바지할 수 있는 비공식적 의사전달의 장점으로는, 1) 관리자로 하여금 일반 직원들의 동태 파악을 용이하도록 하며, 2) 일반 직원들의 정서적 긴장을 해소하며, 3) 관리층에서 발하는 딱딱한 명령이나 지시를 인간적이고 부드러운 것으로 옮겨놓는 역할을 하며, 4) 공식적 의사전달 체계가 공급하지 못하는 유익한 정보를 전달하는 역할을 한다.

이에 반해 비공식적 의사전달의 단점으로서는, 1) 풍문을 유포시킬 가능성을 내포하고 있다는 점과, 2) 책임성이 없다는 것이다. 즉, 비공식적 의사전달 체계는 정보 전달 시에 오류를 범한다 하더라도 책임 추궁의 대상이 없기 때문에 편의에 따라 마음대로 사실을 왜곡할 수 있다.

2 의사전달의 장애와 극복

1) 구조적 장애 요인

효과적인 의사전달을 저해하는 구조적 요인으로는 계층제 · 전문화 · 집권화 등을 들 수 있다(조석준, 1993 : 398-402).

(1) 계층제

아지리스(Chris Argyris)에 의하면, 조직은 조직 목표 달성을 위한 계층제(hierarchy)를 강조하고, 개인은 심리적 성공과 개인적 욕구 충족을 추구하는 나머지 이 양자의 불일치에서 정보의 왜곡 현상이 생기고, 이런 과정이 반복됨에 따라 정보 왜곡은 더욱 심해진다고 한다.

특히, 조직이 많은 계급을 만들고, 계급성을 강조하고, 이에 부수된 상징을 강조할

수록 정보의 왜곡과 단절 현상은 심해지며, 이에 대처하기 위해 상부에서는 더욱 충성심·세뇌 등을 강조하게 되고, 따라서 직원들은 '보수형의 조직인'이 되고, 창의적이지 못하고, 정보는 그 질이 더욱 낮아진다.

(2) 전문화

조직은 그 내부구조의 분업의 필요에 의해 소관이 다른 각 부서를 설치하여 분야별로 전문화시키고 있는데, 이로 인해 각 부서는 경쟁 관계에 놓이게 되고 정보는 왜곡되거나 단절된다. 의사전달을 종적인 것과 횡적인 것으로 나눈다면 전술한 계층제의 영향은 종적인 것에 대한 것이고, 여기에 전문화(specialization)는 주로 횡적인 의사전달을 말한다고 할 수 있다.

(3) 집권화

계층제 및 전문화와 관련된 정보 병리의 하나로서 집권화(centralization)를 들 수 있다. 만일, 정보활동이 조직의 최고위층에 집결되어 있으면 너무 적은 수의 전문가 및 인원이 너무 적은 양의 유관한 정보를 갖게 되어 실정에 어둡게 되며, 너무 많은 양의 업무 때문에 제대로 기능할 수 없게 된다. 또 의사전달 체제가 집권화되면 단순문제에 대해서는 신속하고 능률적으로 처리하기에 유리하지만, 복잡한 문제에 대해서는 분권화된 구조 쪽이 더 효과가 크며 직원의 사기도 더 높다.

2) 과정적 장애 요인

(1) 왜곡

왜곡(distortion)이란 메시지의 의미나 내용을 변화시켜 올바른 정보를 전달하지 않는 현상을 말하는데, 왜곡이 발생하는 것은 대개 다음과 같은 이유들 때문이다.

첫째, 개인들은 상이한 경험으로 인해 준거 체제가 서로 다르므로 동일한 의사전달을 다르게 해석할 수 있다(Gibson, Ivancevich, & Donnelly, 1991 : 553).

둘째, 어의상의 문제로서 전달자가 모호한 말을 사용하거나 수신자에게 생소한 전문적 용어를 사용할 경우 언어의 부적절한 사용으로 인한 해석의 오류를 낳는다.

셋째, 감각적 정보를 조직화하는 지각 과정에서 발생하는 지각오류로서, 상동적 태도(stereotyping), 후광 효과(halo effect), 투사(projection), 선택적 지각 등을 들 수 있다.[1]

넷째, 시간에 쫓기다 보면 적시성을 놓치거나 당연히 포함해야 할 사람을 의사전달 경로에서 제외시키는 등 시간 압박(time pressure)이 요인이 된다.

(2) 누락

누락(omission)은 전달자가 의도한 메시지의 일부만이 수신자에게 전달됨을 뜻한다. 누락 현상은 전달자가 고의로 의사전달의 내용을 여과(filtering)할 때라든가 전달자가 모든 메시지를 파악하지 못함으로써 불충분한 정보를 수신자에게 전달할 때 발생한다. 그리고 고의가 없더라도 조직이 고층구조를 지녀 의사전달 단계가 길어지게 되면 불가피하게 누락 현상이 발생한다.

(3) 정보의 과부하

과부하(overload)란 메시지의 흐름이 그 체제의 처리 용량을 초과하여 유입되는 상황을 나타내는 평가적 용어다. 정보의 홍수에 휩쓸리다 보면 적절한 조치를 강구해야 할 중요 문제를 가려내지 못하거나 합리적인 의사결정을 못할 때가 많다.

(4) 수용의 거부

수신자가 정보 전달자의 말이나 행동에 대해 신뢰를 하지 않거나, 메시지에 대한 특정의 선입견(preconceived idea)을 갖는 경우 수용(acceptance) 거부 현상이 나타나게 되며, 이 때 의사전달의 원래 의도는 크게 상실된다. 청취는 많은 주의와 자기훈련을 필요로 한다. 이는 선입견을 가지고 타인의 주장에 대해 시기상조적 평가를 해서는 안 된다는 것을 의미하기도 한다.

3) 의사전달 장애의 극복

(1) 왜곡과 누락에 대한 대처 방안

왜곡과 누락이라는 의사전달 장애에 대처하는 방법으로는 다음과 같은 몇 가지가 사용되어 왔다(오세덕 · 여윤환, 2000 : 258-259).

첫째, 중복(redundancy)의 방법으로서 하나의 메시지를 이질(異質)의 채널을 통해 서로 다르게 자주 되풀이하는 것이다. 만일 한 공직자가 그의 권한으로 보고되었던 사실들에 대해 그 정확성을 의심한다면 둘 혹은 그 이상의 채널을 설정하여(때로는

---

1) 제2부 제1장 제2절 '지각'에서 자세히 설명하고 있다.

경쟁을 통해) 같은 사실을 보고하게 할 수 있다.

둘째, 확증(verification)의 방법으로서 이전의 메시지에 대해 그 정확도를 보장하는 것이다. 메시지 내에 편파가 개재되었다고 보일 때 그에 맞서는 편파를 모색함으로써 차이 있는 해석을 뽑아낼 수 있는 것이다.

셋째, 통과(bypassing)의 방법으로서 의사전달 흐름에서 중개자(intermediary)를 제거하는 것이다.

넷째, 사후검사(follow-up)와 환류(feedback)를 이용해 메시지의 내용이 실제로 어떻게 해석되고 있는가를 확인하거나, 정기적 회의처럼 구체적인 메시지의 시기를 표준화함으로써 시간 압박을 해소하는 등도 의사전달의 왜곡과 누락을 극복하는 방안이 될 것이다.

(2) 정보 과부하에 대한 대처 방안

원래 조직구조(특히 관료제 구조) 자체는 수신자의 정보 접근을 제한할 수 있고 그 결과 정보 과부하를 줄여 준다고 볼 수 있다(Rogers, 1973 : 333). 그러나 좀 더 구체적인 방법으로는 1) 시기적 조절에 의해 정보량을 표준화하는 방법, 2) 정보에 대해 우선순위를 설정하고 순위가 낮은 것은 타인에게 처리하게끔 하는 방법, 3) 조직을 분권화함으로써 상위층에 집중되는 정보를 중간층 이하에 분산시키는 방법, 4) 비서나 참모와 같은 문지기(gatekeeper)를 확충하는 방법 등이 주로 사용된다.

(3) 수용 거부에 대한 대처 방안

의사전달의 개선을 위해서는 무엇보다도 신뢰적인 조직 분위기의 조성이 중요한데, 이를테면 전달자는 행동으로 메시지를 뒷받침하는 신뢰를 보여야 하며 수신자는 평가적 판단을 지양하고 전체 의미를 신뢰하는 태도를 지녀야 한다.

(4) 제도적 보완책 강구

의사전달의 장애 극복 차원이라기보다는 효율화라는 차원에서 다음과 같은 하의상달을 활성화시키는 제도적 장치들을 강구할 필요가 있겠다. 예를 들어, 고충처리 절차, 문호 개방 정책, 카운셀링, 정기적인 태도 조사설문 및 퇴직면접 제도, 제안 제도, 각종 회의 제도, 참여적 의사결정 제도 등이 적극 강구될 필요가 있겠다.

제 3 절 조직의 의사전달 네트워크

지금까지 개인 간의 의사전달에 대해 논했다면, 다음에서는 조직 내 의사전달에 대해 논하고자 한다. 특히 조직 내 집단 간의 정보의 흐름에 대해 중점을 두고 설명하고자 한다.

의사전달 네트워크라 함은 "조직구성원들 간에 이뤄지고 있는 반복적이며 재현적인 상호작용의 패턴"을 말한다. 따라서 네트워크란 개인과 조직 사이의 중간 크기에서 매개하는 묶음(grouping)이라 할 수 있다(이창원 · 명승환 · 임영제, 2004: 484). 대개의 의사전달 네트워크는 일반적으로 [그림 3-4-2]에서 보는 바와 같이 네 가지 유형 안에 포함된다.

먼저, 원형(circle) 네트워크는 집단 내 구성원은 자신의 좌우 모든 사람과 의사전달을 하지만, 다른 사람들과는 의사전달이 되지 않는다.

둘째, 윤형(wheel) 네트워크는 수레바퀴의 바퀴살에서 반대편에 있는 사람과 수레바퀴의 중간에 있는 사람들 사이에 정보가 전달되는 형태다.

셋째, 연쇄형(chain) 네트워크는 집단 내 구성원은 자신의 직속상사나 직속 부하와 의사를 전달하고, 그 위나 아래와는 의사가 전달되지 않는 형태다.

넷째, 개방형(all-channel) 네트워크는 모든 구성원이 다른 모든 구성원과 의사전달을 하는 형태다.

같은 조직이라 하더라도 네트워크 채널이 어떻게 만들어졌는지에 따라서 구성원의 행동, 만족도, 분위기뿐만 아니라 전달의 신속도, 정확도 등 의사전달의 효과성이 달

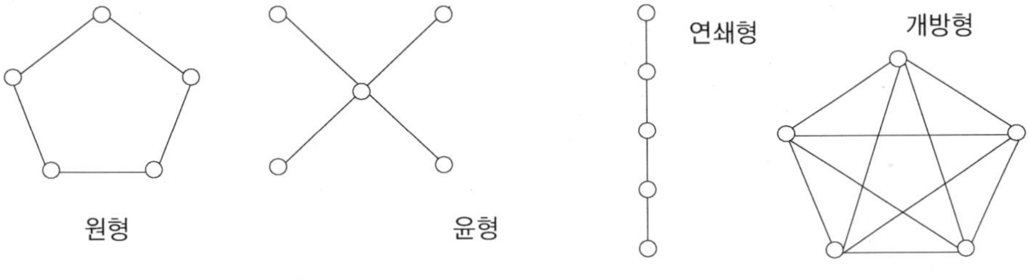

그림 3-4-2 의사전달 네트워크의 형태

표 3-4-1 의사전달 네트워크와 조직 행위

네트워크 조직 행위	연쇄형	윤형	원형	개방형
권한의 집중도	높음	중간	낮음	매우 낮음
의사전달의 속도	중간	단순 과업 : 빠름 복잡 과업 : 늦음	모여 있는 경우 : 빠름 떨어져 있는 경우 : 늦음	빠름
의사전달의 정확성	문서 : 높음 구두 : 낮음	단순 과업 : 높음 복잡 과업 : 낮음	모여 있는 경우 : 높음 떨어져 있는 경우 : 낮음	중간
집단의 만족도	낮음	낮음	높음	높음
의사결정의 속도	빠름	중간	늦음	-
결정에 대한 집단의 몰입 정도	낮음	중간	높음	-

자료 : 신유근(1990 : 351).

라진다 (임창희, 2009 : 294). 이를 요약하면 <표 3-4-1>과 같다.[2]

제 4 절 정보사회의 의사전달

1 정보 기술에 기반을 둔 의사전달

1) 뉴 미디어와 의사전달

뉴 미디어는 기존의 매스미디어에 부분적으로 새로운 정보 처리 및 정보전달 기술이 융합되었거나 기존 매스미디어와는 다른 새로운 정보 교환 기능을 갖춘 미디어를 일컫는 말이다 (김영임 외, 2002 : 170). 여기에서 논의하는 뉴 미디어란 컴퓨터 및 전자공학이 급진적으로 발달한 1950년대에서 1970년대 초까지 이뤄진 정보기술의 발달과 적용 과정에서 나타난 '컴퓨터 · 커뮤니케이션(computer communication : C&C)' 또는 '컴퓨니케이션(compunication)' 등에 해당된다고 할 수 있다.

2) 단, 여기에서 Y형은 명령 통일의 조직 원리에 위배되며 일상 조직에서 흔치 않은 형태이므로 논외로 한다.

이러한 뉴 미디어의 특성은 정보 내용(content), 전달 방식(process) 및 정보 표현 양식(format) 등 세 가지 측면의 변화로 살펴볼 수 있다.

첫째, 정보 내용의 변화란 뉴스, 오락물, 교육, 시사 등 미디어 편성 분류에 속하는 모든 프로그램 유형이 좀 더 세분화되고 전문화되어 가는 추세를 의미한다.

둘째, 정보 전달 방식의 변화란 기존의 인쇄 또는 전자 미디어 외에 케이블, 광섬유, 통신위성, 마이크로파, 컴퓨터 네트워크 등 새로운 전송 방식이 활용되고 있는 변화를 말한다. 기존의 일 대 다수뿐만 아니라 일 대 일 또는 상호 다수 간의 정보 교환이 쌍방향으로 자유롭게 가능해진다.

셋째, 정보 유형의 변화란 영상, 음성, 활자 등으로 구분되던 미디어의 정보 표현 형태가 점차 혼합되어 가는 현상을 말한다.

뉴 미디어 시대의 인간과 의사전달의 가장 특이한 점은 인간이 컴퓨터와 같은 기계를 매개로 하여 의사전달 활동에 참여하고 있다는 점이다. 이러한 형태의 의사전달을 기존의 대인 의사전달과는 구분되는 컴퓨터 매개 의사전달이라 부른다. 그리고 이러한 컴퓨터 매개 의사전달은 다수의 사람 간에 상호 작용적 의사전달을 가능하게 하면서 인간 생활에 직접적으로 영향을 미친다. 인터넷을 이용한 전자우편이나 채팅, 전자게시판 등이 그 예다.

2) 컴퓨터 매개 의사전달

컴퓨터 매개 의사전달(computer-mediated communication : CMC)이란 컴퓨터를 매개로 하여 일 대 일, 일 대 다(多), 다 대 다 간에 의사전달이 이뤄지는 의사전달 과정이다. 송신자와 수신자의 물리적인 만남 없이 컴퓨터를 매개로 연결된 메시지가 상호 전송되는 것이다(김영석, 2000 : 483-434). 컴퓨터 매개 의사전달의 대표적인 유형으로는 인터넷(internet), 전자우편(e-mail), 전자게시판(bulletin board system : BBS), 원격 대화(chatting) 등을 들 수 있다.

2 정보 기술과 조직 내 의사전달의 변화

정보통신 기술의 발달은 의사전달의 양과 방향에서의 변화, 의사전달의 목적과 본질에서의 변화, 그리고 의사전달 네트워크 내에서 인간 관계의 변화를 가져왔다(Foster & Flynn, 1984; 김인수, 1997 : 263-272).

첫째, 정보 기술의 도입 이전에는 개인 간의 의사전달은 주로 수직적이고 조직의 과업이 요구하는 방향에 따른 상호작용이 대부분이었다. 의사전달 채널은 좁고, 과업 중심의 수직적 관계로 형성되어 있었다. 이러한 형태의 의사전달은 정보 기술의 도입으로 변화를 겪게 되었으며, 상호 보완적인 기술이나 공통의 문제와 관련된 광범위하고 수평적인 네트워크를 형성하게 되었다.

둘째, 조직 내에서 LAN(local area network)이 설치되고 구성원 개인에게 할당된 PC가 이 LAN에 연결됨에 따라 의사전달의 목적과 본질에서도 변화가 일어나고 있다. 과거에는 단순한 정보의 교환에 그치던 의사전달이 이제는 전자결재로까지 발전하게 되었고, 문서로 처리되던 것들이 종이 없는(paperless) 시스템으로 발전했다.

셋째, 정보 기술은 정보 전달 네트워크에 의한 새로운 관계를 형성함으로써 비인적(非人的) 의사전달 매체에 의해 구성원 간의 접촉을 좀 더 쉽게 하는 통로를 제공함으로써, 조직 내 인적·비인적 접촉의 수를 증가시켰다. 결국, 정보통신 기술의 발달로 인한 조직 내 의사전달은 1) 비동기성(송신자와 수신자가 정보를 교환할 때 시간적으로 동시에 연계되어 있지 않아도 의사전달이 가능함), 2) 선택성(정보의 송수신자가 원하는 정보만을 송수신할 수 있음), 3) 비대면성(송수신자가 직접 대면하지 않고도 정보를 교환할 수 있게 되어 의사전달 과정에서 정보 왜곡 현상이 줄어 문제의 본질에 용이하게 접근할 수 있음), 4) 경제성(정보교환 과정에서 발생하는 거래비용이 획기적으로 적어졌음) 등의 특성을 갖게 되었다(김난도, 1997).

정보통신 기술의 발달은 지금까지 살펴본 바와 같이 조직구성원들의 의사전달 행태, 의사전달망, 의사전달의 효과성 등에 지대한 영향을 미치고 있지만, 그러한 영향에 관해서는 아직 실증적인 연구가 많이 수행되지 않은 것이 사실이다. 그런데 여기서 중요한 것은 이러한 정보기술의 발달을 통해 일반적으로 정보 전달의 신속성 및 정확성이 제고되고 전달되는 정보의 양적 증가가 이뤄진 것이 곧 의사전달의 전체 효과성을 제고하는 것은 아니라는 것이다. 즉, 직장의 비인간화(dehumanization)가 촉진될 수도 있고, 의사전달망에 있는 구성원들의 만족도가 저하될 수도 있으며, 왜곡된 정보가 신속하게 전체 조직구성원들에게 전달될 수도 있는 것이다. 또한 결국 조직관리자의 입장에서 보면 이렇게 양적으로 증가된 정보를 효과적으로 관리해야 하는 책임이 더욱 늘어난 것으로도 볼 수 있다(Moorhead & Griffin, 2004 : 260-262).

3 지식정보사회의 정보관리

지금은 스마트 혁명의 시대다. 스마트 혁명은 방송통신 환경의 변화를 불러일으키고 있다. 아날로그 휴대폰에서 디지털로, 디지털에서 스마트폰으로 변했다. 스마트폰은 다시 모바일 혁명을 불러일으키고 있다. 스마트워크가 그것이고, 스마트TV와 IPTV가 그것이다. 또한, 스마트 네트워크의 시대다. WiBro전국망이 2011년 3월 개통되었고, 2011년 7월 LTE망이 도입되었다. 모바일 클라우드가 보편화되면서 클라우드 컴퓨팅이 급성장하고 있다. 빅데이터의 급증도 새로운 환경으로 떠오르고 있다. 특히, 방송과 통신의 융합, SNS, 기업들이 고객에 대한 정보 수집활동, 동영상・음악 등 멀티미디어 자료들의 폭발적 증가, 스마트폰의 보편화 등으로 데이터량이 방대해짐에 따라 빅데이터의 활용이 중요시되고 있다. 즉, 상상도 할 수 없을 만큼 큰 양의 정보와 데이터가 일상생활에서 나타나게 된 것이다.

간츠와 라인젤(Gantz & Reinsel, 2010 : 1)에 의하면, 2009년 한 해 글로벌 디지털 데이터가 80만 페타바이트(pettabyte)를 상회하고, 2010년에는 120만 페타바이트에 이를 것으로 전망하며, 2020년에는 네트워크에 연결된 기기가 지금보다 700배 증가한 7조 개에 이르고, 정보는 44배 증가한 35제타바이트(zetabyte)에 달할 것으로 예상했다. 35제타바이트는 DVD로만 쌓아도 화성 중반까지 갈 수 있는 양이라고 하니 실로 어마어마한 빅데이터의 시대가 도래하게 된다.

이러한 빅데이터의 시대, 정보 홍수의 시대에 어떻게 대처해야 할 것인가?

첫째, 과도한 정보를 적절히 관리할 필요가 있다. 과도한 정보는 조직의 생산성에 부정적인 영향을 미친다(Klausegger et al., 2007). 또한, 사회적 신뢰의 주요한 구성요소라고 할 수 있는 대인 간의 신뢰에 나쁜 영향을 미치는 것으로 조사되고 있다(Beaudoin, 2008). 과도한 정보는 정보에 대한 피로도를 높임으로써 분석 능력을 마비시키고, 잘못된 의사결정을 가져올 수 있다. 이에 대한 대책으로는 정보 활용 능력을 높이고, 효율적인 조직구조를 만들고, 개인의 작업 습관을 효율화하며, 충분한 시간을 두고 집중력을 유지하는 등의 방법이 있을 것이다.

둘째, 이동통신 수단의 발달로 인해 언제나 통화가 가능하다는 것이다. 이로 인해 즉각적인 의사전달이 현대 조직의 또 다른 특징으로 떠오르고 있다. 현대 조직의 조직원들은 이제 연락이 되지 않는 곳으로 숨을 곳이 없다. 이처럼 언제든지 조직원들과 의사전달이 가능하게 됨으로써 관리자들은 손쉽게 이동통신 매체를 이용하여 작업을 지시할 수 있게 되었다. 이러한 변화는 조직원들의 개인적인 사생활의 공간과 시간이 침해당하는 결과를 초래한다. 조직의 구성원들은 조직에서의 생활과 사적 공간에서의 생활을 구분하기 위해 이동통신, 인터넷 등 통신매체를 조화롭게 활용할 필요가 있다.

셋째, 개인정보 보호의 문제다. 사적 조직이나 공적 조직 모두에게 개인 정보 보호에 대한 문제는 큰 관심거리가 되고 있다. 최근에는 몇몇 기업에서 개인정보 유출 등의 대형사고가 발생하기도 했다. 현대 조직은 전산통신망을 통해 오고가는 개인정보와 비밀에 대한 침해 가능성을 방지하기 위해 노력할 필요가 있다.

연구 문제

1. 조직 내 의사전달의 중요성을 자신의 경험을 토대로 설명하시오.
2. 본인이 알고 있는 조직 하나를 선택한 후, 그 조직 내 의사전달의 기능을 구체적으로 설명하시오.
3. 2번 문제에서 선택한 조직에서 발생하는 의사전달의 주요 과정을 이 장에서 배운 '조직 의사전달의 과정모형'을 이용하여 설명하시오.
4. 본인이 알고 있는 리더를 선택한 후, 그 리더와 본인 간 의사전달의 주요 유형을 구체적으로 설명하시오.
5. 공식적 의사전달과 비공식적 의사전달의 장·단점을 비교·분석하고, 조직관리자의 입장에서 비공식적 의사전달의 효과적 관리 방안을 제시하시오.
6. 본인이 속한 조직 내 의사전달의 장애 요인을 분석하고, 그러한 장애 요인에 대한 대처 방안을 구체적으로 제시하시오.
7. 컴퓨터 매개 의사전달의 특성을 장·단점을 중심으로 구체적으로 제시하시오.
8. 조직 내 의사전달을 활성화시키는 정보 기술로는 어떤 것들이 있는지를 구체적으로 제시하시오.
9. 정보 기술의 발달이 조직 내 의사전달의 효과성에 미치는 영향을 구체적으로 제시하시오.

사례 연구 3-4

지도자의 의사소통 방식

이명박 대통령이 정치에 갓 입문한 1990년대 초 김동길 교수, 박찬종 의원과 좌담을 하는 자리에 갔다. 이 대통령은 가장 과묵한 쪽이었다. 다른 두 참석자가 장안에서 둘째 가라면 서러울 달변가인 데다 좌담 참여 경력으로 봐도 '선수'들이라 이 대통령에겐 좀처럼 말할 기회가 오지 않았다. 그로부터 15년쯤 지난 후 이 대통령이 서울시장 임기를 마치기 직전 인터뷰를 하게 됐다. 그 땐 한 시간 반 동안 얼마나 빠른 속도로 이야기를 쏟아냈는지 손이 저리도록 받아써야 했다.

며칠 전엔 이 대통령이 지난 주 뉴질랜드 · 호주 · 인도네시아 순방을 마치고 귀국하는 비행기 안에서 녹음한 주례 라디오 연설을 들어봤다. 이 대통령은 "비행기 안에서 녹음해 소음이 많으니 양해해 달라"면서 연설을 시작한다. 그러고는 피곤한 목소리로 연설문을 읽어나간다. 내용이 재미있는 것도 아니고 놀랄 만큼 중요한 정보가 있는 것도 아니다. 조금 듣다 보면 지루해져서 금방 딴 생각을 하게 된다. 대통령과 국민들 간의 원활한 소통엔 '장치'가 필요하다.

민주당 전당대회 연설 한번으로 전국적인 스타 정치인이 됐던 오바마도 대통령 취임 후엔 연설의 마법이 서서히 풀리고 있다. 백악관 웹사이트와 유튜브에 올린다고 해서 화제였던 주례 라디오 연설 동영상도 요즘엔 인기가 시들하다. 처음엔 일주일 만에 60만 명이 봤다고 하더니 이젠 수백 명이 볼 뿐이다.

단순히 정기적인 소통 창구를 열어놓는 것만으론 부족하다는 걸 소통의 달인이라는 레이건 전 미국 대통령은 잘 알고 있었다. 그는 "주말에 데이트하는 연인들이 화제로 삼을 수 있는 내용이 한 가지쯤은 들어 있어야 한다"는 마음으로 주례 라디오 연설을 했다고 한다. 또 대통령 자신의 이야기가 아니라 국민들의 이야기를 하는 것을 원칙으로 삼았다. 그러나 레이건은 또 한편으론 '멍청한' 실수를 잘하기로 유명했다. 연설문을 읽다가 '다음 페이지로'라고 쓰인 지문까지 읽어 청중이 폭소를 터뜨리게 만들었다. 주례 라디오 연설을 할 땐 방송이 시작된 것도 모르고 소련에 폭격을 할 계획이라고 엉뚱한 이야기를 해서 참모들을 기절초풍하게 만들기도 했다. 당연히 '머리가 나쁘고 뭘 잘 몰라서 저런 실수까지 한다'는 평이 따라붙었다. 훗날 평가는 좀 달라졌다. 대본을 보는 데 익숙한 배우 출신이 지문까지 읽는 실수를 했을 리는 없다는 것이다. 영화배우 출신이라고 해서 '딴따라 대통령'이라 불렸던 레이건이지만 그는 '쇼맨십'이 얼마나 효과적인 정치적 재능인지를 보여 주었다.

귀국행 비행기 안에서 연설을 마치며 이 대통령은 "어렵지만 우리 모두 희망을 가집시다"라고 말한다. 인터넷에 올려 있다뿐 발상은 1930년대 식인 이 일방적인 연설을 듣다 보면 대통령과 그 참모들이 정말로 소통의 중요성을 이해하는 것인지 의문이 든다. 리더십의 핵심은 국민들의 어려움에 공감하고 있다는 걸 '보여 주는' 능력이라는 것도 이해하지 못하는 것 같다. (조선일보, 2009. 3. 13)

사례 문제

1. 위의 사례에서 제시된 의사전달의 문제점으로는 어떠한 것들을 들 수 있으며, 이를 극복하는 방법을 구체적으로 함께 논의하시오.
2. 의사전달을 좀 더 명확하게 하기 위해 활용할 수 있는 정보기술에는 어떠한 것들이 있는지 구체적으로 제시하고, 앞으로의 발달 방향에 대해 함께 예측해 보시오.

제 5 장

의사결정

모든 조직은 어떤 일을 성공하거나 실패하는데, 조직의 성공과 실패는 적어도 관리자들의 의사결정의 결과라고 말할 수 있다. 예컨대, 의사결정은 조직이 어떻게 운영되어야 하고 조직이 어떻게 변해야 하는지 등에 대해 결정하고 선택하는 과정이다. 조직은 의사결정이 이뤄지는 과정을 계속해서 발전시켜야 하고, 변화하는 환경에 대응할 수 있도록 좀 더 효과적인 방법을 개발해야 한다. 이 장에서는 먼저 의사결정의 의의와 과정에 대해 알아본다. 여기서 의사결정 과정이란 조직 목표를 달성하기 위해 모든 대안을 비교·검토하여 최적의 대안을 선택하는 과정을 말한다.

이 장은 이러한 의사결정에 대한 이해를 제고하기 위해 의사결정의 유형과 합리모형, 만족모형, 연합모형, 점증모형. 혼합관조모형, 최적모형, 쓰레기통 모형, 공공선택모형 등 의사결정의 여러 이론모형에 대해 살펴본 뒤 집단 의사결정의 기법에 관해 논의한다. 마지막으로 지식정보사회에서의 조직 내 의사결정 변화에 대해 살펴봄으로써 이 장을 마친다.

제 1 절 의사결정의 의의

1 의사결정의 개념

의사결정(decision making)은 바람직한 목표를 달성하기 위해 이용 가능한 여러 대안(alternatives) 중에서 최선의 대안을 선택하는 과정이다(Griffin & Moorhead, 2008 : 205). 다시 말해, 모든 개인이나 조직체의 운영상 목표 달성을 위한 최선의 대안을 선택하는 일련의 과정이라고 할 수 있다. 그러므로 의사결정은 조직관리를 하는 데 가장 핵심적 위치를 차지한다 해도 과언이 아니다(Odgers & Keeling, 2000 : 124).

이러한 의사결정의 개념 속에는 다음과 같은 세 가지 핵심 내용이 내포되어 있다(박연호 · 오세덕, 2000 : 460).

첫째, 의사결정은 선택 행위를 포함한다는 것이다. 만약 가능한 행동대안이 한 가지밖에 없다고 한다면 의사결정이란 존재할 수 없다.

둘째, 의사결정은 의식적인 수준에서 행해지는 정신적 과정을 내포하고 있다는 점이다. 의사결정에는 논리성이 강조된다. 그러나 그 과정에는 논리적인 측면 이외에도 감정적 · 비합리적 및 보수주의적 요소들이 작용하고 있음을 간과해서는 안 된다.

셋째, 의사결정은 목표 지향적이라는 점이다. 즉, 그것은 어떤 구체적인 목표를 달성하기 위해 이뤄지는 행동 내지 과정인 것이다.

의사결정의 일종으로 정책결정이 있다. 정책결정이란 행정기관이 국가 목표를 달성하기 위해 정책대안을 탐색하고 그 결과를 예측함으로써 최종적으로 승인, 가감, 혹은 거부하는 것과 관련된 일련의 행위를 말한다(Anderson, 2000 : 5-6).

2 의사결정의 유형

조직의 의사결정은 복잡성에서 차이가 있고, 의사결정이 되풀이되는 빈도에 따라 정형적 의사결정과 비정형적 의사결정으로 구분할 수 있다.

정형적 의사결정(programmed decision)은 의사결정 규칙이 개발될 수 있을 정도로 빈번히 되풀이되는 의사결정이다. 여기서 의사결정 규칙이란 의사결정 상황에 관한 정보를 미리 제시하고 어떤 대안을 선택할 것인가에 대해 규정해 두는 것을 말한다. 정형적 의사결정은 성공과 실패에 대한 기준이 명확하고, 양질의 정보를 이용할 수 있고, 대안을 쉽게 구체화할 수 있으며, 선택된 대안이 성공적일 것이라고 믿을 수 있을 때 가능하다.

한편, 조직이 이전에는 직면하지 못했던 문제와 의사결정 상황을 해결해야 하고, 의사결정자가 이전에 규정해 두었던 의사결정 규칙에 의존할 수 없을 때가 있다. 이러한 의사결정을 비정형적 의사결정(nonprogrammed decision)이라고 이른다. 정형적 의사결정과 달리 비정형적 의사결정은 문제 해결이 필요하다는 것이다. 문제 해결이란 의제가 독특하여 의사결정 규칙의 도움 없이 대안을 개발하고 평가해야 할 필요가 있는 의사결정의 한 형태라고 할 수 있다(Nutt, 1993; 2002 : 226-251).

3 의사결정의 과정

의사결정 과정이란 조직목표를 달성하기 위해 모든 대안을 비교·검토하여 최적의 대안을 선택하는 과정을 말한다. 일반적으로 합리적인 의사결정의 과정은 다음과 같은 다섯 단계를 거치게 된다.

1) 문제의 인지와 분석 단계

문제란 바람직한 상태와 현실의 상태 사이의 차이를 의미한다(강근복, 1996 : 93). 즉, 의사결정을 하려면 우선 결정자가 문제의 성질을 명백히 인식하고 목표를 설정해야 하며, 인지된 문제를 해결하기 위해서는 그 문제에 대한 분석이 뒤따라야 한다.

2) 목표 설정 단계

목표란 달성하고자 하는 미래의 바람직한 상태를 의미한다. 다시 말해, 현재의 문제를 해결하여 조직구성원들의 심리적 긴장 상태를 없애고 만족스러운 상태를 이끌어 낼 수 있는 구체화된 미래의 상태를 말하는 것이다. 이 때 목표는 구체적으로 기술되어야 한다.

3) 정보의 수집·분석 단계

문제가 명확해지고 목표가 설정되면 이에 대한 대책을 강구하기 위해 정보(information)와 자료(data)를 수집하여 과학적으로 분석한다.

4) 대안의 탐색 및 평가 단계

목표의 달성을 위해 모든 대체적인 방안을 탐색하고 평가한다. 대안을 탐색할 때에는 수집한 정보와 지식 및 경험도 중요하지만 이 일을 담당하는 사람의 창의성에 크게 의존하게 된다. 의사결정자는 가장 불리한 상황에서도 모든 가능한 대안을 개발하기 위해 전력을 기울여야 한다(박연호, 2000 : 273). 대안이 탐색된 후에는 이들의 장·단점과 대안들이 초래할 결과를 가급적 계량적으로 평가해야 한다.

5) 대안의 선택과 실행 단계

대안의 선택은 여러 대안 중에서 최선의 대안을 하나 선택하는 과정이다. 최선의 대안을 선택한다는 것은 최대의 이익과 최소의 불이익을 가져올 것을 목표에 비춰 선택한다는 것을 의미한다. 이러한 대안의 선택이 곧 의사결정이다. 대안이 선택되고 나면 이는 실행에 옮겨져야 한다. 이 단계에서는 실행 담당자들의 실행 의지가 무엇보다 중요하다.

제 2 절 의사결정의 이론모형

누구나 합리적인 의사결정을 추구하고 최선의 선택을 했다고는 하지만 실제로는 결정을 내릴 때 사람마다 제각기 다른 접근을 하는데 이러한 접근법들은 한두 가지가 아니다(임창희, 2009 : 327). 여기에서는 다양한 의사결정 모형 중 대표적인 것들을 살펴보기로 하겠다.

1 합리모형

합리모형(rational model)은 의사결정 시에 최대한의 합리성을 추구하는 의사결정 모형이다. 이 모형에 의하면, 의사결정자는 이성과 고도의 합리성에 근거하여 결정하고 행동한다. 즉, 합리모형은 인간이 의사결정에 필요한 모든 지식과 정보를 파악·동원할 수 있다는 전지(全知)의 가정(assumption of omniscience) 하에서 목표 달성을 위한 합리적 대안의 탐색·선택을 추구하는 규범적·이상적 접근 방법이다.

그러나 합리모형은 인간의 능력·정보·시간 및 비용의 제한성으로 인해 현실적으로 적용할 수 있는 가능성이 희박한 모형이며, 수량화할 수 있는 것만을 강조함으로써 제한된 부분에만 적용이 가능하다는 비판을 받고 있다.

2 만족모형

만족모형(satisfying model)은 합리모형의 한계점을 극복하기 위해 제시된 의사결정모형으로 합리모형에서와 같은 완전한 합리성이 아닌 제한된 합리성(bounded rationality)에 기초하고 있다. 이와 관련하여 사이먼과 마치(Simon & March, 1958 : 138-139)는 인간은 지식·학습 능력·기억 능력·계산 능력 등 각종 능력면에서 제한을 받고 있기 때문에 최적의 대안을 선택할 수 없으며 어느 정도 만족스러운 대안이 나오면 그 수준에서 결정하게 된다고 주장한다.

그러나 만족모형은 다음과 같은 비판을 받고 있다(정정길, 1991 : 399-400).

첫째, 최선의 대안이 아니라 만족할 만한 대안을 찾은 후에 대안 탐색을 중단하게 되면 검토되지 않은 대안 중에 훨씬 더 중요한 대안이 있을지 모름에도 불구하고 이를 간과하게 된다.

둘째, 만족 여부는 의사결정자의 기대 수준에 달려 있는데, 이 기대 수준 자체가 극히 유동적이므로 어느 것이 만족할 만한 대안인지를 객관적으로 판단하기 어렵다.

셋째, 일상적이고 중요성이 떨어지는 의사결정에서는 무작위적으로 대안을 고려하고 만족할 만한 대안이 있으면 대안의 탐색이 중단된다는 주장이 일리가 있지만, 예외적이고 중대한 의사결정에는 좀 더 분석적 결정이 이뤄질 가능성이 크다.

3 연합모형

연합모형(coalition model)은 회사모형(firm model)이라고도 하며, 사이어트(Richard M. Cyert)와 마치(James G. March)가 개발했다. 이 모형은 개인적 차원의 만족모형을 한층 더 발전시켜 그것을 조직의 의사결정 과정에 적용시킴으로써 만족모형으로 설명할 수 있는 현상의 범위를 넓혔다는 데 가장 큰 의의가 있다(조석준, 1977 : 266-268).

조직의 행태를 경제적·시장 중심적 시각을 벗어나 조직의 구조·목표의 변동이나 기대의 형성과 선택의 관점에서 파악하려고 하는 것이 바로 연합모형이다. 연합모형에서는 목표가 서로 충돌하여 상호 갈등적 관계에 놓여 있는 단위 조직들 간의 갈등 해결이 의사결정이라고 본다.

이와 같은 연합모형의 특징을 살펴보면 다음과 같다(김규정, 1986 : 183).

첫째, 불확실성을 회피하려는 경향이 있다. 조직을 둘러싸고 있는 환경은 유동적이므로 대안이 가져올 결과를 불확실한 것으로 보고, 조직은 단기적 전략을 사용하고 환경과 타협함으로써 불확실성을 회피하려는 경향을 갖는다고 본다.

둘째, 문제 중심적 탐색이다. 조직은 문제가 등장했을 때에만 탐색을 시작하여 적절한 해결 방안을 찾는다.

셋째, 표준운영 절차(standard operating procedure : SOP)를 중시한다. 조직의 의사결정은 조직이 존속해 오는 동안 경험적으로 터득한 학습된 행동 규칙인 표준운영 절차를 대개 따르고 있다.

이러한 연합모형은 다음과 같은 몇 가지 비판을 받고 있다.

첫째, 이 모형은 이윤 추구를 목표로 하는 기업조직을 대상으로 하고 있기 때문에 공공 부문의 의사결정에 적용하는 데는 한계가 있다.

둘째, 이 모형은 표준운영 절차에 따르는 결정 방식을 채택하고 있다. 이는 상황이 안정적이라는 것을 전제하고 있는 것으로 급격한 변동 상황에 직면한 경우에는 적합하지 않다.

셋째, 이 모형은 권한이 광범위하게 위임되어 있고 자율성이 강한 조직을 전제로 하고 있으므로 권위주의적 조직의 의사결정에는 적용하는 데 제한이 있다.

4 점증모형

점증모형(incremental model)에서는 인간의 지적 능력의 한계와 의사결정 수단의 기술적 제약을 인정하고 의사결정을 할 때 대안 선택이 종래의 정책이나 결정의 점진적·부분적·순차적 수정 내지 약간의 향상으로 이뤄진다고 보고 있다. 따라서 의사결정 과정을 '그럭저럭 헤쳐 나가는(muddling through) 과정'으로 보고 있다(Lindblom, 1959 : 79-88).

점증모형에 의하면, 합리모형은 달성하기가 불가능하기 때문에 포기할 수밖에 없으며, 대신에 연속적·제한적 비교 또는 세부적 점증주의의 전략에 따라 의사결정이 이뤄진다고 한다. 점증모형은 주로 다원성을 가진 정치적·사회적 구조 및 사회적 안정성 여건 하에서는 실효성을 거둘 수 있으나, 근본적으로 보수주의에 기반을 두고 있으므로 쇄신·혁신을 요하는 사회에는 적용하기 곤란하다. 또한 정치적 다원주의가 지배하는 선진국에는 적용이 가능하나 결정자의 판단이 주요 정책에 크게 영향을 미치는 후진국에는 적용하는 데 한계가 있다는 점을 지적받고 있다.

5 혼합관조모형

혼합관조모형(mixed-scanning model)은 합리모형과 점증모형을 절충하여 상호보완적으로 혼용함으로써 현실적이면서도 합리적 결정을 할 수 있다고 주장한다. 에치오니(Amitai Etzioni)는 기본적인 결정과 부분적인 결정을 구별하고 기본적인 결정에 대해서는 합리모형, 부분적 결정에 대해서는 점증모형에 의해 결정하는 것이 바람직하다고 주장했다.

이와 같은 혼합관조모형은 합리모형과 점증모형을 결합했다고 하나, 사실상 이 두 모형에서 제시된 것 이상의 특별히 새로운 것이 없어 독립된 모형으로 보기 어렵다는 비판을 받고 있다. 또한, 이 모형의 내용이 되는 기본적 결정과 부분적 결정을 구분해 줄 만한 명확한 기준을 제시하지 못하고 있다는 비판도 제기된다.

6 최적모형

최적모형(optimal model)이란 경제적 합리성과 아울러 직관 · 판단력 · 창의력과 같은 초합리적인 요인을 고려하는 의사결정 모형으로 드로(Yehezkel Dror)가 제시했다. 그는 점증모형에 불만을 표시하면서 특히 과거에 선례가 없는 문제이거나 매우 중요한 문제의 해결을 위한 비정형적 결정 시에는 경제적 · 합리적 측면 이외에 이러한 초합리성을 중요시해야 한다는 입장을 취하고 있다. 즉, 의사결정자가 자원의 제약, 불확실한 상황, 지식과 정보의 부족 등으로 합리성의 정도를 높이는 데 제약이 따르므로 초합리적 요소가 개입되는데, 점증모형이나 행태이론이 이를 경시하는 것은 잘못이라는 것이다(Dror, 1968 : 154-196).

그리고 그는 단순히 현실적으로 이뤄지는 결정만을 연구할 것이 아니라, 언제나 이상을 갖고 가능성의 영역을 개척하기 위해, 의사결정 방법은 물론 결정이 이뤄진 후의 집행에 대한 평가 및 환류를 계속하게 되면 결정 능력이 최적 수준까지 향상될 수 있다고 주장한다(박동서, 1993 : 253).

최적모형은 의사결정 과정의 쇄신과 가치관, 창의성 등의 초합리성을 강조한 이론 모형으로서 관심을 끌고 있으나 다음과 같은 비판도 받고 있다.

첫째, 초합리성의 본질과 합리성과의 관계가 불분명하다.

둘째, 초합리성이라는 것의 구체적인 달성 방법이 명확하지 않으며 오히려 지나치게 이상에만 치우친 모형이라는 것이다.

셋째, 의사결정 시에 경제적 합리성을 지향하고 있으므로 사회적 과정에 대한 고찰이 미흡하다.

7 쓰레기통모형

쓰레기통모형(garbage can model)은 사회 내의 신념 체계, 가치 체계나 정치 체제가 바뀌는 등의 좀 더 복잡하고 혼란한 상황, 즉 '조직화된 무정부 상태(organized anarchies)' 속에서 조직이 어떠한 결정 행태를 나타내는가를 설명하기 위한 모형이다(Cohen, March, & Olsen, 1972 : 1-25).

쓰레기통모형은 극도로 불합리한 집단 결정에 대한 대표적인 이론모형으로, 복잡하고 급격한 변화가 일어나는 상황을 설명하는 데 적합한 모형이라고 볼 수 있다. 쓰레기통모형의 전제가 되는 조직화된 무정부 상태의 구체적 특성을 살펴보면 다음과 같다(Cohen, March, & Olsen, 1972 : 16).

첫째, 문제성 있는 선호로서, 결정에 참여하는 사람들 간에 무엇을 선택하는 것이 바람직한지에 대해 합의가 없다는 점과 참여자 중에서 어느 개인 한 사람을 두고 보더라도 스스로 자신이 무엇을 좋아하는지조차 모르면서 결정에 참여하는 경우가 있음을 말한다.

둘째, 불명확한 기술로서, 의사결정에서 달성하려는 목표와 이를 달성하기 위한 수단 사이에 존재하는 인과 관계인 기술이 불명확하다는 것이다. 즉, 결정에 참여하는 사람이 목표를 명확히 알아도 무엇을 수단으로 선택해야 하는지 잘 모르는 경우가 많으며, 이 경우에는 시행착오를 통해 운영되는 것이 보통이라는 것이다.

셋째, 일시적 참여자로서, 모든 결정 과정에 참여하는 사람들은 그 자신의 시간적 제약 때문에 어떤 경우에는 결정에 참여하기도 하고 어떤 경우에는 참여하지 않기도 한다는 것이다.

쓰레기통모형은 이와 같은 전제 하에 마치 여러 가지 쓰레기가 우연히 한 쓰레기통 속에 모여지듯이 의사결정이 이뤄진다고 보는 것이다. 그러나 이 모형은, 대부분의 조직은 쓰레기통모형에서 전제로 하는 조직보다 훨씬 더 체계적인 것이며, 여러 가지 의사결정과 관련된 요소들이 무질서하게 쓰레기통 속에 들어가 있으면 언젠가는 의사결정으로 전환된다는 것은 가능성이 희박하다는 비판을 받는다.

8 공공선택모형

공공선택모형(public choice model)은 정부 재정 부문의 의사결정시에 바람직한 민주적 의사결정이 어떻게 이뤄져야 하는가를 설명하려는 모형이다. 공공선택이론은 전통적 윌슨(T. W. Wilson)식 행정관을 부정하고 경제학적 시각이라는 새로운 각도에서 의사결정의 행태를 이해함으로써 의사결정 현상의 이해와 규범적 차원의 연구에 크게 기여했다.

이 모형은 비시장적 의사결정에 경제학적 분석 도구를 적용하여 제도적 상호작용을 연구하는 일련의 시도라고 볼 수 있다. 즉, 공공선택이론에서는 정부를 공공재를 생산하는 생산자로 규정하고 시민들을 공공재의 소비자라고 규정한다. 이러한 관점에서 소비자인 시민 개개인의 편익을 향상시킬 수 있는 행정봉사의 비전통적 방법을 제시하려는 것이다(오석홍, 1984: 140-141). 따라서 모든 사회 가치에 손실을 주는 일 없이 특정 가치를 더 많이 성취하는 이른바 '파레토 최적점(Pareto optimum) 상태'에서 시민 개개인의 선호와 선택을 존중하는 공공재의 가장 합리적인 결정이 이뤄진다고 본다.

그러나 공공선택모형은 민주행정의 실현과 자원 배분상의 효율성을 달성할 수 있는 유용성이 있으나, 공공선택이론을 행정 분야에 적용할 때 현실적인 의사결정 행태를 완전하게 설명해 주지는 못하고 있다는 비판을 받는다.

제 3 절 정보사회에서 조직 내 의사결정

1 조직 내 의사결정의 변화

다음은 정보 기술의 발달로 인한 조직 내 의사결정의 변화를 살펴보고자 한다. 정보 기술의 조직 내 의사결정 참여 및 직무 권한 계층에 대한 파급 효과는 최근 지대한 관심사로 부상해 왔으며, 이는 조직 내에서뿐만 아니라 조직 간에도 적용될 수 있는 문제일 것이다. 조직 내에서 정보 기술의 도입 및 활용과 조직구조와의 관계를 살펴보면 정확한 정보를 조직 상부층이 즉시 이용 가능하기 때문에 정보 기술의 도입이 집권화를 초래한다는 주장이 있다(Dawson & McLoughlin, 1986; Leavitt & Whisler, 1958). 반면에 정보 기술의 도입은 중·하위 관리자들로 하여금 조직의 전반적인 상황이나 정책 우선순위 등의 정보에 접근하는 것을 용이하게 만들어 그들의 의사결정의 질을 향상시킬 수 있다는 점과, 또한 정보 기술의 도입으로 인해 조직 하위 및 중간계층의 일상적·반복적 의사결정을 감소시킬 수 있다는 점 때문에 그들의 비일상적·비반복적 의사결정에 대한 참여도를 증진시키는 계기가 될 수도 있다는 상반된 주장이 있다(Burlingame, 1961; Moskovitz & Mammen, 1985).

또한 정보 기술의 도입이 조직구조에 아무런 영향도 미치지 않는다는 주장도 있는데(Robey, 1986), 한국 행정조직을 대상으로 한 연구 결과도 컴퓨터의 활용이 과연 집권화를 조장하는지 또는 분권화를 조장하는지 명확한 실증적 연구 결과를 제시해 주지 못하고 있다(노화준, 1988). 구조적 상황이론의 관점에서는 조직이 직면한 환경이나 직무의 불확실성이 크거나 조직 규모가 큰 경우 분권화, 공식화 및 통합화 정도를 강화하는 조직설계가 효과적이고, 반면에 환경이나 직무가 단순하거나 조직 규모가 작은 경우 과도한 분권화, 공식화 및 통합화는 효과적인 조직화 방안이라 볼 수 없다. 이러한 관점에서 보면 정보 기술의 도입 그 자체가 의사결정 행태에 영향을 준다기보다는, 환경이나 직무가 불확실한 조직에서는 정보 기술의 도입이 상황 요인과의 적합도(fit)를 유지하기 위한 분권화 경향을 강화하는 조절 기능을 하고, 환경이나 직무가 비교적 단순한 조직에서는 정보 기술의 도입이 오히려 집권화 경향을 강화하는 방향으로 작용할 수 있을 것이다(명승환, 1997).

정보 기술의 발달로 인해 조직 내 의사결정은 집권화와 분권화가 동시에 촉진된다고 보는 견해도 있다(정국환 외, 1996). 즉, 정보처리 과정에서 의사결정자의 정보 문지기(information gate-keeper)로서 역할이 강조되고 가상공간을 통해 정보가 좀 더 효율적으로 통제되어 의사결정 과정이 집권화되는 동시에, 조직구성원 모두가 자신의 업무와 관련된 정보에 대한 접근이 용이해지고 정보에 대한 책임도 전적으로 각자가 지니게 되는 까닭에 의사결정이 고도로 분권화된다는 것이다. 결국 의사결정이 본질적으로 조직구성원 개개인에게 위임되고 분권화되지만, 정보기술을 이용하여 통합된 정보 체계를 통해 집분권화 현상이 나타난다는 것이다. 그 결과로 중간관리층의 역할이 약화된다고 본다.

정보사회에서 의사결정 모형은 정보의 공유 형태 측면에서는 접시형, 정보에의 참여 형태 측면에서는 공동 참여 전략형이라고 볼 수 있다(정국환 외, 1996).

먼저, 접시형(plateau)은 정보의 공유로 볼 때 모두가 정보를 소유하고 있다고 보는 형태로서, 정보가 범람하고 있는 상황에서 적용 가능하고, 가치 있는 정보를 찾아

내는 의사결정 모형이다. 다시 말해, 조직구성원이 조금씩의 정보를 갖고 있다고 전제한 후, 조직체에서 의사결정을 할 때 부분적인 토론이나 그에 대한 접근보다는 핵심적이고 본질적인 과제로 직접 접근된다는 것이다. 이 때 그 사안에 대해 일단의 지식이 결여된다면 그 조직사회에서 본질적 과제를 해결하는 데 뒤떨어지게 되며 설령 따라간다 해도 시간이 소요되게 마련이다.

공동 참여 전략형은 모든 구성원이 결정에 참여할 때의 상태를 기준으로 보는 것이다. 정보사회는 전략형의 사회로서 공동 참여를 추구한다. 따라서 조직구성원 개개인의 인격과 자질 등이 충분하기 때문에 조직구성원 모두를 의사결정에 참여시키는 것이다. 이 때 고급화된 정보와 질적 가치를 높여 줄 수 있는 정보의 유무가 최선의 과제라고 볼 수 있다.

2 정책결정에서 정보 기술의 영향

정책결정 과정이란 인지된 정책문제를 해결함으로써 달성하고자 하는 정책 목표를 설정하고, 설정된 목표를 달성하기 위한 대안을 탐색·비교·평가하여 그 중 바람직한 대안을 정책으로서 채택하는 과정이다. 바람직한 대안을 탐색, 개발, 선택하기 위한 정보의 활용은 필수적이다(이윤식, 1990 : 699).

먼저, 정책결정 과정에서 정책 문제를 올바르게 인지하고 이를 해결하기 위한 정책 목표를 설정하기 위해 정책 문제와 목표가 놓여 있는 상황에 대한 철저한 분석이 필요하다. 이에 대한 분석을 위해서는 사회환경, 체제구조, 인적·물적 자원의 활용 가능성에 대한 정보가 필수적이다.

둘째, 설정된 정책 목표를 달성하기 위한 대안을 탐색하고 가능한 대안들을 비교 분석하기 위해서도 정보는 필수적이다.

정책결정에 필요한 정보를 산출하는 도구로서 정보 기술의 역할은 매우 다양하게 제시되고 있다. 컴퓨터는 정책결정자의 기술적 성과를 증진시켜 주며, 또한 컴퓨터 정보 시스템은 조직구성원으로 하여금 정보의 선택과 기억 능력상의 약점을 보완해 줌으로써 좀 더 합리적으로 행동하는 데 도움을 줄 수 있다(Simon, 1973 : 268-287). 또한 정보 기술은 의사결정이 필요한 시점과 상황을 검토하고 결정하는 데 도움을 줌으로써 의사결정 과정에 기여한다. 마틴(Martin, 1994)은 정보 기술은 의사소통과 정보 접근성을 증진시키고, 증진된 의사소통과 정보 접근성은 지식의 발굴과 결합을 통해 조직[3]의 핵심 지식을 발전시킨다고 주장한다. 정보 접근성의 향상은 의사결정 과정을 더욱 공식화할 수도 있다(Huber, 1984). 조직구성원들이 업무 수행에 필요한 공통적 정보에 쉽게 적시에 접근할 수 있기 때문에 조직의 유기체적 흐름을 더욱 발전시킨다.

고리와 스콧(Gorry & Scott, 1971 : 64-65)에 따르면, 조직의 전산화는 정보의 수집, 보고, 분석, 저장, 검색, 사용 등 일련의 정보 과정 속에서 정보의 가치를 향상시켜 주고 정보분석 능력을 제고해 줌으로써 정보 과정 및 의사결정 과정을 개선시켜 줄 수 있다고 한다. 조직이 관리하고 있는 자료의 정확성 제고도 컴퓨터를 사용하는 주요 목적의 하나다. 대량의 정보를 계량적으로 분석할 수 있고, 정책결정자가 이해할 수 있는 핵심적인 지표로 제시해 줄 수 있는 정보 기술의 능력이 조직의 정책결정, 정책기획, 전략적 계획 수립에 기여한다고 볼 수 있다.

정책결정자는 정책결정 과정에 따라 다른 정보 원천으로부터 다른 정보 기술을 사용하여 정보를 획득할 수도 있다(Saunders & Jones, 1990). 즉, 정책결정 과정의 단계와 각 단계에서의 주된 활동의 내용에 따라 정책결정자는 결정을 내리는 데 상이한 정보의 원천과 획득/전달 수단이 선택된다는 것이다. 또한 그 결정의 도달 시간, 관리자에게서 그 결정의 중요성, 정책결정자와 관계에서 이미 확립된 대인 관계 형태 등 맥락적인 요인들이 정책결정 과정에서 개개의 정보 원천-획득/전달 수단-시간의 배합을 결정한다는 것이다.[4] 이렇듯, 정보 기술이 문제의 인식과 대안 탐색 과정에 도움을 준다면, 이의 모습과 정도를 어떻게 측정할 것인가에 대한 논의가 필요하다. 이는 바로 정보 기술의 효과성을 어떻게 평가할 것인가의 문제다.

정책결정 과정에서 정보 기술의 효과성에 대한 평가는 정책결정자가 목표를 선정하고 대안을 분석하여 판단을 내리는 데 정보 기술이 어느 정도 도움을 주는가를 평가하는 것이다. 사이먼(Simon, 1965)은 문제 해결 과정을 조직의 목표와 현실의 괴리

3) 법률사무소, 세무 또는 회계사무소, 컨설팅회사와 같은 전문 서비스회사.

4) 한편, 정책결정 과정에서 정보 기술이 부정적으로 영향을 미치는 측면도 있는데, 예를 들면 신속한 결정으로 인한 정책결정의 질 저하, 정보의 과다 범람으로 인한 판단 마비 및 단편적인 정보분석, 조직계층 간 정보 격차(Huber, 1990) 등이다.

를 좁히기 위한 과정이라고 보며, 미래의 의사결정 시스템 같은 고도화된 정보 기술을 그 방법으로 들고 있다. 정책문제의 인지 단계, 가능 대안을 설계하는 단계, 그리고 최종 대안의 선택 과정에서 컴퓨터를 포함한 정보기술은 정책문제를 정확하게 파악하여 목표를 명확히 설정하고 대안의 선택을 위한 문제의 원인과 결과를 분석하는 데 도움을 준다. 여기서 최종적으로 대안을 선택하는 의사결정 단계에서는 최종 결정자의 판단이 주로 작용된다. 컴퓨터를 포함한 정보 기술은 최종 결정을 내리는 순간보다는, 목표를 설정하고 대안을 선택하는 과정에서 문제의 원인과 결과를 분석하는 데 도움을 준다. 이 과정에서는 주로 자료나 정보의 수집·요약·해석·조작·통합하는 활동이 이뤄지며, 정보 기술의 효과성은 이 활동들을 하는 데 얼마나 도움을 주는가에 따라 평가된다.

한편, 상황론적 관점(Kraemer et al., 1989, 1993; 명승환, 1997; 목진휴·최영훈·명승환, 1998)에서는 정보 기술이 정책결정 과정에 영향을 미친다고 가정하되, 그 미치는 영향 정도는 조직 내외적 요인과 같은 상황적 요인에 의해 달라질 수 있다는 중간적인 입장을 취한다. 따라서 정책결정 과정에서 사용자들에게 인지된(만족 혹은 불만족) 정보 기술의 영향은 다시 정책결정 과정에 환류되어 재투입되는 순환적인 과정을 거치게 된다.

3 정책결정에서 정보 기술의 활용

상당히 복잡한 정보 기술 시스템을 활용함으로써 조직의 관리자들은 부서나 조직의 성과를 개선할 수 있는 수단을 가지게 된다. 정보 기술 시스템의 적용이란 조직이 저장하고 있는 데이터베이스의 정보를 사용하여 조직에 대한 통제와 관리를 가능하게 하고 중요한 정책결정에 활용하는 것을 의미한다. 이 중에서 관리정보 시스템(management information systems : MIS)은 신속하고 효과적인 의사결정을 촉진시키는 것으로 알려져 있다.

관리정보 시스템은 관리자에게 정보를 제공하고 의사결정을 지원하는 컴퓨터를 활용한 시스템이라고 말할 수 있다(Daft et al., 2010 : 313). 우리나라 정부에서는 전자통합평가 시스템(e-IPSES), 감사 결과 시스템, 성과정보 종합관리 시스템 등을 활용함으로써 효율적인 의사결정을 지향하고 있다.

연구 문제

1. 본인이 최근에 내린 의사결정 하나를 선택한 후, 이 장에서 학습한 의사결정의 과정을 이용하여 그 결정을 분석하시오.
2. 1번 문제에서 선택한 의사결정에 영향을 미친 요인들을 구체적으로 제시하시오.
3. 의사결정모형 중 합리모형, 최적모형, 점증모형, 만족모형의 공통점과 차이점을 구체적으로 제시하고 표로 작성하시오.
4. 정보사회의 조직에 적합한 의사결정모형을 제시하고, 그 이유를 설명하시오.
5. 정보 기술을 활용하여 조직 내 의사결정을 좀 더 합리화시킬 수 있는 방안을 구체적으로 함께 토의하시오.
6. 조직 내에서 효과적으로 의사결정을 하는 데 필요한 다양하고 폭넓은 정보를 입수할 수 있는 방법에 대해 함께 논의하고, 우리의 의사결정에 도움을 주는 정보 기술로 일상생활에서 쉽게 발견할 수 있는 것들에는 어떤 것들이 있는지를 구체적으로 제시하시오.

사례 연구 3-5

포스코 '스피드' 경영' 체제 구축

포스코가 지사 · 보고 프로세스 개선을 통해 신속한 '스피드 경영' 체제를 수행한다. 포스코는 28일 CEO 지시 사항을 더욱 효율적으로 관리하고 수행 책임 부서를 명확히 하기 위해 전사 차원의 'CEO 지시 사항 관리 프로세서'를 정립하기로 했다고 밝혔다.

중점 관리 대상은 CEO가 임원회의와 운영회의, 조찬간담회 등 주요 공개석상에서 지시한 사항이다. 우선 CEO 지시 사항 발생 시 회의 · 간담회 담당부서는 지시 사항을 총괄 부서(미래성장전략실)와 수행 책임 부서에 각각 통보한다.

총괄 부서는 CEO 지시 사항 추진 내용을 종합관리 · 모니터링하고 지시 사항 관리 시스템을 운영하며, 수행 책임 부서는 지시 사항 관리 시스템에 지시 내용 · RAI · 추진 방향 · 일정 등 추진계획을 등록하고 실행한다.

이와 함께 총괄 부서는 지시 사항 추진계획을 정기적으로 종합 · 조정해 CEO에게 보고하고 수행 책임 부서로 그 결과를 피드백해 지시 사항이 효과적으로 추진되도록 한다는 것.

또한 포스코는 보고 성격과 내용에 따라 다양한 보고 방식을 운영하기로 했다. '순차 보고'는 다른 부문과 관련성이 적고 부문 고유의 전문성이 필요한 업무에 적합한 형태다. 의사결정 단계별로 중간계층(부문장 · 임원), 최고경영층에 순차적으로 보고가 이뤄지며, 중간계층은 코칭 역할을 적극적으로 수행하게 된다.

'토론식 보고'는 두 가지 유형으로 분류된다. 첫째 유형은 CEO의 방침에 의거해 신속히 처리해야 하는 업무로, CEO 보고시 중간계층이 배석해 토론을 통해 의사결정을 한다. (경북일보, 2009. 5. 29. 기사 중 일부)

사례 문제

1. 위의 사례를 읽고 공공기관의 의사결정에 적합한 이론모형을 알아보고 설명하시오.
2. 다른 조직(민간조직, 중앙행정부서 등)에서 현재 활용되는 의사결정에 도움을 주는 정보 기술이 어떤 것들이 있는지를 조사하고 이를 발표하시오.

제 4 부

조직 차원의 연구

제 1 장 조직의 목표
제 2 장 조직의 효과성
제 3 장 조직문화
제 4 장 조직구조의 이해
제 5 장 조직구조의 설계
제 6 장 조직환경
제 7 장 조직진단
제 8 장 조직혁신
제 9 장 지식정보화사회의 조직

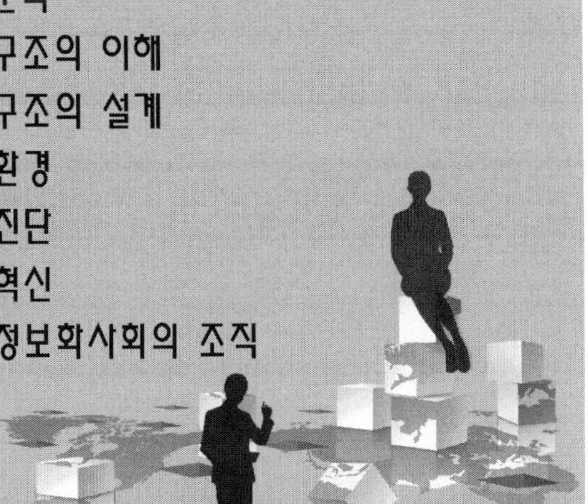

개관

이 책의 마지막 제4부에서는 조직 현상의 가장 높은 수준이라고 할 수 있는 조직 전체 수준에서 여러 변수를 다룬다.

제1장에서는 조직이 존재하는 이유를 설명한다고 할 수 있는 조직의 목표(organizational goal)를 자체를 살펴본다. 조직의 목표는 스콧(W. R. Scott)이 말하는 조직의 합리성이라는 개념의 기본 전제가 되는 것으로 아주 중요하다.

제2장에서는 조직의 효과성(organizational effectiveness)이라는 개념을 소개함으로써 우리가 조직을 연구하는 궁극적인 목적이라고 할 수 있는 어떻게, 그리고 왜 조직이 효과적일 수도 있고 효과적이지 못할 수도 있는지를 설명한다.

제3장에서는 이러한 조직의 효과성을 결정하는 주요한 요소로 활발히 연구가 진행 중인 조직문화(organization culture)를 소개한다. 모건(G. Morgan)이 제시한 여덟 가지 조직 이미지 중의 하나인 문화로서 조직 이미지를 이해하는 데 도움이 될 것이다.

제4장에서는 조직구성원들의 유형화된 상호작용이라고 할 수 있는 조직구조(organization structure)에 대해 소개한다.

제5장에서는 조직목표를 달성하고 효과적으로 운영하기 위해 어떻게 조직을 설계해야 하는지에 대해 다룬다.

제6장에서는 조직학 현대 이론 중 거시조직이론(巨視組織理論)을 소개함으로써 현대 조직학에서 가장 중시하는 분야라고 할 수 있는 조직환경(organizational environment)을 살펴본다. 이 장을 통해 스콧이 제시하는 조직과 환경과의 관계를 전제한 개방형 조직이론을 이해하는 데 도움이 될 것이다.

제7장에서는 바람직한 조직의 상태와 현재 조직의 상태를 비교하여 조직의 발전 방향을 제시해 주는 조직진단에 대해 소개한다.

제8장에서는 지식정보사회의 조직혁신을 소개한다. 이를 통해 모건이 제시한 변화로서 조직 이미지를 이해하는 데 도움이 될 것이다.

제9장에서는 지식정보사회에서의 조직에 대해 논하면서 제4부를 마친다.

제 1 장

조직의 목표

이 책의 제1부에서 조직의 정의를 “1) 공동의 목표를 가지고 있으며, 2) 이를 달성하기 위해 의도적으로 정립한 체계화된 구조에 따라 구성원이 상호작용하며, 3) 경계를 가지고, 4) 외부 환경에 적응하는, 5) 인간의 사회적 집단”이라고 했다. 따라서 어떠한 조직도 공동의 목표가 없다면 그 조직은 이미 존재할 필요가 없다고까지 할 수 있다. 즉, 조직의 목표는 조직이 존재하는 이유를 설명한다고 할 수 있으며, 결국 조직목표에 관한 연구는 조직연구에 매우 중요한 주제가 된다. 다만, 스콧(W. Richard Scott)의 조직이론 분류 방식에 의하면, 합리적(rational) 조직이론에서는 조직은 특정한 목표를 달성하기 위해 고안된 도구로 보기 때문에 조직의 목표를 강조하는 데 반해, 자연적(natural) 조직이론에서는 조직의 특정한 목표를 크게 강조하지 않는다 (Scott, 2003 : 59).

이 장에서는 먼저 목표의 정의 및 역할 그리고 조직의 목표와 개인의 목표를 통합시키는 문제를 다룬다. 그 다음에는 목표의 유형을 소개하고 다양한 목표를 어떻게 관리할 것인가 하는 문제를 논의한 후, 목표 변동의 양태 및 원인을 살펴본다. 마지막으로 목표 설정 시에 참여의 과정을 중요시하는 목표관리(MBO)를 소개함으로써 이 장을 마치게 된다.

제1절 목표의 의미

1 목표의 정의

조직의 목표(organizational goals)란 인간의 사회집단인 조직이 실현하고자 하는 바람직한 상태(desired state)다(Etzioni, 1964: 6). 즉, 현재 조직이 지향하는 미래의 바람직한 결과 상태를 말한다(Bedeian, 1980: 78). 조직의 목표란 조직을 구성하는 개인의 목표가 아니고 인간의 사회집단인 조직의 실체가 추구하는 목표로, 조직의 목표는 미래에 지향된 영상(映像)이며 그것이 완전히 달성되면 목표로서의 효용과 의미를 상실한다(오석홍, 2003: 106). 목표는 이와같이 미래 지향적인 것이지만 그 영향은 미래뿐만 아니라 현재의 조직행동에도 많은 영향을 미친다(Etzioni, 1964: 6).

그러나 이러한 조직목표의 정의는 사실 많은 문제를 내포하고 있다. 왜냐하면, 많은 조직에서 조직의 목표와 그 목표를 달성하기 위한 수단을 구분한다는 것이 매우 어려운 경우가 많으며(유종해, 1988: 29),[1] 조직목표가 조직구성원 모두의 이익을 대변하는 것도 아니기 때문이다(김인수, 1997: 240). 또한 조직의 목표가 조직구성원들의 행동에 지침을 부여하기보다는 어느 이익집단의 이익을 상징적으로 인정하는 경우도 많고(Galbraith, 1967), 이미 수행된 과거의 행위를 조직의 목표로 설정하여 그 행위를 합리화하기도 하기 때문이다(Staw, 1980; Weick, 1979).

이러한 문제 이외에도 조직목표의 개념을 파악하기 어렵게 만드는 요소는 많다(오석홍, 2003: 106-107; Hall, 2002: 29-30).[2] 첫째, 조직이 공식적으로 표방하는 공식 목표와 실제로 추구하는 실질 목표는 다를 수 있다. 둘째, 조직에는 복수의 상충되는 목표들이 존재한다. 셋째, 조직의 목표는 조직 내부 및 외부 환경의 변화 등 여러 가지 원인에 의해 변화한다.

1) 여기서 목표와 수단의 구별이 어렵다는 것은, 한 가지 목표는 더 큰 목표의 수단이 될 수도 있고, 또한 한 조직의 수단이 그 조직의 하위조직이 추구하는 목표가 될 수도 있기 때문이다.

2) 전영한(2004)은 공공조직의 목표 모호성을 다차원적 구성물로 개념화하여, 1) 사명 이해 모호성, 2) 지시적 모호성, 3) 평가적 모호성, 4) 우선순위 모호성 등을 제시했다.

2 목표의 역할

조직의 목표는 다음과 같은 역할을 수행한다(오석홍, 2003 : 107; Daft, 2004 : 59).

1) 합법성 및 정당성의 근거 제공

조직의 목표는 조직의 존재 그 자체와 조직활동을 사회 내에서 정당화시키는 정당성(legitimacy)의 근거를 제공한다. 예를 들어, 교도소라는 조직이 죄수를 감방에 투옥하는 것이 정당성을 갖게 되는 이유 중의 하나는 그 조직목표 중의 하나가 사회 질서의 유지라는 것을 합법적으로 인정받았기 때문이다. 따라서 조직은 그 탄생 시부터 정당성을 인정받을 수 있는 목표를 조직환경에 표방하며, 탄생 이후에도 환경이 변화하는 데 따라 목표의 내용을 수정함으로써 조직의 정당성을 유지하고 향상시키고자 노력한다.

2) 조직구성원 행동의 지침과 동기부여

조직의 목표는 조직구성원들에게서 기대되는 것이 무엇인가를 알려 줌으로써 조직구성원들에게 행동의 기준을 제공한다. 즉, 조직의 목표는 조직구성원들에게 여러 가지 행동대안 중 어느 것이 적합한 것인지를 선택하는 기준을 제시한다. 또한 조직의 목표는 조직구성원들로 하여금 조직에 일체감을 느끼게 함으로써 조직활동의 동기를 부여한다. 즉, 조직의 목표가 있고 그것을 조직구성원들이 알아야 조직에 대한 일체감도 생기게 되고 조직에 기여하려는 동기도 유발되는 것이다.

3) 의사결정의 지침 제공과 불확실성의 감소

조직의 목표는 의사결정의 지침을 제공한다. 즉, 조직의 목표는 조직의 구조와 과정을 설계하는 데 준거를 제공함으로써 개인의 행동과 의사결정의 판단 근거가 된다. 또한 구체적인 목표의 합일은 조직구성원들의 불확실성을 감소시킨다. 왜냐하면, 조직이 추구하는 미래의 바람직한 상태는 다양하면서도 서로 갈등적 양상을 담고 있는데, 조직목표의 설정은 관리자들에게 여러 가지 대안 중 우선적으로 추구해야 할 가장 중요한 대안을 판별하게 해 주기 때문이다.

4) 효과성 평가의 기준 제공

조직의 목표는 후술할 조직의 효과성을 평가하는 데 기준이 된다. 왜냐하면, 조직의 효과성을 조직목표의 달성 정도로 보기도 하기 때문이다. 따라서 조직의 전체적 또는 부분적 효과성을 판단할 때나 조직구성원의 실적을 평가하여 보상을 결정할 때에 조직의 목표는 중요한 평가 기준이 되는 것이다.

3 스콧의 조직이론에서 바라보는 조직의 목표

제1부에서 설명했듯이, 스콧은 조직이론을 합리성 추구의 유무에 따라 합리적 조직이론과 자연적 조직이론으로 분류했다. 여기서 합리성(rationality)이란 조직이 미리 부여된 조직의 목표를 최대한 능률적으로 달성하도록 활동하는 것을 일컫는다(Scott, 2003 : 35). 따라서 합리성은 조직의 목표를 전제로 논할 수 있는 것이다.

구체적으로 설명하면, 합리적 조직이론은 조직의 목표가 특정되어 있다고 전제한다. 따라서 특정된 목표는 다양한 대안들 중에서 더 나은 대안을 선택할 수 있도록 명확한 기준을 제시하고, 조직의 구조가 어떤 방식으로 설계되어야 하는지에 대해 방향을 제시한다. 하지만, 자연적 조직이론에서는 조직의 목표가 명확하지 않다고 주장한다. 즉, 조직이 공식적으로 밝히고 있는 목표와 조직이 실질적으로 추구하고 있는 목표는 차이가 있다. 더 나아가 조직이 공언하고 있는 목표를 추구하고 있을지라도, 조직구성원들의 행동을 통제하는 목표가 하나이기보다는 여러 가지이고, 단순하기보다는 복잡하다.

제 2 절 조직의 목표와 개인의 목표

1 조직의 목표와 개인의 목표의 통합의 의의

조직은 인간의 사회적 집단이므로 '조직의 목표'와 조직을 구성하고 있는 각 개인들이 추구하는 '개인의 목표'는 두 가지 별개의 개념이다. 물론 조직의 목표와 개인의 목표가 완전히 일치하는 비현실적인 상태도 존재할 수 있겠지만, 그러한 경우에도 두 가지 개념은 여전히 구분되는 것이다. 만일 조직의 목표와 개인의 목표가 명백히 대립되고 있는 경우에는 조직관리자는 양자의 조화와 통합을 추구할 수 있는 어떤 대책을 세우지 않으면 안 된다.

목표의 통합이란 조직에서 개인의 목표와 조직의 목표를 동시에 추구할 수 있도록 하는 상태나 활동을 의미한다(오석홍, 2003 : 109-110). 즉, 조직에는 1) 개인적 욕구나 필요를 충족시키는 데 기여하는 일련의 상태 또는 활동과, 2) 조직의 주된 산출을 만들어 내는 데 기여하는 일련의 상태 또는 활동이 있다고 가정하면서, 개인적 욕구 및 필요와 조직의 주된 산출을 동시에 충족시키는 데 기여하는 상태 또는 활동을 의미한다.

조직의 목표와 개인의 목표를 통합시키는 문제는 제2부 '개인 차원의 연구'에서 인간의 욕구와 동기부여를 설명하면서 상세히 다뤘기 때문에, 여기서는 양자의 통합을 설명하는 세 가지 모형만을 제시한다(오석홍, 2003 : 110-111; Barrett, 1970).

2 조직의 목표와 개인의 목표의 통합에 관한 모형

1) 교환모형

교환모형(exchange model)에서는 조직의 입장에서 개인의 목표 성취에 도움이 되는 유인(誘因)을 개인에게 제공하고, 개인은 그것에 대한 대가로 시간과 노력을 조직의 목표 달성에 제공한다고 본다. 즉, 조직은 개인이 조직의 목표 달성에 기여하는 정도만큼만 개인의 목표 성취에 도움이 되는 유인을 제공한다고 보는 모형이다.

교환모형은 외재적 보상에 기초를 둔 모형(extrinsic reward model)이라고 볼 수도 있다. 왜냐하면, 조직이 개인에게 제공하는 것이 조직의 목표 추구에 직접 기여하는 것은 아니며, 개인이 조직을 위해 투입하는 시간과 노력 또한 개인적 목표 추구에 직접 기여하는 것이 아니기 때문이다.

교환모형의 인간관은 폐쇄-합리적 조직론과 인간관계론을 그 기본으로 한다. 따라서 인간의 피동성, 동기부여의 외재성, 인간 욕구 체계의 획일성을 강조한다. 즉, 조직은 개인에게 물질적 보상이나 사회적 유인(예 : 상관의 친절한 배려, 동료들과의 비공식적 사회 관계 등)을 제공하고, 개인은 그것에 대한 대가로 조직의 목표에 기여한다는 것이다.

2) 교화모형

교화모형(socialization model)은 개인으로 하여금 조직의 목표에 도움이 되는 행동을 가치 있는 것으로 생각하게 하고 그렇지 않은 행동을 가치가 없는 것으로 생각하도록 유도하는 '감화의 과정(influence process)'을 통해 조직의 목표와 개인의 목표를 통합하려는 접근법이다. 여기서 개인을 교화하는 방법은 크게 1) 설득을 하고 모범적인 행동을 보임으로써 개인으로 하여금 조직의 목표를 개인 목표화하도록 유도하는 적극적 교화와, 2) 조직의 목표 성취에 방해가 되는 개인적 목표를 포기하도록 감화하는 소극적 교화로 나눌 수 있다.

3) 수용모형

수용모형(accommodation model)은 조직이 목표를 수립하고 목표의 달성 방법 및 절차를 결정할 때 개인의 목표를 고려하고 이를 수용함으로써 조직의 목표와 개인의 목표를 통합하려는 접근법이다. 이 모형에서는 조직을 구성하고 운영할 때 개인의 욕구와 필요를 반드시 전제 조건으로 취급함으로써, 조직의 목표를 추구하는 것 자체가 개인에게 가치 있는 것으로 느껴지도록 하고, 그 결과 개인의 목표도 동시에 추구하는 것이 가능하도록 배려한다.

수용모형의 인간관은 동기이론 중 성장이론의 자아 실현적 인간모형을 그 기본으로 한다. 따라서 동기부여의 내재성(intrinsic motivation)을 강조하고, 조직관리에서 자율적인 업무 성취와 권한보다는 임무 중심의 조직설계를 보장하려고 노력한다. 또한 조직의 목표 달성에 필요한 활동을 각 조직구성원의 임무로 나눠 할당할 때, 개인의 목표 추구가 가능하도록 활동의 종류와 수를 적절히 배합하는 직무설계를 추진하며, 조직의 목표 설정과 의사결정 과정에 조직구성원을 널리 참여시킴으로써 인간적인 만족감을 주고, 동시에 개인 특유의 욕구와 필요를 조직의 목표에 반영시킬 기회를 부여하는 접근법이다.

지금까지 설명한 세 가지 모형 중 수용모형이 가장 현대적인 모형이지만 무조건 수용모형적 조직설계가 효과적이라는 것은 아니다. 현대 조직학의 동기이론 중 가장 넓게 인정받는 복잡한 인간에 관한 모형에 의하면, 인간마다 욕구 체계가 다르고 동기 유발에 이르는 과정 또한 사람에 따라 다르기 때문이다. 따라서 수용모형을 기본으로 하되, 각 조직구성원의 개인차를 존중하면서 고도의 적응성 및 유동성을 갖춘 조직설계가 필요하다.

제 3 절 목표의 유형과 다원목표의 관리

조직은 다양한 유형의 목표를 추구하는 사회적 존재다. 즉, 이미 살펴보았듯이 조직에는 복수의 상충되는 목표들이 존재한다. 조직은 일반적으로 하나의 목표만을 추구하는 것이 아니라 각기 다른 역할을 수행하는 복수의 목표를 동시에 추구한다고 할 수 있다.

여기에서는 조직에 존재하는 다양한 목표를 유형화하고(Daft, 2004 : 55-59; Scott, 1998 : 285-289; Perrow, 1970 : 133-174; Simon, 1957 : 62-66), 이러한 다원목표(多元目標)를 관리하는 방법을 제시하고자 한다. 왜냐하면, 1) 목표를 유형화하는 분류기준과 그 내용을 살펴봄으로써 조직에 필수 불가결하지만 또한 복잡한 현상인 조직목표의 개념을 체계화시킬 수 있고, 2) 다원목표에 대한 관리의 문제는 조직관리에서 피할 수 없는 실제적이고도 중요한 의사결정의 문제이기 때문이다.

1 목표의 유형

1) 공식목표와 운영목표

공식목표(official goals)는 조직이 성취하려는 바를 공식적으로 표방하는 목표로, 조직의 활동 영역, 조직이 추구하는 것, 조직의 존재 이유, 그리고 존재 가치를 표현한다. 공식목표는 설치 법규, 정관, 연차보고서, 고위 간부들의 공언, 사보, 안내 책자, 조직 연보 등에 나타나는 조직의 일반적인 목표로, 사회에 대한 조직의 합법성을 주장하기 위해 사용되는데, 측정 가능한 목표라기보다는 추상적이고 모호한 측면이 많은 목표다. 공식목표는 조직의 중요한 외부 영향집단에게 조직의 활동 영역과 목적을 알려 의사전달을 하는 기능이 있으며, 조직구성원들에게는 조직이 추구하는 바가 무엇인가를 알려 준다.

운영목표(operative goals)는 조직의 실제 운영상에 나타나는 목표로서, 공식목표를 성취하려는 수단으로 사용되기도 한다. 따라서 장기적으로 수행하는 목표라기보다는 단기적으로 수행해야 할 목표라 할 수 있다. 즉, 조직의 공식목표가 조직이 존속하는 한 추구해야 할 장기목표라면, 운영목표는 조직이 구체적으로 실천할 수 있는 단기목표라 할 수 있다. 여기서 중요한 것은 단기목표가 장기목표의 달성에 도움이 되어야 하듯이, 조직의 운영목표는 되도록 공식목표와 상충되지 않도록 해야 한다는 것이다.

2) 공언목표와 실질목표

공식목표 및 운영목표와 유사하지만 개념상 약간 차이가 있는 것으로 공언목표와 실질목표가 있다. 에치오니(Etzioni, 1964 : 6-7)는 조직의 목표를 공식적으로 언명된 공언목표(stated goal)와 실제적인 실질목표(real goal)로 구분하고, 이러한 두 가지 목표가 일치하는 경우도 있지만 불일치하는 경우도 있음을 지적했다.

공언목표와 실질목표가 불일치하는 경우는 1) 조직의 대표자나 조직구성원들이 의식하지 못하는 사이에 양자 간에 차이가 생기는 경우, 2) 조직의 대표자나 조직구성원들이 알면서도 공언목표를 실질목표의 수단으로 사용하는 경우 등으로 나눌 수 있는데, 후자의 예로는, 의도적으로 문화사업이 조직의 목표라고 공언하면서 실제로는 영리를 우선시하는 조직을 들 수 있다(유종해, 1988 : 30-31).

실질목표는 조직 내 지배집단이나 권력자의 이익에 직결되어 있는 경우가 많으며 공언목표와 아무 관련이 없거나 공언목표를 왜곡시킨 경우도 있다. 일반적으로 조직은 양 목표 간에 차이가 많을수록 환경으로부터 도전을 많이 받고, 상호 일치할수록 조직 존립의 정당성을 인정받게 된다(이상진, 1990 : 130).

3) 상위목표와 하위목표

사이먼(Simon, 1957 : 62-66)은 조직의 목표를 상위목표와 하위목표로 분류했다. 상위목표는 조직 전체의 공통적인 목표로 추상적이고 일반적이며, 하위목표는 그 상위목표를 달성하기 위한 수단적인 것으로 상위목표에 비해 구체적이고 명확한데, 주로 단기적이고 기술적인 문제를 대상으로 하기 때문에 판단하기가 쉽고 업적을 평가하는 기준으로 사용되기 쉽다.

4) 무형목표와 유형목표

상위목표 및 하위목표의 구분과 유사한 것으로 무형목표 및 유형목표의 구분을 들 수 있다. 일반적으로 무형목표는 그 내용이 추상적이고 구체성이 없으며, 유형목표는 그 내용이 구체적이며 계량화가 가능하다는 점에서 무형목표일수록 상위목표일 가능성이 많고, 유형목표일수록 하위목표일 가능성이 많다고 볼 수 있다.

5) 페로의 목표 유형 분류

페로(Perrow, 1970 : 133-174)는 조직의 실질적인 목표가 누구의 관심이나 이익 또는 견해를 인정한 것인가, 즉 누구의 기대에 부응해야 하는가를 기준으로 조직의 목표를 1) 사회적 목표, 2) 산출목표, 3) 체제 유지적 목표, 4) 제품목표, 5) 파생적 목표(derived goals) 등의 다섯 가지로 분류했다.

첫째, 사회적 목표란 조직이 사회의 기대, 곧 사회가 필요로 하고 요구하는 것을 충족시키기 위해 갖는 목표를 말한다. 이 목표 유형은 조직들을 먼저 조직군으로 나누고, 각 조직군마다 공통적으로 수행하는 기능이나 지향성을 포착한 것으로, 가장 추상적인 수준의 목표라 할 수 있다. 조직은 이러한 사회의 요구를 수행하는 데 합법성을 지녀야 하고, 또한 이러한 기능을 수행함으로써 합법성을 지니게 된다.

둘째, 산출목표는 주로 조직과 접촉하는 고객들과 관련되는 목표로서, 조직이 고객을 위해 어떠한 기능을 수행하는가에 따른 것이다. 이것은 조직의 일반적 업종과 관계되는 목표로, 예컨대, 의료사업 · 자선사업 · 고등교육 등이 조직의 목표라고 말하는 경우 해당되는 목표다. 따라서 그 범위가 상당히 포괄적이면서도 전술한 사회적 목표보다 구체적으로 조직활동을 제약한다.

셋째, 체제 유지적 목표란 조직이 하나의 사회적 유기체로서 생존·유지·적응 또는 성장한다는 것을 보여 주는 목표다. 이것은 주로 조직의 소유자나 최고관리자가 조직활동의 유형이나 조직관리 형태에 관해 가지고 있는 선호를 말하는 것으로, 주로 조직의 성장정책, 대환경(對環境)정책, 재정정책, 조직구조와 운영 방법에 관한 정책 등을 대상으로 한다. 예를 들어, 조직에 따라 성장을 일차적인 체제 유지 목표로 삼을 수도 있고 생존을 중시할 수도 있다. 이윤을 우선시하는 조직도 있고, 시장점유율을 모든 목표 위에 놓는 조직도 있을 수 있다. 이러한 것은 조직이 처한 상황에 따라 다를 것이다.

넷째, 제품목표란 전술한 산출목표의 하위목표로 주로 중간관리층 이하의 관리자들이 관심을 갖는 목표다. 이것은 산출물의 구체적인 양과 질, 종류, 다양성, 모양, 효용성, 창의성 등 여러 가지 특성을 규정한다. 전술한 산출목표가 특정 행동 또는 사업을 측정하여 그 효율성을 평가하는 데 필요한 구체적인 기준을 포함하고 있지 않은 것에 비해, 제품목표는 생산활동의 효율성 평가에 구체적인 기준을 제공할 수 있다.

다섯째, 파생적 목표란 조직의 본래 취지에는 없으나 조직이 전술한 네 가지의 주된 목표를 추구하는 과정에서 생긴 권력, 자원, 또는 기타 여력을 이용하여 다른 목표를 추구하는 경우의 목표를 말한다. 예를 들어 본래의 목표는 이윤 추구인 민간 기업조직이 조직활동의 과정에서 생긴 여력(예: 자금 동원력)을 이용하여 특정 정당의 후보를 후원하여 정치적 목적을 추구하거나, 지역사회 봉사 및 문화사업 등의 목적을 추구하는 경우를 말한다.

2 다원목표의 관리

이미 전술한 바와 같이 조직은 각기 다른 역할을 수행하는 복수의 목표를 동시에 추구한다. 여기에서는 조직관리자들이 일반적으로 사용하는 다원목표의 관리 방법을 소개하고자 한다(김인수, 1997: 250-251; Daft, 2004: 44-45; Daft & Steers, 1986: 327-329).

1) 만족의 원리

만족의 원리란 조직은 어느 한 가지 목표를 극대화해서 달성하고자 하는 것이 아니라, 여러 가지 목표를 만족할 만한 수준에서 동시에 달성하고자 한다는 원리를 말한다. 조직은 상호 경쟁 관계에 있을 수도 있는 여러 가지 조직 성과의 수준을 받아들임으로써 동시에 복수의 목표를 달성할 수 있다. 이러한 원리는 조직의 여러 가지 목표를 하나의 제약 요인으로 취급하고, 그러한 제약 요인들을 모두 충족시키는 범위 내에서 조직의 다양한 목표를 조정하는 것을 말한다.

2) 극대화의 원리

극대화의 원리는 조직의 다양한 목표 중에서 주된 목표를 선택하여 그것을 집중적으로 추구하면서 다른 목표들은 제약 요인으로 간주하는 것을 말한다. 여기서 주된 목표와 제약 요인의 차이는 주된 목표는 미리 정해 놓은 만족의 수준이 없어서 계속적으로 더욱 높은 수준의 달성을 추구한다는 점이다.

3) 순차적 관심의 원리

순차적 관심의 원리란 조직은 일정 기간 어느 주요 목표의 달성에 주의를 기울이다가 그 기간 후에는 다른 목표 달성을 추구한다는 것이다. 이러한 원리는 단기적으로는 어느 하나의 목표를 극대화하겠지만 그 기간 후에는 다른 목표를 추구하는 것이기 때문에 장기적으로는 어느 목표도 극대화하는 것이 아니다.

4) 목표의 변경

조직의 목표는 조직 내외의 여러 가지 요소가 상호 교호작용을 하면서 변화되어 간다. 즉, 조직의 목표는 정태적이지 않고 동태적이기 때문에 목표의 우선순위는 시간에 따라 변한다. 목표는 특히 환경의 변화에 민감하다. 환경의 변화는 새로운 정보를 조직에 제공하기도 하고 조직이 나아가야 할 바를 제시하기도 한다. 예를 들어 독점의 특혜를 누리던 조직에 새로운 경쟁자가 나타나면 조직의 목표는 변화하게 되는 것이다. 또한 조직의 목표가 달성되었다고 인식하면 조직은 그 목표 대신에 또 다른 목표를 설정한다.

제 4 절 목표의 변동

조직은 끊임없이 변화한다. 이러한 변화는 조직이 추구하는 목표를 변화시키며, 조직목표의 변동은 다시 조직의 거의 모든 국면을 변화시킨다. 결국 조직은 일정한 목표를 갖고 설립되어도 소멸할 때까지 끊임없이 변화하는 것이다. 이 절에서는 목표의 변동을 논의하기 전에 목표 형성에 대해 살펴보고, 목표를 변동시키는 요인과 목표 변동의 양태에 관해 논의한다.

1 조직목표의 형성

조직목표의 형성을 설명하기 위해 사이어트와 마치(Cyert & March, 1963 : 26-43)의 연구 및 톰슨(Thompson, 1967)의 연구를 간단히 소개하고, 구체적으로 행정조직의 목표 형성을 살펴보기로 한다.

1) 사이어트와 마치의 연구 및 톰슨의 연구

사이어트(Richard M. Cyert)와 마치(James G. March)는 조직을 개인과 집단의 연합체(coalition)로 본다. 여기서 조직을 연합체라고 본 이유를 살펴보면, 조직 내의 개인과 집단은 각각 조직이 갖고 있는 자원에 대한 요구를 하고 조직은 이러한 요구에 관한 협상의 결과로 이뤄지는 연합체라는 것이다. 따라서 조직의 집합적 목표 역시 서로 다른 필요와 요청을 가지고 조직에 참여하는 개인과 집단의 협상에 의해 형성된다고 했다. 즉, 조직목표의 형성 과정은 권력의 정치 과정으로, 조직목표는 다양한 이해집단의 요구를 둘러싼 타협의 산물이라는 것이다.

이러한 정치 과정의 결과 생기는 것이 지배연합(dominant coalition)[3]으로, 지배연합은 조직구성원들에게 일종의 유인책인 측면 보상(side payment)을 제공함으로써 조직구성원들로 하여금 계속 조직에 참여하게 하고 또한 조직의 목표를 시인하고 지

3) 지배연합은 조직 내에서 가장 강한 권력(power)을 가진 사람들의 연합을 의미한다.

지하게 한다고 한다. 여기서 측면 보상은 보수, 수당, 개인적으로 특별히 우대하는 것, 직위를 주는 것, 개인적인 약속을 하는 것 등을 포함한다. 측면 보상을 제공하기 위해서는 조직구성원들의 참여를 보장하고도 자원의 여유가 있어야 하는데, 이러한 여유자원을 조직의 여유(organizational slack)라고 한다. 조직의 여유가 많으면 조직구성원들에게 최소 참여 수준 이상의 측면 보상을 제공하게 됨으로써 조직 내 갈등이 완화되고, 타협과 협상 등이 수월해진다. 반면 조직의 여유가 적으면 자원 분배에 관한 경쟁이 심해지고 갈등이 증가하여 결국 조직목표의 형성시 지배연합에 의한 일방적 압력이 사용될 가능성이 높아진다고 한다.

톰슨(James D. Thompson)에 의하면, 조직의 목표는 조직의 활동 영역에 대한 조직구성원들의 합의에 따라 형성된다고 한다. 즉, 조직이 사용하는 기술, 서비스하는 고객과 생산품 및 서비스 내용 등에 관한 결정 과정이 곧 조직목표의 결정 과정으로, 정치적 과정으로 보고 있다.

요컨대 사이어트와 마치는 조직목표의 형성 과정을 권력의 정치 과정으로 보는데, 톰슨 역시 조직활동 영역의 결정 과정이 조직 내외의 합의 과정을 거쳐 결정된다고 보는 점에서 두 연구는 공통점이 있다고 하겠다.

2) 행정조직의 목표 형성

여기서는 구체적으로 행정조직에서 목표 형성의 특성은 다음과 같다(박연호 · 이상국, 2000 : 153-154).

첫째, 민주주의 국가에서의 행정목표는 소수 지배 엘리트나 행정가들에 의해 독단적으로 설정되어서는 안 되고, 일반 국민, 이해관계자나 관계 집단, 그리고 행정가 모두가 참여하는 민주적 과정을 거쳐 설정되어야 한다.

둘째, 행정목표는 민간 조직체의 목표에 비교하여 무형적이고 추상성이 강하다고 할 수 있다. 이러한 행정목표의 높은 추상성은 행정조직과 관련된 모든 사람의 가치관과 이해 관계를 심각하게 대립시킬 수 있으므로 이러한 갈등 요소를 광범위하게 포용할 수 있도록 목표가 설정되어야 한다.

셋째, 행정목표는 가치 지향적이어야 한다. 즉, 행정목표는 미래의 바람직한 상태, 정부가 지향하는 가치를 보여 줄 수 있도록 가치 지향적이어야 한다.

넷째, 물론 이러한 가치 지향성이 중요하지만, 각 행정조직은 국가의 일반적이며 포괄적인 기본 목표에 입각하여 각 조직별 특정 기능 및 사업 범위 내에서 법적 권한, 인원, 정보 등의 행정자원에 의거하여 구체적으로 목표를 설정한다.

2 조직목표의 변동 요인

앞에서 우리는 조직목표의 형성에 대해 살펴보았다. 이렇게 형성된 조직의 목표는 불변적인 것이 아니고, 조직 내외의 여러 요인에 의해 변화하는 의존적이며 가변적인 현상이다. 여기서는 이러한 조직목표의 변동 요인을 조직 내적 요인과 환경적 요인으로 대별해서 살펴보기로 한다.

1) 조직 내적 요인

목표 변동을 가져올 수 있는 내적 요인은 무수히 많지만 대표적인 것들을 지적해 보면 지도자의 태도 변화와 권력구조의 변화, 조직구성원들의 성향 변화, 집단 간의 세력 변화, 조직 내의 연합구조 변화, 목표 형성 과정의 결함, 목표의 과잉 측정 등이 있다(오석홍, 2003 : 124). 즉, 미헬스(Michels, 1949)는 지도자의 태도 변화와 권력구조의 변화, 머튼(Merton, 1957)은 조직구성원들의 성향 변화, 에치오니(Etzioni, 1964)와 그로스(Gross, 1968)는 목표의 과잉 측정, 페로(Perrow, 1961)는 집단 간의 세력 변화 등을 목표 변동의 원인으로 들었는데, 이러한 연구들은 목표 변동의 양태를 설명할 때 소개될 것이므로, 여기서는 알렉산더(Alexander, 1976)의 연구 및 사이어트와 마치(Cyert & March, 1963 : 26-43)의 연구를 살펴보고자 한다.

알렉산더(Ernest R. Alexander)는 그의 지역사회 개발조직에 관한 사례연구를 통해 조직을 설립하는 단계의 목표 형성 과정에서 장래의 조직 성장이나 사업 집행을 위한 자원의 필요를 적절히 고려하지 못하고 목표를 설정하면 목표의 변동이 뒤따를 수밖에 없다고 지적했다. 즉, 목표의 수립과 그 집행 사이에 괴리가 발생하면 조직은 그 생존과 활동에 필요한 자원을 획득하기 위해 목표를 변동시키지 않을 수 없다는 것으로, 목표 형성 과정 그 자체에서 목표 변동의 요인이 유발될 수 있다고 본 것이다.

사이어트와 마치의 연구는 이미 소개한 바와 같이 목표의 형성 분야에 더욱 가깝다고 할 수 있지만 그들이 제시한 목표 형성의 원인과 과정은 바로 목표 변동의 원인과 과정으로도 볼 수 있다. 그들은 조직의 연합구조가 달라지면 조직의 목표도 변동하게 된다고 보면서, 목표 형성의 세 단계를 제시하는데 여기에는 목표 변동의 단계도 포함되어 있다. 제1단계는 연합 형성의 일반적 조건(즉, 목표)에 합의를 보기 위해 협상을 하는 단계이고, 제2단계는 합의된 목표를 안정시키고 구체화시키는 조직 내적 통제가 진행되는 변동 단계다. 협상 과정에서 발생한 충돌이 완전히 해소될 수는 없지만, 의사결정의 분권화, 복수 목표의 순차적 추구, 조직의 여유(organizational slack) 조정 등에 의해 목표를 안정시켜야 한다. 마지막으로, 제3단계는 조직에 대한 요청과 환경 변화에 따라 연합에 관한 목표를 변동시키는 조정의 단계라고 한다.

결론적으로, 알렉산더는 목표 형성 과정의 결함에서 목표 변동의 요인을 찾았고, 사이어트와 마치는 조직 내의 연합구조가 변동되는 것이 목표 변동을 유발한다고 보았던 것이다.

2) 환경적 요인

조직은 환경의 영향으로 그 목표가 변동될 수 있다. 환경이 조직에 요구하는 것과 조직에 대한 저항 등은 조직목표 변동에 직접적인 영향을 미치는데, 조직의 목표는 조직과 관련을 맺고 있는 외부 세력의 직접적인 영향을 받아 변동할 수도 있지만 일반적인 환경 변화에 의해 목표의 변동이 일어나기도 한다. 특정 외부 세력의 영향으로 인한 조직목표의 변동을 제시하는 연구들과 환경의 일반적 변화가 조직목표 변동에 미치는 영향을 논의한 연구를 소개한다.

톰슨과 맥이웬(Thompson & McEwen, 1958)은 조직목표의 형성 및 변동의 원인을 조직과 외부 세력, 특히 외부 조직과의 교호작용에서 찾으려 했다. 즉, 조직목표는 외부 환경의 힘에 의해 설정되고 수정 및 보완된다는 것으로, 조직목표의 설정은 근본적으로 조직과 환경의 관계를 바람직하게 설정하는 문제라고 보았다. 그들에 의하면, 조직은 환경으로부터 정당성을 인정받아야 하며, 환경이 조직에게 정당성을 부여하는 주요 근거의 하나가 바로 조직의 목표라는 것이다. 결국 조직의 목표는 환경과의 상호 관계에 따라 영향을 받을 수밖에 없는데, 그들은 조직이 직접적으로 관련된 환경적 세력에 대응하는 전략을 다음의 네 가지로 분류했다.

첫째, 경쟁적 관계다. 경쟁(competition)이란 일종의 대립 관계로서 둘 이상의 조직이 제3의 집단으로부터 지지를 얻기 위해 경쟁하는 상황에서 존재한다. 조직과 조직이 환경의 지지를 얻기 위해 경쟁을 하는 경우, 조직 간의 경쟁을 중재 또는 매개하는 제3의 집단은 경쟁하는 조직들에 대한 지지를 유보할 수 있기 때문에 그러한 조직들의 목표 형성을 부분적으로 통제할 수 있다. 이러한 경쟁 관계 하에서는 제3의 환경적 세력이 경쟁하는 조직들의 목표에 영향을 미치기 때문에 경쟁이 조직의 목표 설정에 미치는 효과는 간접적이라고 할 수 있다. 즉, 경쟁 관계에 있는 조직들은 서로의 목표 형성에 직접적인 영향을 미치는 것은 아니다. 정부의 각 기관들이 더 많은 예산을 확보하기 위해 정부의 예산 담당기관이나 의회로부터의 지지를 추구하는 상황은 경쟁적 관계의 좋은 예라고 하겠다.

둘째, 협상적 관계다. 협상(negotiation)이란 둘 이상의 조직이 재화·용역의 교환에 관련하여 직접 교섭하고 타협하는 것을 말한다. 즉, 경쟁적 관계에서는 조직 간에 직접적 상호작용이 없으나 협상적 관계에서는 조직 간 직접 교섭이 일어난다. 따라서 조직들이 협상전략을 펴는 경우 협상에 참여하는 조직들은 서로의 목표를 직접적으로 제약하게 된다. 즉, 각 조직은 상대 조직의 요구에 대응하여 조직의 목표를 수정해야 하는 것이다. 예를 들어, 둘 이상의 조직들이 원자재 시장에 관한 협상을 벌이는 경우 서로가 활용할 수 있는 시장의 규모와 용도에 제한을 가하게 되며, 시장에 대한 제한은 나아가 조직목표의 선택을 제약하게 되는 것이다.

셋째, 연합적 관계다. 연합(coalition)이란 둘 이상의 조직이 공동목표를 추구하기 위해 힘을 합치는 것을 말한다. 연합 관계는 대체로 조직이 환경과의 관계에서 최악의 상태에 있을 때 이뤄지는 것으로, 연합 관계가 유지되는 한 연합에 참여하는 조직들은 합의한 목표를 추구할 때 하나의 조직처럼 행동한다. 따라서 연합에 참여하는 어느 한 조직의 목표 설정은 연합에 참여하는 조직들의 공동의 목표에 의해 직접적으로 제약을 받는다. 정치적 위기에 직면한 두 개 이상의 정당들이 제휴 관계에 들어가서 새로운 공동의 목표를 추구하는 것이 좋은 예다. 이러한 경우 연합에 응하는 각 정당은 연합 내 다른 정당들의 목표를 고려하여 정당의 목표를 수정하게 된다.

넷째, 포용이다. 포용(cooptation)이란 조직의 안정과 존속에 위협을 미치는 외부 세력을 제거하기 위한 수단으로 조직의 지도층이나 정책결정 과정에 그러한 위협을 줄 수 있는 세력을 도리어 흡수하는 것을 말한다. 즉, 그러한 세력을 조직에 흡수함으로써 조직은 문제 발생의 소지를 미리 없애는 것이고, 포용되는 환경적 세력은 조직의 목표를 형성하는 의사결정에 참여하기 때문에 조직의 목표 설정을 직접적으로 규제할 수 있는 것이다. 정부가 언론과의 우호적인 관계를 유지하기 위해 언론계의 중진을 정부에서 언론을 담당하는 중요 직책에 임명한다든지, 환경보호 문제가 전 사회적으로 중시되자 환경보호단체의 대표를 정부의 환경정책 주관 부서의 요직에 임명하는 것 등이 좋은 예일 것이다.

지금까지는 특정의 외부 세력이 조직의 목표 변동에 직접적으로 영향을 미치는 것을 살펴보았다. 이러한 특정 환경 이외에도 조직을 둘러싼 조직환경의 일반적인 변화도 조직의 목표를 변화시킬 수 있다. 여기서 말하는 일반적 환경의 변화는 과학 및 기술의 진보, 사회 및 문화의 변화, 경제 상황의 변화, 정치 체제의 변화 등으로, 조직이 생존하고 발전하려면 이러한 일반적 환경 변화에 끊임없이 적응해 나가야 하는 것이다.

3 조직목표의 변동 양태

지금까지는 조직목표의 형성에 대해 살펴보았으며, 또한 조직목표를 변동시키는 요인에 관해서도 논의했다. 다음은 조직목표 변동의 양태에 대해 소개한다. 목표 변동의 양태에는 목표의 대치, 목표의 승계, 목표의 확장 및 축소, 목표 간의 비중 변동 등이 있다.

1) 목표의 대치

목표의 대치(代置)란 원래의 조직목표가 다른 목표로 전환되는 것으로, 공식목표와 실질목표의 괴리 현상으로 볼 수도 있지만, 조직이 추구하는 목표를 달성하기 위해 필요한 수단이 오히려 목표 그 자체로 되어 수단의 위치가 격상되는 현상을 지칭하는 경우가 많다. 즉, 목표의 대치(displacement)는 목표 추구가 심각하게 왜곡되는 것으로, 목표 달성의 효과성과 효율성을 지나치게 강조한 나머지 수단적 가치가 종국적 가치로 변하는 현상이다(Merton, 1957). 이러한 목표의 대치 현상은 유형이 다른 새로운 목표를 추구한다는 점에서, 동일 유형의 새로운 목표를 추구하는 목표의 승계와 구분되고, 기존의 목표 외에 새로운 목표를 추가시키는 목표의 추가와도 구분된다.

목표의 대치 현상이 일어나는 주요 요인을 살펴보면 다음과 같다(박연호·이상국, 2000: 162-163).

첫째, 지나친 유형목표의 추구다. 즉, 조직이 유형목표에 의존하는 경향이 높아질수록 계량화될 수 없는 목표, 즉 무형목표나 상위목표는 등한시되기 쉬운 것으로, 수단적 성격이 강했던 하위목표가 마치 원래의 조직목표인 것으로 왜곡되는 현상이 나타난다.[4)]

둘째, 소수 지도자의 권력욕이다. 즉, 조직의 최고관리자나 지도자가 일단 권력을 장악한 후 본래의 조직목표를 추구하는 것이 아니라 본인의 권력과 지위를 유지, 강화하기 위한 각종 수단적 조치만을 강조한다.

셋째, 정책, 규칙, 절차 등에 대한 지나친 집착이다. 즉 정책, 규칙, 절차 등은 그 자체가 목표가 아니고 더 높은 상위목표를 달성하기 위한 수단임에도 불구하고 그러한 수단을 준수하는 형식주의와 의식주의(儀式主義)에 집착하여 결국 수단이 목표처럼 되는 경우가 많다.

넷째, 조직 전체적인 문제나 외부 환경의 변화 등은 과소평가하면서 조직 내부 문제만을 중시하기 때문이다. 즉, 전문화 같은 수단적이고 기술적인 내부 문제는 중시하면서 조직이 나아가야 할 목표같이 거시적이고 가치 지향적인 문제는 망각하는 경우로 이것 역시 목표의 대치 현상으로 볼 수 있다.

목표의 대치 현상을 논할 때 흔히 인용하는 연구는 미헬스(Michels, 1949)의 연구다. 그는 유럽의 사회주의 정당과 노동조합들이 처음에는 평등주의적이었다가 조직의 목표를 효율적으로 달성하기 위해 계층제적 구조를 갖게 되고, 결국 소수의 지도자에 의해 지배당하게 되었다고 설명했다. 이처럼 소수의 지도자에 의해 지배당하는 현상을 과두 지배의 철칙(iron law of oligarchy)이라고 했다.

미헬스 이외에도 많은 학자가 목표의 대치 현상을 지적했다. 머튼(Merton, 1957)은 조직구성원들의 성향 변화로 인해 조직목표의 대치 현상이 발생할 수 있다고 설명했다. 즉, 그는 관료조직의 특성이 조직구성원들의 행태에 영향을 미쳐 조직의 목

4) 에치오니(Etzioni, 1964)는 이러한 현상을 목표의 과잉 측정(over-measurement)이라고 했고, 그로스(Gross, 1968)는 목표의 과잉 측정으로 인한 목표의 변동을 숫자의 마력(number magic)이라고 했다.

표 그 자체보다는 수단인 규칙과 절차에 더 집착하게 할 수 있다고 했다.

2) 목표의 승계

목표의 승계(succession)란 조직이 본래 추구하던 목표가 달성되었거나 달성이 불가능한 경우, 조직이 생존을 위해 본래의 목표와 동일 유형의 다른 목표를 발견해서, 본래의 목표를 그 새로운 목표로 교체함으로써 조직의 정통성을 확보하는 것이다. 예를 들어, 미국재향군인회는 원래 제1차 세계대전 중의 원정군의 정신을 기념하고 보존하는 것이 목표였지만, 그러한 목표가 달성되자 조직의 목표를 예비역 군인들의 권익을 보호하고 지역사회 봉사사업으로 교체했다.

목표 승계를 설명할 때 가장 흔히 인용되는 연구의 예로는 실스(Sills, 1957)의 미국 소아마비재단에 관한 연구다. 이 재단은 1938년 소아마비의 예방과 치료를 지원하고자 설립된 것이었지만, 예방 백신(vaccine)의 개발로 소아마비의 예방 · 치료라는 목표가 달성됨에 따라 소아마비재단은 조직목표를 잃게 되었다. 이를 계기로 재단은 해체될 수도 있었겠지만 방대한 기구와 인력을 활용하기 위해 불구병 일반을 극복하려는 새로운 목표를 채택함으로써 조직을 존속시켰다.

3) 목표의 추가, 확대 및 축소

목표의 추가(multiplication)란 동종 목표의 수가 늘어나거나 이종 목표가 추가되는 것을 말한다. 목표의 확대는 동일 목표의 범위가 넓어지는 것이고, 목표의 축소란 동종 또는 이종 목표의 수나 범위가 줄어드는 경우를 의미한다.

목표의 대치 및 승계 현상은 사실 조직에서 흔하게 발생하는 현상이 아니지만 목표의 추가, 확대 및 축소는 쉽게 발생할 수 있는 현상이다. 예를 들어 많은 대학이 원래 목표인 교육과 연구라는 목표 이외에 사회봉사라는 목표도 추가하고 있으며, 주요 종교단체 역시 종교적 목표 이외에 사회봉사를 단체의 목표로 추가하고 있다.

YMCA의 예(Zald & Denton, 1963)는 원래의 조직목표를 실현하는 것이 불가능했기 때문에 조직목표를 새로 추가했다고 볼 수도 있고, 목표 달성이 불가능하다고 미리 예측되어 목표의 승계를 이뤘다고도 볼 수도 있다. YMCA가 런던에 처음 설립되었을 때 조직의 목표는 방직업 등에 종사하는 청년들의 '영적 생활을 향상'시키는 데 있었고, 보스턴에 설립된 YMCA는 여기에 청년들의 '정신적 생활의 향상'을 추가했으며, 뉴욕의 YMCA는 "청년들의 영적 · 정신적 · 사회적 생활을 향상시키고 적절한 숙소와 직장의 선택을 도와 줌으로써 이들을 도덕적, 그리고 종교적 영향 하에 두는 데 있다"라는 목표를 갖고 있었다. 결국 YMCA는 레크리에이션과 체육 등에도 매우 큰 비중을 두는 조직으로 변질되었다.

4) 목표 간의 비중 변동

목표 간의 비중 변동이란 동일 유형의 목표 간에 비중이 변동되는 것으로 비교적 가벼운 의미의 목표 변동으로 볼 수 있다. 즉, 전체적인 조직목표는 변동이 없고 목표들 간의 우선순위 또는 비중이 달라지는 형태의 목표 변동으로 조직에서 비교적 쉽게 나타날 수 있다.

제 5 절 목표관리(MBO)

여기에서는 목표관리의 기본 개념과 정의, 기본 단계, 장점 및 단점 등을 살펴본다. 또한 이 책의 제2부 제4장 제3절에서 살펴본 목표설정이론과의 차이점을 소개함으로써 이 장을 마치게 된다.

1 목표관리의 기본 개념과 정의

목표관리는 1954년 드러커(Drucker, 1954)에 의해 처음 소개되었으며, 그 후 1960년대 후반부터 1970년대를 거치면서 널리 보급되었다(Denhardt & Grubbs, 2003: 345). 드러커(Peter Drucker)의 목표관리 철학은 기본적으로 상사로부터의 지시나 통제보다는 자기통제, 목표와 일정을 상사와 부하가 서로 합의하는 협력적 과정, 명확한 목표 설정 및 목표 달성을 위한 효율적 과정, 개인의 능력과 책임이 충분히 발휘될 수 있는 조직관리, 그리고 개인 및 조직의 목표가 공익과 조화를 이루는 원리에 그 바탕을 두고 있다.

드러커와 함께 목표관리에 관해 체계적인 논의를 전개한 학자들로는 맥그리거(Douglas McGregor), 가렛(John Garrett)과 워커(Steve Walker), 오디온(George S. Odiorne), 잭슨(John H. Jackson)과 마티스(Robert L. Mathis) 등을 들 수 있다.

맥그리거(McGregor, 1957, 1960)는 목표관리의 철학이 부하에 대한 단점보다는 장점과 잠재 능력을 살려 근무 성과를 높이게 하는 점, 판단자가 아니라 조력자로서 상사의 역할, 통합과 자기통제에 의한 관리, 과거의 행동보다는 미래의 행동을 강조하는 점 등을 보아 Y이론 지향이라고 했다. 또한 가렛과 워커(Garrett & Walker, 1969)에 의하면, MBO는 최상급의 관리자로부터 하급 감독자에 이르는 관리자들을 위해 계층적인 연간 목표를 설정하고 규정된 목표와 실제의 결과를 장기적으로 비교·통제하는 관리 체제라고 했다. 오디온(Odiorne, 1965)은 목표관리의 철학이 상급 관리자와 하급 관리자가 서로 협의하고, 책임 영역을 확정하며, 모두의 참여를 통해 성과와 동기의 증대를 도모하는 것에 있다고 했다. 마지막으로, 잭슨과 마티스(Jackson & Mathis, 1976)에 의하면 목표관리는 관리자를 위해, 그리고 관리자에 의해 1년간의 또는 기타 적정 기간 동안 목표가 설정되는 관리계획 및 평가의 한 접근 방법이라고 했다.

목표관리에 대한 이러한 기본적 개념을 통합하여 오석홍(2003 : 628)은 목표관리를 "참여의 과정을 통해 조직의 목표를 명확하고 체계 있게 설정하고, 그에 따라 생산 활동을 수행하도록 하며 활동의 결과를 평가·환류시키는 관리 체제"라고 정의했다. 결국 목표관리는 X이론에 입각한 통제적 관리 방식이나 관료적인 관리 방법을 지양하고, 동기부여와 참여 정신이 고취되는 Y이론에 입각한 참여 지향적 관리철학을 갖고 있다고 할 수 있다(오세덕·여윤환, 2000 : 96-97).

2 목표관리의 기본 단계

시에라프, 클레캠프와 그리딩(Thierauf, Klekamp, & Greeding, 1977)은 목표관리의 단계를 1) 목표의 설정, 2) 실행계획의 개발, 3) 정기적인 검토, 4) 업적의 평가 등 네 단계로 나눴고, 말리(Mali, 1972)는 1) 목표의 발견, 2) 목표의 설정, 3) 목표의 확인, 4) 목표의 수행, 5) 목표 달성 상태의 통제 및 보고 등 다섯 단계로 나눴다. 이러한 주장을 기초로 해서 목표관리의 기본 단계를 살펴보면 다음과 같다.

1) 목표의 발견

여기서 목표라고 할 때는 특정한 성취 수준을 의미하기도 하고, 어떤 사업의 완결을 의미할 수도 있다. 또한 계량화가 가능한 유형목표일 수도 있고 계량화하는 것이 불가능한 무형목표일 수도 있다. 이러한 목표들은 부하가 타당성 조사와 사전조사를 거친 후 상사에게 제출한다. 가능한 한 전략적인 목표를 추구하고, 조직이 이용 가능한 목표를 찾는 것이 중요하며, 조직의 현재 상황을 분석할 뿐 아니라 성취하고자 하는 미래의 소망을 검토하는 일이 무엇보다 중요하다. 계량화가 가능하고 일상화된 목표가 관리하기가 용이하다고 해서 그러한 목표들에만 관심을 집중하면 목표관리가 추구하는 총체적 관리 체제라는 의미가 상실될 수 있다.

2) 목표의 설정

여기서 목표를 설정한다는 것은 상사에게 제출된 부하의 목표를 상사가 검토하고 다시 상사와 부하가 함께 협의를 한 후 성취하고자 하는 것에 관한 활동의 영역과 구체적인 성취의 수준을 밝히는 것이다. 목표관리는 여기서 참여를 통한 목표 설정을 강조한다. 참여를 통해 설정된 목표는 좀 더 현실성 있고 정당한 것으로 인정되며, 목표 설정에 참여한 사람들은 그러한 목표를 좀 더 쉽게 수용한다. 정당하다고 생각한 목표를 설정하는 데에 참여한 사람은 일반적으로 직무만족도가 향상되며, 나아가 생산성도 향상될 수 있다. 목표 설정이 조직에서 중요한 이유는 설정된 목표가 부하의 업적을 평가·환류시키는 기준이 될 뿐만 아니라 개인별 및 조직 단위별 활동을 조직 전반의 계획에 통합시킬 때의 기준이 되기 때문이다. 목표 설정을 통해 조직은 실제로 달성하고자 하는 미래의 상태를 명확히 할 수 있는데 목표 설정 시에 고려해야 사항들은 다음과 같다(Koontz & O'Donnell, 1972; Massie & Douglas, 1973).

첫째, 개별적인 목표는 조직 내의 최상위 목표로부터 차례로 이어지는 목표와 수단 관계에 있다고 보아야 한다. 즉, 하위목표는 상위목표를 달성하기 위한 수단적 관계에 있음을 인식하고, 목표 설정시 상위목표 및 조직 전체의 목표 체계와 일관성을 유지하도록 노력해야 한다.

둘째, 상사와 부하 간에 권한과 책임을 명확히 하여 부하도 목표 설정에 책임과 권한이 있는 존재임을 인식시켜야 한다.

셋째, 목표는 명확하고 간결해야 하는데, 이는 명확한 목표를 통해 목표 달성의 수준을 측정할 수 있고 기대되는 결과를 구체적으로 확인할 수 있기 때문이다.

넷째, 목표는 각 관리자 또는 조직 단위의 능력 범위 내에서 설정된 것으로 현실적이고 달성 가능해야 한다. 또한 목표를 설정하기 전에 목표 달성에 필요한 조직의 자원을 확인해야 한다.

다섯째, 목표 설정은 참여의 과정을 통해 서로 협동적이고 쌍무적으로 이뤄져야 한다. 즉, 상의하달과 하의상달이 복합적으로 이뤄져야 한다는 것이다. 이러한 쌍방 의사전달을 통해 상사와 부하 간에 시간과 노력을 배분 및 조정할 수 있고, 결과적으로 목표 달성의 성과를 높일 수 있다(Kast & Rosenzweig, 1979).

여섯째, 조직이 조직구성원에게 부여하는 과업목표와 구성원 개인이 추구하는 개인목표가 조화를 이룰 수 있도록 해야 한다. 즉, 목표관리의 초기에는 과업목표에 중점을 두지만, 점차 개인목표도 고려함으로써 부하는 흥미와 동기가 유발되고 책임감과 성취감을 느끼게 되는 것이다.

3) 목표의 확인

설정된 목표는 다시 상사와 부하가 상호 확인 과정을 통해 시한 내에 목표가 달성될 수 있는지, 실패의 위험성이 높지 않은가 등을 검토해야 한다. 검토 결과 실패의 위험이 높은 목표는 제외하거나 목표의 수준 등을 조정할 수 있다.

4) 행동계획의 개발

행동계획을 개발한다는 것은 목표를 추구하기 위해 요구되는 모든 활동을 규정하고 이들을 다시 단계적으로 분할하며, 또한 누가 각 활동을 책임질 것이고 어떤 자원이 필요할 것인가 등을 결정하는 것을 말한다. 이러한 행동계획의 개발은 목표의 구체적인 달성 시기와 함께 모든 활동을 규정하고 계획함으로써 목표관리의 실행을 더욱 구체화시켜 주며, 목표 달성의 가능성, 목표 달성 시한의 타당성, 목표 달성의 장애 요인, 조정의 필요, 상사에 의한 조력의 필요 등을 다시 검토할 수 있는 기회를 제공한다.

5) 목표의 수행

설정된 목표는 실행계획으로 구체화됨과 아울러 현실적 제약을 고려하면서 행동으로 옮겨진다. 이 단계에서는 목표관리 관련자들의 적극적인 참여 자세와 목표관리에 대한 최고관리자의 지지 및 우호적인 조직 분위기가 무엇보다 필요하다. 또한 부문별 하위관리자들도 목표관리의 기본적 과정을 숙지하고 목표의 수행에는 많은 시간과 자원이 필요하다는 것을 고려하여 이를 적극적으로 준비해야 할 책임이 있다.

6) 평가

목표 추구의 과정 및 목표 성취의 정도는 측정·평가·환류되어야 한다. 평가는 중간평가와 최종평가로 나눠 생각할 수 있다.

중간평가는 상사와 부하가 정기적으로 만나서 임무를 맡은 부하가 만족스러운 진척을 보이고 있는지를 확인하고 그렇지 못할 경우에는 보완 조치를 취하려는 데 그 목적이 있다(Cook, 1968).

최종평가는 성과에 대한 평가로, 목표 성취의 정도와 그 성취 방법 등을 확인하여 부하의 업적을 평가하고 이를 환류시킴으로써 미래의 목표관리를 개선하는 것이 주 목적이다. 즉, 목표 수행의 시한이 되면 목표 성취의 정도와 그 방법 등을 확인하여 부하는 스스로 업적을 평가하고 목표와 실제 결과 사이의 차이를 설명하는 성과보고서를 작성한다. 부하는 스스로 작성한 성과보고서를 상사와 함께 토의하고 차이가 발생한 원인을 규명하는데, 이와 같은 공동 평가작업은 목표를 수행하는 데 문제점들을 개선하려고 실시한다는 점에서 매우 의미 있는 작업이라 할 수 있다. 또한 공동 평가작업은 차기 목표관리를 준비하는 데에 필수적인 정보를 제공하는데, 평가 과정에서 발생할 수 있는 의사전달의 장애, 지각의 왜곡, 부정적인 방어적 태도 등을 극복해야만 그러한 정보를 효과적으로 얻을 수 있다.

7) 목표관리의 재순환

목표관리는 최종평가로 종료되는 것이 아니다. 목표관리는 이상의 과정들을 다시 반복한다. 즉, 최종평가의 결과를 고려하여 다시 새로운 목표를 설정하고 그에 따른 목표관리의 기본적 단계를 다시 거치게 되는 것이다. 이러한 재순환 과정에서 중요한 것은 상의하달과 하의상달이 복합적으로 이뤄지는 참여의 과정을 다시 확실하게 보장하고 상사와 부하 간의 신뢰를 더욱 돈독히 할 수 있는 여건을 마련해 줌으로써 부하가 높은 의욕으로 새로운 목표에 도전할 수 있도록 하는 것이다.

3 목표관리의 장점 및 단점

1) 목표관리의 장점

목표관리는 그 기본적인 가치를 업적평가와 계획 행태를 개선하고 조직 참여자들의 직무 만족을 높임으로써 조직의 효과성을 제고하는 데 두고 있다. 이러한 목표관리는 여러 가지 측면에서 장점을 가지고 있으며, 제대로 실시될 경우 그 효과 역시 조직 전반에 걸쳐 광범위하게 나타날 수 있다. 목표관리의 장점과 기대되는 효과를 살펴보면 다음과 같다(Carroll & Tosi, 1973; Koontz & O'Donnell, 1972).

첫째, 목표관리의 과정을 통해 관리자는 업무계획을 세워야 하기 때문에 시간 및 자원 활용을 효율적으로 할 수 있고, 또한 업무 배분의 합리화를 기할 수 있다. 이러한 목표관리는 조직 내에서 단순히 활동이나 작업을 계획하는 것이 아니라 그것들이 초래할 결과를 고려하는 것이다. 또한, 목표관리에서 관리자는 목표를 달성하기 위한 방법뿐만 아니라 그가 필요로 하는 인적·물적 자원도 고려한다. 목표관리는 이렇게 통제를 좀 더 효과 있게 하는 데에도 도움을 줌으로써 계획과 통제를 더욱 합리적인 관리 체제로 융합시키는 역할을 한다.

둘째, 목표관리는 상사의 방침과 부하의 참여를 통해 직무목표를 설정하고, 그러한 목표를 상사의 권한 위임과 부하의 자기 통제를 통해 달성하고자 하는 것이다. 따라서 목표관리는 조직 내의 의사전달을 개선하고, 상호 이해를 증진시키며, 업무에 대한 적극적인 태도를 조성하고, 혁신을 촉진시킬 수 있다.

셋째, 목표관리는 조직 내에서 추구하는 목표들이 상호 계층(hierarchy)을 갖도록 유도하고, 목표들 간 연관성과 일관성이 유지되게 한다. 이러한 목표 간의 관리를 통해 조직은 전체적 목표를 효율적으로 달성할 수 있는 것이다.

넷째, 목표관리는 실적에 기초한 업적평가의 실현이 가능하도록 객관적인 업무 기준을 제시하기 때문에 개인적 특성에 착안한 전통적 평가 방법의 결함을 시정할 수 있다. 이것은 결국 목표관리가 조직구성원들의 훈련 수요를 결정하는 데 도움을 줄 수 있다는 것을 의미한다. 즉, 목표관리는 객관적 업무 기준을 제시하기 때문에 목표관리의 환류 과정에서 조직구성원 개인별 훈련 수요를 확인할 수 있는 것이다. 이러한 훈련 수요의 확인은 또한 인적자원의 효율적 관리를 가능하게 한다.

다섯째, 전술한 바와 같이 목표관리에서는 목표 설정과 실제 목표 달성의 정도를 비교하여 조직 내의 여러 가지 문제를 인지하는 것이 용이하기 때문에 조직 내 변화를 촉구하는 것 또한 용이하다. 즉, 목표관리는 조직구조, 조직 내의 과정, 조직구성원들의 행태 등에서 변화를 유도한다. 예를 들어, 조직구조 및 여러 가지 측면에서 목표관리는 관료제의 부정적인 속성을 개선하는 데 도움을 준다. 또한 목표관리는 조직구성원들의 행태를 개방적이고 미래 지향적으로 만들어 줄 수 있다. 왜냐하면, 부하의 참여를 통해 직무목표를 설정하는 목표관리는 의사전달의 개선과 상호 이해의 증진을 통해 구성원들의 행태가 개방적으로 변화시켜 줄 수 있고, 목표관리의 계속적 적용과 확대는 조직 내의 모든 요소가 계속 변화된다는 점에서 미래 지향성을 의미하기 때문이다.

2) 목표관리의 단점

목표관리가 매우 유용한 관리기법이기는 하나 제대로 적용한다는 것이 그렇게 용이한 것이 아니다. 목표관리의 적용 과정에서 나타날 수 있는 문제점들을 살펴보면 다음과 같다(오석홍, 2003: 631-632; 오세덕·여윤환, 2000: 105-106; Hicks & Gullett, 1976).

첫째, 목표를 설정한다는 것 자체가 용이하지 않다. 특히 급격한 변화가 잦거나 관리 상황이 유동적인 조직에서 실현 가능한 적절한 목표를 설정한다는 것은 쉽지 않다. 목표관리는 조직 내외의 상황이 안정적이고, 따라서 예측 가능성이 높은 조직에서 성공할 가능성이 높다.

둘째, 목표나 목표 달성의 정도 등을 측정한다는 것이 용이하지 않고 가능하지 않은 경우도 많다. 예를 들어, 인간 관계 개선이나 구성원의 발전 등과 같이 많은 목표가 계량화하기 힘든 목표인데, 목표관리는 검증 및 확인을 중시한 나머지 수량적으로 측정이 가능한 목표만을 강조하는 경우가 많다.

셋째, 목표관리를 도입하는 초기 단계에서는 그것을 실행에 옮기는 데 매우 복잡하고 많은 시간이 걸리며 관리자들은 과중한 서류 작업에 시달리게 된다. 즉, 참여에 의한 목표 설정과 성과 보고 등의 과정은 많은 서류 작업을 동반하는 것이고, 목표관리의 원리와 요구 사항에 따라 관리하는 것을 배우는 데는 많은 시간이 걸린다.

넷째, 목표관리는 단기목표만을 강조하는 경향이 높다. 물론 단기목표가 장기목표에 기여하게 되어 있다면 문제가 없으나 그러한 연관성이 없는데도 장기목표는 고려하지 않고 단기목표만을 추구한다면 목표관리는 조직의 발전을 저해하는 요소로 작용할 수 있는 것이다.

다섯째, 인간 중심적 관리 방식에 대한 경험이 없는 조직이 목표관리를 시행하게 되면 조직구성원들은 목표관리에 대해 매우 소극적이고 저항감이 있는 태도를 보이기 쉽다.

여섯째, 목표관리는 권위주의적 조직 체계와 신축성이 없는 관료주의적 정책 및 규칙에 의해 쉽게 저지될 수 있다. 즉, 집권화된 권한의 계층을 바탕으로 해온 정부 관료제 내에서 목표관리가 요구하는 권력 분담과 참여관리를 실현하기는 어렵다.

4 목표관리의 우리나라 도입 현황과 전망

김경한(2004)에 의하면, 우리나라 공공 부문에 목표관리제(목표 설정에 의한 관리 : MBO, management by objectives)가 최초로 도입 적용되기 시작한 것은 1999년인데, 당시 '국민의 정부'가 정부개혁 차원에서 성과 중심의 행정관리(performance-based management)를 실현하기 위한 수단으로 성과급제도와 함께 목표관리제를 도입한 것이다. 이 연구에 의하면, 우리나라 목표관리제의 도입 목적인 생산성 향상도와 조직 내 경쟁 강화를 결과 변수로 하여 양자 간의 영향 관계를 분석한 결과, 생산성 향상도의 주요 영향 요인은 목표의 구체성, 성과평가의 공정성, 난이도 등으로 나타났으며, 경쟁 강화에 대한 주요 영향 요인은 평가 결과와 보상의 연계 및 목표의 난이도인 것으로 나타났다. 또한, 최고관리층의 관심도는 독립 변수 및 결과 변수 모두와 상관 관계가 있는 것으로 나타났다.

김판석・권경득(2000)은 5급 이상 공무원을 대상으로 한 설문조사를 통해 목표관리제에 대한 공무원의 인식과 태도를 분석했다. 분석 결과 목표관리제 추진 과정의 문제점으로서 목표 달성 평가 방법의 어려움, 목표 달성 기준 파악의 어려움, 목표 설정의 어려움 등이 문제점으로 지적되고 있었다. 운영상의 문제점으로는 평가에 대한 불신이나 부실한 평가 방법, 단기 실정에 치중한 평가 방법의 문제, 동료 및 상하 간에 지나친 경쟁 의식으로 인한 조직 내의 위화감 조성 등이 지적된다.

서순복(2000)은 광양시의 사례분석을 통해 MBO 도입의 성공 요인들을 도출했다. 분석 결과 MBO의 성공적 도입에 영향을 미치는 요인으로 최고관리층의 관심과 참여, 실무팀에 대한 권한 부여, 업무 추진에 대한 적절한 긴장 조성, 현장의 목소리 반영, 목표의 계량화, 교육, 토론의 활성화를 통한 MBO에 대한 암묵적 동의 유도 등이 제시되었다. 그리고 이 제도가 정착될 경우 TQM 등과 같은 유사한 구조를 가진 제도의 수용 가능성이 훨씬 높아질 것으로 예측하고 있다.

연구 문제

1. 본인이 잘 알고 있는 조직 하나를 선택한 후, 그 조직의 공식목표와 운영목표를 구체적으로 제시하시오.
2. 1번 문제에서 선택한 조직의 공언목표와 실질목표를 구체적으로 제시하시오.
3. 1번 문제에서 선택한 조직 내 유형목표와 무형목표를 구체적으로 제시하시오.
4. 행정조직의 목표 형성과 기업조직의 목표 형성 간의 공통점 및 차이점을 제시하시오.
5. 행정조직의 목표를 변동시키는 주요 요인과 주요 변동의 양태를 제시하시오.
6. 기업조직의 목표를 변동시키는 주요 요인과 주요 변동의 양태를 제시하시오.
7. 5번과 6번 문제의 연구 결과를 토대로, 목표 변동의 주요 요인과 주요 변동의 양태에서 행정조직과 기업조직 간의 공통점 및 차이점을 제시하시오.
8. 공공조직에서 목표관리(MBO)의 사례를 찾아 발표하고, 효과적 시행 방안을 제시하시오.
9. 정보사회에서 조직의 목표 설정에 영향을 줄 수 있는 환경 요인으로는 무엇이 있는지를 구체적으로 예를 들어 제시하시오.

사례 연구 4-1

디지털 시대의 뉴 패러다임 '새 정부의 국가정보화'

새 정부의 출범 후 처음으로 국가정보화 청사진이 나와 유비쿼터스/융합 기술을 근간으로 한 소통과 협업, 지식 중심의 정보화 사회가 급진전될 것이라는 기대감을 낳고 있다. 새 정부는 국가정보화의 뼈대를 새롭게 정비, 첨단 디지털 미래 시대를 주도하고

IT를 통한 국가발전 전략을 구체화하는 데 나섰다. 정부는 '국가정보화 비전 선포식'에서 새로운 국가정보화 패러다임을 발표, 기존 정보화의 비효율성과 역기능을 해소하고 향후 다가올 첨단 디지털 시대에 대처해 국가 경쟁력 확보 및 국민이 편리하고 안전하며 잘살 수 있는 사회를 실현하는 초석으로 삼는다는 방침을 공표할 계획이다.

새 정부의 국가정보화 기본계획은 전 세계적으로 IT강국으로 평가받는 우리나라가 새로운 국가정보화 기틀을 마련한다는 점에서 눈길을 끌고 있다. 새로운 국가정보화 기본계획은 새로운 디지털 시대의 패러다임에 맞게 ICT를 국가 발전의 견인차로 삼고 있다. 특히 눈에 띄는 것은 이번 국가정보화 기본계획이 단순히 현 정부의 임기에서 끝나는 것이 아니라 미래 디지털 사회의 생활 모습을 본격 준비하는 밑그림이 됨과 동시에 국민 개개인이 피부로 직접 디지털 사회를 느낄 수 있도록 한 점이다. 국민이 안전하고 편리하게 생활하고 IT를 통해 한층 수준 높은 삶을 영위할 수 있도록 IT에도 '실용성'을 강조한 것이다.

정부가 이번에 마련한 국가정보화 기본계획은 정보화추진실무위원회 정부위원 및 민간위원, 정보화추진실무위원회 산하 기본계획전문위원회 민간전문위원, 정부 각 부처 관계자, 한국정보사회진흥원 전문가, 민간전문가, 행정안전부 등 약 50여 명이 참여해 지난 9개월 동안 작성했다.

◆ 2대 엔진, 3대 분야로 뼈대 완성 = 2대 엔진과 3대 분야를 주축으로 한 국가정보화 기본계획은 2대 엔진으로 '창의적 소프트 파워'와 '첨단 디지털 융합 인프라'를 삼고 있다. 새로운 가치 창출과 사회 현안 해결을 통해 선진지식정보 사회로 진입하기 위한 3대 분야로는 '일 잘하는 지식정부' '디지털로 잘사는 국민' '신뢰의 정보사회'를 삼았다.

이를 자세히 살펴보면 '창의적 소프트 파워'는 사회 변화의 엔진으로 국가의 지식 창출 및 활용 체계를 혁신해 개방·참여·협업·세계화를 추진하기 위한 것이다. '첨단 디지털 융합 인프라'는 지능형 융합 서비스에 필요한 차세대 네트워크 고도화, 개방형 기술 확산, ICT와 비ICT의 융합을 지원하는 디지털 인프라를 뜻한다.

'신뢰의 정보사회'는 건전하고 성숙한 정보문화를 조성해 사이버 공간뿐만 아니라 국가안보, 재난재해, 식품 안전 등 국민생활 전반에서 신뢰를 제고하기 위한 것이다. '일 잘하는 지식정부'는 국민이 소통하고 국민과 기업의 가치 창출을 지원하는 정부 서비스를 제공한다. 마지막으로 '디지털로 잘 사는 국민'은 ICT를 통한 융합 서비스로 개인의 윤택하고 편리한 생활을 지원하고 비ICT 산업과의 융합으로 국민 경제 활성화 및 기업의 생산성 향상, 산업 체질 개선을 실현하는 것이다.

새 정부의 국정 운영 지표인 '녹색성장'과 '그린ICT'에 관한 내용도 5대 분야에 포함했으며 융합 기술, 유비쿼터스 기술, 지능화 기술 분야에서 25개 ICT 기술 로드맵도 제시했다. 이번 기술 로드맵은 국가지식 인프라 구축, 금융·문화 등 전 분야를 아우르는 소프트 파워 클러스터 육성, 차세대 네트워크 조성, 첨단 IT기술을 결합한 SOC의 지능화 · 첨단화 등으로 구성됐다. 이 외에 부처 · 정보 · 지식 간 통합 · 연계를 위한 국가정보화 기본설계도 구축, 서비스 통합 및 정보자원 통합 등도 전략 과제로 선정했다.

• '국가정보화전략위원회' 대통령 직속으로 추진력 더해 = 새 정부의 국가정보화 전략은 전 정부와 달리 국가정보화전략위원회를 대통령 소속으로 두기로 해 추진력에 힘이 실릴 전망이다. IT 콘트롤 타워 역할을 하게 될 추진 체계가 잡힌 셈이다.

정부는 당초 기존 정보화촉진기본법 전부개정안인 '지식정보사회기본법'에 따라 국가정보화 기능을 범국가 차원에서 종합 · 조정할 수 있는 '지식정보사회위원회'를 설치할 계획이었으나, 이의 명칭을 각각 '국가정보화기본법'과 '국가정보화전략위원회'로 확정했다. 국가정보화전략위원회는 국무총리와 민간전문가로 구성된 공동위원장을 둠으로써 그동안 참여가 제한됐던 민간 분야를 확대했다. 또 산하조직으로 국가정보화실무위원회와 정보화책임관협의회를 두게 된다.

◆ 지향점 명확히 해야 = 이번 국가정보화 기본계획의 새로운 면면에도 불구하고 전 사회를 아울러야 하는 국가정보화가 전자정부, 공공정보화 등 일부 영역에 무게 중심이 쏠려 있다는 지적도 제기되고 있다. 또 국가정보화 기본계획의 지향점을 명확히 해야 한다는 목소리가 나오고 있다.

한 전문가는 "국가정보화 기본계획을 놓고 부처 간 이견이 첨예하게 대립하다보니 정작 국가정보화의 의미와 비전이 퇴색된 듯하다"고 지적했다. 또 권헌영 광운대 교수는 "거시적 관점에서 세계 경기 부양과 국가정보화 정책이 맞물림으로써 IT를 통한 경기 부양과 청년 일자리 창출 등에 관심을 기울여야 한다"고 조언했다.

이에 대해 정보화추진실무위원회는 기본계획의 패러다임인 공유와 개방을 향후 기본계획의 보완 및 실행계획 작성에 적극 도입해 모든 국민이 공감하는 국가 정보화를 추진하겠다고 밝혔다. (디지털타임스, 2008. 11. 26. 기사 중 일부 수정)

사례 문제

1. 사례의 내용을 토대로 '국가정보화 계획'의 목표 형성에 실질적으로 영향을 주는 요인들을 구체적으로 제시하시오.
2. 정부 정책에서 합리적인 목표를 형성하기 위해 고려해야 할 사항들은 어떠한 것들이 있는지를 구체적 예를 들어 토의하고 그 결과를 발표하시오.

제 2 장

조직의 효과성

조직효과성에 대한 정의는 우리가 조직을 어떻게 정의하느냐에 따라 달라진다. 조직을 공동의 목적을 달성하기 위한 2인 이상의 합리적 협동 체제로 규정할 경우 조직효과성은 합리적 공동 목적의 달성 정도라는 관점에서 정의될 수 있으며, 조직을 환경에 적응하는 개방 체제적인 관점에서 보면 조직효과성은 주로 환경에 대한 적응 능력이나 조직 생존으로 측정될 것이다. 폐쇄 체제적인 관점에서 주로 조직 내부의 안정성에 초점을 맞추는 경우에는 체제 유지나 보존(retention)이 효과성의 기준이 되며, 조직 내의 개인이나 소집단의 행태적 조작을 강조하는 인간관계론적인 측면에서 보면 조직구성원들의 직무 만족, 응집력, 사기, 조직몰입도 등이 조직효과성을 가늠하는 척도가 될 것이다. 조직효과성을 개념적으로 규정한다는 것이 이렇게 어렵기 때문에 대부분의 실증적 연구는 단편적 관점에 입각한 것이거나, 여러 가지 관점을 포괄하는 경우에도 효과성을 측정할 수 있는 척도의 입수 가능성에 따라 편의적으로 수행된 연구라고 해도 과언이 아니다.

이 장에서는 이렇게 난해한 개념인 조직효과성을 이해하는 다양한 접근 방법을 제시한다. 조직효과성에 대한 접근 방법은 크게 전통적 접근 방법과 현대적 접근 방법으로 나눌 수 있는데, 이러한 전통적 접근 방법과 현대적 접근 방법을 차례로 살펴본 후, 마지막으로 한국 행정조직에서 조직효과성을 다룬 연구들을 소개함으로써 이 장을 마친다.

제 1 절 조직효과성의 의미

현대 사회는 고도의 복잡성을 보이고 있으며, 많은 문제점을 해결하기 위해 조직이라는 사회적 도구를 창조해 냈다. 현대 조직사회에서 조직의 역할은 너무 중요하기 때문에, 조직효과성(organizational effectiveness)에 관심을 갖게 되는 것은 당연하다고 할 수 있다. 즉, 조직을 연구하는 궁극적 목적 중의 하나는 어떻게, 그리고 왜 조직이 효과적일 수도 있고 효과적이 아닐 수도 있느냐는 것이다(Hall, 2002 : 236).

1 조직효과성의 의미

대부분의 사람에게 조직효과성의 의미는 간단하다. 즉, 조직효과성이란 목표의 달성을 의미하고(Robbins, 2003 : 23), 결국 효과적인 조직이란 조직의 목표를 달성하는 조직이라는 것이다. 그러나 조직의 효과성을 측정하고자 할 때는 그 의미가 그렇게 간단하지 않다. 왜냐하면 일반적으로 조직효과성이란 조직목표의 달성 정도로 보는데(Daft, 2001 : 64), 앞에서 살펴본 바와 같이 조직목표라는 개념 자체가 아주 모호하기 때문이다. 예를 들어, 조직에는 복수의 상충되는 목표들이 존재하며 또한 조직목표는 여러 가지 원인에 의해 변화한다. 결국 조직효과성이라는 개념이 복잡하게 된 가장 큰 원인은 조직목표라는 개념의 복잡성에 기인한다고도 할 수 있다.

조직효과성에 대한 연구는 단편적이고 체계화되어 있지 못하다(Goodman & Pennings, 1977). 조직효과성은 여러 가지 하위 개념으로 구성된 고차원적인 상위 개념이기 때문에 획일적이고도 일차원적인 정의를 내리기에는 많은 문제점이 있다. 조직이론에 관한 대부분의 문헌은 조직구조 및 과정 등의 분석에 치중하고, 그러한 분야에 관한 지식이 축적되면 조직효과성에 관한 이해는 자연히 증진된다고 본다. 효과성에 대한 연구를 하는 경우도 단편적인 효과성 모형에 의존하고, 이러한 단편적 모형이 모든 유형의 조직에 적용될 수 있다고 주장하는 경향이 있다(Cameron, 1981). 하난과 프리먼(Hannan & Freeman, 1977)은 조직목표의 개념화 및 척도화의 문제점을 이유로 조직효과성에 대한 과학적인 분석을 포기할 것을 주장하기도 한다. 그러나 이러한 비관적인 시각에도 불구하고 조직효과성에 대한 연구는 중요하다. 왜냐하면 조직효과성의 증진이 조직연구의 궁극적인 목표이기 때문이다.

2 스콧의 조직이론에서 바라보는 조직효과성

스콧이 제시하는 조직이론 분류 방식에 따라, 조직효과성에 대해 정의와 측정을 달리하게 된다. 예를 들면, 합리적 체제이론 지지자들(rational system theorists)은 하나의 조직에는 일관되고 통합된 목표가 있다고 전제하면서, 조직의 산출(outputs) 또는 투입을 산출로 전환하는 과정에서의 생산성(productivities)에 관심을 가진다.

자연적 체제이론 지지자(natural system theorists)들은 조직에는 하나의 목표가 아니라 다양하고 복잡한 목표가 있다고 인정하면서, 조직의 생존과 생존 능력(viability)에 영향을 미치는 요소들을 강조한다. 이러한 요소로는 조직구성원들이 계속해서 일을 할 수 있도록 유도하는 동기부여가 그 대표적이다.

마지막으로, 개방적 체제이론 지지자(open system theorists)들은 조직을 둘러싼 외부 환경과의 관계를 중시하면서, 희소하고 가치 있는 자원들을 모으기 위해 외부 환경을 활용하는 능력과 환경 변화에 대한 적응력을 조직효과성의 기준으로 제시한다(Scott, 2003 : 327).

제 2 절 전통적 접근 방법

조직효과성에 관한 전통적 접근 방법은 조직의 서로 다른 측면에 중점을 두고 조직효과성을 설명하는 접근법이다. 조직은 외부 환경으로부터 자원을 받아들여 그것을 조직 내부의 과정을 거쳐 산출물로 전환시키고 그러한 산출물을 다시 외부 환경으로 내보낸다. 그런데 조직효과성에 관한 전통적 접근법은 이러한 조직활동의 투입 측면, 내부활동 측면, 산출 측면의 서로 다른 부분에 중점을 두고 조직효과성을 설명한다. 즉, 전통적 접근 방법에는 투입 측면에서 조직의 효과성을 판단하는 체제 자원적 접근법, 조직 내부활동 측면에서 효과성을 다루는 내부 과정적 접근법, 산출 측면에서 효과성을 평가하는 목표 달성 접근법이 있다.

1 체제 자원적 접근법

조직은 외부 환경과 관계를 맺고 상호작용을 통해 자원을 획득한다. 체제 자원적 접근법(system-resource approach)은 조직이 외부 환경을 얼마나 효과적으로 관리하고 통제하는지를 평가한다. 따라서 조직효과성에 대한 평가가 투입물 획득의 능력, 변환 과정, 산출물의 유통 능력, 안정과 균형의 유지 등에 의해 이뤄져야 한다고 본다(Yuchtman & Stanley, 1967). 즉 1) 가치 있고 희소한 자원을 탐색하고 알아내는 능력, 2) 외부 환경의 올바른 파악 능력, 3) 획득한 자원의 이용 능력, 4) 조직 내부활동의 유지 능력, 5) 환경 변화에 대한 대응 능력 등이 조직효과성 판단의 기준이 된다는 것이다(Cunningham, 1978).

그런데 이러한 기준들은 조직의 효과성 그 자체보다는 효과적인 조직을 만드는 데 필요한 수단에 초점을 맞추고 있다는 것을 알 수 있다. 즉, 조직이 필요한 자원을 탐색하고, 자원을 획득하며, 이들 자원을 조직 생존을 위해 활용하는 것은 일종의 과정 변수로서 효과적인 조직을 만들 수 있는 수단인 것이다. 결국 체제 자원적 접근법은 조직의 생존에 영향을 미치는 요인들인 수단-목표(means-goals)를 조직효과성 판단의 기준으로 보는 접근법이다.

이러한 체제 자원적 접근법의 장점은 다음과 같다.

첫째, 체제 자원적 접근법은 조직이 상호 관련된 하위 부분으로 구성되어 있다고 가정하기 때문에, 이 접근법을 이용해 조직의 효과성을 판단하는 조직관리자들은 조속한 성과를 추구하는 경향이 적으며 조직활동에 대한 상호의존성을 잘 인식하게 된다(양창삼, 1994: 154; 유종해, 1988: 276; 이상진, 1990: 142-143).

둘째, 체제 자원적 접근법은 다른 조직과의 조직효과성 비교 시 명백한 기준을 제공할 수 있다(김인수, 1997: 254). 이 때 비교 기준으로는 비교하는 조직들의 생존 여부, 그 조직들이 환경으로부터 획득한 희소자원의 화폐가치 등이다. 이러한 비교 방법은 서로 다른 목표를 가진 조직의 효과성 평가도 가능하게 해 준다.

셋째, 체제 자원적 접근법은 결과-목표(end-goals)가 모호하거나 측정하기 힘든 조직에서도 수단-목표를 이용하여 조직의 효과성을 측정할 수 있게 해 준다(Robbins, 1983 : 30-31).

이러한 장점에도 불구하고 체제 자원적 접근법은 다음과 같은 단점이 있다(양창삼, 1994 : 153-154; 오세덕 · 여윤환, 2000 : 177).

첫째, 이 접근법은 조직의 자원 획득이라는 일부 활동만을 강조함으로써 조직 전체의 효과성과 괴리를 나타낼 수 있다. 획득한 자원이 조직의 결과-목표와 반드시 연결되지 않을 수 있고, 입수된 자원이 이용되지 않으면 비효과적일 수도 있다. 즉, 이미 전술한 바와 같이 체제 자원적 접근법은 조직효과성 그 자체보다는 효과성 달성에 필요한 수단을 더욱 중시하는 문제점이 있다.

둘째, 조직이 자원을 환경으로부터 획득하는 최적의 상태가 무엇인가에 관한 보편적 견해가 없다는 것이다. 즉, 체제 자원적 접근법은 단기적인 안목으로 최대한 자원을 획득하는 조직과 장기적 안목에서 조금씩 자원을 획득하는 조직 중 어느 조직이 더 효과적인가를 제시하지 못한다.

셋째, 조직효과성의 측정 기준으로서 어떤 자원을 공통적으로 적용할 수 있는가에 대한 학자들 간의 합의가 없다는 것이다.

2 내부 과정적 접근법

내부 과정적 접근법은 조직이 얼마나 효과적으로 기능하고 운영되는지를 평가한다. 따라서 조직의 효과성을 조직 내부의 건전성과 경제성 측면에서 평가하는 것으로(김인수, 1997 : 255-256), 체제의 내부 전환 과정(conversion process)을 중시하는 모형이다(오세덕 · 여윤환, 2000 : 177). 즉, 조직구성원들이 조직에 만족하고 행복감을 느끼는 경우나 조직 내부 변환 과정의 경제적 효율성이 높은 경우에 조직의 효과성이 높다고 하는 접근법이다.

내부 과정적 접근법에서 조직구성원 개개인이나 그들로 이뤄진 집단의 행태적 특성을 기준으로 조직의 효과성을 판단하는 예로는 1) 상사가 부하들을 고려하는 정도,

2) 조직구성원 간 협력의 정도, 3) 상사와 부하들 간의 신뢰 및 믿음의 정도, 4) 의사결정이 정확한 정보에 의하는 정도, 5) 의사전달의 수평적 · 수직적 원활성, 6) 조직목표 및 계획에 조직구성원들의 노력이 통합되는 정도, 7) 높은 성과와 성장을 보장할 수 있는 보상 체계의 적절성, 8) 조직과 하부집단 간 상호작용의 원활성 등이다(Cunningham, 1977). 또한 경제성에 관한 효과성의 지표로는 1) 투입에 대한 산출의 비율, 2) 투입에 대한 변환의 비율, 3) 산출에 대한 변환의 비율, 4) 투입에서의 변화 등이다(Evan, 1976). 예를 들어 민간 조직의 투자수익률은 투입에 대한 산출의 비율이고, 대학교에서 등록 학생 수의 변화는 투입에서의 변화로 볼 수 있다.

내부 과정적 접근법은 산출이 서로 다른 조직의 경우에도 조직의 효과성 비교가 용이하다는 장점이 있다.

한편, 내부 과정적 접근법의 단점은 다음과 같다.

첫째, 내부효율성은 조직 전체의 활동을 평가하는 효과성 지표가 될 수 없다는 것이다. 예를 들어, 내부적으로 건강하고 효율적인 활동을 하고 있는 조직일지라도 조직이 필요로 하는 자원을 획득하지 못하면 조직은 생존할 수 없는 것이다.

둘째, 조직구성원들과의 면접에서 얻은 조직 내부의 건강 정도는 조사자에 따라 주관적일 수 있다는 점이다. 결국 내부 과정적 접근은 조직활동의 일부분, 즉 조직 내부 측면만을 중시함으로써 전체 조직활동의 효과성 지표로는 부족하다고 하겠다.

3 목표 달성 접근법

목표 달성 접근법은 조직목표의 달성 정도를 조직효과성의 기준으로 삼는 접근법으로 주로 조직의 산출 측면에서 효과성을 평가하는 것이다(Daft, 2004 : 65). 이러한 목표 달성 접근법의 기본 가정을 살펴보면 1) 조직은 궁극적인 목표를 가지고 있어야 하고, 2) 그러한 목표는 잘 이해될 수 있도록 그 내용이 정의되어야 하며, 3) 관리가 가능할 정도의 소수의 목표여야 하고, 4) 조직 내의 전반적인 합의와 의견 일치의 바탕 위에서 설정된 목표여야 하며, 5) 그러한 목표를 향한 진행 과정은 추정이 가능해야 할 것 등이다(Robbins, 1983 : 24).

목표 달성 접근법은 조직의 효과성을 목표 달성의 정도로 평가한다는 점에서 가장 논리적인 접근법인 것처럼 보이지만 이 접근법을 실제로 조직에서 적용하는 데에는 많은 문제점이 있다(김인수, 1997: 257-259; 오석홍, 2003: 133-134; 이상진, 1990: 41-142; 조석준, 1990: 119).

첫째, 정치 체제로서 조직 관점에서 바라보면 목표를 구체적으로 측정할 경우 그 목표는 누구의 목표이며 목표 달성의 책임은 누구에게 있는가 하는 점이다. 그 목표가 최고관리자가 설정한 목표라면 최고관리자 집단에는 누가 포함되고 누가 배제되었는가를 파악할 필요가 있고, 만일 실질적으로 영향력을 가진 사람이 배제되어 있다면 문제가 될 것이다.

둘째, 조직이 공언하는 목표와 실제로 추구하는 실질 목표 사이에는 많은 차이가 있을 수 있다. 이러한 경우 조직의 공언목표를 기준으로 조직의 효과성을 판단한다면 그러한 판단은 조직의 실제를 이해하는 데 도움을 주지 못할 것이다.

셋째, 조직의 목표에는 단기목표도 있고 장기목표도 있는데 서로 항상 일치하는 것도 아니어서, 조직의 효과성을 측정하려고 할 때 어느 목표를 기준으로 해야 하는지를 결정하는 것이 쉽지 않다. 단기적으로 효과적인 조직이라고 해서 장기적으로도 효과적일 것으로 판단할 수는 없는 것이다.

넷째, 자연적 체제이론의 관점에서 보면 조직은 다양한 목표를 가지고 있다. 이러한 다양한 목표들은 중요성에 따라 순위가 배열되어야 조직의 효과성을 측정할 수 있는데, 서로 갈등적이며 양립할 수 없는 목표들의 경우 중요성을 기준으로 한 목표들 간의 배열 자체가 어렵다.

다섯째, 조직의 목표는 조직 내외의 여러 요인에 의해 변화하는 의존적이며 가변적인 현상이다. 예를 들어, 조직목표는 대치되기도 하고 확장 및 축소되기도 한다. 따라서 조직목표의 가변성으로 인해 목표 달성 접근법을 현실적으로 적용하기는 쉽지 않다.

여섯째, 목표 달성 접근법은 주로 조직의 산출 측면에서 효과성을 평가하는 것이기 때문에 포괄적인 조직평가가 불가능하다. 조직은 산출 측면 이외에도 여러 가지 다른 기능적 요건을 충족시켜야 하는 것이다. 물론, 목표 달성 접근법은 산출 측면 이외의 활동(투입 측면 또는 내부 과정적 측면)을 대상으로 효과성을 판단할 수도 있다. 그러나 목표 달성 접근법을 이용한 조직효과성 판단 시 대부분 산출 측면의 목표가 주로 적용되는 것이 현실이다.

일곱째, 목표 달성 접근법은 서로 다른 환경에 속하는 조직들의 상대적 조직효과성을 비교하는 것이 쉽지 않다. 왜냐하면, 목표의 달성 정도는 조직 자체의 능력에도 달려 있지만 환경의 영향도 무시할 수 없기 때문이다. 극단적으로 오로지 환경적 영향으로 인해 성과가 좋아 목표를 200% 달성하는 조직도 있을 수 있는 것이다.

이러한 문제점들에도 불구하고 목표 달성 접근법의 가치를 과소평가해서는 안 될 것이다. 왜냐하면, 목표 없는 조직이란 존재할 수 없기 때문이다. 중요한 것은 목표를 파악하고 그 목표를 측정하는 것이므로 아래와 같은 사항을 보완하면 목표 달성 접근법의 유용성을 많이 살릴 수 있을 것이다(김인수, 1997 : 258; 양창삼, 1994 : 147).

첫째, 목표 설정을 위한 투입 자료는 공식목표를 형성하는 데 중요한 역할을 하는 모든 사람으로부터 나와야 한다. 둘째, 그러한 목표는 조직구성원들의 실제 행동을 관찰해 파악된 실질목표가 포함되어 있어야 한다. 셋째, 조직은 단기목표와 장기목표 모두를 추구한다는 사실을 고려해야 한다. 넷째, 목표는 단지 사회적 기대를 반영하는 모호한 말로 표현될 것이 아니라 유형적이고 확인 및 추정이 가능한 것이어야 한다. 다섯째, 목표는 불변의 것이 아니라 조직 내외의 여러 요인에 의해 변화하는 가변적이고 동태적인 실체로 보아야 한다.

제 3 절 현대적 접근 방법

전술한 체제 자원적 접근법, 내부 과정적 접근법, 목표 달성 접근법은 주로 조직의 일정 측면만을 기준으로 조직의 효과성을 판단하는 것으로 전체적인 관점에서 조직을 평가하는 것에는 미흡한 점이 많다. 예를 들어, 조직이 자원을 아무리 많이 획득할지라도 그것을 목표 달성에 연결시키지 못하면 그 조직은 효과적인 조직이라고 할 수 없을 것이다. 또한 조직구성원들이 아무리 조직에 만족하고 있다고 하더라도 고객들이 그 조직이 제공하는 서비스에 만족하지 못하거나, 생산성 향상이라는 목표를 달성하는 과정에서 관리층과 종업원들 간의 갈등이 심화되고 있다면 효과적인 조직으로 보기 곤란하다.

이러한 전통적 접근 방법들의 문제점을 극복하기 위한 시도로 제시된 것이 조직의 전체 활동을 고려하는 현대적 접근 방법으로, 이에는 이해 관계적 접근법과 경쟁적 가치 접근법 등이 있다.

1 이해 관계적 접근법

이해 관계적 접근법(constituency approach)은 조직의 다양한 활동을 통합적으로 보면서 조직의 여러 구성 요소, 즉 이해관계자들에 초점을 둔다. 여기서 이해관계자란 조직의 성과에 이해 관계를 갖고 있는 조직 내부 및 외부 집단을 말한다(Daft, 2004 : 53). 이해 관계적 접근법은 조직을 조직 외부와 내부에 존재하는 구성 요소들이 조직과 거래하면서 상호 교환의 고리로 연결된 종합체(Connolly, Conlon, & Deutsch, 1980)로 본다. 이 접근법은 조직의 각 이해집단은 각기 상이한 의도로 조직에 참여하고, 형성한 조직에 여러 가지 경합적인 요구를 하지만 모든 이해집단이 동일 수준의 중요성을 갖는 것은 아니라고 본다. 따라서 이 접근법은 조직이 중요한 이해집단을 확인하는 능력과 그 이해집단이 요구하는 내용을 충족시킬 수 있는 능력이 있어야 하며, 이에 따라 조직의 효과성도 달라진다고 본다(Pfeffer & Salancik, 1978).

조직에서 이러한 이해 관계적 접근법을 적용해서 조직효과성 판단의 기준을 설정하려면 다음과 같은 절차를 따른다(김인수, 1997 : 260-261; 양창삼, 1994 : 155-156; 유종해, 1988 : 277; 이상진, 1990 : 144). 첫째, 조직관리자는 조직의 생존에 영향을 미치는 전략적 환경 요소와 내부 요소를 파악하여 이들의 목록을 작성한다. 둘째, 각각의 환경 요소와 내부 요소에 대해 조직이 어느 정도로 의존하는가를 기준으로 이들의 중요성을 평가한다. 셋째, 이들 요소가 조직에 대해 가지고 있는 기대를 확인하는 것이다. 일반적으로 이들 요소는 서로 다른 기대를 가지고 있다. 넷째, 여러 가지의 기대를 비교해 공통적인 기대와 양립할 수 없는 기대를 구분하고 상대적인 영향력 내지는 중요성으로 우선순위를 정한다.

이러한 이해 관계적 접근법의 문제점은 다음과 같다(양창삼, 1994 : 156; 유종해, 1988 : 277; 이상진, 1990 : 144). 첫째, 광범위한 환경에서 전략적인 환경 요소를 구분해 내는 작업 자체가 상당히 어렵다는 것이다. 둘째, 전략적인 환경 요소를 구분해

낸다고 해도 이들 요소 간의 상대적 중요성을 결정하는 기준이 모호하다는 것이다. 셋째, 조직 내 주도집단이 가지고 있는 이해 관계에 따라 전략적 환경 요소에 대한 지각(perception)과 판단이 상당히 영향을 받을 수 있다는 것이다. 넷째, 전략적 환경 요소가 조직에 대해 갖는 기대를 정확히 파악하는 것 역시 어렵다는 것이다.

이해 관계적 접근법에 의하면, 조직의 운명을 결정할 수 있는 이해관계자집단이 어느 집단인가를 판단하는 것은 조직관리자의 역할이라고 한다. 결국 조직관리자가 조직의 전략적 구성 요소, 즉 이해관계자 집단을 제대로 파악하지 못하면서 조직을 관리하게 되면 조직의 사활(死活)에 치명적인 영향을 미칠 수 있다(Robbins, 1983 : 31-33).

2 경쟁적 가치 접근법

조직효과성에 관한 대부분의 연구는 생산성이나 효율성에 초점을 맞추고, 특히 민간 조직의 경우 이윤이나 판매량 등을 주요 지표로 사용한다. 그러나 행정조직의 경우 능률성이나 효율성을 측정하는 데 많은 어려움이 있고, 정책결정의 다원성으로 인해 여러 가지 상이한 가치가 상충되는 경우가 많다.

"어떠한 조직이 효과적인가?"라는 질문에 대한 판단은 분명히 가치판단적인 것이다. 그리고 가치판단은 필연적으로 상충될 가능성이 있다. 카메런과 휘튼(Cameron & Whetten, 1983)은 조직효과성에 관한 보편타당하고도 일반적으로 적용될 수 있는 이론 개발이 불가능하므로, 차라리 조직효과성을 평가하는 분석틀의 개발이 의미 있는 작업이라고 본다. 조직효과성을 일차원적인 관점으로 설명하려는 연구에 내재된 문제점들을 인식한 퀸과 로보그(Quinn & Rohrbaugh, 1983)는 통합적 분석틀을 개발했는데, 이것이 바로 경쟁적 가치 접근법(competing values approach)이다.

경쟁적 가치 접근법은 캠벨(Campbell, 1977)이 제시한 30개의 조직효과성 측정 기준들 중에서 상호 공통적인 것들을 세 가지 가치 차원으로 범주화함으로써 개발되었다. 그러한 세 가지 가치 차원은 다음과 같다.

첫 번째 가치 차원은 유연성-통제의 차원(flexibility and control dimension)으로, 조직구조에 관련된 것이다. 이 차원은 혁신, 적응성, 변화 등에 대해 권위, 질서,

표 4-2-1 경쟁적 가치 접근법의 조직효과성 기준

모형	강조점	효과성	
		수단	목표
개방 체제	조직 및 유연성	유연성, 신속성 유지	성장, 자원 획득
합리적 목표	조직 및 통제	기획, 목표 설정, 평가	생산성, 효율성, 이윤
내부 과정	인간 및 통제	정보관리, 조정	안정성, 균형 유지
인간 관계	인간 및 유연성	응집력, 사기 유지	인력자원의 개발

통제 등이 갈등적인 관계에 있음을 나타낸다.

두 번째 가치 차원은 조직의 초점과 관련된 것으로, 조직구성원의 복지 및 발전에 초점을 두는 것에 대해 조직의 생산성 및 과업의 완수 등에 초점을 두는 것이 갈등적 관계에 있음을 나타낸다.

세 번째 가치 차원은 조직의 수단-목표의 차원과 관련된 것으로, 과정을 강조하는 것에 대해 목표 달성을 강조하는 것이 갈등적 관계에 있음을 나타낸다.

이러한 세 가지 차원을 조합하면 모두 여덟 가지 조직유효성 측정 기준이 마련되고, 위의 첫 두 차원을 연결하면(즉, 조직구조와 조직의 초점을 기준으로 하면), 네 가지의 모형이 도출된다. <표 4-2-1>에 제시된 네 가지 모형을 살펴보면 다음과 같다(Daft, 2004 : 71-72).

첫째, 개방체제 모형은 조직 내의 인간보다는 조직 그 자체를 강조하고 조직구조에서는 유연성을 중시하는 모형이다. 조직의 유연성과 신속성을 유지하는 것이 효과적인 조직이 되는 수단으로 보며, 조직의 성장과 자원 습득을 주요한 조직목표로 간주한다. 이 모형에서 주된 가치는 자원의 습득과 관련해 환경과 바람직한 관계를 정립하여 조직을 성장시키는 것이다.

둘째, 합리적 목표모형은 조직구조에서는 통제를 강조하고 조직 내의 인간보다는 조직 그 자체를 중시하는 모형이다. 합리적 계획과 목표 설정 및 평가를 통해 조직이 효과적이 될 수 있다고 보며, 조직의 생산성, 효율성, 이윤 등을 주요 조직목표로 간주한다.

셋째, 내부과정 모형은 조직구조에서는 통제를 강조하고 조직 그 자체보다는 조직 내의 인간을 중시하는 모형이다. 정보관리와 의사전달을 통해 조직이 효과적이 될 수

있다고 보며, 조직의 안정성과 균형 유지를 주요 조직목표로 간주한다.

넷째, 인간관계 모형은 조직 그 자체보다는 조직 내의 인간을 중시하고 조직구조에서도 유연성을 강조하는 모형이다. 조직구성원들의 응집력과 사기 유지를 통해 조직이 효과적이 될 수 있다고 보며, 조직 내 인적 자원의 가치를 인정하고 개발하는 것을 주요 조직목표로 간주한다.

조직효과성을 측정하는 데 전술한 네 가지 모형은 어느 경우에 사용되어야 하는가에 관해 퀸과 카메런(Quinn & Cameron, 1983)은 조직의 성장 단계에 따라 적당한 모형이 달라진다고 주장한다. 즉, 조직의 창업 단계에서는 혁신과 창의성 및 자원의

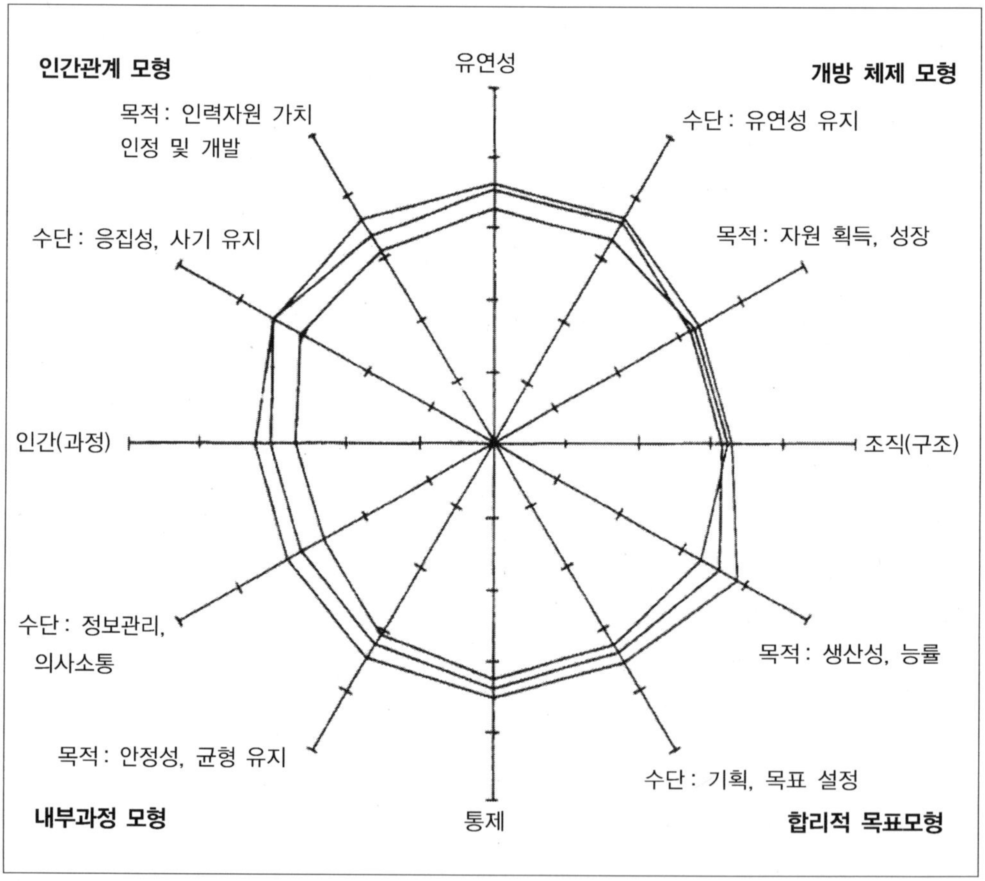

그림 4-2-1 경쟁적 가치 접근법

집결이 강조되므로 개방 체제 모형으로 조직효과성을 평가하는 것이 좋고, 비공식적 의사전달과 협동심 등이 강조되는 집단공동체 단계(collectivity stage)에서는 인간관계 모형을 적용하여 조직효과성을 판단해야 한다고 주장한다. 또한 규칙과 절차 및 활동의 효율성 등을 중시하는 공식화 단계에서는 내부 과정 모형 및 합리적 목표모형이 적합하다고 하며, 마지막으로 조직이 외부 환경에 적응하고 환경을 조정해 가면서 조직 자체의 변화와 성장을 도모하는 구조의 정교화 단계에서는 다시 개방 체제 모형으로 조직의 효과성을 평가해야 한다고 주장한다.

이러한 경쟁적 가치 접근법의 문제점은 다음과 같다(김인수, 1997 : 263- 264; 양창삼, 1994 : 162; 유종해, 1988 : 280; 이상진, 1990 : 149).

첫째, 이 접근법은 아직까지 그 타당성을 입증할 만한 실증적 연구가 많이 수행되지 못했다는 것이다. 물론, 실증적 연구가 많이 수행되지 못했다고 해서 경쟁적 가치 접근법의 타당성이 낮다고 할 수는 없을 것이다. 그러나 경쟁적 가치 접근법에서 주장하는 네 가지 모형이 명확히 구분될 수 있으며 유효한 효과성의 기준을 제시하는지, 또한 그러한 모형이 경쟁적 가치 접근법에서 제시하는 것처럼 조직의 성장 단계와 결합했을 때 조직의 효과성을 제대로 설명하는지 등을 파악할 수 없기 때문에 앞으로 더 많은 실증적 연구를 통한 검증 작업이 필요하다는 것이다.

둘째, 조직관리자가 자신의 조직이 어떠한 성장 단계에 속하는지를 판단한다는 것이 용이하지 않다는 것이다. 결국 조직관리자가 조직의 성장 단계를 파악하기 어렵다면 경쟁적 가치 접근법에서 주장하는 네 가지 모형 중 어느 모형을 적용하여 조직의 효과성을 측정해야 하는지 판단한다는 것이 어렵다는 것으로, 경쟁적 가치 접근법은 이에 대한 방안을 마련해야 할 것이다.

이러한 문제점에도 불구하고 경쟁적 가치 접근법은 조직효과성을 판단할 때 다양한 기준이 있으며, 그러한 기준은 또한 경쟁적 관계에 있음을 인정하고, 다양한 효과성의 측정 기준을 네 가지의 모형으로 범주화함으로써 어떠한 효과성의 기준이 어떤 조직 상황에 적합한지를 제시하고자 시도했다는 점에 그 의의가 있다고 하겠다(양창삼, 1994 : 162).

제 4 절 한국 행정조직에서 조직효과성 연구

2008년 2월 이명박 정부가 출범하면서 기존의 18부 4처 18청을 15부 2처 18청으로 통합 및 축소하는 정부조직 개편을 실시했는데, 부처 통합 후, 이명박 정부는 조직융합관리의 시행을 통해 통합부처의 화학적 결합을 도모하고자 했다(조태준 외, 2011). 부처 통합 후, 정부의 조직융합관리가 조직효과성에 어떠한 영향을 미쳤는가를 실증적으로 분석하고자 했다. 통합부처 공무원들에 대한 설문조사를 바탕으로, 구조방정식모형을 적용했으며, 연구 결과, 조직융합관리는 조직 만족, 비용 절감, 그리고 정책기능의 원활화 등에 긍정적인 영향력을 행사한 것으로 연구되었다.

김태룡·안희정(2007)은 한국형 팀제의 특성과 조직효과성의 관계를 분석한 결과, 조직효과성 중 직무만족도에 영향을 미치는 구조적 요인은 구조 변화이며, 제도적 요인으로는 평가제도가 영향을 미치는 것으로 나타났다. 조직몰입도의 경우는 구조 변화와 인사제도가 영향을 미치는 것으로 나타났다. 또 팀제의 특성은 구조적 요인인 갈등 조정과 평가제도 및 인사제도 등 제도적 요인이 영향을 미치는 것으로 나타났다.

박순애·오현주(2006)는 경쟁 지향적 조직문화가 조직효과성에 어떠한 영향을 미치는지 연구했다. 4개 중앙부처 공무원을 대상으로 연구한 결과 조직효과성에 긍정적인 영향을 주는 요인들은 자율성, 고객지향성, 실적주의, 회의문화 등으로 나타났고, 부정적인 영향을 주는 요인은 경쟁 지향적 문화, 집단주의로 나타났다. 주요 결과로는 첫째, 실적주의는 직무 만족, 직무몰입, 조직몰입에 직·간접적인 정의 영향을 미치나 일반적으로 실적주의 문화와 유사한 것으로 인식되는 경쟁 지향적 문화는 조직효과성에 부정적인 영향을 미치는 것으로 나타났다.

둘째, 고객지향성은 직무 만족, 직무 몰입, 조직 몰입에 직·간접적인 정(正)의 영향을 끼치는 것으로 나타났다.

셋째, 자율성이 조직효과성에 직·간접적인 정의 영향을 미치는 것으로 나타나 자율성 부여가 조직효과성 제고에 기여함을 알 수 있다.

연구 문제

1. 본인이 잘 알고 있는 조직 하나를 선택한 후, 그 조직의 효과성을 전통적 접근법(체제 자원적 접근법, 내부 과정적 접근법, 목표 달성 접근법)으로 평가하시오.
2. 전통적 접근법(체제 자원적 접근법, 내부 과정적 접근법, 목표 달성 접근법)의 공통점과 차이점 및 문제점을 구체적으로 제시하시오.
3. 1번 문제에서 선택한 조직의 효과성을 이해 관계적 접근법으로 평가하고, 이해 관계적 접근법의 문제점을 구체적으로 제시하시오.
4. 1번 문제에서 선택한 조직효과성을 경쟁적 가치 접근법으로 평가하고, 경쟁적 가치 접근법의 문제점을 구체적으로 제시하시오.
5. 조직효과성 평가의 새로운 기법에는 어떤 것들이 있는가를 조사하고 서로 발표하시오.

사례 연구 4-2

사례 1: 'L 택배회사'의 경영혁신

최근 트렌드 모니터(Trend Monitor) 조사 결과 집하 서비스 1위, 최근 물량 증가율 1위의 업체로 (주)L택배가 조사됐다. L택배가 이렇게 된 배경에는 택배업계는 가격 경쟁으로 서비스 질(quality)이 저하되는 상황에서 우선적으로 원가 경쟁력을 바탕으로 서비스 경쟁력 확보에 힘쓴 결과다.

원가 구조 개선과 뼈를 깎는 구조조정, 강도 높은 혁신 활동을 통해 2008년 하반기 이후 지속적인 수익을 시현하며, 기존의 잘못된 관행과 조직구성원 간의 불신과 갈등, 무관심, 유진그룹 인수 이후 현재의 권리를 잃을 수도 있다는 불안감 등을 '열린 경영'으로써 이겨냈다.

또한 전 조직구성원들이 고객과 서비스를 최우선의 모토로 스스로 알아서 제안, 실행하고 보람을 찾아가는 조직문화가 형성, 유지할 수 있도록 개인과 조직 간의 경계를 타파하기 위한 조직개편, 사장과 사원과의 'Heart to Heart'의 진솔한 대화 등이 팀워크(team work)를 다지는 'One Team Spirit'로 발전시켜 왔으며, 이를 위해 고객 서비스 헌장 재정 선포 및 교육 참석률 99% 달성이라는 목표를 이루기 위해 기존 집체교육에서 연 2회 현장교육으로 변경함으로써, 먼저 찾아가는 서비스를 시행했다.

이 회사 대표는 "수년 이내 택배업계에서 반드시 벤치마킹 대상이 되는 최고의 일류회사로 거듭날 것으로 확신하며 국내에서뿐만 아니라 국제적인 회사로 거듭나기 위해 해외 네트워크 구축과 우수 인재 발굴 및 확보에 더욱 주력할 것"이며 "유진그룹에서 인수 후 짧은 시간에 획기적인 반향에 성공한 것을 바탕으로 3년 이내 L택배의 특별한 전략으로 차별화된 경쟁력을 확보하기 위한 중기전략을 준비하고 있다. 이는 타사가 시행하는 단순한 서비스 차별이 아닌 좀 더 큰 차원의 전략을 의미하며 이것은 결국 고객을 중심으로 두고 택배사업의 본질인 '서비스'에서 출발될 것이다"라며 남다른 경영 마인드를 밝혔다. (헤럴드경제, 2009. 5. 28.)

사례 2: 공기업의 경영혁신

"고객을 섬기고 돈 되는 일에 집중해라." 비효율의 대명사로 여겨져 온 공기업들이 민간기업 빰치는 이노베이션(혁신)을 통해 경쟁력과 전문성을 갖춘 한국 경제의 '대들보'로 거듭나고 있다. 민간기업 CEO(최고경영자) 출신인 김쌍수 한국전력 사장(전 LG 전자 부회장)과 강영원 석유공사 사장(전 대우인터내셔널 대표), 주강수 가스공사 사장(전 현대종합상사 부사장)과 김종신 한국수력원자력 사장, 김신종 한국광물자원공사 사장. 이들은 이런 공기업들의 업그레이드를 주도하는 '혁신 리더'들이다. 기업인이나 관료로서 체득한 사업 마인드와 경영 노하우, 고객 중심의 현장 경영 전략으로 공기업 혁신을 진두지휘하고 있다.

김쌍수 한전 사장은 요즘 '공기업 혁신 전도사'로 불린다. 그가 시작한 조직 슬림화와 인사혁신 바람이 전(全) 공기업으로 확산되고 있기 때문이다. 김 사장은 취임 직후 대대적 조직개편을 통해 본사 조직은 21%, 지방사업소는 48%를 줄였다. 또 불필요한 보고서와 물류비용을 줄여 작년 한 해 1조 4,000억 원의 비용을 아꼈다. 그가 자주 꺼내는 비유는 '가젤과 사자론'이다. "아프리카 가젤은 사자보다 늦게 달리면 잡아먹히고 사자는 가젤보다 빨리 달리지 못하면 굶어 죽는다. 가젤이건 사자건 아침에 눈 뜨면서부터 질주해야 한다." 김 사장은 세계 10위 수준인 한전을 글로벌 톱 전력회사로 끌어올리는 게 목표다. 그는 민간기업 CEO 출신답게 중복된 회의나 불필요한 자료, 비효율적 업무처리를 극도로 싫어한다. "부가가치가 있는 일에 집중하자"는 게 제1의 경영 원칙이다. 또 "리스크를 피해서 보통 성과를 내는 95점짜리 인력은 필요 없다"고 강조한다. 그는 "민간 기업에서 쌓은 노하우와 열정을 한전에 쏟아부어 '고객 중심 일등 기업'을 만들겠다"고 말했다.

한국석유공사 제공 강영원 석유공사 사장은 회사를 세계 30위권의 대형 메이저로 키우기 위해 발로 뛰고 있다. 취임 후 22개국의 유망 유전광구를 방문했고, 9,600억 원의 정부 예산을 따내 덩치(자본금)를 키웠다. 새벽부터 밤까지 쉬지 않고 일하느라 '워커홀릭'이라는 별명도 얻었다. 강 사장은 국내 최초로 해외 석유기업인 페루의 페트로테크사를 인수했고 최초로 해외에서 4억 7,000만 달러의 자금을 조달했다. 그가 짧은 기간에 실적을 낼 수 있었던 것은 33년 간 종합상사의 무역전문가로 일하면서 체득한 해외자원 개발 및 경영 노하우 덕분. 그는 대우인터내셔널에서 미얀마 가스전 탐사를 총지휘

했고 워크아웃(기업개선작업)에 들어간 대우인터내셔널을 정상화시켰다. 강 사장은 성과중심주의를 도입, 민간기업 수준 이상의 연봉제를 실시하고 비(非)자원 개발 부문 인력을 대폭 감축했다. 강 사장은 "해외 출장 중에도 스마트폰이나 노트북으로 일을 처리하는 '유비쿼터스 경영'을 하고 있다"고 말했다.

김종신 한수원 사장은 핵심기술 자립화를 통해 원전의 세계 진출을 주도하고 있다. 그는 1970년대에 한전에 입사, 35년간 원전 건설·운영 분야에서 전문가로 일해 왔다. 우리나라 최초의 원전인 고리발전소 건설 때는 6년간 현장을 지휘했다. 그는 원전 건설과 해외 진출에 드는 막대한 자금을 조달하기 위해 조직부터 혁신했다. 관리·지원 등 비핵심 업무는 최소화하거나 아웃소싱해 조직을 30% 이상 줄였다. 직위와 직급을 분리, 연공서열 문화도 없앴다. 올해 투자는 4조 6,600억 원으로 작년보다 1조 3,000억 원(41%) 늘렸다. 김 사장은 국내 원자력 발전 비중을 2030년까지 60%로 늘린다는 계획이다. 2030년까지 1,000조 원 규모로 커질 해외 원전시장을 공략하기 위해 원전설계 핵심 코드 등 3대 기술을 2012년까지 독자 개발하겠다고 선언했다. 그는 "원전 산업이 발전하려면 지역주민과의 화합이 무엇보다 중요하다"며 "지역 공존형 원전 건설을 추진하겠다"고 했다.

김신종 한국광물자원공사 사장은 작년 7월 취임 이후 세계 일주 '현장경영'을 하고 있다. 이달 9일에는 이명박 대통령의 중앙아시아 순방을 수행한 후 곧바로 1주일간 아프리카 3개국을 방문, 광산 투자를 협의했다. 취임 후 10번째 해외 출장이자 18개국째 방문이었다. 방문 지역이 주로 아프리카와 남미의 오지라 말라리아·황열병 주사를 맞고 비포장도로와 고산지역을 오르내렸다. 산업자원부 관료 출신이지만 "기업을 하려면 벤처기업가처럼 뛰어야 한다"는 게 그의 신조다. 그는 아프리카와 남미, 우라늄과 동 광산을 집중 공략, 니제르에서 국내 수요량의 10%에 해당하는 우라늄 판매권을 따냈고 호주에서는 우라늄·동 광산을 확보했다. 김 사장은 혁신을 통해 민간기업 지원을 넘어 직접적인 자원 개발 전문기업으로 탈바꿈했다. 그는 "올해 안에 10억 달러대 자원 개발 메이저 업체를 인수해 세계 20위권 자원개발 기업으로 도약하겠다"고 말했다.

주강수 가스공사 사장은 가스도입·관리 중심의 사업·조직구조를 해외자원 개발 위주로 바꿨다. "핵심사업에 힘을 집중, 의사결정은 신속하게, 업무 스피드는 높이자"는 게 지론이다. 가스 자주개발률을 2017년 25%까지 높여 글로벌 가스회사로 발돋움한다는 목표다. 이를 위해 2017년부터 러시아 가스전을 개발해 연간 750만t을 국내에 도입하고 중동과 동남아, 아프리카, 호주 등의 가스전 개발도 확대한다는 방침이다. 2030년에는 '불타는 얼음'으로 불리는 동해의 가스하이드레이트를 상용화하고 2040년에는 북극의 가스전을 개발한다는 야심 찬 계획을 세우고 있다. (조선일보, 2009. 5. 28.)

사례 문제

1. 조직효과성에 관한 전통적 접근 방법을 위의 사례에 적용하여 분석하고 그 결과를 제시하시오.
2. 조직효과성에 관한 현대적 접근 방법을 위의 사례에 적용하여 분석하고 그 결과를 제시하시오.
3. 위의 사례에서 효과성 이외의 다른 가치(예 : 능률성, 민주성, 형평성 등)와 효과성을 조화시켜 기업조직의 총체적 성과를 높일 수 있는 방안들에는 어떠한 것들이 있는지를 제시하시오.

제 3 장

조직문화

현대 조직이론가들은 조직의 효과성을 제고하기 위해 공식적인 통제 체제라고 할 수 있는 조직구조(organizational structure)뿐만 아니라, 조직의 구성원들이 공유하는 신념과 규범의 개발이라는 조직문화(organizational culture)의 창출에도 관심을 가진다. 이는 이 책에서 사용하는 분석틀의 한 축을 이루고 있는 모건의 여덟 가지 이미지 중 하나가 '문화로서 조직'이라는 점에서도 그 중요성을 알 수 있다.

일반적 조직이 '위험 최소화', '상명하복(上命下服)', '상사에 대한 보좌', '예산 확보' 등을 우선시하는 데 반해, '세계의 존경받는 조직들'의 경우 '팀워크', '고객 존중', '공평한 인사', '시장 선도성', '혁신(innovation)' 등의 능동적인 조직문화가 조직 전체의 활동에 살아 숨쉬고 있고, 또한 이러한 조직은 조직의 비전을 현실화시키기 위해 '좀 더 신속한 의사결정', '더 나은 교육훈련', '기회에 신속한 대응', '철저한 책임경영' 등이 실현될 수 있는 조직문화를 유지 및 발전시켜 나가고 있다.

이 장에서는 먼저 문화 및 조직문화의 본질을 차례로 살펴본 후 조직문화의 중요성을 제시한다. 다음 조직문화의 주요 모형을 소개한 후 조직문화의 형성 요인과 기능 등을 논의한다. 또한 조직문화가 조직 성과에 미치는 영향을 살펴본 후, 이러한 조직문화의 효과적 관리 방법을 제시한다. 마지막으로, 한국 행정조직에서의 조직문화 연구를 소개하고, 지식정보사회의 새로운 조직문화를 논의함으로써 이 장을 마친다.

제 1 절 조직문화의 본질 및 중요성

조직문화의 본질을 제대로 이해하기 위해서는 문화에 대한 이해가 필수적이다. 따라서 우선 문화의 기본적 개념을 논의한 후 조직문화의 개념을 제시하고, 마지막으로 조직문화의 중요성을 살펴봄으로써 이 절을 마친다.

1 문화의 개념

조직문화라는 개념을 좀 더 효과적으로 파악하기 위해서는 우선 문화(culture)라는 개념을 이해해야 할 것이다. 우리는 일상적으로 '문화(文化)'라는 용어를 많이 사용하지만, 사람에 따라 '문화'를 각각 다른 개념으로 사용함으로써 문화에 관한 논의 자체가 복잡해진다.

김광억(1995 : 5-7)에 의하면, 우리가 일상적으로 논의하는 '문화'라는 개념은 대략 다음과 같이 네 가지 범주로 분류할 수 있다.

첫째, 정서 체계로서 문화다. 문화는 정서를 함양하고 올바른 방향으로 이끌어 나가는 수단이라는 것으로, 여기에는 취미와 취향, 예절, 미풍양속 등에 관한 당위적인 기준이 주류를 이루며, 또한 언어와 행위의 세련됨과 생활의 아름다움에 관한 항목이 포함된다.

둘째, 예술의 동의어로서 문화다. 정부 차원에서 문화란 주로 창작 및 표현 예술을 뜻하며, 따라서 문화정책은 대부분 문예활동에 대한 지원책을 의미하고, 문화교육 역시 예술교육의 활성화 방안이 주류를 이루는데, 결국 문화계라고 하면 보통 예술계를 칭한다는 것이다.

셋째, 상품으로서 문화다. 우리가 '대중문화'나 '소비문화'라고 할 때의 문화다. 오늘날 소비 수준이 삶의 질(quality of life)에 대한 지표가 되고, 대량 생산 및 유통 체계가 발달함에 따라 물질적 소비의 내용과 형식, 즉 라이프 스타일(life style)이 특정 계급이나 특정 범주의 사람들에게만 점유되는 것에서 벗어나 누구나 쉽게 구매하고 소비하는 상품으로 되었기 때문에 발생하는 현상이다.

넷째, 민족적 특성과 생활 양식으로서 문화다. 즉, 문화란 어느 한 민족을 다른 민족과 구별되게 하는 특유의 생활 양식과 사고 방식이며, 어느 민족이 갖고 있는 세계관(view of the world)의 총체라는 것이다.

결국, 문화는 인간의 어느 한 집단(범주) 구성원들을 다른 집단(범주) 구성원들과 구분하는 정신적 특질(the mind)의 총체적 계획 체계(collective programming)로 정의를 내릴 수 있다(Hofstede, 1991 : 5). 여기서 총체적 계획 체계라는 용어를 사용한 것은 마치 컴퓨터 프로그래밍이 여러 가지 상황에 따른 처리 방안을 입력해 놓으면 상황 변화에 따라 일정하게 상황을 처리하는 것처럼, 문화라는 현상도 인간의 한 집단구성원들이 그들을 둘러싼 환경(상황)에 반응을 보이는 것에 영향을 주는 공통적 특성의 상호작용적 총체(interactive aggregate)로 볼 수 있기 때문이다.

2 조직문화의 개념

조직을 연구하는 사람들이 조직문화를 집중적으로 연구하기 시작한 것은 1980년대 초라고 할 수 있는데, 1980년 10월에 『비즈니스위크(*Businessweek*)』지의 커버스토리로 기업문화(corporate culture)라는 용어가 처음 일반인들에게 선을 보이게 되었다고 한다. 해당 기사는 조직에도 변화시키기 어려운 가치관, 즉 조직문화라는 것이 있는데 이것이 제대로 관리되어야 하며, 새로운 제도를 도입하거나 새로운 변화에 대처하려면 변화시키기 어렵더라도 조직문화가 바뀌어야 한다는 것을 제시하면서 여러 조직의 사례를 다뤘다.

또한 조직문화라는 개념을 대중화시키는 데 크게 기여한 연구로는 1982년 한 해에 동시 출간된 딜과 케네디(Deal & Kennedy, 1982)의 『기업문화(*Corporate Culture*)』와 피터스와 워터맨(Peters & Waterman, 1982)의 『탁월함의 추구(*In Search of Excellence*)』가 있고, 문화의 국가 간 비교에서는 호프스테드(Hofstede, 1980, 1991)가 크게 기여했다. 특히 1980년대 초에 이뤄진 많은 연구는 미국에서 지속적으로 성장하는 우수 조직의 공통점을 분석했는데, 그들 우수 조직이 다변화 환경에 신속하게 적응하여 지속적인 성장을 할 수 있었던 이유로는 조직별로 고유의 조직문화가 있었다는 것과 이러한 문화가 조직으로 하여금 조직환경 변화에 효과적으로 적응하고 경쟁에서 비교 우위를 확보하게 했다는 것이 제시되었다. 예를 들어, 과거 딜과 케네디 및 피터스와 워터맨의 연구는 당시 IBM의 고객 서비스, HP(Hewlett Packard)의 배회관리(management by walking around : MBWA), P&G(Proctor & Gamble)의 우수품질, 3M의 창의적 아이디어, 그리고 탄뎀(Tandem)의 개방성 등과 같은 조직문화가 조직이 시장 경쟁에서 비교 우위를 확보하게 하는 데 크게 기여했다는 점을 제시했다.

조직문화의 정의는 문화를 연구하는 학자의 숫자만큼 많은 것 같다. 이 책에서는 조직문화의 정의 중에서 일반적으로 가장 인정받는 셰인(Schein, 1985 : 9)의 정의를 따른다. 그는 조직문화를 "조직이 외부 환경에 적응하고 내부를 통합하는 과정에서 특정 집단이 고안, 발견, 개발하는 일정 양식(様式)의 기본 믿음으로, 이러한 믿음은 오랜 기간 조직구성원들이 타당한 것으로 여겨 왔기 때문에 그들 사이에서 아무런 의심 없이 당연한 것으로 받아들여지고 새로운 구성원들에게도 조직의 대내외적 문제를 해결하는 올바른 방법으로 학습되는 것"으로 정의했다.

결국, 조직문화에 관한 대부분의 정의에서 조직구성원들이 공통적으로 갖고 있는 가치 체계와 이러한 가치 체계를 조직구성원들이 보통 당연한 것으로 여긴다는 점을 중시한다는 것을 알 수 있다. 또한 조직 내의 가치 체계를 전달하는 상징적 수단도 조직문화를 이해하는 데 중요하다. 즉, 조직은 그러한 가치 체계를 조직구성원들에게 직접적으로 설명할 수도 있겠지만, 일반적으로 조직 내의 일화(逸話)나 예화(例話)를 통해 전달되는 것이 더욱 효과적일 수 있다는 것이다. 왜냐하면, 조직 내의 실질적 가치 체계는 일화나 예화 같은 상징적인 수단을 통해 잘 나타나기 때문이다. 따라서 어느 조직의 문화적 특성은 구성원들의 가치관, 믿음 등을 직접 조사해서 밝힐 수도 있지만, 그들에게 보편화된 행동, 공통 언어와 어휘, 의식(儀式), 무용담, 일화, 상징물, 조직 내의 전설적 인물 등을 분석하는 것으로도 가능하다(Kreitner & Kinicki, 1989 : 646-648).

3 조직문화의 중요성

조직문화에 관한 연구의 역사가 길지 않음에도 불구하고, 많은 학자가 조직문화를 활발하게 연구하고 관리자들의 관심 또한 지대한 이유는 조직문화가 그 특성과 강도에 따라 조직의 효과성을 결정한다고 믿기 때문이다.

조직문화가 조직의 어떠한 측면에 영향을 미치는지를 구체적으로 살펴보면 다음과 같다(Moorhead & Griffin, 2004 : 633-634; 김인수, 1997 : 584-586, 590-597; 백기복, 1996 : 580-582).

첫째, 조직문화는 조직 내의 여러 과정에 영향을 미친다. 조직 내에서 과업을 수행하는 과정에는 일반적으로 관행이라는 것이 발생하게 되는데, 조직문화가 이러한 관행에 결정적인 영향을 미치고, 관행에 의해 조직 내의 의사결정이 이뤄지기도 한다. 조직문화는 조직 내의 의사전달에도 영향을 미친다. 동일 조직 내에서도 상이한 문화적 특성을 지닌 집단의 구성원들 간에는 상황을 해석하는 방식과 지각하는 내용이 달라질 수 있으며, 사용하는 언어의 개념에도 차이가 있게 되므로 상호간의 효과적인 의사소통이 어려워진다. 또한 조직문화는 조직 내 집단 간 갈등에도 영향을 미친다. 조직 내 집단이 형성되어 시간이 흐르면 그 집단의 문화도 함께 형성되므로 동일 조직 내에서도 집단별로 상이한 문화를 가질 수 있다.[1] 기능 부서별 · 지역별 · 계층별 하위문화가 존재한다는 것 자체는 자연스러운 현상으로 볼 수 있지만, 이러한 하위문화를 통합해 주는 조직의 공통문화가 존재하지 않는 경우에는 문화적 특성의 차이로 인해 심각한 집단 간 갈등이 발생할 수 있다.

둘째, 조직이 통합을 시도하는 경우에도 조직문화의 중요성이 부각된다. 상이한 문화적 특징을 지닌 두 조직이 통합을 하는 경우, 진정한 내부적 통합이 이뤄지지 못하기도 한다.[2] 또한 조직이 새로운 고객층을 대상으로 하거나 새로운 사업에 진출하는

---

1) 유한호(1991)가 8개 조직 57개 집단을 조사한 결과에 의하면 모든 조직 내에는 적어도 둘 이상의 하위문화가 존재했다고 한다.

2) 송경근(1998)에 의하면, M&A의 성공 여부는 M&A 사전 단계의 적합성 여부에서부터 시작되고, 일반적으로 세 가지 기준에 의해 판단된다고 한다. 먼저 '선별된' 매수 대상 조직들이 인수조직의 전략적 측면, 즉 성장목표의 유사성에 적합한가를 판단하고, 운영적 측면에서 매수 대상 조직과 인수조직들 간의 조직모형의 상호 보완성 여부를 판단하며, 마지막으로는 문화적 측면에서 최고관

경우에도 문화적 요소를 고려해야 한다. 이러한 경우 새로운 기술과 관리 방식이 도입되고, 이것으로 인해 조직구성원들은 현재의 문화와는 다른 새로운 문화를 익혀야 하므로 새로운 문화에 저항하게 되는데, 두 문화적 특징이 서로 조화될 수 없는 경우 그 조직의 효과성은 저하될 수밖에 없는 것이다.

셋째, 조직문화는 조직의 정책 및 전략 과정에 영향을 미친다. 정책이나 전략의 방향을 결정할 때에 조직문화는 이념의 형태로 그 과정에 영향을 미친다. 또한 조직문화는 정책담당자들의 관점을 제한하거나 저항 세력을 형성시킴으로써 정책 및 전략을 추진하는 과정에 영향을 미친다.

넷째, 결국 조직문화는 조직의 성과와 관련이 있다. 그러나 단순히 조직이 문화를 가지고 있다는 것이 곧 높은 성과를 올린다는 것은 아니다. 사실상 많은 문화적 특성들이 조직의 활동을 방해할 수 있다. 예를 들어 어느 조직의 문화에 "고객 만족의 수준을 높이는 데에는 비용이 너무 많이 든다", "하급직들은 신뢰할 수가 없다", "혁신은 중요하지 않다." 등과 같은 신념들이 포함되어 있다고 하자. 이러한 조직은 조직문화가 강화되면 될수록 조직의 성과가 저하될 것이다. 또한 어느 조직문화가 다른 문화보다 항상 우월하다고는 할 수 없다. 예를 들어 조직이 처한 환경, 수행하는 주요 과업, 사용하는 주요 기술 등에 의해 적합한 조직문화가 결정되기도 한다. 환경이 동태적으로 변화하고, 과업의 구조화가 낮으며, 기술이 복잡한 조직에서는 '적응성 중심의 조직문화'가 적합한 반면, 환경이 안정되고, 과업이 표준화되어 있으며, 단순한 기술이 사용되는 조직에서는 '일관성 중심의 조직문화'가 적합하다(Denison, 1990). 적응성 중심의 조직문화는 외부 환경을 인식하면 그에 따라 적절히 반응을 하고, 조직 내부를 통합시킨다. 또한 조직이 환경에 적응할 수 있도록 행위와 과정을 재구성한다. 일관성 중심의 조직문화를 가진 조직에서는 구성원들의 몰입 수준이 높고, 중심적인 가치가 존재하며, 확고한 조직관리 방침이 있다. 또한 고도의 복잡성, 공식화, 집권화 등의 구조적 특성을 갖고 있다. 결국 어느 시점에서 특정 조직이 갖

리진과 조직문화의 유사성의 적합성 여부를 판단하고서 인수 합병 실행 여부를 결정한다는 것이다. 비록 전략 및 운영적 측면에서 적합성이 있다고 판단하더라도, 문화적 측면에서 최고관리진과 조직문화의 유사성에 문제가 있다고 판단되면, 그 조직과의 인수 합병의 성공을 예측하기 어렵다고 한다. 따라서, 사전 M&A 단계와 거래 협상 단계에서 문화적 적합성 여부를 충분히 검토한 결과를 토대로 사후 M&A 단계에서 공유문화 창출과 통합구조 창출을 위한 노력을 기울여야 한다는 것이다.

고 있는 문화적 특성이 그 조직이 처한 상황에 적합한가를 판단하여 적합성을 높이는 방향으로 조직문화를 변화시키는 것이 가장 중요하다.

4 조직문화의 유형

여기에서는 조직문화를 좀 더 효과적으로 이해하는 데 도움이 될 수 있는 조직문화의 유형을 살펴본다. 조직문화 유형을 분류하는 기준에 대해 학자들 간의 합의된 개념 틀은 없는 상태다. 다만, 나름대로 중요한 변수를 결합하여 조직문화의 유형을 분류하고 있다. 그러므로 조직문화 유형은 크게 상반된 속성에 따른 분류와 두 개의 속성을 결합하여 나타난 유형으로 구분해 제시하고자 한다(김병섭 외, 2009 : 311-313; 민진, 2009 : 266-269; 임창희, 2009 : 528-532; Daft, 2004 : 335-339).

1) 상반된 문화 유형

조직문화의 유형 중 상반된 문화의 유형은 문화가 갖고 있는 속성이 상반된 관계를 중심으로 나타나는 문화를 말한다.

첫째, 강력문화와 약체문화다. 강력문화는 많은 조직구성원들이 조직의 핵심적 가치에 대해 강한 집착을 보이는 경우다. 강력한 조직문화를 갖기 위해서는 조직의 역사가 길고 구성원의 안정성이 높아야 한다. 종교단체, 특히 사교단체는 강력한 조직문화를 가진 대표적 조직이다. 한편 약체문화는 조직의 핵심적 가치에 조직구성원들이 집착을 지니지 못하는 경우로 조직의 역사가 짧거나 구성원의 교체가 심한 경우다(유훈, 1993 : 117-118; Robbins, 1988 : 443-444).

둘째, 혁신문화와 정체문화다. 조직이 환경 변동을 지향하는 정도에 따라 혁신적 문화와 정체적 문화로 구분할 수 있다. 혁신문화는 조직이 항상 새로움을 추구하는 목표를 세우고 이를 달성하기 위해 매진하는 조직문화를 뜻한다. 혁신문화를 갖는 조직은 조직환경의 변화에 매우 민감하여 조직의 전략이나 업무 수행 방법의 개선과 개혁을 추구한다. 한편 정체문화는 조직이 현상 유지와 안정을 추구하는 목표를 세우고 이를 점진적으로 달성하고자 하는 조직문화를 뜻한다. 이런 조직은 환경 변화에 민감하지 않으며 조직의 과거나 관례를 중시한다. 그러므로 조직은 안정 지향적이고 폐쇄 지향적이 된다(민진, 2009: 266-267).

셋째, 개인 지향 문화와 집단 지향 문화다. 조직구성원들이 대(對)사회적 관계에서 지향하는 관점에 따라 개인과 집단으로 구분할 수 있다. 개인 지향 문화는 개인의 업적, 특성과 개인적 복리를 강조한다. 집단 지향 문화는 집단, 단체, 공동체의 이익이나 목표를 강조한다(민진, 2009: 267).

넷째, 평등문화와 계층문화다. 조직구성원의 인간 관계에 대해 강조하는 관점에 따라 평등문화와 계층문화로 구분할 수 있다. 평등문화는 인간 관계에서 수평적 측면이 강조되므로 상사와 부하의 관계에 엄격한 서열 의식이 있는 것은 아니다. 계층문화는 엄격한 서열 의식을 바탕으로 하는 것으로 권위주의로 불리는데 위계질서가 강조된다.

2) 경쟁적 가치의 조직문화 유형

퀸(Quinn, 1988: 48)에 의하면, 조직은 몇 가지 상호 모순되는 가치들을 동시에 만족시킬 수 있어야 높은 성과를 얻을 수 있다. 퀸은 두 쌍의 상호 모순된 가치를 강조하면서 수직축과 수평축으로 하여, 각각 유연성-질서 차원과 외부 지향-내부 통합의 차원으로 네 가지 조직문화를 설명하고 있다.

첫째, 인적 자원 문화다. 인적 자원 문화는 관계 지향 문화라고도 하며 내부 지향적이다. 비공식적인 유연한 문화로서 가족적 공동체를 지향하며, 참여와 안락, 충성

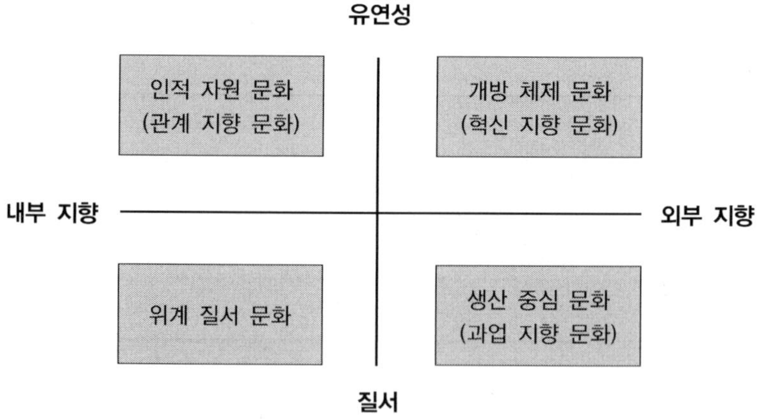

그림 4-3-3 경쟁적 가치의 조직문화 유형

자료: Quinn(1988: 48).

심에 기반을 둔 조직풍토를 보여 준다.

둘째, 위계 질서 문화다. 위계 질서 문화는 질서를 중시하고 내부 통합적이며 예측 가능한 일만하고 비용통제와 철저한 관리로 안정적인 조직풍토를 가지고 있다.

셋째, 개방 체계 문화다. 개방 체계 문화는 혁신 지향 문화라고도 하며, 외부 지향적이다. 이러한 문화는 도전적이며 창의적이고 혁신과 자율이 보장되는 문화다.

넷째, 생산 중심의 문화다. 경쟁 지향적인 생산 중심의 문화는 과업 중심의 문화이며, 외부 지향적이다. 조직의 경쟁력과 생산성을 강조하며 관리 · 감독하는 모습을 보인다(김성국, 2008 : 384; 임창희, 2009 : 531).

대프트(Daft, 2004)는 경쟁적 환경이 유연성 또는 안정성을 요구하는 정도와 조직의 전략적 초점이 내부 지향적 또는 외부 지향적인 정도에 따라 문화 유형을 구분하여 네 가지 차원의 조직문화를 설명하고 있다.

첫째, 적응문화(adaptability culture)는 전략적 초점을 외부 환경에 맞추고 유연성과 변화를 통해 조직의 성장을 충족한다. 이 문화는 환경의 변화를 탐색하고 해석하여 새로운 대응책을 개발할 수 있는 조직 역량을 강조한다. 이 유형은 주로 화장품산업, 전자산업, 마케팅, 인터넷상의 산업 등에서 나타나며 3M, IBM이 좋은 예다.

둘째, 사명문화(mission culture)는 환경이 안정적이고 빠른 변화가 필요하지 않는 조직에서 적합한 문화다. 사명문화는 조직의 목적을 담고 있는 명확한 비전과 그 목적을 달성하기 위해 매출액 성장, 수익성, 시장점유율과 같은 목표를 강조한다. 개개 구성원들은 구체화된 개인의 성과목표에 책임을 지며, 조직은 그 성과에 대해 보상한다. 주로 제조업, 영업 부문 등에서 나타난다.

셋째, 동류문화(clan culture)는 주로 조직구성원의 몰입과 참여, 외부 환경의 빠른 기대 변화에 초점을 둔다. 이 문화는 높은 성과를 달성하기 위해 구성원들의 요구에 귀를 기울인다. 몰입과 참여는 책임감과 조직 애착을 창출하여 결국 조직에 대한 헌신을 증가시킨다.

넷째, 관료문화(bureaucratic culture)는 전략적 초점이 내부에 있으며 안정된 환경에서 일관성을 지향하고 있다. 이러한 조직은 일정한 방식에 따라 사업을 수행한다. 이 문화에서는 개인의 몰입 정도는 다른 문화보다 낮지만 일관성, 순응, 구성원 간의 협력은 높게 형성되어 있다.

환경 요구			
전략적 초첨		유연성	안정성
	외부 지향	적응문화	사명문화
	내부 지향	동류문화	관료문화

그림 4-3-4 환경과 전략에 따른 문화의 유형

자료 : Daft(2004 : 335).

지금까지 조직문화의 유형을 몇 가지 살펴보았다. 조직문화의 유형은 학자에 따라 중요하게 여기는 변수를 결합하여 제시하고 있다. 그런데 이러한 유형 중 어떠한 조직문화 유형이 바람직할 것인가에 대해서는 그 조직의 전략, 목표, 환경 등에 따라 달라질 것이다.

5 스콧의 조직이론에서 바라보는 조직문화

스콧의 조직이론 유형 분류에 따라 조직문화를 바라보는 시각은 다르다. 조직은 하나의 목표를 두고 있으며 그 목표를 달성하기 위한 합리적 도구로서 바라보는 합리적 체제이론(rational system)에서는 조직문화도 하나이고, 조직문화를 통해 조직과 그 구성원을 통제할 수 있으며, 따라서 조직문화는 관리자들에 의해 만들어질 수 있다고 가정한다. 이에 반해, 조직은 다양한 목표를 두고 있고 조직은 그 목표를 달성하기 위해 존재하는 것은 아니며 생존 자체가 중요한 문제라고 보는 스콧의 자연적 체제이론(natural system)에서는 조직문화도 다양하고 복잡하여, 조직문화를 통한 구성원에 대한 통제는 전제적 경향으로 치우칠 우려가 있다고 비판하며, 조직문화는 관리자들에 의해 쉽게 만들어지지 않는다고 가정한다.

조직문화에 대해 다양한 시각을 강조한 학자는 마틴(Martin, 1992)이다. 그는 특히 조직 내에서 통합된 문화적 신념을 강조하는 통합적 시각(integrated perspectives), 조직 내에는 하나의 문화만이 존재하는 것이 아니라 다양한 하위문화가 존재한다고 믿는 차별적 시각(differentiated perspectives), 조직 내에는 공유된 가치나 신념이 존재하지 않는다고 보는 파편적 시각(fragmented perspectives)을 비교해 설명하고

있다. 마틴은 특정 조직의 문화를 어떤 하나의 시각으로 설명될 수 없으며 세 가지의 다양한 시각으로 설명될 수 있다고 주장한다. 마틴(Joanne Martin)의 통합적 시각에서 바라보는 조직문화는 스콧의 합리적 체제이론에 해당한다. 그러나, 차별적 시각 또는 파편적 시각에서 바라보는 조직문화는 스콧의 자연적 체제이론에 해당한다.

제 2 절 조직문화의 주요 모형

앞에서 우리는 문화 및 조직문화의 본질을 차례로 살펴본 후, 조직문화의 중요성 및 유형을 논의했다. 여기에서는 이러한 조직문화를 좀 더 효과적으로 이해하는 데 도움이 될 수 있는 조직문화의 주요 모형을 제시하겠다(Moorhead & Griffin, 2004 : 634-639).

1 파슨스의 AGIL모형

파슨스(Talcott Parsons)는 그의 AGIL모형에서 사회의 모든 체제는 체제의 존립과 발전을 위해 몇 가지 기능을 수행해야 하는데, 이러한 기능에는 적응(adaptation), 목표 달성(goal attainment), 통합(integration), 정당성(legitimacy)이 있다고 했다(Parsons, 1937; Parsons & Shills, 1951). 즉, 사회적 체제가 존립과 발전을 하기 위해서는 환경에 적응해야 하고, 체제의 목표를 달성해야 하며, 체제 내의 각 하위 요소를 통합해야 하고, 외부로부터 체제의 정당성을 인정받아야만 한다는 것이다.

적응과 목표 달성은 비교적 그 개념이 명확하다. 환경에 효과적으로 적응하기 위해 사회적 체제는 환경을 인식하고, 어떻게 환경이 변화하는지를 파악한 후 그에 따라 적절한 조치를 취해야 한다. 체제의 목표를 달성하기 위해서는 먼저 목표를 구체적으로 정립하고 그것을 달성하기 위한 전략을 수립해야 한다. 통합이란 사회적 체제가 그러한 체제를 구성하는 여러 하위 요소들을 하나로 묶어야 한다는 것을 의미한다. 즉, 체제 내의 각 하위 요소들은 서로 관계를 가져야 하고, 상호 의존성이 파악되어 조직화되어야 하며, 각 요소들의 행동이 조정되어야 한다는 것이다. 정당성이란 사회적 체제가 주변 환경의 여러 요소로부터 존립의 권한을 부여받아야 한다는 것을 의미한다. 이러한 의미에서 사회적 체제는 사회로부터 체제 존립의 적절성을 인정받을 때 정당성을 갖게 된다고 할 수 있다.

파슨스의 AGIL모형은 이렇게 추상적인데, 이 모형이 조직문화의 여러 차원을 어떻게 설명할 수 있을까? 이러한 의문은 한 조직의 문화적 가치가 AGIL 기능들(즉 적응, 목표 달성, 통합, 정당성)을 수행하는 가장 중요한 수단들의 일부라는 점을 인정하면 해결된다. 즉, 파슨스는 조직의 문화적 가치가 그 조직이 환경에 적응하는 방법, 목표를 설정해서 달성하는 방법, 체제를 구성하는 여러 하위 요소를 통합하는 방법, 외부로부터 체제의 정당성을 인정받는 방법 등을 결정하는 주요 요인이라고 본 것이다. 결국 이 모형이 추상적인 이유는 모든 조직의 문화를 분석할 수 있는 일반적인 모형으로 개발되었기 때문이라고 할 수 있다.

조직은 이러한 네 가지 기능들을 충족시키는 문화적 가치들을 갖고 있다. 예를 들어 어느 관리자가 기술혁신을 조직의 가장 중요한 가치라고 한다면, 그 관리자는 적응과 관련된 문화적 가치를 이야기하고 있는 것이다. 또한 주주(株主)의 부(富)를 극대화하는 것이 조직의 중심적 가치라면, 부분적으로 그 조직은 목표 달성과 관련된 문화적 가치를 갖고 있다고 할 수 있다. 조직의 가장 중요한 자산은 인간이라고 강조하는 조직은 하위 요소들의 통합과 관련된 문화적 가치를 제시하는 것이며, 마지막으로 모든 외부 집단의 욕구를 충족시키는 것이 조직의 중심적 가치라면, 그 조직은 정당성과 관련된 문화적 가치를 갖고 있다고 할 수 있다.

2 오우치의 Z이론

오우치(Ouchi, 1981)는 세 가지 유형의 조직문화, 즉 전형적 미국 조직, 전형적 일본 조직, Z유형의 미국 조직[3] 등의 조직문화를 분석했는데, 이러한 분석을 통해 조직문화를 비교할 수 있는 일곱 가지 기준을 제시했다. 오우치(William G. Ouchi)는 전

3) Z유형의 조직문화는 미국 조직의 문화와 전형적 일본 조직의 문화 중간 단계에 위치한 하이브리드적 조직문화를 일컫는다.

표 4-3-1 오우치의 Z이론

조직 유형 기준	전형적 일본 조직	Z유형의 미국 조직	전형적 미국 조직
고용 평가	종신고용 엄격한 평가와 느린 승진	장기고용 엄격한 평가와 느린 승진	단기고용 신속한 평가와 빠른 승진
경력경로 통제	비전문화된 경력 경로 비공식적 · 암시적 통제	다기능적 경력 경로 비공식적 · 암시적 통제	전문화된 경력 경로 공식적 · 가시적 통제
의사결정 책임	집단적 의사결정 집단 책임	집단적 의사결정 개인 책임	개인적 의사결정 개인 책임
인간에 대한 관심	총체적 관심	총체적 관심	개인의 조직 내 역할에 관심

형적 일본 조직과 Z유형의 미국 조직들이 갖고 있는 문화는 전형적 미국 조직의 문화와 상당히 다르고, 또한 이러한 문화적 차이점들로 인해 일본 조직과 Z유형의 미국 조직들이 전형적 미국 조직보다 조직의 성과가 높다고 주장했다. <표 4-3-1>은 일곱 가지 기준에 의한 전형적 일본 조직, Z유형의 미국 조직, 전형적 미국 조직의 비교를 요약해서 제시하는데, 그 내용을 좀 더 상세히 살펴보면 다음과 같다.

1) 고용

전형적 일본 조직과 Z유형의 미국 조직들은 직원들을 되도록 오랜 기간 고용하려는 문화적 가치를 공통적으로 갖고 있다. 따라서 이러한 두 가지 유형의 조직에서는 해고를 최대한 억제한다. 일본에서는 이러한 문화적 가치가 보통 종신고용(life-time employment)의 형태로 나타난다. Z유형의 미국 조직에서는 이러한 문화적 가치가 장기 고용의 형태로 나타난다. 미국의 장기고용제 하에서도 직원들이 해고를 당할 수는 있지만, 이것은 단지 근무 성적이 매우 나쁠 경우에 한한다. 전형적 미국 조직들은 보통 직원들을 단기적으로 고용하려고 하는데, 특히 조직이 어려움에 처했을 때 일반 직원뿐만 아니라 관리자도 해고할 수 있다는 문화적 가치가 존재한다.

2) 평가

전형적 일본 조직과 Z유형의 미국 조직들은 직원들을 제대로 평가하려면 매우 오랜 시간이 필요하고 근무 성과에 대한 양적인 정보뿐만 아니라 질적인 정보도 필요하다는 문화적 가치를 갖고 있다. 따라서 이러한 조직에서의 승진은 비교적 늦어지게 되고, 승진에 대한 결정은 평가 대상자와 접촉했던 많은 사람과 면담을 한 후에나 이뤄진다. 반면에 전형적 미국 조직들의 경우 직원들에 대한 평가가 신속히 이뤄지고, 근무성과의 양적인 정보에 초점이 맞춰진다. 이러한 문화적 가치는 직원들로 하여금 조직 전반에 관해 단기적으로 사고를 하게 만들 수 있다고 한다.

3) 경력 경로

전형적 일본 조직과 Z유형의 미국 조직에서는 다양한 기능 부서를 거친 경력을 가장 높게 평가한다. 이러한 문화적 가치로 인해 전형적 일본 조직에서는 직원들이 여섯 내지 일곱 가지의 상이한 기능 부서를 거치게 되기도 한다. Z유형의 미국 조직에서는 전형적 일본 조직보다는 상대적으로 좁은 경력 경로(career-paths)를 거친다. 반면에 대부분의 전형적 미국 조직에서는 직원들이 단지 한두 가지의 기능 부서를 거친다. 오우치에 의하면, 전형적 미국 조직에서 이렇게 경력 경로가 좁은 것은 대부분의 미국 조직이 전문화를 중시하는 문화적 가치를 갖고 있기 때문이다.

4) 통제

전형적 일본 조직과 Z유형의 미국 조직은 대부분 비공식적이고 암묵적인 수단에 의해 통제가 이뤄진다. 이러한 수단 중 가장 강력한 것의 하나가 바로 조직문화다. 관리자들은 조직문화에서 자신의 행동에 관한 지침을 얻고자 한다. 예를 들어 조직 내의 일화(逸話)는 고위관리자들이 부하들로부터 무엇을 기대하는지를 알려 주는 중요한 정보가 된다. 반면에 전형적 미국 조직들은 그러한 지침들이 직무기술서나 각종 규칙 및 규정 등의 형태로 표현되어 통제가 이뤄진다. 물론 이러한 조직에서도 비공식적 통제가 이뤄지지 않는 것은 아니지만, 일반적으로 공식지침을 따르는 것이 낭패를 당하지 않는 방법이라는 문화적 가치를 갖고 있다.

5) 의사결정

전형적 일본 조직과 Z유형의 미국 조직은 의사결정을 주로 집단적으로 수행하고, 정보를 공유하며, 합의를 기초로 결정을 내려야 한다는 강력한 문화적 가치를 갖고 있다. 반면에 전형적 미국 조직에서는 개인적 의사결정이 더 적절하다고 보고 의사결정자들도 조직 내 다른 사람들로부터 정보나 의견을 구할 필요가 없다고 생각한다.

6) 책임

집단적 의사결정인가 아니면 개인적 의사결정인가 하는 문제는 조직 내 책임의 소재와도 관련이 많다. 그러나 전형적 일본 조직과 Z유형의 미국 조직 사이의 유사성은 이 부분에서는 적용되지 않는다. 오우치에 의하면 전형적 일본 조직의 강력한 문화적 규범은 집단적 책임을 강조한다. 즉, 개인보다는 전체로서의 집단이 집단에 의해 내려진 결정에 대해 책임을 진다는 것이다. Z유형의 미국 조직과 전형적 미국 조직에서는 의사결정에 대한 책임을 개인이 지는 경우가 많다. 전형적 미국 조직에서와 같이 개인이 의사결정을 하고 개인이 그 결정에 대한 책임을 지는 것은 논리적으로 보인다. 마찬가지로 집단적으로 의사결정을 하고 집단적으로 책임을 지는 일본 조직들도 모순되어 보이지 않는다. 그러나 어떻게 Z유형의 미국 조직은 집단적 의사결정과 개인적 책임이라는 상이한 문화적 가치를 결합하게 되었을까?

오우치는 이러한 문제의 답을 Z유형의 미국 조직들이 갖고 있는 문화적 가치, 즉 근무성과를 엄격하게 평가하고 근무성과의 질까지 평가하는 문화적 가치에서 찾는다. 관리자가 처음 집단적으로 의사결정을 하면, 그러한 결정의 결과가 관리자의 역량에서 비롯된 것인지, 아니면 집단 자체의 영향으로 나타난 것인지가 분명치 않다. 그러나 관리자가 많은 집단을 관리하고 이 집단들이 계속해서 성과가 좋다면, 그 관리자가 집단을 효과적으로 관리하는 기술을 갖고 있다고 할 수 있다. 이러한 관리자는 집단적 의사결정의 결과에 대한 책임을 질 수가 있다. 같은 논리로 항상 성과가 좋지 않은 관리자도 자신이 관리하는 집단이 내린 의사결정의 결과에 대해 책임을 질 수 있는 것이다. 오우치는 Z유형의 미국 조직에서 개인적 책임을 강조하는 것은 미국 사회 전체의 개인주의적 문화 규범을 반영하는 것이라고 주장했다. 전술한 파슨스의 정당성이란 개념에서 나타나듯이, 조직문화는 더욱 광범위한 사회 전체의 문화의 영향에서 벗어날 수 없다.

7) 인간에 대한 관심

오우치가 제시한 마지막 문화적 가치는 인간에 대한 관심(concern for people)이다. 전형적 일본 조직과 Z유형의 미국 조직들은 인간에 대한 총체적 관심(wholistic concern)을 중시한다. 총체적 관심이란 단순히 조직구성원으로서 개인에 대한 관심을 넘어 개인의 가정생활, 취미, 개인적 신념, 희망 등까지도 관심의 영역에 포함시키는 것이다. 전형적 미국 조직의 경우 인간에 대한 관심은 일반적으로 직장에 국한된다.

오우치의 Z이론이 조직문화를 연구하는 데 기여한 것은 1) 조직문화를 조직의 효과성에 영향을 미치는 주요 변수로 격상시켰다는 점과, 2) 부분적으로 문화적 변수를 기준으로 하여 조직의 유형을 유용하게 제시했다는 점이라고 할 수 있다(Kreitner & Kinicki, 1989 : 650-652).

3 7S 모형

조직문화에 관한 모형 중 실무계에 가장 많이 알려진 7S 모형[4](Pascale & Athos, 1981; Peters & Waterman, 1982)은 일본 조직과 미국 우수 조직의 조직문화 연구에

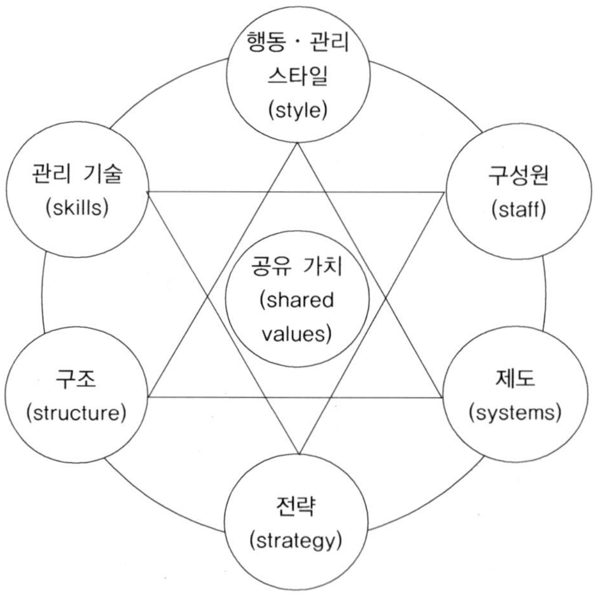

그림 4-3-1 조직문화의 7S 모형

4) 7S 모형은 제4부 제7장 조직진단에서 제시된 모형에서도 논의된다.

서 제시되었는데, 조직문화를 구성하는 일곱 가지의 주요 요소들이 모두 S자로 시작되기 때문에 7S 모형으로 명명되었다([그림 4-3-1] 참조). 이들 일곱 가지 구성 요소를 요약해서 제시하면 다음과 같다(이학종, 1992: 16-19).

첫째, 조직문화의 첫째 구성 요소는 조직체 구성원들이 공유하고 있는 가치관과 이념, 그리고 전통 가치와 조직의 기본 목적 등 조직구성원들에게 유도하는 지도 목표 또는 공유 가치다. 이러한 공유 가치는 조직문화의 다른 여섯 가지 구성 요소에 지배적인 영향을 줌으로써 조직문화 형성에 가장 중심적인 위치를 차지한다.

둘째, 전략은 조직의 장기 발전 방향과 기본 성격을 결정하는 경영전략으로서, 조직체의 장기적인 목적과 계획, 그리고 이를 달성하기 위한 장기적인 자원 배분 유형을 포함한다. 조직의 전략은 조직의 이념과 목적, 그리고 기본 가치를 중심으로 이를 달성하기 위한 조직 운영에 장기적인 방향을 제공함으로써 다른 조직문화 구성 요소에도 많은 영향을 준다.

셋째, 구조는 조직이 조직의 전략을 수행하는 데 필요한 하나의 틀로서 조직구조와 직무설계, 그리고 권한 관계와 방침 등 구성원들의 역할과 그들 간의 상호 관계를 지배하는 공식 요소를 포함한다. 즉, 조직구조는 조직구성원들의 '유형화된 상호작용(patterned interactions)'을 의미하고(Kast & Rosenzweig, 1979), 따라서 구조는 관리 시스템과 더불어 구성원들의 일상 업무 수행과 행동에 많은 영향을 준다.

넷째, 조직문화를 구성하는 또 하나의 중요 요소는 조직 경영의 의사결정과 일상 운영에 틀이 되는 관리제도와 절차 등 각종 관리 시스템이다. 따라서 이러한 관리 시스템은 조직의 기본 가치와 일관성 있고 장기적인 전략 목적 달성에 적합한 보상제도와 인센티브, 경영정보와 의사결정 시스템, 경영계획과 목표 설정 시스템, 결과 측정과 조정 및 통제 등 경영 각 분야의 관리제도와 절차를 포함한다.

다섯째, 구성원(staff)이다. 조직문화는 조직구성원들의 행동을 통해 실제로 관찰할 수 있다. 조직문화의 구성 요소로서 조직구성원은 조직의 인력 구성과 구성원들의 능력, 전문성, 가치관과 신념, 욕구와 동기, 지각과 태도, 그리고 그들의 행동 유형 등을 의미한다. 구성원들의 가치관과 행동은 조직이 추구하는 기본 가치에 의해 많은 영향을 받고, 인력 구성과 전문성은 조직이 추구하는 경영전략에 의해 지배받는다고 할 수 있다.

여섯째, 관리 기술이란 조직의 여러 가지 투입물을 조직이 목표하는 산출물로 변환시키는 데 이용되는 지식, 도구, 기법, 그리고 활동을 말한다(Perrow, 1967). 조직은 투입물, 물적·인적·재정적 자원을 제품 또는 서비스로 전환시키는 기술을 갖고 있다. 이처럼 기술은 투입물이 어떻게 산출물로 변환되는가 하는 변환 방법을 문제 삼고 있다. 따라서 기술은 조직문화를 구성하는 중요 요소로서 각종 기계, 장치와 컴퓨터 등 생산 및 정보 처리 분야의 물리적 하드웨어는 물론, 이를 사용하는 소프트웨어 기술도 포함한다. 또한 조직구성원들에 대한 동기부여와 행동 강화, 갈등관리와 변화관리, 목표관리와 예산관리 등 조직체 경영에 적용되는 관리 기술 및 기법도 포함한다.

일곱째, 리더십 스타일(style)이다. 유클(Yukl, 2002 : 7)은 리더십을 "무엇을 해야 하고 그것을 어떻게 하는 것이 효과적인가를 다른 사람들이 이해하고 동의하도록 영향력을 행사하는 과정과 이렇게 공유된 목표를 달성할 수 있도록 개인 및 집단의 노력을 촉진하는 과정"으로 정의한다. 따라서 리더십은 전반적인 조직관리 스타일로서 구성원들의 행동 조성은 물론, 그들 간의 상호 관계와 조직체 분위기에 직접적인 영향을 주는 중요한 요소다. 조직체의 개방적, 참여적, 온정적, 유기적 성격 등은 일상 경영에 적용되는 관리 및 리더십 스타일로부터 많은 영향을 받으면서 형성된다고 볼 수 있다.

이러한 일곱 가지 구성 요소는 상호 연결성 및 의존성이 높을수록 독특하고 뚜렷한 조직문화를 발현시키는데, 바람직한 조직문화의 개발은 이들 일곱 가지 요소를 상황적합적으로 개발함으로써 달성될 수 있다고 한다. 7S 모형은 조직 실무자들에게 가장 많이 알려져 있지만, 조직문화의 개념과 존재 양식을 도식화했다는 이상의 학술적 의미를 부여하기는 곤란한 것으로 보인다(백기복, 1996 : 587).

4 셰인의 모형

조직문화의 여러 정의 중에서 가장 인정받는 정의가 셰인(Edgar H. Schein)의 정의인 것과 같이 조직문화의 모형 역시도 셰인(Schein, 1985 : 13-21)의 조직문화 모형이 일반적으로 조직문화를 설명하는 데 가장 많은 도움을 준다.

셰인에 의하면, 조직문화는 조직활동에 대한 기본적인 믿음, 이러한 기본적 믿음에

인공적인 창작물		가시적 단계
기술, 예술작품, 보고 들을 수 있는 행동 양식	←	관찰 가능하지만 의미 파악이 어려울 때도 있음.
⇑ ⇓		⇑
가치관		**인식 단계**
물리적 환경 하에서 옳고 그름을 가려낼 수 있는 것 구성원들의 합의에 의해 옳고 그름이 결정되는 것	←	인식 수준이 높아짐.
⇑ ⇓		⇑
기본적인 믿음		**잠재적 단계**
환경과의 관계에 대한 믿음 사실, 시간 및 공간의 본질에 대한 믿음 인간 본성에 대한 믿음 인간 활동의 본질에 대한 믿음 인간 관계의 본질에 대한 믿음	←	당연한 것으로 간주 관찰이 불가능 잠재의식 속에 흡수된 수준

그림 4-3-2 셰인의 조직문화 모형

서 파생되는 가치관, 가치관이 표출되어 나타나는 가시적이고 인공적인 창작물(artifacts and creators) 등 세 가지 계층으로 이뤄진다.

첫 번째 계층은 조직구성원들이 너무 당연한 것으로 받아들이는 가장 기본적인 믿음들이다. 이러한 믿음은 잠재적 수준의 선의식적 가치(先意識的價値, preconscious value)이기 때문에 관찰이 불가능하다. 그러나 이러한 믿음은 구성원들의 태도와 행동에 커다란 영향을 미치며, 궁극적으로는 조직문화 형성에 가장 근본적인 요소로 작용하게 된다.

두 번째 계층은 전술한 것과 같은 기본적인 믿음이 표출되어 만들어 내는 가치관이다. 이러한 가치관은 조직구성원들이 일반적으로 인식하고 있는 행동의 지침으로서 가시적 수준의 인공적 창작물을 지배한다. 가치관은 조직구성원들이 상황, 행동, 대상, 사람 등을 판단하는 평가의 기초가 되고, 조직의 목표, 이상, 기준 등을 보여 주며, 문제 해결을 위해 구성원들이 선호하는 수단을 제시한다.

세 번째 계층은 가치관이 표출되어 만들어 내는 인공적 창작물인데, 예를 들어 우리가 익숙하지 않은 문화권에 속한 사람들을 만났을 때 느끼는 모든 현상이 포함된다. 이러한 가시적 차원의 문화는 조직의 물리적·사회적 환경 등에 반영되어 있으므로 물리적 공간, 집단의 기술적 산출물, 사용하는 언어, 예술품, 조직구성원들의 행동 등을 관찰함으로써 파악할 수 있다. 또한 이러한 차원의 문화는 조직의 전체적인 인상과 문화적 특징을 형성하는 주요 요인인데, 이러한 인공적 창작물을 분석하면 조직구성원들의 가치관을 유추해 낼 수 있고, 다시 이러한 가치관을 통해 조직구성원들의 기본적인 믿음을 도출할 수도 있다.

이와같이 셰인의 모형은 외부로 표출된 정도를 기준으로 조직문화의 계층화를 시도한 것인데, 결국 이 모형은 조직문화를 조직구성원들의 잠재 의식 수준에 있는 무형적인 것에서부터 가시적인 각종 상징물까지 포함하는 복합적인 개념으로 본다.

5 해치의 모형

[그림 4-3-3]에서 보는 바와 같이, 해치(Hatch, 1993)는 전술한 셰인의 모형을 수정하는 과정에서 우선 문화의 새로운 요인으로 상징물(symbols)을 도입했다. 또한 기본적 믿음(가정, 전제), 가치관, 인공물, 상징물 같은 문화 요인 그 자체보다는 그들을 연결하는 과정을 더욱 중시했다.

먼저 인식화 과정(manifestation)이란 조직구성원들의 감정, 인지(認知), 지각 등이 자극을 받음으로써 그들이 갖고 있는 가정(assumptions, 즉 기본적 믿음)이 더욱 뚜렷한 심리적 형상을 갖게 되는 것을 말한다. 예를 들어, 조직구성원들은 여러 가지

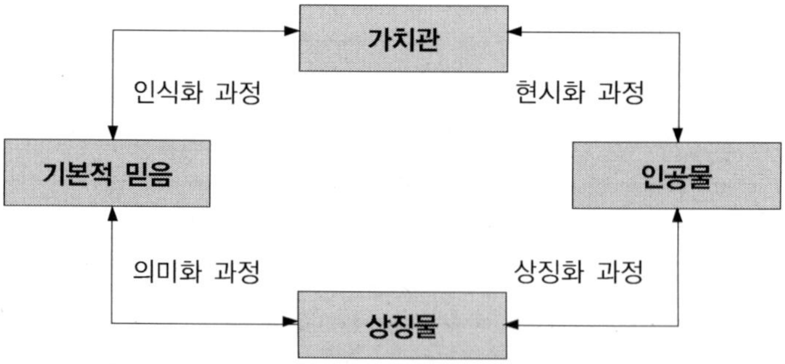

그림 4-3-3 해치의 조직문화 모형

경험을 통해 잠재해 있던 기본적 믿음들이 "이러한 상황에서는 이렇게 되어야 한다"와 같은 좀 더 뚜렷한 심리적 원칙으로 형성되는 것을 인식하게 된다는 것이다. 또한 기존의 가치관에 대해서는 그 근원이 되는 가정들(기본적 믿음들)을 찾아 지속적으로 평가하는 과정도 '인식화 과정'에 포함된다.

현시화 과정(realization)이란 가치관이 어떤 기회에 가시적인 인공물(artifacts)로 나타나게 되는 것을 의미한다. 여기서 인공물이라고 하는 것은 물리적인 사물뿐 아니라 일화(逸話), 예화(例話), 의식(儀式), 무용담 등도 포함된다. 예를 들어, 많은 직원이 "정보화 시대에는 창의성이 가장 중요하다"라는 가정(기본적 믿음)을 견지하고 있고, 창의적인 사람들이 조직 내에서 실제로 성공하는 것을 관찰하게 되면, "지금 같은 정보화 시대에는 창의성이 있어야 회사에서 성공한다"는 가치관이 형성된다는 것이다.

상징화 과정(symbolization)이란 객관적 인공물을 주관화시키는 과정으로, 조직에서 나타나는 여러 가지 인공물에 대해 끊임없이 의미를 부여해 가는 것이다. 즉, 해치(Hatch, 1993)는 동일한 인공물(예 : 일화, 예화, 의례, 의식, 유머, 무용담 등)도 조직구성원의 주관적 경험에 따라 다른 의미를 준다는 것을 강조하면서, 인공물과 상징물의 구분 필요성을 제기한 것이다.

마지막으로, 의미화 과정(interpretation)은 상징화 과정을 통해 창출된 '인공물에 대한 상징적 의미'를 조직구성원들의 기본적 믿음(가정)에 비춰 좀 더 큰 의미 체계 속에서 재음미하여 조율해 나가는 과정이다.

6 최근의 경제학 모형

경제학자들은 도덕(morality)을 비합리적인 개념으로 보고 그 가치를 경시해 왔으나, 요즘에는 도덕을 선호 체계에 도입하여 전통적인 최적화 분석을 시도하고 있다(Sen, 1974, 1977). 이것은 거래비용으로 인한 시장의 불완전성을 강조하고 계약의 불완전성을 문제시하는 제도학파 경제학(institutional economics)과는 비교적 다른 분석의 틀을 사용하는 것이다(Coase, 1937; Williamson, 1981). 또한 법경제학(law and economics)에서 보강된 법적 제도분석도 시장의 불완전성을 보완하기 위한 분석으로 볼 수 있으나, 법적 제도분석은 신뢰의 문제가 발생하면 법적 제도를 내생 변수로 처리한다.

전통 경제학의 관점에서 보면, 신뢰는 단순히 개인들이 당면하는 유인구조에 따라 결정된다고 한다. 따라서 전통 경제학에서는 신뢰 등의 감정적 요소들을 비합리적 요인으로 간주해 일반 모형에서 고려하지 않았다. 그러나 최근에는 인간의 감정도 소비자의 선호 체계를 형성하는 중요한 요인으로 보아, 인간의 감정을 선호 체계에 고려하는 최적화모형이 연구되고 있다(Casson, 1990).

시장과 조직은 자원 배분의 두 가지 시스템이다. 그러나 시장과 조직 모두 신뢰의 부족으로 인해 과다한 거래비용을 부담하게 된다. 이러한 문제의 해결을 위해서는 법과 제도에 의존할 수밖에 없으나, 법제도 자체의 신뢰성의 문제도 제기된다.

조직의 최고관리자가 조직구성원들에게 신뢰를 강조하는 도덕적 무장을 함께 요구하면 조직에서 외부적 법제도나 감시제도의 필요성이 저하된다. 게임이론의 죄수의 딜레마(prisoner's dilemma)[5)]에서는 모두 자백하는 전략이 최선의 전략이 되지만, 최고경영자와 부하 직원 간의 게임에서는 모두 정직(honesty)보다는 속임수(cheating)를 최선의 전략으로 여길 수가 있다. 그러나, 최고관리자가 금전적 보상이나 적절한 조직문화를 형성하여 부하 직원들을 관리 또는 계도(manipulation)한다면 모두가 바라는 좋은 전략, 즉 정직전략이 채택될 수 있다는 논리다.

최고관리자가 형성한 건전한 조직문화가 강할수록 조직 내 거래비용의 절감을 가져와 일반적 감시제도의 이용 빈도가 줄게 된다. 그런데 여기서 중요한 것은 도덕적 또는 감정적 호소가 조직 내 금전적 유인구조와 서로 연관되어야 한다는 것이다. 즉, 다수가 공유하는 가치가 형성되어야 하고, 이러한 가치를 반영하는 최고관리자의 관리방침이나 조직목표 달성에 부응하는 조직구성원에게는 보상이 있어야 하지만, 부응하지 않는 구성원에게는 그에 상응하는 처벌이 있어야 한다. 도덕적 권유나 감정적 호소가 감시제도보다 효과적인 이유는 도덕적 권유나 감정적 호소는 근거리에서 서로의 자유로운 의사소통 체제 하에서 이뤄지지만, 감시제도는 원거리에서 상호 격리

---

5) 범죄 용의자 두 명이 물증이 없는 경우, 그냥 재판을 하면 각각 징역 1년씩 받게 되지만, 검찰이 두 용의자를 격리한 후 각각에게 자백을 하면 훈방시켜 주되 자백을 하지 않는 용의자가 징역 4년을 받게 된다고 회유한다면, 이러한 상황에서 하나의 균형이 존재하는데 그것은 두 용의자 모두가 자백하는 것이다.

되어 이뤄지기 때문이다. 따라서, 건전한 조직문화를 통해 최고관리자가 조직을 관리하는 것에는 카리스마가 항상 요구되는 것이 아니고, 소규모의 조직에서도 가능하다.

제 3 절 조직문화의 기능

여기서는 먼저 조직문화의 일반적 기능을 살펴본다. 또한 이러한 조직문화가 조직성과에 미치는 영향[6]을 논의한다.

1 조직문화의 일반적 기능

조직문화는 일반적으로 다음의 네 가지 기능을 수행한다고 한다(Smircich, 1983; 김인수, 1997 : 582; 박내회, 1993 : 461-462; 백기복, 1996 : 582-583; 이창원 · 최창현, 1996 : 429-431).

첫째, 조직문화는 조직구성원들에게 소속 조직구성원으로서 정체성(organizational identity)을 제공한다. 즉, 조직문화는 조직구성원들이 일반적으로 공유하는 독특한 동질성을 제공한다. 따라서 조직문화는 조직구성원들을 결합시키고 그들의 조직생활에 의미와 목적을 부여해 주면서 그들의 행동을 결정하는 중요한 요소가 된다. 결국 조직문화는 강하든 약하든, 긍정적이든 부정적이든 조직 전체에 커다란 영향을 미치며, 그 결과에 따라 조직의 성패가 좌우되기도 한다.

둘째, 조직문화는 집단적 몰입(collective commitment)을 가져온다. 즉, 조직문화는 조직구성원들에게 조직에서 기대되는 행동의 유형 및 조직이 지향하는 바를 암시하여 구성원들의 행동을 정당화시켜 주므로 문화가 강한 조직에서는 구성원들의 전념도가 더욱 높아지게 된다.

셋째, 조직문화는 조직 체계의 안정성을 높인다. 문화가 강한 조직에서는 문화적 동질성을 강화하기 위한 규범과 통제가 증가하게 되며, 이러한 규범을 벗어나는 행동

6) 조직문화가 조직 성과에 영향을 미친다는 것은 조직문화의 가장 중요한 기능으로 볼 수 있다.

에 대해서는 제재가 가해진다. 또한 조직구성원들은 이러한 강한 통제에 대해 일종의 감정적 애착을 갖게 된다. 결국 강력한 조직문화로 인해 조직 체계의 안정성이 높아지는 것이다.

넷째, 조직문화는 조직구성원들의 행동을 형성시킨다. 즉, 조직이 그들에게 기대하는 것이 무엇이고, 어떠한 행동이 보상을 받으며, 해야 할 행동과 그렇지 않은 행동은 무엇인지에 관한 해답을 제공함으로써 구성원들의 행동을 원하는 방향으로 형성시킨다. 즉, 조직문화가 일종의 학습 도구로서 기능을 수행하는 것이다.

지금까지 살펴본 것은 조직문화의 기능을 정태적으로 바라본 것이다. 그런데 더 중요한 것은 조직문화의 기능이 조직의 성장에 따라 변화한다는 것이다(Schein, 1985; 김인수, 1997 : 597-602).

조직이 처음 형성되면, 조직문화는 독특한 능력과 일체감의 원천이 되면서 조직을 묶어 주는 접착제 역할을 한다. 이러한 초기 성장 단계에서는 조직을 환경이나 다른 조직과 차별화시키는 것이 강조된다. 따라서 조직은 문화를 좀 더 명백히 하고, 문화를 통해 조직을 가능한 한 많이 통합하려고 하며, 문화를 신입 직원에게 확고하게 가르치고자 한다. 따라서 이 단계에서는 조직 내의 일체감과 독특한 능력을 부여하는 문화 요소를 강화하도록 해야 한다.

조직이 성장 중간 단계에 이르면 문화의 가장 중요한 요소가 제도화되거나 조직구조와 과정 속에 정착하게 된다. 따라서 문화를 의식하고, 그것을 형성, 통합, 유지시키려고 의도적으로 노력하는 것은 별로 중요하지 않다. 이 단계에서는 초기에 형성된 문화가 당연시되어 그것을 설명하고 인식하는 것이 어렵게 된다. 또한 이 단계에서는 강력한 하위문화가 생성된다.

조직이 성숙 및 쇠퇴 단계에 이르게 되면 조직문화가 도리어 조직혁신의 제약 요인으로 작용한다. 즉, 조직문화가 조직이 과거에 거둔 영광을 보전하고, 자부심 및 자기 방어의 원천이 되는 것이다. 이 단계에서 조직문화의 변화는 필수적이지만 문화의 모든 요소를 변화시켜서는 안 된다. 즉, 조직의 효과성을 제고하는 문화의 핵심 요소는 확인하여 보존해야 하는 것이다. 극한 상황에서는 대규모 인력 교체나 통합, 매수, 파산 과정을 통한 전체적인 조직개편으로 현존하는 문화를 파괴시킴으로써 조직문화를 변화시킬 수도 있다.

이와같이 조직문화의 기능은 조직이 성장해 감에 따라 변화한다. 조직의 초기 성장 단계에서 문화는 안정되고 예측 가능한 환경을 창출하며 일체감과 의사소통의 체계를 제공하여 긍정적인 성장 요인이 된다. 따라서 좀 더 정교하게 개발되어 명확하게 표현될 필요가 있다. 조직의 성장 중간 단계에는 여러 하위문화가 생성되기 때문에 전체 문화와 하위문화의 관계를 효과적으로 관리하는 것이 필요하다. 성숙기와 쇠퇴기에는 문화가 어떤 영역에서는 일부 역기능적으로 작용하기 때문에 문화를 변화시킬 필요가 생기게 된다. 이 단계에서 혁명, 조직개편, 대규모 인력 교체 등을 통해 완전히 새로운 문화를 창출하는 것은 문화적 연속성을 상실하는 방법이다.

2 조직문화와 조직 성과

성공적인 조직문화의 존재는 국가 간 경쟁의 비교 우위를 유지하는 데 중요한 변수가 된다(Casson, 1990; Porter, 1990). 예를 들어, 조직문화 중 높은 신뢰가 형성되는 고신뢰(high-trust) 조직문화는 저신뢰(low-trust) 문화와 비교하여, 쌍방 거래 시 거래비용의 절감을 가져와 조직 성과의 측면에서 바람직하다고 한다.

여기서는 먼저 저신뢰 조직문화와 고신뢰 조직문화가 조직 성과에 미치는 영향을 비교하는데, 주로 인사정책과 조직 간 협력의 측면에서 논의한다. 또한 조직문화의 유형이 조직 성과에 미치는 영향을 살펴본다.

1) 인사정책

A조직은 저신뢰 조직문화를 갖고 있다고 가정하자. A조직의 관리자는 근로자를 믿지 않는다. 항상 근로자를 감시하며 감시를 용이하게 하기 위해, 되도록 통제 가능할 정도의 기술을 가진 일반기술자를 고용한다. 그렇게 하면 근로자들의 근무 태도를 쉽게 알 수가 있다고 생각하는 것이다. 생산 방식은 대량 생산 방식인 포드식(Fordist) 또는 테일러식(Taylorist)이다. 관리자는 근로자에게 초과수당 등 금전적 유인을 통해 근로자의 근무 의욕을 고취시킨다. 그러나 대부분의 근로자는 단조로운 업무와 높은 스트레스로 인해 이직률이 높은 편이다. A조직에서는 장기계약보다 단기계약을 선호하고, 근로자의 직업훈련에 소홀하며, 직업훈련이 제공되더라도 A조직이라는 "특정 조직에서만 적용될 수 있는 직무교육(job specific training)"에 그치게

되는 경우가 많다. 물론 A조직의 관리자는 노조에 대해 반감을 갖고 있고, 노사 관계에 항상 문제가 있다.

반면에 B조직은 고신뢰 조직문화를 갖고 있다고 가정하자. A조직과는 대조적으로 관리자는 근로자를 신뢰한다. 관리자는 감시와 감독을 하지 않아도 근로자들이 열심히 일을 할 수 있다고 믿는다. 이러한 경우 관리자들은 근로자들에게 감독의 기능보다는 상담 역할을 하게 되고, 조직의 분위기가 화기애애하고 근무환경이 양호한 편이다. 이직률도 낮은 편이고, 근로자를 위해 다양한 교육훈련 프로그램이 개발된다. 또한 노사 간에 묵시적으로 임금과 고용을 적절히 안정화시키고, 경영자의 노조에 대한 견해도 호의적이다.

A조직의 문화는 질보다는 가격이 우선시되고 대규모 생산 체제 위주의 산업에 적합하고, B조직의 문화는 서비스 산업으로 다품종 소량 생산 체제에 적합하다. 그러나 이러한 적합 관계가 달성되지 않은 경우 발생하는 기회비용은 막대하고, 결국 조직 성과에 부정적인 영향을 미치게 된다.

2) 조직 간 협력

A국가는 관리자들 간의 상호 신뢰가 형성되어 있지 않다. 따라서 대부분의 계약 체결 시 변호사의 도움을 받도록 법체제가 정비되어 있다. B국가는 관리자들 간의 상호 신뢰가 형성되어 있어, A국 같은 법적 제도가 필요하지 않다. 만일 조직의 원료 공급자가 부당하게 거래를 수행함으로써 문제가 발생하게 되면, A국의 관리자는 법적 제도를 통해 원료 공급자의 사후적 기회주의 행위를 차단시키지만, B국의 경우는 원료 공급자와 개인적으로 원활한 관계가 형성되어 있기 때문에 법에 의존하지 않아도 대부분의 문제가 극복된다. 결국, 조직 간의 신뢰를 중시하는 조직문화는 조직의 효과성을 제고할 수 있는 것이다.

3) 조직문화의 유형과 조직 성과

야마시타(Yamashita, 1998)는 오우치(Ouchi, 1981)의 Z이론, 파스칼과 애토스(Pascale & Athos, 1981)의 일본형 조직문화이론, 딜과 케네디(Deal & Kennedy, 1982)의 조직문화이론, 피터스와 워터맨(Peters & Waterman, 1982)의 이론 등을 종

합하여 조직문화를 세 가지 유형으로 분류하면서, 이들 문화 유형에 따른 조직 성과를 분석했다. 야마시타(Hideo Yamashita)는 강력한 조직문화(strong corporate culture), 전략적으로 적합한 조직문화(strategically appropriate corporate culture), 환경에 적응하는 조직문화(environment-adaptive corporate culture) 등 세 가지 유형의 조직문화 중 강력한 조직문화의 형성은 조직 성과에 좋지 않은 영향을 줄 수 있는 가능성이 있는 반면, 전략적으로 적합한 조직문화나 환경에 적응하는 조직문화는 조직 성과에 긍정적으로 영향을 준다는 것을 제시했다.

(1) 강력한 조직문화

강력한 문화를 갖고 있는 조직의 경우, 외부인들의 입장에서 보면 조직을 자기 나름대로 운영하는 독특한 스타일을 관찰할 수 있다. 예를 들어, 1970년대와 80년대의 프록터 앤 갬블(Proctor & Gamble)과 존슨 앤 존슨(Johnson & Johnson)의 경우 조직 내에 강력하게 공유된 가치가 존재했다. 이렇게 공유된 가치는 구성원들의 신념 또는 행동에 나타났으며, 모든 구성원에게 그러한 가치관에 따라 행동하도록 만드는 압력으로 작용했다. 관리자들 역시 일률적으로 정리된 방향으로 공동의 가치관을 준수하는 관리 행동을 수행했다. 그러나 강력한 문화를 가진 조직은 그렇지 않은 조직보다 내부 구성원들이 내부 지향적이 되고 오만하게 되며 지나치게 정치적이 되는 위험성 역시 높은 것이 사실이었다.

(2) 전략적으로 적합한 조직문화

강력한 조직문화 이외에 조직전략에 적합한 조직문화도 조직의 성과와 관계가 깊다. 이미 앞에서 소개한 파스칼과 애토스(Pascale & Athos, 1981)의 7S 모형에서 제시하고 있는 7S를 효과적으로 통합하여 바람직한 조직문화가 형성되면 조직 성과에 긍정적인 영향을 줄 수 있다. 즉, 조직구조(structure), 전략(strategy) 및 관리 시스템(system)을 리더십 스타일(style), 기술(skill) 및 구성원(staff)과 연계하여 상호의존성을 강화하면 성공적인 조직이 될 수가 있고, 이러한 연계가 잘 되지 않는다면 조직 성과가 떨어진다는 것이다. 결국 전략과 조직문화의 연계가 중요하다는 것으로, 바람직한 조직문화와 이에 적합한 전략 수립이 조직의 성공에 중요한 관건이 된다. 또한 적절한 전략을 수립하고 조직문화의 변화를 주도하는 계층이 바로 조직의 최고경영자이므로 이들의 리더십 역할이 중요한 것도 사실이다.

(3) 환경에 적응하는 조직문화

강력한 조직문화나 조직전략에 적합한 조직문화도 중요하지만, 결국에는 조직환경에 제대로 적응하는 조직문화가 훌륭한 조직 성과를 가져오는 데 효과적이라는 것이다. 조직환경에 적응하는 조직문화는 조직가 정신이 제대로 작동되는 여건을 조성하는데, 여기서 정신이란 조직 성장을 위해 활동적인 모험을 감행하기도 하고 강력한 동기부여 정책 등을 구사할 수 있는 심리적 상태를 말한다. 반면에 조직환경 변화에 적응이 어려운 조직문화를 가진 조직들은 중앙집권적이고 모험을 택하지 않으며 창조적이지 못하다.

지금까지의 논의를 요약하면 환경에 적응하는 조직문화가 조직의 성과를 제고하는 데 가장 바람직한 것으로 보이나 이러한 주장에도 다음의 세 가지 약점이 있다.

첫째, 조직문화와 경쟁력의 관계다. 특정 조직의 조직문화가 조직 성과를 제고한다면, 이것은 경쟁력이 있다는 것을 가정한다. 그러나 이 주장은 주장은 조직의 경쟁력을 구성하는 중요 요소인 시장 상태 및 조직행위 등에 관한 언급이 없다.

둘째, 조직의 구성 요소와 조직문화의 관계다. 사물을 보고 생각하는 방법, 사실을 규명하는 방법 등과 관련이 깊은 조직문화와 조직가 정신 및 조직의 유연성과 관련이 깊은 조직의 구성 요소와의 관계에 관한 구체적 설명이 부족하다.

셋째, 조직문화에서 누구의 가치를 존중해 주어야 하는가에 관한 문제다. 주주, 소비자, 그리고 종업원들이 추구하는 가치를 존중해 주는 것이 필요하겠지만, 누구의 가치를 더욱 더 존중해 주어야 하는지에 관해서는 언급이 없다. 물론 이러한 문제를 결정하는 데 가장 중요한 의사결정의 기준은 조직의 경쟁력 제고에 두어야 할 것이다.

제 4 절 조직문화의 효과적 관리 방법

지금까지의 논의를 종합해 보면, 결국 다음의 두 가지 중요한 사실, 즉 조직마다 그 문화가 다르다는 것과 이러한 조직문화의 차이가 조직의 성과에 영향을 미칠 수 있다는 것을 알 수 있다. 따라서 이 절에서는 조직문화를 어떻게 관리해야 조직의 성과를 높일 수 있는가를 살펴보고자 한다(Moorhead & Griffin, 2004 : 511-515).

일반적으로 조직문화를 관리하는 방법에는 현존하는 문화의 활용, 조직문화의 교육, 새로운 조직문화의 개발 등이 있다. 현재의 조직문화가 조직의 성과를 향상시키는 경우에는, 당연히 그러한 문화를 계속 활용하고 교육시켜야 할 것이다. 그러나 반대로 현재의 조직문화가 조직의 성과를 저하시키는 경우에는, 조직의 성과를 향상시킬 수 있는 문화로 현재의 조직문화를 변화시켜야 한다.

1 현존하는 문화의 활용

대부분의 조직관리자는 조직문화를 창조하는 위치에 있지 않다. 즉, 관리자들은 이미 나름대로의 문화를 갖고 있는 조직에서 업무를 수행한다. 이러한 관리자들이 조직문화를 관리하는 데 핵심적인 문제는 어떻게 하면 기존의 문화를 효과적으로 이용할 수 있는가 하는 것이다.

기존의 문화를 충분히 활용하기 위해서는 기존 문화가 어떠한 가치들을 포함하고 있고, 이러한 가치들이 허용하는 행동과 허용하지 않는 행동은 어떠한 것들이 있는가를 파악해야 한다. 물론 조직 내 그러한 가치들을 완벽하게 파악한다는 것은 쉽지 않다. 조직 내 문화적 가치를 파악하기 위해 조직관리자들은 문화적 가치가 조직 내에서 어떠한 방식으로 작용하는가를 이해해야 하는데, 이것은 일반적으로 경험을 통해서만 가능하다.

조직의 문화를 이해하는 관리자는 그러한 이해를 부하들에게 전달할 수 있다. 부하들이 조직 내 업무를 수행해 가면서 조직의 문화를 이해하고 그러한 조직문화를 받아들이기 시작하면, 관리자는 그들을 직접 감독할 필요가 줄어들게 된다. 왜냐하면 부하들이 조직 내 문화적 가치를 이해한다는 것은 이미 의사결정의 지침을 파악하고 있다는 것을 의미하기 때문이다.

2 조직문화의 교육 : 사회화

사회화(socialization)란 개인이 사회의 일원으로 발전하는 과정을 말하고(Whiting,

1968 : 545), 같은 논리로 조직 내 사회화(organizational socialization)란 조직구성원들이 조직의 문화를 배운 후 이러한 자신의 지식과 이해를 다른 구성원들에게 전수하는 과정을 말한다. 즉, 조직에서 허용되는 행동과 허용되지 않는 행동에는 어떠한 것들이 있는가, 본인이 느끼는 것을 어떻게 전달해야 하는가, 다른 구성원들과 어떻게 상호작용을 해야 하는가 등을 파악하는 과정을 말한다. 이러한 과정은 본인의 관찰이나 이러한 지식을 전달하려는 관리자들의 노력을 통해 가능하다. 조직 내 사회화에 관한 연구 결과에 의하면, 많은 조직구성원이 사회화 교육 과정을 통해 가치관을 바꾸게 되지는 않는다고 한다. 많은 조직구성원이 그러한 교육 과정을 통해 개인의 가치와 조직의 가치가 다르다는 점을 인식하게 되고, 그러한 차이점에 대처하는 방법을 터득하게 된다고 한다.

또한 조직에서 공식적으로 제시하는 문화는 조직구성원들의 실제 행동에서 표출되는 조직의 가치와 상충되기도 한다. 예컨대 조직구성원을 조직의 가장 중요한 자산이라고 공식적으로 제시하는 조직이 실제로는 구성원들을 비인간적으로 대우할 수 있다. 이러한 경우 신입 직원들은 공식교육이나 조직문화에 관한 공식문서가 조직문화의 실상을 전혀 반영하지 않는다는 것을 쉽게 알게 된다. 일반적으로 이러한 조직에서 사회화되는 직원들은 공식적으로 표현되는 문화보다 실질적인 조직문화를 받아들이게 된다.

3 새로운 조직문화의 개발

조직문화의 관리 방법 중 지금까지 살펴본 것들은 현재의 조직문화가 조직의 성과를 향상시킨다는 것을 전제로 한 것이다. 그러나 오우치의 Z이론이 제시하는 바와 같이 모든 조직문화가 조직의 성과를 향상시키는 것은 아니다. 오우치에 의하면, 전형적 일본 조직과 Z유형의 미국 조직은 조직의 성과를 향상시키는 문화적 가치들을 갖고 있다. 반면에 전형적 미국 조직들은 도리어 조직의 성과를 저하시키는 문화적 가치들을 갖고 있다. 그렇다면 이렇게 조직의 성과를 저하시키는 문화를 갖고 있는 조직의 관리자들은 어떻게 해야 할까?

물론 이러한 조직의 최고관리층은 현재의 조직문화를 조직의 성과를 향상시킬 수 있는 문화로 변화시켜야 한다. 그러나 이것은 말처럼 쉽지 않다. 조직문화는 조직의 기본적 가치를 구현하고, 조직구성원들이 당연하게 받아들이며, 조직 내 일화나 기타 여러 가지 상징에 의해 효과적으로 조직구성원들에게 전달된다. 이러한 이유로 조직문화는 조직구성원들의 행동에 강력하게 영향을 미치지만, 또한 조직구성원들은 그러한 이유로 인해 조직문화를 변화시키는 것에 저항한다. 조직관리자가 조직문화를 변화시키려 한다는 것은 조직 내에서 무엇이 적절하고 무엇이 적절하지 않은 행동인가에 관한 구성원들의 기본적인 믿음을 변화시키는 것과 같다.

조직문화를 변화시킨다는 것은 물론 쉽지 않지만 몇몇 조직은 조직의 성과를 향상시키는 방향으로 조직문화를 변화시켰다(Main, 1981). 여기서는 문화의 변화 과정을 구성하는 몇 가지 요소를 간단히 요약한다.

1) 상징의 관리

조직문화는 조직 내의 일화나 다른 상징적 수단들에 의해 전달되고 이해된다. 따라서 조직문화를 변화시키고자 하는 관리자들은 기존의 문화적 가치들을 지지해 주는 조직 내 일화나 다른 상징들을 새로운 문화적 가치들을 지지해 주는 것들로 대체해야 한다. 이것은 새로운 일화나 다른 상징들이 나올 수 있는 상황을 조직 내에 조성함으로써 가능하다.

예를 들어 어느 조직이 "부하들의 의견은 중요하지 않다"라고 하는 문화를 갖고 있다고 하자. 이런 조직에서는 부하들의 생각과 의견이 개진되기도 힘들겠지만, 개진된다고 하더라도 어리석고 불필요한 것으로 받아들여진다. 이러한 문화적 가치를 뒷받침하는 조직 내 여러 일화는 생산적인 의견을 개진했다가 상사에게 도리어 질책이나 받은 경우를 상징적으로 보여 줄 것이다.

이러한 경우 부하들에게 그들의 의견도 가치 있고 중요하다는 것을 보여 주는 새로운 일화를 창조하고자 하는 관리자라면 부하에게 어떤 주제에 대한 회의를 미리 준비시키고 그 부하가 회의를 주재하도록 하는 것도 좋은 방법이다. 그 부하가 회의를 성공적으로 주재하면, 부하들의 의견은 중요하지 않다는 것을 암시하는 기존의 일화들이 대체되기 시작할 것이다.

2) 변화의 어려움

조직문화를 개조한다는 것은 길고도 어려운 과정이다. 가장 큰 문제는 고위관리자들이 아무리 새로운 문화적 가치를 심는 데 열성이라 해도 무의식적으로 예전의 행동 방식을 답습한다는 것이다. 전술한 예에서 부하들의 의견도 중요하다는 새로운 가치를 도입하려는 관리자가 부하의 의견을 격렬하게 공격하는 것이 바로 그러한 행동이다.

이러한 실수는 예전의 가치와 신념을 뒷받침하는 일화를 만들어 낼 뿐이다. 부하들은 그러한 사건이 발생하면 상사가 자신들의 의견을 필요로 한다고 말은 하지만 실제로는 그렇지 않다고 믿게 된다. 일단 이렇게 신뢰성이 손상되면, 상사가 무슨 말을 하든지, 또한 그 후에 상사의 말과 행동이 아무리 일치된다고 하더라도, 조직문화의 변화는 더욱 힘들게 된다.

3) 변화의 안정성

조직문화의 변화는 문화를 변화시켜야 한다는 필요성에서 출발해 새로운 가치와 신념을 수용하려고 노력하는 과도기를 거치게 된다. 그리고 마침내 조직문화를 성공적으로 변화시킨 조직에서는 조직 내의 새로운 가치와 신념이 예전 것과 마찬가지로 안정적이고 영향력을 갖게 된다. 가치 체계라는 것은 스스로 강화되어 가는 경향이 있다. 즉, 일단 자리를 잡은 가치 체계는 엄청난 노력을 해야 변화시킬 수 있다. 따라서 조직의 성과를 저하시키는 문화에서 성과를 향상시키는 조직문화로 변화시킬 수 있는 조직은 이렇게 새롭게 형성된 문화를 오랫동안 지속할 수 있을 것이다.

제 5 절 한국 행정조직에서 조직문화 연구

김장기 · 신윤창(2009)은 공공기관 혁신문화의 정착과 추진 방안 연구에서 조직문화 유형과 특성을 분석할 수 있는 경쟁가치 모형과 문화격차 분석기법 등의 지표와 내용을 활용하여 일상적 · 상시적인 혁신문화의 정착 방안을 다뤘다. 최근 혁신문화에 대한 관심은 공공기관의 혁신활동에서 중요한 의미를 함축하고 있다. 정부산하기관의 조직구성원을 대상으로 연구한 결과 조직 내에서 혁신문화의 정착은 다차원적이고 복합적인 관점에서 조직문화의 특성으로 설명될 수 있으며, 혁신문화와 집단문화의 특성과 지표들이 혁신문화의 정착에 영향력이 있음을 검증할 수 있었다. 특히 정부산하기관 내의 소속기관별 특성과 혁신문화 정착을 위한 기반 조성 사업들이 선택될 필요성이 있음을 주장했다.

이상철·권영주(2008)는 공공기관의 유형에 따라 경영 성과에 미치는 조직문화의 영향력에 차이가 있는지 그리고 공공기관 유형별로 더 강한 영향력을 가지는 조직문화가 무엇인지를 경험적으로 규명하는 것을 목적으로 연구를 했다. 분석 결과, 공익형 공공기관과 기업형 공공기관 모두 아직도 강한 위계문화로 인해 민간기업의 조직문화를 가지지 못하고 있음을 발견할 수 있었다. 또한 공익형 공공기관은 발전문화와 집단문화가 경영 성과에 정(+)의 영향을 미치고 위계문화는 부(-)의 영향을 미치는 것에 반해, 기업형 공공기관의 경우 집단문화와 합리문화가 경영 성과에 통계적으로 유의미한 정(+)의 영향을 미치고 있음을 알 수 있었다.

이홍재·차용진(2007)은 중앙행정기관 공무원을 대상으로 지식관리 활동에 영향을 미치는 조직문화 요인을 분석하고, 지식관리 활성화를 위한 조직문화 관리 방안에 대해 연구했다. 의사소통 개방성, 학습지향성, 자율성, 신뢰 등을 포함하는 조직문화 차원과 지식관리 활동(지식 창출, 축적, 공유, 활용) 간의 영향 관계에 관한 다중회귀 분석 결과, 의사소통 개방성은 지식 축적 및 지식 공유활동, 자율성은 지식 축적활동, 학습지향성은 지식 축적, 공유, 활용활동, 신뢰는 지식 창출활동에 유의미한 영향을 미치는 것으로 나타났다. 이를 토대로 지식관리 활성화를 위한 조직문화 관리 방안을 제시했다. 그 방안으로 첫째, 지식관리 활동을 활성화시키기 위해서는 구성원 간의 개방적인 의사소통 문화가 조성되어야 한다. 둘째, 창조적인 지식관리 활동을 위해서는 학습 지향적 조직문화가 확산되어야 한다. 셋째, 조직구성원의 지식 축적활동을 촉진하기 위해서는 구성원들이 자율적으로 업무를 처리하거나 문제를 해결할 수 있는 풍토가 조성되어야 한다. 넷째, 신뢰문화를 정착시켜야 한다. 마지막으로 지식관리 활동에 직·간접적으로 영향을 미치는 조직문화적 요인은 매우 다양하며, 조직의 특성에 따라 다르게 나타날 수 있다. 지식관리 활성화를 위해서는 조직문화 수준에 대한 객관적인 파악과 함께 포괄적이면서도 전략적인 접근이 필요하다.

이동수(2007)는 경쟁가치모형을 사용하여 중앙행정조직의 문화 프로필을 진단했다. 그 연구 수행 결과는 첫째, 경쟁가치모형의 측정 도구의 타당성과 신뢰성이 이 연구에서 재확인되었다. 둘째, 중앙행정조직 구성원의 문화적 프로필은 일관성을 지니며, 지각하고 있는 현재의 문화적 특성과 선호하는 문화적 특성 간의 차이, 즉 문화적 불일치가 존재하는 것으로 나타났다. 셋째, 중앙행정기관의 전반적인 조직문화는 "위계 중심의 안정 지향 문화"로 나타났으며, 위계 지향 문화가 가장 지배적이며 안정성 및 통제가 강조되는 문화적 특성을 지닌다. 한편, 선호하는 조직문화 프로필은 관계 지향 문화가 가장 지배적인 '강한 균형문화'인 것으로 나타났지만, 현재의 문화 프로필에 비해 강하고 균형적인 문화적 특성을 보인다. 마지막으로 성별, 직급, 근무 기간, 학력 등과 같은 요인별 문화적 특성에서는 학력에 따른 조직문화 프로필을 제외하고 대부분 유의미한 차이가 있는 것으로 나타났다.

박순애 · 오현주(2006)는 최근 강조되고 있는 경쟁 지향적 조직문화가 조직효과성에 어떠한 영향을 미치는지 탐구하고자 했다. 분석 결과 조직효과성에 긍정적인 영향을 주는 요인들은 자율성, 고객지향성, 실적주의, 회의문화 등으로 나타났고, 부정적인 영향을 주는 요인은 경쟁 지향적 문화, 집단주의로 나타났다.

연구 문제

1. 본인이 잘 알고 있는 행정조직과 기업조직을 각각 하나씩 선택한 후, 그 조직의 문화적 특성을 구체적으로 제시하시오.
2. 우리나라 행정조직의 조직문화와 기업조직의 조직문화 간의 공통점 및 차이점을 구체적 예를 들어 설명하시오.
3. 새로운 조직문화의 개발이 어려운 이유를 구체적으로 설명하시오.
4. 효과적인 조직문화를 가지고 있는 조직 하나를 선택한 후, 그 조직에서 조직문화가 어떠한 기능을 수행하고 있는가를 조사하시오.
5. 지식정보사회에 적합한 현대 조직의 문화적 특성을 구체적으로 설명하시오.

사례 연구 4-3

기업 조직문화의 변화 필요성

"삼성이 안으로 골병이 들고 있어요." 삼성전자의 한 고위 임원은 삼성 비자금 사건 이후 당장 눈에 보이는 사업상 타격보다 더욱 심각한 것은 대외 이미지 실추와 함께 내부 조직문화의 붕괴라고 말한다. 조직문화는 제품, 인적 자원과 함께 기업 경쟁력을 좌우하는 핵심 요소다. 오는 22일로 창업 70주년을 맞는 삼성 안에서 이전까지 볼 수 없었던 일들이 속출한다.

"우리가 밤잠 안 자고 피땀 흘려서 오늘의 삼성을 만들었는데, 구조본의 몇 명이 다 망쳐놨다." 얼마 전 전직 임원 모임에서 이름만 대면 알 만한 삼성전자의 전직 최고경영자가 한 말이다. 전략기획실(옛 구조조정본부) 수뇌부인 이학수 부회장과 김인주 사장의 책임론을 제기한 것이다. 이건희 회장이나 전략기획실의 말 한 마디에 일사불란하게 움직이는 조직우선주의와 강한 충성심이 몸에 밴 삼성맨들에게는 충격이었다. 입사 30년째인 한 계열사 전무는 "전략기획실에서는 비자금이나 로비 의혹을 부인하지만 이미 드러난 것만으로도 대국민 사과, 책임자 퇴진은 물론 앞으로 어떻게 새롭게 바뀌겠다는 약속이 나왔어야 한다"고 말했다. 이 회장의 직접 책임론도 제기된다. 김상조 경제개혁연대 소장은 "삼성 임원을 만났더니 이 회장이 전략기획실에 기댈 게 아니라, 과거 현대차나 에스케이사태처럼 직접 책임지는 모습을 보여야 한다고 말해 놀랐다"고 전했다.

계열사의 비자금 조성이나 증거 인멸 등에 관한 내부 제보가 계속 이어지는 것도 전에는 상상할 수 없었던 일이다. 한국 최고 기업에 다닌다는 자부심에도 적지 않은 상처를 입었다. 신입사원 교육 때 비자금 사건에 관한 질문이 나오는가 하면, 젊고 유능한 직원들의 이탈 현상도 심상치 않다. 삼성전자의 한 과장(39)은 "매일 회사에 대해 안 좋은 뉴스가 나오니까 가족과 함께 텔레비전 보는 것도 꺼려진다"고 털어놓았다. 서울대 사회대의 한 대학원생(31)은 "최근 삼성에 다니던 친구가 그만뒀는데, 가장 선망받는 직장이었던 삼성을 바라보는 눈도 변하는 것 같다"고 말했다.

'관리의 삼성'으로 불릴 정도로 치밀한 조직관리를 자랑했던 삼성이 흔들리는 것은 임직원들에게 '깨끗한 조직'을 유달리 강조해 온 데 대한 반작용도 있다. "삼성은 부정하는 것을 제일 싫어한다." 이 회장이 지난 1995년 신경영 특강에서 정도 경영을 강조하며 한 말이다. 최근 서울 서초동 삼성 새 사옥에 입주한 계열사의 임원은 "신입사원들이 가장 먼저 교육받는 게 거래처 사람들과 일체의 부정행위를 하지 말라는 윤리경영 철학"이라며 "경영상 필요에 의해 어쩔 수 없었다거나, 다른 기업들도 마찬가지 아니냐고 위안을 삼아보지만, 대다수 임직원이 큰 충격을 받았다"고 말했다. 일부 임원의 경우 회사의 위기를 틈타, 개인 이익을 탐하는 '도덕적 해이'까지 보인다. 특검에 불려갔던 임원 중 일부는 '이제 누구도 나를 건드리지 못한다'는 태도를 보이고 있는 것으로 전해졌다. 계열사의 한 간부는 "조직의 비리와 약점을 쥐고 있으니, 알아서 하라는 얘기 아니겠느냐"고 말끝을 흐렸다. 회사의 비리 의혹에 관련된 일부 임직원들은 보상을 요구하는 일도 있는 것으로 전해졌다.

삼성 임직원들은 특검 결과도 문제지만, 그 이후가 더 걱정이라고 말한다. 삼성은 비자금사태 여파로 지난해 말과 올해 초 정기인사를 못했다. 계열사의 한 임원은 "정리 대상이었다가 인사 보류로 싸놨던 짐을 다시 푼 임원만 수백 명"이라면서 "이 때문에 삼성 안에서 김용철 변호사에게 고마워하는 사람들이 수천 명이라는 얘기도 있다"고 말했다. 삼성 구조본에서 근무했던 계열사의 한 임원은 "회사에 불만을 갖고 그만둔 사람들이 자칫 비리를 폭로할까봐 인사를 못한다는 얘기가 많다"며 "인사도 제대로 못하는 회사가 발전할 수 있겠느냐"고 답답해 했다. 전략기획실이 능력을 발휘해 특검이 눈감아 주는 부분이 많을수록 숨겨야 할 약점이 많게 돼, 조직 정상화의 부담은 더 커질 것이라는 걱정도 한다.

이번 사태를 새로운 시대 흐름에 맞춰 좀 더 경쟁력 있는 조직문화를 만드는 전화위복의 계기로 삼아야 한다는 충고도 있다. 박오수 서울대 교수(경영학)는 "국내 기업들의 조직문화도 자율·윤리·투명·사회적 책임·핵심 가치 창출 경영 등 21세기 글로벌 스탠더드에 맞게 새롭게 다듬어야 한다"고 말했다. (한겨레신문, 2008. 3. 21)

사례 문제

1. 위의 사례에 제시된 기업의 조직문화를 이 장에서 배운 조직문화의 주요 모형을 이용하여 분석하고, 바람직한 조직문화를 재창조하기 위해서는 어떻게 해야 하는지 구체적인 방안을 토의하고 발표하시오.
2. 위의 사례에 제시된 기업조직의 조직문화가 지식정보사회의 특성과 어울리는 조직문화인지 함께 토의하시오.

제 4 장

조직구조의 이해

앞의 장에서는 구성원들 사이의 공유된 가치와 규범이라 할 수 있는 조직문화에 대해 살펴보았다면, 이 장에서는 공식화된 통제 체제라고 할 수 있는 조직구조에 대해 살펴본다. 조직구조(organizational structure)란 조직목표를 달성하기 위해 구성원들의 행동을 조정하고 자원을 활용하는 방법을 통제하는 업무와 권위의 공식화된 장치다. 모건이 제시하는 여덟 가지 조직의 이미지 중에서 기계장치로서 조직, 유기체로서 조직, 두뇌로서 조직은 주로 조직구조와 관련이 있다.

조직구조는 조직목표 달성을 위해 구성원들을 조정하고 구성원들이 조직목표를 달성하도록 동기를 부여하기 위한 수단을 통제하는 것을 주요 목적으로 한다. 조직에는 많은 조직구성원이 있고, 조직의 목표를 제대로 달성하려면 이들 구성원 간의 관계를 체계화하는 것이 중요하다. 따라서 조직구조를 어떻게 설계하느냐에 따라 조직효과성이 달려 있다고 해도 과언이 아니다.

이 장에서는 스콧의 조직이론 분류 방식 중 폐쇄적 조직이론(closed systems)에서 논의했던 공식화, 집권화 및 분권화, 복잡성 등의 개념을 살펴본 후, 이러한 변수들을 통합하여 기계적 · 유기적 조직구조에 대해 논의함으로써 조직에 대한 기본적 이해를 돕는다. 다음 장에서는 조직과 환경과의 관계를 고려한 개방적 조직이론(open systems)에서 논의했던 주요 상황 변수(조직 규모, 조직 기술, 조직환경)와 조직구조와의 관계를 위주로 살펴보고자 한다.

제 1 절 조직구조의 의의

조직을 사람에 비유한다면, 조직문화(organizational culture)는 사람의 개성(personality)에 해당하고 조직구조(organizational structure)는 사람의 뼈대에 해당한다. 사람의 골격을 어떻게 구성하느냐에 따라 그 사람의 모습이 달라지듯, 조직구조가 어떠한가에 따라 조직은 다른 형태를 보인다.

1 조직구조의 의미

조직구조를 조직이 작동하도록 만드는 업무, 보고, 권위의 공식화된 장치라고 간단히 정의할 수 있다(Griffin & Moorehead, 2008 : 434). 즉, 조직구조는 조직구성원들의 상호작용에 일정한 질서나 유형이 생길 때 나타나는 현상으로, 조직을 구성하는 부문 간의 확립된 관계의 유형이라고 할 수 있고, 따라서 조직구조는 조직활동의 형태와 기준 및 조직 부서 간 조절 방법 등을 규정한다. 이와같이 구성원들 간의 체계를 만들어 나가는 과정에서 조직구조가 형성되고, 이러한 조직구조에 따라서 전체 조직의 행동은 물론 조직의 성과도 영향을 받게 된다. 조직은 그 업종과 목표, 그리고 규모에 따라서 조직구조가 달라질 수 있다. 즉, 민간조직, 금융기관, 공공기관, 교육기관 등 조직의 업종에 따라 조직구조가 다를 수 있고, 동일 업종 내에서도 조직 규모 및 조직의 목표에 따라서 조직구조가 다를 수 있다. 업종 및 조직 규모 이외에도 다양한 상황 변수(예 : 조직 기술, 조직환경 등)가 조직구조에 영향을 미친다.

2 조직구조의 중요성

조직의 활동은 구성원들이 혼자서 일하는 것보다 함께 일할 때 더 많은 것을 달성할 수 있다는 전제를 바탕으로 한다. 집합적인 활동이 좋은 결과를 낳도록 하기 위해서는 적절하게 조정되어야 한다. 이러한 이유 때문에 조직의 목표를 달성하기 위해 구성원들의 활동을 조정하고 통제하는 역할을 하는 조직구조는 매우 중요하다.

조직구조는 통제를 그 목적으로 한다. 첫째, 조직활동의 형태와 기능을 정의함으로써 조직목표를 달성하기 위한 구성원들의 행동을 조정한다. 예를 들면, 과업을 적절하게 분할하여 개인에게 부과함으로써 조직이 만들려고 하는 제품을 생산할 수 있다. 둘째, 조직목표 달성을 위해 구성원들의 동기를 부여하는 수단을 통제한다. 예를 들면 마이크로소프트사의 CEO인 발머(Steve A. Ballmer)가 직면한 문제는 구성원들이 자신의 능력을 최대한 발휘할 수 있도록 하기 위해 어떻게 조정하고, 구성원들이 훌륭한 제품을 개발했을 때 어떻게 보상할 것인가다.

3 바라보는 시각에 따른 조직구조

스콧의 조직이론 분류 방식에서 조직구조를 바라보는 시각의 차이를 살펴보자. 합리적 폐쇄체제 조직이론은 조직목표 달성을 위한 공식화된 조직의 중요성을 강조한다. 즉, 조직구조는 구성원들의 행동을 지배하는 법칙을 명확하고 가시적으로 규정하고, 구성원들 간의 역할관계를 그 자리를 차지하고 있는 사람에 관계 없이 미리 마련해 두는 것이다(Scott, 2003 : 37).

자연적 폐쇄체제 조직이론에 따르면, 조직이 달성하고자 하는 목표가 다원적이고 복잡한 것처럼, 조직목표를 달성하기 위해 존재하는 조직구조도 다원적이고 복잡하다고 본다. 즉, 자연적 조직이론자들은 조직 내에서 고도로 공식화된 구조의 존재를 부정하지는 않지만, 공식화된 조직이 구성원들의 행태에 미치는 영향에 대해서는 의문을 제기한다(Scott, 2003 : 62). 즉, 조직목표 달성을 위해 의도적으로 고안된 공식적 구조(formal structures)는 비공식적 구조(informal structures)의 출현에 의해 영향을 받고 변형된다.

개방적 조직이론에서는 환경과의 관계를 중시하고, 환경이 조직구조에 미치는 영향에 관심을 가진다. 폐쇄적 조직이론에서는 모든 조직에 적용 가능한 일반적인 조직구조가 있다고 가정하는 데 비해, 개방적 조직이론에서는 모든 조직에 적합한 조직구조는 없고, 상황에 적합한 조직구조는 다르다. 예를 들어, 불확실하고 변화의 속도가 빠른 조직환경에 어울리는 조직구조가 안정적이고 변화의 속도가 느린 조직환경에는 적합하다고 할 수 없다.

다음으로, 모건(Morgan, 2007)이 제시하는 조직 이미지에 따라 조직구조가 어떻게 달라지는지 살펴보자. 먼저 기계장치로서 조직 이미지가 갖는 조직구조에 대한 시각은 스콧의 합리적 폐쇄적 조직이론에서 바라보는 조직구조와 유사하다. 즉, 주어진 조직목표의 달성을 위해 지휘 통솔, 의사전달, 지휘 통제의 관계를 명확히 규정하는 방식으로 조직구조를 설계하는 것이 중요하다.

반면, 유기체로서 조직 이미지에서는 환경에서 오는 다양한 요구에 대응하기 위해 존재하는 유기체로서 조직구조를 강조한다. 따라서, 유기체로서 조직 이미지는 스콧의 자연적 조직이론과 개방적 조직이론의 모두를 아우르는 형태의 시각을 가진다.

또한, 두뇌로서 조직 이미지는 정보 처리 능력을 강조하면서 조직학습(organizational learning)과 자기조직화(self-organizing)를 이끌 수 있는 디지털 시대의 조직구조(사이버네틱스, 이중순환학습, 학습양식)에 관심을 가진다.

제 2 절 공식화

공식화는 조직 내에 규칙, 절차, 지시 및 의사전달이 명문화된 정도를 의미한다(Moorhead & Griffin, 2004 : 444). 조직은 공식화를 통해 구성원의 행동을 규제하고 표준화된 절차에 따라 목표 달성의 방향으로 나아가게 된다. 공식화는 집단을 고도로 조정하기 위한 방편으로 많이 사용되고 있으며, 공식화의 정도가 높으면 높을수록 조직구성원들의 행동은 더욱 규제된다.

조직관리자는 조직구성원들의 행동을 규제하여 최소의 비용으로 가장 효과적인 성과를 올리기 위해 공식화를 선택하지만 관료주의적이고 비인간적이라는 비판을 받기도 한다. 여기서는 공식화의 의미, 필요성, 단점 등을 살펴본다(김인수, 2005 : 106-107; 양창삼, 1994 : 207-218).

1 공식화의 의미

공식화는 구성원들의 업무와 행동을 미리 규칙이나 절차로 규정해 두는 정도를 의미한다(Griffin & Moorhead, 2008 : 450). 즉, 조직구성원 및 조직 관련자들이 언제, 무엇을, 어떻게 해야 하는가를 공식적으로 어느 정도나 규정하느냐에 관한 개념이라고 할 수 있다. 공식화는 구성원들이 자기 업무를 어떻게 처리하는지를 통제하고 예측하기 위한 것이다.

공식화의 정도가 높은 조직에서는 업무와 관련된 규칙과 절차가 많고, 규칙을 어긴 구성원에 대해 엄한 처벌을 한다. 직무가 고도로 공식화되어 있다는 것은 직무 수행자가 이미 규정된 규칙에 따라 업무를 수행해야 하기 때문에 개인의 재량권이 낮음을 의미하고, 공식화 정도가 낮다는 것은 사전에 규정된 절차나 규칙이 적어 구성원들이 상당한 재량권을 발휘하면서 업무를 수행하는 것을 의미한다. 이러한 점에서 공식화의 정도는 다음 절에서 설명하게 되는 집권화의 정도와 깊은 관련이 있다.

업무가 비교적 단순하고 반복적일 경우에는 업무 처리에 대한 규정이나 절차를 표준화시켜 놓음으로써 상부와의 빈번한 의사전달이 없이도 효율적으로 업무를 수행할 수 있다. 표준화된 업무처리규정이나 절차는 계층상의 정보 흐름 없이 대부분의 의사전달을 가능하게 하기 때문에 시간이나 비용을 절감하는 효과를 가져다 준다. 또한 많은 부분의 의사결정 권한을 하부에 위양함으로써 관리자들이 능률적인 업무 처리를 할 수 있게 된다. 공식화는 직무와 일의 흐름을 규정하는 표준화의 개념과 엄격한 규칙과 절차를 강조하는 관료제의 개념 모두를 포괄한다.

2 공식화의 장점 및 단점

조직에 공식화가 필요한 이유, 즉 장점은 다음과 같다(Mintzberg, 1979 : 81-84).

첫째, 조직구성원의 행동을 정형화함으로써 통제를 용이하게 하는 것이 가능하다. 행동을 표준화하면 표준화 이외의 행동은 줄어들게 된다.

둘째, 공식화의 정도가 높을수록 조직 내에 어떤 행동이 있을 수 있고, 그 결과가 어떠하리라는 예측 가능성이 높아진다.

셋째, 조직 내 활동을 고도로 표준화할 경우 어떤 상황에서 무슨 행동을 해야 하는 것을 알게 되므로 혼란을 막을 수 있다. 공식화는 언제, 누가, 무엇을 해야 하는가를 알려 주므로 분쟁이 많이 줄어들 수 있다.

넷째, 공식화의 정도가 높으면 높을수록 업무는 표준화되고 자유재량은 적어진다. 일반적으로 자유재량이 높아지면 직무 수행 시에 더 많은 판단력이 요구되므로 이런 인물에 대한 인건비가 상승하지만, 고도로 공식화된 직무를 수행할 경우 문서화된 절차에 따라 업무를 수행하기 때문에 자유재량에 따른 비용이 감소된다.

공식화는 직무 행위를 표준화하고 업무의 효율적 수행을 가능하게 한다는 점에서 매우 유익하다. 그러나 공식화가 조직 목적의 효율적 수행보다는 규칙에 집착할 경우 조직구성원의 자율성과 창조성을 억압하는 요인으로 작용함으로써 부정적인 결과를 초래할 수 있다. 여기에 관련된 문제점을 살펴보면 다음과 같다.

첫째, 조직구성원들의 자율성이 축소된다는 점이다. 공식화의 정도가 높을수록 상사는 부하를 Y이론보다는 X이론의 가정에 치중한다는 것으로, 부하는 스스로 결정을 내릴 수 없고, 자기통제력이 없으며, 책임을 맡길 수 없다고 판단하고, 그들에 대한 행동지침을 제공하기 위해 규칙과 규정을 강화하게 되며, 그 결과 공식화의 정도는 더욱 높아지게 된다는 것이다. 공무원들의 경우 그들이 규칙과 규정에 의존해서 업무를 수행한다는 자체는 문제가 될 수 없으나, 이것이 지나칠 경우는 모든 것을 문서에 의존하는 문서주의를 야기할 수 있다.

둘째, 관료제의 병리 현상이 만연될 수 있다는 것이다. 즉, 공식화는 규칙 준수를 제도적으로 강요함으로써, 조직구성원을 기계화시키고, 소외감을 증대시키며, 변화를 기피하게 만들 수 있다. 이것은 관료제의 역기능적 현상이 공식화에 그대로 적용될 수 있음을 의미한다.

제 3 절 집권화와 분권화

집권화는 조직 내 자원 배분에 관련된 의사결정의 집중도 및 직무 수행에 관계된 의사결정의 집중도를 포함하는 직위 간 권한의 분배 정도로 규정된다(Hage & Aiken, 1969). 여기서는 집권화 및 분권화의 의의, 형성 요인, 장·단점 등을 살펴본다(양창삼, 1994: 218-237; 유종해, 1988: 222-230).

1 집권화와 분권화의 의의

집권화와 분권화는 조직계층 상하 간의 권한 분배를 기준으로 하여 분류하는 것으로, 집권화(centralization)는 의사결정의 권한이 조직계층의 상부에 집중되는 것을 의미하고, 반대로 분권화(decentralization)는 의사결정이 조직계층의 하부에 위임되는 것을 의미한다. 하위 계층에 권한이 많이 위양될수록 분권적 조직구조로 간주되며, 권한이 제한되어 상위 계층에 많은 권한이 집중되어 있을수록 집권적 구조라 한다.

예를 들면, 조직계층의 상위에 있는 관리자에게 중요한 의사결정을 할 수 있는 모든 권한을 부여했다고 가정하자. 부하 직원들은 관리자로부터 명령을 받고, 그 명령에 따를 것을 요구받으며, 그들이 생각하기에 중요하다고 생각하는 정책을 만들거나 자원을 사용할 권한이 전혀 없다. 이러한 경우의 조직은 매우 집권화된 조직구조를 가지고 있다고 말할 수 있다. 반대로 조직의 자원을 사용하고 새로운 정책을 수립할 수 있는 의사결정의 권한이 조직계층의 하부에 모두 위임된 조직은 매우 분권화된 조직구조를 가지고 있다고 말할 수 있다. 그런데, 집권화와 분권화는 상대적인 개념으로 어떤 조직도 완전한 집권이나 분권화는 있을 수 없으며, 집권화와 분권화는 각각 장점과 단점을 가지고 있기 때문에, 양자 사이에는 항상 균형이 필요하다.

2 집권화의 형성 요인과 장·단점

먼저 집권화의 정도가 높아지는 요인을 살펴보면 다음과 같다.

첫째, 조직의 규모가 작으면 집권화되기 쉽다. 즉, 조직의 규모가 커질수록 조직의 문제가 복잡해져 분권화의 필요성이 높아지지만, 규모가 작으면 최고관리자가 모든 문제를 소상히 알고 부하를 적절히 관리할 수 있어 집권화가 더욱 능률적이다.

둘째, 역사가 짧은 신설 조직은 선례가 없기 때문에 설립자의 지시에 많이 의존하게 되어 집권화 경향이 높아진다.

셋째, 어느 조직이든지 위기는 집권화를 초래한다.

넷째, 조직의 운영이 특정한 개인의 리더십에 크게 의존하는 정도가 높을수록 집권화의 경향이 높아진다.

다섯째, 분권화를 위해서는 하급자의 자주적인 관리 능력이 중요한데, 왜냐하면 하급자나 하급기관의 조직구성원이 능력면에서 실제 부족하거나 부족하다고 느낄 때 집권적 경향이 발생하기 쉽기 때문이다.

여섯째, 특정한 활동의 전문화가 필요할 때 집권화가 일어난다.

일곱째, 결정 사항의 중요도가 높을수록 집권화를 초래한다. 결정 사항에서 중요도가 높은 것, 예를 들어 일반적으로 거액의 지출이 필요한 사항이나 조직의 존립이나 조직구성원의 근로 의욕에 크게 영향을 미칠 것에 관한 권한은 상위 계층에 있으며, 이에 대해서는 상위층으로부터 승인을 얻어야 한다.

여덟째, 교통·통신의 발달로 상급자나 상급기관의 의사결정에 필요한 정보가 많이 집중될 때 집권화가 촉진되기 쉽다.

아홉째, 조직 밖의 상황이 집권화와 분권화에 영향을 줄 수 있다. 예를 들어, 정부조직이 집권적이면서 이와 같은 정부가 어느 조직에 대해 집권적으로 통제하면 그 조직 역시 집권화되기 쉽다.

지금까지 살펴본 집권화의 장점을 살펴보면 다음과 같다.

첫째, 집권화는 통일성을 촉진시킨다. 방침, 계획, 결정 등 모든 관리 기능과 활동이 통일되어 표준화에 따른 이점이 있다. 절차나 보고서 등이 통일되면 업무 수행이 용이할 뿐 아니라 부문 간의 성과를 비교하기 쉽다.

둘째, 전문화를 높일 수 있다. 즉, 모든 권력과 특권이 주어진 최고관리층은 정책 및 관리의 전문화를 위해 전문가들의 능력을 충분히 활용함으로써 전반적으로 전문적 기술의 활용 가능성을 높일 수 있다.

셋째, 신속한 업무의 처리로 경비를 절약할 수 있고 위기에 신속히 대처할 수 있다.

넷째, 집권화는 통합 조정 역할을 효과적으로 수행함으로써 행정 기능의 중복과 혼란을 피할 수 있고 분열을 억제할 수 있다. 집권화는 이러한 장점을 가지고 있어 통합·조정·전문화를 원하는 조직에서 선호하고 있다.

조직은 그 규모가 커지고 관리 기술이 복잡해짐에 따라 집권화를 적용할 때 한계에 직면하게 된다. 그 이유는 주로 다음과 같은 단점들 때문이다.

첫째, 집권화는 조직의 관료주의화 성향 및 권위주의적 성격을 초래한다. 또한 일인(一人) 중심의 독재적 지배로 인해 부하들의 창의력 발휘가 억제되기 쉽다.

둘째, 집권화는 조직을 형식주의화하여 행정의 실효성에서 일탈하기 쉽고, 창의적이고 적극적인 노력을 억제시킬 수 있다.

셋째, 집권화는 획일주의로 변질되어 조직의 탄력성을 잃게 하기 쉽다. 이 때문에 특수성이 고려되지 않고 지역의 실정에 맞지 않는 업무를 수행하게 되는 경우가 자주 발생한다.

넷째, 모든 결정권이 최고관리자에게 집중되어 있고 절차와 규정이 획일적이고 고정되어 부하의 창의성 · 자주성 · 자발적 혁신성을 기대하기 어렵게 되기도 한다.

이러한 단점들로 인해 집권화로 출발한 조직도 점차 분권화를 선호하게 될 수가 있다. 특히 조직의 규모가 커지고 조직관리가 더욱 복잡해질수록 분권화에 대한 요청이 절실해진다.

3 분권화의 형성 요인 및 장 · 단점

다음 조직의 분권화를 촉진시키는 요인들을 살펴보면 다음과 같다.

첫째, 최고관리자가 세부적이고 일상적인 업무에서 벗어나 장기계획이나 정책문제에 대해 더 많은 시간과 노력을 바치고자 할 때 분권화가 촉진된다.

둘째, 업무를 신속하게 처리해야 할 필요가 있을 때 분권화가 일어난다.

셋째, 조직 내에 관리자를 육성하고 동기를 부여하고자 하는 분위기가 강할수록 분권화가 촉진된다.

넷째, 조직이 성장함에 따라 규모가 커지고 조직의 복잡성은 더해진다. 조직이 결정해야 할 문제들이 많아지고, 업무 수행 장소도 넓어져 조정하기가 어려워짐에 따라 분권화 요청이 강해진다. 조직을 여러 단위로 부문화하고 지역별이나 제품별로 권한을 위임하는 것은 분권화를 통해 효율성을 높일 수 있기 때문이다.

다섯째, 조직이 급격한 기술 발전을 수용하고 대량생산 체제를 갖추려면 분권화가 이뤄져야 한다. 그리고 조직이 처한 환경이 동태적이고 복잡할수록 많은 결정을 해야 하므로 분권화의 필요성은 높아진다.

여섯째, 집권화에 따른 계획은 분권화에 비해 지역의 특수성이나 시기의 적절성 면에서 그 효과가 떨어진다. 따라서 이러한 점들을 고려하고자 하는 요구가 커질수록 분권화가 일어나기 쉽다.

일곱째, 분권화를 이끌 수 있는 유능한 관리자가 많으면 많을수록 분권화가 촉진되며 수가 적을수록 집권화되기 쉽다.

분권화는 여러 가지 장점으로 인해 조직관리에서 차지하는 비중이 매우 높다. 분권화의 경향이 점점 높아지는 것은 분권화의 이점이 크기 때문일 것이다. 분권화가 갖는 장점을 살펴보면 다음과 같다.

첫째, 대규모의 조직에 효용이 크며, 최고 관리층의 업무를 감소시킨다. 분권화는 권한 위양을 통해 최고 관리자로 하여금 과중한 일상의 업무로부터 벗어나게 하고 좀 더 중요한 일, 좀 더 차원 높은 일, 그리고 자기를 개발하는 일에 전념할 수 있도록 할 수 있다.

둘째, 의사결정 기간을 단축시킴으로써 신속한 업무 처리를 할 수 있다.

셋째, 참여 의식을 권장하고 자발적 협조를 유도할 수 있다. 분권화는 권한 위임을 통해 하위관리자나 각 부문들을 긍정적으로 평가하고 그들의 참여 의식을 높여 준다. 즉, 부하들로 하여금 조직에 긍정적 태도를 갖게 하고 자발적으로 협조할 수 있도록 만든다.

넷째, 조직 내 의사전달을 개선할 수 있다. 분권화는 복잡한 절차를 없애고 자유로운 의사전달이 가능하도록 생각을 교류시킴으로써 상하 간 또는 동료 간에 긴밀한 관계를 유지하게 하고 열성을 불러일으키며 사기를 제고할 수 있다.

다섯째, 실정에 맞는 업무 처리가 가능하다. 분권화는 관리자들로 하여금 현장에서 직접 업무를 수행하도록 하므로 외부 환경의 변화에 탄력적으로 적절히 대응하면서 문제점들을 찾아내어 신속하게 처리하도록 만드는 등 실정에 맞는 조직관리가 가능하게 한다.

분권화는 조직에 이렇게 순기능적인 역할을 하기도 하지만, 다른 한편으로는 조직의 효과성을 저해할 수도 있다. 분권화의 단점들은 다음과 같다.

첫째, 중앙의 지휘·감독이 약화되고 업무의 중복을 초래할 수 있다.

둘째, 조직구성원들의 힘이 분산됨에 따라 협동심이 감소되어 조정이 어렵게 될 수 있다.

셋째, 분권화는 전문직 양성보다는 현장 업무 경험을 강조하기 때문에 전문화가 어려울 뿐 아니라 전문직의 기술을 활용하는 것도 쉽지 않다.

조직의 통제 문제에서 집권화와 분권화 가운데 어느 것은 좋고 다른 것은 나쁘다라고 하는 것은 의미가 없다. 상황에 따라 집권화나 분권화를 적합하게 사용될 때 조직의 효과성이 높아질 수 있는 것이다. 또한 조직구조의 분권화를 추진할 때 유의해야 할 것은 분권화의 실질적 내용이 중요하다는 것이다.

김태룡(1993)은 서울시청 및 구청을 포함한 6개 기관의 과장 및 계장급 공무원 763명에 대한 설문조사에서 권력이나 경제적 이권이 수반되는 기획 및 인허가 업무 등은 상층부에 권한이 집중되고, 책임만 많이 따르는 관리와 규제 업무의 전결권은 하위층에 위임되어 있는 것을 밝혀냈다. 이렇게 대외적으로만 분권화가 이뤄지는 조직에서는 전술한 분권화의 순기능적 역할을 기대할 수 없다.

제 4 절 복잡성

조직구조를 형성하고 있는 핵심적 차원 중의 하나가 복잡성이다(양창삼, 1994: 171-206; 윤우곤, 1977: 411-426). 복잡성이란 조직의 분화 정도(degree of differentiation)로, 조직이 인적·물적 자원을 과업에 할당하고 업무와 권위를 세분화하는 과정을 말한다(Jones, 2010: 114). 조직의 분화에는 단위 부서 사이의 횡적 분화의 정도를 나타내는 수평적 분화(horizontal differentiation)와 조직의 계층화 정도를 나타내는 수직적 분화(vertical differentiation)로 대분할 수 있다.

1 수평적 분화

수평적 분화는 조직이 수행하는 업무의 세분화를 말한다. 업무가 세분화되는 방법에는 기본적으로 두 가지가 있다. 고도의 훈련을 받은 전문가들이 포괄적인 업무를 수행하게 하는 분화 형태와 업무를 미세하게 나눠 비전문가들이 수행할 수 있게 하는 분화 형태가 바로 그것이다. 직무의 분화는 사람의 분화 또는 전문화와 긴밀하게 연관되어 있으므로 수평적 분화는 직무의 분화(division of labor)와 사람의 전문화(specialization)라는 두 가지 측면을 포괄하는 것으로 보아야 한다. 조직 내에서 전문화된 지식과 기술을 요구하는 직무의 수가 많을수록 수평적 분화가 더욱 많이 일어나 조직은 그만큼 복잡해진다.

1) 직무의 전문화(분업)

분업(division of labor)은 18세기 경제학자인 스미스(Adam Smith)가 고안한 개념으로, 베버(Max Weber)는 조직의 주요 특성 중의 하나로서 직무의 전문화라는 용어를 사용했다. 수평적 분화에서 직무가 전문화되면 될수록 그 조직은 더욱 복잡성을 띠게 된다. 전문화가 증대되면 될수록 정교하고 비용이 많이 드는 조정 및 통제 방법이 요구되기 때문이다. 그럼에도 불구하고 대부분의 조직이 전문화를 추구하는 것은 전문화를 바탕으로 하여 분업의 효과를 얻으려 하기 때문이다. 분업을 선호하는 이유는 다음과 같다.

첫째, 능률의 문제다. 이것은 분업의 가장 중요한 부분에 속한다. 능률면에서 볼 때 분업은 상대적으로 적은 업무를 반복하므로 과업 수행에 대한 숙련도를 높게 하고, 업무 기간이 단축되므로 훈련비용이 절약되며, 전문화된 직무와 숙련 기능자의 조화로 기능자의 능력을 최대로 활용할 수 있는 장점을 지니고 있다(Jackson & Morgan, 1978 : 108-109).

둘째, 개인이 가지고 있는 지식의 한계 때문이다. 고도의 기술과 훈련을 요구하는 직무의 경우 이 직무를 모두 잘할 수 있는 사람을 찾기란 거의 불가능하기 때문이다.

셋째, 개인은 업무를 수행하는 데 신체적으로나 능력상 한계를 가지고 있어 한 사람이 모든 일을 다 수행할 수는 없다.

이와 같은 분업의 장점이 계속 유지되기 위해서는, 1) 양적인 면에서 분업을 할 수 있도록 업무량이 충분해야 하고, 2) 질적인 면에서 여러 개의 직무로 세분화시킬 수 있어야 하며, 3) 분업에 관련된 요소, 즉 업무량·원료의 공급량과 질·업무 및 제품의 표준·기술 등이 안정되어 있어야 한다. 업무량의 심한 변동, 원자재 공급의 불안정, 업무나 제품 생산의 비표준화, 기술의 잦은 변동으로 인한 생산시설이나 기술자의 빈번한 대체 등은 분업의 지속을 어렵게 한다.

그러나 분업이 항상 효과적이라고는 할 수 없다. 왜냐하면, 1) 전문화가 지나치게 극단적으로 진행될 경우 작업이 너무 단순화됨으로써 불만족·좌절감·소외감을 갖게 만들어 인간의 기계화 및 비인간화를 초래할 수 있기 때문이며, 2) 분업이 고도화될수록 각 기능의 고유성이 높아져 특정 기능자의 결근이나 퇴직 시 대체 기능자를 구하기가 힘들기 때문이다.

2) 부문화

부문화(departmentation)란 분화된 여러 활동을 수평적으로 조정하는 방법을 말한다. 분업으로 여러 전문가집단이 생겨나고, 이 전문가들을 유사한 직무에 따라 집단화하게 되는데 이와같이 전문가집단을 만드는 것이 부문화다. 즉, 부문화는 분업으로 세분화된 활동들을 직무와 대응시키고, 이를 다시 조직 전체 수준에서 집단별로 결합시키는 과정이다. 특히 공식조직은 조직목표의 신속한 달성을 위해 과업이나 조직구성원들을 관리할 수 있는 단위를 집단화하여 분류·배정할 필요가 있다. 그러나 조직 내에 집단화해야 할 전문적인 지식이나 기술을 필요로 하는 직무의 수가 많으면 많을수록 부문화는 많아지고 그 조직의 복잡성은 더욱 높아진다는 것을 고려해야 할 것이다.

부문화의 유형 및 방법들로서는 크게 1) 기능별 부문화, 2) 제품별 부문화, 3) 지역별 부문화, 4) 공정별 부문화, 5) 프로젝트별 부문화, 6) 고객별 부문화, 7) 혼합형 부문화 등이 있다.

기능별 부문화(departmentalization by function)는 주요한 기능을 중심으로 집단화하는 것으로 가장 일반적으로 사용하는 방법이다. 민간 기업조직의 경우 생산·판매·재무·인사·회계 등으로 나눈다든지, 기획·조직·통제 등 관리 기능별로 집단화하는 것이 이에 속한다. 이러한 기능별 부문화는 고도로 전문화된 기술자들을 통합해야 하는 조직에 효과적이다.

제품별 부문화(departmentalization by product)는 주로 다양한 시장 요구에 대응하여 여러 가지 제품을 생산하는 대규모 조직에 적합한 부문화 방식으로, 제품 및 서비스를 사업 단위로 하여 각기 독자적 생산·판매 기능을 갖추게 하는 사업부제 조직모형을 말한다. 예를 들어, 이랜드사는 이랜드사업부, 브랜따노사업부, 언더우드사업부, 헌트사업부 등을 두어, 각 사업부별로 구매·영업·총무·생산·디자인의 기능도 있게 했다. 제품별 부문화는 제품 및 서비스 라인이 다양하고 변화가 많은 경우에 효과적이다.

지역별 부문화(departmentalization by geography)는 특정 지역에서 발생하는 모든 활동을 일정 관리자에게 맡기는 논리에 바탕을 두고 있다. 특히 업무가 널리 확산된 대규모 조직의 경우 집중화된 조정이 어려워 지역별 조직구조를 택하게 된다. 즉, 조직의 운영 범위가 지역적으로 확대되는 경우 지역을 중심으로 조직을 구성하고 업무를 배분할 수 있을 것이다. 전통적으로 판매조직은 시장을 중심으로 지역별로 구조가 형성되어 있다. 판매조직은 물론 거의 모든 행정 기능이 지역을 중심으로 부문화됨으로써 지역의 특징에 따라 좀 더 효율적인 조직구조를 설계할 수 있을 것이다.

공정별 부문화(departmentalization by process)는 전문화된 기계·설비로 인해 제품이 일련의 과정을 거쳐야 하는 경우에 발생한다. 생산 과정에서 원자재로부터 최종 제품이 생산되기까지의 주요 업무를 기준으로 부서를 형성하는 것이 공정별 부문화의 좋은 예다. 제조 조직의 경우 사용하는 기계와 설비가 특수한 기술을 요구하거나 그것들이 어느 한 곳에 집중되어 있어야 경제적·기술적 측면에서 효율성을 높일 수 있기 때문에 작업활동을 공정 또는 설비 중심으로 부문화하는 경우가 많다. 공정별 부문화는 기본적으로 기능별 부문화와 유사하지만, 어떤 구체적인 공정을 기능별로 부문화하는 것이 특징이므로 다른 부문화 방법과는 달리 주로 전체적인 조직의 부분적인 구조설계에 사용된다.

고객별 부문화(departmentalization by customer)는 고객집단의 요구에 부응하여 조직을 고객 지향적으로 부문화하는 것을 말한다. 즉, 조직은 고객을 위해 존재하고 있다고 볼 수 있으므로 고객의 욕구를 제대로 충족시키기 위해 여러 고객 계층을 중심으로 조직구조를 부문화시킬 수 있다. 예를 들어, 산업제품을 생산하는 조직은 민간조직, 공공기관, 교육기관, 일반 수요자 등 여러 종류의 고객을 가지며, 이들의 성격에 따라 여러 가지 정책과 방침 등이 달라진다.

프로젝트별 부문화(departmentalization by project)는 매트릭스 구조의 전 단계로서 기술 업무·신규 사업·관련 회사 간의 업무 조정·건설·토목·감사 등 다양한 문제에 대해 프로젝트 팀을 구성하여 문제를 해결하는 것을 말한다. 이러한 팀을 구성하는 사람들은 문제가 해결되면 정상 업무로 돌아간다.

혼합형 부문화(mixed departmentalization, 매트릭스 구조)는 사실상 기능별 부문화와 제품별 부문화 등 다양한 부문화의 혼합 형태로서, 프로젝트별 부문화처럼 어떤 구체적인 목적을 달성하기 위해 조직구조를 형성할 때 흔히 사용되는 부문화 방법이다. 혼합형 부분화(매트릭스 구조)는 환경이 빠르게 변화하고, 제품과 기능의 두 가지 측면이 모두 중요할 경우에 가장 적절한 조직구조다. 예를 들면, 조직의 중앙본부는 제품에 따라 분화시키고, 제품 생산부서는 다시 과정에 따라 분화시키며, 제품 판매부서는 고객에 따라 분화시키고, 유통부서는 지역에 따라 분화시키는 등의 방식을 생각할 수 있다.

혼합형 부문화는 1960년대에 앞에 열거되었던 부문화 방법들의 단점을 극복하고자 하는 움직임과 함께 점차 조직의 규모가 커지고 복잡해짐에 따른 대응책이 요구되자 프로젝트 조직, 그리드 조직(grid organization), 매트릭스 조직(matrix organization)이라는 명칭으로 사용되면서 나타나기 시작했다. 건설 공사, 신제품 개발, 우주항공산업 등 조직의 목표가 뚜렷한 경우, 이를 효율적으로 완성시키기 위해서는 이에 필요한 고급 기술 요원과 장비시설이 효과적으로 활용되고 우수한 최종 제품이 제작될 수 있는 조직구조가 요구된다. 따라서 제품 완성 과정을 관리하는 프로젝트 관리와 제품에 필요한 모든 기술을 관리하는 기능 관리가 혼합되어 혼합형 부문화를 이루게 되는 것이다(Middleton, 1967). 매트릭스 조직모형은 조직의 목표와 과업에 대한 불확실성이 높고 다양한 경우에 적합한 조직으로, 시장성이 불명확한 새로운 제품 생산의 경우나 단위 생산의 경우에 많이 활용된다.

지금까지 제시한 조직의 부문화 방법은 조직체마다 그 적용이 다르다. 그러나 일반적으로 부문화 방법은 아래와 같은 몇 가지 상황적 요인에 따라서 그 적용이 결정된다. 부문화에 영향을 미치는 상황적인 요인들을 살펴보면 다음과 같다.

첫째, 조직의 규모에 따라 부문화의 사용이 달라진다. 조직체의 규모가 작은 경우 주로 기능별 전문화가 가장 적합하지만, 조직의 규모가 커짐에 따라서 제품, 고객, 지역 등의 목적별 부문화를 사용하여 뚜렷한 사업 단위를 기준으로 조직구조를 형성하게 되고 분권화된 권한 위양과 책임관리의 조직관리 방침을 취하게 된다.

둘째, 조직구조 설계에서 조직체가 운영비용의 절약을 강조할수록, 기능과 업무활동을 통합시키고 전문·집중화시킴으로써 기능별 부문화 방법을 사용하게 된다. 따라서 조직구조가 기능화되고 기능별 통제가 강화된다.

셋째, 부문화는 관리자가 부하들 때문에 지나친 업무 부담을 갖지 않으려는 데서 발생하기도 하므로 통제의 폭이 영향을 준다. 특히 분권적 관리를 강조하는 부문화의 경우가 이에 해당된다.

넷째, 각 부문화 방식마다 조정의 정도가 서로 다르지만 부문화는 대체로 조정의 문제를 최소화하는 방향으로 이뤄진다.

다섯째, 제품·고객·기술 등의 변화가 심할수록 조직의 목적·전략·기구에도 심한 변화를 추구한다. 변화가 심한 경우 영구적인 조직구조보다 변화에 적응적인 매트릭스 구조를 선호하게 된다.

여섯째, 조직이 필요로 하는 기술이 다양하고 기술 수준이 높을수록 부족한 고급기술 인력을 잘 활용할 수 있는 매트릭스 구조가 더욱 필요하게 된다. 기술의 고도화와 다양화 현상은 주로 대규모 조직에서 나타나고, 대규모 조직은 제품이나 고객 및 지역 등의 사업 단위 위주의 조직구조를 갖추게 될 가능성이 높다. 이러한 상황 하에서는 부족한 고급 인력 기술을 활용하는 것이 우선적인 과제이므로 매트릭스 구조의 개념을 활용하는 것이 조직구조에 필연적인 현상으로 나타나게 된다.

2 수직적 분화

수직적 분화는 조직구조의 깊이를 가리키는 용어로서, 권한 계층의 최상층으로부터 최하층에까지 이르는 계층의 수를 의미한다. 조직 업무의 수직적 분화는 여러 계층을 형성시킨다. 대부분의 조직의 경우 상하 관계가 분명한 계층으로 구성되어 있으며, 계층의 각 수준마다 지위, 직위, 역할 간에 뚜렷한 차이를 보이고 있다. 공식조직의 명령 계통을 이루고 있는 권한과 역할이 피라미드 체제를 이루고 있는 것은 이 때문이다. 계층마다 직무를 수행하는 개인에게 공식적인 힘을 부여하며 이러한 위계질서를 바탕으로 조직이 제도화된다(Leavitt, Dill, & Eyring, 1973 : 35). 공식조직에서 직위의 계층은 기본적인 의사전달망이 되고 명령 계통이라고 하는 권한구조가 된다.

이러한 계층 직위들은 지위와 기능에서 일반적으로 뚜렷한 차이가 있도록 규정되어 있다. 또한 상위 계층에 진급할수록 실질적 보수도 증가하는데, 직위의 계층은 권한, 영향력, 특권, 지위, 보상의 범위를 결정하는 주요한 근거가 된다.

수직적 분화와 밀접한 관계에 있는 용어들의 의미를 밝히면 다음과 같다.

첫째, 직위(position)란 조직의 업무가 소재하거나 또는 분화되어 사람이 배치되는 자리를 말한다. 직위는 직무를 기준으로 하는 것이기 때문에 그 직무를 수행하는 사람과 동일한 것은 아니다. 직위 자체는 영속성을 가질 수 있으나 직위를 차지하고 직무를 수행하는 사람은 영속성을 가지지 않는다. 직위는 사람에 의해 점유된다는 관점에서 볼 때 직위에 수반되는 직무는 그 직위를 점유하고 있는 인간의 역할에 따라서 다른 결과로 나타날 수 있다.

둘째, 역할(role)이란 사회적 관계에서 어떤 위치를 점유하고 있는 사람들이 해야 할 것으로 기대되는 행동의 범주를 말한다. 즉, 이는 직위에 대해 모두가 기대하는 행동과 태도를 의미한다. 우리는 그 직위를 가진 사람이 누구이든 간에 그가 직무 수행 시에 어떤 행태를 보여 줄 것이라는 기대를 갖는다. 역할을 구성하는 행동은 다른 사람들의 기대에 결부된 것이며, 어느 정도 반복적이고 예측 가능한 결과를 수반하는 것이다.

셋째, 지위(status)란 어떤 사회적 체제 속에서 개인이 차지하는 위치의 상대적 가치 또는 존중도를 의미한다. 지위는 계서화된 지위 체제 내에서의 등급 또는 계급이라 할 수 있다. 직위와 지위는 유사한 개념이기는 하나, 직위는 조직 업무의 소재지라는 점에서 비개인적인 것이고 영구적인 것인데 반해, 지위는 한 사회에서나 조직 내에서 개인의 등급이라는 면에서 개인적이고 수시로 변동할 수 있다. 바너드(Chester I. Barnard)는 조직 내 개인의 지위는 그 조직에서 그의 권리, 의무, 의무의 면제, 특권 등과 관련되는 개념이라고 했다(Barnard, 1952 : 142).

넷째, 역할이 사람들의 행동에 대한 비교적 구체적인 처방이라고 하면, 규범(rule)은 사람들의 행동에 대한 일반적인 처방이라고 할 수 있다. 역할은 구체적으로 누가 언제 무엇을 해야 한다고 처방하는 것이고, 규범은 행위에 당위성을 부여하는 것으로 집단이나 사회가 결정하여 그 구성원 모두가 수용할 것으로 기대하는 행동 규정을 뜻한다.

수직적 분화는 앞에서 살펴본 수평적 분화와 분리되어 일어나는 것이 아니다. 오히려 수평적 분화가 커짐에 따라 나타난 결과를 수직적 분화라 할 수 있다. 작업이 세밀한 과업으로 분화됨에 따라 수직적 분화가 발생하기 때문이다. 그러므로 수평적 분화의 정도가 높을수록 수직적 분화에서 담당해야 할 영역은 커지고 그만큼 복잡해진다. 수평적 분화가 세밀하게 일어난다는 것은 조직구성원들이 전문적인 훈련을 받은 경험이 별로 없다는 것을 의미하기도 하기 때문에 그들의 과업이 전체 조직 체계에 통합되도록 조정할 필요가 높아지고 따라서 그것을 확인하고 감독하는 일도 더욱 어려워진다.

조직구성원들의 수가 같다고 할지라도 언제나 조직이 같은 수의 계층구조를 갖는 것은 아니다. 통제의 폭(span of control)에 따라 고층구조(tall structure)가 되기도 하고 평면구조(flat structure)가 되기도 한다. 따라서 여기서는 통제의 폭과 그에 따른 고층구조 및 평면구조에 관해 살펴보도록 한다.

1) 통제의 폭

통제의 폭이란 한 사람의 관리자가 효과적으로 직접 관리할 수 있는 부하의 수를 뜻하는 것으로 관리의 한계, 관리 책임의 한계, 감독의 폭, 통제의 범위라고도 한다. 통제의 폭이 넓다는 것은 한 사람의 관리자가 관리해야 할 부하의 수가 많다는 것을 의미하고, 그 폭이 좁다는 것은 부하의 수가 적다는 것을 의미한다. 다른 조건이 동일하다고 할 때 일반적으로 통제의 폭이 좁으면 좁을수록 고도의 수직적 분화가 일어나 고층구조가 형성되고 그 폭이 넓으면 넓을수록 평면구조가 이뤄진다.

통제의 폭에 관한 문제는 폐쇄-합리적 조직이론에서 전통적으로 연구된 중요한 과제로서, 근본적으로 관리자가 부하를 감독하는 능력은 한계가 있다는 전제 하에 이상적인 관리의 한계, 즉 부하의 수를 찾는 데 많은 노력을 기울였다. 특히 어윅(Urwick, 1950 : 41)은 이 문제에 특히 관심을 갖고 연구했는데, 그는 5명 내지 6명 이상의 부하를 관리할 수 있다는 결론을 내렸고, 그 밖의 학자들은 관리자의 한계는 계층에 따라 다른데, 상위 계층은 3명 내지 8명까지, 하위 계층에서는 20명 내지 30명까지도 가능하다고 주장했다.

그 후에도 이상적인 통제의 폭에 관한 연구는 많이 수행되었지만 그러한 연구에도 불구하고 가장 적절한 통제의 폭에 대해서는 아직도 뚜렷한 결론을 내리지 못하고 있다. 최근의 지배적인 견해는 광범위하게 적용될 수 있는 통제의 폭의 한계를 설정하기보다는 각 개별 상황에서 그 한계의 원인을 규명해야 한다는 것이다. 통제의 폭의 결정 요인, 곧 적정 관리의 폭을 결정할 때 고려해야 할 여러 상황적 요인에 관심이 집중되는 것은 이 때문이다.

2) 평면구조와 고층구조

통제의 폭에 따라 조직계층의 수가 영향을 받으므로 통제의 폭은 조직구조와 매우 밀접한 관계에 있다고 할 수 있다. 예를 들어, 통제의 폭을 넓게 하면 조직의 형태가 옆으로 퍼진 모양을 하는 이른바 평면구조를 이루게 되고, 통제의 폭을 좁게 하면 계층의 수가 많아져 조직의 구조가 상하로 늘어지는 고층구조를 이룬다. 즉, 평면과 고층이란 용어는 통제의 폭 전체 형태와 관리계층의 전체 형태를 기술하는 데 이용된다.

평면구조를 가진 조직은 계층의 수가 적고 통제의 폭이 넓다. 따라서 상향 또는 하향적 의사전달은 더욱 단순화되고 비교적 신속한 성격을 갖게 되며, 계층이 다수일 때 발생할 수 있는 부정확하고 왜곡된 의사전달을 감소시키고 관료적이고 번거로운 절차 등의 역기능을 감소시킨다. 반면 이러한 평면구조에서는 동등한 지위가 많이 늘어감에 따라 의사전달을 할 때 문제를 일으킬 수도 있다. 즉, 지위와 권위의 차이가 구조적으로 계층화되어 있지 않으면 수평적 의사전달의 양이 너무 많아져서 조정을 어렵게 하는 여러 가지 역기능을 발생시킬 수 있다.

평면구조는 1인의 관리폭을 넓게 한다. 인간의 능력에는 한계가 있기 때문에 능력면에서 많은 부하들을 관리할 수 없다고 전제하면 상사의 권한은 부하에게 위양될 수밖에 없고, 따라서 분권화가 촉진된다. 즉, 개인에게 책임을 많이 느끼게 하고, 창의성 발휘를 촉진시키며, 의사결정을 통해 풍부한 경험을 얻게 함으로써 만족감의 향상과 개인적 성장이 가능하게 한다.

반면 고층구조는 통제의 폭을 좁게 함으로써 좀 더 철저하고 엄격한 통제를 가능하게 한다. 그러나 고층구조는 통제의 폭이 좁으므로 의사전달의 통로가 길어진다. 따라서 정보가 부정확하고, 왜곡될 가능성이 크다. 위계 질서의 확연한 구분과 철저한 통제, 그리고 엄격한 규율에 바탕을 두고 있으므로 이러한 구조는 보통 군대나 관료조직에서 찾아볼 수 있다. 그러나 통제의 폭이 좁아 한 관리자가 관리해야 할 부하들의 수가 적으므로 상사와 부하 간에 접촉할 기회가 많아져 개인적인 친밀 관계가 유지될 수 있다는 긍정적인 측면도 있다. 이러한 측면은 조직목표 달성에 효과적일 수도 있으나 행태주의에서는 이러한 빈번한 접촉이 갈등을 유발할 수도 있다고 주장한다.

평면구조와 고층구조 중 어느 것이 조직목표 달성에 더 효과적이고 생산적인가 하는 문제는 아직도 뚜렷한 결론을 내릴 수 없다. 이러한 문제는 제4부 제4장 제3절에서 집권화와 분권화의 관계에서 나타난 바와 같이 조직의 상황에 따라 결정되는 것으로서 어느 것이 어느 것보다 절대적으로 효과적이라고는 할 수 없다.

3 복잡성이 조직관리에 주는 의미

조직구조의 복잡성이 조직관리자에게 주는 의미는 무엇일까? 먼저 조직관리자는 조직구조의 지나친 복잡성 증대가 조직의 효과성을 저해할 수도 있다는 사실에 주목할 필요가 있다. 즉, 조직구조의 복잡성이 높아지면 질수록 관리자는 의사전달·조정·통제상의 문제를 다루는 데 그만큼 더 주의를 기울여야 한다. 왜냐하면 구조의 복잡성이 증대됨에 따라 분산되는 여러 가지 조직활동을 조직목표의 달성 방향으로 유연하게 결합시켜야 할 책임은 관리자에게 있기 때문이다.

관리자가 경제성과 효율성을 높이기 위해 조직구조의 분산과 분화를 증대시키는 경우가 있다. 그러나 이것은 결국 관리자로 하여금 조정 및 통제를 위해 더 많은 시간을 투입하도록 요구할 뿐 아니라 이를 위해 관리자의 수를 늘리라는 압력을 받기 때문에 복잡성이 창출해 내는 효율성과 경제성은 조직을 조정·통합해야 한다는 부담 증가로 상쇄되고 만다는 사실에도 주목해야 한다.

관리자가 복잡성의 의미를 더욱 깊게 이해해야 하는 다른 이유는 조직의 계속적인 존속을 위해서는 조직이 성장 및 발전의 성향을 가지고 있어야 한다는 점이다. 결국 시간이 지남에 따라 조직의 활동 양상과 주변 환경은 더욱 복잡해지고 조직은 이에 적응하기 위해 그 복잡성을 더욱 증대시키게 되는데, 관리자는 조직의 건전한 발전과 성장을 위해 복잡성의 증대를 조직효과성의 증대로 연결시켜야 하는 임무를 갖고 있는 것이다.

제 5 절 기본 변수들의 통합

조직구조의 기본 변수인 공식화, 집권화, 복잡성 등을 통합하여 조직구조를 구분하고자 하는 노력은 번스와 스토커(Burns & Stalker, 1961)에 의해 제시되었다. 그들은 [그림 4-4-1]에서 보는 바와 같이, 조직구조의 기본 변수들을 통합하여 조직구조를 소위 기계적 구조(mechanistic structure)와 유기적 구조(organic structure)로 구분했다.

먼저 기계적 조직구조의 특성을 살펴보면 다음과 같다.

첫째, 조직의 전문화(분화)가 한계에까지 이뤄진다.

둘째, 기능적 역할과 과제는 상세히 규정된 권리와 의무, 기법에 의해 수행된다. 즉, 고도의 표준화가 이뤄진다.

셋째, 조직구성원들이 조직의 목적보다는 과업 수행상의 세부적인 방법과 수단에 더욱 치중하는 경향이 있다.

넷째, 상호작용은 주로 개인 사이의 상하 수직적인 의사전달에 의해 이뤄진다. 의사전달의 내용도 상사로부터의 지시와 부하로부터의 보고 형태를 갖추고 있는 것

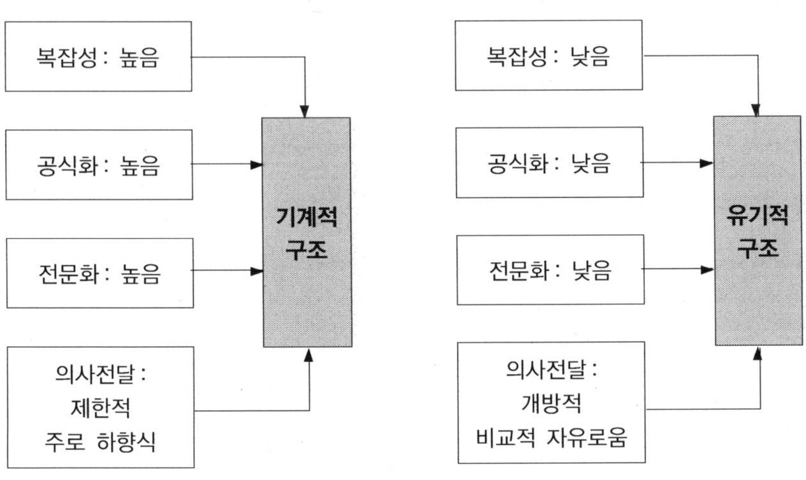

그림 4-4-1 기계적 · 유기적 조직구조

이 특징이다.

다섯째, 계층화에 의한 권한과 집권화된 통제가 강조되고 있고, 권한에 대한 복종과 조직에 대한 충성심이 중요시된다.

여섯째, 조직 내 특권은 조직의 규칙과 절차에 관한 지식이나 계층 직위에 귀속되며, 전문적 지식이나 목표 달성에 공헌될 수 있는 일반 지식을 따르지 않는다.

이와는 상반되는 성격을 지닌 유기적 조직구조의 성격은 다음과 같다.

첫째, 기계적 조직처럼 과업 수단과 방법에 국한되지 않고 조직 전체의 목표에 공헌할 수 있는 지식과 경험을 중요시한다.

둘째, 과업구조와 내용이 상황에 따라 신축적으로 설계되고 조직구성원들의 상호작용으로 인해 구체화됨으로써 과업은 탄력성과 적응성을 지니고 있다.

셋째, 집단 의사전달을 비교적 많이 활용하고, 상하 수직적 의사전달은 물론 횡적, 그리고 대각선적 상호작용을 통해 각종 참여와 정보 교환, 그리고 상담이 많이 이뤄진다.

넷째, 실력과 능력을 존중하고 조직에 대한 자발적 몰입이 중요시된다.

다섯째, 권위와 의무, 직무 수행 방법에 대한 한계가 엄격하게 규정되어 있지 않다.

여섯째, 조직구성원들은 충성과 복종보다는 조직의 과제나 과제 달성과 관계된 기술 원리에 더 집착한다.

일곱째, 권한은 조직의 계층 직위보다는 조직의 목표 달성에 공헌하는 개인의 전문적 지식과 기술에 그 기반을 둔다.

이와 같은 특징들을 종합해 볼 때, 기계적 조직구조의 특징은 일반적으로 관료적·수직적, 그리고 집권적 조직에서 나타나고, 유기적 조직구조의 특징은 수평적·분권적 조직에서 나타난다.

일반적으로 조직은 전술한 기계적인 성향과 유기적인 성향 모두를 갖고 있다고 한다. 즉, 완벽하게 기계적이거나 유기적인 조직은 드물다. 그러면 어느 조직구조가 더 효과적일 것인가? 이미 구조적 상황이론에서 살펴본 바와 같이, 어느 유형도 다른 유형에 비해 일률적으로 효과적이라고 할 수는 없다. 일반적으로 조직환경이 안정적인 상황에서는 기계적인 조직구조가 더 효과적이고, 환경의 불확실성이 큰 상황에서는 유기적인 조직구조가 더 효과적이다. 즉, 효과적인 조직구조라는 것은 상황적합적으로 고려해야 한다는 것이다.

제 6 절 조직의 통합 및 조정

조직은 분화와 함께 조정 및 통합을 필요로 한다. 통합은 분화와 밀접한 관계를 맺는다. 즉, 조직의 규모가 커지고 과업이 복잡해짐에 따라 분화가 심화된다. 분화가 심화될수록 분화된 하위 조직 간에 의사소통에 장애가 발생하기 때문에 통합의 필요성은 더욱 커지는 것이다. 이는 분화만으로는 조직이 효과적으로 운용될 수 없기 때문이다. 따라서 통합은 분화와 함께 조직에서는 매우 중요한 개념으로 등장하고 있다. 조직이 어떻게 통합되느냐에 따라 하나의 통합된 전체로 활동할 수 있는 정도는 달라지는 것이다.

여기서는 통합 및 조정의 필요성과 개념, 그리고 통합 및 조정의 주요 방법을 살펴본다(강제상 · 임영제 외, 2005 : 154-159; 김인수, 2005 : 107-108).

1 통합 및 조정의 필요성

개인의 과업을 분화하고 그 과업들을 연결하여 하나의 단위 부서로 묶는 부서화가 진행될수록 조직은 상호 의존성을 가진 조직 내의 다른 과업들과의 관계를 조정할 필요를 갖게 된다. 조직 내에서 개인의 과업이 충실히 수행되었다고 할지라도 그것은 조직 전체 과업의 일부분에 불과하기 때문에, 그 자체로는 큰 의미를 갖지 못한다. 다른 과업들과의 적절한 조정을 통해 조직 전체의 과업의 수행에 기여하게 될 때 개인의 과업은 비로소 제대로 의미를 갖게 되는 것이다. 따라서 조직은 각각의 개인 과업을 적절히 상호 조정하기 위해 이들을 통합하는 수단이 필요하게 된다.

2 통합 및 조정의 개념

통합(integration)이란 조직의 과업을 수행할 때 여러 다른 하위 체계 사이의 노력을 통일시키는 과정으로서(Lawrence & Lorsch, 1967), 조직의 목표와 연관되어 수행되는 의식적인 과정이다. 또 조정(coordination)은 상호 분화된 조직의 활동을 동시화(synchronization)시키는 노력이다. 조직에서의 통합은 분화된 활동을 조직의 목표 수행에 적합하도록 통합하고 조정할 필요에 따라 제기된 것이다. 통합과 조정은 분화된 직무활동들을 서로 연결시킨다는 점에서 같은 기능을 수행한다고 할 수 있다. 조정 또는 통합의 원칙은 분화의 원칙과는 반대되는 것으로, 조직의 목표를 달성하기 위해 분화된 하위 부문 사이의 노력을 조정·통합하는 것이다. 조정이나 통합은 조직 내부의 분화가 복잡하게 이뤄져 있는 상황에서 하위 부문 사이의 조화 내지 조정을 통해 조직을 통합하고 조직의 목표 달성을 도모하는 데 그 목적이 있다.

조직은 결국 과업의 분화와 통합이라는 두 기능이 효율적으로 작용할 수 있는 구조를 확립해야 한다. 우리가 통합을 논의할 때 분업과 별도로 논의하는 이유는 조직의 업무가 아무리 잘 배분되었다 하더라도 인간의 능력에는 한계가 있기 때문에 구조적으로 완전하게 업무와 업무가 연결되도록 배분될 수 없을 뿐만 아니라, 조직의 활동은 환경의 영향을 받아 항상 변동하고, 인간이 항상 조직 내에서 기계적으로 행동하는 것은 아니기 때문에 조정 방법을 고찰할 필요가 있기 때문이다.

3 통합 및 조정의 방법

통합 및 조정의 방법은 여러 가지 관점에서 분류할 수 있으나 대표적인 방법으로는 1) 연락 역할 담당자(liaison roles), 2) 태스크 포스(task force), 3) 위원회 조직(committee organization), 4) 임시 팀(team) 조직, 5) 연결핀(liking pin) 모형 등을 들 수 있다.

1) 연락 역할 담당자

연락 역할 담당자란 조직이 여러 부서로 세분화되어 부서 간 의사전달 문제가 중요하게 대두될 때 종적(縱的) 경로를 거치지 않고 부서 간의 직접적인 의사전달로 효과적인 조직활동이 가능하도록 하는 방법을 말한다. 조직 내 두 부문 사이의 접촉이 증가할 경우 이들 사이의 의사전달을 다루는 전문화된 정보연락 조직을 만들고 이 조직으로 하여금 연락 역할을 담당하게 하는 것이 경제적이다. 연락이란 두 부문 사이의 완충 장치를 의미한다. 따라서 연락 역할(liaison)이란 부문 간의 일이나 정보의 흐름을 촉진시켜 주는 개인 또는 집단을 가리킨다. 이는 집단들 사이의 정보자료와 의사전달을 원활하게 해 주고 상호간의 이해와 조화를 증대시켜 줌으로써 집단 간의 상호 관계를 증대시키는 데 목적을 두고 있다.

연락 역할 담당자는 공식적인 권한은 없으나 비공식적인 권한을 상당히 부여받아 업무를 수행하게 되므로, 이에 필요한 전문지식을 가지고 있느냐에 따라 업무 수행의 성공 여부가 결정된다(Mintzberg, 1979: 162). 따라서 관련 부서의 특성에 적합한 목표 지향성 및 원활한 대인 관계 능력이 요구된다(Lawrence & Lorsch, 1967).

2) 태스크 포스

태스크 포스는 연락 역할의 통합 능력이 한계에 직면할 때 그 대안으로 구성된다. 즉, 집단 사이의 관계가 복잡해지고 상호작용에 관계되는 집단의 수가 많아지면 연락 역할이 한계에 직면하게 된다는 것이다. 태스크 포스는 특정 과업을 수행하기 위해 소집되며 과업이 해결된 후에는 해체되는 임시위원회로서 공식적 또는 비공식적으로 소집된다. 태스크 포스는 여러 집단의 대표로 구성되며 일정 기간 동안 주어진 문제를 집중적으로 연구 검토하여 집단 사이의 견해를 수렴하고 문제의 해결을 모색한다. 이러한 구조는 어떤 과업의 성공 여부가 조직의 생존에 결정적인 영향을 미치는 상황이나 시간적인 제약 때문에 여러 가지 기능을 가진 전문가들이 모여 상호 의존성의 효과를 최대한 살려서 과업을 수행해야 하는 상황에 바람직한 조직구조다.

3) 위원회 조직

위원회 조직이란 조직의 업무 수행상 발생하는 의견의 불일치·불화·마찰 등 일반적인 관심 사항을 처리하기 위해 정기적으로 소집되는 조직이며, 서로 다른 단위 부서나 기능 부문의 중간 계층에서 형성된다. 위원회는 업무 수행상 책임을 분산시키는 것이 필요할 경우, 조직의 중요한 전략적 의사결정에 광범위한 경험과 배경을 가진 사람들이 필요한 경우, 의사결정 결과에 의해 영향을 받게 되는 부서의 대표자를 참가시켜 부서의 요구 사항을 반영시키고자 할 경우, 그리고 관리상의 과도기를 맞이하고 있어서 어느 한 개인이 조직을 이끌어 나가기가 곤란한 경우에 효과적이다. 위원회의 예로는 조직, 학교, 병원 등의 위원회를 들 수 있고, 행정조직의 경우도 많은 자문기관을 두고 있다.

4) 임시 팀조직[1)]

임시 팀조직이란 기술환경과 시장환경 변화에 적응하기 위해 기술 핵심 조직이 유기적인 형태로 운영되는 구조다. 태스크 포스는 여러 집단 대표들이 특정 문제를 해결하려 할 때 비교적 짧은 기간 동안 집중적으로 해결한다는 원칙이 있기 때문에 장기적으로 이 일을 수행할 경우에는 문제가 발생한다. 이에 대한 대안적인 역할을 수행하는 구조로 임시 팀조직을 들 수 있다. 임시 팀조직은 태스크 포스와 같은 임시조직인데, 서로 다른 분야에 전문기술을 보유하고 있는 소수의 조직구성원들이 공통된 목표 하에 과업을 달성하기 위해 형성하는 조직 형태다. 임시 팀조직은 태스크 포스와 같이 집단 사이의 통합을 위한 것이지만 그 통합이 문제 해결을 위한 것이라기보다는 프로젝트 수행을 위한 기능의 통합이라는 데 그 특징이 있다. 임시 팀조직은 과업이 일단 완수되면 해산하고 새로운 사업에는 새로운 팀이 구성된다.

5) 연결핀 모형

리커트(Likert, 1967)는 조직을 집단 간의 관계 체제로 보고 집단 간의 관계 형성과 조직의 결합을 촉진시키는 방법으로서 개인을 조직에 있는 여러 단위 부문 사이의 연결핀으로 삼는 연결핀 모형을 제시했다. 그는 조직을 일련의 중첩된 집단들로 구성되어 있다고 보고, 모든 관리자는 연결핀으로서 자신이 관리하는 집단의 구성원인 동시에 상사에게 보고하는 관리자 집단의 구성원이 되며 경우에 따라서는 자신이 수평적인 연락을 취해야만 하는 집단의 구성원이 되기도 한다고 했다. 조직구성원은 이처럼 수평적으로 두 개의 다른 집단의 구성원이면서 수직적으로는 그들 자신의 계층과 상하 계층 간에 연결핀으로서 역할을 하게 된다는 것이다.

리커트의 연결핀 모형 같은 구조를 가진 조직은 좀 더 원활한 의사전달을 하고 통합된 의사결정의 기회가 주어지며 목표 설정 및 계획에 서로 참여한다는 장점을 가지고 있다. 그러나 이러한 연결핀 모형은 한 집단의 실패가 조직 전체에 부정적인 영

1) 일반 팀조직에 대한 논의는 이 책의 제3부 제1장 제5절에서 설명했다.

향을 미쳐 결국 전체적으로 가장 약한 연결핀만큼의 힘밖에 갖지 못하게 만드는 약점이 있다. 또한 의사결정의 속도가 느리고 위원회조직이 가지는 단점을 갖고 있다는 비판을 받고 있다.

4 통합 및 조정의 저해 요인

조직에서 효율적인 통합과 조정을 확보하는 데 저해 요인이 되고 있는 것은 다음과 같다(강제상 · 임영제 외, 2003 : 157-159).

1) 책임 소재의 불명확성

오늘날 조직의 기능이 복잡 · 다양해짐에 따라 조직의 양적 · 질적인 변화가 심화되고 있다. 이러한 현상은 조직의 통일적 책임의 소재를 불명확하게 하고 있다. 특히 전문화와 분업으로 인한 할거주의(sectionalismsms)는 책임의 문제를 더욱 심각하게 하고 있다. 이러한 현상은 조직 내부에서의 통합과 조정을 곤란하게 할 뿐 아니라 외부로부터의 수요에 대한 통합과 조정도 어렵게 한다.

2) 경직된 조직

변화의 속도가 급격한 동태적 사회환경으로부터 발생하는 고객 수요에 기동성 있게 대응하지 못하는 경우, 체제의 투입 · 전환 · 산출 및 환류의 기능이 둔화되고 조직의 동태성 내지 생동감이 둔화된다. 경직된 조직에서 조직 기능의 통합 조정을 기대하기란 불가능하다.

3) 합리적인 의사결정 체제의 미비

의사결정에서 논의한 바와 같이 의사결정의 합리성을 저해하는 요인, 즉 사회심리적 및 체제적 장애 요인이 조직에는 항상 존재한다. 조직이 이러한 장애 요인을 극복하지 못하고 합리적인 의사결정 체제를 확립하지 못한 경우 통합 조정은 더욱 곤경에 직면하게 된다.

4) 일체감의 부족

조직 내부에는 고도의 전문성과 기술성을 지닌 수많은 구성원이 존재한다. 이들의 조직에 대한 일체감, 사회에 대한 일체감이 결여되어 있을 때 행동의 통일성을 확보하기란 어렵다. 일체감의 부족은 사회적 측면에서도 제기되는 문제다. 산업사회 발달의 부산물로서 나타난 사회단층화 현상은 조직구성원으로서의 일체감을 저해하고 있다. 조직 내외의 이러한 일체감의 부족 현상은 통합 조정의 곤란성을 더욱 격화시키게 된다.

제 7 절 한국 행정조직에서 조직구조 연구

김영호 외(2010)는 40개 중앙행정기관의 조직의 구조적 특성이 공무원의 직무 만족(내생적 · 외생적 직무 만족)에 미치는 일반적인 영향에 더하여, 다차원적 조직몰입의 매개 역할을 파악하고자 했다. 분석 결과 첫째, 조직구조와 직무 만족 간의 관계에서 조직구조의 공식성, 집권성, 복잡성 모두 직무 만족(내생적 직무 만족과 외생적 직무 만족)과 통계적으로 유의미한 관계가 없는 것으로 나타났다. 둘째, 조직구조와 조직몰입과의 관계를 살펴보면, 공식성, 집권성, 복잡성이 정서적 몰입과 규범적 몰입에는 정(+)의 상관 관계를 가진 반면에 지속적 몰입에는 부(-)의 상관 관계를 나타내었다. 셋째, 조직몰입이라는 매개변수를 사용하여 조직구조와 직무 만족 간의 관계를 분석했다. 공식성과 내생적·외생적 직무 만족 간의 직접 효과는 부(-)의 관계를 갖는 반면에 조직몰입의 매개 효과를 통해서는 유의미한 수준의 정(+)의 관계를 갖는다. 한편 집권성과 내생적 직무 만족이 조직몰입의 매개 효과에서 부(-)의 관계를 갖는 것으로 나타났다, 공식성, 복잡성과 직무 만족 간에는 조직몰입의 매개 효과가 있는 것으로 분석되었다. 이상의 분석 결과를 통해 주목할 것은 조직몰입의 매개 역할이다. 한국 정부조직은 유교적인 사회문화에 영향을 받아 위계적인 조직문화의 특성이 비교적으로 강해, 공무원들이 직무 수행 자체의 성취감과 보상보다는 조직에 대한 규범성, 충성심, 일체감 등의 태도와 밀접한 조직몰입이 가져오는 이익을 상대적으로 크게 인식할 수 있다는 점을 고려해 볼 수 있다.

이태종 · 윤진효 · 조범동(2008)은 학술연구지원기관의 조직구조와 성과 간의 인과 관계 분석을 통해 향후 한국의 학술연구지원기관의 조직구조 설계와 발전 방안 정립에 필요한 정책적 함의를 도출하고자 했는데, 그 연구 결과로는, 첫째, 학술연구지원기관의 조직 공식성이 높을수록 학술연구 진흥 성과가 커지나, 복잡성(전문성)이 더 큰 영향을 미친다는 연구 결과를 고려할 때, 조직의 공식화 수준을 높이면서 조직을 세분화하여 직무 전문성을 강화하는 조직설계가 학술 연구를 진흥시키는 데 유용할 것이다. 둘째, 학술연구지원기관의 조직 집권성과 국제연구 협력 증진 성과 간에는 영향 관계가 존재하지 않기에 국제연구 협력 증진 성과를 높이기 위해 조직의 업무 구조를 분화시켜 직무 전문성 수준을 높이면서 공식화 정도를 강화하는 조직설계가 바람직할 것이다. 셋째, 조직의 분화 정도를 높여 좀 더 전문화된 업무 단위로 구조화된 조직을 설계하는 것이 학문 후속 인력 양성에 좀 더 효과적일 것으로 판단된다.

이창길(2007)은 우리나라 중앙부처 상호간의 수평적 네트워크 구조와 특성을 진단하고 이를 통해 부처 상호간의 정책 협의와 조정 및 새로운 정책의 도입과 확산의 과정과 경로를 분석했다. 우리나라 중앙부처 상호간의 연결 구조를 분석한 결과, 결속성의 경우 행정자치부와 인사위, 법무부와 법제처, 재경부와 산자부 등이 제안 부처 또는 협의 부처로서 연결 정도가 강한 관계를 보였다. 구조적 등위성의 경우, 해양부와 농림부, 환경부와 건교부, 인사위와 기획예산처, 보건복지부와 문화관광부 상호간에 구조적 등위성이 가장 높은 관계를 가진 것으로 나타났으며, 연결 정도 중심성의 경우 기획예산처, 행정자치부, 법무부, 재경부 등은 상대적으로 높은 반면, 여성부, 외교부, 통일부 등은 상대적으로 낮은 것으로 나타났다.

최근열 외(2006)는 경상북도를 대상으로 행정정보화가 조직구조 변화에 미치는 영향에 관해 연구했는데 독립변수는 행정정보화의 하위 변수인 정보화 인력, 장비, 이용 등이며 종속변수는 조직구조의 특성을 나타내는 복잡성, 집권화, 공식화 등이다. 분석 결과 행정정보화가 조직구조의 특성인 조직구조의 복잡성, 집권화, 공식화 등과 상관성이 있는 것으로 밝혀졌다.

연구 문제

1. 본인이 잘 알고 있는 조직 하나를 선택한 후, 그 조직의 공식화를 설명하고, 그러한 연구 결과를 토대로 공식화의 필요성 및 단점을 제시하시오.
2. 1번 문제에서 선택한 조직의 집권화를 설명하고, 그러한 연구 결과를 토대로 집권화의 필요성 및 단점을 제시하시오.
3. 1번 문제에서 선택한 조직의 부문화를 설명하시오.
4. 1번 문제에서 선택한 조직의 수직적 분화를 설명하시오.
5. 1번 문제에서 선택한 조직 내 통합과 조정의 방법을 제시하시오.
6. 1번 문제에서 선택한 조직은 기계적 조직구조와 유기적 조직구조 중 어느 유형으로 판단하는가? 또한 그렇게 판단하는 근거를 구체적으로 제시하시오.
7. 지식정보사회가 조직의 공식화, 집권화, 전문화의 정도에 어떠한 영향을 줄 것인지를 논의하고 그 결과를 제시하시오.

사례 연구 4-4

사례 1: 국무총리실 산하 국책연구소의 통폐합

국무총리실 산하 23개 국책연구기관의 통폐합 필요성이 제기됐다. 국책연구기관을 1개 종합연구원으로 통합하거나 정부조직법 또는 연구 유사성에 따라 부처별로 통폐합해야 한다는 것이다.

지난 1999년 이후 총리실 소속 '민간연구회+연구기관 체제'로 운영됐던 국책연구기관은 연구기관의 자율성과 독립성 강화, 경쟁 시스템 도입 등의 성과에도 불구, 부처 정책 수립 지원 미흡 · 연구환경 미비 등의 비판이 제기되면서 개편 방안이 논의돼 왔다.

총리실 산하 경제 · 인문사회연구회는 2일 서울 양재동 정보통신정책연구원에서 공청회를 열고 한반도선진화재단에 의뢰한 '국책연구기관 운영 개편 방안 연구' 용역 결과를 발표했다. 경제 · 인문사회연구회는 △대통령실 또는 총리실 소속 종합연구원 설립안, △연구회 체제 폐지 및 부처별 통폐합안, △연구회 체제 근간 유지안 등 세 가지 대안을 제시했다.

종합연구원 설립안에 따르면 대통령실 또는 국무총리실 소속 '미래정책연구원(가칭)'을 설치하고 23개 기관을 13~15개로 줄여 미래정책연구원 산하 연구센터로 운영하는 안과, '국가전략연구원(가칭)'을 설치하고 23개 기관을 부처별로 통폐합하는 안이 제시됐다.

부처별 통폐안에서는 개정된 정부조직법에 따라 23개 기관을 통폐합해 부처별로 환원하는 안이 첫 번째 안으로 제시됐다. 이 경우 한국개발연구원 · 조세연구원 · 대외경제정책연구원은 통합돼 기획재정부 한국개발연구원으로 재편된다. 또 교육개발원·교육과정평가원·직업능력개발원·과학기술정책연구원을 묶어 교육과학기술부 인적자원개발원, 과학기술정책연구원으로 재편하게 된다.

경제인문사회연구회의 근간을 유지하는 방안도 논의됐다. 이 경우 연구회에는 국가전략과제실을, 국책연구기관에는 중장기 전략연구센터를 각각 설치해 범정부 차원의 중장기 국가발전전략 연구 역량을 대폭 강화하도록 했다.

하지만 이날 공청회에서 제시된 방안 모두 해당 연구기관 및 연구원의 희생을 담보하고 있어 관련 부처 및 연구기관·연구원의 반발 무마에 적지 않은 진통이 예상된다. 총리실 측은 올해 안에 국책연구기관의 통폐합을 마무리한다는 목표 하에 공청회 후 여론 수렴 과정을 거쳐 최종안을 마련할 계획이지만 경우에 따라 시한을 늦출 수 있다는 입장이다. (파이낸셜뉴스, 2008. 10. 2)

사례 2: 국세청의 조직개혁

청와대가 국세청의 투명성을 높이기 위해 민간 인사를 포함한 감독위원회를 국세청 내부에 설치하는 등 국세청 개혁 방안을 사실상 확정지었다. 또 인사를 전담하는 인사위원회를 신설키로 했다. 현행 '본청-지방국세청-세무서'로 된 3단계 조직 구성에도 변화가 추진된다. 이 밖에 국세청 인사가 폐쇄적이라는 지적을 감안, 다른 경제부처와의 인사 교류도 활성화할 방침이다.

청와대 국정기획수석실 산하 국세행정 선진화 태스크 포스(TF)는 이 같은 내용의 국세청 개혁 방안을 확정짓고, 최종 조율 작업을 진행 중인 것으로 14일 알려졌다. 지난해 말부터 운영된 TF는 청와대·기획재정부·국세청 등 정부 관계자와 대학 교수 등 민간 인사를 포함해 11명으로 구성돼 있다. 이번 개혁 방안은 국세청에서 끊이지 않는 비리를 근절하고 조세 행정 서비스를 향상시키기 위해 추진됐다.

청와대는 국세행정의 투명화를 위한 제도적 장치 마련에 고심했다. TF는 국세청 내부 비리를 감시할 감독위원회의 설치에는 일찌감치 합의했다. 그러나 이를 국세청 내부에 둘지, 외부에 둘지를 놓고 첨예한 의견 대립을 빚은 것으로 전해졌다. 결국, 조직 안정성과 효율성을 위해 국세청 내부에 두기로 잠정 결정했다. 국세청의 해묵은 폐단인 파벌 인사 등 인사 관련 시비를 없애기 위해 인사개혁 방안도 포함됐다. 대안은 인사위원회의 설치다. 지금까지 국세청 인사는 청장이 독단적으로 좌지우지했다는 비판을 감안한 조치다. 다만 국세청장은 지금처럼 청와대에서 임명키로 했다.

그러나 조직개편과 관련해선 아직까지 뚜렷한 결론이 나지 않은 것으로 알려졌다. 현행 체제에서 지방국세청을 없애고 '본청-세무서'로 이어지는 2단계 조직 방안, 미국 국세청(IRS) 제도를 벤치마킹해 조사청을 신설하는 방안, 이 둘의 장단점을 보완한 제3의 대안 등이 논의되고 있다.

국세청 개혁 방안은 신임 국세청장 인선에도 영향을 미치는 것으로 알려졌다. 국세청 개혁작업의 밑그림이 그려진 뒤 신임 청장을 임명해 개혁 작업을 진두지휘하는 방안이 검토되고 있다. 그래서 청장 인선 발표가 늦어지고 있다는 분석이 설득력을 얻고 있다. 또 국세청 개혁 방안을 놓고 국세청에 대한 통제권을 강화하려는 기획재정부와 자율성을 지키려는 국세청 간의 치열한 신경전이 벌어지고 있는 것으로 전해졌다.

(국민일보, 2008. 5. 14)

사례 문제

1. <사례 1>에 제시된 국책연구기관의 경우 경쟁력 있는 조직 시스템을 구축하기 위해 어떠한 조직구조를 제안할 수 있겠는가를 이 장에서 배운 조직구조 변수 중심으로 서로 토의하고 그 결과를 발표하시오.
2. <사례 2>에 제시된 국세청의 경우 투명성을 높이고 경쟁력 있는 조직 시스템을 구축하기 위해 어떠한 조직구조를 제안할 수 있겠는가를 이 장에서 배운 조직구조 변수 중심으로 서로 토의하고 그 결과를 발표하시오.

제 5 장 조직구조의 설계

지난 장에서는 조직구조의 기본적 개념과 원리를 살펴보았다면, 이 장에서는 조직환경과 조직구조의 관계를 고려한 조직구조의 설계에 초점을 둔다. 조직구조의 설계는 관리자들이 조직목표를 달성하는 데 필요한 조직 활동을 통제할 수 있도록 조직구조를 선택하고 관리하는 과정을 말한다(Jones, 2010 : 31).

제1절에서는 구조 형성에 영향을 미치는 주요 상황 변수(조직 규모, 조직 기술, 조직환경)에 관해 살펴본다. 또한 민츠버그(Henry Mintzberg)의 조직성장 경로모형을 소개함으로써, 조직의 역사, 규모, 기술, 환경 및 권력 등과 같은 여러 상황 변수와 조직구조의 관계를 종합하여 논의한다. 다음 애드호크라시(adhocracy)를 소개하고, 마지막으로 정보 기술과 조직구조의 관계를 살펴봄으로써 조직구조에 관한 논의를 마치게 된다.

제 1 절 조직구조의 상황 변수

조직구조의 상황 변수(structural imperatives)는 공식화, 집권 및 분권화, 복잡성 등 조직구조에 영향을 미치는 주요 요인을 말한다. 조직구조를 설계할 때, 상황 변수를 잘 이해하는 것이 필요하다. 특히, 상황 변수에 대한 연구는 지난 30여 년 동안 많은 학자에 의해 이뤄졌으며, "조직이 효과적으로 운영되려면 조직구조는 어떠해야 하는지를 결정하는 상황 변수가 무엇인가?" 하는 질문을 던졌다. 그동안의 연구 결과에 따르면, 핵심적 상황 변수는 조직 규모(size), 기술(technology), 환경(environment)이다.

1 조직 규모와 조직구조

조직의 규모는 조직구조에 영향을 미치는 주요한 상황 변수들 중의 하나다. 전통적으로 조직의 규모는 조직구조에 큰 영향을 미치는 것으로 인식되어 왔다(김인수, 2005: 112-115; 양창삼, 1994: 309-321). 조직의 규모를 파악하려면 무엇을 기준으로 삼느냐가 조직의 규모를 정의할 때 중요하다. 일반적으로 조직 규모의 판단 기준으로 거론되는 것에는 조직구성원의 총수, 매출액, 총투하 자본금, 조직의 소유자산 총액, 병원의 환자용 침대의 총수, 대학교의 강의실 총수 등 여러 가지가 있다. 조직 규모를 변수로 삼은 연구들 가운데 80% 이상이 조직 규모를 조직구성원의 총수로 정의하고 있다(Kimberly, 1976). 일반적으로 조직구성원의 총수가 조직 규모의 지표로서 쓰인다고 해서 반드시 그것이 타당한 지표인 것은 아니고, 연구의 목적과 그 밖의 상황에 따라 조직 규모 측정을 위한 지표는 얼마든지 달라질 수 있다.

블라우(Peter M. Blau)나 쇤허(Richard A. Schoenherr) 같은 구조주의자들은 조직구조에 대한 조직 규모의 절대적 영향을 주장하나(Blau, 1970; Blau & Schoenherr, 1971), 이러한 견해는 홀 등(Hall et al., 1972)에 의해 반박되고 있다. 일반적으로 조직 규모가 증대될수록 공식화, 분권화, 통합의 정도 및 조직의 전산화는 증가할 것이다(Robey, 1986; Blau & Schoenherr, 1971). 조직 규모가 조직구조의 모든 차원을 결정한다는 사실을 입증해 보일 수는 없어도, 어떤 차원들을 예측하는 데 중요한 역할을 하고 있음을 알 수 있다. 복잡성 · 공식화 · 집권화 등이 바로 그것이다. 조직 규모와 이러한 차원들의 관계를 살펴보면 다음과 같다.

1) 조직 규모와 공식화

조직 규모의 증대는 공식화에 영향을 미친다. 이러한 논리는 비교적 인정을 받고

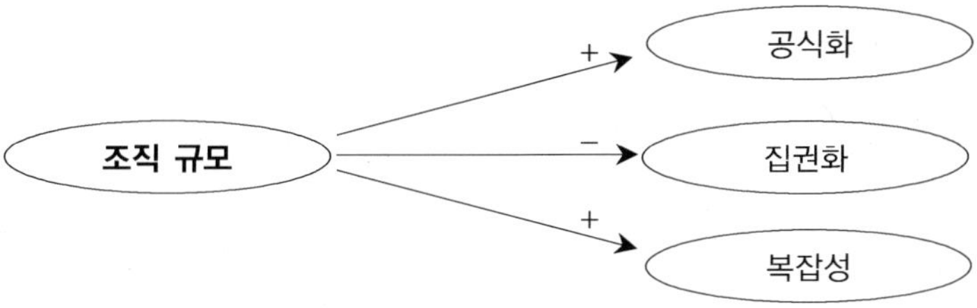

그림 4-5-1 조직 규모와 구조 변수의 관계

있다. [그림 4-5-1]에서 보는 것과 같이, 조직의 규모가 커질수록 구성원들의 행동은 공식화된다. 조직의 규모가 커질수록 과업은 분업화되고 그로 인해 구성원들의 행동은 더욱 반복적으로 된다. 그 결과, 조직관리자들은 구성원들의 행동을 예측하고자 하기 때문에, 그들의 행동을 가급적 공식화하려 한다(Mintzberg, 1979 : 233). 이러한 이유뿐만 아니라 규모가 커지게 되면 내부의 혼란이 증가되고 구성원들 간의 비인간적인 관계를 초래하여 전반적인 사기의 하락을 가져올 수도 있다. 이러한 이유 때문에 관리자들은 규칙, 절차, 직무기술서 등과 같이 인간의 행동을 공식화하는 장치를 개발하게 된다. 또한 관리자가 구성원을 통제하는 방법에는 직접적인 감독과 간접적인 감독이 있는데, 이 수단 중 하나의 방법을 사용하면 대부분 다른 한 가지 방법의 사용은 감소하게 된다. 조직의 규모가 커짐에 따라 관리자의 직접 감독 비용이 증가하기 때문에, 조직은 직접 감독보다는 공식화된 규제 조치를 사용함으로써 경제적 합리성을 확보할 수가 있다(Rushing, 1966).

2) 조직 규모와 집권화

[그림 4-5-1]에서 보는 것과 같이, 조직 규모와 집권화의 정도는 역(逆)의 관계에 있다고 할 수 있다. 조직의 규모가 커진 대규모 조직에서는 개인이나 소수가 이해하는 범위를 훨씬 넘는 일들이 많이 일어나고, 이에 따라 권한의 위양이 불가피해진다(Hall, 1991 : 76). 즉, 많은 연구가 규모의 증가가 조직구조의 분권화로 이어짐을 보여 준다. 예를 들어 신승춘(1992)의 연구에 의하면, 조직 규모가 상대적으로 큰 조직이 분권화된 구조로 운영되는 경향이 있다는 것이다. 이러한 분권화는 공식화의 증가와 함께 일어나는 것으로 이해되는데, 그 이유는 규칙이나 규정이 최고관리자로 하여금 권한을 위양할 수 있도록 해 줌과 동시에 위양된 권한이 최고관리자의 의도대로

이뤄지도록 보장해 주기 때문이다.

3) 조직 규모와 복잡성

[그림 4-5-1]에서 보는 것과 같이, 조직의 규모가 커짐에 따라 조직구조는 복잡해진다. 즉, 규모가 커질수록 복잡성이 커져 구조의 분화가 높아진다. 분업화가 촉진된다거나 기능적 분화로 인해 많은 부서가 생겨나는 것은 이 때문이다(Mileti, Gillespie, & Haas, 1977). 조직구성원들이 추가됨에 따라 인간 관계는 기하급수적으로 증가하기 때문에 조직의 규모가 커지게 되면 조직의 질서를 유지하기 위해 분업화, 통합화, 권한의 위양 등이 필요할 뿐 아니라 부서의 수와 규모도 상당히 증가하게 되어 조직을 복잡하게 만든다. 이처럼 조직의 규모는 조직설계에 영향을 미치는 중요한 상황변수가 된다. 조직의 규모가 커질수록 조직의 구조는 더 구체화된다. 즉, 조직의 규모가 커질수록 과업은 더욱 분업화되고 단위 부서가 더욱 차별화된다. 또한 이러한 분업화는 조직 단위 부서 간의 과업을 이질화시키고, 이러한 단위 부서 간의 이질화는 단위 부서 간의 조정활동을 증가시키며, 조정활동의 증가는 더욱 많은 조정 장치를 필요로 하게 한다. 조직구성원의 수가 증가하게 됨에 따라 새로운 단위 부서들이 형성되고, 그것을 관리하는 관리자들이 있게 되며 이들을 관리하는 다른 관리자들이 등장하게 됨에 따라서 위계가 형성된다. 관리계층이 더욱 정교화되고 구체화되기 시작하는 것이다.

조직 규모의 증대는 조직의 지역적 분산을 초래하기도 한다. 조직 규모의 증대는 장소의 분산을 초래하게 하며, 이에 따른 복잡성의 증가는 최고관리자의 관리 능력을 제한하게 되어 최고관리자의 통제권이 조직의 공식적 규칙과 절차로 대체되기도 한다.

2 조직 기술과 조직구조

조직 기술(organizational technology)이란 조직의 여러 가지 투입물을 조직이 목표하는 산출물로 변환시키는 데 이용되는 지식, 도구, 기법, 그리고 활동을 말한다(Perrow, 1967). 조직은 투입물, 물적·인적·재정적 자원을 제품 또는 서비스로 전환시키는 기술을 가지고 있다. 이처럼 기술은 투입물이 어떻게 산출물로 변환되는가하는 변환 방법을 문제삼고 있다.

조직은 좀 더 능률적이고, 좀 더 혁신적이고, 고객의 수요와 요구에 좀 더 잘 대응하기 위해 기술을 사용한다. 우리는 제2장에서 조직효과성을 높이기 위한 세 가지 접근 방법을 살펴보았다.

첫째, 외부자원 접근 방법을 택한 조직에서는 외부 고객을 관리하고 통제하기 위한 능력을 향상하기 위해 조직 기술을 활용한다. 예를 들면, 개별 고객의 요구에 맞추거나, 제품의 질을 높일 수 있는 기술을 활용함으로써 조직효과성을 높일 수 있다.

둘째, 내부체제 접근 방법을 택한 조직에서는 혁신적인 제품을 생산할 수 있는 능력을 높이거나 제품을 생산하는 데 소요되는 시간을 줄이기 위해 조직 기술을 활용한다. 포드자동차 회사에서 대량 생산 시스템을 도입한 것이 좋은 예다.

셋째, 기술적 접근 방법을 택한 조직에서는 제품의 질을 제고하면서도 생산 비용을 줄이는 기술을 활용한다.

다음에서는 조직 기술이 조직설계에 미치는 영향에 대한 세 가지 주요 이론을 소개하고자 한다.

첫째, 우드워드(Woodward, 1965)의 조직기술이론으로, 조직 기술을 생산 기술의 복잡성에 따라 단위 소량 생산 체계(small batch and unit production), 대량 생산 체계(large batch or mass production), 연속공정 생산 체계(continuous process production) 등 세 가지 유형으로 분류한 것이다.

둘째, 페로(Perrow, 1967)의 조직기술이론으로, 과업의 다양성 차원과 문제의 분석가능성 차원을 이용하여 조직 기술을 일상적 기술(routine manufacturing), 공학적 기술(engineering production), 장인 기술(craftswork), 비일상적 기술(nonroutine research) 등으로 분류했다.

셋째, 톰슨(Thompson, 1967)의 조직기술이론으로, 단위작업 간의 상호 의존성에 따라 조직 기술을 연속형 기술(long-linked), 중개형 기술(mediating), 집약형 기술(intensive) 등의 세 가지로 분류했다.

1) 우드워드의 기술 분류와 조직구조

우드워드(Woodward, 1965)의 연구는 생산 기술이 조직설계에 영향을 미친다는 최초의 연구이자 가장 중요한 연구라 할 수 있다. 그는 1953년부터 1963년에 걸쳐 다른 연구원들과 함께 영국의 남부 신흥 공업지대인 사우스 에섹스(South Essex) 지역 100여 개의 제조업체를 대상으로 연구를 수행했다. 그의 본래 연구 목적은 조직구조에 따라 조직의 성과가 어떻게 나타나는지를 알아보는 것이었다.

우드워드는 생산 과정에서 사용되는 기술적 복잡성을 측정하여 조사 대상 조직들을 세 가지 유형의 기술, 즉 단위 소량 생산 체계·대량 생산 체계·연속공정 생산 체계 중 어느 하나에 속하도록 범주화했다. 기술의 복잡성이란 생산 과정의 기계화 정도와 예측 가능성 정도를 나타내는 용어로서, 기술의 복잡성이 높다는 것은 대부분의 작업이 기계에 의해 수행되며 예측하기 쉽다는 것을 의미한다. 기술의 복잡성이 낮다는 것은 작업자가 생산 과정에 많은 역할을 한다는 것을 의미한다. 세 가지 기술 유형 중 단위 소량 생산 체계가 기술의 복잡성이 가장 낮고, 연속공정 생산 체계가 가장 높으며, 대량 생산 체계는 그 중간이다.

단위 소량 생산 기술은 특정 고객의 필요성을 충족시키기 위한 것으로 기계화의 정도가 매우 낮으며 결과의 예측 정도도 낮다. 또한 작업이 매우 비반복적이라는 것이 특징이다. 예를 들어 맞춤 양복, 특수 목적용 설비의 주문 생산이 이에 해당한다.

대량 생산 기술은 표준화된 제품 생산을 위해 여러 가지 공정으로 이뤄진 긴 제조과정을 지니는 기술 유형이다. 이러한 기술 유형은 조립 공정에 의한 일상적이고 반복적인 것이 특징이며, 제품 생산 과정과 최종 상태에 대한 예측 가능성이 높다. 예를 들어 자동차나 텔레비전, 컴퓨터 등의 전자제품을 대량으로 생산하는 것이 이에 해당한다.

연속공정 생산 기술은 생산의 모든 과정이 기계화되어 있으므로 산출물에 대한 예측 가능성이 가장 높다. 이러한 기술 유형은 생산 방식이 연속적이고 기계적인 변환과정을 거치는 것이 특징인데, 세 가지 유형 중 기술의 복잡성 정도가 가장 높다. 예를 들어 석유정제 공장, 섬유산업 등에서 사용하는 기술이 이에 해당한다.

이러한 우드워드의 연구가 제시하는 내용은 다음과 같다.

첫째, 단위 소량 생산 기술에서 연속공정 생산 기술로 갈수록 기술의 복잡성이 증대되고, 그에 따라 관리계층의 수가 증대되며, 전체 구성원 중에서 관리자가 차지하는 비율도 증가한다.

둘째, 대량 생산 기술을 의존하는 조직에서 감독자의 관리 범위, 공식화된 절차, 집권화의 정도, 그리고 문서에 의한 의사전달은 높게 나타나지만 단위 소량 생산 기술이나 연속공정 생산 기술을 의존하는 조직에서는 낮게 나타난다. 왜냐하면 대량 생산 기술은 표준화되어 있고 일상적이어서 예외가 거의 없는 반면, 단위 소량 생산 기술과 연속공정 생산 기술은 숙련된 기술자가 기계를 사용하여 작업을 수행하고, 여러 가지 변화하는 상황에 대해 효과적으로 적응하기 위해 작업자가 상호간에 언어에 의한 의사전달을 하기 때문이다.

따라서 기술의 복잡성에 대한 전반적인 조직구조 형태를 살펴보면 대량 생산 기술에 의존하는 조직은 주로 기계적 구조 형태를 나타내고, 단위 소량 생산 기술이나 연속공정 생산 기술에 의존하는 조직은 유기적 구조 형태를 나타낸다.

우드워드의 연구 결과를 요약하면 다음과 같다.

첫째, 조직이 사용하고 있는 조직 기술과 그 조직의 구조는 밀접한 관련이 있다는 것이다. 조직이 어떠한 기술을 사용하고 있는가에 따라 이에 적합한 조직구조 형태는 달라진다는 기술결정론적 입장을 취하고 있다.

둘째, 조직의 기술과 구조 간의 적합성이 조직의 효과성을 결정한다는 것이다. 대량 생산 기술을 사용하고 있는 조직에서는 기계적 구조(mechanistic structure)가 사용될 때 조직의 성과가 향상되고, 단위 소량 생산 기술이나 연속공정 생산 기술을 사용하고 있는 조직에서는 유기적 구조(organic structure)를 가지고 있을 때 더 높은 효과를 달성한다는 것이다. 즉, 조직에서 사용하고 있는 생산 기술에 의해 조직구조가 결정되며, 기술과 조직구조의 적합성 여부에 따라 조직의 성과가 달라진다는 것이다.

이러한 우드워드의 연구는 일정한 원리나 모형을 모든 조직에 대해 획일적으로 적용하려 했던 전통적인 조직이론에 큰 타격을 주었고, 결국 구조적 상황이론의 발전에 큰 기여를 했다.

2) 페로의 기술 분류와 조직구조

페로(Perrow, 1967)는 조직 수준보다는 부서 수준의 기술과 이에 따른 조직구조의 형태에 관심을 기울였다. 즉, 과업의 복잡성이 어떤 방식으로 조직구조에 영향을 미치는지에 관한 것이다. 그는 부서 수준의 기술이 조직구조에 미치는 영향에 대해 두 가지 차원, 즉 투입물에서 예외의 빈도를 나타내는 과업다양성 차원(task variability)과 과업상의 예외에 적절하게 대응하기 위한 문제의 분석 가능성 차원(task analyzability)으로 기술을 분류했으며, 이에 따라 조직구조 및 조직목표가 달라진다고 보았다. 즉, 이들 두 가지 차원에 대해 살펴보면 다음과 같다.

첫째, 과업의 다양성 차원은 업무 수행의 과정에서 예외적인 사건이 어느 정도 발생하는가에 근거한 차원, 즉 예외의 빈도 또는 동질성의 정도에 관련되는 것으로, 업무를 담당한 사람이 과업을 수행하는 과정에서 직면하는 예외의 수를 말한다. 과업이 일상적이면 거의 예외가 발생하지 않지만 과업의 다양성이 크면 예외적인 상황이 발생할 빈도가 높다. 예를 들어 생산 라인에서 근무하는 근로자는 과업에서 발생할 수 있는 예외의 빈도는 매우 낮지만, 최고 관리자가 자신의 업무를 수행하는 과정에서 발생할 수 있는 예외의 빈도는 상당히 높을 것이다.

둘째, 문제의 분석 가능성은 성공적인 방법을 발견하는 탐색 절차의 유형에 근거한 차원, 즉 과업의 변이성에 적절하게 대처하기 위한 성공적인 방법을 찾는 탐색 과정의 난이도를 말한다. 분석 가능성이 높다는 것은 발생하는 문제가 잘 구조화되어 있어서 해결책을 찾기 위해 논리적 분석이나 분석적 추론을 이용하는 경우이고, 분석 가능성이 낮다는 것은 문제가 잘 정의되지 않아 문제 해결을 위해 과거의 경험이나 판단, 직관을 이용해 시행착오를 거듭하는 경우를 말한다.

페로는 문제의 분석 가능성과 과업 다양성의 두 가지 차원을 이용해서 [그림 4-5-2]에서 보는 바와 같이 기술을 일상적 기술 · 공학적 기술 · 장인 기술 · 비일상적 기술 등 네 가지로 구분했다.

첫째, 일상적 기술을 사용하고 있는 부서에서는 수행하는 과업의 내용이 분명하고, 발생하는 문제는 대부분 분석이 가능하기 때문에 집권화된 의사결정이 이뤄진다. 또한 과업이 거의 변화하지 않음으로써 일상성과 공식화 정도가 높다. 따라서 관리의 효율을 높이기 위해 표준화된 통제와 정해진 규정과 절차를 사용하게 된다.

둘째, 공학적 기술을 사용하는 업무는 과업에 상당한 다양성이 존재하기 때문에 복잡성이 매우 높다. 업무 수행 과정에서 다양한 문제가 발생하지만 분석 가능성이 높기 때문에 일반적 탐색 과정에 의해 해결될 수 있다. 이러한 기술을 사용하는 분야의 사람들은 발생되는 문제를 효과적으로 해결할 수 있게 하기 위해 상당한 지식을 가지고 있어야 한다. 의사결정은 대부분 집권화되어 있으며, 공식화의 정도는 낮으나 조직의 유연성을 유지할 수 있다.

셋째, 장인 기술을 사용하고 있는 부서는 과업은 다양하지 않지만 발생하는 문제가 일상적이지 못하므로 문제 해결이 매우 어렵다. 따라서 과업을 해결하는 데 지식과 경험이 풍부한 사람들에게 크게 의존하므로 집단 간 상호 의존도는 낮고 분권화된 의사결정을 한다. 이러한 부서의 과업을 수행하기 위해 관리자는 지혜나 직관, 그리고 경험을 토대로 하는 무형적 요소에 의존해야 하므로 다양하고 광범위한 훈련과 경험을 쌓아야 한다.

넷째, 비일상적 기술을 사용하는 업무에서는 과업의 다양성이 높고, 이를 해결하기 위한 성공적인 방법을 발견하는 탐색 절차가 매우 복잡하다. 이러한 기술은 유연한 조직구조를 필요로 한다. 유연성을 가진 조직구조는 기본적으로 분권화되어 있고, 조직구성원들 사이에는 상호작용이 이뤄지며, 공식화의 정도는 최소화되는 특징을 가지고 있다.

[그림 4-5-2]는 사용되는 기술에 따른 부서의 구조적 특징을 제시하는데, 좀 더 상세히 살펴보면 다음과 같다(Daft, 2004 : 260-264).

첫째, 일상적인 기술을 사용하는 부서의 조직구조는 기계적인 특성을 나타내고, 비일상적인 기술을 사용하는 부서는 유기적인 조직구조의 특징을 나타낸다. 일상적인 기술을 사용하는 부서에서는 고도의 규정과 절차, 그리고 의사결정의 집권화가 나타나게 되며, 비일상적인 기술을 사용하는 부서에서는 자유로운 의사전달에 의한 유기적인 구조 특성을 지닌다. 예를 들어 연구개발부에서 근무하는 사람들과 생산 라인에서 일하는 근로자와는 옷차림에서부터 부서의 분위기, 작업 습관, 자율권까지 모든 분야에서 차이가 난다. 즉, 연구개발 부서의 직원들은 옷차림이나 조직 분위기에서 자유로운데 반해 생산 라인 직원들은 복장을 통일시킴으로써 획일적인 특성을 나타내는 경우가 많다.

둘째, 일상적 기술을 사용하는 업무 분야에서는 과업의 표준화 및 분업화를 통해 높은 공식화가 이뤄져 있으며, 대부분의 업무 수행에 대해 정해진 규칙과 절차가 적용된다. 비일상적 기술을 사용하는 부서에서는 업무를 수행하는 절차나 방법이 비공식적이며 표준화의 정도가 매우 낮다. 즉, 과업이 매우 다양할 경우에 공식적인 절차나 규정을 통해 이뤄지는 경우는 거의 없다(Glisson, 1978).

셋째, 일반적으로 통제의 범위는 과업의 복잡성과 조직구성원이 업무를 수행하는 데 필요한 전문화의 정도에 영향을 받는다. 과업이 복잡하고 비일상적일수록 상사가 관여해야 되는 문제의 소지는 많아지게 된다. 즉, 과업이 복잡해지면 상사와 부하는

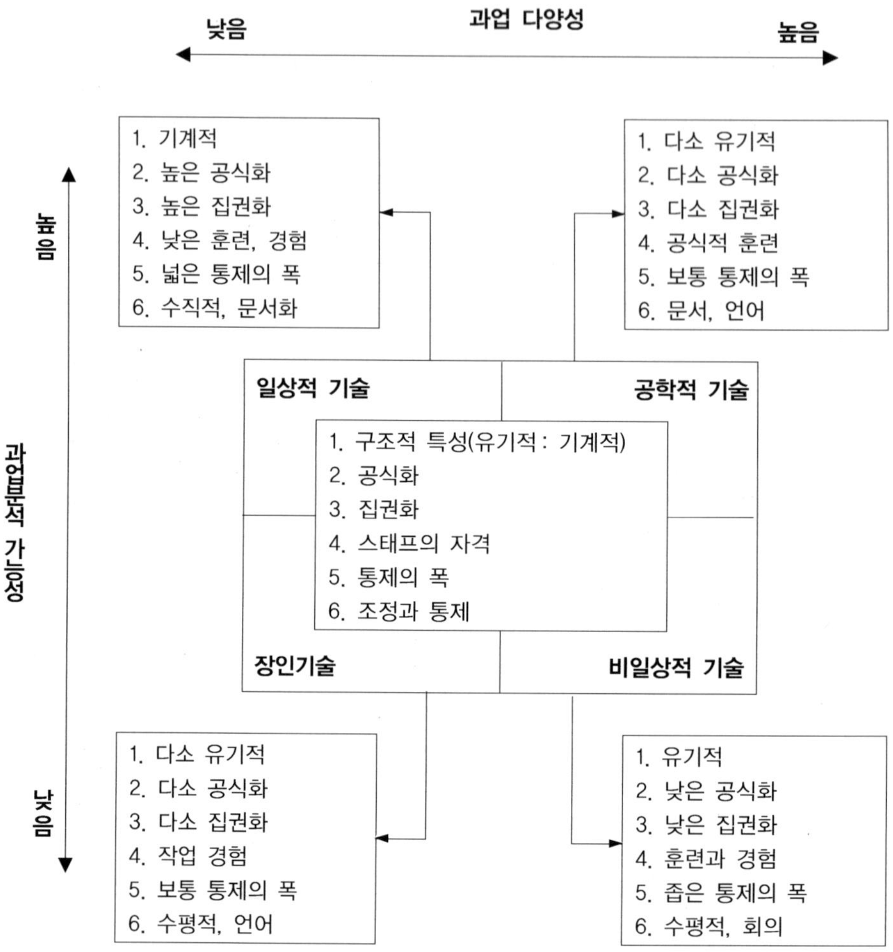

그림 4-5-2 부서의 기술과 구조

출처 : Charles Perrow(1970 : 78)의 유형 분류를 재구성.

더욱 빈번한 상호작용을 해야 하기 때문에 통제의 폭은 좁아진다. 그러나 전문화 정도가 높은 부하에 대해서는 철저한 감독이 필요하지 않기 때문에 감독의 폭은 커진다. 일반적으로 비일상적인 기술을 이용하는 과업은 전문화 정도가 높은 부하에 의해 수행되며, 일상적인 기술을 이용하는 과업일수록 상사의 통제의 폭이 넓어진다(Bell, 1965).

넷째, 일상적 기술을 사용하는 부서에서 이뤄지는 대부분의 의사결정은 관리자에게 집권화되어 있다(Grimes & Kline, 1973). 공학적 기술을 사용하는 부서의 경우에는 기술적인 경험이 과업 달성에 중요한 역할을 하기 때문에 업무 담당자들이 자신들의 업무와 관련된 대부분의 의사결정권을 가지고 있다. 따라서 비일상적인 기술을 사용하는 조직일수록 분권화의 정도가 높다.

다섯째, 조직이 수행하는 과업의 다양성이 높을수록 더욱 빈번한 의사전달이 이뤄진다. 문제가 발생하면 이를 해결하기 위해 필요한 정보를 공유하기 위한 여러 가지 활동이 더욱 많아진다. 일상적인 기술을 사용하는 부서일수록 상사와 부하 간의 수직적인 의사전달이 많이 이뤄진다. 의사전달의 형태는 문제 분석 가능성에 따라 달라지는데 문제의 분석 가능성이 높을수록 보고서나 규칙, 절차 등과 같은 문서 형식의 의사전달이 빈번하게 이뤄진다. 문제의 분석 가능성이 낮을수록 구두(口頭) 형식의 의사전달이 자주 이뤄지게 된다.

여섯째, 비일상직 기술을 이용하는 부서의 구성원들은 정기적인 회의나 수평적인 의사전달 등의 조정 체계를 통해 의사결정 활동에 참여한다. 반면 일상적인 기술을 사용하는 부서의 경우 수직적인 의사전달을 통해 의사결정과 통제 과정이 이뤄진다. 따라서 일상적인 기술을 사용하는 부서의 경우 관리자의 영향력이 크며, 규칙이나 절차를 통해 의사결정과 통제활동이 이뤄진다.

페로의 기술 분류는 그 개념과 측정상의 명료성으로 인해 상당히 광범위한 적용 가능성을 제시해 주었는데, 이 개념적인 분석의 틀에 입각하여 상당한 실증적 연구 결과가 나왔다. 예를 들어, 대프트와 매킨토시(Daft & MacIntosh, 1981)는 정보의 양과 정보의 비명료성을 페로의 과업다양성 및 문제의 분석 가능성과 연관시켰고, 대프트와 렌겔(Daft & Lengel, 1986)은 페로 및 대프트와 매킨토시의 분석의 틀을 통합해 네 가지 기술 유형에 상응한 정보 처리의 네 가지 조직설계 모형으로 발전시켰다.

3) 톰슨의 기술 분류와 조직구조

톰슨(Thompson, 1967)은 과업의 상호 의존성이 조직의 기술과 구조에 미치는 영향에 대해 깊이 연구했다. 톰슨은 다른 학자들의 기술 유형들이 복잡하고 다양한 조직에서 사용되는 광범위한 기술을 다룰 수 없다고 보면서, 기술의 일반적인 유형을 단위 작업 간의 상호 의존성의 형태에 따라 세 가지 유형으로 분류했다.

과업의 상호 의존성(task interdependence)이란 개인이나 부서에서 과업을 수행하기 위해 다른 부서와 얼마나 의존적인 관계를 유지하는가를 나타내는 개념이다. 즉, 어떤 부서의 상호 의존성이 낮다는 것은 그 부서가 담당하고 있는 과업을 수행하는 데 다른 부서의 도움이나 자원의 교환, 기타 여러 가지 상호작용이 없이 독자적으로 과업을 수행하게 된다는 것이다. 반면 어떤 부서의 상호 의존성이 높다는 것은 부서가 담당하고 있는 과업을 수행해 나가기 위해 필요한 자원이나 정보를 다른 부서와 계속적으로 교환해야 한다는 것을 의미한다.

톰슨은 생산 기술 그 자체에 대한 차이에 기준을 두어 기술을 분류하기보다는 사용하는 기술에 관계되는 기술의 상호 의존성에 따라 기술을 분류했다. 그의 분류는 추상적인 상호 의존성 차원에 따른 분류이므로 제조업체에만 해당되는 것이 아니고 여러 조직에 포괄적으로 적용될 수 있는 것이다. 톰슨은 기술을 연속형 기술(연속적 상호 의존성), 중개형 기술(집합적 상호 의존성), 집약형 기술(교호적 상호 의존성)로 나누고 각각의 기술에 적합한 구조가 형성되어야 한다고 주장했다.

연속적 상호 의존성(sequential interdependence)이란 A부서의 활동이 다른 B부서의 활동에 직접적으로 관련되어 있는 상호 의존성을 의미한다. 즉, 첫째 부서의 활동이 완전히 이뤄진 후 두 번째 부서의 활동이 가능하게 된다는 것이다. 각각의 부서들은 자신들의 업무 수행을 위해 필요한 자원을 서로 교환하기도 하며, 다른 부서의 과업 수행 결과에 영향을 받기도 한다. 연속형 기술은 제품을 생산하는 과정이 연속적이며 각각의 생산 단계에서는 이전 단계의 산출물이 투입물로 사용되며, 다음 단계의 투입물을 그 단계에서의 산출물로 생산하게 된다. 이러한 기술은 연속적 활동에 대한 조정이 필요하고, 특히 주된 불확실성은 조직의 투입 및 산출 측면에서 발생하므로 이런 분야에 통제를 가함으로써 불확실성에 대응하려는 경향이 있다.

집합적 상호 의존성(pooled interdependence)은 부서들 사이의 상호 의존성이 가장 낮은 상태다. 이 형태에서 단위 부서들 사이의 과업은 관련성이 거의 없으며, 각 부서는 조직의 한 부분으로서 조직의 공통적 목표에 독립적으로 공헌하게 된다. 이러한 집합적 상호 의존성은 주로 중개형 기술을 가진 조직에서 존재한다고 한다. 중개형 기술은 부서들이 각각 과업을 독자적으로 수행하면서 고객에게 재화나 용역을 제공한다. 예를 들어 은행이나 부동산 중개소, 그리고 보험회사 등은 상품을 파는 사람과 사는 사람을 연결시켜 주지만, 각각의 영업활동은 다른 부서와는 관계 없이 독자적으로 수행되는 것이다. 집합적 상호 의존성과 관련된 조직관리는 매우 단순하다. 즉, 관리자들은 각 부서 간의 업무의 표준화를 위해 규정과 절차를 사용하는데, 이러한 규정과 절차를 통해 부서 상호간의 조정활동은 거의 필요하지 않게 되는 것이다.

교호적 상호 의존성(reciprocal interdependence)은 상호 의존성의 수준이 가장 높은 상태다. 교호적 상호 의존성은 주로 집약형 기술을 이용하는 조직에서 발생하는 경향이 높다. 집약형 기술은 고객에게 다양한 제품과 서비스를 제공할 때 모든 업무 담당자가 협력하여 동시에 제공하는 것을 말한다. 이러한 집약형 기술을 이용하는 경우에 관리의 필요가 가장 요구되는데, 부서들 간 빈번한 상호작용과 의사전달로 조정이 이뤄져야 한다.

<표 4-5-1>에서 제시하는 바와 같이 조직 내에 존재하는 상호 의존성의 형태에 따라 각 부서의 활동을 조정하는 형태가 다르다(Van de Ven, Delbecq, & Koenig, 1976). 부서 간의 상호 의존성이 작을수록 규칙이나 표준화, 또는 예정표 등에 의해 부서 간 조정이 이뤄지며, 상호 의존성이 클수록 직접 대면에 의한 의사전달과 상호 조정에 의해 부서 간 조정이 이뤄진다는 것을 알 수 있다. 이 때 사용되는 조직 기술은 투입, 전환, 산출이 각각 독립적으로 수행되는 과업 형태의 특징을 보이는 중개형 기술(mediating technology)이다.

연속형 기술(long linked technology)는 톰슨이 발견한 두 번째의 기술 형태로서 투입, 전환, 산출이 연속적으로 수행되는 과업 형태의 특징을 보인다. 연속적 기술을 사용하는 조직에서는 순차적 상호 의존성에 기초하기 때문에 집합적 상호 의존성을 가진 조직에 비해 단위 작업 간 조정을 위한 여러 가지 노력이 더욱 필요하다. 즉, 부서의 작업 수행 과정에서 각 부서에 완전한 독자성을 부여하게 되면 과업을 성공적으

표 4-5-1 상호 의존성과 조정 형태

상호 의존성	의사전달의 빈도	조정 형태
집합적 상호 의존성 (중개형 기술)	낮음	규칙, 표준화
연속적 상호 의존성 (연속형 기술)	중간	정기적 회의, 수직적 의사전달, 계획
교호적 상호 의존성 (집약형 기술)	높음	부정기적 회의, 상호 조정, 수평적 의사전달, 예정표

로 수행할 수 없기 때문에 이들 부서를 효과적으로 조정하기 위해서는 계획과 예정표가 사용될 수 있다. 여기서 계획이란 상호 의존 관계에 있는 행동 주체 사이의 일정 계획을 의미한다.

집합적 상호 의존성이 있는 조직의 관리자는 전체 부서에 규칙이나 절차에 의한 표준화와 통제를 사용하여 각 부서의 업무를 효과적으로 수행하도록 한다. 이러한 조직은 표준화와 통제 이외에 단위 작업 간 조정을 위한 다른 노력이 거의 필요 없다. 이것은 규칙·규정·법규·일상성을 통한 조정으로서 상황이 비교적 안정적이고 반복적이며 그 종류가 적어야 한다.

교호적 상호 의존성이 존재하는 조직에서는 각 부서 간의 효과적인 조정을 위해 지속적인 협조와 상호 조정의 노력, 회의 등이 사용된다. 문제를 효과적으로 해결하기 위해 직접 대면에 의한 의사전달이 더욱 빈번하게 이뤄지고 더욱 많은 상호작용이 필요하기 때문에 교호적 상호 의존성을 갖는 집약형 기술(intensive technology)은 가장 복잡한 기술임을 알 수 있다. 즉 이 경우에는 환류(feedback)를 통한 상호 조정의 사용을 필요로 한다. 이것은 다양한 의사전달을 통해 이뤄지는 조정으로 여러 가지 조정 방법 가운데 가장 많은 의사전달과 의사결정을 필요로 하는 가장 어려운 방법에 속한다.

그러므로 상호 조정의 측면에서 살펴보면 집합적 상호 의존성이 높은 조직에서의 조정은 비교적 용이하고, 연속적 상호 의존성이 높은 조직이 중간이며, 교호적 상호 의존성이 높은 조직에서의 조정이 가장 어렵다. 이러한 상호 의존성에서 발생하는 불확실성을 감소시키기 위해 사용되는 효과적인 관리 방법은 다음과 같다. 먼저, 연속형 기술을 사용하는 조직에서는 투입과 산출 측면에서 불확실성에 직면하게 되는데, 이러한 조직에서는 수직적 통합을 통해 이러한 불확실성의 원천을 조직이 통제 가능한 영역으로 포함시킴으로써 불확실성을 감소시킬 수 있다. 투입 측면에서의 불확실성 감소 방법으로는 원료를 공급하기 위한 자회사를 설립한다거나 협력업체 제도를 이용하는 것이고, 산출 측면의 불확실성을 감소시키기 위해서는 제품의 재고를 흡수할 수 있는 판매 대리점 개설 등을 생각할 수 있을 것이다. 또한 중개형 기술에 의존하는 조직에서는 서비스 대상을 늘림으로써 불확실성을 감소시킬 수 있으며, 집약형 기술을 사용하는 조직의 경우는 어떠한 상황이라도 즉각 대처할 수 있는 전문 지식이나 기술을 습득한다거나 처리 대상을 조직 내로 유입시켜 환경의 영향을 최소한으로 차단하는 방법 등을 사용한다.

3 조직환경과 조직구조

조직환경이란 조직의 경계 밖에 존재하면서 조직 전체나 일부분에 영향을 미칠 가능성이 있는 모든 것이다(Daft, 2004 : 136). 환경은 조직이 생존을 위해 필요로 하는 자본, 인적·물적 자원, 기술적 정보, 시장 등을 제공하여 조직의 생성, 존속 및 성장에 커다란 영향을 미친다. 따라서 급변하고 불확실한 환경에서 조직이 생존하고 발전하기 위해서는 환경의 변화에 따라 신속하게 적절한 대응책이 마련되어야 한다. 이러한 대응책에는 새로운 조직전략, 조직설계, 조직관리 등이 포함된다. 여기에서는 환경 변화에 따른 조직의 대응책 중 조직구조를 설계하는 문제를 살펴보기 위해 다음의 세 가지 연구를 소개한다.

1) 던컨의 연구

환경의 불확실성이란 의사결정자가 환경에 관한 충분한 정보를 가지고 있지 못해 외부 환경 변화를 제대로 예측하지 못하는 상태를 의미한다. 던컨(Duncan, 1972)은 지각(知覺)이라는 개념을 이용하여 환경의 불확실성을 연구하면서 환경의 불확실성은 두 가지 차원, 즉 정태성-동태성이라는 차원과 단순성-복잡성이라는 차원으로 이해할 수 있음을 밝혔다.

환경의 복잡성이란 조직이 의사결정을 할 때 고려해야 할 환경 요소의 수에 관련된 개념으로서, 환경이 복잡하다는 것은 의사결정을 할 때에 고려해야 할 환경 요소가 그만큼 많다는 뜻이다. 또한 환경의 복잡성과 함께 환경의 불확실성에 영향을 미치는 하나의 차원, 즉 환경의 동태성이란 조직이 의사결정을 할 때 고려하는 환경 요소들이 얼마나 동태적인가 하는 개념으로 '환경이 동태적이다'라는 것은 환경 요소들의 특징이 자주 변한다는 뜻이다.

이 두 차원은 의사결정자에게 적어도 그들의 인지 문제에서 불확실성이 어느 차원에서 발생하는가를 파악하도록 하는 데 도움을 준다. 정태성-동태성 차원은 의사결정에 고려해야 할 요인들의 변화 정도를 고려한 것이고, 단순성-복잡성 차원은 의사결정을 할 때 고려해야 할 요인들의 수와 그 요인들의 유사성 정도를 고려하는 것이다.

정태적이고 단순한 환경에서 활동하는 조직들은 의사결정을 할 때 '최소의 지각된 불확실성'을 경험하지만 동태적이고 복잡한 환경에 처한 조직들은 '최고의 지각된 불확실성'을 경험하게 된다. 던컨(Robert B. Duncan)은 또한 정태성-동태성 차원이 단순성-복잡성 차원보다 지각되는 불확실성에서 더욱 많은 영향을 미친다는 것을 파악했다. 특히 동태적 환경에 처한 단위 부서들은 그들의 환경이 단순한가 복잡한가에 관계 없이 의사결정을 할 때 언제나 더욱 많은 불확실성을 지각하게 된다는 것이다.

조직환경의 불확실성에 따른 조직구조를 도표로 요약하면 [그림 4-5-3]과 같다 (Daft, 2004 : 142-144). 즉, 조직이 효과적으로 조직목표를 달성하려면 조직환경의 불확실성 정도에 적합한 조직설계가 이뤄져야 한다.

예를 들어, 환경의 불확실성이 낮은 조직은 기계적 조직구조, 소수의 변경조직,[1] 낮은 차별화와 기계적 통합 방법을 사용해야 한다는 것이다. 반면에 환경의 불확실성

환경의 동태성 \ 환경의 복잡성	단순	복잡
안정적	**낮은 불확실성** 1. 기계적 조직(공식적 · 집권적) 2. 소수의 변경조직 3. 아주 낮은 분화, 아주 적은 통합 방법 4. 생산 지향적	**다소 낮은 불확실성** 1. 기계적 조직(공식적 · 집권적) 2. 다수의 변경조직 3. 낮은 차별화, 아주 적은 통합 방법 4. 약간의 계획
동태적	**다소 높은 불확실성** 1. 유기적 조직(비공식적 · 분권적) 2. 소수의 변경조직 3. 높은 차별화, 많은 통합 방법 4. 계획 지향적	**높은 불확실성** 1. 유기적 조직(비공식적 · 분권적) 2. 다수의 변경조직 3. 아주 높은 분권화, 아주 많은 통제 방법 4. 포괄적 계획, 예측

그림 4-5-3 환경의 불확실성과 조직설계

1) 변경조직이란 조직에서 중요한 생산활동을 수행하는 기술 핵심조직이 효율적으로 운영되도록 외부 환경의 영향력을 흡수하는 부서인데, 제조업체의 경우 구매부, 영업부, 시장조사부, 연구개발부 등이 해당된다.

이 높은 조직은 유기적 조직구조, 다수의 변경조직, 높은 차별화와 유기적 통합 방법을 사용해 조직을 설계하는 것이 효과적이라고 한다.

2) 로렌스와 로쉬의 연구

로렌스와 로쉬(Lawrence & Lorsch, 1967)는 조직의 환경적응에 관한 연구를 분화와 통합의 양 측면에서 시도했다. 이들은 플라스틱 · 식료품 · 컨테이너 등 3개 산업에서 10개의 조직을 선정하여 환경의 차이와 효과적인 구조 사이의 관계를 조사했다. 이들이 이러한 세 가지 산업을 선택한 이유는 이 산업들이 각기 다양하고 서로 다른 환경에 접해 있다고 판단했기 때문이다.

로렌스와 로쉬는 "산업의 내부 환경과 외부 환경을 잘 조화시키는 조직이 그렇지 못한 조직보다 성공적이다"라는 가설을 세우고 내부 환경을 각각의 외부 환경과 연결시켜 설명함으로써 조직의 내부 환경과 외부 환경의 적합 관계성 및 조화를 주장했다. 이들은 외부 환경의 측정은 환경의 불확실성의 정도로, 내부 환경은 차별화와 통합의 정도로 측정했다. 차별화란 기능적으로 상이한 부서에 속한 관리자들의 기본 성향이 서로 다르다는 것과 부서의 공식성에도 차이가 있다는 것을 의미한다. 또한 통합이란 차별화된 부서 간의 행동이 조직 전체의 목표와 일치하는 방향으로 움직여 나가도록 하기 위한 공통된 노력을 말한다.

그들은 조직이나 환경을 획일적이고 단일한 것으로 보지 않고 각각 하부 단위가 있는 것으로 간주했다. 또한 조직의 각 하위 부서는 각각 하위환경과 상호작용한다고 주장했다. 예를 들어 세 가지의 하위환경, 즉 시장환경, 기술 · 경제환경, 과학적 환경 등이 있음으로 해서 이 하위환경에 대응하는 조직의 하위 부서들로서는 마케팅 부서, 생산 부서, 연구개발 부서가 있음을 제시했다. 즉, 조직의 각 하위 체계의 차별화 정

표 4-5-2 차별화와 통합의 관계

산업 특성	플라스틱 산업	식료품 산업	컨테이너 산업
환경의 불확실성	높음	중간	낮음
차별화의 정도	높음	중간	낮음
관리자의 통합 역할비	22%	17%	0%

도는 관련된 하위환경의 속성에 따라 달라진다는 것이다. 특히 하위환경에서 상황의 변화율이 크고 정보가 불확실하며 환류 시간이 오래 걸릴수록 하위 체계 사이의 차별화가 커지게 된다. 외부 환경이 급변하고 복잡하면서 다양할수록 단위 부서 사이의 차별화 정도는 그만큼 더 커진다고 했다. 차별화의 정도가 커질수록 통합의 필요성은 커지고 통합은 어렵게 된다. 만약 외부 환경이 매우 다양하고 내부 환경이 고도로 분화되어 있을 경우, 각 하부 단위 부서들이 조직의 목표와 다른 방향으로 나가는 것을 막기 위해 정교한 내적 통합 기법이 필요하다.

<표 4-5-2>에서 보는 것과 같이(Lorsch & Lawrence, 1972), 환경의 불확실성이 높은 산업 내에 있는 조직일수록 차별화의 정도가 높으며, 이를 조정하기 위한 통합 방법도 많아지게 된다. 환경의 불확실성이 높은 플라스틱 산업에 속하는 조직은 사전에 설정된 규율, 방침, 계획과 같은 기계적인 통합 방식뿐만 아니라 임기응변적인 태스크 포스, 위원회 조직, 연락 역할 담당자 등과 같은 유기적이며 다양한 통합 방법이 이용되고 있는 반면, 환경의 불확실성이 낮은 컨테이너 산업의 경우에는 규칙, 방침, 계획과 같이 이미 정해진 기계적 방식에 의해 통합이 이뤄진다. 마지막으로 환경의 불확실성 정도가 중간 정도인 식료품 산업은 변경조직의 차별화와 관리자의 통합 역할도 중간 정도로 나타난다.

3) 톰슨의 연구

톰슨(Thompson, 1967)은 기술·환경·조직의 관계를 개념적으로 연구했는데, 조직이 합리성을 추구해 나갈 때 주된 문제는 불확실성이며 불확실성의 원천은 기술과 환경이라고 주장했다. 그는 환경을 안정-불안정, 동질-이질의 두 가지 차원으로 나누고, 두 차원의 조합에 따른 조직의 최적 구조를 다음과 같이 제시했다.

첫째, 동질-안정적 환경에 속한 조직은 비교적 간단한 차별화를 가지며, 주로 표준화된 절차나 규정을 통해 환경에 적응한다.

둘째, 이질-안정적 환경에 속한 조직은 각 부문이 과업환경에 맞도록 다양한 차별화를 가진다. 환경에 대해서는 표준화된 규칙에 따르는 적응 방식을 취한다.

셋째, 동질-불안정한 환경에 속한 조직은 환경이 동질적이므로 차별화는 공간이나 지역 단위로 이뤄지고, 지역 단위는 각각 분권화된다. 각 단위는 조직의 규칙이 아니라 환경의 변화에 따라 계획을 탄력적으로 변경하면서 환경에 적응한다.

마지막으로, 이질-불안정한 환경에 속한 조직은 환경의 우연성에 대응하기 위해 조직을 분권적으로 차별화한다. 각 단위는 분권적으로 과업환경의 변화를 살펴 변동에 대응하고 계획을 탄력적으로 변경한다.

결국, 안정적 환경에 속한 조직은 규칙에 의존하는 관료제적인 적응 형태를 취하고 있음을 알 수 있고, 불안정한 환경에 속하는 조직은 관료제 속에 유기적인 조직 특성이 혼재되어 있음을 알 수 있다.

4 민츠버그의 조직성장 경로모형

민츠버그(Mintzberg, 1983b)는 조직을 설계하는 데 매우 유용한 분석의 틀을 제시해 주고 있다. 그는 조직구조는 조직의 역사, 규모, 기술, 환경 및 권력 등과 같은 상황 변수들에 의해 결정되며, 이들 상황 변수와 조직구조 간의 적합도(fit)를 높이는 것이 조직효과성을 높이는 첩경이라고 주장했다.

민츠버그(Mintzberg, 1979, 1990)에 의하면, 조직에는 다섯 가지 기본 부문이 있다. 첫째, 핵심 운영 부문(operating core)으로 조직의 제품이나 서비스를 생산해 내는 기본적인 일들이 발생하는 곳이다. 둘째, 전략 부문(strategic apex)으로 조직을 가장 포괄적인 관점에서 관리하는 최고관리층이 있는 곳으로 조직의 전략을 형성한다. 셋째, 중간 라인 부문(middle line)으로 전략 부문과 핵심 운영 부문 간을 직접적으로 연결시키는 라인에 위치한 모든 중간관리자로 구성되어 있다. 넷째, 기술구조 부문(technostructure)으로 조직 내의 과업 과정과 산출물이 표준화되는 시스템을 설계하는 분석가들을 포함하고 있다. 다섯째, 지원 스태프 부문(support staff)으로 기본적인 과업 흐름 외에 발생하는 조직의 문제에 대해 지원을 하는 모든 전문가로 구성되어 있다.

그런데 민츠버그에 의하면, 조직은 서로 다른 다섯 방향으로 작용하는 다섯 가지 힘을 갖고 있다(Mintzberg, 1990; 김인수, 1997 : 365-408; 이창원 · 정진우 : 2004).

첫째, 조직에는 집권화하기 위해 전략 부문, 즉 최고관리층에서 행사하는 힘이 있는데, 이러한 힘은 직접 감독에 의한 조정을 통해 발휘되고, 이 힘이 강력할 때 조직은 단순구조(simple structure)의 형태를 갖게 된다.

둘째, 조직에는 표준화를 하기 위해 기술구조 부문에서 행사하는 힘이 있는데, 이러한 힘은 과업 과정의 표준화에 의한 조정을 통해 발휘되며, 이 힘이 강력할 때 조직은 기계적 관료제 구조(machine bureaucracy)의 형태로 된다.

셋째, 조직에는 전문화하기 위해 핵심 운영 부문에서 행사하는 힘이 있는데, 이러한 힘은 작업 기술의 표준화에 의한 조정을 통해 발휘되고, 이 힘이 강력할 때 조직은 전문적 관료제 구조(professional bureaucracy)의 형태가 된다.

넷째, 조직에는 사업 단위를 분할하기 위해 중간 관리층에서 행사하는 힘이 있는데, 이러한 힘은 작업 기술의 표준화에 의한 조정을 통해 발휘되며, 이 힘이 강력할 때 조직은 사업부제 구조(divisionalized form)의 형태가 된다.

다섯째, 조직에는 협조 및 혁신을 수행하기 위해 지원 스태프 부문에서 행사하는 힘이 존재하는데, 이러한 힘은 상호 적응에 의한 조정을 통해 발휘되며, 이 힘이 강력할 때 조직은 애드호크라시(adhocracy) 구조의 형태가 된다. 각 조직구조를 살펴보면 다음과 같다(김인수, 1997 : 377-401; 이창원 · 정진우, 2004).

단순구조는 상대적으로 소규모이고 주로 초창기 조직에서 발견되는데, 일반적으로 복잡하지 않은 기술을 사용한다. 단순구조는 집권화된 유기적인 구조라 할 수 있다. 즉, 단순하고 동태적인 환경에서 주로 발견할 수 있고, 일반적으로 환경이 적대적이거나 최고관리자가 의사결정을 집권화해야 할 필요가 있을 때 적합한 조직구조다. 단순구조를 가진 조직에서는 최고관리자가 조직의 핵심 부문으로 등장하고, 과업은 주로 관리자의 직접 감독에 의해 조정된다.

기계적 관료제 구조는 전형적으로 단순하고 안정적인 환경 하에서 적절한 조직구조 형태다. 기계적 관료제 구조에서는 모든 지원 서비스를 조직 외부로부터 의존하지 않고 가급적 조직 내부에서 완전하게 통제하려 함으로써 작업 흐름을 안정적으로 유지하려고 한다. 또한 작업의 반복과 표준화가 필요하기 때문에 작업의 양이 충분히 많고 작업의 표준을 정착시킬 수 있는 오래되고 성숙된 조직에서 전형적으로 찾아볼 수 있다. 기계적 관료조직은 규제적인 기술 체계를 갖는 조직에 적절한 구조 형태다. 왜냐하면 이러한 기술은 작업을 일상화시키고 표준화시킬 수 있기 때문이다. 이러한 조직에서 사용하는 규제적인 기술 체계는 매우 단순한 것으로부터 조금 복잡한 것까지를 포함하나 자동화 같은 매우 복잡한 기술은 제외되게 된다. 왜냐하면, 매우 복잡한 자동화 기술의 경우, 전문가들에게 상당한 권력 위양이 필요하며, 나아가서 이

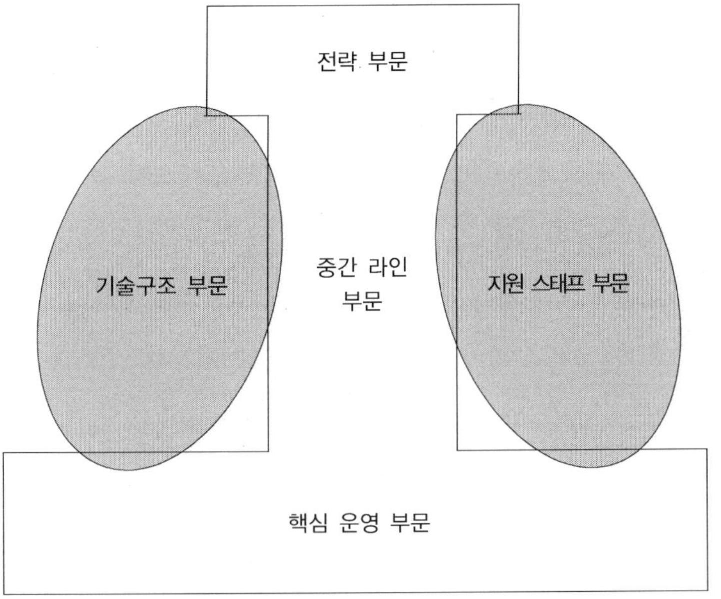

그림 4-5-5 조직의 다섯 가지 기본 부문

들은 비관료적인 유기적 구조를 요구하기 때문이다.

전문적 관료제 구조는 수평·수직적으로 분권화된 조직 형태로서, 복잡하고 안정적인 환경에서 적절한 조직구조 형태다. 즉, 광범위한 훈련 프로그램에 의해서만 학습되고 복잡한 절차를 사용해야 할 만큼 환경이 복잡하면서, 표준화된 지식과 기술 및 운영절차를 사용할 수 있을 정도로 안정되어 있는 경우에 적합하다. 이러한 구조는 전문가들로 구성된 핵심 운영층이 주요 부문으로 등장한다. 이들은 오랜 훈련과 경험으로 표준화된 기술을 이용해 과업을 조정하기 때문에 많은 자율권을 부여받는다.

사업부제 구조는 제한된 수직적 분권화 조직 형태로서, 이러한 구조가 형성되기 위한 기본적인 조건은 무엇보다도 고객이나 제품 및 시장의 다양성이다. 즉, 시장의 다양성이 전제될 때, 각 사업부는 스스로의 책임 하에 있는 시장을 중심으로 자율적인 영업활동을 전개하게 된다. 이 구조는 상대적으로 안정적인 환경에서 운영되는 대규모의 오래된 조직에서 발견된다. 사업부 내 과업의 조정은 산출물의 표준화를 통해 이뤄지고, 본부 조직에서 요구하는 성과통제 메커니즘은 사업부 내에서의 기계적 관료제 구조를 요구한다.

애드호크라시는 거의 모든 면에서 기계적 관료제 구조와 반대의 속성을 갖는 조직 구조다. 애드호크라시는 동태적이고 복잡한 환경에 처한 조직에 적절한 조직구조다. 이러한 환경은 정교한 혁신을 요구하며 동시에 이런 혁신을 위해서는 분권화된 유기적 구조가 필요하다. 조직의 역사는 애드호크라시와 관련한 또 하나의 조건이다. 왜냐하면, 시간이 지남에 따라 조직은 관료화되어 가기 때문이다. 따라서 애드호크라시는 일반적으로 오래 되지 않은 조직에서 발견된다. 애드호크라시 구조를 갖고 있는 조직에서는 정교한 과업의 분화가 이뤄지고 있으나 공식화의 정도는 높지 않다. 조직 구성원들의 전문성은 매우 높고, 구성원 간 상호 조정은 개인적 의사전달과 수평적 통합 방식을 통해 이뤄진다. 따라서 이러한 구조에서는 선택적인 분권화가 이뤄지고, 어떠한 계층의 누구라도 의사결정에 참여할 수 있다.

이창원 · 정진우(2004)는 민츠버그의 모형을 기초로 우리 나라 국회사무처를 분석했다. 연구 결과, 국회사무처 조직은 전문적 관료제 구조를 갖추는 것이 효과적이고, 이를 위해 전문가들로 구성된 조직의 핵심 운영 부문(상임위원회 · 법제실 · 예산정책국)이 사무처 조직의 주요 부문으로 등장해야 한다는 것이 파악되었다. 이러한 측면에서 AHP 기법을 이용한 전문가 설문조사 결과 전체적으로는 상임위원회, 입법차장 하부기관, 사무차장 하부기관의 순서로 상대적 중요도가 높게 나타난 것은 고무적이라고 할 수 있었다. 그러나, 법제실의 중요성은 거의 모든 평가자들이 인정하지만, 예산정책국은 법제실과 의사국에 비해 기타 기관 소속 관료를 제외하고는 그 중요성을 많이 인정받지 못하는 것으로 나타났다. 물론 예산정책국이 전체적으로는 모든 사무차장 하부기관보다도 그 상대적 중요성을 인정받고 있다는 것은 고무적이나, 의사국보다 그 중요성을 인정받지 못한다는 것에는 문제가 많은 것으로 판단되었다. 즉, 의사국은 민츠버그의 분류에 의하면, 기술구조 부문으로 기계적 관료제 구조의 핵심 부서인 반면 예산정책국은 국회 사무처가 지향해야 하는 전문적 관료제 구조에서 핵심 운영 부문이기 때문이다.[2)]

---

2) 예산정책국의 기능은 결국 강화되어 사무처에서 독립하여 국회예산정책처로 거듭나게 되었다. 2004년 3월 3일 새로이 발족한 국회예산정책처는 기획관리관, 예산분석실(예산분석심의관 포함), 경제분석실, 사업평가국으로 구성되어 있다.

표 4-4-3 민츠버그의 조직성장 경로모형

분류	단순구조	기계적 관료제구조	전문적 관료제구조	사업부제구조	애드호크라시
조정 수단	직접 감독	업무표준화	지식/기술의 표준화	산출물의 표준화	상호조정
핵심 부문	전략층	기술구조	핵심 운영층	중간관리층	지원 스태프
상황 요인					
역사	신생 조직	오래된 조직	가변적	오래된 조직	신생 조직
규모	소규모	대규모	가변적	대규모	가변적
기술	단순	비교적 단순	복잡	가변적	매우 복잡
환경	단순, 동태적	단순, 안정	복잡, 안정	단순, 안정	복잡, 동태적
권력	최고관리자	기술관료	전문가	중간관리층	전문가
구조 요인					
전문화	낮음	높음	높음(수평적)	중간	높음(수평적)
공식화	낮음	높음	낮음	높음	낮음
통합/조정	낮음	낮음	높음	낮음	높음
집권/분권	집권화	제한된 수평적 분권화	수평 · 수직적 분권화	제한된 수직적 분권화	선택적 분권화
예	신생 조직	행정부	학교	재벌조직	연구소

제 2 절 애드호크라시

애드호크라시(adhocracy)는 관료제의 반대 개념으로 관료제가 대규모성 · 복잡성, 그리고 표준화된 고정적 구조와 계층적 구조를 가지고 있는 데 비해, 애드호크라시는 융통성이 있고 적응도가 높으며 혁신적인 성격을 갖는다. 따라서 관료제를 기계적인 조직에 비유한다면 애드호크라시는 유기적인 조직에 비교할 수 있을 것이다. 그러나 순수한 관료제가 존재할 수 없듯이 순수한 애드호크라시란 기대할 수 없는 추상적인 하나의 모형이다.

애드호크라시는 일반적으로 '특별임시위원회'라고 번역되는데, 베니스(Bennis, 1969: 45)는 애드호크라시를 "다양한 전문기술을 가진 비교적 이질적인 전문가들이 프로젝트를 중심으로 집단을 구성하여 문제를 해결하는 변화가 빠르며 적응적이며, 일시적인 체계"로 정의하고 있다. 애드호크라시는 대체로 영구적인 부서나 공식화된 규칙, 그리고 일상적인 문제를 처리하기 위한 표준화된 절차가 없다. 프로젝트에 따라 전문

요원들이 팀을 구성하여 상황에 맞게 문제를 해결해 나간다.

앞에서도 언급했듯이 순수한 애드호크라시 조직이란 실제로 찾아보기 어렵다. 지금으로서는 앞 장에서도 살펴본 매트릭스 구조, 태스크 포스, 위원회조직 등이 애드호크라시에 속하는 조직으로 인정되고 있다. 여기서는 애드호크라시의 조직적 특성, 그 유형 및 장·단점, 적용 상황 등을 차례로 살펴보도록 한다(양창삼, 1994 : 595-607).

1 애드호크라시의 조직적 특성

구조적 차원에서 볼 때 애드호크라시는 크게 세 가지 특성을 지닌다. 그것은 복잡성·공식화·집권화 정도가 모두 낮다는 것이다. 즉, 조직구조가 복잡하지 않고, 형식주의나 공식성에 얽매이지 않으며, 의사결정이 분권화되어 있다는 것이다.

1) 낮은 수준의 복잡성

애드호크라시는 고도의 수평적 분화가 이뤄진 구조를 갖고 있다. 왜냐하면, 애드호크라시는 기본적으로 전문 요원들로 구성되어 있어 전문성에 따른 수평적 분화 정도는 아주 높지만 관료제와는 반대로 수직적 분화는 아주 낮기 때문이다. 이렇게 애드호크라시가 다계층의 계층적 관리구조를 갖지 않는 이유는 애드호크라시는 유연성이 필요한데 계층이 많으면 유연한 적응 능력을 잃게 되기 때문이며, 또한 전문 요원들은 대부분 원하는 행동규범을 내면화하고 있어 감독의 필요성이 높지 않기 때문이다.

2) 낮은 수준의 공식화

애드호크라시는 공식주의적인 성격이 약한 반면에 전문성이 강하다. 애드호크라시는 규칙과 규정이 거의 없으며, 존재한다 해도 그 성격이 엄격하지 않고 명문화되어 있지 않다. 애드호크라시는 신속한 결정과 유연성을 필요로 하기 때문에 공식화가 요청되지 않는다. 즉, 공식화를 강조하다 보면 형식에 치우치게 되고, 융통성이 없게 되며, 새로운 사고나 기술혁신이 어렵게 된다. 이를 관료제와 비교해서 설명하면, 어떤 문제가 발생했을 때 관료제 조직에서는 그것을 표준화되고 정형화된 프로그램으로 분류하여 획일적이고도 규격화된 방법으로 처리하는데 비해, 애드호크라시에서는 새로운 해결 방법으로 이를 처리하려 하기 때문에 표준화라든가 공식성이 적합하지 않게 된다는 것이다.

3) 낮은 수준의 집권화

애드호크라시에서 요구되는 필수적인 요소는 융통성과 신속성이다. 따라서 몇 명의 최고관리자가 모든 의사결정을 내리기란 어려운 일이며, 그것이 가능하다 하더라도 전문성이 결여될 수 있다. 이를 보완하기 위해 애드호크라시에서는 거의 모든 의사결정권이 전문가로 구성된 팀에 분화되어 있다. 그리고 팀의 구성원으로서의 각 전문가는 그 팀의 목표가 달성될 때까지 주요 의사결정에 적극적으로 참여하게 된다. 이에 따라 애드호크라시에서는 관료제에서의 계층적 의사결정과는 달리 민주적 의사결정이 보편화되며, 지위가 가져다 주는 권위가 아닌 전문지식에 의해 영향력을 행사하게 된다.

2 애드호크라시의 장점 및 단점

애드호크라시는 변화에 대한 신속한 대응 능력이 있어 높은 적응도와 창조성을 요구하는 조직에 적합하고, 기술혁신을 촉진하며, 어떠한 공동 목표를 달성하기 위해 개별적으로 활동하고 있는 다양한 전문 요원들의 조정을 촉진시킨다는 장점이 있다. 따라서 애드호크라시는 1) 조직의 적응력과 창의적인 특성이 중요시되고, 2) 공동 목표를 달성하기 위해 다양한 전문 분야에서 차출된 전문 요원들의 협동적 노력이 요구될 때, 그리고 3) 과업이 기술적이고 프로그램화할 수 있어서 한 사람의 힘으로는 도저히 처리할 수 없을 때 효과를 거둘 수 있다.

한편 애드호크라시의 단점은 다음과 같다.

첫째, 애드호크라시에서 갈등이란 불가피한 것이다. 왜냐하면 여기에서는 상위자와 하위자 간의 관계가 불분명할 뿐만 아니라 권한과 책임 간에도 명확한 구분이 없기 때문이다. 따라서 애드호크라시는 업무의 표준화가 가져다 주는 장점이 결여되어 있다.

둘째, 애드호크라시는 상하 구분 · 권한과 책임의 명확한 구분이 없어 모호성이 존재한다. 일사불란하게 짜여진 역할 체계를 선호하는 사람에게 애드호크라시는 참을 수 없는 것이 되며, 좀 더 유연한 가운데 창조성을 추구하는 사람에게는 흥미로운 것이 된다.

셋째, 관료제와 비교할 때 애드호크라시는 분명히 비효율적인 구조를 취하고 있다. 특히 애드호크라시는 표준화된 작업에서 오는 이점을 살리지 못하고 있다. 작업을 구획화하고 세분화하기 어려우며 정확성이나 편리성이 결여되어 있어 효율적이지 못하다.

넷째, 애드호크라시는 급속한 변화에 대처해 나가야 하고, 임시적 체계 속에서 업무를 수행하며, 다른 구성원과 책임을 분담해 나가야 하는 일에 적응해야 한다는 점에서 조직구성원에게 스트레스와 긴장을 유발할 수 있다.

이렇게 많은 단점이 있긴 하지만 불확실한 환경 아래서 유연성 있게, 그리고 혁신적으로 조직을 관리할 수 있다는 장점이 단점을 상쇄시킨다고 볼 수 있다.

3 애드호크라시의 적용 상황

애드호크라시는 모든 조직에 적당한 조직모형은 아니다. 이 모형이 효과적으로 적용될 수 있는 상황이 존재하는데, 이러한 상황들을 살펴보면 다음과 같다(Mintzberg, 1983b).

첫째, 애드호크라시는 다양하며 매우 위험 부담이 큰 조직전략들과 밀접한 관계가 있으며, 또 이러한 조직전략에는 애드호크라시가 가지고 있는 융통성과 적응성이 필요한 것이다.

둘째, 애드호크라시는 일상성이 아니라 비일상성에 맞는 모형이다. 비일상성은 공식화를 거의 포함하지 않고 있으며 변화에 대응하기 위해 전문가들의 재능에 의존하도록 만들어지며, 따라서 세분되고 이질적인 기술에 대한 조정과 통합이 요청된다. 애드호크라시는 이 같은 통합을 촉진시키는 데 매우 중요한 메커니즘이 되고 있다.

셋째, 애드호크라시에 알맞은 환경은 동태적이고 복잡한 환경이다. 미래를 예측할 수 없는 혁신적인 업무란 동태적인 환경과 밀접한 관계가 있을 뿐만 아니라, 이해하기도 어렵고 판단하기도 어려운 복잡한 환경과 연관되어 있기 때문이다.

넷째, 애드호크라시, 특히 운용적 애드호크라시의 경우 조직의 수명주기 가운데 초기 단계에 적합하다. 왜냐하면, 초기 단계는 조직이 시장 영역을 발견・확인하기 위해 노력하고 목표를 달성하기 위해 치밀한 결정과 노력이 요청되므로 최고의 유연성이 필요하기 때문이다. 또한 조직의 초기 단계에는 생존을 위한 투쟁을 해야 하므로 기술혁신이 최고조로 필요하고, 선례도 없고 확립된 기준도 없어 새롭고 다양한 접근이 요구되기 때문이다.

다섯째, 제품 경쟁, 특히 품질 경쟁이 극심한 상황에서는 제품 자체에 대한 혁신이 요구되므로 애드호크라시가 적합하다. 또한 주문에 따라 개별 제품을 생산해야 하므로 표준화가 어려운 조직의 경우도 애드호크라시가 적합하다.

제 3 절 정보 기술과 조직구조의 관계

1 정보 기술과 집권화・분권화의 관계

정보 기술과 조직구조의 관계에 대한 일반적인 논의는 정보 기술의 활용이 조직구조에 직접적인 영향을 준다는 가정에 입각해 있는 듯하다. 정보 기술의 조직 내 의사결정 참여 및 직무 권한 계층에 대한 파급 효과는 최근 지대한 관심사로 부상해 왔으며, 이는 조직 내에서뿐만 아니라 조직 간에도 적용될 수 있는 문제다. 조직 내에서의 정보 기술의 도입 및 활용과 조직구조와의 관계를 살펴보면 조직 상부층이 정확한 정보를 즉시 이용 가능하기 때문에 정보 기술의 도입이 집권화를 초래한다는 주장이 있다(Dawson & McLoughlin, 1986; Leavitt & Whisler, 1958).

반면에 정보 기술의 도입은 중・하위 관리자들로 하여금 조직의 전반적인 상황이나 정책 우선순위 등의 정보에 접근하는 것을 용이하게 만들어 그들의 의사결정의 질을 향상시킬 수 있다는 점과, 또한 정보 기술의 도입으로 인해 조직 하위 및 중간 계층의 일상적・반복적 의사결정을 대체할 수 있다는 점 때문에 그들의 비일상적・비반복적 의사결정에 대한 참여도를 증진시키는 계기가 될 수도 있다는 상반된 주장이 있다(Anshen, 1960; Burlingame, 1961; Moskovitz & Mammen, 1985).

또한 정보 기술의 도입이 조직구조에 아무런 영향도 미치지 않는다는 주장도 있는데(Robey, 1986), 한국 행정조직을 대상으로 한 연구 결과도 컴퓨터의 활용이 과연 집권화를 조장하는지 또는 분권화를 조장하는지 명확한 실증적 연구 결과를 제시해 주지 못하고 있다(노화준, 1988).

그러나 정보 기술의 도입이 권력구조에 미치는 영향을 가장 합리적으로 해석하면 정보 기술의 도입은 조직의 집분권화(centrally decentralized) 현상을 초래할 가능성이 가장 높다고 볼 수 있다. 즉, 정보 기술의 도입을 통해 권력구조에서는 수평적 분화의 심화와 전문성의 강화로 분권화가 촉진되는 모습을 보이나(Donovan, 1988), 정보 기술의 발달로 분화된 과업 수행에 대한 통제가 용이해져서 중요한 의사결정이 집권적으로 이뤄지는 경향을 보여 재집권화 되는 모습을 보인다는 것이다. 결국 의사결정이 본질적으로 조직구성원 개개인에게 위임되고 분권화되지만 정보 기술을 이용하여 통합된 정보 체계를 통해 집권화되는 집분권화 현상이 나타날 것으로 보인다.

그동안 수행된 연구(노화준, 1988; 노화준 · 이달곤, 1990; 유평준 · 김도훈 · 유병무, 1994) 등의 결과는 정보 기술의 도입으로 인한 권력 관계의 변화를 인정하지 않았는데, 이러한 연구 결과들이 도출된 이유는 정보 기술 도입의 결과를 집권화 및 분권화의 이분법적 시각으로 이 현상을 바라보았기 때문인 것으로 보이고 집분권화 현상을 고려하여 실증 연구를 수행하면 다른 결과가 도출될 수도 있을 것으로 보인다(이창원 · 임영제, 2004).

2 정보 기술과 공식화의 관계

공식화란 행태적인 규범에 의존할 수 없는 경우 행태를 표준화하는 것으로, 새로운 정보 기술이 도입된 초창기에는 필요한 규범의 결여로 인해 공식화의 정도가 높아질 것이나 새로운 정보 기술에 익숙해짐에 따라 공식화에 대한 영향은 감소할 것이다(Huber, 1990).

정보 기술의 도입이 조직구조에 미치는 영향에 대한 상충적인 연구 결과들을 해결하는 방법으로, 로비(Robey, 1981, 1986)와 민츠버그(Mintzberg, 1983)는 조직의 통제 전략적 측면에서 공식화나 분권화의 개념을 재검토하는 것이 필요하다고 주장한다.

분권화는 종종 공식화를 수반하며, 공식화와 분권화가 조직 하위 계층에 대한 관료적 통제 수단으로 기능을 할 수도 있다(Child, 1972). 또한 분권화는 집권화의 한 방법으로 이해될 수 있다는 점에서(Mintzberg, 1983b), 공식화를 수반한 분권화의 촉진은 하위 계층의 의사결정 결과를 감독함으로써 정보 기술이 관료적 통제의 수단으로 이용될 수 있다는 것이다. 이러한 관점에서 보면 정보 기술의 도입이 분권화에 기여할 수 있다는 종래의 주장은 회의적이라고 하겠다.

3 정보 기술과 조직 통합 및 조정과의 관계

정보 기술의 도입과 조직구조와의 관계를 다루고 있는 연구는 주로 수직적 권한 계층 및 통제 문제에 치중되어 있어, 수평적 분화에는 비교적 관심이 집중되지 않고 있다. 그러나 조직설계에서 가장 핵심적인 두 가지 근본 요소는 분업의 원리에 입각해서 업무나 조직 단위를 세분화·전문화하고, 다시 이 세분화·전문화된 직무 및 조직 단위를 조직의 목표 달성 차원에서 어떻게 조정, 통합할 것이냐 하는 문제라고 볼 때, 정보 기술이 조직의 통합기구에 미치는 영향을 알아볼 필요성이 있다.

임시위원회나 태스크 포스 등과 같은 구조적 통합기구나 회의 등과 같은 절차적 통합기구는 관리자의 직무 시간을 상당량 빼앗고 있는 실정이므로, 정보 기술의 도입이 조정기구에 의한 관리자의 시간에 어떠한 영향을 미칠 것인가를 생각해 보는 것은 유용한 일이 될 것이다. 관리정보 체제(MIS), 의사결정 지원체제(DSS) 및 전문가 체제(expert system) 등과 같은 정보 기술의 도입은 정보 부족으로 인한 회의의 중단 등을 미연에 방지할 수 있고, 전자우편 등의 활용은 정보를 얻기 위한 이동을 감소시켜 주어 회의나 임시위원회 등의 조정기구의 역할이 일반적으로 감소할 것이다. 그러나 정보 기술의 활용이 좀 더 효과적인 회의를 가능케 한다고 여겨진다면 회의나 임시위원회 등을 통한 조정 기능은 증가할 수도 있다(Huber, 1990).

정보 기술의 도입은 조직 내의 수평적 분화를 야기한다는 연구 결과가 지배적이다(Blau & Schoenherr, 1971; Pfeffer & Leblebici, 1977). 물론 이러한 정보 기술과 수평적 분화와의 관계는 구조적 상황이론의 견지에서는 환경이 복잡하고 불확실할수록 고도로 분화된 조직을 효율적으로 조정하기 위한 통합도의 증대가 요구되는 것이지, 단순히 정보 기술의 도입 그 자체가 직접적인 원인은 아니라고 볼 수 있다. 정보 기술의 도입으로 인한 파급 효과는 각 부처 간에 상이하며, 이는 동일 조직 내에서도 각 하부구조가 직면한 상황적 요인들이 상이하기 때문이다. 이러한 차이는 각 부처 간의 특성을 심화시켜 전체적인 조정 문제가 중요한 문제로 대두된다(Whisler, 1970). 만일 원활한 조정 기능이 이뤄지지 않으면 부처 간 할거주의(inter-departmental sectionalism)의 문제가 나타난다(Booth, 1988). 각 부처는 각각의 우선순위나 하위목표를 가지고 있기 때문에 목표의 전도 현상을 야기할 우려가 크다. 이러한 할거주의를 보완하고 정책 형성 과정에서 조정을 기하기 위해 정보화는 정보의 공유화 취지에서 이뤄져야 하는데, 이렇게 상호 정보에 접근할 수 있다는 것 자체가 정보를 통한 조정의 의의를 기대할 수도 있음을 의미한다(방석현, 1990).

제 4 절 한국 행정조직에서 조직구조 연구

최홍석·한승주(2008)는 공공조직에서 정보 기술 도입과 조직개편의 상호작용을 분석했는데, 이를 위해 지난 10년간의 국세청 조직개편과 정보 시스템 도입 과정을 탐구했다. 기존 연구들이 정보 기술과 조직구조 사이의 관계를 조직구조에 대한 정보 기술의 영향이란 측면에서 대체로 정태적으로 분석해 왔음에 반해 이 연구는 둘 사이의 관계를 좀 더 동태적·상호작용적 관점에서 분석했다. 1997년 국세통합전산망 도입, 1999년 기능별 조직개편, 2002년 홈택스 서비스 도입 과정을 분석한 결과, 국세청의 기능별 조직개편 전략은 국세통합전산망이라는 정보 시스템을 통해 기술적으로 지원되면서 실현된 것으로 나타났다. 환경 변화에 따른 조직전략을 적절하게 지원하는 정보 시스템을 통해 기능별 조직구조로의 개편이라는 기획된 변화가 실현된 것이다. 조직의 정보 기술 도입이란 조직이 정보 시스템을 한 번에 구축하는 일이 아니라, 환경과 전략, 조직구조와 정보 시스템의 특성, 그리고 구성원의 대응 사이에서 정합성을 찾아나가는 동태적인 과정으로 볼 수 있었다.

이창길(2007)은 국정 운영 방식의 공식성과 방향성을 기준으로 국정 운영의 형성기, 과도기, 발전기로 구분하여 시대적 변천 과정을 분석하고, 미래 발전 방향을 제시했다. 분석 결과 향후 국정운영 조직의 방향은, 첫째, 헌법상의 국정운영 원칙에 부합하는 조직구조를 가지고 최소한으로 운영되어야 하고, 둘째, 대통령과 국무총리의 합리적인 관계 설정이 요망되며, 셋째, 행정관리, 예산, 인사, 법제 등 국정 지원 조직은 위원회형의 합의제 행정기관보다는 독임제 행정기관으로 운영할 필요가 있으며, 넷째, 국정 운영 조직의 하부구조에도 좀 더 유연하고 개방적인 조직모형이 적용될 필요가 있다.

이환범 · 이수창 · 박세정(2005)은 조직환경 및 조직구조가 권위주의 행태에 미치는 영향 요인 분석 연구에서 조직환경과 조직구조를 독립 요인으로, 조직구성원의 권위주의 행태를 종속 요인으로 설정하여 인과 관계를 밝히고자 했는데, 조직환경과 조직구조는 조직구성원의 권위주의 행태에 영향을 미치는 것으로 분석되었다. 연구 결과 조직구조적 측면에서는 첫째, 조직 내 존재하는 활동의 분화가 심화되고 의사결정의 권한이 상위층 중심으로 집중될수록, 직무 수행 절차가 표준화되면 될수록 조직구성원의 행태가 권위주의적인 성향을 보이는 것으로 나타났다. 둘째, 급변하는 환경에 조직이 빠르게 대응하기 위해서는 조직이 간소화되고, 유연한 구조를 갖춰야 한다. 조직을 유기적 · 탄력적 · 혁신적으로 운영하기 위해서거나 또는 환경 변화에 대한 대응성과 신속성을 높이기 위해서는 조직구조의 복잡성과 공식화 수준은 낮추고 분권화 수준을 제고할 필요가 있다.

연구 문제

1. 조직 규모와 조직구조의 관계를 사례를 들어 설명하시오.
2. 본인이 잘 알고 있는 조직 하나를 선택한 후, 그 조직 내 주요 부서에서 사용되는 기술을 페로의 기술 분류를 이용하여 설명하시오.
3. 2번 문제에서 선택한 조직의 부서 간 상호 의존성을 톰슨의 기술 분류를 이용하여 설명하시오.
4. 2번 문제에서 선택한 조직의 조정 형태를 설명하고, 그러한 조정 형태를 톰슨의 주장과 비교하시오.
5. 2번 문제에서 선택한 조직의 구조와 환경 간의 적합성을 던컨의 연구를 이용하여 평가하시오.
6. 2번 문제에서 선택한 조직의 구조와 환경 간의 적합성을 톰슨의 연구를 이용하여 평가하시오.
7. 2번 문제에서 선택한 조직의 구조를 민츠버그의 연구를 이용하여 설명하고, 재설계 방안을 제시하시오.
8. 정보 기술과 조직구조의 관계를 실제의 예를 들어 설명하시오.

사례 연구 4-5

정부조직의 융합

1998년 김대중 정부가 출범할 당시 나는 주미대사관 주재관으로 근무하고 있었다. 이 때 내가 속한 총무처가 내무부와 통합돼 행정자치부로 개편된다는 소식을 들었다. 귀국 후 통합부처에서 근무해 보니 조직문화가 다른 이들과 동료, 선·후배로 지내는 것이 어색하지 않을 수 없었다. 장·차관이 어느 부처 출신인가에 따라 인사는 희비가 갈리고, '나눠먹기식'이 되기도 했다. 그러다 1년 만에 행정자치부에서 인사 기능만을 떼어내 중앙인사위원회가 독립돼 나갔다. 인사의 독립성 및 전문성 보장이 명분이었지만, 부처 통합이 쉽지 않음을 드러낸 사례인 셈이었다.

이명박 정부의 출범과 함께 행정자치부와 중앙인사위원회, 비상기획위원회에 정보통신부의 일부 기능까지 통폐합된 거대 행정안전부가 탄생했다. 통합에 따른 공무원들의 불안과 초조함을 누그러뜨리려 정부는 조직융합관리(Post Merger Integration: PMI) 기법을 도입했다. 이는 문화·인사·조직 등의 영역에서 통합 부처에 생겨날 수 있는 갈등을 예상해 이를 극복하고, 공동 목표 달성을 위해 협력하도록 구성원들을 유도하는 체계적인 활동이다. 행정안전부는 '조직융합관리 매뉴얼'을 각 부처에 배포하고, 이를 바탕으로 12개 통합 부처와 공동으로 조직융합 진단을 실시했다. 진단 결과에 따라 부처별 실정에 맞는 조직융합 프로그램이 마련돼 실행에 옮겨지고 있다. 조직융합관리에 대한 이해를 돕기 위해 주요 진단 결과와 도출된 과제를 소개한다.

먼저, 인사 운영과 관련해 조직의 화학적 통합 유도를 위한 실·국 간 교차 인사가 긍정적 평가를 받았다. 인사 만족도를 높이려면 사전에 인사 배치 기준이 제시돼야 하고, 교차 인사에 따른 불안감을 없애 주는 세심한 보완책이 마련돼야 한다는 진단도 나왔다. 이를 토대로 여러 가지 대안이 제시됐다. 교차 인사 때 직급이 다른 같은 부처 출신 직원들을 한 부서에 함께 발령하는 '동반발령제', 본인의 희망을 반영하는 '직위공모제', 조직구성원이 공감하는 인사 배치 기준의 '사전예고제' 등이 대표적이다.

조직 운영의 경우 통합 이후 부서별 정책 방향의 제시가 부족하고, 중간관리자의 리더십이 미흡하다는 지적이 나왔다. 구성원들 사이에는 조직이 단기성과 중심으로 운영되고, 상사·부하간 의사소통도 원만하지 않다는 인식이 있는 것으로 나타났다. 문제해결을 위한 대안으로 변화에 탄력적으로 적응하도록 도와 주는 변화 지향적 리더십 교육과정의 운영, 업무에 대한 이해 부족으로 발생할 수 있는 갈등을 미리 예방하기 위한 유형별 갈등관리 매뉴얼 마련 등이 제시됐다.

문화 차원에서는 자율적·수직적·과업 중심적 문화가 뒤섞여 있는 것으로 나타났다. 출신 부처가 아닌 상대 문화에 대해 구성원들의 이해가 부족하다는 진단이 내려졌다. 구성원들은 문화 차이가 인정되는 가운데 점진적으로 단일 문화가 구축되기를 희망하고 있었다.

이처럼 전문적이고 과학적인 진단과 해법을 제시하는 조직융합관리 프로그램의 도입으로 조직 통·폐합의 부작용은 크게 줄어들 것으로 기대된다. 조직융합관리 프로그램을 일관성 있게 적극 실천해 나갈 때 통합 부처의 조직 운영 역량도 한 단계 업그레이드될 것이 분명하다. (서울신문, 2008. 1. 7. 기고문 발췌, 김영호 행정안전부 제1차관)

사례 문제

1. 위의 사례에서 총무처에서 행정안전부까지 조직구조의 변화가 왜 발생했는지를 논의하고, 그 결과를 제시하시오.
2. 행정조직의 '통합 및 조정'을 위한 조직융합 방안을 구체적으로 사례를 들어 제시하시오.

제 6 장

조직환경

이 장에서는 1960년대 이후의 개방 체제적 조직이론의 핵심이라고 할 수 있는 환경(environment)에 대해 살펴본다. 특히 애스틀리(W. Astley)와 반 데 벤(A. Van de Ven)의 분류 체계를 이용하여 주요 조직이론을 상세히 설명한다.

먼저 제1절에서는 조직환경의 의미와 조직과 환경과의 관계에 관한 조직이론의 분류에 관해 살펴보고, 다음 거시조직이론 중 조직의 행동을 결정론적 관점으로 바라보는 이론들을 제2절에서 소개한다. 제3절에서는 조직의 행동을 임의론적으로 바라보는 이론들을 중점적으로 살펴본 후, 제4절에서는 제도화이론을 소개한다. 마지막으로, 제5절에서는 우리나라 행정조직에 대해 거시적 관점의 조직론 관련 논문들을 살펴본 후, 결정론과 임의론적 관점의 문제점을 제시하고, 조직환경에 대한 새로운 관점의 필요성을 제기함으로써 조직환경에 관한 논의를 마친다.

제 1 절 조직과 환경

1 조직환경의 의미

조직환경(organizational environment)은 조직의 경계(boundaries)의 바깥에 놓여

있는 모든 것으로서 사람, 다른 조직, 경제적 요소, 사건 등 모든 요소를 포함한다(Griffin & Moorhead, 2008 : 470). 이 정의에 따르면, 조직환경의 범위가 어디까지인지를 결정하기 위해서는 조직의 경계를 이해해야 한다. 하지만 조직의 경계는 시간과 장소에 따라 변하기 때문에 쉽게 결정하기는 쉽지 않다. 예를 들면, A라는 관리자는 갑이라는 조직 내에 존재하기도 하지만, 을이라는 조직의 환경으로 기능하기도 하기 때문이다.

환경은 조직이 적응해야 할 가장 중요한 상황(contingency)이다. 왜냐하면, 조직환경은 조직이 움직이는 방법과 희소한 자원을 획득하는 능력에 상당히 영향을 미치기 때문이다. 만약 조직의 관리자가 환경적 요인을 완전히 무시하고 조직 내부의 문제에만 관심을 가진다면, 고객의 선호 변화, 기술의 혁신, 새로운 법과 제도의 출현 등 주요한 환경적 요인의 변화를 감지하지 못하게 될 것이다.

현대 조직환경의 가장 큰 특징 중의 하나는 환경의 불확실성(uncertainty)이다. 특히 환경의 불확실성은 관리자들이 환경적 변수들에 대해 충분히 이해하지 못하고, 환경적 변수가 조직에 미치는 영향을 예측하기 못할 때 발생한다. 불확실성은 환경의 복잡성과 동태성에서 기인한다. 환경의 복잡성이란 조직의 의사결정에 나쁜 영향을 주는 환경적 요소들이 복잡하다는 것이고, 동태성은 이러한 환경적 요소들이 계속해서 변하는 것을 이른다.

2 조직과 환경에 관한 조직이론 분류

사회과학에서 지식을 추구하는 방법에는 실증주의(positivism)와 해석주의(interpretivism)라는 두 가지의 주류가 있다. 존재론(ontology)적 관점에서 보면, 실증주의자들은 단편으로 분할이 가능한 하나의 불변하는 실체(reality)가 존재한다는 입장을 취한다. 이에 반해, 해석주의자들은 실체에 대한 지각(perception)의 중요성을 강조하면서 서로 다른 개인·집단 간 지각의 차이로 인해 결국 다양한 실체들이 존재하는 것이므로 실체에 대한 해석이 중요하다는 입장을 취한다. 이렇게 실체에 대해 상이한 견해를 취하는 것 이외에도 실증주의와 해석주의는 사회적 존재에 대한 가정이 상이하다. 즉, 실증주의는 개인이나 조직의 행위가 표출되는 환경의 구조적 특성을 중시하여 개인이나 조직의 행동은 환경의 구조적 제약에 의해 결정되고 이에 수동적으로 반응한다는 환경결정론적(deterministic) 입장을 취한다. 이에 반해, 해석주의는 개인이나 조직이 환경이나 내부적 상태에 단지 수동적으로 반응한다고 보는 것이 아니라 자율적으로 환경에 대해 행동을 취함으로써 적극적으로 환경을 형성(shape)한다고 보는 임의론적(voluntaristic) 입장을 취한다.

애스틀리와 반 데 벤(Astley & Van de Ven, 1983)은 조직이론을 결정론적 혹은 임의론적 지향성, 그리고 개별 조직 혹은 조직군 수준이라는 두 개의 상호 배타적인 차원에 의해 체제구조적 관점(system-structural view), 전략적 선택 관점(strategic choice view), 자연적 선택 관점(natural selection view), 집단적 행동 관점(collective action view) 등의 네 가지 관점으로 구분한다. 또한 페퍼(Pfeffer, 1982)는 조직이론을 목적적·의도적·합리적 행동(purposive, intentional, goal-directed rational action) 관점, 외부 제약적 행동(externally constrained and controlled action) 관점, 생성적·무작위적·과정 및 사회 구성에 입각한 행동(emergent, almost- random, dependent on process and social construction action) 관점 등의 세 가지 행동 관점과 개인 및 연합체, 전체 조직 등의 두 가지 분석 수준에 입각해 분류하고 있다.

애스틀리와 반 데 벤의 조직이론 분류 체계는 그 간결성과 다양한 거시조직이론을 명확하게 분류하고 있다는 점에서 이번 장의 서술 체계에 적합하다. 기존의 주요 거시조직이론은 애스틀리와 반 데 벤의 조직이론 분류 체계에 따를 때 [그림 4-6-1]과

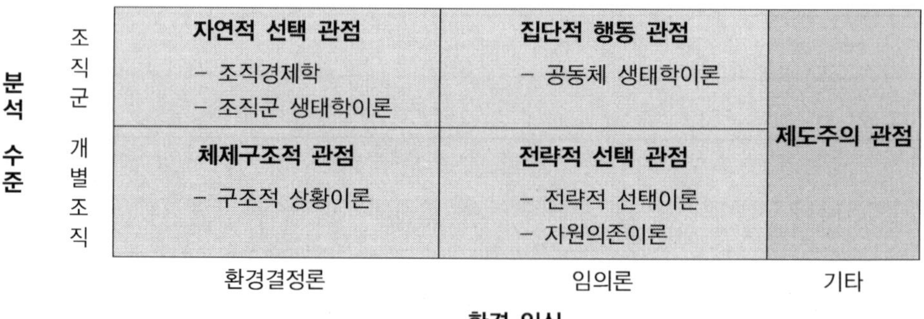

그림 4-6-1 주요 거시조직이론의 분류

같이 분류된다. 한편 제도주의는 환경결정론적 관점이나, 임의론적 관점에 포함되지 않기 때문에 기타 관점으로 분류한다.

제 2 절 환경결정론적 관점

환경결정론적 관점은 조직이 환경에 의해 결정된다는 입장이다. 환경결정론적 차원은 구조적 상황이론(좀 더 자세한 내용은 제4부 제6장 제2절 참조), 조직경제학이론, 조직군 생태학이론 순으로 살펴보겠다.

1 구조적 상황이론

조직을 폐쇄 체제로 보는 모든 조직이론의 공통된 특성은 모든 조직을 동일하게 본다는 점이다. 행정 원리는 어떤 체제 하에서도 보편 타당하게 적용될 수 있다는 고전적 행정이론의 가정(Ostrom, 1974)이 그대로 이어져 왔음을 알 수 있다. 따라서 이러한 이론들은 조직의 기술, 직무 불확실성, 환경, 조직 규모, 목표 및 권력 등의 상황적 요인들은 관심 밖이었고, 결과적으로 분석 단위가 조직 내의 개인이나 소집단에 국한되었다. 유일 최고의 방법(one best way)이 가능하다는 것은 모든 조직이 동일하다는 가정 하에서는 타당한 듯하다. 그러나 조직마다 처한 상황이 상이하다는 가정 하에서는 다른 이론의 대두가 요구되는 바, 이것이 바로 구조적 상황이론(structural contingency theory)이다.

구조적 상황이론은 대체로 다음의 두 가지 특징을 갖고 있다. 첫째는, 조직에는 두 종류의 적합한 형태가 있다고 본다. 하나는 유기적 구조이고, 다른 하나는 기계적 구조다. 조직구조에는 이렇게 두 가지 형태가 있어, 어느 형태를 취할 것인지는 그 조직이 속해 있는 환경적 특성에 의존한다는 것이다. 또한 구조적 상황이론은 안정되지 않은 환경 속에 있는 조직은 유기적인 구조를 선택하는 것이 효과적이고, 비교적 안정된 환경 속에 있는 조직은 기계적인 구조를 선택하는 것이 효과적이라고 주장한다.

이러한 사고 방식은 다시 확산되어 다양한 주장을 제시한다. 즉, "기술의 유형이 다르면 조직구조도 변화한다"라든지, "규모가 다르면 조직구조가 변한다", 또는 "전략이 달라지면 조직구조도 달라진다"와 같은 주장들을 제시한다. 구조적 상황이론에는 기술, 규모, 전략만이 아닌 문화에 대한 변수도 포함하는데, 이로 인해 조직학 연구가 활기를 띠게 되었다. 두 번째 특징은 "조직은 정보 처리 체제다"라는 인식을 한 것이다. 예를 들어 어떤 조직환경의 불확실성이 높다는 것은 필요한 정보의 처리량이 많다는 것이며, 그러한 경우 그것에 적합한 정보 처리 능력을 갖는 구조가 좋다는 것이다.

구조적 상황이론은 이렇게 조직 간의 차이점을 강조하며 조직구조와 조직의 효과성에 영향을 미치는 상황 요인을 규명하려 했다. 즉, 이 이론은 조직과 환경 간의 적합도가 유지되면 궁극적으로 조직의 효과성이 제고될 수 있다고 보았다. 최종 상태에 도달하는 데 여러 가지 방법이 가능하다는 원리인 동일 귀착성(equifinality)은 인과성의 개념이나 테일러(Frederick W. Taylor)의 '유일 최고의 방법'과는 근본적으로 다르다. 또한 체제가 당면한 복잡한 환경만큼 체제 내부구조도 다양해야 한다는 필요다양성(requisite variety)의 원리를 상기해 보면 체제이론적 관점에서 유일 최고의 방법이라는 것은 존재하지 않는다는 것을 알 수 있다(최창현, 1992).

구조적 상황이론은 조직이 환경적 요인(environmental conditions)에 의해 결정된다고 가정하면서 조직관리자가 수행하는 전략적 선택의 중요성을 무시하고 있다는 점에서 비판을 받게 되는데, 이것은 전략적 선택이론에서 살펴보기로 한다. 그럼에도 불구하고, 구조적 상황이론은 조직설계에서 가장 지배적인 접근 방법이고, 조직학 연구에서 가장 많이 활용되고 있는 현대 조직이론이라는 점을 간과해서는 안 된다.

2 조직경제학

조직경제학(organizational economics)은 구조적 상황이론, 자원의존이론, 조직군 생태학이론 및 제도화이론 등과 함께 조직이론의 연구 경향 중의 하나다. 이 이론은 대리이론(agency theory)을 기반으로 하여 발전된 거래비용경제학(transaction cost economics)을 지칭하며(Barney & Ouchi, 1986), 시장 및 위계이론(markets and hierarchies theory)이라고도 한다(Williamson, 1975).[1] 거래비용경제학이 대리이론을 근간으로 발전된 이론이기 때문에 먼저 대리이론에 대해 살펴보고, 거래비용경제학에 대해 설명하고자 한다.

1) 대리이론

조직경제학이론은 다음의 네 가지 개념을 기반으로 하고 있다.

첫째, 개인적 선택은 조직적 혹은 집단적 행동의 기반이 된다. 즉, 흔히 집단적 행동으로 여겨지는 것은 사실 개인적 선택의 집합이다.

둘째, 개인적 선택은 상충되는 개인적 선호의 표출이다. 따라서 갈등은 사회생활에서 본질적으로 내재된 것이며, 조직화란 그러한 갈등을 관리하는 수단이다. 그러나 갈등을 항상 관리할 수 있는 것은 아니다.

셋째, 규칙은 갈등 관계에 있는 개인의 선호를 조정하기 위해 필요하다. 이러한 규칙은 집단적인 의사결정이 필요한 경우 그러한 결정을 단순화하고 질서화하기 위해 필요하다.

넷째, 개인 및 집단적 선호에서의 차이뿐만 아니라 시간·정보·자원의 한계성은 의사결정자로 하여금 극대화 전략보다는 만족화(satisficing) 전략을 택하도록 하는 경향이 있다.

대리이론에 의하면, 사회생활은 대리인(근로자, 판매자)과 본인(관리자, 자본가, 구매자) 간의 일련의 계약과 계약 위반 관계로 상정될 수 있다고 본다. 사회적 관계는 본인(principal)과 대리인(agent)이라는 두 당사자에 의해 이뤄지며, 대리인은 본인을 대신해 특정 행동을 대행해 주고, 본인은 대리인에게 권한을 위임한다. 그러나 본인과 대리인 간의 상충적인 이해 관계로 인해 대리손실(agency loss)이 발생한다. 효율적인 본인-대리인 관계를 유지하기 위해서는 이 대리손실을 최소화해야만 한다는 것이다(Donaldson, 1990; Perrow, 1986). 대리이론은 경제학, 정치학, 사회학, 조직학 등 많은 분야에 공헌하고 있는데(Eisenhardt, 1989), 조직이론에 적용된 것이 거래비

1) 최병선(1991)은 조직의 경제이론(economic theories of organization)이라는 광범위한 용어를 사용하고, 신유근(1988) 등은 시장 및 위계이론이라고 한다. 페퍼(Pfeffer, 1982)는 시장실패 접근법(market failures approach)이라는 용어를 사용한다. 여기에서는 조직경제학이라는 용어로 통일하여, 조직분석에 원용된 모든 경제학적 이론을 포괄하는 개념으로 사용한다.

용경제학이다.

2) 거래비용이론

거래비용이론은 조직의 경계가 어디인가 하는 중요한 질문을 던진다. 즉, 왜 어떤 조직은 조직의 경계 바깥에 존재하는 다른 조직(suppliers)으로부터 투입물(inputs)을 구매하는 데 반해, 어떤 조직은 스스로 그 투입물을 생산하는가 하는 질문이다. 이에 대한 해답으로, 윌리엄슨(Williamson, 1975)은 조직구조의 효율성이 거대조직의 출현을 설명하는 중요한 요인이며 거래비용의 최소화가 효율성의 관건이라고 주장한다. 즉, 기업들이 수직적 결합(vertical integration)이나 합병(merger)을 통해 조직의 대규모화를 추구해 나가는 일반적인 경향을 보이는 것은 바로 거래비용을 최소화하기 위해서라는 것이다.

거래비용(transaction costs)은 조직들이 함께 일을 할 때 그들의 활동을 통제하는 데 필요한 모든 비용을 말하는데, 통제비용, 거래 관계의 유지 비용, 정보 비용 및 대체 비용 등과 같은 경제적 교환과 연관된 모든 비용을 포함한다. 거래비용이론에 따르면, 조직의 목표는 환경에서 자원을 교환하는 데 드는 비용과 조직 내에서 교환을 관리하는 비용을 최소화하는 것이다. 전통적 의미의 효율성과는 다르게 거래비용경제학에서 효율성은 보이지 않는 손, 즉 가격 메커니즘(price mechanism)에 의해 자동적으로 통제되는 수요와 공급의 적정 균형 상태로 규정된다.

윌리엄슨(Oliver E. Williamson)은 조직경제이론의 핵심을 다음과 같이 요약하고 있다.

첫째, 시장(marker)과 조직(hierarchies)은 일련의 거래행위를 완결하는 상호 대체적인 수단(alternative instruments)이다.

둘째, 어떤 거래 관계가 시장에 의해 이뤄질 것이냐, 아니면 조직(기업) 안에서 이뤄질 것이냐 하는 것은 궁극적으로 이 두 가지 방식의 상대적 효율성에 달린 문제다.

셋째, 시장을 통해 복잡한 계약을 형성하고 집행하는 데 소요되는 비용은 한편으로는 여기에 관계된 의사결정자의 특성, 다른 한편으로는 그 시장의 객관적 속성에 따라 변화한다.

넷째, 시장을 통한 기업 간의 교환 관계를 저해하는 환경적 요인과 인간적 요인은 조직(기업) 안에서 다소 다르게 나타나는 것이 사실이지만, 이러한 요인들은 시장이나 조직에서 중요하다(최병선, 2008 : 526-527).

윌리엄슨은 조직이 시장보다 효율적인 이유와 어떤 거래가 조직을 통해 더욱 효율적으로 조직화될 수 있는가에 관심을 둔다. 완전경쟁이 이뤄지고 정보의 유통이 자유로운 시장에서는 가격 메커니즘이 개인의 행동을 조정하는 전반적 기준을 제공한다. 이러한 경우 조정을 위한 자원과 계획 및 통제를 위한 관리 기능이 필요 없게 되고 정보 탐색 비용과 협상비용 같은 거래비용이 거의 발생하지 않게 된다.

그러나 현실적으로 [그림 4-6-2]에 나타난 바와 같이 인간적 요인과 환경적 요인으로 인해 시장실패는 발생한다. 먼저, 인간적 요인인 제한된 합리성(bounded rationality) 요인은 환경적 요인인 불확실성 및 복잡성과 결합되면서 합리성이 극복하기 어려운 한계에 봉착하게 된다. 이러한 상황은 시장이냐 아니면 조직이냐의 선택이 불가피해지게 되는 경우다. 즉, 이러한 상황에서 인간의 인지는 올바른 의사결정을 내리는 데 어려움을 겪게 된다. 따라서 내부조직은 불확실성이 높은 환경에서 의사결정자의 제한된 합리성을 경제화(economize)시켜 주는 존재라는 것이다. 여기서 제한된 합리성은 사이먼(Simon, 1976)의 개념과 동일하다. 즉, 계약에서 계약과 관련된 복잡한 요소들을 모두 고려하는 객관적 합리성이라는 것은 존재할 수 없고, 계약은 항상 불완전할 수밖에 없다는 것이다.

두 번째 인간적 요인인 기회주의(opportunism) 요인은 정보의 불완전성으로 인해 만연되어 있으며, 일반적으로 내부조직은 이러한 기회주의적 행태를 가장 효과적으로 제어할 수 있는 방법으로 주장한다. 즉, 기회주의 요인으로 시장의 기능이 마비

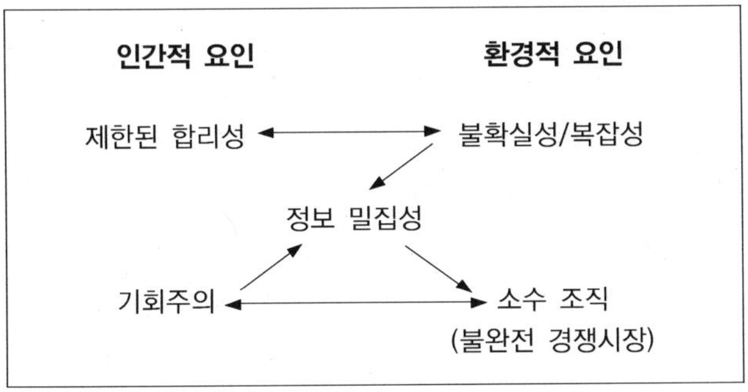

그림 4-6-2 시장실패의 요인

상태에 이르게 되는 경우는 환경적 요인인 소수 교환 관계(소수 조직, 불완전 경쟁시장)가 지배적인 상황에서다(최병선, 2008 : 528-529). 이 두 요인이 결합되면서 시장실패가 발생하게 된다. 기회주의는 기만이나 사기 등의 계산된 이기주의를 의미한다. 즉, 사람들을 언제나 믿을 수 있는 것은 아니라는 것이다. 정보 밀집성은 정보가 거래 당사자 중 일부에게만 알려지고 타인에게 이러한 정보를 알려 주려면 비용이 수반된다는 것으로 정보의 비대칭적 분포를 말한다.

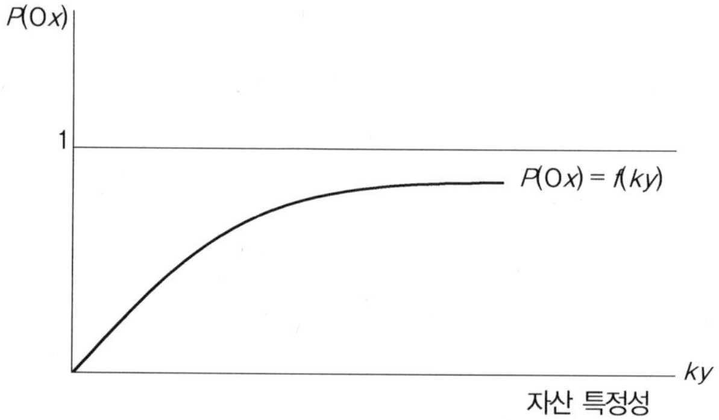

그림 4-6-3 기회주의적 행동과 자산 특정성

[그림 4-6-3]에서 보는 바와 같이 x라는 거래 당사자가 기회주의적 행동을 할 확률 P(Ox)은 제한된 합리성과 불확실성은 주어지는 것으로 가정시 y라는 당사자가 투자해야 하는 자산 특정성(asset specificity : ky)의 함수다.

자산 특정성이라는 것은 자산의 성질상 거래의 대상이 그 사용처나 사용자를 쉽게 떠날 수 없어서 이를 억지로 떠나게 하는 경우 손해를 수반하는 정도를 말한다. 어떤 투자가 특정한 거래에 한해 있는 경우 매우 특정성이 높다고 한다. 예를 들어 판매자가 물건을 특정한 사람이 아닌 다른 사람에게도 쉽게 팔 수 있고, 또한 물건을 특정한 사람이 아닌 다른 사람으로부터도 쉽게 구입할 수 있는 경우는 자산의 특정성이 낮은 경우다.

시장실패의 관점에서 시장에 비해 조직이 더욱 효율적인 이유는 1) 내부 조직은 적응적·연속적 의사결정을 용이하게 함으로써 인간의 제한된 합리성을 완화시키고, 2) 소수 교환 관계에서 기회주의를 희석시키며, 3) 구성원들의 기대가 어느 정도 수

렴됨으로써 불확실성을 감소시키고, 4) 정보 밀집성이 쉽게 극복되기 때문이다.

이익집단 간의 교환을 지배하는 제도적 구조로 정의되는 계서제적(階序制的) 조직(Hesterly, Liebeskind, & Zenger, 1990; Williamson, 1975)은 효율성 확보가 관건이다. 자유로운 진입과 완전경쟁 등이 이뤄지지 않는 시장실패의 경우 전술한 제한된 합리성, 불확실성, 소수 교환 관계 등으로 인해 누가 기회주의에 입각해서 행동할지 알 수 없다. 따라서 안전장치가 필요한 바, 이러한 안전장치를 확립하는 데 드는 비용이 바로 거래비용이다. 이러한 거래비용이 관료제적 조정비용보다 크면, 거래비용을 최소화하기 위해 거래의 내부화, 즉 통합(integration)이 효과적이라는 이론이 거래비용경제학이다.

3) 조직경제학의 적용: M형 조직구조

조직 내의 거래비용을 줄이기 위해 조직은 어떻게 구조화되어야 하는가? 챈들러(Chandler, 1977)에 의하면, 시장실패의 상황에서는 계서제적 조직의 행정 조정을 통한 수직적 통합이 더욱 효과적이라고 한다. 가격 메커니즘은 완전 경쟁시장에서만 시장 체제를 효율적으로 이끌어 간다. 따라서 가격 메커니즘은 관료제적 기준으로 대치된다.

그러나 파킨슨(Cyril N. Parkinson)의 법칙이 예시하듯이 계서제적 조직에서 조직관리자들은 효율성과는 무관하게 직무나 예산이 줄어드는 것을 싫어하고, 부처 간 확장주의에서 나타나듯이 다른 부서의 업무를 통합하려는 경향이 있다. 이러한 맥락에서 본다면 계서제적 조직이 시장보다 항상 우월하다고 볼 수는 없고, 계서제적 조직 중에서도 어떠한 구조가 효율적인가 하는 문제가 대두된다. 즉, 시장도 완전경쟁의 형태에서 이탈하듯이 계서제적 조직도 순수한 이념형으로서 베버(Max Weber)의 관료제와는 동떨어지는 것이 현실이다.

윌리엄슨은 여러 가지의 가능한 조직구조 중 M형(multidivisionalized form, 사업부제)[2] 구조가 U형(unitary form, 기능조직) 구조보다 효율적인 구조라는 M형 가설을 주장한다. M형 구조와 U형 구조를 이해하기 쉽게 도식화시켜 놓은 것이 [그림

2) 제4부 제4장 '조직구조의 이해'에서 살펴본 기능별 부문화를 U형 구조, 사업부제 조직모형을 M형 구조라고도 한다.

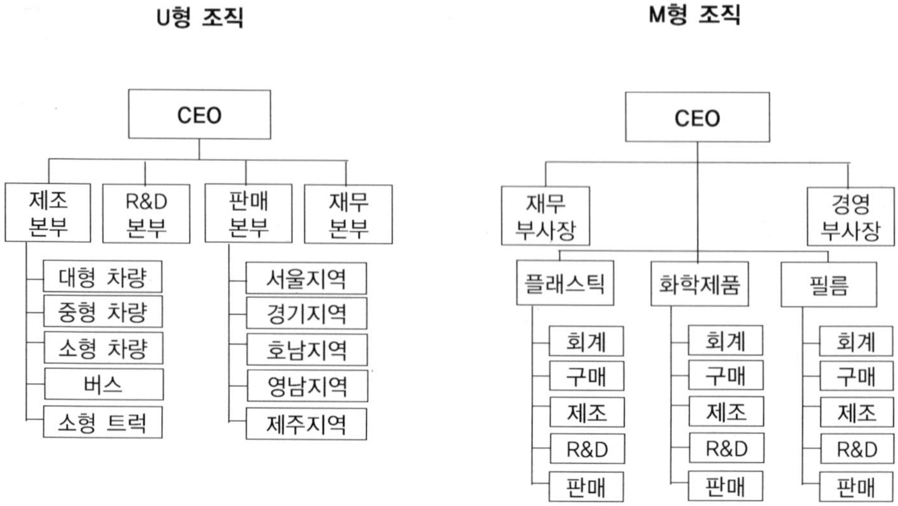

그림 4-6-4 U형 구조와 M형 구조

4-6-4]다. 전통적인 U형 구조는 조직의 규모가 확대되고 사업 영역이 다양화됨에 따라 각 부문 간의 조정이 어려워지고 개별 부서가 부서의 목표만을 추구하는 경향이 있다. 반면에 M형 구조는 각 부문이 자체의 사업 영역 내에서 이익극대화를 위한 합리적 행동을 추구하므로, 대규모 조직에서 발생하기 쉬운 불합리한 요인들이 제거되고 조정이 용이해짐으로써 조직의 효율적인 운영이 가능해진다는 것이다.

공공선택이론가인 오스트롬(Ostrom, 1974)은 계서제의 필요성을 인정하면서 단일구조에 비해 정부기관 간의 건전하고도 민주적인 경쟁을 촉진할 수 있는 다중공공관료제 개념을 강조한다. 오스트롬(Vincent Ostrom)이 주장하는 다중공공관료제나 구조적 상황이론가인 민츠버그(Mintzberg, 1983b)의 분화 형태 등도 윌리엄슨이 말하는 M형 구조와 유사하다.

4) 조직경제학에 대한 비판 및 결론

윌리엄슨의 주장에 대한 문제 제기는 다음과 같다. 행정조직의 통폐합이나 재벌의 문어발식 확장에서 볼 수 있듯이, 조직이 계서제적인 조직구조, 특히 수직적 통합을 하는 이유는 효율성의 이점 때문만이 아니라 과점적 통제를 은폐하기 위한 전략으로 활용된다는 것이다. 이러한 비판에 대해 조직경제학은 자산 특정성에 따라 특수한 투자를 필요로 하는 거래비용과 그러한 투자가 중요하지 않은 거래비용을 구분하고 있고, 따라서 수직적 통합으로의 변천이 선택적인 것임을 들어 반박한다.

시장실패를 초래하는 인간적 요인 중 제한된 합리성은 대다수의 학자에 의해 인정되고 있으므로 큰 문제는 없으나, 인간이 이기주의적인 기회주의에 입각해 행동한다는 가정은 인간이 때로는 이타주의적일 수도 있다는 점 때문에 반박을 받는다(Barney, 1990). 또한 윌리엄슨은 불확실성을 환경적 특질로 간주하나 이는 환경을 어떻게 인식하느냐에 따른 인간적 특성으로 간주될 수도 있다.

조직경제학에 의하면 행정적 조정은 기술이 자본집약적이고 시장이 분화되지 않은 경우, 시장경제의 가격 메커니즘을 대체하며 이러한 경우 효율성을 위해 수직적 통합이 선호된다고 한다. 그러나 여기서 페로(Perrow, 1986)는 "누구를 위한 효율성인가?"라고 하는 문제를 제기한다. 이에 대해 챈들러(Chandler, 1977)는 조직과 사회를 위한 효율성이라고 주장한다. 그러나 이러한 주장은 사회적 비용이나 외부 경제의 중요성을 간과하고 있다고 할 수 있다. 이러한 점에서 조직경제학의 공공조직에 대한 적용 가능성은 민간조직에 대한 적용 가능성보다는 많은 한계점을 지닌다. 공공조직에서는 효율성뿐만 아니라 형평성 같은 다른 가치가 동시에 고려되어야 하고, 공공조직은 일반적으로 경쟁을 기반으로 하지 않기 때문에 조직경제학이론은 민간조직에 더 적합한 이론이라고 볼 수 있다.

그러나 오우치(Ouchi, 1984)는 M형 가설이 미시적 영역을 초월하여 사회 전체에 적용될 수 있다고 주장한다. 예를 들어, 일본의 통산성과 미국의 상무성 등은 M형 구조를 갖고 있다는 것이다. 우리의 경우도 많은 대조직들이 사업부제로의 조직개편을 단행하고 있다. 따라서 이러한 M형 가설은 여타의 행정부 조직개편에도 고려할 만한 주장이다.

M형 가설은 아무르와 티스(Armour & Teece, 1978)의 통계학적 검증, 오벨(Obel, 1978)의 선형계획을 이용한 검증, 버튼과 오벨(Burton & Obel, 1980)의 시뮬레이션을 이용한 검증 등을 통해 지지를 받아 왔다. 공사조직을 막론하고 대규모의 조직에서는 M형 가설이 타당한 듯하나, 이 가설은 페퍼(Pfeffer, 1982)도 지적한 바와 같이 모든 상황에서 일반적으로 적용될 수 있는 가설로 해석될 수도 있다는 점에서 논란을 야기하고 있다. 특히 모든 상황에 적합한 최선의 조직구조가 존재하지 않는다는

구조적 상황이론의 관점에서 보면 더욱 그러하다. 그러나 M형 가설의 가정으로서 구조적 상황이론에서 주장하는 상황 변수를 명백히 해 준다면 이 가설은 상당히 설득력이 있는 가설이 될 것이다. 로빈스(Robins, 1987)가 지적하듯이 조직경제학은 결국 조직의 일반적 법칙으로서가 아니라 행태적·구조적 조직분석에 경제적 분석을 통합하는 수단으로서 의미가 있다고 하겠다.

3 조직군 생태학이론

조직군 생태학이론(population ecology theory)은 1970년대 중반에 새로운 조직이론으로 등장했다. 조직군 생태학이론은 현존하는 조직 개체군(a population of organizations)에서 조직이 생성되고 소멸하는 비율에 영향을 미치는 요소들을 설명하고자 한다. 여기서 조직 개체군은 조직환경에서 동일한 유형의 자원들을 획득하기 위해 경쟁하는 조직들로 구성된다. 이 이론의 특징은 두 가지로 요약할 수 있다. 첫째, 조직환경의 절대성을 강조하고, 둘째, 생물학의 자연도태이론을 적용함으로써 분석 수준을 개별 조직에서 조직군[3]으로 바꿔놓은 것이다. 이 이론은 전략적 선택이나 집단적 행동의 중요성을 경시한다는 점에서 극단적인 환경결정론적 관점이라고 할 수 있다.

조직군 생태학이론의 가정은 1) 분석 단위는 개별 조직 혹은 조직군이고, 2) 조직학의 지배적 관점인 적응관에 대한 대안이자 도전이며, 3) 조직은 구조적 타성(inertia)에 빠지기 쉽고, 적응 능력을 제한하는 구조적 타성 개념이 바로 적응 관점을 선택 관점으로 대치하는 근거를 제공하며, 4) 조직 변화는 종단분석(longitudinal analysis)에 의해서만 검증 가능하고, 5) 조직구조와 환경적소(環境適所, environmental niche)[4] 간에 일 대 일의 관계가 존재한다는 동일성의 원칙(principle of isomorphism)에 입각하여 조직구조는 환경적소로 편입되거나 도태된다는 것 등이

3) 조직군이란 특정 환경 하에서 생존을 유지하는 동종의 집합, 즉 유사한 조직구조를 갖는 조직들을 의미한다.

4) 환경적소란 특정 조직군이 다른 조직군과 경쟁하여 생존할 수 있는 공간, 즉 환경의 수용 능력을 의미한다.

다. 다시 말해, 조직 형태는 조직이 사용하는 기술, 구조, 제품, 목표, 인력 등의 전체를 가리키며, 환경에 의해 선택되거나 도태되는 것이다. 새로운 조직은 자신이 생존할 수 있는 적소(niche)를 찾기 위해 노력한다. 적소란 특정한 환경 자원 및 필요가 존재하는 영역을 의미한다. 초기 조직들이 서식하는 적소의 규모는 대개 작다. 시간의 흐름에 따라서 조직이 성공하게 되면 적소의 규모도 확장된다. 적절한 적소를 발견하지 못한 조직은 쇠퇴하거나 도태된다(Daft, 2004: 177).

조직군 생태학자들은 사회 안에서 지속적으로 새로운 형태가 출현하여 조직군이 항상 변화하고 있다고 본다. 조직군에서 일어나는 변화의 과정은 변이(variation), 선택(selection) 및 보존(retention)이라는 세 가지 동시다발적 단계로 설명될 수 있다(Aldrich, 1979). 즉, 조직 변화가 외부 환경의 선택에 따라 좌우된다고 주장한다. [그림 4-6-5]는 이러한 조직군 변화의 3단계를 표현한 것이다. 변이는 새로운 조직 형태가 조직군 안에 출현하는 것으로, 환경이 다양한 조직으로부터 특정 조직을 선택하기 위해서는 확산 과정을 통해 조직군에 파급되는 조직구조상의 변이가 존재해야만 한다. 변이의 원인으로 구조적 상황이론이나 자원의존이론은 환경에 대한 적응이나 전략적 선택 등과 같은 계획적 변화만을 강조하나, 조직군 생태학이론은 이 밖에도 우연한 사건이나 행운 같은 우연적 변화를 추가한다. 선택은 조직이 적소를 발견하여 생존에 필요한 자원을 환경으로부터 공급받는 변이는 생존하지만, 그렇지 못한 변이는 환경의 필요를 충족시키지 못하고 사멸한다. 따라서 일단 변이가 발생하면 여러 조직구조는 환경과의 적합도 수준에 따라, 즉 동일성의 원칙에 입각하여 환경적소로부터 도태되거나 선택된다. 보존이란 선택된 특정 조직이 환경에 제도화되고, 그 구조를 유지하는 것을 의미한다. 보존 메커니즘 중의 하나인 관료제화는 '구조적 타성'(Betton & Dess, 1985; Singh, House, & Tucker, 1986)을 유발시켜 조직의 적응성을 저하시킨다.

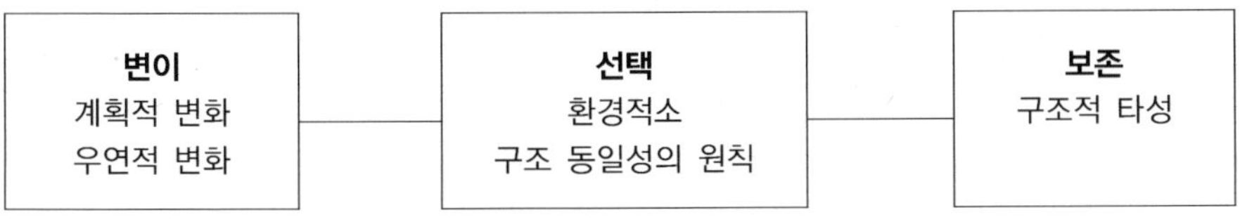

그림 4-6-5 조직군 생태학이론

조직군생태이론은 극단적인 환경결정론적 입장으로 인해 이 이론의 안팎으로부터 많은 논란과 비판을 야기했다. 그러나 폐쇄·합리적 조직이론으로부터 이어져 내려오는 조직 변동에 대한 설명이 조직의 능동적인 측면을 지나치게 강조했다는 점을 고려할 때, 조직군생태이론이 조직이 아닌 환경의 역할을 부각시킨 것은 조직연구에서 조직과 환경 간의 균형을 이루는 데 어느 정도 기여한 부분이다. 조직군생태이론으로 접근할 수 있는 조직은 동네 수퍼마켓 등의 소매 유통조직들이 쇠퇴하고 24시간 편의점이나 대형 마트의 등장 현상을 분석할 수 있는 유용한 방법론과 개념을 제공해 주는 것이다(이창순, 2009 : 35-36).

조직군 생태학이론의 핵심 논제 중의 하나는 왜 그렇게 많은 조직구조가 존재하는가 하는 것이다. 윌리엄슨(Williamson, 1981)은 제한된 합리성 및 환경의 불확실성, 또는 기회주의 및 소수 교환 관계(small numbers bargaining)가 결합된 경우 계서제적 조직이 거래 비용을 감소시켜 효율성을 극대화시켜 주는 조직구조라는 점에서 시장보다 더 능률적인 구조라고 주장한다. 윌리엄슨의 효율성에 덧붙여, 하난과 프리먼(Hannan & Freeman, 1984)은 신뢰도(reliability)와 책임성(accountability)을 추가하면서, 조직구조는 선택 기준의 함수라는 동일성의 원칙에 입각하여 신뢰도와 책임성이 낮은(환경에 비동질적인) 조직은 조직군으로부터 도태되고, 신뢰도와 책임성이 높은(환경에 동질적인) 조직은 조직군에 편입될 가능성이 높다고 주장한다.

구조적 상황이론에서 주장하는 환경의 불확실성 개념 이외에, 조직군 생태학이론은 환경 변화의 빈도 및 기간(grain of environment)을 추가적으로 도입하여, 환경 변화가 매우 빈번하거나 장기적으로 발생할 경우 조직 적응의 결과를 예측하기가 거의 불가능하다고 주장한다. 이러한 이유로 장기적 관점 또는 조직군의 수준에서 조직의 적응을 맹목적인 변이로 간주한다. 다시 말해, 단기적으로는 아무리 합리적인 조직의 적응전략도 장기적으로 보면 합리적인 결정으로 볼 수 없다는 것이다. 와이크(Weick, 1979)는 [그림 4-6-5]의 변이와 선택 과정 사이에 환경을 적극적으로 통제할 수도 있다는 점을 강조하기 위해 조작(enactment) 과정을 추가하고 있는데, 바로 이러한 조작 과정을 통해 맹목적인 변이에 불과한 조직 적응을 사후적(retrospective)으로 합리화한다고 볼 수 있다.

제 3 절 임의론적 관점

임의론적 관점은 조직이 환경을 변화시키거나 또는 조직이 환경에 적극적으로 대응한다는 입장이다. 여기에서는 임의론적 관점인 전략적 선택이론, 자원의존이론, 공동체 생태학 이론들을 중점적으로 살펴본다.

1 전략적 선택이론

차일드(Child, 1972)에 의해 제기된 전략적 선택이론(strategic choice theory)은 구조적 상황이론을 비판하면서 대두되었다. 간단히 설명하면, 전략적 선택이론은 조직의 구조를 설계하는 데 의사결정자의 역할을 강조한다.

구조적 상황이론은 로렌스와 로쉬(Lawrence & Lorsch, 1967)의 저서 『조직과 환경(*Organization and Environment*)』에서 발전되어 나왔다고 볼 수 있다. 그들 연구의 주요 결론은 모든 상황에서 효과적인 유일의 조직 유형은 있을 수 없으며, 효과적인 조직설계 유형은 환경의 불확실성에 따라 다르다는 것이었다. 스콧(Scott, 1987a: 87)은 "조직설계의 최선의 방법은 조직이 관계해야 하는 조직환경의 특성에 달려 있다"라는 표현으로 구조적 상황이론을 요약했다. 따라서 구조적 상황이론은 "환경이 요구하는 것과 더욱 밀접하게 어울리는 구조를 가진 조직들이 그렇지 않은 조직들보다 더욱 효과적이다"라고 하는 적합성 가설(consonance hypothesis)을 제시한다. 결국 구조적 상황이론은 조직의 효과성(organizational effectiveness)이라는 변수를 설명하기 위해 조직구조와 상황 변수(예 : 환경, 기술, 규모 등)의 관계를 살펴보는 이론인 것이다. 구조적 상황이론은 모든 상황에서 유일 최고의 방법이란 있을 수 없다는 것을 제시함으로써 현대 조직이론에 막대한 영향을 주었다.

그러나 차일드(Child, 1972)는 구조적 상황이론이 전략적 선택의 중요성을 무시하고 있다는 점을 비판했다. 즉, 전략적 선택의 중요한 측면은 몇몇 학자가 제시한 구조적 상황이론에 대한 비판에서 파악될 수 있다. 차일드의 구조적 상황이론에 대한 비판은 다음의 두 가지로 요약될 수 있다.

첫째, 구조적 상황이론이 전제하는 것과 같이 조직이 환경에 매우 밀접하게 연결된 것은 아니라는 것이다. 둘째, 구조적 상황이론이 중시하는 수익성(profits)과 효과성(effectiveness)만이 조직구조를 결정하는 사람들의 유일의 관심사는 아니라는 것이다. 즉, 오히려 관리자들은 조직 내에서 자신의 지배와 통제를 계속 유지하기 위해 구조적 상황이론에서는 중시하지 않는 권력, 자율성, 안정성 등을 추구하기 때문에, 조직구조도 수익성이나 효과성보다는 이러한 목적을 달성할 수 있는 방향에서 결정되는 경향이 높다고 했다.

차일드가 구조적 상황이론에 대해 제기한 첫 번째 비판은 크게 두 가지로 설명될 수 있다.

첫째, 조직과 환경은 어느 정도 느슨하게 연결되어 있기 때문에, 동일한 환경 하에서도 조직이 주어진 목표에 도달할 수 있는 방법은 다양하다는 것이다. 즉, 이인동과성(異因同果性, equifinality)의 개념이 제기된다(Katz & Kahn, 1966). 물론 효과적인 조직을 만드는 방법 중 가장 교과서적인 것은 구조적 상황이론이 제시하는 바와 같이 조직구조를 조직이 처한 상황에 적합하게 설계하는 방법일 것이다. 그러나 조직 효과성을 제고하는 방법은 그러한 방법 이외에도, 기술혁신이나 조직구성원들의 직무 수행 동기를 제고하는 등 수많은 대안 또는 보조적 수단들이 있다. 이러한 여러 대안에 대한 판단은 관리자의 자율적 영역에 속하는 것이므로, 관리자는 여러 대안 중에서 전략적 선택을 한다는 것이다.

둘째, 환경 그 자체보다는 조직과 환경의 연결 역할을 하는 관리자의 환경에 대한 지각이 중요하기 때문에, 구조적 상황이론이 전제하는 것처럼 조직과 환경이 그렇게 긴밀하게 연결된 것으로 볼 수 없다는 것이다. 즉, 조직은 관리자의 지각 체계를 통해 조직환경을 인식하는 것이기 때문에, 동일한 환경에 처한 조직이라도 관리자의 환경에 대한 지각 차이로 인해 상이한 선택을 할 수 있다는 것이다(Weick, 1979). 기술이나 환경의 급속한 변화에 따른 불확실성은 조직에게 제약된 요인이면서 동시에 기회이기도 하다. 이에 따라 조직의 하위 부문들 간에 이해관심의 분화가 나타나며, 이러한 분화는 관심도에 따라 선택이 달라진다는 것이다(이창순, 2009 : 155).

햄브릭과 메이슨(Hambrick & Mason, 1984)에 의하면, 이러한 관리자의 환경에 대한 지각에 영향을 미치는 두 가지 주요 요소는 관리자의 인지적 기초(cognitive base)와 가치관이다. 여기서 관리자의 인지적 기초라 함은 관리자가 미래의 사건에 대해 알고 있는 지식이나 가정, 관리자가 환경에 대해 취할 여러 가지 대안에 관해 알고 있는 지식, 관리자가 각각의 대안이 가져올 결과에 대해 알고 있는 지식 등이다. 또한 관리자의 가치관이란 대안이나 대안이 가져올 결과에 대해 본인의 선호에 따라 서열을 정하는 원칙들이다. 즉, 관리자(의사결정자)는 본인의 인지적 기초와 가치관을 바탕으로 환경을 인식하며, 이렇게 인식된 환경을 기초로 관리자의 전략적 선택이 이뤄진다. 예를 들면 운송사업을 하던 기업이 추가적으로 항공사업을 선택하는 것은 환경 변화에 따른 전략적 선택이라 할 수 있다.

지금까지 살펴본 전략적 선택이론[5]은 관리자의 자유재량 영역이 존재하고, 이에 따른 관리자의 전략적 선택을 강조한다는 점에서 앞 장의 환경결정론적 입장에 있는 이론들과 상반된 관점을 가지고 있다.

2 자원의존이론

조직이 생존하고 발전하기 위해서는 환경으로부터 필요한 자원을 획득해야 한다. 자원의존이론(resource dependence theory)에 의하면, 조직의 목표는 환경으로부터 희소한 자원을 공급받는 데 다른 조직에 대한 의존도를 최소화하고, 필요한 자원을 확보하기 위해 다른 조직에 영향을 미치는 방법을 찾는 것이다(Pfeffer & Salancik, 1978). 따라서 어떤 조직이든 자원을 획득하기 위해 다른 조직에 영향력을 행사해야 하고, 조직환경에서 다른 조직의 수요와 요구에 대응해야 한다.

구조적 상황이론을 자원의존이론으로 발전시킨 페퍼와 샐란식(Pfeffer & Salancik, 1978)은 조직이 상황 요인에 단지 반응하는 것이 아니라 상황적 제약 조건들을 어느 정도까지는 전략적인 조정을 통해 완화시킬 수도 있다고 주장한다. 구조적 상황이론

5) 진재구(1991)는 이러한 전략적 선택이론의 관점에서 은행조직의 조직 특성과 전산정보 체계 간의 관계를 연구했다. 연구 결과 은행의 설립 목적과 경영진의 의사에 따라 경영 업무와 취급 업무가 결정되는 것은 밝혀졌지만, 최고관리자의 리더십이 전산화의 방향에 중요한 의미를 갖는다는 것은 구체적으로 입증하지 못했다. 그러나 은행장들의 전산 부문에 대한 관심과 지원의 적극성은 전산 부문 체계의 총괄적인 확대에는 큰 역할을 하는 것으로 밝혀졌다.

이 환경에 대한 결정론적인 인식론에 입각한 반면 페퍼와 샐란식의 이론은 조직구조가 단순히 객관적·기술적 환경에 대한 조직적 적응이 아니라 고위 정책결정자의 환경에 대한 선택적 인식 및 그것을 통한 전략적 선택을 강조한다는 점에서 환경에 대한 임의론적 인식론에 입각한 전략적 선택이론의 범주에 속한다고도 볼 수 있다.

의존성의 개념과 의존성의 권력에 대한 함축성은 블라우(Blau, 1964)에 의해 처음 연구되었다. 그에 의하면, 사회생활은 사회적 행위자 간의 비용과 편익의 교환이라는 관점에서 이해될 수 있다. 만일 행위자 갑이 행위자 을의 호의에 대해 보상할 수 없다면 갑은 을의 의지에 복종하게 된다. 이는 블라우의 교환이론을 극단적으로 단순화한 것이지만 자원의존이론을 설명하기 위해 편의상 행위자 갑에 대한 행위자 을의 권력이 행위자 갑의 행위자 을에 대한 의존 정도에 의거해 발생된다고 이해할 수 있다. 사회적 교환이론 개념을 확장시킨 자원의존이론은 조직 간의 분석 수준에 일반적인 분석의 틀을 제시한다. 조직은 희소자원을 통제할 능력이 있다면 다른 조직에 비해 비교적 더 권력을 받게 되고, 따라서 희소자원의 통제는 권력의 의존성을 창조하는 데 가장 중요한 요소라는 것이다. 한 조직이 핵심 자원을 통제하는 다른 조직과 독립적으로 존재할 수 있는 정도는 다음 네 가지 조건에 의해 결정된다. 즉, 자원에 대한 접근 가능성, 대체자원의 존재 여부, 희소자원을 통제하는 다른 조직에 대한 영향력, 자원 없이도 조직을 유지할 수 있도록 근본 우선권을 변경할 수 있는 가능성 등이 바로 네 가지 조건이다. 이러한 네 가지 조건이 충족되지 않으면 조직은 희소자원을 통제하는 다른 조직에 의존한다.

페퍼와 샐란식은 외부적 통제 관점이 상호 의존성으로부터 비롯되며 조직이 환경적 자원에 의존한다는 사실이 이러한 관점을 불가피한 것으로 만든다고 주장한다. 또한 조직이 조직 외적 제약 조건에 단순히 반응할 뿐만 아니라 동시에 자연적, 경제적 혹은 사회적 환경을 인위적 환경으로 변화시키기 위해 의도적·목적적·합리적 행동을 취한다고 주장한다. 그들의 이러한 주장은 다소 역설적인 면이 있다. 그러한 주장은 과연 조직이 환경적인 제약 조건에 의해 결정되는가, 혹은 전략적 선택에 의해 창조되는가 하는 의문을 제기한다. 앞의 장에서 살펴본 조직군 생태학이론은 구조적인 변형이 자연적 환경에 의해 결정된다고 상정하며, 조직경제학이론은 경제적 환경, 그리고 정치경제학이론은 사회적 환경에 의해 결정된다고 상정한다. 자원의존이론은 구조적 변형이 개인 관리자, 특히 권력을 가진 직위에 있는 관리자에 의해 어느 정도는 전략적으로 조작될 수 있는 인위적 환경에 의해 결정된다고 본다. 조직구조와 제한된 환경적소 간의 일 대 일의 관계가 존재한다는 동일성의 원칙에 반해 자원의존이론은 환경을 관리자에 의해 규정되고 조작될 수 있는 영역으로 본다.

페퍼와 샐란식은 환경에서의 상황 적합이 조직 내 권력 배분에 영향을 줌으로써, 환경이 조직에 대해 작용한다고 본다. 이와같이 자원의존이론은 환경이 조직에 미치는 영향을 조직 내부의 정치적 의사결정 과정과 연계시킨다. 힉슨 등(Hickson, Hinings, Lee, Schneck, & Pennings, 1971)에 의하면, 부서의 1) 조직 내 주요 문제들을 처리하는 기술, 2) 업무 흐름에서 수행 기능의 중심 역할 정도, 3) 전문성의 특이함 정도나 대체 가능의 정도 등에 의해 조직 내 부서 간 권력 차이가 발생한다고 한다. 이러한 부서 간 권력 배분은 조직 내 의사결정의 형태를 특징짓는 관리자의 선정에 영향을 미치고, 이렇게 선정된 관리자가 조직행위 및 조직구조에 영향을 준다는 점에서 자원의존이론은 부서 간 권력 배분이 조직의 전략적 선택을 결정하는 중요 요인이라고 본다.

자원의존이론은 조직 내 부서 간의 권력 차이를 중요시함으로써 조직 내의 계층 간 권력 차이는 무시하는 경향이 있다. 그러나 조직 내의 계층 간 권력 차이는 부서 간 권력 투쟁의 결과를 무효화할 수 있다는 점에서 전략적 선택의 분석에서는 이러한 계층 간 권력 차이를 반드시 고려해야 한다(Hall, 1991 : 279). 왜냐하면, 부서 간 권력 차이는 누가 최고관리자가 되느냐를 결정하는 데는 중대한 영향을 주지만, 일단 조직의 계층이 정해지면, 최고관리자의 권력이 조직의 전략적 선택을 결정하는 데 가장 중심적인 역할을 하기 때문이다. 또한 자원의존이론은 초점 조직에 주로 중점을 두며 조직 간 분석에 한정된다. 이러한 이유로 벤슨(Benson, 1975)은 어느 한 초점 조직보다는 조직 간 네트워크의 특질에 초점을 맞추는, 좀 더 거시적인 네트워크 분석을 제안한다. 벤슨의 정치경제학은 자원의존이론의 적용 가능성을 좀 더 광범위한 분석 수준으로 연장시켰다고 할 수 있다.

또한 앨드리치와 페퍼(Aldrich & Pfeffer, 1976 : 83)는 자원의존이론은 조직활동의 많은 부분을 환경으로부터 필요 자원들을 획득하고 동시에 장애 요인이 되는 불확실성 등을 제거하기 위해 조직이 능동적으로 구사하는 다양한 전략으로 이해한다. 또한 조직은 그들의 조직만을 관리하고 통제하는 것이 아니라 필요한 경우에는 환경까지도 지배한다고 본다. 조직의 환경에 대한 관리는 구체적으로 환경으로부터 조직이 필요로 하는 자원을 동원한다든가, 또는 조직이 긴요하게 관계를 맺어야 하는 환경 요소들의 우발성 내지는 불확실성 또는 상호 의존성의 문제를 적극적으로 관리하고 완충시키고자 하는 제반 활동으로 구성된다(이창순, 2009 : 36)

요약하건대, 구조적 상황이론이 회피할 수 없는 기술적 환경에 대한 내부적 적응에 초점을 맞추거나 또는 환경에 대한 적극적인 조작의 가능성을 간과했다면, 전략적 선택 관점의 하나로 볼 수 있는 자원의존이론은 구조적 상황이론의 한계에 대안을 제시한다. 구조적 상황이론이 다분히 결정론적인 지향성을 보이는 반면, 전략적 선택 이론은 인간 행동의 임의론적 지향성을 강조한다. 챈들러(Chandler, 1962)는 환경이 전략을 결정하고, 다시 전략이 조직구조를 결정한다고 본다. 차일드(Child, 1972)는 모든 구조적 상황이론가들이 전략적 선택의 중요성을 간과하고 있다고 비판하면서, 환경의 영향이 관리자의 인식을 통해 조정된다고 본다. 마일스, 스노와 페퍼(Miles, Snow & Pfeffer, 1974)는 조직이 어느 정도는 환경을 선택할 수 있다고 본다. 개방체제적 관점이 일반적으로 조직을 환경에 의존적인 것으로 간주하나 톰슨(Thompson, 1967)의 견해에 의하면, 합리적 조직은 권력을 획득함으로써 이러한 의존성을 반전시키려는 조직이다.

3 공동체 생태학이론

마지막으로 살펴보고자 하는 임의론적 거시조직이론은 공동체 생태학이론(community ecology or collective strategy)이다(김인수, 1997 : 640- 645). 앞에서 살펴본 조직군 생태학이론과 앞으로 논의하고자 하는 공동체 생태학이론은 생태학적 관점을 조직분석에 이용하고 또한 개별 조직을 분석 수준으로 하는 기존의 조직이론에 비해 조직군 또는 조직공동체와 같이 좀 더 거시적인 분석 수준을 택한다는 점에서 유사점이 있다. 그러나 조직군 생태학이론은 환경결정론적 관점을 취함으로써 환경에 능동적으로 대처해 나가는 조직들의 공동적인 노력을 설명해 주지 못하고 있다. 즉, 개별 조직의 입장에서는 자원이나 정보의 제약으로 인해 복잡하고 동태적으로 변화하는 환경에 효과적으로 적응하는 데에는 한계가 있으므로, 많은 조직이 상호간에 호혜적인 관계를 형성함으로써 급변하는 환경에 공동으로 대처하고 있는데, 조직군 생태학이론은 이러한 조직들의 공동적인 노력을 설명해 주지 못한다. 이러한 배경 하에 조직을 생태학적 공동체 속에서 상호 의존적인 조직군들의 한 구성원으로서 파악하고 이에 따라 조직의 행동과 환경 적응 과정을 설명하려는 새로운 관점으로서 공동체 생태학이론이 등장하게 된 것이다(Beard & Dess, 1988). 예를 들면, 전국경제인연합회, 각종 협회 등의 등장이 공동체 생태학이론으로 설명할 수 있다.

공동체 생태학이론은 조직 간의 관계에 대해 논의를 전개한다는 점에서 전술한 자원의존이론과 유사하게 생각될 수 있을 것이다. 그러나 자원의존이론은 개별 조직에 초점을 맞추고 개별 조직이 환경에의 자원의존을 탈피하기 위한 전략적 수단으로서의 조직 간 네트워크를 고려하고 있다. 반면에 공동체 생태학이론은 좀 더 거시적으로 조직 간 관계 그 자체에 연구의 초점을 둔다는 점에서 서로 관점이 다르다고 하겠다.

많은 조직이 상호간에 호혜적인 관계를 형성하는 이유는 필요성, 불균형, 호혜성, 효율성, 안정성, 정당성 등 여섯 가지라고 하는데, <표 4-6-1>에 간단한 설명이 제시되어 있다(Oliver, 1990). 이러한 요인들은 독립적으로 작용할 수 있지만 일반적으로 몇 가지 요인이 함께 작용하며 그러한 상호작용의 특성에 따라 여러 가지 상이한 조직 관계가 형성되는 것이다.

그러나 조직 간의 이러한 공동전략이 항상 순기능적으로만 작용하는 것은 아니다. 즉, 공동전략이 어떤 상황에서는 역기능으로 작용할 수 있다. 그러한 역기능에는 1) 개별 조직의 전략적 유연성을 감소시키고, 2) 외부적 제약의 영향을 증대시키며, 3)

표 4-6-1 조직 간 호혜적 관계 형성의 이유

필요성	정부나 법률 등의 규제에 대응하기 위해 조직 간에 교환 관계나 연합을 형성하는 것
불균형	조직 간에 중요한 자원들이 산재되어 있는 경우 핵심적인 자원을 획득하기 위해 조직 간에 관계를 형성하는 것
호혜성	공동의 목표나 이익을 추구하기 위해 조직 간에 관계를 형성하는 것
효율성	조직 내부의 투입과 산출의 비율을 향상시키기 위해 조직 간에 관계를 형성하는 것
안정성	자원의 희소성이나 환경 변화에 대한 불완전한 지식에 의해 유발되는 환경의 불확실성을 줄이기 위해 조직 간에 관계를 형성하는 것
정당성	조직의 명성이나 이미지를 제고하고 기존의 사회적 규범이나 신념 및 외부 기관들의 기대에 부응하기 위해 조직 간에 관계를 형성하는 것

새로운 진입 조직이 등장해서 조직의 자체적인 적응 능력을 저하시키는 것 등을 들 수 있다(Bresser & Harl, 1986).

공동체 생태학이론은 환경에 능동적으로 대처해 나가는 조직들의 공동적인 노력을 설명해 주면서 기존의 조직이론들이 설명해 주지 못하는 현대적인 조직활동의 많은 부분을 설명해 준다. 또한 공동체 생태학이론은 기존의 조직이론 중 가장 거시적인 수준의 이론이며, 앞에서 살펴본 전략적 선택이론이나 조직군 생태학이론이 간과하고 있는 부분들을 보완해 준다는 점에서 그 유용성이 크다고 하겠다.

제 4 절 제도주의

1 제도주의의 발달 과정

사실 사회과학에서는 오래 전부터 제도에 관심을 가져왔다. 정치학자 버제스(Burgess, 1902), 경제학자 커먼스(Commons, 1924), 사회학자 쿨리(Cooley, 1956)와 베버(Weber, 1968)가 초창기의 학자들이다. 제도주의 이론의 핵심은 국가의 정치적·법적 틀과 시장에서의 인간 행태를 규율하는 규칙과 일반적 신념 체계 등이 조직에 영향을 미친다는 것이다(Scott, 203 : 134).

특히, 사회학에서는 19세기 후반에서 20세기 초에 제도에 대한 체계적인 연구를 시작했다. 사회학자인 베버(Max Weber)는 제도화가 만들어내는 "강철로 만들어진 새장(iron cage)"의 개념을 소개하면서 사회에서 관료제(bureaucracy)와 제도(institutions)가 출현하는 이유에 관심을 가졌다. 이러한 접근 방법을 1980년대 이후의 신제도주의와 비교하여 구제도주의(old institutionalism)라고 하는데, 비교론적 관점에서 정부와 국가의 공식적 제도를 연구했다.

오늘날의 관점에서 보면, 구제도주의는 이론 형성에는 관심이 없었으며, 제도 구성을 설명하는 데 관심이 있었다(Shepsle, 1989 : 132; Easton, 1971 : 77). 다만, 구제도주의자들은 개인의 정치·사회적 행태가 공식적인 규칙 또는 제도적 환경에서의 절차에 의해 영향을 받는다고 가정했다(Hirsch, 1997). 이러한 점에서 구제도주의는 신제도주의와 공통되는 부분을 갖는다.

제2차 세계대전 이후에 행태주의라는 새로운 접근 방법이 행정학과 정치학에 대두되면서, 제도에 대한 관심은 점차 사라지고, 제도보다는 개인의 행태에 관심을 두게 되었다. 하지만, 1980년대 들어서 경제학, 사회학, 정치학, 행정학 등에서 제도에 대해 다시 관심을 가지기 시작했는데, 이를 신제도주의(new institutionalism)라고 부른다. 경제학자들은 제도가 거래 비용, 시장 불확실성, 정보 비용을 낮추고, 거래와 계약을 감시하고 집행하는 데 도움을 준다는 점에서 중요한 역할을 한다고 주장했다(North, 1990; Williamson, 1985; Zald 1989). 사회학에서는 인간의 행태에 영향을 미치는 규범, 규약, 관습 등을 형성하는 과정에 관심을 가지게 되었다(Powell & DiMaggio, 1991). 정치학과 행정학에서는 제도에 의해 개인의 행태와, 권력 관계, 선호 등이 영향을 받게 된다는 점에 관심을 가지기 시작했다(Shepsle, 1989 : 134).

2 신제도주의 이론

신제도주의 이론에는 역사적 제도주의(historical institutionalism), 합리적 선택 제도주의(rational choice institutionalism), 사회학적 제도주의(sociological institutionalism)로 크게 구분될 수 있다(Hall & Taylor, 1996). 다시 말하지만, 세 가지 접근 방법은 1960년대와 1970년대 동안 행정학계를 풍미했던 행태주의적 접근 방법에 대한 비판에서 발전했으며, 제도가 사회·정치적 결과에 미치는 영향을 이해하려고 노력했다. 하지만, 각 접근 방법은 다소 다른 방법으로 제도를 이해하고 정의한다. 다음에서는 이들에 대해 상술하고자 한다.

1) 역사적 제도주의

역사적 제도주의는 1960대부터 1970년대까지 행정학에서 주류를 차지했던 구조적 기능주의(structural functionalism)에 대응하면서 발전했으며, 역사가 중요하다고 주장한다. 즉, 어떤 제도의 발전 과정에서 선택된 경로(path)가 이후 그 제도의 발전에 상당한 영향을 미친다는 것이다(Colier & Collier, 1991). 역사적 제도주의는 같은 투입이면 같은 결과를 가져온다는 전통적 가정을 부인하고, 같은 투입이라고 하더라도 과거로부터 물려받은 제도적 특성에 의해 영향을 받게 된다고 하는 경로 의존성(path dependent)을 강조한다.

역사적 제도주의는 제도가 어떻게 그러한 경로를 낳게 되는지 또는 제도가 새로운 도전에 어떻게 대응하는지 등을 설명하는 데 상당한 관심을 보였다. 역사적 제도주의 학자들은 현재 국가의 역량 또는 정부의 정책이 향후 정부정책에 상당한 영향을 미친다고 강조했다(Weir & Skocpol, 1985). 이러한 점에서 역사적 제도주의는 합리적이고 능률적인 제도를 상정하기보다는 기존의 제도에 의해 발생하는 예기치 못한 결과와 비능률을 강조한다(March & Olsen, 1984).

2) 합리적 선택 제도주의

합리적 선택 제도주의는 경제학의 합리적 선택이론(rational choice theory)에서 기인하지만, 완전히 동일한 것은 아니다(Hall & Taylor, 1996 : 942-946). 합리적 선택 제도주의는 개인의 합리적 선택은 제한적이라고 주장한다. 그러나 개인들은 그들의 목표가 제도를 통해 가장 잘 달성될 수 있다고 인식한다. 즉, 개인이 자신들의 효능을 최대화하기 위해 제도의 규칙 체계에 따라 움직인다고 가정한다.

합리적 선택 제도주의자들은 제도의 운영과 개발에서 재산권(property rights), 지대 추구(rent-seeking)와 거래 비용의 중요성을 강조한다(Moe, 1984). 특히, 윌리엄슨은 특정 조직 형태의 조직은 그러한 조직 없이 동일한 활동을 수행하는 데 필요한 거래 비용을 줄이려는 노력의 결과라고 설명했다(Williamson, 1985).

3) 사회학적 제도주의

사회학적 제도주의는 가장 최근에 발달한 제도주의로서 사회생활에서 문화적이고 지각적인 과정의 역할을 강조한다(Powell & DiMaggio, 1991; Hall & Taylor, 1996 : 946). 사회학적 제도주의자들은 전통적인 기능주의자들의 주장하는 목적-수단의 공식적 연결을 강조하는 합리성에 반대하면서 문화와 관련된 다양한 형태의 관습들에 관심을 가졌다.

즉, 사회학적 제도주의자들은 현대 사회에서 사용되는 다수의 제도는 합리성을 강조하는 이론가들이 주장하는 것과 같이 가장 능률적이기 때문에 개발된 것이 아니라,

많은 사회에서의 미신이나 행사와 같은 문화에 바탕을 둔 관습 때문이라고 주장한다(Hall & Taylor, 1996 : 946-947). 따라서 사회학적 제도주의자들은 제도를 경제학자들이나 정치학자들이 정의하는 것보다 훨씬 광범위하게 정의한다. 즉, 제도는 공식적 규칙, 절차, 또는 규범뿐만 아니라, 상징 체계, 지각적 처리 절차, 도덕적 양식 등을 포함한다. 따라서, 합리적 선택 제도주의가 제도 선택에서 "무엇이 합리적인가"에 관심을 가진다면, 사회학적 제도주의는 "무엇이 사회적으로 적합한가(socially appropriate)에 관심을 가진다(Hall & Taylor, 1996 : 949).

3 스콧의 제도주의 분류

스콧은 제도를 바라보는 시각에 따라 세 가지의 접근 방법으로 분류한다(Scott, 2003 : 258). 이는 어떤 과정을 통해 조직 간 제도적인 유사성이 증가하고, 이러한 힘들은 어떻게 작용하는지에 따라 접근 방법을 제시하고 있다. 세 가지 접근 방법이란 불확실성에 대한 대응의 결과로 보는 문화적·지각적 접근 방법(cultural-cognitive systems), 정치적 영향력 또는 법적 규제 등 강압적 힘으로 보는 규제적 접근 방법(regulative systems), 공동의 훈련과 전문성에 의해 나타나는 규범적 힘으로 보는 규범적 체계(normative systems)다(Powell & Dimaggiol, 1983 : 147-160; Scott, 1995, 2009; Daft, 2004 : 184, 유규창, 2008 : 551). 각 접근 방법의 가정과 주장은 <표 4-6-2>에서 보는 바와 같이 다르다.

첫째, 문화적·지각적 접근 방법에 따르면, 제도는 불확실성에 대한 표준화된 반응

표 4-6-2 스콧의 제도주의 분류

구분	문화지각적 접근 방법	규제적 접근 방법	규범적 접근 방법
순응의 기초	공통된 이해 당연하게 여김	과거의 경험	사회적 규범
질서의 기초	문화 형성	규제적 법규	규범적 기대
논리	널리 알려짐	도구주의	규범적 타당성
정당성의 기초	문화적으로 적합	법적인 규제	도덕적 지배

자료: Scott(2009 : 259)의 책을 재인용.

에서 시작된다. 대부분의 조직은 불확실성 속에서 활동하게 된다. 조직은 어떤 제품과 서비스를 생산하고 어떤 기술을 사용해야 원하는 결과를 달성할 수 있는지, 때로는 원하는 결과가 무엇인지 불확실한 상황에 놓이게 된다. 그 때문에 조직은 조직의 불확실성을 해소하기 위한 방법으로 다른 조직이 어떻게 했는지를 모방하게 된다. 즉, 모방을 통해 조직의 정당성을 확보하게 된다. 모방은 상당히 강력한 힘으로 작용하기 때문에 제조업체, 금융권, 학교 등 유사한 방식으로 움직이는 것뿐만 아니라 국가 차원에서도 발생한다. 한 국가가 선진국과 유사한 조직구조 형태를 갖는 것은 모방적 동형화(mimetic)라 할 수 있다.

둘째, 규제적 접근 방법이다. 공식적으로 또는 비공식적으로 모든 조직은 정부와 규제기관, 그리고 환경의 다른 조직으로부터 압력을 받고 있다. 특히 그 조직이 의존하는 조직으로부터는 더 큰 압력을 받는다. 강압적 동형화란 조직에 대해 다른 조직과 비슷한 구조와 기법, 행동을 택하도록 가해지는 외부적 압력을 가리킨다. 즉, 정당성의 문제에서 시작된다. 예를 들면, 대학의 커리큘럼이 유사하게 되는 것은 정부의 압력이 작용하기 때문이다. 또한 동일한 법적인 환경에 놓인 조직들이 유사한 조직행동을 하도록 영향을 미친다.

셋째, 규범적 접근 방법이다. 이것은 전문적인 기준을 수용하거나 전문가의 단체에서 가장 효과적이고 최선의 방법이라고 규정한 기법을 수용하는 것을 의미한다. 즉, 전문화를 통해 전문가 집단이 다른 집단으로부터 직업적 자율성을 확보할 수 있는 지식적인 기반과 정당성을 갖게 된다. 특히 조직에 대한 규범들은 당대의 전문가들 사이에 통용되는 도덕적이고 윤리적인 표준에 의해 전승되는 것으로, 해당 조직이 정당성을 갖게 해 준다.

제 5 절 결어

1 환경결정론과 임의론적 관점의 문제점

조직은 환경결정론적 조직이론들이 설명하고 있는 것처럼 환경에 밀접하게 맞물려 있는가? 이에 대해 갤브레이스(Galbraith, 1967)는 산업조직이 자체의 환경을 직접 형성시켜 버리는 현상을 제시하면서, 환경결정론적 조직이론들이 설명하는 것과 같은 환경의 강력한 역할에 의문을 제기한다. 대부분의 경제학자들과 같이 결정론적 조직이론을 신봉하는 학자들은 '환경'이란 용어와 함께 '시장'이란 용어도 사용한다. 그런데 갤브레이스(John K. Galbraith)는 조직의 생산량, 가격, 소비자, 수요 등에 대한 조직의 통제력이 강화되면서, '시장(즉, 환경)'이란 것이 결국 조직의 기획 능력의 범위 내로 대체되어 간다는 사실을 제시하면서 환경결정론적 입장의 경제학자들을 공격한다. 또한 시장경제 활동을 제한할 수 있는 정부의 법적 규제력은 상당히 강력해서 단지 헌법과 입법부의 입법 의지에 의해서만 제한된다는 것도 제시한다. 즉, 정부가 무제한적 시장경제 활동을 금지하거나, 보완·대체시킬 수 있는 방법은 여러 가지가 있다는 것이다. 여기서 우리는 환경과 시장이라는 개념으로 개인 행위와 조직 행위를 설명하고자 하는 환경결정론적 조직이론의 문제점을 파악할 수 있다.

환경결정론적 관점이 가지고 있는 또 다른 문제는 과연 무엇이 환경을 결정하고 변화시키는가에 대한 대답을 쉽게 하지 못한다는 것이다. 인류의 역사를 살펴보면, 산업구조는 농업으로부터 시작하여 상업이 지배하는 시대를 거쳐 산업사회, 정보화 사회로까지 변화되어 왔는데, 이러한 변화를 막연히 자연적 힘에 의한 결과라고 볼 수 있겠는가? 즉, 우리를 둘러싸고 있는 환경 자체가 변화하는 원인을 결정론적 접근법은 과연 어떻게 설명할 수 있겠는가? 이러한 질문에 대한 답은 환경의 형성에 영향을 미치는 원인들을 고려함으로써 나올 수 있을 것이다. 즉, 환경 자체는 그 환경을 둘러싼 여러 조직의 투입 작용이 없이는 변화될 수 없기 때문에, 결국 환경은 그 환경의 환경이라 할 수 있는 조직들의 임의론적 조직 행위에 의해 변화된다고 볼 수 있다. 물론 이러한 시각이 환경을 개인 행위나 조직 행위의 단순 집합으로 본다는 것은 아니다. 왜냐하면, 환경이 개인 행위와 조직 행위에 의해 이뤄져 있다고 하더라도, 전체로서의 총계는 부분들의 단순 집합과는 다른 특성을 갖는다는 사실을 인정해야 하기 때문이다. 그러나 환경결정론적 접근법이 그렇게 중시하는 환경을 설명하는 데에 환경의 형성 원인이 결국 임의론적 개인 및 조직 행위에서 찾아진다는 것은 결정론적 조직이론들의 문제점을 단적으로 보여 주는 것이라고 하겠다.

그렇다면 임의론적 관점이 조직 행위를 설명하는 데 좀 더 합리적이란 것인가? 그렇지 않다. 임의론적 관점에 대해 우리가 쉽게 품을 수 있는 의문은 "소규모 힘이 없는 조직이 자체의 환경을 스스로 형성한다는 것이 가능한가?" 하는 것이다. 조직은 대소를 불문하고 다른 경쟁 조직과 비교하여 등질(undifferentiated)의 재화와 용역을 산출한다면 환경(즉, 시장)에 대해 통제력을 크게 행사할 수 없다는 것이 상식이다. 즉, 경쟁이 심한 시장 상황에서 활동하는 조직은 시장에서의 그 조직의 경쟁력이 그 조직이 달성할 수 있는 공정한 이익을 결정해 주기 때문에 자체의 행동에 대한 자유재량권이 거의 없다는 것이다.

임의론적 관점에 대한 또 다른 의문은 "대부분의 임의론적 조직이론들이 주장하는 바와 같이 조직이 자체의 영역(domain)을 선택하거나 또는 스스로 정한다는 것이 가능한가?" 하는 것이다. 조직이 어떠한 영역에 진출한다는 것에는 규모의 경제, 절대비용, 제품 차별화에 대한 장벽 등을 포함한 여러 가지 형태의 장벽들이 도사리고 있고(Aldrich, 1979), 또한 통제된 시장체제에서는 규제에 대한 승인을 얻는 것도 필요하다(Pfeffer, 1982)는 점에서 조직이 자체의 영역을 스스로 결정한다는 것은 대부분의 경우에 쉽지 않다.

2 조직환경에 대한 새로운 관점의 필요성

흐레비니아크와 조이스(Hrebiniak & Joyce, 1985)는 조직이 환경에 적응하는 것을 정확히 설명하기 위해서는 환경결정론적 관점과 임의론적 접근법이 모두 필수적이라는 사실을 지적하면서, 두 가지 관점이 상호 배타적인 것이 아니라 상호 보완적인 관계에 있음을 강조한다. 와이크(Weick, 1979)도 동일한 입장을 취하면서, 결정론과 임의론에 대한 가장 주요한 연구 과제는 결정론과 임의론의 상호 관계, 양자의 상호작용, 그 결과로 도출되는 긴장의 변화 과정임을 지적했다.

조직이 환경에 적응하는 것을 동태적 과정으로 간주하는 흐레비니아크(Lawrence G. Hrebiniak)와 조이스(William Joyce)에 의하면, 시간이 경과함에 따라 전략적 선택의 결과 또는 외부 환경의 변화로 인해 조직이 처하는 상황이 변한다고 한다. 즉, 그들은 전략적 선택과 환경결정론의 분석에 기초해서, 어떤 상황에서는 조직의 전략적 선택이 가능하지만, 다른 상황에서는 조직이 전략적 선택을 취할 수 없으면서 환경을 거의 통제할 수 없다는 것이다. 따라서 벤슨(Benson, 1977)이 지적했듯이, 조직은 그 조직이 속한 사회적 상황에 복잡하게 얽혀져 있으면서 그러한 상황에 의해 자체의 조직 행위가 결정되기도 하지만, 또한 부분적으로는 자체의 권리로 자율적 행위를 수행할 수 있는 것이다. 이러한 상호성(reciprocity)을 고려해 보면, 애스틀리와 반 데 벤(Astley & Van de Ven, 1983), 그리고 흐레비니아크와 조이스가 모두 순환논법적 사고 능력(ability to think in circles)의 중요성을 왜 강조하는지를 이해하게 된다. 조직을 연구하는 학자들이 순환논법적 사고를 망각하는 한, "왜 조직구조가 조직의 전략적 선택 및 환경 변화의 결과이자 또한 원인인가?"와 같은 중요한 질문에 효과적으로 대처하지 못하게 되는 것이다.

제 6 절 한국 행정조직에서 조직환경 연구

정병걸(2011)은 조직생태학이론을 근거로 "조직군 밀도의 이중 효과와 조직군의 위기 : 과학 기술 분야 정부출연연의 성공과 실패"에 관한 연구에서 조직군 밀도의 이중효과가 정부 부문에 속하는 조직군의 성장과 위기를 설명한다고 했다. 출연연은 1966년 KIST 설립 이후 1970년대부터 설립이 이어지면서 27개가 생겼다. 연구 결과 첫 출연연인 KIST의 성공은 새로운 출연연의 설립에 정당성을 제공함으로써 수적 증가에 기여했다. 그러나 출연연의 수가 증가하면서 조직군 밀도가 높아지고 경쟁이 심화되자 출연연은 위기에 처하게 된다. 즉, 조직군의 밀도의 증가로 출연연 조직군의 정당성이 약화되고 생존의 위기에 직면하게 됐다고 밝히고 있다.

박광표 · 김대건(2010)은 조직은 조직을 둘러싼 다양한 환경적 요인뿐만 아니라 조직을 구성하고 있는 내부적 요인과의 상호작용 속에서 존재한다는 점에 주목하며 이러한 맥락에서 조직 변화를 연구했다. 조직구조에 영향을 미치는 상황 맥락적 요인 가운데 환경과 전략에 따라 강원도청 조직의 기구 및 기능 변화의 특징을 밝혀내려는 것이다. 이를 위해 피터스가 제시한 조직 변화 유형 분류 기준인 신설, 폐지, 승계를 원용하여 강원도청 행정조직의 변화 유형을 분석했다. 분석 결과 강원도청 조직은 강한 지속성을 갖고 있지만 환경의 변화와 전략 등 상황 맥락적 요인과의 상호작용 속에서 조직 변화가 이뤄지고 있음을 확인했다.

김명환(2009)은 "왜 조직들은 제도환경에 형식적으로 대응할까?"라는 문제 의식에서 연구를 수행했다, 우선 제도화 과정으로서 조직 장(organizational field)의 구조화와 제도환경의 개념을 설명했고, 전제로서의 제도환경과 기술환경 간의 불일치와 이에 대한 대응 방식으로서의 분리와 위선에 대한 논의를 중심으로 사회학적 신제도주의의 설명 방식에 대한 이론적 논의를 했다. 또한 제도환경과 기술환경 간의 관계, 제도환경에 대한 조직들의 다양한 대응, 제도설계와 조직의 순응, 위선과 윤리 등 네 가지 측면에서 제도환경에의 조직의 대응에 대해 사회학적 신제도주의의 제도 방식에 내재되어 있는 한계를 지적하고 재이론화의 필요성을 제시했다.

박대식(2008)은 정부조직 개편에 대한 접근법이 미국과 한국의 정부조직 개편 사례를 설명하는 데에 어느 정도 적실성을 가지고 있는지 비교분석했다. 첫째, 제도 모방적, 환경 의존적, 정치 과정적 접근법은 정부조직 개편을 설명하는 데에 모두 유용하다. 둘째, 제도 모방적 접근법은 건국 당시를 설명하는 데에, 환경 의존적 접근법은 건국 이후 현재까지를 설명하는 데에, 정치 과정적 접근법은 민주화 이후를 설명하는 데에 적실하다. 셋째, 정치 과정적 접근법은 미국의 경우 오래 전에 민주화되어 접근법의 적실성을 오랜 기간 보여 왔지만, 한국의 경우 민주화가 근래에 시작되어 진행되고 있으므로 근래에 들어 접근법의 적실성이 나타나고 있으며 앞으로 증가될 것으로 예상된다.

연구 문제

1. 개방-자연적 조직이론에서 살펴본 혼돈이론과 구조적 상황이론을 비교하고, 구조적 상황이론의 문제점을 구체적으로 제시하시오.
2. 구조적 상황이론과 조직경제학의 공통점과 차이점을 제시하시오.
3. 재벌의 문어발식 확장을 조직경제학이론에 입각하여 설명하고, 조직경제학의 문제점을 제시하시오.
4. "왜 그렇게 많은 종류의 조직이 존재하는가?"에 관한 조직군 생태학이론의 설명을 구체적 예를 들어 제시하시오.
5. 전략적 선택이론과 구조적 상황이론을 비교하고, 전략적 선택이론의 문제점을 구체적으로 제시하시오.
6. 자원의존이론, 공동체 생태학이론, 제도화이론의 문제점을 구체적으로 제시하고, 그 결과를 비교하시오.
7. 조직군 생태학이론, 공동체 생태학이론, 자원의존이론의 공통점 및 차이점, 문제점을 분석하고, 그 결과를 제시하시오.

8. 환경결정론적 거시조직이론과 임의론적 거시조직이론의 공통적인 문제점을 제시하고, 다양한 조직이론이 존재하는 이유를 설명하시오. 이를 바탕으로 향후 거시조직이론의 전개 방향을 예측해 보시오.
9. 왜 조직구조가 조직의 전략적 선택 및 환경 변화의 결과이자 또한 원인인가를 설명하시오.

사례 연구 4-6

사례 1 : 전략 중심형 조직으로 개편 시도

광양시가 시민이 만족하는 성과 중심의 조직으로 변화를 시도한다.

광양시는 19일 "지난 12일부터 5회에 걸쳐 전략 중심형 조직 구축을 위해 6급 이하 전직원 300여 명을 대상으로 '창의혁신적 성과관리 지표 고도화 워크숍'을 실시했다"고 밝혔다. 광양시는 2014년부터 정부가 추진하는 사업예산 성과관리제 시행에 앞서 모든 정책사업에 대한 추진 목적, 연도별 성과지표, 목표치 등 구체적인 계획서를 작성, 달성 여부를 측정해 다음해 성과관리에 반영할 방침이다. 지난해 9월부터 48명의 지표개발단을 운영해 온 광양시는 '시민이 편안하고 행복한 고품격 광양 건설'이라는 미션을 개발, 2030년 광양의 미래 트렌드를 5개 분야(健・豊・和・創・格) 20대 지표, 100개 항목을 설정했다. 지난 2월 올해 추진할 619개 지표를 완료한 광양시는 이번 워크숍을 통해 2030년까지 달성할 100대 주요 항목과 연계되도록 지표를 고도화시키는 절차를 진행할 계획이다. 또 지표 설정과 함께 올해 평가체계를 내부적 성과평가에 그치지 않고 시민에게 시정만족도를 평가받는 절차를 신규 도입해 평가의 신뢰도를 높일 방침이다. 광양시 관계자는 "미래 지향적 지표 설정과 시민만족도가 최우선시되는 조직 성과 평가제가 정착되면 시정 목표를 향한 창의적 사고가 정렬돼 교육, 문화, 예술, 복지를 바탕으로 IT, BT, ET 등 신산업이 조화를 이루는 도시가 될 것"이라고 밝혔다.

(뉴스웨이, 2012. 4. 19)

사례 2 : 재계 '신 생존전략' 만발

"생존 위해서라면 방송 오락 프로도 따라한다"

유럽발 경제 불황으로 인한 세계적인 경기 침체의 장기화 속에서 국내 기업들의 생존을 위한 몸부림이 어느 때보다 뜨겁다. 이미 직원들 대상의 체험형 해병대 입소 캠프는 생존전략의 기본 프로그램으로 자리잡은 지 오래다. 기업들은 더 전략적이고 효율적인 생존전략 마련에 고민하고 있다. 이런 분위기 속에서 최근 신세계그룹이 내놓은 유명 TV프로그램 '개그 콘서트'를 통한 생존전략 배우기는 시사하는 점이 크다. 일개 방송 프로그램을 통해 기업이 나갈 방향을 배울 수 있다면 기꺼이 배우겠다는 적극적이고 유연한 경영관이라는 주변 평가다. 신세계그룹이 적자생존-무한경쟁 구도로 시청률 고공행진을 기록하고 있는 '개그 콘서트'의 성공 사례에서 기업 생존전략을 배우기로 했다. 신세계그룹은 5월 2일 사내 방송국(SCS)의 'SCS 스페셜' 코너를 통해 '개콘을 보면 기업 경쟁력이 보인다'는 주제로 개콘의 차별화 전략을 방영했다. 이런 자리를 마련하는 것은 개콘에 냉혹한 시장경제 논리가 숨어 있으며, 출연-연출진이 매번 '올인'하고 있기 때문에 경쟁에 맞설 수 있다고 신세계그룹 경영진이 판단했기 때문이다.

전 세계적인 추세라 할 수 있는 그린 경영도 주목받고 있는 분위기다. 여기에는 LG와 포스코를 비롯한 대기업과 웅진 등 중소기업들이 동참하고 있다. LG는 2020년까지 'Green 경영'에 20조 원을 투자하며 본격적인 녹색성장 전략을 새 생존전략으로 추진하고 있다. 이를 위해 온실가스 감축을 목표로 '3대 전략과제'를 세웠다. 또 'Green 경영' 전략을 통해 물(원수) 사용량을 30% 절감하겠다는 구체적인 목표도 포함시켰다. 포스코 역시 그린 경영에 투자를 아끼지 않고 있다. 포스코는 인천 송도에 '포스코 그린 빌딩'을 건설 중이며 건물 운영에 필요한 에너지원으로 태양광, 지열, 빗물 재활용 등 110여 가지 친환경 에너지를 확보할 계획이다. 이를 통해 포스코 그린 빌딩은 일반 건축물에 비해 이산화탄소 사용을 크게 감축하는 효과를 기대할 수 있게 됐다. 이 밖에도 웅진코웨이가 중소기업 협력사와 그린 파트너십을 통해 상생 경영에 나선 것도 특화된 생존전략의 하나로 평가받고 있다.

기업 관계자들은 최근의 이런 생존전략에 대해 "전 세계적인 무한경쟁의 환경 속에서 기업들이 자신만의 특화된 생존전략 없이는 지속 가능하기 어렵다는 절박감에서 비롯된 현상"이라고 풀이했다. (CNB저널, 제274호 2012. 5. 14. 기사 내용 일부 수정)

사례 문제

1. <사례 1>에서 나타난 조직의 변화를 구조적 상황이론으로 설명하시오.
2. <사례 2>에서 환경 변화에 대응하는 조직들의 변화를 전략적 선택이론을 근거로 설명하시오.

제 7 장 조직진단

조직진단을 하는 목적은 조직의 효과성을 높이는 데 있다. 조직의 효과성은 목표의 성취도를 의미한다. 그러나 조직의 효과성을 측정하고자 할 때는 그 의미가 복잡해진다. 왜냐하면 앞에서 살펴본 바와 같이 조직목표라는 개념 자체가 모호하기 때문이다. 이 장에서는 조직진단의 의의와 모형에 대해 살펴보기로 하겠다.

제 1 절 조직진단의 의의

1 조직진단의 개념

조직진단의 개념에 대해서 살펴보자. 먼저, 와이스버드(Weisbord, 1976)는 조직이 처한 현 상태와 추구해야 할 바람직한 상태 간의 차이를 확인하는 것으로서 발생된 격차를 해소하고 긍정적인 조직 변화를 가져오기 위한 개입계획이 세워지는 것을 조직진단이라고 정의한다. 해리슨(Harrison, 1987)은 조직의 현 상태를 평가하여 조직 효과성을 증대시키기 위해 행태과학으로부터 그 개념과 방법을 활용하는 과정으로 제시하고 있다. 또한 하워드(Howard, 1994)는 조직진단은 인과 관계를 탐색하는 문제 해결 활동이라고 하고 있다(임도빈 · 윤도영, 2002 : 81).

결국 조직진단의 개념에 대해 종합적으로 보면, 조직이 처한 현 상태의 문제점을 진단하고 환경에 적응하면서 조직효과성을 증대시킬 수 있는 방향으로의 처방을 내리는 과정으로, 조직진단 결과에 따라 조직의 설계 방향이 설정된다고 할 수 있다.

2 조직진단의 종류

조직진단은 진단 목적과 진단 수준에 따라 두 가지 접근 방법으로 구분한다(임도빈 · 윤의영, 2002 : 61-70). 먼저, 진단 목적에 의한 분류는, 조직진단은 진단의 주체가 조직 자체인지 또는 진단 대상 조직 이외의 외부 조직인지에 따라 내부진단과 외부진단으로 구분된다. 외부진단은 다시 관계자 외부진단과 제3자 외부진단으로 나눌 수 있다. 조직진단의 주체에 따라 진단의 내용이나 방향에 영향을 미칠 수 있기 때문에 진단 목적에 따라 진단 주체를 설정하는 것이 바람직하다고 할 수 있다.

다음은 조직진단 수준에 따른 분류로서, 세 가지 차원으로 볼 수 있다.

첫째, 조직 수준의 진단이다. 이것은 조직 전체에 대한 진단으로서 조직의 전략과 외부 환경이 조직의 구조, 인사 체계, 문화 등과 상호작용하여 어떻게 조직효과성에 영향을 미치는가를 진단하는 것을 말한다.

둘째, 집단 수준 진단이다. 집답 수준의 진단은 조직설계가 다양한 조직집단의 작업구조 및 직무 수행 규범, 구성원 간 관계에 따라 집단의 효과성에 미치는 영향을 진단하는 방법을 말한다.

셋째, 개인 수준 진단으로서, 조직설계, 집단설계, 개인적 특성 등이 직무 특성, 직무 수행에 필요한 기술 수준, 업무 집행의 자율성에 따라 구성원들의 직무 만족, 직무 성과의 질 등에 어떤 영향을 미치는가를 파악하는 데 초점을 둔다(한국지방행정연구원, 1994 : 24).

보통 조직진단은 내부조직의 구성원과 외부조직 진단자(컨설턴트)가 협력하여 이뤄진다고 할 수 있다. 또한 조직진단의 수준이 개인 또는 집단을 진단하더라도 결국 조직 차원의 조직진단 과정이라 할 수 있다. 다만, 조직진단의 목적과 주체가 누구인가에 따라 접근 방법에 차이가 있는 것이다.

3 조직진단의 일반적 내용

조직진단의 일반적 절차는 진단의 목적과 주체에 따라 다양한 방법으로 접근할 수 있다. 여기에서는 일반적인 진단 내용을 소개하기로 한다.

먼저, 환경 분석이다. 이는 조직 변화의 필요성에 대한 근거를 환경에서 발견하는 것이며 또한 조직 변화의 정당성을 제공해 준다. 환경 분석은 외부 환경과 내부 환경으로 나눠 분석할 수 있는데, 외부 환경은 사회 · 문화 · 정치 · 국제환경 등으로 조직에 영향을 미치는 모든 환경적 요인이다. 내부 환경 분석은 현재의 비전 및 전략 목표, 인력, 재정, 기능 및 직무, 성과평가, 조직구조 등의 분석을 통해 조직이 당면한 문제점이 무엇인지 제시하는 역할을 한다. 내 · 외부의 종합적인 환경 분석 결과는 조직의 비전과 전략, 조직의 재설계 방향을 제시하는 근거로 작용하게 된다.

환경 분석은 일반적으로 기회 요인, 위협 요인, 강점 요인, 위협 요인으로 구분해 분석한다(윤훈현 · 김범석, 2002 : 286). 이러한 분석은 'SWOT' 분석이라는 이름으로 불리며, 외적인 환경 기회와 내적인 조직 능력의 강점을 연결하는 과정을 중시한다. 먼저, 조직 내부 자원을 중심으로 이뤄지는 강점 요인(strength)과 약점 요인(weakness)을 진단하여 조직의 경쟁적 위치를 평가하는 것이다. 내부 환경 분석은 조직의 현재 위치와 미래 방향을 결정하는 출발점이 되기도 한다. 다음으로 기회 요인과 위협 요인은 조직의 비전과 전략을 발견하기 위해 외부 환경에 대한 정보를 수집하여 평가한다. 기회(opportunities)란 전략적 목적을 달성할 수 있도록 도울 수 있는 잠재력을 지닌 외부 환경의 특성 또는 조건 등 유리한 상황을 의미한다. 위협(threats)은 조직의 전략적 목적을 달성하지 못하게 할지도 모르는 외부 환경의 특성 또는 불리한 상황을 분석하는 것이다. 결국, 바람직한 조직 전략계획은 외부 환경과 내부 환경을 분석 · 평가 · 예측함으로써 기회와 위협에 조직의 강점과 약점을 연결시키는 활동에 의해 이뤄진다.

다음은 조직문화의 분석이다. 일반적으로 조직문화는 조직의 행동을 지배하는 하나의 체제로서 조직구성원의 행동은 조직문화에 영향을 받는다. 조직구성원의 가치관이 내재되어 있는 조직문화를 분석하여 조직에 대한 구성원의 의식 및 태도, 변화 가능성, 조직환경의 인식 태도, 조직목표 등을 진단할 수 있다. 환경 분석과 조직문화

분석을 통해 향후 나가야 할 방향과 현재 조직과의 차이(gap)를 근거로 조직진단을 실시한다.

마지막으로 연구 결과에 대한 활용성을 점검한다. 즉, 조직진단을 통해 설계된 조직이 미래 환경에 적합한 조직이 될 수 있는지에 대한 평가를 실시한다.

제 2 절 조직진단의 이론적 모형

이 절에서 설명하는 조직진단의 이론적 모형에 대한 내용은 한국행정학회 조직학연구회에서 발간한 『정부조직진단』(2002)의 내용을 요약 정리한 것이다.

조직진단에서 모형은 조직진단의 분석 방향과 목적을 제대로 수행하고 있는지에 대한 근거를 제시하며 다음과 같은 장점을 제공한다(조성한, 2002 : 82).

첫째, 조직에 대한 자료를 분류하는 작업을 용이하게 해 준다. 둘째, 조직에 대한 이해와 문제점의 발견을 용이하게 해준다. 셋째, 수립된 자료를 해석할 때 체계적인 분석이 가능하게 해 준다. 마지막으로 진단자(컨설턴트)와 대상 조직의 구성원 간의 의사소통을 원활하게 함으로써 서로 간의 이해를 돕는다.

조직진단의 모형은 조직을 바라보는 관점에 따라 분석의 모형이 달라질 수 있다. 그러나 조직진단에서 다양한 모형들이 제시되고 있지만 진단 내용은 큰 차이가 없다. 왜냐하면 조직이라는 큰 틀에서 조직진단이 이뤄지고 있기 때문에 진단 내용은 조직에서 발생하는 전반적인 내용을 포함하고 있기 때문이다.

1 해리슨의 모형

해리슨(Harrison, 1987)은 조직을 개방 체제로 인식하고 이에 맞는 조직진단의 모형을 개발했다. 개방 체제 내에서의 각 변수들은 '투입(inputs)', '산출(outputs)', '기술(technology)', '환경(environment)', '목적(purposes)', '행태 및 과정(behavior and processes)', '문화(cultures)', '구조(structure)'들로 이뤄졌다. 개방 체제적 진단모형

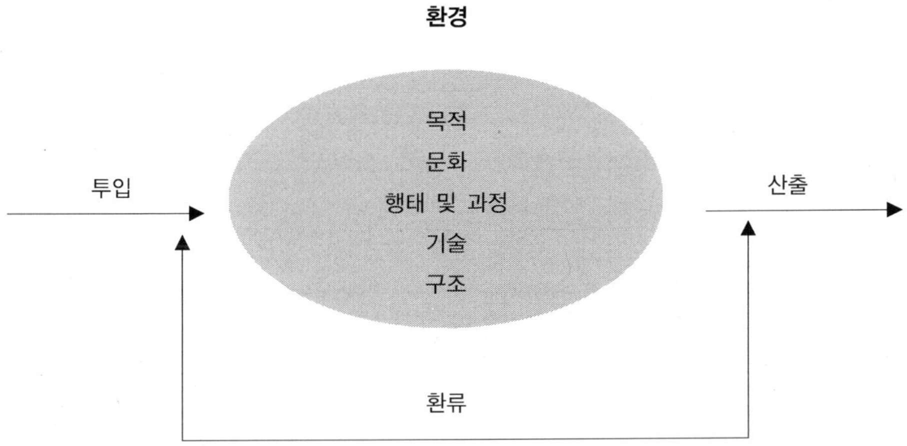

그림 4-7-1 해리슨의 조직진단 모형

은 진단 실무자들에게 조직의 주요 변수들을 조사하고 그 관계를 이해할 수 있는 포괄적이고 융통성 있는 지침을 제공한다.

개방 체제적 진단모형이 효과적이기 위해서는 다음 세 가지 중 최소한 한 가지 이상에 대해 주의해야 한다.

① 하부 체제 간 적합성 평가 : 조직은 환경, 기술, 구조, 행태 및 문화 등의 하부 체제를 가지고 있으며, 이러한 하부 체제들은 서로 간에 적합해야 한다.

② 하부 체제 간 상호 의존도 평가 : 조직의 하부 체제들은 강도에 차이가 있지만 서로 간 친밀한 의존 관계를 가지고 있다. 따라서 조직진단에 의한 개입에서 특정 하부 체제에 대한 변화 전략이 다른 하부 체제들에 어떤 영향을 줄 것인지에 대한 사전 평가가 이뤄져야 한다.

③ 기대 성과와의 차이 분석 : 조직진단을 수행할 때, 전문가는 언제나 나름대로의 기대 성과를 바탕으로 현재의 성과를 평가한다. 이러한 차이 분석은 조직진단을 통한 조직 변화가 기대 성과를 달성하고 있는지에 대한 환류적 평가에도 사용이 된다. 차이 분석에서 기준이 되는 기대 성과는 일반적으로 진단 대상 조직과 유사한 생산성 높은 조직에 대한 벤치마킹을 통해 결정된다.

표 4-7-1 해리슨 모델의 구성 요소

진단 대상 조직의 기본 정보	구성 요소
산출	주요 산출물이나 서비스, 판매량, 생산 : 인적 산출(결근이나 이직률 등의 만족도와 실행의 지표)
목적	공식적인 목표나 임무; 부서나 프로그램에의 예산 배당으로 나타나는 실제적인 우선순위
투입	재정자산, 자본자산; 기금으로부터의 배당과 수입; 인적 자산
환경	외부와의 협력 관계, 조직의 소속, 산업, 자원의 확장 정도, 물리적 및 사회적 환경
기술	생산물의 종류, 사무자동화 정도, 정보 과정의 기술 수준
구조	주요 부서와 업무 단위, 계층의 수, 통제의 범위, 개인 및 부서와 업무 단위의 공간적 거리, 인사정책과 절차
행태 및 과정	고위층의 의사결정 과정, 전략의 설정, 계획, 갈등, 적대감, 노동조합의 개입 정도, 의사 교환의 형태
문화	조직의 주체성의 상징, 신화, 은어, 주된 복장 및 생활 태도, 업무 행태
체제 행태	전반적인 재정 상황, 투입 · 산출 · 운영 예산의 성장이나 긴축 정도, 주된 변화

2 와이스버드의 여섯 상자 모형

와이스버드(Weisbord, 1976)는 조직을 진단하는 모형을 레이더 스크린으로 묘사하고 있다. 레이더가 좋고 나쁜 현상을 신호음으로 표현하듯이, 조직진단의 각 요인들은 조직의 문제점을 나타내 준다는 것이다. 또한 레이더가 어느 한 측면에 초점을 두고 반응하지 않듯이 조직진단의 모형에서도 이 모형의 여섯 가지 요인 중에 어느 한 면에만 중점을 두어서는 안 된다고 한다. 와이드버드의 레이더형 여섯 상자 모형(Six-Box model)은 [그림 4-7-2]에 잘 나타나고 있다.

와이드버드는 여섯 상자 모형의 각 요인들에 대한 중요한 평가 초점을 다음과 같이 제시하고 있다.

① 목표(purpose) : 목표의 명확성 및 목표에 대한 의견 일치

② 구조(structure) : 조직구조가 목표에 맞게 잘 조화를 이루고 있는가?

③ 관계(relationship) : 개인 간의 관계, 부서 간의 관계, 개인과 개인이 담당하는 업무 성격 및 요구되는 기술

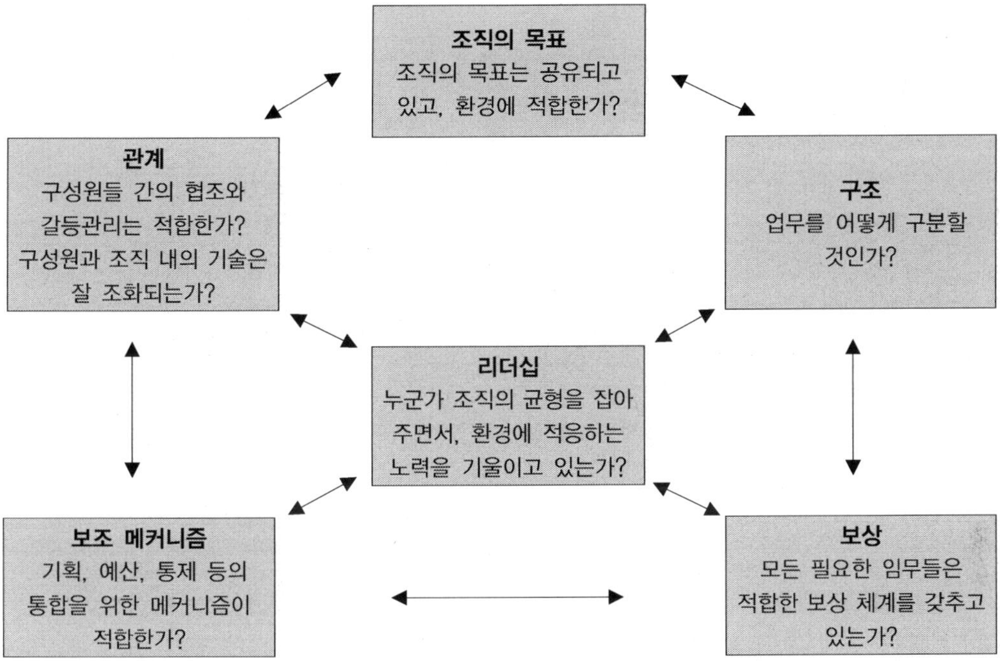

그림 4-7-2 여섯 상자 모형

④ 보상(rewards) : 조직의 공식적 보상과 조직 구성원의 보상에 대한 기대가 조화를 이루고 있는가?

⑤ 리더십(leadership) : 1) 목표 설정을 명확히 해 주는가? 2) 목표와 각 프로그램이 조화를 이루도록 하는가? 3) 조직 내 통합이 잘 되도록 노력하는가? 4) 갈등을 잘 해결하여 조직의 질서를 유지하는가?

⑥ 보조 메커니즘(helpful mechanism) : 계획, 통제, 예산 과정, 정보 체제들 중 어떤 제도가 조직의 목표 달성에 도움을 주고 어떤 제도가 장애가 되는가? 만일 보조 제도가 형식과 절차에만 얽매이는 제도들이라면 과감히 정리할 수 있어야 한다.

<표 4-7-2>에 나타난 바와 같이 와이드버드(Marvin Weisbord)는 여섯 가지 요인에 대해 공식조직뿐만 아니라 비공식 조직에 대해서도 진단을 하여 이 두 차원의 조직들이 서로 잘 융합을 이루고 있는지 또는 두 조직 간의 괴리가 큰지에 대해서도 평가해야 한다고 한다.

표 4-7-2 여섯 상자 모형 구성 요소

구분	공식적 체계	비공식적 체계
목적	목표의 명확성	목표에 대한 공감대
구조	기능적 조직구조	사실상의 업무 수행 구조
관계	대인 및 부서 간의 공식적 관계 의사전달의 방법	얼마나 효과적으로 실행되고 있는가?
보상	공식적인 보상 체계	암묵적 · 심리적으로 어떤 효과가 있는가?
리더십	목표의 설정 목표에 따른 계획 설계 조직 통합 내부적 갈등의 조정	관리자가 어떤 방법으로 얼마만큼 주어진 역할을 잘 수행하고 있는가?
보조 장치	예산제도 정보 체계 계획 및 조정	이러한 보조 장치들이 무엇을 위해 사용되는가? 실제로 어떤 역할을 하고 있나? 이러한 보조 장치가 조직의 효과성을 저해하고 있지는 않는가?

3 매킨지의 7S 모형[1)]

매킨지의 7S 모형은 리빗(Harold Leavitt)의 모형을 확장시켜 7개의 변수로 만들어 이 변수들 간의 상호 관계에 따른 조직 관계를 설명하고 있다. 조직은 조직 이념을 중심으로 움직이며, 공유 가치는 조직의 전략에 직 · 간접적인 영향을 주며, 전략은 다른 다섯 가지 변수의 구성에 영향을 주고 있다. 이 모형의 특징은 환경적인 측면에 대해 명시적으로 나타내 주고 있지 않다는 것이다. 그러나 실제로 조직 및 경영진단에 가장 많이 사용되고 있는 이 기법이 환경을 무시하고 있다는 것은 현실적으로 불가능하며, 다만 암묵적으로 조직진단의 실무자와 진단 대상의 관리자들이 가지고 있는 환경과 미래에 대한 구상력이 조직진단과 조직 발전의 바탕이 되고 있는 것이다(Pascale & Athos, 1981).

1) 7S 모형은 제4부 제3장 조직문화에서도 다루고 있으며, 조직문화를 진단할 때도 사용되지만 전반적인 조직을 진단할 때도 사용되고 있다.

표 4-7-3 7S 모형의 진단변수와 초점

7S	진단 예
전략(strategy)	전략이 조직의 환경에 적절한가? 전략에 대해 조직원들 간에 합의가 이뤄졌는가?
구조(structure)	환경에 대응할 수 있는 기능적 구조를 이루고 있는가? 조직의 규모는 적정한가?
제도(system)	의사결정이 신속히 이뤄지고 있는가? 책임의 소재가 명확한가?
구성원(staff)	너무 순종적인 조직원들로 구성되어 있는 것은 아닌가? 부서장에 적절한 인재가 배치되어 있는가?
관리 기술(skill)	새로운 기술 도입이 잘 되고 있는가? 새로운 기술의 경험자가 많이 있는가?
조직 풍토(style)	상하 관계가 너무 경직적이지는 않은가? 불평등이 만연해 있지는 않는가?
공유 가치(shared value)	위험 부담이 있는 일은 무조건 피하지 않는가? 작은 것에 너무 승부를 걸지는 않는가?

4 OAI의 조직평가 지표

OAI(Organization Assessment Instrument)는 반 데 벤과 페리(Van De Ven & Ferry, 1980)에 의해 조직을 평가하는 데에서 과학적인 타당성이 있고 실용적인 모형, 측정 도구 및 과정을 개발하고자 하는 목적에서 만들어졌다. OAI의 평가지표는 사이먼(H. A. Simon)이 조직과 작업팀 및 개인의 성과를 설명하기 위해서는 조직의 구조, 형태 및 구성 맥락의 차원들을 설정해야 한다고 주장한, 기본적인 개념을 바탕으로 시작되었다. OAI 분석 틀을 위한 기본적인 정의는 조직은 구조와 과정에서 많은 다른 형태들로 구성된 개방사회 행동 체제라는 것에 있다. 이와 같은 조직의 분석·평가를 위해서는 다음과 같은 분석의 틀이 필요하다.

첫째, 거시조직, 팀, 직무 수준의 맥락, 설계 및 성취도와 관련된 특성들이 확인 가능해야 한다.

둘째, 복잡한 조직 내에서 수직·수평적으로 분별하는 부서와 업무의 독특한 설계 양식을 진단한다.

셋째, 서로 다른 부서들과 업무들이 어떻게 통합되고, 전체적인 조직 체제의 성과를 위해 어떤 기능적인 기여를 하는지 결정할 수 있어야 한다.

OAI의 모형은 조직을 전체적인 조직, 작업집단과 부서, 개인적 업무 및 업무와 개인의 관계의 네 단계로 진단을 한다. 이러한 네 단계의 진단은 다음과 같은 다섯 개의 다른 차원에서 분석된다.

① 성취도 차원: 조직 내의 기록을 통해 전체적인 조직과 부서 및 업무의 효율성과 효과성을 측정한다.

② 거시조직적 차원: OAI에 의해서 측정될 수 있으며, 전반적인 조직의 구조, 역사, 운영 규모 및 영역에 초점을 둔다.

③ 조직부서 차원: OAI 기법과 조직의 기록을 통해 조직 내 부서들과 작업집단들의 업무, 구조 및 과정의 다양한 성격들을 측정한다.

④ 업무설계 차원: OAI를 사용하여 개인적 업무나 지위가 구성되는 방법, 직원들의 배경, 업무를 위한 기술적 기능적 요구 사항, 직원들의 업무에 대한 효과적인 반응들을 측정한다.

⑤ 부서 간 차원: OAI를 사용하여 조직부서 및 지위 간의 상호 의존도, 조화 및 통제의 구조를 평가한다(조성한, 2002: 95-96).

지금까지 조직진단의 이론적 모형을 살펴보았으며, 여기에서 제시하지 않은 조직진단 모형은 내들러(D. Nadler)의 적합모형, 버크-리트윈(Burke-Litwin) 모형, 티쉬(Noel M. Tichy)의 TPC 모형 등이 있다.

조직진단은 조직이 현재 당면한 문제점이 무엇인지를 진단하고 그에 맞는 처방을 내리며, 나아가 환경 변화에 적응할 수 있는 조직이 되도록 하는 과정이다. 이러한 과정에는 복잡한 변수들의 작용과 정치적 과정이 포함되기 때문에 하나의 이론적 모형을 선택하여 조직을 진단한다는 것은 매우 어려운 일이다. 왜냐하면 조직에 영향을 주는 다차원적인 요인들을 분석하여 문제점을 제시하는 것은 경험적 과정이지만, 미래의 바람직한 조직을 제시하는 것은 추론을 통한 예측이기 때문이다.

바람직한 조직진단을 위해서는 조직의 전체적인 측면의 조직진단과 하위 영역의 진단은 독립적이면서 통합적으로 진단해야 할 것이다. 또한, 그 조직이 처해 있는 환경적 요인과 조직이 추구하는 비전, 목표 등을 고려하여 실시해야 할 것이다.

제 3 절 한국 행정조직에서 조직진단 연구

최재녕(2010)은 대부분 외부 전문가를 통해 수행되는 조직진단의 효과성 제고를 위해 조직진단 전문가들에게 조직진단 과정에 대해 설문조사를 실시했다. 설문은 크게 조직진단을 실시하게 된 이유, 조직진단에 대한 태도, 조직진단에 대한 의견 제시 정도 및 그 의견의 수용 정도, 조직진단의 애로 사항, 최종 결과물의 조직개편 반영 정도 등으로 구성되었다. 설문분석을 통해 외부 전문가에 의한 조직진단의 신뢰성을 높이기 위해 자치단체에 대한 다양한 통계를 생산·공개하고, 조직진단 과정 중에 반드시 시민단체와 의회의 목소리를 담는 장치를 마련할 필요가 있음이 지적되었다.

안경섭(2009)은 정부조직 개편의 현황과 의미를 파악하고, 조직개편 이후 통합조직의 성과를 극대화시키기 위한 융합관리의 전력적 방향을 제시하고 있다. 특히 국내·외 사례분석을 통해 조직 내 존재하는 다양한 융합 성공 요인들을 살펴보고 차이점을 분석하여 성공적인 조직융합관리에 필요한 방안을 알아보고 있다. 국외 통합사례에서는 합병 전 통합조직에 대해 조직원들에 대한 정확한 역할모형이 정립되어 급격한 변화에 혼란과 불안을 예방했다. 또한 문제점 발생 시 민감한 사항에 대해서는 외부 전문가를 통해 조직융합관리를 지원받았다. 가장 눈에 띄는 부분으로 기관장 및 중간관리층의 노력을 찾아볼 수 있다. 통합 전 직원들의 심리적 불안감을 안정시키고 중간관리층과 긴밀히 협조하여 통합 후 변화관리 및 조직의 미션과 기대 효과를 명확화하여 성공적인 조직융합관리가 이뤄질 수 있게 했다.

이경호·김근세(2006)는 정부조직 진단·변화관리 사업분석을 통해 중앙행정기관의 조직진단 활동의 과정과 성과 요인을 실증적으로 분석했다. 전반적으로 조직진단의 성과에 대해 구성원들은 보통을 다소 상회하는 수준에서 유보적으로 평가했다. 조직진단의 성과에 미치는 다섯 가지 요인 중에서 전문기관의 역량과 부처의 혁신 노력은 비교적 긍정적으로 평가되었다. 그리고 진단도구의 적합성과 효과적 사업관리에 대한 인식은 보통 수준으로 나타났다. 반면에 자원의 적절성에 대해서는 가장 부정적인 태도를 보였다. 한편 회귀분석 결과, 조직진단 활동의 성과에 유의미한 영향력을 주는 요인들은 효과적 사업관리, 부처의 혁신 노력, 자원의 적절성으로 나타났다. 이 중에서 행정자치부의 총괄적인 사업관리 효과성이 해당 부처의 조직진단 결과에 영향력이 가장 큰 요인으로 보고되었다.

연구 문제

1. 이 장에서 설명한 조직진단에 관한 여러 모형들을 비교하고 장·단점을 제시하시오.
2. 신문이나 잡지를 통해 최근의 정부 조직진단의 사례를 찾아보고, 그 성과와 한계를 논의하시오.
3. 신문이나 잡지를 통해 최근의 기업 조직진단의 사례를 찾아보고, 그 성과와 한계를 논의하시오.
4. 환경진단 기능 진단, 구조진단, 인력진단, 프로세스진단, 행태 및 문화진단의 주요 기법을 찾아 제시하시오.

사례 연구 4-7

행정진단센터 폐지 논란

행정안전부의 행정진단센터 폐지를 둘러싸고 부 안팎에서 미묘한 논란이 일고 있다. 행안부는 최근 범정부적 정부조직 개편 후속 작업과 각종 제도진단 등의 연구정책을 수행해 오던 조직진단 전문기구인 '행정진단센터'를 폐지했다. 참여정부 시절 조직진단센터를 신설, 새 정부에서 행정진단센터로 이름을 바꾼 지 1년 6개월 만이다. 개방형 고위공무원인 이환범(영남대 교수) 전 행정진단센터장은 임기 6개월을 남기고 사표를 내고 학교로 돌아갔다.

진단센터 폐지와 함께 행안부는 지난 15일 부내 불합리한 행정 관행을 개선하겠다며 '행정선진화기획관'을 기획조정실 아래 신설하고 선진화담당관을 만드는 직제 개편을 단행했다. 행정진단센터 아래 있던 두 개 과(課) 중 조직 융합과 역량평가 등을 맡았던 제도진단과는 없어졌으며 조직진단과는 조직정책관실에 흡수 통합됐다. 행안부 관계자는 "각 부서의 불필요한 업무를 찾아 없애는 등 부내 행정 선진화 업무를 총괄·조정하기 위해 국장급 행정선진화 추진기구를 만들었다"고 설명했다.

하지만 공직 안팎에서는 이 같은 행안부의 조치에 대해 이해하기 어렵다는 시선을 보내고 있다. 조직이 생겨난 목적과 조직 유지의 일관성, 인사 운용에 문제가 있다는 지적이다.

행정진단센터의 전신인 옛 행정자치부 조직진단센터는 당초 2006년 장관 직속으로 처음 만들어졌다. 중앙과 지방조직에 대한 범정부적 조직진단기구를 만들어 정부 인력 비대화를 막고 외부 용역 등을 통해 업무 수행의 비효율성을 줄이겠다는 취지에서였다. 이는 작은 정부를 지향하는 현 정부 기조와도 맞아떨어져 오히려 진단센터의 기능 강화가 필요하다는 의견까지 있었다. 그러나 결국 조직진단의 주체가 오히려 진단 대상이 돼 퇴출된 셈이 됐다.

이창원 한성대 행정학과 교수는 "진단센터는 항시적으로 정부 조직을 진단하고 문제를 고쳐 나가기 위해 만든 것이었다"면서 "제대로 목표 달성도 하지 못한 채 1~2년 만에 조직을 없애려면 처음부터 조직 신설에 신중했어야 했다"고 꼬집었다.

(서울신문, 2009. 9. 30)

사례 문제

1. 행정진단센터의 성과를 찾아 정리하고, 행정진단센터의 폐지에 대한 찬반 토의를 진행하여 그 결과를 발표하시오.
2. 행정진단센터의 폐지 배경을 찾아 정리하고 당위성 여부를 평가하여 발표하시오.

제 8 장

조직혁신

오늘날 조직을 둘러싼 내외적 환경은 급변하고 있으며, 많은 조직이 급변하는 환경에 적응하기 위해 많은 노력을 기울이고 있다. 특히, 모건이 제시하는 여덟 가지 조직을 바라보는 시각 중에서 '흐름으로서 조직'으로 이해하는 시각에 따르면, 조직은 자의에 의하든 타의에 의하든 계속해서 변화하게 마련이다. 다만, 새로운 환경에 적응하지 못하는 조직은 조직의 성과가 저하될 뿐 아니라 경우에 따라서는 그 존속마저도 위태롭게 된다.

이 장에서는 먼저 조직혁신의 기본 개념을 살펴본 후, 조직혁신의 기본 모형을 소개한다. 또한 조직혁신에 대한 저항을 극복하는 방안을 제시하고, 지식정보사회에 대응할 수 있는 다양한 조직 형태 가운데 공공조직의 개혁을 위해 도입 및 적용이 가능하다고 판단되는 몇 가지 조직모형을 소개한다. 마지막으로, 지식정보사회에서 조직혁신의 방향을 조직 절차 및 기술의 변화 기법 측면으로 제시함으로써 이 장을 마친다.

제 1 절 조직혁신의 기본 개념

1 조직혁신의 의의

조직혁신(organizational change)이란 조직효과성을 높이기 위해 조직을 현재의 상태에서 바람직한 미래의 상태로 움직이는 과정을 말한다(Jones, 2010 : 292). 조직혁신의 목표는 조직목표를 달성하기 위해 자원과 조직 역량을 사용할 수 있는 개선된 방법을 찾아내는 것이다. 조직혁신과 유사한 용어로는 조직 변화, 조직개혁, 조직발전 등이 있다. 조직 변화는 변화의 방향에는 상관없이 가치 중립적으로 사용되는 용어이고, 반면에 조직혁신, 조직개혁, 조직 발전, 조직 개발 등은 바람직한 변화를 상정하는 가치 개입적인 용어다. 또한 조직 변화라는 용어는 의식적이든 무의식적이든 모든 종류의 변화를 총칭하는 것이지만, 여기에서 다루는 변화란 계획적·의도적 변화로서 조직을 현재보다 개선된 상태로 바꾸기 위한 노력이라고 할 수 있다. 조직개혁은 주로 제도의 변화를 대상으로 하며, 조직 개발과 조직 발전은 주로 의식적인 변화에 관한 노력만을 의미하는 경우가 많다. 이 장에서는 변화와 혁신을 통합하여 다 함께 혁신이라는 용어로 정립하기로 한다.

따라서, 조직혁신은 조직에 의해 채택되는 새로운 생각이나 행태로 나타난다(Becker & Whisler, 1967). 또한 조직혁신은 조직 내에서 새로운 기술이나 생산품을 창조하거나 채택하는 것도 의미한다(Lorsch & Lawrence, 1970). 조직혁신은 기구개편이나 새로운 정책의 시행 등의 행정적 혁신, 전산망 구축과 같이 신기술을 도입하는 기술적 혁신, 그리고 휴일민원처리제나 일일민원처리제 등과 같이 새로운 서비스를 제공하는 서비스 및 상품 혁신을 포괄하는 개념으로 볼 수 있다.

조직혁신은 조직 내 개인이나 집단의 혁신, 조직 차원의 포괄적인 혁신 등으로 구분할 수 있다(백기복, 2000 : 465). 개인 차원의 혁신이란 개인의 행동, 가치관, 조직몰입도, 직무만족도 등의 변화를 목표로 하는 것을 의미하고, 집단 차원의 혁신이란 소집단의 과정 손실을 최소화하고 집단활동에서 얻을 수 있는 여러 가지 다양한 장점들을 최대한 활용하는 것을 목표로 한다. 마지막으로 조직 차원의 혁신이란 조직 내외적인 변화의 압력을 고려하여 한 개체로서 조직의 생존력을 높이려는 것으로, 개인이나 집단의 혁신까지를 포함할 수 있는 개념이다.

2 조직혁신의 대상

조직혁신의 대상은 조직구성원, 기술, 조직구조, 조직 업무 등 다양하다(Hellriegel & Slocum, Jr., 1997 : 691). 이러한 대상에 따라 업무·기술적 접근 방법, 구조적 접근 방법, 인간적 접근 방법 등으로 변화의 접근 방법을 구분할 수 있다(Lussier, 1996 : 381-384; 박연호·오세덕, 2000 : 347-351; Leavitt, 1964).

첫째, 구조적 접근 방법이다. 조직혁신은 조직구조와 방침 및 제도 등 공식적인 측면을 중심으로 전개될 수 있다. 모든 조직적 구조는 조직이 직면한 특정한 환경을 관리할 수 있어야 한다. 환경이 변화하면 조직은 환경 변화에 필요한 기능과 구조를 강화해야 하고, 변화하는 환경에 불필요한 기능과 구조는 소멸한다. 조직의 구조를 변화시킴으로써 새로운 제품 개발의 속도를 높일 수 있을 것이다.

둘째, 기술적 접근 방법이다. 현대 사회에서 기술의 변화와 그 변화 속도는 상상을 초월하고 있다. 새로운 기술은 전에는 예측하지 못했을 수준으로 조직에 상당한 영향을 미치고 있다. 현대 조직은 기술적 경쟁력을 향상시킬 수 있도록 노력해야 한다. 기술적 혁신은 보통 물질적인 하드웨어 관점에서 접근되어 왔으나, 근래에 와서는 조직의 문제 해결을 대상으로 소프트웨어 기술도 많이 개발 적용되어 조직혁신에 중요한 부분을 차지하고 있다.

셋째, 인간적 접근 방법으로 조직구성원들의 행동 변화를 들 수 있다. 이 접근 방법은 인적 자원(human resources)이 조직의 가장 중요한 자본이라고 가정한다. 결국, 조직의 역량은 구성원의 기술과 능력에 달려 있기 때문에, 조직은 구성원들이 기술을 습득하고 능력을 발휘할 수 있도록 가장 효과적인 방법을 찾아내야만 한다. 이 접근 방법은 조직혁신을 조직구성원들의 의식구조와 태도의 개선, 그리고 동기 유발 등 이들의 행동 변화를 중심으로 조직혁신을 전개하는 것이 조직혁신의 핵심적인 부분을 차지한다.

넷째, 조직적 접근 방법이다. 조직구조와 문화의 설계를 통해 조직은 기술적 혁신을 활용할 수 있도록 인간적·구조적 역량을 확보해야 한다. 따라서, 조직혁신은 인간적 접근 방법, 구조적 접근 방법, 기술적 접근 방법 모두와 관련이 있고, 이러한 접근 방법들이 상호 매우 밀접한 관계를 맺고 있다는 것이다. 따라서 조직적 관점에서 구조적·기술적·인간적 측면 모두를 고려해서 조직혁신을 추진하는 것이 중요하다.

제 2 절 조직혁신의 기본 모형

1 레빈의 모형

조직혁신은 어떤 상태에서 다른 상태로 변화하는 체계적인 과정이 요구된다. 레빈(Lewin, 1947)은 조직에서 혁신을 불러일으키는 노력을 세 단계로 구분하여 제시했다. 그가 제시하고 있는 변화의 단계는 해빙(unfreezing), 변화(changing), 재동결(refreezing)이다. [그림 4-8-1]은 이러한 변화의 과정을 보여 준다. 각각의 단계에 대해 살펴보면 다음과 같다(Luftman, 2004 : 264).

해빙은 조직원들이 변화의 필요성을 깨닫게 하는 과정이다. 조직원들이 현재의 상태나 절차에 만족하고 있다면 변화에 관심을 가지지 않을 것이기 때문이다. 즉, 동기를 유발시키고 개인 또는 집단이 변화를 위한 준비를 갖출 수 있게 하기 위한 것이다. 변화의 필요를 강조하기 위해 개인에게 작용하고 있는 힘을 재편성하는 과정, 즉 얼음이 녹아 차차 풀리듯이 태도나 감정을 완화시키는 과정이다.

변화는 예전의 방식에서 새로운 방식으로 움직이는 자체다. 이 과정은 동일시(identification) 또는 내면화(internalization)에 의해 일어날 가능성이 높다(Kelman, 1958). 동일시는 개인의 환경 내에 하나 또는 그 이상의 모형이 제공되고, 그 개인이

그림 4-8-1 행동 변화의 과정

자기를 그 모형처럼 되려고 노력하면서 새로운 행동 양식을 배울 때에 일어난다. 내면화는 개인이 처한 상황이 성공적인 대처를 위해 새로운 행동을 요구할 때 일어난다.

재동결은 새롭게 형성된 행동이 정형화된 행동으로 굳어지는 과정을 말한다. 즉, 재동결은 새로운 행태가 안정화되어 다른 형태로 변하지 않도록 만드는 것이다. 왜냐하면 재동결의 과정을 거치지 않는다면, 조직 변화에 반대하는 세력들이 조직의 행태를 예전의 방식으로 돌려버리기 때문이다. 셰인(Schein, 1968 : 112)은 "학습에 의해 내면화된 새로운 행동은 개인의 행동을 변화시키기 때문에 재동결은 자연적으로 촉진된다. 그러나 새로운 행동이 동일시를 통해 학습된 경우에는 새로운 대체 모형이 발견되든가 또는 그 새로운 행동(태도)에 대한 사회적인 지시나 강화가 없는 한, 오래 지속되지 않고 원래의 영향 모형(original influence model)과의 관계가 지속되는 동안만 지속한다"고 주장한다.

많은 교육훈련 프로그램의 효과가 오래 지속되지 못하고 단명하게 되는 이유는 교육 참가자들이 훈련 과정을 이수하고 원래의 직장에 돌아왔을 때 새로이 학습된 행동 양식에 대해 강화가 없고 더욱 나쁜 경우에는 적의(敵意)를 갖고 새로운 행동 양식을 무시하는 경우가 많기 때문이다. 따라서 새롭게 학습된 행동을 효과적으로 강화하는 방법을 고안하는 것이 모든 교육훈련 프로그램에서 중요하다.

2 계속적 변화 과정 모형

전술한 레빈(Kurt Lewin)의 모형은 그 단순성으로 인해 많이 이용되고는 있지만, 변화 과정이 계속적이라는 점을 간과하고 있다(Jones, 2010 : 533). 여기서는 레빈이 제시한 모형의 문제점을 보완한 계속적 변화 과정 모형(continuous change process model)에 대해 살펴보기로 한다(Moorhead & Griffin, 2004 : 528-530).

이 모형의 기본적인 과정은 [그림 4-8-2]에 제시되어 있는데, 주요 특징은 계획적 변화를 최고관리층의 시각에서 보고 있다는 것과 레빈의 이론을 변화의 집행 단계에 포함시켜 놓았다는 것이다.

첫 번째 단계는 문제의 진단이다. 이 단계는 문제의 증상이 지각되어 변화 담당자(change agent)의 연구조사를 거쳐 문제를 진단하는 것이다. 조직의 최고관리층이

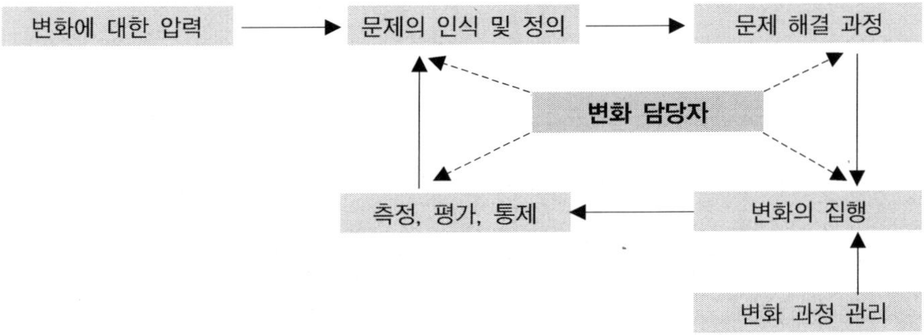

그림 4-8-2 조직 변화의 계속적 변화 과정 모형

조직 내·외부의 어떤 압력 또는 추세가 조직의 변화를 요구하고 있다는 것을 인식하는 데에서 시작한다.

두 번째 단계는 문제의 요인을 구조적, 기술적 그리고 구성원의 행동 측면에서 분석하고, 조직에 존재하고 있는 여러 가지 공식적 또는 관습적인 제약 조건을 고려하여 실행 가능한 변화전략과 방법을 설정하는 것이다. 일단 이렇게 문제를 인식하면, 그러한 문제는 조직의 일반적인 문제 해결 과정 및 의사결정 과정을 거치게 된다. 여기서 조직 자체, 조직 내의 과정, 조직이 생산하는 산출물 등이 어떻게 변화되어야 한다는 것에 관한 정의는 일반적으로 조직의 최고관리층이 내린다. 이러한 과정에서는 변화에 대한 여러 가지 대안이 제시되어 평가된 후 보통 한 가지 수용할 만한 대안이 선택된다.

세 번째 단계는 계획적 변화를 실행하는 단계로서 변화 담당자의 개입 하에 조직의 구조적 변화가 추진되고 여러 가지 조직개발 기법을 적용한다. 변화 과정의 초기에 조직은 변화 담당자, 즉 조직 변화를 관리하는 책임자를 구할 수도 있다. 변화 담당자는 최고관리층으로 하여금 조직의 문제를 인식하고 그러한 문제의 정의를 내릴 수 있도록 도와 주기도 하고, 문제 해결에 관한 계획 작성 및 평가에 관여하기도 한다. 이러한 변화 담당자는 조직구성원일 수도 있고 외부 상담역일 수도 있다. 내부 인사인 경우는 조직구성원들, 그들이 수행하는 과업, 조직 내의 정치적 상황 등을 파악하기가 용이하기 때문에 변화를 추진하는 과정에서 발생하는 여러 가지 자료를 분석하는 데 효과적이다. 그러나 내부 인사는 소속된 조직에 너무 익숙해 있음으로 인해 전체적 상황과 자료를 객관적으로 보지 못하는 경우도 많이 발생한다. 또한 일반적으로 조직구성원들은 내부 인사보다 외부 상담역이 상황을 공정하게 분석한다고 생각한다. 따라서 외부 상담역을 변화 담당자로 하는 경우가 많다.

변화 담당자가 조직 내 최고관리층이 아니라면, 조직 변화를 수행하는 담당자의 권한에는 조직 내 지위나 합법적 권한뿐 아니라 변화를 효과적으로 추진하는 데 필요한 모든 권한이 포함되어야 한다. 즉, 최고관리층의 지지만으로는 변화 담당자가 조직 변화를 효과적으로 추진할 수 없다는 것이다. 이러한 권한을 가진 변화 담당자의 감독 및 관리 하에 조직은 레빈이 제시한 해빙, 변화, 재동결의 과정을 거치게 된다.

마지막 평가 및 통제 단계에서는 변화 담당자와 최고관리층이 조직 변화가 기대했던 효과를 가져왔는지를 평가한다. 즉, 조직 변화가 진행된 정도를 측정 및 평가한 후 변화전략과 방법에 환류함으로써 변화의 과정을 전체적으로 조정하고 수정하는 것이다.

이러한 전체 과정을 통해 변화 담당자는 조직구성원들로 하여금 오래된 문제를 새로운 방식으로 인식하도록 도와 주는 역할을 할 수 있다. 또한 조직의 변화는, 조직에서 너무 당연하게 받아들이는 것에 대해 변화 담당자가 도전함으로써 발생하는 갈등으로부터 새롭게 창출되기도 한다.

다만, 주의할 점은 각 단계가 다음 단계와 구별되는 것으로 논의했으나 실제 조직 변화는 연속적으로 이뤄지고, 각 단계는 조직 내에서 동시에 발생하기도 한다는 것이다.

제 3 절 조직혁신에 대한 저항과 극복 방안

조직이 도태되는 가장 큰 이유는 환경의 변화에 대응하여 조직이 변화하지 못하기 때문이다. 연구에 따르면, 조직이 변화하지 못하는 주요한 이유 중 하나는 현상을 유지하고 변화에 저항하는 조직의 경향 때문이라고 한다. 조직혁신에 대한 저항은 조직 효과성을 낮추고, 생존 가능성을 저하시킨다(Hannan & Freeman, 1989).

1 조직혁신에 대한 저항

조직혁신은 이를 집행하는 과정에서 조직구성원들과 조직 내 집단으로부터 많은 저항을 받을 수 있다. 여기서는 우선 조직혁신에 대한 저항의 요인들을 조직적 차원과 개인적 차원으로 나눠 살펴보기로 한다.

캐츠와 칸(Katz & Kahn, 1978 : 36-68)이 제시하는 조직적 차원에서의 주요 저항 요인은 다음과 같다.

첫째, 구조적 타성(structural inertia)이다. 조직구조라는 것 자체가 이미 조직의 안정성을 유지하기 위해 설계되었기 때문에 변화를 추구하는 조직혁신에 저항한다는 것은 당연하다는 것이다.

둘째, 변화를 너무 편협하게 시도한다는 것이다. 조직혁신이 실패하게 되는 이유 중의 하나는 너무 편협한 관점으로 변화를 시도한다는 것인데, 예를 들어 직무 재설계를 추진하기 위해서는 직무 자체만을 고려해서는 안 되고 새롭게 설계된 직무를 수행할 사람, 부서, 보상 체계 등 다른 조직 요인도 함께 종합적으로 변화의 대상에 포함시켜야 한다는 것이다.

셋째, 집단의 타성이다. 어떤 조직구성원이 새로운 행동을 시도할 때, 다른 구성원들이 그러한 행동을 거부함으로써 그 구성원의 행동을 저지시킬 수 있다는 것이다.

넷째, 전문성이 위협받는다고 느낄 때 혁신에 저항한다. 조직혁신은 조직 내 어떤 집단이 오랜 기간 동안 발전시켜 온 전문성을 단시간에 위협할 수도 있기 때문에 저항하게 된다는 것이다.

다섯째, 권력이 위협받는다고 느낄 때 혁신에 저항한다. 예를 들어 어떤 결정권을 행사하던 특정 집단이 조직혁신으로 그러한 권한이 없어진다면 혁신에 저항하는 것은 당연하다는 것이다.

여섯째, 자원의 할당면에서 불리하다고 느낄 때 혁신에 저항한다. 기존의 자원 할당 방법에 만족하고 있던 조직 내 집단은 조직혁신이 가져올 새로운 자원 할당 방법이 자신에게 불리하다고 느끼게 되면 저항한다는 것이다.

다음 개인적 차원에서의 주요 저항 요인은 다음과 같다(Moorhead & Griffin, 2004 : 541-542).

첫째, 습관이다. 조직구성원들은 업무를 수행하는 데 매일 같은 방식으로 하는 것이 용이하기 때문에 조직혁신으로 인해 새로운 체계를 배운다는 것을 원하지 않는다는 것이다.

둘째, 안전이다. 조직구성원들은 그들이 현재 누리고 있는 직무나 직업에 관한 안전성이 조직혁신으로 인해 위협받는다고 생각해서 조직혁신에 저항하기 쉽다는 것이다.

셋째, 경제적 요인이다. 조직구성원들은 조직혁신이 그들의 안정된 봉급을 위협할 수도 있고, 그들의 직무를 쓸모 없게 만들지도 모른다는 두려움을 갖기 때문에 저항하게 된다는 것이다.

넷째, 미지에 대한 두려움이다. 즉, 자신에게 익숙한 기존의 체제가 무너지게 되면 아무것도 성취할 수 없게 될지 모른다는 두려움 때문에 조직혁신에 저항하게 된다는 것이다.

다섯째, 인식의 부족이다. 즉, 집중의 부족 또는 선택적 집중 같은 인식의 부족으로 인해 새로운 규정이나 절차가 제정되어도 이러한 변화를 인식하지 못하고, 과거의 행동을 그대로 답습하는 경우도 발생한다는 것이다.

여섯째, 사회적 요인이다. 이것은 다른 사람들이 자신을 어떻게 생각할까 두려워 조직혁신에 저항하기도 한다는 것으로, 소속 집단의 규범이 변화를 거부하는 경우 본인은 변화를 원해도 집단의 규범에 따라 혁신에 저항할 수 있다는 것이다.

조직혁신에 대한 이러한 저항은 조직 변화에 대해 비협조적인 태도와 부정적인 반응을 보이게 한다. 또한 관리층에 대한 불신과 적대감도 발생할 수 있고, 구성원들 간의 상호작용도 둔화되는가 하면, 구성원들의 사기 저하, 성과 저하, 이직률 상승까지도 발생할 수 있다(Luthans, 1981 : 531-532).

2 저항 극복 방안

그렇다면 이러한 저항을 극복할 수 있는 방법은 무엇일까? 조직혁신에 대한 저항을 극복할 수 있는 방안을 살펴보면 다음과 같다(김인수, 2008 : 499-502 : Moorhead & Griffin, 2004 : 542-545).

첫째, 조직혁신의 목표를 조직구성원들의 목표와 요구에 일치시키는 것이다. 저항을 극복하는 가장 최선의 전략은 조직혁신이 그들의 진정한 요구를 대처할 수 있다는 확신을 심어 주는 것이다.

둘째, 교육과 의사전달을 이용하는 것이다. 교육이나 의사전달을 통해 조직구성원들에게 혁신의 당위성을 인정하게 하는 것도 혁신에 대한 저항을 감소시킬 수 있는 방법이다. 저항을 극복하고자 하는 교육 방법에는 방송, 광고매체를 통한 홍보활동, 강의 등 다양한 방법이 있으나 무엇보다도 가장 효과적으로 설득할 수 있는 방법은 공개적인 의사전달이다.

셋째, 조직혁신에 관한 의사결정에 참여시키는 것이다. 어떠한 변화라 하더라도 자신들이 참여하여 결정한 변화와 그렇지 않은 변화 사이에는 큰 차이가 있다. 사람들은 자신이 직접 참여해 결정한 것에 대해서는 일반적으로 저항하지 않기 때문이다.

넷째, 조직혁신과 관련하여 인센티브 및 각종 지원을 제공한다는 것이다. 조직구성원들이 새로운 변화에 대해 두려움과 불확실성을 갖고 있을 때, 변화를 인정하고 적극적으로 지지하는 구성원들에게는 각종 인센티브와 지원을 제공하는 방법을 통해 혁신에 대한 저항을 완화시킬 수 있다.

다섯째, 조직혁신에 대한 저항에 대해 강압과 강제를 이용하는 것이다. 혁신에 대한 저항을 극복하기 위한 최후의 수단으로 강압이나 강제를 사용하는 경우 구성원들에게 본질적인 문제에 대한 설득 없이 구성원들에게 심리적으로 강한 압박과 불안감을 야기하기 때문에 바람직한 방법은 못 된다. 그러나 조직이 위기에 처한 상황이거나 변화가 빨리 이뤄지지 않으면 안 될 경우 이와 같은 방법을 사용하는 것이 빠른 시간에 저항을 극복하는 데 효과적이다.

여섯째, 협상과 합의다. 노조의 힘이 강한 조직의 경우는 조직혁신을 실행하기 전에 그 구성원들과 협상과 합의를 함으로써 조직혁신을 부드럽게 진행시킬 수 있다. 또한 나중에 문제가 발생하면 협상에서 합의된 내용을 근거로 자신들의 주장을 할 수 있다.

제 4 절 조직의 진화

왜 어떤 조직은 성장하고 발전하는 데 비해, 다른 조직들은 도태되고 사라지는가?

왜 어떤 조직은 환경으로부터 자원을 얻기 위해 조직구조와 문화를 관리할 수 있는데 비해, 다른 조직들은 그렇지 못한가? 이러한 질문에 대답하기 위해서는 조직이 환경에 적응하려고 할 때 조직에 영향을 미치는 과정을 이해할 필요가 있다. 조직은 성장과 변화의 과정을 거칠 것이다. 즉, 조직은 태어나서, 성장하고, 쇠퇴하고, 멸망한다. 조직은 각각의 단계를 다른 속도로 통과할 것이고, 어떤 조직은 각 단계를 모두 경험하지는 않을 것이다. 여기에서는 조직의 탄생, 성장과 쇠퇴에 대한 부분을 좀 더 자세히 살펴보고자 한다.

1 조직의 탄생

현대 사회에서 새로운 조직은 기술적 혁신의 바탕이 되고, 고용의 기회를 제공하며, 경제 성장을 이끌고, 조직다양성의 원천이 된다. 특히, 기업가(entrepreneurs)가 가치를 창출하기 위해 새로운 방법으로 재능과 자원을 활용할 때, 조직은 태어난다(Jones, 2010 : 326). 하지만, 조직의 탄생은 조직의 생명주기에서 아주 위험한 시기이고 실패의 가능성이 상당히 높다. 실패 가능성이 높은 이유는 새로운 환경에서 처음으로 활동하게 되는 것과 관련된 위험성 때문이다(Stinchcombe, 1965). 이러한 위험성은 다음과 같은 이유와 관련이 있다.

첫째, 기업가 정신은 기본적으로 위험을 감수하는 것이다. 기업가들이 새로운 모험을 감행하기 때문에 성공을 예측하거나 보장할 수 없다. 기업가들은 사업이 성공하게 되면 잠재적으로 상당한 이득을 벌어들일 수 있기 때문에 이러한 불확실성을 감수한다. 만약 기업가들이 판단이나 계획에서 실수를 하게 되면 조직의 멸망을 가져온다.

둘째, 새로운 조직은 공식적 구조가 부족하기 때문에 상당히 허약하다. 처음에 조직이 활동하면서 상당한 실수를 경험하게 되고, 이를 통해 규칙, 규범, 표준운영 절차와 같은 조직의 구조가 서서히 만들어진다. 조직의 유동성은 환경 변화에 적응하고 새로운 기회를 활용할 수 있다는 장점이 있다. 하지만, 조직이 공식적 구조를 제대로 활용하지 못한다면, 조직의 안정성과 확실성을 보장할 수 없다. 만약 운영절차가 제대로 규정되어 있지 않다면, 새로운 조직은 어떤 일이 표준적으로 처리되는 절차와 기술을 잊어버리기 쉽다.

셋째, 환경의 조건들이 새로운 조직에 좀 더 혹독할 수 있다. 예를 들어, 이미 설립된 기존의 조직들이 부족한 자원을 획득하기 위해 경쟁하고 있는 구도에서, 새로운 조직이 자원을 얻는 것은 대단히 어려운 일이기 때문이다.

2 조직의 성장

조직의 성장(organizational growth)이란 조직이 환경으로부터 자원을 더 많이 획득할 수 있도록 조직 역량을 키우는 생명주기 단계를 말한다(Jones, 2010 : 334). 즉, 조직은 희소한 자원을 획득하기 위한 통제력을 확보하고 환경의 불확실성을 줄이기 위해 성장을 도모한다. 조직은 자신의 덩치를 키움으로써 자원에 대한 통제력을 높일 수 있기 때문이다.

사람이 나이를 먹듯이 조직도 흐르는 시간에 영향을 받는다는 것을 알면 우리의 조직관리 방식은 크게 달라질 것이다. 먼저, 조직의 생명주기(life cycle)에 대한 그레이너(Larry E. Greiner)의 모형을 살펴보자([그림 4-8-3] 참조). 그레이너(Greiner, 1972)에 의하면, 조직은 비교적 긴 안정된 시기와 짧고 급격한 변화가 발생하는 시기를 주기적으로 경험하는 데 5단계의 진화 단계를 거치고, 조직이 직면한 주요한 문제들의 결과로서 위기에 봉착하게 되는데 각 단계에서 다음 단계로 발전하기 위해서는 이 위기를 극복해야 한다. 생명주기의 각 단계에서 조직 성장을 위한 다른 동력이 있으나 이는 시간이 지나면서 서서히 없어지고, 마침내 이러한 성장 동력의 소멸은 위기를 불러오게 된다. 이러한 그레이너의 조직 변화 과정은 조직의 탄생, 성장, 사멸하는 과정을 잘 설명하고 있다. 즉, 조직의 성장 과정에서 맞게 되는 위기를 극복하지 못하면 쇠퇴 또는 사멸하게 되는데 단계마다 발생하는 위기의 극복 방안을 제시하고 있다.

그 첫째 단계는 창조를 통한 성장의 단계(growth through creativity)다. 이 단계에서, 기업가들은 틈새시장(niche markets)에서 새로운 제품을 생산하기 위해 기술과 능력을 개발한다. 특히, 기업가들은 완전히 새로운 절차를 만들고, 그 절차를 발전시키기 위해 학습하기 때문에 조직학습(organizational learning)이 상당하다. 이 단계에서 조직 성장의 동력은 기업가의 혁신과 창조성이다. 이 단계에서, 주요한 통제

장치는 조직구조와 계층제가 아니라 조직의 규범과 문화적 가치라고 할 수 있다. 조직이 성장할수록, 창업자는 그동안 겪어보지 못했던 관리 업무의 한계에 직면하게 되고, 기업가 정신만으로는 해결할 수 없는 문제들이 발생하게 된다. 결국, 기업가들은 '리더십의 위기(crisis of leadership)'에 봉착하게 된다.

두 번째 단계는 감독을 통한 성장(growth through direction)이다. 첫 번째 단계에서 다음 단계로 성공적으로 발전하기 위해서는, 리더십의 위기를 극복해야 한다. 결국, 조직을 이끌어 갈 강한 관리자를 형성함으로써 리더십의 위기를 해결할 수 있다. 전문적 관리자들은 조직의 전략을 수립하고 감독하는 역할을 하는데 비해, 하급 관리자들은 기능적 집행의 역할을 수행한다. 이 단계에서, 조직 활동의 통제를 확보하기 위해 기능적인 또는 분업적인 구조를 형성한다. 이로써 조직의 의사결정은 집권화된다. 조직이 점점 더 성장하게 되면, 권위의 집권화와 의사결정의 공식화로 인해 새로운 위기에 직면하게 되는데, 기업가 정신을 가진 하위 관리자들의 '자율성의 위기(crisis of autonomy)'라 할 수 있다. 만약 조직이 이러한 문제를 해결하지 못한다면, 내부의 기업가들은 조직을 떠나게 되고, 이로 인해 혁신할 수 있는 역량을 감소시킴으로써 다음 단계로 성장할 수 있는 조직의 역량을 제한한다.

세 번째 단계는 위임을 통한 성장(growth through delegation)이다. 자율성의 위기를 극복하는 방안은 모든 기능과 부문에서 하위 관리자에게 권한을 위임하는 것이다. 이를 통해 M형 조직구조를 구축할 수 있고, 시장에서 새로운 제품을 선보이는데 필요한 시간을 대폭 줄일 수 있으며, 전략적 의사결정을 가능하게 하고, 고객의 수요에 신속하게 대응할 수 있다. 조직이 성장하게 되면, 부서의 관리자들은 더 많은 권한과 독립성을 요구하게 될 것인데, 이 때문에 최고관리층으로 하여금 조직에 대한 통제력을 잃게 하는 소위 '통제의 위기(crisis of control)'가 초래된다.

네 번째 단계는 조정을 통한 성장(growth through coordination)이다. 통제의 위기를 극복하는 방안은 최고 관리자가 위로부터의 집권적 통제와 기능 또는 부문 수준에서의 분권적 통제 사이에 적절한 조화를 찾는 것이다. 이를 위해서는 자원의 능률적 사용을 담보하기 위해 각 부문에 대한 성과평가를 실시함으로써 부문의 활동을 감독하는 등 적절한 조정이 요구된다. 조직은 관리자의 동기를 높이기 위해 승진과 같은 방법으로 훌륭한 관리자들을 인정하고 보상해 주어야 한다. 하지만, 조직은 능률적인 조정을 가능하게 하기 위해 너무 많은 규칙과 절차를 만들게 된다. 이 때문에 조직은 관료제화되고, 결국에서는 '관료제의 위기(crisis of red tape)'가 초래된다.

다섯 번째는 협력을 통한 성장(growth through collaboration)이다. 전 단계에서 초래된 관료제의 위기를 극복하기 위해, 조직은 팀을 통한 자발적 관리를 촉진시켜야 한다. 다시 말해, 공식적 통제가 아니라 사회적 통제와 자기 통제와 같은 협력을 통한 성장이 필요하다. 협력을 통해 상호 조정이 가능해지고 표준화의 사용을 줄이게 됨으로써 조직을 좀 더 유기체적으로 운영할 수 있다. 그레이너는 협력적 성장을 가능하게 하기 위해서는 매트릭스 조직구조로의 전환을 제안했다.

그레이너의 모형에 의하면 알 수 없는 새로운 유형의 위기에 봉착할 때까지 조직은 협력을 통해 계속적 성장하게 된다. 그러나, 대부분이 조직들은 계속해서 성장하는 것이 아니라 쇠퇴하게 된다.

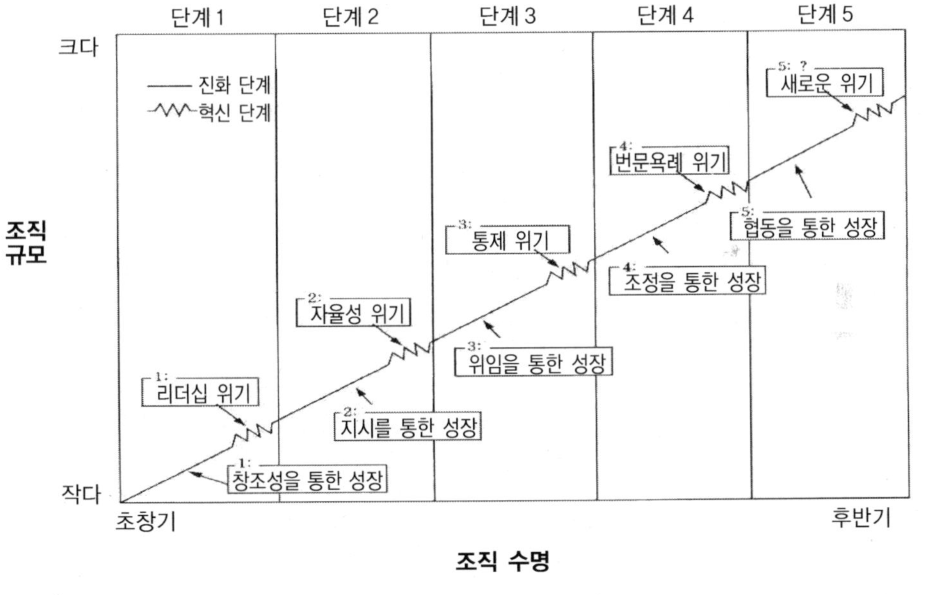

그림 4-8-3 조직의 생명주기

3 조직의 쇠퇴

조직의 쇠퇴에 관한 연구는 1980년대부터 진행되고 있으나, 조직이 쇠퇴하는 형태가 각각 다르게 나타난다고 주장하는 학자들은 소수에 불과하다(Cameron & Zammuto, 1983; Greenhalgh, 1983).

조직의 쇠퇴라는 용어는 오랜 기간에 걸쳐 조직의 자원 기반이 절대적인 감소 또는 상당한 감소가 발생되는 것을 의미한다(Carmeron, Kim, & Whetten, 1987 : 222-240). 또한 조직이 성장과 발전을 하는 과정에서 위기를 극복하지 못할 경우 조직 쇠퇴로 진행하는 것을 의미한다. 즉, 조직의 성장 단계는 위기 요소들이 있는데 이러한 위기를 극복하지 못할 경우 조직은 쇠퇴하게 된다(Robbins, 1990).

1) 조직 쇠퇴의 원인

대프트(Daft, 2004)는 조직의 쇠퇴에 대한 원인을 다음과 같이 세 가지로 제시하고 있다.

첫째, 조직의 위축으로 인해 조직이 쇠퇴되는 경우를 말한다. 즉, 위축은 조직이 오래되고 비효율적이 되며, 과도하게 관료화되고 긴장감을 상실하게 됨에 따라 환경에 적응하는 능력이 떨어지는 것을 의미한다. 결국 조직은 과거의 관습과 구조에서 벗어나지 못함에 따라 환경의 변화에 적응하는 데 실패하게 된다(Miller, 1994 : 325-358).

둘째, 조직이 취약성을 갖게 될 경우를 말한다. 취약성은 주어진 환경에서 번성하지 못하고, 전략적으로 무능력한 것을 의미한다. 예를 들면, 신생 조직의 경우 시장에서 자리를 잡기도 전에 조직의 취약성으로 인해 쇠퇴되는 경우가 발생하기도 한다.

셋째, 조직의 자원력 및 경쟁력의 감소가 발생했을 경우를 말한다. 이것은 조직 내부 환경의 부실 또는 약화로, 조직을 뒷받침해 줄 수 있는 에너지와 자원이 감소됨을 의미한다. 또한, 새로운 환경 변화가 일어났을 때 조직을 뒷받침해 줄 만한 충분한 자원을 확보하기 어려울 때 발생하기도 한다(Cameron & Zammuto, 1983 : 359-375).

한편 조석준(2006 : 21-23)은 조직 쇠퇴의 원인에 대해 두 가지 이론으로 제시하고 있는데, 첫째는 조직들을 인구로 보고, 또는 인구학적 차원에서 파악하면서 다루는 것이다. 이 이론은 많은 조직 가운데서 어떤 조직들은 성장하여 살아남고 어떤 조직은 쇠퇴하고 사멸하게 되는데, 그 원인이 어디에 있는가에 관심을 둔다. 즉, 조직 인구 차원의 연구는 자연도태 모형(natural selection model)에 근거하고 있다. 이는 여러 조직 속에서 강자적 속성을 갖고 있는 조직은 살아남게 되고, 그렇지 못한 조직은 쇠퇴하고 소멸하게 된다는 것이다.

조직은 적자생존 과정에서 살아남기 위해 스스로의 특성을 다양화하고, 다양한 특성 가운데 환경에 의해 지지를 받는 것은 보강되고, 재생되고, 보존되는 과정을 거치게 된다. 이 때 그렇지 못한 조직들은 쇠퇴하고 소멸하게 된다는 것이다. 예를 들면 마셜(Alfred Marshall)은 진입장벽이 없는 경우에 산업이 적정 이윤 수준을 유지하면 그 산업에 진입하는 기업들이 생기나, 반대로 산업이 적정 이윤 수준을 유지하지 못하면 그 산업의 기업은 쇠퇴한다고 했다(Marshall, 1920).

둘째는 조직 하나만을 대상으로 하여 조직 내의 쇠퇴의 원인, 조직의 반응, 조직 내 활동에 대한 영향 등을 연구하는 것이다. 이 이론은 쇠퇴의 원인을 조직 내·외부에서 찾는다. 과거로부터의 타성 때문에 환경의 변화에도 불구하고 과거의 대응 방식으로 인해 점점 위축되어 가는 경우를 볼 수 있으며, 신생 조직의 경우 급속한 환경 대응력의 약화, 자원력의 불안정, 조직 내의 불안정 등으로 인해 쇠퇴되는 경우가 있다. 또한 조직의 목표 달성 및 완수, 조직의 정당성 상실 등으로 인해 조직이 쇠퇴 또는 해체되는 경우가 발생한다.

결국 대프트와 조석준의 조직의 쇠퇴 원인을 종합하면, 조직의 쇠퇴는 조직구성원, 조직구조, 조직문화 등이 조직을 둘러싼 환경 변화에 적절하게 대응하지 못한 데서 기인한다고 볼 수 있다. 따라서 조직이 성장 과정에서 맞게 되는 쇠퇴의 위기를 극복하기 위해서는 환경 변화를 기민하게 받아들이는 전략적 능력과 조직 내부의 자원력을 확보해 조직을 혁신시켜 나가야 할 것이다.

2) 조직 쇠퇴 단계

휘첼과 존슨(Weitzel & Jonsson, 1989 : 91-109; 1991 : 7-21)은 조직의 쇠퇴는 5단계에 걸쳐 진행되고 궁극적으로는 해체에 이른다고 제시한다.

제1 단계는 무지 단계(blinded stage)로, 조직의 장기적 생존을 위협하는 내부적, 외부적 변화에 둔감하거나 무지한 단계다. 과도하게 많은 임원이나 복잡한 절차 또는 고객과의 잦은 마찰 등이 이 시기에 상존한다. 조직의 경영층은 이 시기에서의 경고를 무시하는 경향이 있다. 이에 대한 해결책으로는 조기경보 체제를 구축하는 것을 들 수 있다. 시기적절한 조기경보와 이에 대한 조치로 조직을 본궤도에 다시 올려놓을 수 있는 시기이기도 하다.

제2 단계는 무대응 단계(inaction stage)로, 각종 성과 경고에도 불구하고 이에 적절히 조치하지 않는 무대응 단계다. 경영진들은 모든 것이 잘 진행되고 있는 것처럼 판단하기도 하고, 회계 처리의 은폐, 성과물의 조작 등 조직에서 발생하기도 한다. 이에 대한 해결책은 쇠퇴 가능성을 인정하고 조직을 재활성화하기 위한 신속한 조치를 취하는 것이다. 리더십은 새로운 문제의 해결 접근법, 참여 의사결정의 증가, 문제에 대한 조직 내부 구성원의 인식 등의 변화를 유도해야 한다.

제3 단계는 오류행동 단계(faulty action stage)로, 조직은 심각한 문제들을 겪게 되고 저조한 성과의 지표들은 무시할 수가 없게 된다. 이 시점에서 쇠퇴의 나선을 조정하는 데 실패하면 조직의 실패로 이어진다. 리더들은 심각한 상황에 의해 중대한 변화, 즉 인력 감축을 포함한 긴축할 것을 강요받는다. 이 때 리더들은 조직구성원들에게 가치를 명확히 하고 정보를 제공함으로써 불확실성을 감소시켜 나가야 한다. 왜냐하면, 인력의 축소는 가장 어려운 결정 중 하나이기 때문이다. 그러므로 조직 규모의 축소를 원활하게 진행하기 위해서는 조직구성원들과의 의사소통을 원활하게 하는 것이 중요하며, 남아 있는 구성원들의 감정적인 문제까지 조치해야 한다.

제4 단계는 위기 단계(crisis stage)로, 조직은 쇠퇴에 효과적으로 대처하지 못하며 공황 상태에 놓이게 된다. 조직은 혼란을 겪게 될 것이며, 기본으로 돌아가고자 하는 노력, 급격한 변화, 그리고 분노를 경험하게 될 것이다. 관리자들에게 4단계를 방지하는 것이 최선의 방법이며, 전면적인 재조직만이 유일한 해결책이다. 조직의 구조, 전략, 문화의 혁신적인 변화가 이뤄져야 한다.

제5 단계는 해체 단계(dissolution stage)로서, 조직이 해체를 맞이하게 되는 단계다. 이 단계의 실현 가능한 전략은 조직을 질서정연한 방법으로 문 닫는 것이며 조직구성원들의 직장 상실에 대한 충격을 줄이는 것이다(김광점 외, 2007 : 312-314).

결론적으로 많은 조직은 쇠퇴의 기회를 수시로 맞게 된다. 그러므로 조직관리자는 조직에서 나타나는 쇠퇴 신호와 위협 요인들에 대한 분석과 전략적 대응을 통해 조직의 쇠퇴를 적절하게 관리하는 것이 필수적이다.

제 5 절 한국 행정조직에서 조직혁신 연구

송운석(2010)은 지방자치단체 공무원 262명을 대상으로 업무집단의 특성이 혁신행동에 어떠한 영향을 미치는지 살펴보았다. 업무집단의 응집력, 효능감 그리고 중앙성 중에 혁신행동에 직접적인 영향을 미치는 변수는 집단응집력인 것으로 나타났다. 반면 업무집단의 효능감과 중앙성은 직접적으로 혁신행동에 영향을 미치기보다는 구성원들의 성격적 특성에 따라 달리 영향을 미치는 조절 요인으로 확인되었다. 연구 결과 공공기관 구성원들의 혁신행동 활성화를 위해서는 구성원들의 성격적 특성과 업무집단 특성이 잘 조화를 이룰 수 있도록 하는 것이 더 중요한 것으로 나타났다.

안경섭・윤미정(2009)은 공공기관의 혁신활동의 방향성과 조직 성과와의 관계 연구를 실시했다. 혁신활동을 혁신의 방향성에 따라 하향식 혁신활동과 상향식 혁신활동으로 구분했고, 조직 성과는 공공기관의 목표인 수익성과 공익성을 고려하여 재무적 성과와 비재무적 성과로 구성했다. 분석 결과, 하향식 혁신활동의 경우 조직 성과 중 운영 효율성(재무적 성과)에 긍정적인 영향을 미쳤고, 상향식 혁신활동의 경우는 조직 성과 중 고객만족도(비재무적 성과)를 종속변수로 할 경우에 긍정적인 영향을 미쳤다.

남승하(2008)는 조직의 관리적 혁신 의지와 조직 성과 간의 관계에 관한 연구를 실시했다. 연구 결과 혁신 의지는 조직의 성과를 향상시킬 수 있는 실질적이고 구체적인 촉진자로서 역할을 하며, 다양한 조직 내・외적 변수들을 매개하여 조직 성과 향상에 긍정적으로 영향을 끼친다는 것이 경험적으로 증명되었다.

이혜영(2006)은 조직혁신을 성공적으로 이끄는 혁신 과정상의 요소를 밝히고자 한 연구에서, 조직 리더의 다양한 혁신 확산 노력－혁신 분위기 조성, 목표 설정, 혁신 네트워크 형성－과 인센티브 체계 확립 등이 혁신 성공에서 중요한 요소임을 확인했다. 그러나 혁신 확산과 관련한 이러한 요소는 제도적인 맥락이나 조직 여건에 따라서 상이하게 나타났다. 중요한 것은 혁신적 리더가 자신의 권한을 최대한 활용하여 혁신을 지속적으로 관리하고 점검해 나갔다는 것이다. 따라서 공공 부문 조직혁신이 성공을 이루기 위해서는 무엇보다도 조직 내 혁신 추진 체계를 형성하고 관료들에 대한 인센티브를 확립하는 것이 우선되어야 할 것이다.

연구 문제

1. 신문이나 잡지를 통해 성공적 조직혁신의 예를 구체적으로 제시하고, 조직혁신에 대한 저항의 예를 찾아 그 극복 방안을 논의하시오.
2. 지식정보사회에서 조직혁신이 갖는 의의와 특성을 설명하시오.
3. 신문이나 잡지 등을 통해 조직이 자기창조적 발상을 일으키는 예를 제시하시오.
4. 행정조직이 환경 변화에 대응하기 위해 수행하는 여러 가지 변화 노력을 정리하고 평가하시오.
5. 감축 경영, 비용 절감, 안전성 위주 경영이 지식정보사회에 대응하는 바람직한 조직혁신의 방법인가를 함께 논의하고, 지식정보사회에 좀 더 효과적으로 대응하기 위한 조직혁신의 방법에는 어떠한 것들이 있는지 제시하시오.
6. 지식정보사회에 적합한 조직 유형은 어떠한 것들이 있는가를 구체적인 예를 들어 제시하고 평가하시오.
7. 조직 변화와 관련되어 우리나라 행정 분야에 소개된 민간조직의 다양한 변화 기법들에는 어떠한 것들이 있는가를 제시하고 그 적합성 여부를 평가하시오.
8. 조직의 쇠퇴를 막고 지속적인 발전을 도모하기 위한 방법을 찾아보고 그 내용을 제시하시오.

사례 연구 4-8

사례 1: 소통 및 협업 강화 위해 '유사 조직 통합'

LG디스플레이는 미래 성장 동력 및 전략사업을 강화하고 제품 경쟁력을 확보하기 위해 '더욱 빠르고 강한 조직'으로의 조직개편을 단행했다고 7일 밝혔다. 우선 빠른 의사결정을 위한 소통과 협업을 강화하기 위해 유사 조직을 통합하고 단순화했다. 이를 통해 급속하게 변화하고 있는 사업환경에 빠르고 유연하게 대응할 수 있는 조직을 만든다는 전략이다. 먼저 제품군의 특성을 고려해 모니터, 노트북, 태블릿 PC용 패널을 담당하는 IT(Information Technology)사업부와 주로 휴대용 기기용 패널을 담당하던 모바일 사업부를 통합해 IT 사업부로 재편했다. 고객 및 제품 특성면에서 연관성이 깊은 두 제품군을 담당하는 사업부를 통합한 것이다. 더불어 사업부 내 영업, 마케팅, 개발 등 유사한 기능을 가진 각각의 조직을 통합 운영한다.

사업 경쟁력의 근간인 전략 제품 경쟁력을 강화하기 위한 일부 전략 조직의 이관도 있었다. OLED 제품과 관련된 부서를 사업부가 아닌 최고기술책임자(CTO) 사업조직 산하로 이관했다. 이를 통해 고객과 시장이 필요로 하는 차별화된 제품 개발에 초점을 맞추겠다는 전략이다. 또한 최고경영자(CEO) 직속으로 있던 구매 조직을 최고생산책임자(CPO) 산하로 이관해 생산과 구매 간의 시너지를 강화했다. 한편 LG디스플레이는 복잡해지는 업계 구조 및 빠르게 급변하는 사업화에 적극 대응하고 신속한 의사결정을 할 수 있도록 조직을 단순화했고 이에 사업본부는 '사업부'로, 일부 센터는 '그룹'으로 조직 구조 및 명칭을 각각 개편했다. LG디스플레이의 대표는 "제품 경쟁력을 통한 고객 가치 창조야말로 LG디스플레이의 강점이며, 이번 조직개편을 통해 LG디스플레이의 경쟁력인 제품 및 기술을 한 단계 높일 수 있을 것"이라며 "미래 성장 동력 확보 및 전략사업의 성공을 위해 단행한 것으로 인원 감축 등 인적 구조조정은 아니다"라고 덧붙였다. (데일리안, 2012. 5. 7)

사례 2: SK플래닛, 조직혁신 '실험' 나선다

지난 1일 출범한 SK텔레콤의 자회사 SK플래닛이 대기업 계열사로서는 이례적으로 조직제도 혁신에 나선다. 빠른 의사결정을 위해 팀장들의 권한을 높였고, 내부 프로젝트 조직도 강화한다. 아울러 유연근무제를 채택해 효율성을 높인다는 전략이다.

SK플래닛 대표는 11일 출범 후 첫 기자간담회를 통해 "앞으로 SK플래닛은 대부분의 의사결정을 팀장들이 할 수 있도록 하는 등 제도를 획기적으로 개선했다"며 "이런 부분들을 통해 더 빠른 실험들을 할 수 있는 기틀이 마련될 것"이라고 말했다.

실제로 SK플래닛은 임원들 선에서 진행되던 전결 권한을 팀장들에게 부여했다. 현업 실무자인 팀장들이 직접 주요 의사결정을 할 수 있는 구조다. 정보기술(IT) 업체들의 경우 상대적으로 팀장들의 권한이 높지만 의사결정을 전적으로 할 수 있는 사례는 많지 않다. SK플래닛이 '획기적'이라고 표현하는 이유다.

아울러 전 직원이 한 달에 한 번씩 모여 의견을 교환하는 자리도 마련한다. 조직구성들이 다양한 사례들을 공유하고 서로 궁금한 내용들을 질의·응답하는 자리다. SK플래닛은 이미 지난주에 이 같은 모임을 한 차례 진행했다. 앞서 직원들이 출근 시간을 자율적으로 조절할 수 있는 탄력근무제도 도입했다.

SK플래닛은 이와 함께 'PDF(Product Development Factory)'라는 사내 조직도 더욱 강화해 나가기로 했다. PDF는 SK플래닛의 모회사인 SK텔레콤이 지난해 7월 내놓은 사내 특수 조직이다. 다양한 아이디어를 사업화하는 곳으로 지금까지 애플리케이션 개발 등을 담당했다. SK플래닛은 이 조직을 승계한다.

대표는 "1년 정도 PDF를 운영한 결과 다양하고 빠른 의사결정들의 실험이 이뤄졌다"며 "앞으로 2년 정도 안에 세계적으로 핵심이 될 수 있는 거점 4~5군데 정도를 정해 PDF 브랜치를 만들어 글로벌 상품력을 갖출 수 있는 체제로 만들 계획"이라고 말했다. (머니투데이, 2011. 10. 11. 14 : 25 : 00)

사례 문제

1. <사례 1>과 <사례 2>에서 제시되어 있는 조직환경 변화에 대응하기 위한 여러 조직의 노력을 정리하고, 그 장·단점을 논의하시오.
2. <사례 1>과 <사례 2>에서 제시되어 있는 여러 조직의 노력을 지식정보사회에서의 조직혁신 차원으로 평가하시오.

제 9 장

지식정보사회에서의 조직

현대 사회는 정보와 지식과 학습이 중요한 자원이 되는 지식정보사회다. 지식정보사회의 조직은 산업화사회에서 가정했던 지식의 패러다임에서 벗어나 새롭게 태어나야 한다. 또한, 사회 현상이 어떻게 움직이고 있는가에 대한 과학의 이해와 설명 방식도 변화하고 있다. 이전에는 질서와 규칙성이라는 관점에서 세계를 예측 가능하다고 보고, 정해진 방식으로 설명하려 했다. 결정론적인 자연 법칙에 따라 세계가 예측 가능한 방향으로 이동하고, 질서정연한 원인은 질서정연한 결과를 초래한다고 보았다. 그러나 현대의 지식정보사회에서는 무질서와 불규칙성이 버려야 할 대상이 아니라, 새롭게 대응해야 할 도전으로 받아들여야 한다.

제1절에서는 현대 복잡성을 설명하려는 혼돈이론에 대해 자세히 살펴본다. 제2절에서는 복잡성에 대응하려는 조직이론을 살펴본다. 특히, 모건이 제시하는 두뇌로서 조직이론 중에서 자기조직화와 홀로그래픽 조직을 설명한다. 제3절에서는 지식정보사회에 대응하기 위한 조직모형을 종합적으로 제시한다.

제 1 절 혼돈이론

1 혼돈이론의 의의

원자론 및 기계론을 근간으로 단순하고 질서정연한 세계관을 갖는 뉴턴(Isaac Newton)의 기계론적 패러다임에 입각한 전통적인 과학은 작은 입력으로 균등하게 작은 효과를 거둘 수 있는 선형 관계 및 인과 관계가 관심의 대상이며, 안정 · 질서 · 평형 등을 강조하는 경향이 있다. 이에 반해 혼돈이론은 작은 입력으로 막대한 효과를 유발시킬 수 있는 비선형 관계 및 순환고리적 상호 관계, 그리고 시간의 흐름에 더욱 민감한 일시성 등에 주의를 돌린다(최창현, 1993).

혼돈 체제는 잡음(noise)에 의한 무질서와 구별되는, 모든 체제에 내재된 결정론적 혼돈 행태를 보이는 비평형 상태와 안정 상태를 보이는 평형 상태를 포괄하는 체제로 질서란 혼돈의 일부라는 점을 주목할 필요가 있다. 현재의 사회 체제와 같이 평형에서 멀리 떨어진 상태인 비평형 상태에서는 매우 작은 '요동(fluctuations)'들이 비선형, 순환고리적 관계의 복합작용으로 인해 체제의 구조를 파괴하는 거대한 파동으로 증폭되어 간다. 그리고 이것은 모든 종류의 '혁명적'인 변화 과정들을 이해하는 데 도움을 준다. 평형에서 멀리 떨어진 상태와 비선형 과정, 그리고 복잡한 순환고리 체제들을 연구하여 얻은 통찰력들을 종합하면 조직이론에 대한 전반적인 새로운 접근 방식이 열리게 될 것이다.

혼돈이론은 불확실성 시대의 급변하는 사회적 특징을 설명할 수 있는 무질서, 불안정, 다양성, 비평형성 등을 부각시키는 것이다. 이 개념을 둘러싼 주요 논쟁은 질서와 조직화가 사실상 '자기조직화(self-organization)'의 과정을 통해 무질서와 혼돈에서 자생(auto-genesis, autopoiesis)적으로 발생한다는 주장 때문이다.

2 혼돈이론의 전제

이러한 혼돈이론이 사회 체제에도 적용되기 위해서는 사회 체제가 개방 체제이고 비선형 체제라는 조건을 충족해야 한다. 첫째, 인간 체제(human system)를 포함한 사회 체제는 환경을 통해 물질과 에너지를 받고, 다시 환경으로 산출한다는 점에서 개방 체제다. 둘째, 개개인의 행태나 인간집단이 조직의 행동은 한 변수에 비선형적 효과를 유발할 수도 있다는 점에서 비선형 체제다.

조직이 환경에 수동적으로 적응하거나, 적극적으로 환경을 조작하거나, 환경과 상호작용할 수 있다는 종전 조직관리론의 대전제는 질서정연함 속의 질서(order in the orderliness), 즉 분석 가능한 환경을 상정하는 균형모형의 경우에만 타당하다. 혼돈으로부터의 질서(order out of chaos), 즉 분석 불가능성을 상정하는 비균형모형의 경우에는 변화나 갈등을 인정해야 한다. 환경이 분석 가능한 경우에만 계획적 변화가 가능한 것이다. 환경이 급변하는 경우 제한적 인지 능력을 극복하거나 체제의 안정성을 유지하기 위해 문제 해결책을 정형화하려는 경향이 있으나 이러한 정형화는 하나의 흐름에 불과하다.

일반적으로 균형모형은 체제의 균형을 파괴할 우려가 있는 변화를 위기로 인식하지만, 비균형모형에서는 자기 혁신의 기회로 삼는다. 위기란 위험과 기회를 동시에 함축하기 때문이다. 리이퍼(Leifer, 1989)는 환경에서 위기가 증가함에 따라 환경의 분석 가능성이 떨어지고 항상성의 유지 자체가 곤란해지는 분기점(bifurcation point)에까지 이르면, 균형모형은 이를 체제가 직면한 위험으로 본다(최창현, 2005).

3 균형모형에 대한 비판

혼돈이론은 균형모형을 비판한다. 특히, 균형모형으로서의 체제이론적 접근법은 마투라나와 바렐라(Maturana & Varela, 1980)에 의해 발전된 자생이론(theory of autopoiesis)에 의해 도전을 받고 있다. 그들의 견해에 의하면, 살아 있는 체제들이 환경에 대해 개방적이라는 생각은 외부적인 관찰자의 입장에서 체제를 인식하려는 시도의 산물이라고 한다. 그들의 이론은 체제와 환경의 구별, 즉 체제와 경계라는 개념의 타당성을 비판하고, 살아 있는 체제들이 변화해 가는 논리를 이해하는 데 새로운 관점을 제공해 주고 있다. 살아 있는 유기체로서 체제는 자율성(autonomy), 순환성(circularity), 그리고 자기준거성(self-reference)을 갖는데, 이러한 특징들은 그러한 체제에게 자기창조적(self-creating)이고, 자기혁신적(self-innovating)인 능력을 부여해 준다. 그들은 이러한 능력을 자생(autopoiesis)이라고 명명했다. 체제는 스스로의 자기 생산을 촉진시키는 방식으로 환경과 상호작용하는 것이며, 이러한 의미에서 우리들은 체제를 둘러싸고 있는 환경이 결국 체제 자체의 일부분이라는 사실을 알 수 있다는 것이다(Morgan, 1986).

이렇게 보면 자생이론은 라이퍼(Leifer, 1989)의 '분산구조(dissipative structure)'[1]에 관한 연구와 일맥상통한다. 그뿐만 아니라 이와 유사한 생각은 다른 살아 있는 체제에서도 적용되고 있음이 밝혀지고 있다.[2] 조직에는 갈등적 가치가 항상 존재하나(Quinn & Rohrbaugh, 1983), 이것은 조직적응력의 원동력이 되기도 한다. 질서 지향적인 관료제적 조직과 균형이론은 갈등을 역기능적인 것으로 파악, 이를 제거해야 하는 것으로 인식하는 경향이 있기 때문에 오히려 잠재적인 조직의 적응 능력을 억압할 가능성이 있다.

균형모형의 대표라 할 수 있는 관료제는 관료제적 책임성과 관련하여 관료의 보신주의[3] 현상을 나타내기도 한다(Morgan, 1986). 관료제적 책임성의 원칙에 대한 지나친 강조와 규칙에 의한 업무 처리는 비록 내용적 정의는 충족시키지 못할지라도 최소한 절차적 정의는 확보할 수 있다. 대민창구의 공무원이 친절해야 한다는 점에 이의를 제기할 사람은 아무도 없을 것이다. 그러나 이는 그들의 업무량을 고려한다면 이의를 제기할 수도 있다. 예컨대, 하루에 수백 명의 민원인을 대면해야 하는 공무원에게 미소로 대하라고 한다면 아마 안면근육통에 시달릴지도 모른다. 비인격성을 근간으로 하는 관료제에서 감정적 포근함을 요구하는 것은 관료제에 대한 이해 부족에서 기인한 것이라 볼 수도 있다(김영평, 1991). 그러나 이러한 역기능들은 자기조직화에 필수적인 이중순환 학습(Argyris & Schön, 1978; Weick, 1979)에 장애가 되는

1) 분산구조란 엔트로피 없는 비균형 상태를 유지할 수 있는 자기조직화 체제로 정의할 수 있고, 자기조직화는 자율 체제를 생성하고 재생성하는 자기조직 과정으로 정의할 수 있다.

2) 프리고진(Ilya Prigogine)은 한 체제의 우연적인 변화가 새로운 질서와 안정성의 양상을 산출할 수 있음을 보여 주었던 화학적 반작용 체계에서의 분산적 구조에 관한 연구와 혼돈이론으로 노벨상을 수상했다. 이러한 생각은 얀치(Jantsch, 1975 : 1980)에 의해 다른 살아 있는 체제뿐 아니라 사회 체제에서도 적용되고 있다.

3) 보신주의는 자신의 직무는 대충하면서 외부의 위협으로부터 자신의 지위를 지키는 일에만 급급한 태도를 의미한다.

요인으로 작용한다.[4)]

제 2 절 자기조직화와 홀로그래픽 조직설계

혼돈이론에 의하면, 혼돈(chaos)과 복잡성(complexity)이라는 현대 사회의 특징은 조직이 해결해야 하는 대상이라기보다는, 조직이 '자기조직화'를 통해 적응하고 공존해 나가야 할 과정으로 이해해야 한다. 자기조직화는 홀로그래픽 조직설계(holographic design)를 통해 가능하다. 특히, 모건은 두뇌로서 조직에서 자기조직화와 홀로그래픽 조직설계에 대해 자세히 설명하고 있다(Morgan, 1986 : 79-110).

1 자기조직화

얀치(Jantsch, 1979)는 자기조직화(self-organization)를 "조직의 완전성(integrity)을 유지하기 위한 방편으로 계속해서 스스로 새로워지려는 특성"이라고 정의했다. 결국 조직은 살아 움직이는 생명체이기 때문에 조직구조의 완전성을 안정적으로 유지하면서도 결코 안주해서는 안 되며 계속해서 변화해야 한다. 따라서 환경에 대한 조직의 수동적 적응, 구조적 타성(structural inertia)으로 인한 유지 보존(retention) 메커니즘의 한 형태로서 관료제화, 그리고 이러한 관료제화로 인한 이중순환 학습을 방해하는 요인 등을 극복시켜 줄 수 있는 있는 것이 자기조직화다.

자기조직화 관점에서 보면 무질서와 혼돈에서 초래되는 요동(fluctuations)은 새로운 동태적 질서(new dynamic order through fluctuations)를 추구할 수 있는 기회가 된다. 자기조직화란 조직이 조직 그 자체를 만들어간다는 진화 과정에 초점을 맞춘 이론이다. 외부의 강한 무엇인가를 조직에 적용시켜서 강화되는 것이 아니라 조직이 자기의 특질을 파악하고, 그 특질을 활용하여 조직을 성장시킨다. 자기조직화 과정을

4) 관료제의 역기능에 대한 비판을 반박하고 관료제를 옹호하는 입장으로는 페로(Perrow, 1972)의 연구와 조선일(1989)의 연구가 있다.

보면, 생명 조직이란 '동요'와 같은 불안정성과 불확실성을 유효하게 활용하여 질서를 수립한다는 것을 알 수 있다(최창현 역, 1996).

조직의 활동에 요동은 많은 종류가 있다. 중소기업의 경우 가장 알기 쉬운 것은 자금의 요동이지만, 조직의 변화, 변이, 혼돈과 혼란, 긴장, 다양성, 불안정성, 모호성 등도 요동이라 할 수 있다.

요동은 조직전략에 활용된다. 성공한 사업은 대부분 그러한 조직전략에서 나왔다. 특히 일본 대기업의 다각화 전략은 대개 요동을 매개로 하고 있다.[5]

2 홀로그래픽 조직설계

혼돈과 복잡성의 시대에 자기조직화를 실현할 수 있는 방법이 홀로그래픽 조직설계(holographic design)다. 홀로그래픽 조직설계는 홀로그램(hologram)과 같은 조직을 만드는 것이다. 홀로그램이란 사전적 의미에서 완전하다는 'holos'와 사진이라는 'gram'의 합성어로서 완전한 사진이라는 말이다. 따라서 홀로그램과 같은 조직은 전체로써 기능할 수 있는 구조가 조직의 각 부문에 존재하고 이로서 조직 전체가 계속해서 스스로 자기조직화할 수 있고 재탄생할 수 있게 된다. 홀로그래픽 조직이 성공할 수 있는 몇 가지 원칙이 있다. [그림 4-8-4]에서 보는 것과 같이, 홀로그래픽 조직설계를 위해서는 네 가지 상호 기능적으로 연관된 조직화 원칙들이 필요하다.

첫째, 가외적 기능의 원칙(principle of redundant functions)은 한 기능이 여러 기관에 혼합된 중첩성(overlapping)과 동일 기능이 여러 기관에서 독립적으로 수행되는 중복성(duplication) 등을 포괄하는 개념이다(백완기, 1992). 랜다우(Landau, 1969)는 가외적 기능을 갖는 조직(예 : 사업부제 조직모형)은 신뢰성을 증진시킬 수 있다고 본다.[6] 예를 들어, 두 개의 브레이크가 설치된 자동차의 경우 고장 확률이

5) 예를 들면, 산토리가 맥주사업이라는 위험한 모험을 시작한 것은 위스키 시장에서 매우 안정된 세력을 유지하고 있었지만, 조직에 이완이 생겼기 때문이다. 이러한 일종의 분기점에서 평화로운 분위기를 깨기 위해 맥주사업을 시작했다. 위스키만 팔아서는 조직에 활력도 생기지 않고, 새로운 정보도 창조할 수 없었다. 위스키의 기술이나 맥주의 기술에는 공통된 메리트가 있다. 전에 산토리는 포트와인의 매상이 절정기에 올랐을 때 위스키 시장에 진출하여 성공했다. 결국 맥주사업은 산토리의 영역에 꼭 들어맞는 사업이었다. 사업의 새로운 의미 생성의 논리에서 봐도 타당한 방법이었다.

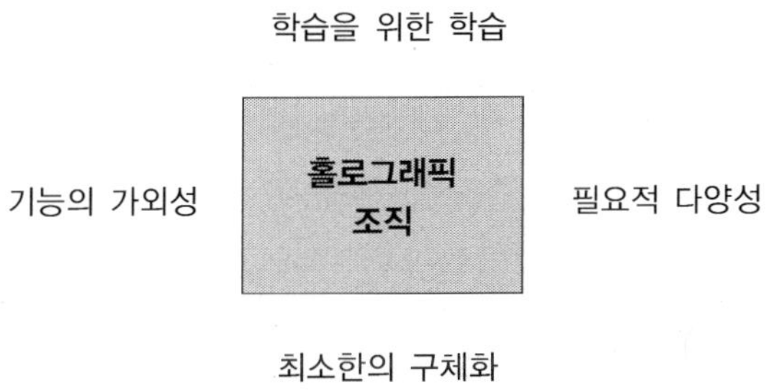

그림 4-8-4 홀로그래픽 조직설계

자료: Morgan(1986).

각각 1/10이면 두 브레이크가 동시에 고장날 확률은 1/100(1/10×1/10)에 지나지 않는다(Bendor, 1985). 따라서 조직 전체로서의 신뢰성은 높아지는 것이다.

고전적 행정관리 원칙에 입각한 행정기구의 개편은 거의 모두 행정상의 책임 소재를 흐려놓을 수 있는 중첩성과 중복성을 제거하려는 시도였다. 민간조직과는 달리 관할구역이 법적으로 제한되어 있는 행정기관의 업무가 중복되는 현상이 발생한다는 것은 일견 불가능한 듯하다. 그러나 점점 복잡해지는 현대 사회에서는 법이 모든 사항을 구체화시키지 못한다. 따라서 행정 관할 구역상에 모호성이 발생하여 부처별 확장주의 같은 현상이 비일비재한 것이 현실이다.

가외적 기능에 입각한 조직화는 관료제적 전문화 원칙에 어긋난 것이나, 어느 한 기관이 제대로 기능을 하지 못하는 경우 다른 가외적 기관이 이를 대치할 수도 있다는 점에서 자기조직화를 위한 창의성, 대응성(responsiveness), 신뢰성 및 융통성을 확보해 줄 수 있다. 김영평(1991)도 가외적 기능의 확보는 관료제에 경쟁 원리를 도입하는 결과가 되므로 관료제의 신뢰성을 증진시킬 수 있다고 본다.

둘째, 필요 다양성의 원칙이다. 현대 조직에서 필요한 지식과 기술의 범위는 너무나 광대하여 모든 조직구성원이 모든 부문에 정통하기란 불가능한 일이기 때문에, 과연 어느 정도의 가외성을 확보하는 것이 바람직한가 하는 문제가 대두된다.[7] 이러한

6) 벤더(Bendor, 1985)는 가외적 조직(M형 구조, 사업부제 조직모형)이 기능적 조직(U형 구조)보다 선호되는 조직임을 수학적으로 증명하고 있다.

7) 적정 수준의 가외성을 결정하는 방법에 관해서는 김영평(1991)의 연구가 있다.

문제에 대한 해답을 줄 수 있는 것이 바로 필요 다양성의 원칙이다. 이 원칙에 의하면, 어떤 한 체제가 환경에 의해 제기된 문제에 효과적으로 대처할 수 있으려면 그 자기규제적인 체제(self-regulating system)의 내부적인 다양성은 당면한 환경의 다양성과 복잡성에 상응해야만 한다는 것이다. 홀로그래픽 설계의 측면에서는 조직의 모든 요소는 대처해야 할 환경의 핵심적인 차원들을 내재화함으로써 그들이 직면할 요구들에 대응할 수 있도록 자기조직화할 수 있게 된다는 의미가 된다.

셋째, 최소한의 구체화 원칙이다. 가외 기능과 필요 다양성의 원칙은 자기조직화를 위한 능력을 보유한 체제를 만들어 낸다. 그러나 이러한 능력이 실현되려면 두 가지 조직화 원칙이 더 필요해지는데 그것이 바로 핵심적 사항에 대한 최소한의 구체화 원칙(principle of minimum critical specification)과 학습을 위한 학습의 원칙(principle of learning to learn)이다. 최소한의 구체화 원칙은 절대적으로 필요한 핵심적인 사항 이외에는 세부적인 표준운영 절차를 지정해 주어서는 안 된다는 것으로, 조직 편성이 가능한 분명하고 정확하게 규정될 필요가 있다는 관료제적 원칙과는 상반되는 것이다. 관료제적 방식으로 조직화하는 것은 곧 자기조직화의 능력을 제거해 버리는 결과를 가져올 것이기 때문에 최소한의 구체화 원칙은 관료제적 조직의 단점을 극복하도록 해 준다(Morgan, 1986). 인간관계론 등에서 즐겨 사용하는 관리 기법인 직무 확장(job enlargement)이나 직무 풍요(job enrichment), 또는 권한 위양의 강화 등이 최소한의 구체화 원칙을 적용한 예로 볼 수 있다. 그러나 이러한 원칙에 입각한 조직구조화는 행정상의 자유재량권의 남용 등과 같은 부작용을 초래할 수도 있다.

넷째, 학습을 위한 학습 원칙이다. 자유재량권의 남용 등과 같은 부작용을 방지하기 위해 홀로그래픽 설계의 네 번째 요소로서 학습을 위한 학습 원칙을 개발할 필요가 있다. 규범에 의거한 행동을 하도록 통제해 주는 자기규제 체제의 통제 기능은 단일 순환고리 학습(single loop learning)[8]에 의해 가능하나 규범이 행동의 적절한 근거가 되는가의 여부를 판단하는 기능은 이중 순환고리 학습(double loop learning)[9] 능력에 의존하는 것이다.

8) 단순 순환고리 학습은 주어진 운영규범과 관련된 착오를 발견하고 수정할 수 있는 능력에 기초한다.
9) 이중 순환고리 학습은 운영규범의 적절성에 의문을 가져봄으로써 상황에 대한 이중적인 관찰을 할 수 있는 능력에 의존한다.

이러한 학습 능력은 체제로 하여금 응집된 가치와 규범에 의거하여 운영되도록 보장하면서도 또한 이 규범이 행동의 지침이 될 수 있는 적절한 기반을 제공해 주는가에 대해 항상 의문을 제기해 볼 수 있도록 해 준다. 그러므로 홀로그래픽 조직설계가 통합과 응집력을 획득하고 변화하는 환경의 요구에 반응하여 스스로 진화, 발전해 나가려면 이러한 학습 능력이 적극적으로 보장되어야만 하는 것이다(Morgan, 1986). 학습하기 위한 학습 원칙을 조장하는 방안으로는 제안 제도나 내부자 고발(whistle-blowing)을 활성화시키는 것이 있다. 폐쇄적인 관료 체제 하에서는 이중 순환고리 학습을 기대하기는 어려우므로 좀 더 개방적인 관료제를 확립해야 한다.

3 자기조직화와 홀로그래픽 조직설계의 장단점

지식정보사회에서 자기조직화를 통해 급격히 변화하는 환경에 적응해 나갈 수 있다는 새로운 패러다임은 조직설계의 미래를 보여 주는 듯하다. 이는 산업화 시대의 합리성을 기초로 한 결정론적 시각과 기계론적 조직이론에서 벗어날 수 있도록 도와준다. 자기조직화와 홀로그래픽 조직설계의 장점을 구체적으로 살펴보면 다음과 같다(Morgan, 1986).

첫째, 자기조직화를 통해 조직학습을 창출할 수 있는 방법을 제시한다. 현대 다양한 조직의 관리자들은 지식정보사회의 환경 변화에 대응하기 위해 계속해서 혁신하고 진화할 수 있는 조직을 만들어야 한다. 드러커(Peter Drucker)가 설명했듯이, 지식정보사회에서는 인적 자원, 창의성, 통찰력이 주요한 경제 자원이 된다(Drucker, 1993). 이러한 자원을 제대로 활용하려면 자기조직화와 홀로그래픽 조직이 필요한 것이다.

둘째, 자기조직화는 지식정보사회에서 필요한 조직의 진화의 방향을 제시한다. 역사적으로, 새로운 기술이 발전하면 관료제적 원칙과 통제의 집권화 모형을 강화시켜 왔다. 하지만 지식정보사회에서는 전통적인 관료제와 집권화 모형으로는 한계가 있다는 사실을 깨닫게 되었다. 왜냐하면, 지식정보는 자기조직화가 가능하고, 모든 사람의 상호작용이 중요하기 때문이다. 앞서 설명한 홀로그래픽 조직설계의 원칙은 지식정보사회에 어떻게 대응할 수 있는지를 일러 주고 있다.

셋째, 자기조직화에 기초한 새로운 조직이론을 제시했다. 자기조직화는 조직설계에서 중앙집권화 통제, 명확한 조직목표, 계층제의 역할, 상의하달과 같은 전통적 조직이론의 가정을 비판한다. 이러한 가정들은 모두 산업화 시대를 풍미했던 조직이론의 가정들이다. 그러나, 새로운 지식정보사회에서도 그대로 유지될 수는 없으며 끊임없이 도전받게 된다.

이러한 장점에도 불구하고, 다음과 같은 두 가지 제약을 인정하지 않을 수 없다.

첫째, 자기조직화라는 것이 조직의 정치적 속성이라는 현실과 충돌할 수 있다. 전통적으로 선호되어 온 계층제적 통제구조에서 좀 더 유동적인 형태의 조직구조로 변화시킨다는 것은 조직 내의 정치적 역할 관계에 상당한 영향을 미친다. 예컨대, 자기조직화를 추진하는 기획조정관실과 같은 조직 단위에 지나치게 자율성을 부여하게 되면, 실제 조직의 일상 업무를 집행하고 추진하는 현장에 있는 사람들의 권한을 약화시킬 수 있다. 또한, 조직학습의 과정은 전통적 형태의 관리 방식에서 벗어나게 되면서 정보의 공개와 자기성찰을 요구한다. 이 때문에 현상 유지를 요구하면서 변화에 저항하는 세력이 득세할 수 있다.

둘째, 자기조직화라는 것이 또 다른 이상에 불과할 수 있다는 것이다. 조직의 어떤 사람도 조직학습이나 자기조직화라는 목표에 반대할 수는 없다. 하지만, 이러한 목표가 무엇을 위한 것인가? 무한경쟁의 시대에 희소한 자원을 두고 많은 조직이 경쟁하는 현실에서 조직학습이나 자기조직화를 부르짖는 것이 공허한 메아리로 들릴 수 있고, 이러한 목표가 조직의 불확실성과 불만만을 증대시킬 수 있다는 우려가 있다. 자기조직화 또는 조직학습은 그 개념과 목표는 훌륭하지만, 실제로 운영에서는 한계에 봉착할 수 있다는 점을 유의해야 한다.

제 3 절 지식정보사회에 대응한 조직모형

자기조직화를 위한 홀로그래픽 조직설계를 위한 원칙을 살펴보았다. 이러한 원칙을 실제 응용하기 위해서는 어떻게 조직구조를 만들어야 할까? 여기에서는 지식정보사회 그리고 혼돈과 복잡성의 시대에 조직학습(organizational learning)을 가능하게 하는 다양한 연성조직 형태를 소개한다. 공공조직의 개혁을 위해 도입·적용이 가능한 조직은 팀 조직, 프로세스 조직, 네트워크 조직, 학습 조직, 모래시계형 조직, 클러스터형 조직, 무봉형 조직, 탈현대적 조직, 가상조직, 삼엽형 조직, 자생조직모형 등이 있는데, 많이 사용되는 조직모형을 제시해 보면 다음과 같다(김상묵, 2000; 이창원·명승환·임영제, 2004: 187-192).

1 팀조직[10)]

팀조직(team organization)은 태스크 포스(task force)에 대한 대안적 역할을 수행하는데, 장기간에 걸쳐 팀 구성원들이 특정 업무나 프로젝트를 전담하여 수행하는 프로젝트 팀 형태를 띠게 된다. 팀조직이 등장하게 된 배경을 요약하면, 1) 신속한 환경 대응의 필요성, 2) 관료주의 병리 현상의 타파 필요성, 3) 업무 수행에 요구되는 새로운 의식과 행동의 변화 등을 들 수 있다.

팀조직은 다음과 같은 점에서 장점을 발휘할 수 있다.

첫째, 계층의 축소는 신속한 의사결정을 가능하게 하며 팀에 대한 권한 이양을 통해 탄력적인 조직의 유연성을 제고시킬 수 있다.

둘째, 자율팀 조직은 각 팀별로 업무의 실행뿐만 아니라 계획과 통제의 주체가 되므로 조직의 간소화를 기대할 수 있다.

셋째, 구성원에 대한 권한 부여로 업무 수행 능력에 대한 창의성을 발휘할 수 있는 기반을 제공하므로 업무 또는 조직에 대한 구성원의 긍지를 높일 수 있다.

2 프로세스 조직[11)]

프로세스 조직(process organization)은 리엔지니어링(reengineering)에 의해 기존

10) 팀조직에 대한 논의는 이 책의 제3부 제1장 제5절 '팀조직'에도 있다.
11) 프로세스 조직이란 고객 가치를 충족시키는 데 최상의 프로세스가 구축될 수 있도록 단위 조직을 근본적으로 재설계한 조직을 말한다.

조직을 근본적으로 다시 생각하고 재설계하여 획기적인 조직관리 성과를 도모할 수 있도록 프로세스를 기본 단위로 설계된 조직을 말한다(양창삼, 1999 : 297). 이와 같은 프로세스 조직을 설계하기 위해서는 다음과 같은 몇 가지 전제 조건이 요구된다.

첫째, 비교적 안정적이고 식별 가능한 프로세스가 존재해야 한다. 즉, 프로세스는 반복적으로 발생되어 정형화된 특성을 갖춰야 한다.

둘째, 기존 업무 처리 방식이나 조직 시스템을 근본적으로 재설계해야 한다.

셋째, 정보 기술의 활용이 전제되어야 한다.

이러한 프로세스 조직을 공공 부문에 도입해 적절히 활용할 경우 1) 국민 요구에 대한 신속한 대응, 2) 간접 관리 인원의 축소, 3) 행정 능력의 획기적 향상, 4) 국민에 대한 수준 높은 공공 서비스 제공, 5) 행정의 질 향상이라는 효과를 기대할 수 있다.

3 네트워크 조직

오늘날 정보통신 기술의 발전과 국제화의 진전으로 인해 민간 부문은 물론이고 공공 부문에서도 네트워크 조직(network organization)의 필요성이 점차 대두되고 있다. 네트워크 조직이란 독립적인 여러 개의 조직 단위가 유동적으로 결합한 조직 형태다. 네트워크 조직은 전략, 계획, 통제의 기능만을 수행하고 대부분의 생산 기능은 다른 조직에 위임하기 때문에 공동조직(hollow organization)이라고도 한다. 네트워크 조직은 전통적인 위계적 조직을 대체하는 자유시장적 관점을 수용하는 조직 유형으로서 계층이 거의 없고, 조직 간의 벽도 없으며, 부문 간 교류가 활발하게 이뤄지는 조직을 말한다(윤순봉 · 장순권, 1995 : 247).

네트워크 조직은 1) 협동은 효과적인 수단으로서 장기적으로 유지될 수 있으며, 2) 네트워크는 학습과 정보 확산의 인센티브를 제공하며 아이디어가 빠르게 실행에 옮겨지도록 하며, 3) 네트워크의 개방적 특성은 자원이 변동적이고 환경이 불확실할 때 가장 유용하며, 4) 네트워크는 암묵적 지식과 기술적 혁신과 같은 무형의 자산을 이용하고 제고하는 매우 실행 가능한 수단이라는 특징을 지니고 있다. 반면 이 조직은 횡렬 형태를 취하고 있어서 각 조직 간 갈등을 해결할 수 있는 최고 권위가 존재하지 않고, 단일 조직을 협동조직으로 규합하기 어려우며, 일단 규합하더라도 장기간 몰입을 유지하기 어렵다는 단점이 있다(양창삼, 1994 : 919).

4 학습조직

학습조직(learning organization)의 대부(代父)라 할 수 있는 셍그(Senge, 1990 : 14)는 학습조직이란 미래를 만드는 자신의 능력을 지속적으로 확대시켜 가는 조직이라고 보고 있다. 또한 학습조직이란 "격변하는 외부 환경에 대처하고 조직의 내적 성장 능력을 극대화하기 위해 조직의 전 구성원이 끊임없이 새로운 지식을 창조·습득·전파하고, 이러한 활동 속에서 일정한 노력의 결과를 산출해 내며, 이에 대한 비판적 분석과 성찰적 종합을 통해 조직의 당면 문제 해결이나 미래의 비전 및 관리전략을 체계적으로 정립하는 조직"이라고 정의되기도 한다.

한편 가빈(Garvin, 1993 : 80)은 학습조직은 지식을 창출하고 획득하며 이전하는 데에, 그리고 새로운 지식과 통찰력을 반영하도록 행동을 변화시키는 데에 능숙한 조직을 말한다고 주장한다. 이러한 학자들의 주장을 종합하면 학습조직을 "조직의 모든 구성원이 지속적으로 학습하고 이를 관리하는 조직"이라고 정의할 수 있다. 학습조직의 특징에 대한 여러 학자의 견해를 종합하여 몇 가지로 나눠 정리하면 다음과 같다(박우순, 1996 : 647-648).

첫째, 학습조직은 적응적 학습(adaptative learning)과 생성적 학습(generative learning)의 의미를 동시에 포함하고 있다. 여기서 적응적 학습이란 변화하는 환경에 반응하거나 대처하는 의미를 지닌 수동적·현재 지향적 학습 개념이며, 생성적 학습이란 조직의 현재 능력을 확장시킴으로써 미래의 기회를 발견하는 의미를 지닌 적극적이고 미래 지향적인 학습 개념이다.

둘째, 학습조직은 자신과 타인의 경험과 시행착오를 통한 학습활동을 높게 평가한다는 점에서 기존의 조직과 구분된다. 학습조직에서는 시행착오를 범하는 과정이 바로 학습이 발생하는 출발점으로 보고 있기 때문이다.

셋째, 학습조직은 외부 특정 전문가를 중시하기보다는 조직구성원 모두가 맡은 분야의 전문가가 될 수 있도록 제도적인 도움을 제공해 준다. 따라서 학습조직은 공식적이거나 정규적으로 이뤄지는 교육·훈련활동보다 비공식적이거나 비정규적으로 이뤄지는 조직구성원들의 자발적 학습활동을 강조한다. 그러므로 학습조직은 학습에서 모든 조직 수준의 구성원들의 참여를 촉진하고 학습을 보상하는 체제를 가진다.

학습의 일반적 개념은 오랜 역사를 지니고 있으나, 조직에 적용된 것은 그다지 오래 되지 않았다. 셍그(Peter M. Senge)는 학습조직이란 1) 규범이 개인적 자치에 의해 결정되고, 2) 업무에 대한 의미 부여와 판단은 관리자가 아닌 전문가인 동료들과의 관계 속에서 이뤄지고, 3) 초점은 문제의 발견과 해결, 그리고 개선을 위한 지식의 습득에 두는 조직이라고 한다(Senge, 1990). 가빈(David A. Garvin)에 의하면, 학습조직이란 지식을 창출하고 획득하고 전달하는 데 능숙하며, 새로운 지식과 통찰력을 경영에 반영하기 위해 기존의 행동 방식을 바꾸는 데 능숙한 조직이다(Garvin, 1993 : 80). 그의 이론에 의하면 학습조직이 되기 위해서는 새로운 방식으로 사고하고 새로운 지식에 근거하여 행동할 수 있는 능력을 모두 갖춰야만 한다고 한다. 셍그는 학습조직 구축에 필요한 기반을 다음과 같이 다섯 가지로 정리하여 제시하고 있다.

① 전문적 소양(personal mastery) : 조직은 학습하는 구성원들을 통해 학습한다. 전문적 소양이란 무엇이 중요한지를 규명하고 실체를 좀 더 구체적으로 파악하는 방법을 지속적으로 학습하는 것을 포함한다. 생애를 통해 생활의 모든 측면에 대한 숙련성을 성취하는 것이다.

② 세계관(mental model) : 현실 인식과 행동 양식에 영향을 미치는 치밀한 인식유형과 세계를 보는 관점을 의미한다. 학습조직은 지속적으로 구성원의 세계관을 정의하고 테스트하며 개선한다.

③ 비전 공유(building shared vision) : 조직이 어떠해야 하며 구성원이 무엇을 창조하기 위해 노력해야 하는가에 대해 구성원이 가지는 이미지와 영상으로 구성되어 있다. 일체감과 사명에 대한 공감대라고 할 수 있다.

④ 팀학습(team learning) : 조직에 걸친 학습의 축소판이라고 할 수 있는 것으로, 구성원이 달성하고자 하는 결과를 만들어 내는 팀의 역량을 구축하고 개발하는 과정이다.

⑤ 시스템적 사고(systems thinking) : 조직의 노력은 하나의 체제 또는 전체이며 상호 연결된 행동의 보이지 않는 구조로 이뤄져 있다고 이해하는 것이다. 시스템적 사고의 적용을 통해 구성원들은 조직이 실제 어떻게 움직이는가를 볼 수 있다. 이를

통해 조직, 환경, 조직에 영향을 미치는 사건들의 상호 관련성을 전체적으로 조망할 수 있게 된다.

학습조직에는 공유된 비전, 팀워크, 개방성 및 조직의 모든 차원에서 학습 원칙에 대한 확고한 몰입이 있다. 학습조직이 되기 위해서는 학습 과정이 지속적이며 철저해야 한다. 학습조직이 되기 위해서는 1) 분명한 사명과 비전의 설정, 2) 공유된 리더십과 참여, 3) 실험을 장려하는 문화, 4) 조직의 경계를 넘어 지식을 전파할 수 있는 능력, 5) 팀워크와 협동을 갖춰야 한다 (Goh, 1998). 그리고 학습조직은 1) 체계적으로 문제를 해결하고, 2) 새로운 접근 방법으로 실험하며, 3) 자신의 경험과 과거 역사에서 배우고, 4) 다른 조직의 우수 사례(best practice)를 통해 학습하며, 5) 지식을 조직 전체로 신속하고 효율적으로 전파하는 다섯 가지 주요 활동에 능숙해야 한다 (Garvin, 1993).

학습조직은 문제 지향적 학습 과정, 집단적 학습의 강조, 의식적 학습의 자극과 규칙, 통찰력과 원리의 모든 수준에서 학습이 이뤄지는 병렬적 학습이라는 점에서 그 특징이 있다. 또한 학습조직은 학습하는 방법을 학습하는 잠재력을 개발하는 특징을 가지고 있다. 이러한 학습조직은 기본적 방식에서 전통적인 관료제 형태와는 다른 특징을 지니고 있다 (Galbraith & Lawler, Ⅲ, 1993). 헤일(Hale, 1996 : 425)은 학습조직의 특징을 다음과 같이 정리하고 있다:

첫째, 학습조직은 개인적인, 지식 기반 권력을 증진시킨다. 이러한 권력에 기초한 조직은 조직구성원 및 관리자의 요구에 부응하고 개인적 · 체계적인 학습을 증진시키는 데 충분한 신축성을 지닌다.

둘째, 학습조직은 체계적이고 조직적인 학습에 우선적인 관심을 갖는 의사결정 구조를 사용한다.

셋째, 학습조직은 '안정적 상태'를 가정하지 않는다. 변화를 위한 학습 역량을 형성하고, 생산적인 온라인 및 대면적 학습에 기초한 미래 행동의 기반을 구축한다.

넷째, 학습조직은 관리자와 직원 간, 다양한 기능 부문 간과 같은 다양한 집단 간의 빈번한 비공식적인 접촉을 장려한다.

다섯째, 학습조직은 관계 지향성과 집합적 행동을 장려한다. 학습은 공동 참여와 공동생산에 기반을 두고 있다.

여섯째, 학습조직은 공유된 의문과 통합적인 인식과 같은 방법을 통해 목표를 확

표 4-8-1 관료조직과 학습조직

	관료조직	학습조직
편익	조직적 권력	개인적 권력
지향	업무	설계
업무 배분	원자적 구조	관계적 접근
의사결정의 틀	개인적 학습	조직적 학습
미래 행동의 기반	최근의 과거 경험	온라인(on-line) 학습
업무의 기초	독점적 권한	공동생산
행동	합리적 목적	변화를 위한 학습
변화 발생 상황	조직의 자기정체성 및 안정성	안정적 상태의 상실
업무 수행	자율적 행동	집합적 행동
목표 확인	계획된 일정 및 단위 부서의 통제	공유된 의문과 통합된 인식
관리적 개선 결과	통제된 생산성	강력한 생산성

자료: Hale(1996: 425).

인한다.

학습조직은 모든 구성원의 학습을 촉진하고 지속적으로 조직을 변화시키는 조직이다. 학습조직의 개념은 21세기에 경쟁적 우위를 차지할 수 있도록 하는 것은 오직 인적 자원의 질(quality)이며, 이는 학습하려는 인간과 조직의 능력이라는 믿음에 기초하고 있다. 학습조직은 조직의 모든 계층 구성원들의 전문적·개인적 성장을 위한 기회와 조직의 사명 달성 간의 자연적이며 계획적인 통합 효과(synergy)를 내포한다(Dilworth, 1996: 407-408).

하지만 학습조직의 형태는 어떤 특정한 모형이 있는 것이 아니다. 모든 조직은 각자 고유한 방법과 스타일로 학습 역량을 구축하게 된다(손태원, 1999: 478). 학습조직은 특정의 조직설계에 의해 완성되는 것이 아니며, 또한 어떠한 형태이든 특정의 조직구조를 학습조직이라고 보는 일반적인 명제는 성립하지 않는다(권석균, 1998: 137). 학습조직의 단일 모형은 없으며, 학습조직은 조직의 모습과 조직구성원들의 역할이 어떠해야 하는가에 대한 일종의 태도 혹은 철학이라는 점이다. 따라서 학습조직의 개념은 다양한 조직 유형으로 실현될 수 있다(박경원·김희선, 1998: 324).

그러나 학습조직의 조직구조는 유기적으로 수평적이며 분권화되어 있으며, 업무에 대한 최소한의 공식화된 절차를 갖고 있다고 묘사되고 있다(신영욱, 1996). 실증적 연구에서도 뛰어난 학습 역량을 가진 조직은 조직구조의 공식화 정도가 낮다고 나타나고 있으며, 공식화와 학습 역량 간에는 부(-)의 관계가 있다고 한다. 또한 학습조직은 일반적으로 구성원에 대한 통제가 적으며, 업무 수행팀과 고위층 간에 긴밀한 관계를 조성하는 수평적인 구조를 지니고 있다고 한다. 따라서 학습조직이 제대로 기능하기 위해서는 수평적이며 비계층적인 구조를 지니고 업무 수행 과정에 대한 최소한의 공식화된 통제가 필요하다고 볼 수 있다(Goh, 1998).

5 가상조직

가상조직을 향한 움직임은 지난 수십 년간 급속한 변화를 겪은 정보 기술과 전자적 의사전달의 발달에 기인한다. 정보 기술의 사용을 통해 가상조직의 구성원들은 과업을 수행하기 위해 공유된 목표를 지니고 정보와 지식을 교환한다. 전통적 조직과는 달리 가상조직을 위해 미리 설정된 특정한 조직구조는 존재하지 않는다(Engkavanish, 1999).

트래비카(Travica, 1997)는 가상조직이란 "전자적 연계에 의존하는 지리적으로 분산된 개인, 집단, 조직 단위 또는 조직의 일시적 혹은 지속적인 집합"이라고 정의한다. 또는 가상조직은 특정한 과업을 수행하기 위한 자율적 조직의 집합체로서, 핵심적인 기술과 자원의 공유를 통해 일시적인 조직의 체계를 형성한다고 볼 수 있다(Buckley, 1999 : 6). 따라서 과업이 완료되면 팀은 해체되고 작업집단들은 분해된다. 구성원들은 비전, 목표, 협력의 공통적 절차를 공유하며, 자신들만의 상호 관계를 형성하며, 가상조직의 한 부분으로서의 지속성 여부는 전적으로 개별적인 결정에 달려 있다. 가상조직의 토대는 의사전달과 신뢰이며, 개방적이고 자발적인 의사전달은 신뢰와 관계를 확립하는 데 필수적이다.

가상조직의 특성은 기능적·제도적 관점에서 다음과 같이 설명할 수 있다(Klein, 1994; Franke, 1999).

첫째, 가상조직은 조직의 원칙이다. 기능적 관점에서 가상조직은 조직의 창조다. 일반적으로 유용한 정보가 존재하는 경우 장소와 시간의 분리뿐만 아니라 단편적인 과정의 배분도 가능하다.

둘째, 가상조직은 조직의 네트워크다. 제도적 관점에서 보면, 가상조직은 공동으로 자원을 사용하고 각기 자신의 강점을 제공하는 법적으로 독립적인 조직 간의 신축적이고 조정 가능한 네트워크다.

가상조직에서 정보 교환은 핵심적인 요소다. 정보 기술의 발달로 인해 여러 활동을 종합하는 것이 가능하게 되었다. 또한 커뮤니케이션 기술의 발달로 인해 여러 조직의 전문가들이 함께 팀을 만들어 활동하게 된다. 가상조직이 어떤 형태를 띠든 컴퓨터 네트워크상에 존재하는 가상공간을 매체로 한다는 점에서, 컴퓨터 네트워크에 연결된 각각의 컴퓨터가 서로의 자원을 공유할 뿐만 아니라 사용자끼리 자유로운 의사전달이 이뤄지며, 네트워크에 참가하는 사람이나 집단이 다양한 자원을 서로 제공하여 전체 기능을 수행하기 때문에 영구적이기보다는 임시적인 조직이다(원한식, 1997). 가상조직의 특징은 1) 분산성(dispersion), 2) 권한위임(empowerment), 3) 끊임없는 변화의 수용(restlessness), 4) 상호 의존성(interdependence)이라고 정리할 수 있다.

노리아와 버클리(Nohria & Berkley, 1994 : 115)는 가상조직과 관료제를 다음과 같이 비교한다.

첫째, 베버의 물리적 목록(material files), 즉 조직의 존재론적 요소는 정보 기술에 의한 유연하고 전자적 형태로 대체되고 있다.

둘째, 조직의 중요한 요소인 대면적 의사전달이 컴퓨터가 매개하는 의사전달로 대체되고, 이와 더불어 조직의 응집성을 유지할 수 있도록 비공식적인 대면적 의사전달의 역할이 동시에 증가한다.

셋째, 조직구조의 이슈는 사람 중심에서 정보와 기술 중심으로 전환되고 있다. 즉, 조직에 정보 기술 시스템이 보편화됨에 따라 관찰자에게 조직 기능은 자발적으로 보이며, 역설적으로는 마치 구조가 없는 것처럼 보이기도 한다.

넷째, 조직의 외부 경계를 설정하는 것이 실무적으로 거의 불가능할 정도로 개인들을 기술적으로 독립된 조직과 연결시킨다.

다섯째, 관료제의 분화는 조직구성원이 조직과 동등하게 간주되는 기능 횡단적이며 컴퓨터를 매개로 하는 업무로 이뤄지고 있다.

가상조직은 조직의 목표 달성이 영구적인 조직보다는 잠정적인 조직을 통해 이뤄진다. 그러므로 가상조직은 관료제 조직의 계층제에 따른 통제와 달리 분산된 통제에 의존하고 있다. 다시 말해, 분화의 논리를 강조하는 관료제에 견줘 전체성(holism)

표 4-8-2 관료제와 가상조직의 가정적 정체성

가정적 정체성	관료제	가상조직
조직구조	계층제 (경계의 물리적 구체화)	전자 네트워크 (경제의 존재론적 모순)
조직 이념	모더니즘 (분화의 논리)	포스트모더니즘 (총체적 연계성의 논리)
조직 성장	선형적 진화 과정 (안정적 질서: 균형)	변혁적 기회 과정 (역동적 질서: 동요)
조직 경쟁력	규모의 경제 (고도 성장기: 단일성)	속도의 경제 (저성장 성숙기: 기민성)

자료: 권기성 · 최진석(1997: 166).

또는 총체적 연계성(total connectivity)을 강조한다. 관료제에서는 조직구성원을 수직적인 위계구조에 따라 분화시켜야만 행동의 통일성이 이뤄져 작업 능률이 극대화될 수 있으나 가상조직에서는 이것이 오히려 관료적인 형식주의와 보수화를 초래하여 작업의 효율성을 저해한다고 본다. 그러므로 각 조직들이 물리적으로 분산된 상태에서 컴퓨터 네트워크로 연결시키는 가상조직은 조직 경계의 모호성과 물리적 접근성의 한계를 극복할 수 있어 조직환경의 변화에 기민하게 대응한다고 볼 수 있다(원한식, 1997: 96-97).

가상조직은 구성원들이 과업에 기초하고 있다는 점에서 매트릭스 구조와 상당히 유사하다고 볼 수 있지만, 분명히 다르다. 매트릭스 구조에서는 과업의 수행 기간 동안 상호 의존의 계층제적 구조가 분명하게 정의되어 있다. 반면, 가상조직에서는 보고 체계가 모호하다. 가상조직과 전통적 조직 간의 차이는, 전통적 조직은 사전에 확립된 구조를 가지고 있지만 가상조직은 그렇지 않다는 점이다. 가상조직도 기존의 조직 메커니즘을 가지지만 특정한 조직구조가 적용되지는 않는다(Engkavanish, 1999).

6 자생조직모형

비어(Beer, 1989)는 제어이론의 기초가 된 사이버네틱스의 기본 원리가 인간의 신체에서도 작동됨을 보고 인간 신체를 중심으로 하는 사이버네틱스를 제기하기에 이른다.[12] 이것이 신경 사이버네틱스(neuro-cybernetics)다. 신경 사이버네틱스란 인간의 각 신체 부분이 어떻게 제어되는가를 연구하는 것으로 공학적 제어의 개념을 확장한 것으로 이해할 수 있다(이홍, 2000: 66).

인간의 작동 원리가 중요한 이유는 인간의 뛰어난 자생성 때문이다. 자생성(viability)이란 환경이 어떠한 형태로 변화하든 유기체가 이러한 환경에 자신을 조정하여 맞추며 때로는 환경에 영향을 미치는 능력을 말한다.[13] 인간 시스템이 고도의 자생성을 가지게 된 이유는 다음 몇 가지 특징들 때문이라고 볼 수 있다(이홍, 2000: 67-69).

첫째, 인간 시스템은 이중적으로 구성되어 있다. 환경의 변화에 따라 신체의 각 부분들이 상호 조정되어 새로운 구성을 일으키기 위해 인간 시스템은 크게 두 개의 시스템으로 나뉘어 작동한다. 하나는 메타 시스템이고 다른 하나는 하부 시스템이다. 메타 시스템이란 하부 시스템의 모습을 멀리서 통찰하는 시스템을 말한다(자기성찰). 하부 시스템이란 메타 시스템의 통제에 따라 주어진 과업을 수행하는 시스템을 말한다(과업 수행). 인간의 경우 이 메타 시스템과 하부 시스템의 이중성이 매우 뚜렷하다.

둘째, 두뇌를 제외한 인간의 신체를 구성하는 각 하부 시스템은 두뇌의 통제로부터 매우 큰 자율성(autonomy)을 부여받고 있다. 신체 장기의 자율성은 간, 심장, 폐

---

12) 사이버네틱스(cybernetics)라는 용어는 1947년 위너(Norbert Wiener)가 처음으로 사용했으며, 위너는 이를 "동물과 기계의 통제와 의사전달에 대한 과학"으로 정의했다. 사이버네틱스는 목표 추구 행동과 정보환류 메커니즘에 대해 연구하는 과학이다. 이를 관리 분야에 적용하여 비어는 사이버네틱스를 "효과적인 조직의 과학"으로 정의하고 있다(Gill, 1997). 사이버네틱스에서는 조직을 목표 지향적 행동을 보여 주는 정보전달 체계(information processing system)로 이해한다.

13) 자생성에 대한 매우 단순한 예로 장거리 여행을 하는 기러기를 들 수 있다. 기러기의 한 무리가 장거리 여행을 할 경우 이들 무리는 무질서하게 날아가는 것이 아니라 대열을 지어 질서 있게 날아간다. 이렇게 하는 이유는 무질서하게 각기 날아가는 것보다 목적지 도착에 훨씬 효과적이라는 것을 기러기떼가 알고 있기 때문이다. 만일 바람이 불어 환경의 영향을 받으면 기러기떼들은 아무렇게나 흩어지는 것이 아니다. 그들은 자신들의 대오를 유지하면서 그 형태만을 변경시킴으로써 바람의 변화에 대응한다. 이러한 점에서 기러기떼는 단순하지만 유기체적 시스템으로 파악할 수 있다. 이와 같이 시스템의 기본 속성을 변화시키지 않으면서도 환경 변화에 자신을 조정하여 대응하는 것이 자생성의 한 일면이다. 인간 역시 자신의 기본 속성을 변화시키지 않으면서 환경에 자신을 적응시키는데 이것이 인간의 자생성이다(이홍, 2000: 67).

와 같은 장기에서 잘 관찰된다. 간은 두뇌의 세심한 지침이나 통제 없이 자율적으로 자신의 기능을 수행하며 자신에게 발생한 여러 가지 문제를 스스로 해결하는 권한을 가지고 있다. 이러한 장기 이외에도 팔, 다리 등 신체 각 부분들도 자율성을 부여받고 있다. 뇌의 간섭이 없는 하부 시스템의 자율성은 자율신경계에 의해서도 이뤄진다. 교감신경과 부교감신경이 자율신경계를 구성하는데 이들은 뇌의 지시나 의사결정 없이도 하부 시스템의 변화를 유도하거나 억제함으로써 자율적으로 신체의 항상성(homeostasis)을 유지하는 기능을 담당하고 있다.

셋째, 자기조직화의 원리다. 자기조직화란 외부적인 자극이나 강제력 없이도 시스템 내 구성 요소들이 상호작용을 통해 질서를 끊임없이 만들어 가는 것을 의미한다. 만일 인간 시스템의 자생성이 하부 시스템의 자율성만으로 이뤄진다면 그 시스템은 궁극적으로 무질서 속으로 빠져들 가능성이 높다. 그러나 인간의 시스템은 하부 시스템의 자율성을 극대화하지만 그렇다고 무질서를 조장하는 것은 아니다. 하부 시스템들이 상호작용하여 질서를 만들어 가는 자기조직화의 대표적인 예는 항상성의 유지에서 찾을 수 있다. 항상성이란 시스템 하부기관들이 상황의 변화에 재빠르게 협력하여 행동을 유지하되 정상 상태를 벗어나지 않는 것을 의미한다.[14)]

넷째, 인간 시스템은 반복적 순환구조의 원리로 구성되어 있다. 반복적 순환구조(recursive structure)란 부분이 전체의 모습을 지닌다는 것으로 전체 시스템은 상위의 메타-하부 시스템 그리고 하위에도 메타-하부 시스템이라는 연쇄고리로 구성된다는 것을 의미한다. 인간의 하부 시스템을 관찰하면 이들은 다시 메타-하부 시스템이라는 하위 시스템으로 반복적으로 구성되어 있다.[15)]

이처럼 인간 시스템은 메타 시스템과 하부 시스템의 이중구조로 설계되어 있으며, 하부 시스템은 메타 시스템과 구분되어 자율성을 가지며 과업을 수행함을 보여 준다. 한편, 메타 시스템과 하부 시스템은 조정과 통제에 의해 통합되어 항상성을 유지하게 되며, 하부 시스템은 다시 하위 및 하위의 하위 시스템으로 순환되어 부분과 전체 간의 자기조직화를 가능하게 한다. 이러한 원리에 의해 인간 시스템은 자생성을 확보하

---

14) 인간이 갖는 항상성은 교감신경과 부교감신경에 의해 유지된다.

15) 예를 들면, 간은 뇌에 의해 통제받음으로써 메타-하부 시스템의 체제 안에 존재하지만 간 내부에도 간 기능 전체에 대한 의사결정을 내리는 메타 시스템과 이의 명령을 받아 과업을 수행하는 하부 시스템으로 재구성된다.

게 된다(이홍, 2000 : 69).

이러한 인간의 자생성을 토대로 하여 비어는 자생조직모형(viable system model)을 제시하고 있다(Beer, 1979; 1981; 1985; Espejo & Harnden, 1989; Espejo et al., 1996). 자생조직은 특정 환경에서 생존할 수 있는 체제를 의미한다. 자생조직모형은 복합조직에서의 의사전달과 통제에 대한 기본적인 사이버네틱스적 원칙(cybernetic principles)에 토대를 두고 있다. 이러한 원칙들은 개별 부분 간에 필요한 지원적 연결과 함께 통합된 틀 안에서의 실질적인 자율과 권한위임을 제공하는 방법을 제시한다. 즉, 자생조직모형은 내적·외적 관점 및 단기적·장기적 사고의 균형을 이루는 신축적·적응적 조직을 설계하는 틀을 제공하고 있다(Espejo & Gill, 1997). 조직이 문제 해결 능력을 증진하고 효과적이기 위해서는 전체로서의 응집력과 개인 및 조직 단위의 자율성을 동시에 확보해야 한다는 것이다.

자생조직은 환경의 조정자(controller)로서 필수다양성(requisite variety)을 갖고 있으며, 환경 변화에 바람직하게 조직의 상태 및 산출물을 조정하는 능력을 갖고 있다. 이러한 특성은 오로지 자생조직모형만이 갖고 있는 장점이다(유재언, 1995 : 57). 애시비(Ashby, 1965)의 필수다양성의 법칙에 따르면 조직의 관리활동보다는 조직의 운영 활동의 다양성이 더 복잡하며, 조직의 운영활동보다는 환경의 다양성이 더 복잡한 특성을 띠고 있다. 따라서 조직 내의 관리활동과 운영활동 및 외부 환경의 다양성 간의 불일치는 항상 조직이 변화하는 환경 속에서 생존하는 데 위협적인 요소가 된다. 따라서 변화하는 환경 속에서 조직이 자생적으로 생존하려면 조직의 실행 기능 및 관리 기능의 다양성과 변화하는 외부 환경의 다양성 사이에는 적절한 수준의 균형 상태가 이뤄져야 한다. 자생조직모형은 환경과의 조화 속에서 조직 스스로가 자생성을 갖게 되는 것을 조직의 궁극적인 목표로 본다(유재언, 1995 : 59).

자생조직모형은 반복구조인 조직 전체, 하위조직, 조직구성원이 모두 상황에 대처하는 방법을 스스로 감지하고 대응 방법을 찾아 자신이 처한 문제를 해결하는 창조적 능력을 갖도록 하는 데 초점을 둔다. 변화하는 환경에서는 조직 단위가 자신이 하는 일에 대해 적절한 문제 의식을 갖고 새로운 환경에 적응할 수 있는 행동을 개발하도록 해야 자신이 처한 문제에 대응할 수 있는 힘을 갖게 되는 것이다.

비어(Stafford Beer)는 조직의 독립적 단위가 자기 환경에서 효과적으로 작동되려면 다섯 가지 기능을 포함하고 있어야 한다고 주장한다. [그림 4-8-5]는 자생조직모

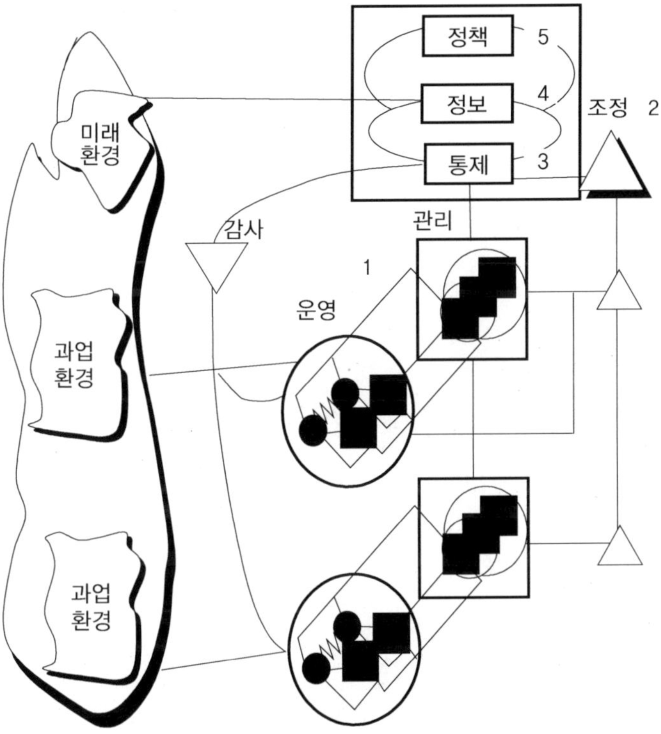

그림 4-8-5 자생조직모형

자료: 박희봉(2000: 54).

형을 개념화한 것이다. 조직 구성의 하부 단위로서 과업 수행에 임하는 자율적 운영 단위와 이를 통제하는 관리가 묶어져 시스템 1(실행 기능)을 구성하며, 이들 시스템 1을 조정하는 것이 우측 세모로 표시된 시스템 2(조정 기능)다. 시스템 1과 시스템 2의 활동은 다시 메타 시스템에 의해 통제되고 모니터링되는데 이러한 기능을 담당하는 것이 시스템 3(통제 기능)이다.

조직의 환경 변화를 감지하고 분석하며 미래에 대한 전략적 방향 설정 등을 제시하는 기능이 조직에 있게 되는데, 이를 담당하는 것이 시스템 4(정보 기능)다. 시스템 3은 자율적으로 시스템 1과 2에 대한 통제 및 모니터링 업무를 수행하지만 주요한 정보는 모두 메타 시스템으로 보고한다. 시스템 3에서 이뤄지는 보고는 과거 및 현재의 과업 수행과 관련한 정보가 주를 이루게 된다. 이에 반해 시스템 4의 정보는 주로 미래 환경과 관련한 정보를 메타 시스템에 전달한다. 과거와 현재, 그리고 미래와 관련한 정보를 모두 수집하여 조직의 행동이나 진로에 의사결정을 내리는 최상위 시스템이 존재하는데 이것이 시스템 5(정책 기능)다. 조직 내에서 존재하는 시스템 1～시스템 5는 다시 하부구조에서도 나타나게 되는데 이것이 반복적 순환구조다(이홍, 2000 : 71-72). [그림 4-8-5]는 조직 전체적으로 시스템 1～시스템 5가 갖춰져 있으며, 또한 두 개의 하위 체제 각각에서도 역시 시스템 1～시스템 5가 구비되어 있음을 보여 준다.

① 시스템 1 : 실행 기능[16]

조직의 운영 부분은 하위 체제의 네트워크로 구성되어 있다. 각 하위 체제는 환경과 상호작용하는 운영 부분과 관리 체제와 상호작용하는 관리 부분으로 이뤄지는데, 이 각각의 하위 체제를 한 단위(blackbox)로 파악한다. [그림 4-8-5]의 운영과 관리 부분으로 표시된 영역이다. 각 하위 체제는 그 자체로서 자생 체제다. 체제설계의 핵심은 적절한 부분을 하위 체제로 선택하는 것이다. 즉, 각 하위 체제가 무슨 일을 담당하고 각 하위 체제가 조직 전체의 자생성에 어떻게 기여하는가를 분명하게 설정하는 것이다. 대부분의 자생조직 체제는 환경의 복잡성을 취급하기 위해 하위 체제를 보유하고, 이들 하위 체제는 체제의 가치를 부가하는 데 책임을 진다.

시스템 1은 조직이 달성하고자 의도하는 과업을 실제 수행하는 부분들로 구성되어 있으며, 실행(implementation) 기능을 담당한다. 예를 들면, 전력회사의 경우 시스템 1은 발전소들이다. 전력회사의 목적이 전력을 생산하는 것이고, 발전소가 바로 이 과업을 수행하는 것이다. 실행 기능은 상품 또는 서비스를 생산하는 책임을 지는 우선적인 활동으로서 반복 모델의 핵심이다.

시스템 1의 우선적인 과제는 일상적인 문제에 대해 환경과 의사전달을 하는 자체의 정보 채널을 가지는 것이다. 환경은 매우 복잡하기 때문에 조직과 관련된 정보는 먼저 희석(attenuation)되어야 한다. 예를 들면, 즉각적인 전력 수요에 영향을 미치는 모든 요소에 대해 전력회사가 다 관심을 기울이는 것은 불가능하다. 그럼에도 불구하고 매 순간마다 시시각각 수요를 충족시키는 방법으로 생산량을 조정할 수 있다. 그

16) 이하 각 시스템에 대한 설명은 언더우드(Underwood, 1996), 에스페조와 길(Espejo & Gill, 1997) 등에 의존했음.

것은 전력회사가 정보 희석의 여과 장치로서 전력 수요의 빈도를 사용하기 때문이다. 누가 전등을 켜거나 생산 라인을 가동하게 되면, 이는 빈도의 변화로 감지되고 전력회사는 생산량 증대로 대응하게 된다. 정보 희석의 다른 측면은 증폭(amplification)이다. 전력회사의 예를 보면, 전력 공급 단가의 변동은 고객의 전력 소비활동에 대한 정보 제공을 위해 더욱 증폭되어야 한다. 애시비(W. Ross Ashby)의 필수 다양성의 법칙은 이러한 통로(정보의 희석과 증폭)를 의미하므로 조직은 모든 관련된 정보를 받아들이고 또한 환경 변화를 유도하는 방향으로 정보를 제공할 수 있어야 한다.

② 시스템 2 : 조정 기능

시스템 2는 하위 체제 간의 지역적인 조정(coordination) 메커니즘이다. 하위 체제들이 상호 양립 가능한 목표들을 설정하고 자원 획득을 위해 경쟁하지 않는다고 해도 여전히 하위 체제의 환경이 중첩되거나 한 하위 체제의 결정이 다른 하위 체제의 운영에 영향을 미치는 상호작용은 발생하기 마련이다. 모든 하위 체제가 조정을 위해 노력한다고 할지라도 상호작용에 대한 환류가 환경이나 관리 과정을 통해서만 주어진다면 지연이 생겨서 조직에 바람직하지 못하고 때로는 통제 불가능한 변동을 초래할 수 있다. 따라서 자생조직 체제는 가치 부가 기능과 기본적인 하위 단위의 운영을 조정하는 체제를 보유한다. 여기에서 사용하고 있는 조정의 의미는 상의하달식 지시 및 통제를 말하는 것이 아니라 지원 기능 간, 그리고 자율적인 조직 단위 간의 상호조정(mutual adjustment)이란 의미다. 시간표, 기준, 위원회, 비공식적 상호작용 등의 형태로 나타난다.

비어(Beer, 1979 : 178)의 예를 들면, 학교의 강의시간표가 이에 해당한다. 한 강사가 특정 시간에 하나의 강의만을 하며, 한 학급이 한 강의실에서 한 과목의 수업을 한다는 것을 보여 준다. 시간표는 강의의 내용에는 영향을 미치지 않지만 학교의 운영을 원활하게 하고 동요를 방지한다.

최근 활발히 논의되고 있는 지식관리 시스템(knowledge management system)은 시스템 2의 역할과 매우 깊은 관련이 있다. 조직이 거대하여 대면의 기회가 적어지거나 대면을 통한 정보 교환이나 상호 조정이 어려울 경우 정보 기술은 이를 해결할 수 있는 하나의 방법이 되는데 이것을 구현하려는 노력이 지식관리 시스템이기 때문이다(이홍, 2000 : 74-75).

③ **시스템 3 : 통제 기능**

시스템 3은 운영의 효율성을 확보하기 위해 시스템 1을 관찰하는 일상적인 관리를 의미한다. 시스템 3은 명령 계통을 통해 하위 체제의 관리 부분에서 직접적으로 전달되는 정보와 감사 채널을 통한 비공식적 자료에 의존한다. 시스템 3은 현 상태에서의 내부 체제를 관리하는 데 관심을 둔다. 하지만 자생조직의 통제(control) 기능은 전통적인 조직에서 정의하고 있는 관리자의 지휘 또는 지시 기능으로 이해해서는 안 된다. 자생조직의 통제 기능이 하는 역할은 조직구성원에게 최대한의 자율성을 보장하기 위해 조직의 자생성을 위협하는 업무활동을 규제하는 것이기 때문이다(유재언, 1995 : 61).

의사전달 통로의 효과적인 이용이 감독적 통제의 필요성을 상당히 감소시킬 수 있을지라도 하위 단위와 상위 조직 간의 쌍방적 의사전달은 자생성을 위한 선행 조건으로 여전히 필요하다. 직접적 지시와 명령을 줄이는 하나의 방법은 적절한 예외적 보고 체제를 구축하는 것이다. 다른 방법은 직접적 통제의 조정 수단으로 사용되는 감사(monitoring) 채널이다. 통제 기능은 기본적 활동의 상태를 정확히 반영한 책임 있는 보고를 필요로 한다. 하지만 책임 있는 보고라 하더라도 제공되는 정보가 개인적 편견이나 다른 의사전달상의 문제를 반영하는 경향이 종종 있다. 따라서 모든 보고 사항은 다른 정보원과 부합되는지 확인할 필요가 있다. 이는 중간 과정을 거치지 않고 상위 수준의 경영과 하위 단위의 운용 간에 직접적으로 연결되는 감사 채널을 구비함으로써 가능해진다. 하지만 이러한 감사 채널이 자주 사용되어서는 안 된다. 하위 단위의 자율적 운영에 투자된 권위와 신용을 훼손할 위험이 있기 때문이다. 따라서 이것은 관심 있는 모든 구성원이 알 수 있도록 공개되고 체계화될 필요가 있다.

④ **시스템 4 : 정보 기능**

시스템 3은 환경과 직접적으로 접촉하지 않는다. 환경과의 일상적인 상호작용은 시스템 1에서 담당한다. 시스템 4는 미래 환경을 다루는 조직의 자기 인식 메커니즘으로 미래 환경 변화를 예측하는 정보(intelligence) 기능을 담당한다.

정보 기능은 조직과 외부 환경 간의 쌍방향적 연결로 적응성(adaptivity)의 토대가 된다. 정보는 조직 체제가 외부 환경 변화에 적응하는 데 필수 불가결한 요소다. 정보 기능은 조직의 미래와 연관된 시장 조건, 기술 변화, 여타 외부적 요인에 대한 지속적인 환류를 제공할 뿐만 아니라 환경에 대해 조직의 정체성과 메시지를 전달하는 역할을 담당한다. 이러한 기능은 균형을 유지해야 하는데, 자료에 대한 해석 및 대응 능력을 초과하는 과도한 자료의 수집을 피해야 한다. 한편으로는, 환경으로부터 환류를 적절히 수용할 수 있는 수단을 구비하지 못하고서도 과도하게 환경과 의사전달하는 위험도 또한 회피해야 한다.

정보 기능은 매우 미래 지향적이다. 외부 환경 변화와 내부 조직 역량에 초점을 두고 미래에 대처하는 전략을 수립하는 데 관심을 갖는다. 현재의 조직 상황에 대한 정확한 이해를 바탕으로 계획을 수립하기 위해 정보 기능은 조직에 대한 최신 정보를 획득해야 한다.

⑤ 시스템 5 : 정책 기능

시스템 5는 정책 결정 체제로, 조직의 운영 체제(시스템 1)가 환경 변화에 대응하여 어떻게 변화해야 하는가에 대한 결정을 내리는 역할을 담당한다. 이러한 결정은 (시스템 4를 통해 여과된) 환경으로부터의 정보와 (시스템 3을 통해 여과된) 운영 부분에 대한 통제정보를 바탕으로 이뤄진다.

정책(policy) 기능의 주요 역할은 조직의 전반적인 방향, 가치와 목적을 명확히 하고 조직효과성을 위한 조건들을 설계하는 것이다. 정보 기능과 통제 기능을 통해 이뤄지는 광범한 토론과 논의를 토대로 마지막 점검을 담당한다. 즉, 시스템 3과 시스템 4를 통합하는 역할을 시스템 5가 수행하는 것이다.

조직효과성 증진의 주요 조건 중 하나는 정보와 통제 기능을 어떻게 조직하고 상호 연결하는가 하는 문제다. 효과적인 정책결정을 위해서는 정보 및 통제 기능이 상호 연결될 필요가 있고 발생하는 대부분의 정보 및 통제 이슈들은 시스템 5에 도달하기 전에 다른 여과 장치에 의해 상호 점검되는 것이 바람직하다.

전체 시스템에서의 논의를 요약하면, 1) 시스템 1의 설계에서는 시스템 1 내의 각 단위들은 자율성을 가지도록 설계되어야 하고, 2) 시스템 2의 설계에서는 시스템 1의 각 단위들 간의 사회적 상호작용이 효과적으로 일어나도록 설계되어야 하며, 3) 시스템 3의 설계에서는 모니터링 지표가 명확하도록 설계되어야 하며, 4) 시스템 4의 설계에서는 환경에 대한 감시 기능이 강화될 수 있도록 설계되어야 하며, 5) 시스템 5의 설계에서는 시스템 3과 4의 균형이 유지될 수 있도록 설계되어야 한다(이홍,

2000 : 77).

자생조직모형은 조직 내 하위 조직을 반복구조로 구조화할 것을 전제로 한다. 전체 조직만이 체제로 조직될 것이 아니라 조직 내 모든 단위 조직들까지 하나의 완전한 체제로 구조될 것을 강조한다. 자생조직모형은 모든 단위 조직, 그리고 모든 구성원도 체제로서의 실행, 조정, 통제, 정보, 정책 등의 다섯 가지 기능을 모두 수행할 수 있도록 조직화할 것을 제시한다. 또한 자생조직모형에서는 조직 하부 단위들의 자율성을 강조한다. 단위 조직 또는 조직구성원의 자율성이 보장되어야 환경의 변화에 대처할 수 있는 능력을 키워 문제를 해결할 수 있기 때문이다.

자생조직모형은 조직 단위 및 조직구성원이 의사전달 과정의 체제적 관점을 갖게 하는 데 유용한 도구다. 조직을 이중적으로, 즉 독립적인 부분과 통합된 전체로 이해하게 되면 조직 내에서 발생하는 다양한 종류의 변화를 이해하는 기반이 된다. 이 모형은 자생성을 지원하기 위한 의사전달의 기반구조를 정의하고, 구조적 조직설계와 전략적 정보 기술의 기반 구축을 위한 유용한 토대를 제공한다(Espejo & Gill, 1997). 또한 이 모형은 조직이 생존하기 위해서는 어떤 기능이 필요한지를 잘 나타내 준다. 체제가 보유해야 하는 5개의 기능은 각 체제 또는 하위 단위가 독립성을 갖기 위해 반드시 필요한 부분으로 자체적으로 책임과 영역을 창조하고, 이와 더불어 상위 체제의 생존과 발전을 위해 어떻게 연결, 조정되어야 하는지를 보여 준다.

자생조직모형의 반복 체제는 급변하는 환경에 필수적 요소로서 환경의 변화와 복잡성에 대해 탄력적이라는 장점을 갖는다. 이 모형은 주변 구조를 많이 변화시키지 않은 채, 새로운 전략사업 단위를 쉽게 포함시킬 수 있다는 점에서 탄력적이다. 따라서 이 모형에 기초한 통합구조는 조직이 환경 및 운영상의 필요에 따라 지속적으로 적응한다는 점에서 스스로 진화한다고도 할 수 있다.

자생조직모형은 우선 조직의 학습과 자치 능력을 증가시킨다. 조직이 변화하는 환경의 도전과 고객의 요구에 대응할 수 있도록 쇄신하고 진화할 수 있도록 한다. 이 모형은 단위 조직의 자율권을 확보하여 상의하달식 목표가 아닌 조직 스스로의 판단에 의한 목표를 설정하게 함으로써 단위 조직 및 조직구성원이 자발적으로 아이디어를 개발할 수 있도록 한다.

지금까지 논의한 지식정보사회의 조직모형은 장·단점의 차이는 다소 있겠지만, 대부분 미래의 새로운 환경에서 요구되는 조직의 특성, 예컨대 반응성과 신축성, 분권화된 수평적 관계, 간소하고 유연한 조직, 고객 중심적·가치 지향적·다기능적 성격을 갖고 있다는 공통점이 있다. 또한 이러한 조직모형들은 정보사회에서 요구되는 조직구성원과 관리자의 특성 변화, 즉 창의성, 다양성, 자율성, 미래 지향성, 그리고 정보 공유 등의 특성에도 잘 부응할 수 있다(이창원·명승환·임영제, 2004: 192).

요컨대, 미래 정보사회의 조직은 민간 부문이든 공공 부문이든 간에 궁극적으로 환경 변화에 민감하게 대처할 수 있는 적응적 유기체(adaptable organism)가 되어야 할 것이다. 따라서 정보사회에서는 급변하는 환경에 신속하게 대응할 수 있는 다양한 조직모형이 재설계되고 재창조되어 여러 상황에 맞도록 적절히 도입·적용되어야 한다.

제 4 절 지식정보사회의 조직에 관한 연구

권순애(2012)는 사회복지 조직의 조직학습에 영향을 미치는 요인들을 실증적으로 검증했다. 사회복지 조직의 조직학습을 강화하기 위해 관련 영향 요인을 경험적으로 밝혀낸 것이다. 자료분석은 다항 로지스틱 회귀분석과 구조방정식 모델링을 통한 다중집단 비교분석을 실시했다. 분석 결과, 조직학습 수준이 가장 낮은 유지학습에 비해 적응학습, 변혁학습, 창조학습에 영향을 미치는 변수는 개발문화와 집권화로 나타났다. 또한 사회복지 조직의 서비스 기술환경에 따라 조직학습 수준에 영향을 미치는 변수는 각기 달리 나타났다. 생활시설에서는 집단문화와 개발문화, 이용시설에서는 개발문화와 변혁적 리더십의 카리스마가 유의미한 변수로 나타났다. 이 연구의 결과를 통해 사회복지 조직의 조직학습을 활성화하기 위해서는 최고관리자의 리더십보다 조직 전체의 문화나 구조를 개선하는 것이 필요하고, 서비스 기술환경에 따라 차별적인 조직학습 활성화 전략을 구사하는 것이 필요하다고 제언할 수 있다.

하미승·전영상(2008)은 정부조직의 지식 생성의 영향 요인에 대한 인과모형을 제시했는데, 정부조직의 대표성 있는 부처에 소속된 공무원들의 인식을 조사한 데이터를 기반으로, 실제 지식 생성 수준에 영향을 미치는 독립 변수(외생 관찰 변수)들과 매개 변수(내생 관찰 변수)들을 선정하고, 이들 변수 간 및 변수들과 최종 결과 변수(실제 지식 생성) 간의 인과적 관계를 분석했다. 그 결과 지식 태도, 직무혁신 필요도, 평가 보상 체계, KMS 품질, 혁신적 리더십, 지식화 환경 등이 KMS의 활용도와 지식 생성 노력도에 영향을 미치고, KMS 활용도와 지식 생성 노력도가 다시 차례로 실제 지식 생성 수준에 영향을 미치는 것으로 나타났다.

이환범 · 이수창(2007)은 학습조직화의 중요성 및 필요성에 대한 인식이 높아지면서 학습조직화 운영 성과 제고에 대한 관심이 여러 분야에서 나타남에 따라 정부조직을 대상으로 학습조직화와 조직 운영 성과 간의 영향 관계를 분석했다 즉, 학습조직 구축 요인을 학습 구축 수준(개인 차원, 팀 차원, 조직 차원)과 학습조직 지원 시스템(리더십, 보상 시스템, 조직구조)으로 분류하여 조직 운영 성과(조직 만족, 조직 몰입)와의 영향 관계를 검증했다. 연구 결과 개인 차원의 학습 구축 수준, 팀 차원의 학습 구축 수준, 조직 차원의 학습 구축 수준, 리더십, 보상 시스템, 그리고 조직구조가 조직 운영 성과에 유의미한 영향을 미치는 것으로 나타났다. 그러므로 학습조직화를 좀 더 효과적으로 구축하기 위한 방안으로 개인 수준의 학습활동 보장, 개인 학습 성과를 조직학습 성과로 전환하기 위한 메커니즘의 강구, 학습조직 구축 및 활성화를 위한 리더십 강화, 보상 시스템의 다양화, 그리고 개방형 조직 체계 운영을 제시하고 있다.

김정해(2006)는 조직학습을 정보를 획득, 배분, 해석하고 이를 조직 기억으로 체화시키는 일련의 과정으로 보고, 조직학습이론을 적용하여 대통령 비서실의 조직학습 과정을 연구했다. 그 결과 정보 획득 경로는 점차 다양해졌으나 비서실의 내부 운영 방식은 대통령과 비공식 채널 중심으로 운영되고 있었다. 정보 배분 과정은, 공식적인 정보 배분 과정에서는 의사소통의 흐름이 권위적이고 폐쇄적인 경향이 강했으며, 비공식적인 정보 배분은 외부 환경과 정보 소통을 담당하는 기관이 많이 신설되었음을 알 수 있다. 정보 해석은 개인 수준과 조직 수준 모두 다양한 유형으로 나뉘었으나 적극-긍정형(통제 가능-이익형)이 조직학습에 가장 바람직한 유형으로 분류되었다. 조직 기억은 경성 정보의 저장이 체계적으로 되지 못하고 사유화되었으며 연성정보는 높은 이직률과 짧은 재임 기간으로 인해 잘 이뤄지지 못했다. 종합적으로 한국 대통령비서실의 조직학습 과정은 아직까지 권위적이고 폐쇄적인 측면이 많으며 학습조직으로서의 문제는 막강한 대통령의 권한과 조직 내 의사소통의 폐쇄성, 학습역량 현상, 조직 기억의 축적 미비 등을 들 수 있다.

연구 문제

1. 사례를 통해 조직에서 조직학습이 의미하는 것이 무엇인지 설명하시오.
2. 신문이나 잡지 등을 통해 조직이 자기창조적 발상을 일으키는 예를 제시하시오.
3. 지식정보사회에 적합한 조직 모형은 어떠한 것들이 있는가를 구체적인 예를 들어 제시하고 평가하시오.

사례 연구 4-9

사례 1: 공무원 학습연구동아리 운영, 용인시 학습문화 조성

용인시가 공무원들의 자발적 학습연구를 통해 지식을 공유하고, 직장 내 학습문화를 조성하기 위해 '2012 공무원 학습연구동아리'를 운영한다고 30일 밝혔다. 시는 이를 위해 29일 시청사 철쭉실에서 공무원 학습연구동아리 운영설명회를 열고 참여 공무원들 대상으로 2012년 운영지침을 전달하는 등 연구 성과 향상 교육을 실시했다. 용인발전연구센터 주관으로 열린 교육에서 연구동아리의 역할과 기능에 대한 이해를 제고하고 자료 수집·보고서 작성 등의 전략적 방법 등을 지도해 효과적인 연구 결과를 도출할 수 있도록 했다. 시의 2012년 학습연구동아리는 16팀 120명으로 구성돼 내년 1월부터 6월까지 ▸용인경전철 활성화, ▸시 조직 발전 방안, ▸경영 수익사업 발굴, ▸정체성 확립 방안 등 시의 주요 현안을 중점 연구하게 된다.

참여 공무원들 중 2010년 이후 임용된 공직자가 28명으로 신규 공직자의 시정에 대한 관심과 직무 향상에 기여함은 물론 선후배 간 소통의 기회로 활용될 것으로 기대되고 있다. 한편 시의 공무원 학습연구동아리는 2005년부터 운영되면서 학습하는 조직문화 확산과 핵심 지식 공유를 통한 공무원 역량 강화에 기여해 왔다.

(뉴시스, 2011. 12. 30. 윤상연 기자)

사례 2: 학습조직 소통과 성장 도모

두산건설이 소통과 결속이라는 조직문화 구축을 위한 프로그램을 마련했다. 5일 두산건설에 따르면 'Happy Hour'와 '학습조직'이라는 프로그램을 시행하고 있다.

Happy Hour는 매월 둘째 주 금요일, 임직원이 팀을 구성해 독서토론, 전시회 관람, 강연 및 토론 등 자유로운 활동을 하도록 권장하는 제도다. 팀 단위 활동 외에 다양한 분야에 대한 강의를 듣고 토론하는 사내 특강도 진행된다. '르네상스 창조경영' 김상근 교수, 허구연 야구 해설위원 등 외부강사 초청 특강도 가졌다.

특히 지난해 11월부터는 '나는 강사다'라는 프로그램을 통해 임직원이 자신의 취미나 지식으로 강의를 열기도 했다. '해외 오지 배낭여행 체험'에 대한 강의를 진행한 서범기 대리는 "취미를 공유하며 잘 모르는 직원들과 소통할 수 있는 좋은 기회였다"고 소감을 밝혔다.

'학습조직'은 공통의 관심사를 가진 직원이 모여 문제를 해결하는 등 도전과 열정을 배양하고자 고안됐다. 2010년 7월 시작해 현재 48개 팀이 활동 중이다.

학습조직을 통해 도출된 아이디어는 현장에 적용되기도 한다. '학습조직 전시회 Doo the 知'에서 대상을 수상한 'We've 상품특화연구' 학습조직의 '다이어트 계단' 아이디어는 본사 및 부천 약대, 인천 학익 두산위브에 실제 적용돼 좋은 평가를 받았다.

두산건설 관계자는 "'Happy Hour'로 임직원 간의 소통을 꾀하고, '학습조직' 제도를 통해 조직과 개인의 발전을 도모하고 결속력을 다지고 있다"고 말했다.

(아시아투데이, 2012. 1. 5. 김혜민 기자)

사례 문제

1. 조직에서 조직학습이 이뤄질 수 있는 방법에 대해 설명하시오.
2. 조직학습이 조직 성장에 미치는 긍정적인 영향에 대해 설명하시오.

참고 문헌

국내 문헌

강근복(1996). 「정책분석론」. 서울: 대영문화사.

강정애 외(2009). 「조직행동론」. 서울: 시그마프레스.

강정인(1991). 계급과 평등: 기회 균등과 능력주의의 문제점 및 그 한계. 「한국과 국제정치」, 7(1): 1-35. 경남대학교 극동문제연구소.

강제상 · 임영제 외(2005). 「행정기획론」. 서울: 박영사.

고병국 역, Charles Savage 저(1993). 「제5세대 경영」. 서울: 한국경제신문사.

고종욱(2006). 직무 스트레스와 산출 간 관계에서의 조직몰입의 조절 역할: 지방자치단체 공무원을 중심으로. 「한국행정학보」, 40(2): 147-166.

권기성 · 최진석(1997). 가상조직에 대한 정체성 고찰. 「한국행정학보」, 31(4): 155-168.

권기헌(1997, 2000). 「정보사회의 논리」. 서울: 나남출판.

―――(1999). 「전자정부와 행정개혁」. 서울: 커뮤니케이션북스.

권석균(1998). 학습조직의 설계와 운영 방안. 「MIS연구」(한국외대), 10: 130-159.

권순애(2012). 사회복지조직의 조직학습 영향 요인 : 조직문화, 조직구조, 변혁적 리더십, 서비스 기술환경을 중심으로. 「한국사회복지행정학」, 14(1): 87-113.

권태환 · 조형제 편(1997). 「정보사회의 이해」. 서울: 미래M&D.

김경석(2006). 조직시민행동의 개념적 본질에 대한 소고. 「인사 · 조직연구」, 14(2): 141-175.

―――(2007). 조직시민행동(OCB)에 대한 구성 형태적 접근: 탐색적 연구. 「대한경영학회지」, 20(3): 1063-1087.

김경한(2004). 목표관리제의 효과성에 대한 영향 요인 연구. 「한국행정학보」, 38(1): 93-114.

김광억(1995). 한국문화의 국제화, 「국제화에 대한 사회과학적 이해」, 한국사회과학연구협의회, 서울: 박영사.

김광웅(1998). 김대중 정부 초기 정부조직 개편에 관한 비판적 성찰. 「한국행정학보」, 32(2): 97-111.

김광점 외 역, Richard L. Daft 저(2007). 「조직이론과 설계」. 제9판, 서울: 한경사.

김　구(2002a). 지방공무원의 직무만족과 직무성과의 영향 요인에 관한 의사결정나무분석. 「한국정책학회보」, 11(2) : 27-49.
―――((2002b). 지방행정기관에 있어서 조직정치의 지각이 직무성과 요인에 미치는 영향에 관한 의사결정나무 분석. 「한국사회와 행정연구」, 13(2) : 65-87.
김규정(1986, 1999). 「행정학원론」. 서울 : 법문사.
김근세 · 권순정(2000). 한국 중앙행정기관의 국가 기능과 행정 수단. 「한국행정학보」, 34(1) : 59-81.
―――(2001). 한국 중앙행정기관의 조직구조와 맥락의 정합성 분석 : 던리비의 기관 유형을 중심으로. 「한국행정학보」, 35(1) : 19-34.
김근세 · 오수길 · 정용일(1998). 한국 중앙행정기구 변화의 정치경제. 「한국행정학보」, 32(3) : 73-92.
김난도(1997). 가상조직의 등장과 조직연구에의 이론적 · 실천적 함의. 「한국행정학보」, 31(1) : 197-212.
김대건(2006). 지속 가능한 정부혁신과 고성과 조직을 위한 조직 리더십의 역할 : 조직 리더십의 개념화를 위한 실제 분석. 「한국행정학보」, 40(1) : 29-49.
김도희(2001). 지방정부와 주민 간 입지갈등의 갈등 유발 요인에 관한 연구 : 울산원자력발전소 입지갈등 사례를 중심으로. 「한국정책학회보」, 10(1) : 165-188.
김명언(1994). 정보사회의 역기능 및 해결 방안. 「행정과 전산」, 16(1) : 31-42.
김명환(2009). 제도환경에 대한 조직 대응 방식으로의 분리와 위선 : 공공기관 혁신평가를 대상으로. 「한국행정학보」, 43(4) : 155-178.
김미경 · 김경환(2009). 리더십 유형이 조직유효성에 미치는 영향 : 팔로워십 특성의 조절 효과를 중심으로. 「호텔경영학연구」, 18(2) : 277-298.
김민강 · 박통희(2008). 신자유주의적 인사혁신의 맥락에서 인사공정성과 조직시민행동. 「한국행정학보」, 42(3) : 261-291.
김병섭(1991). Michael T. Hannan과 John H. Freeman의 조직군생태학. 오석홍 편, 「조직학의 주요 이론」. 서울 : 경세원.
김병섭 · 박광국 · 조경호(2009). 「휴먼조직론」. 서울 : 대영문화사.
김봉식(1985). 전략기획의 기법. 「사회과학논총」, 3 : 55-77.
김상묵(1998). 지방자치단체 조직진단 : 경험과 교훈. 「한국행정학보」, 32(3) : 111-125.
―――(2000). 지식정부의 바람직한 조직모형 검토. 「한국행정학회 동계발표 논문집」, 139-169.
김상묵 · 강제상 · 박희봉(2002). 정부조직의 지적자본과 성과와의 관계. 「한국행정논집」, 14(4) : 893-915.
김석주(1994). 우리나라 고급공무원과 일선 하급공무원 간의 동기부여 요인에 관한 비교연구. 한국외국어대학교 대학원 박사학위 논문.

김성국(2008). 「조직과 인간행동」. 사울: 명경사.
김성수(2000). 한국 과학기술 정책과정의 조정과 통합; 체제이론에 의한 국가과학기술위원회 운영분석. 「한국정책학회보」, 9(2): 211-236.
김성환 외 역(2005). 「지성과 감성의 협상기술」. 파주: 한울.
김영근(1993). 환경변수에 따른 조직의 적응에 대한 연구. 고려대학교 대학원 박사학위 논문.
김영석(2000). 「디지털미디어와 사회」. 서울: 나남출판.
김영임 · 김유경 · 유세경(2002). 「인간과 커뮤니케이션」. 서울: 한국방송대학교출판부.
김영평(1991). 「불확실성과 정책의 정당성」. 서울: 고려대학교출판부.
김영호 외(2010). 한국 중앙행정기관의 조직구조와 조직몰입 및 직무만족과의 관계 분석: 구조방정식모형을 적용하여. 「한국정책과학학회보」, 14(호): 317-341.
김용학(1992). 「사회구조와 행위」. 서울: 나남.
김원형 외(2009). 「심리학의 이해와 적용」. 서울: 학지사.
김은희(2007). 지방공무원의 직무만족 과정변수로서 심리적 임파워먼트의 역할. 「한국정책과학학회보」, 11(4): 107-135.
김인 · 허용훈 · 이희태(1999). 지방의료원의 운영 형태별 성과분석. 「한국행정학보」, 33(3): 383-402.
김인수(1991, 1997, 2005, 2008). 「거시조직이론」. 서울: 무역경영사.
김인철 · 최진식(1999). 지방정부 간의 갈등과 협상에 관한 연구. 「한국정책학회보」, 8(3): 99-120.
김일석(2002). 리더행동과 신뢰 인식 유형이 직무반응에 미치는 영향에 관한 연구. 「한국사회와 행정연구」, 13(2): 19-41.
김장기 · 신윤창(2009). 공공기관 혁신문화의 정착과 추진 방안: 정부산하기관을 중심으로. 「한국조직학회보」, 6(1): 121-143.
김재영 · 변애경(1999). 지방 세무직 공무원의 직무환경과 직업의식: 인천광역시의 일반직-세무직 공무원 비교. 「한국행정학보」, 33(2): 163-181.
김정해(2006). 역대 대통령 비서실의 조직학습 과정 특성분석. 「한국정책과학학회」, 10(4): 65-90.
김종범(1996). 정보화사회에 있어서의 역기능과 대책. 「한국행정연구」, 5(3): 76-101.
김주성(2010). 공정사회의 조건과 과제. 「CEO REPORT」. 경기개발연구원, 35: 1-20.
김지성 외 역, Stephen P. Robbons 저(2006). 「조직행동론」. 서울: 피어슨에듀케이션코리아.
김태룡(1993). 행정결정 권한의 배분구조에 관한 연구. 서울대학교 대학원 박사학위 논문.
김태룡 · 안희정(2007). 한국형 팀제가 조직효과성에 미치는 영향. 「한국행정논집」, 19(1): 1-21.
김판석(1994). 세계화 시대의 정부부문 경쟁력 제고. 「한국행정학보」, 28(4): 1525-1548.
김판석 · 권경득(2000). 한국 정부의 목표관리제(MBO) 도입: 이론 조명과 현실적 문제점.

「한국행정논집」, 12(3) : 429-453.

김해룡 · 김쌍언(2009). 직무자율성과 구성원 태도 간의 관계에서 셀프 리더십의 영향에 관한 연구. 「산업경제연구」, 22(1) : 201-227.

김현성(1996). 한국 행정정보 체계의 효과성을 위한 주권자-대리인이론적 분석. 「한국행정학회 하계발표 논문집」, 309-337.

김형성 · 황성원(2011). 중앙부처 특채자들의 직무만족과 공정성 인식이 조직시민행동에 미치는 영향. 「한국행정논집」, 23(3) : 877-905.

김호균(2007). 조직공정성, 조직신뢰, 조직시민행동 간 영향관계 분석. 「한국행정학보」, 41(2) : 69-94.

김호섭(2001). 정부조직의 분권화와 상관 변수. 「한국행정학보」, 35(1) : 35-51.

김호섭 외(2002). 「조직 행태의 이해」. 서울 : 대영문화사.

김호정(1989). 한국 관료의 직무 특성과 직무만족의 관계 및 그 조절변수로서 행정문화에 관한 연구. 「한국행정학보」, 23(2) : 653-680.

———(1999). 신뢰와 조직몰입. 「한국행정학보」, 33(2) : 19-35.

———(2000). 공무원과 회사원의 동기부여 요인 비교. 「한국행정논집」, 12(2) : 265-285.

———(2001). 변혁적 · 거래적 리더십이 조직몰입에 미치는 영향 : 공 · 사조직의 비교. 「한국행정학보」, 35(2) : 197-216.

———(2002a). 한국 행정문화연구와 경쟁가치모형. 「한국정책학회보」, 11(3) : 219-238.

———(2002b). 행정조직문화가 조직몰입과 직무만족에 미치는 영향. 「한국행정학보」, 36(4) : 87-105.

———(2009). 갈등과 신뢰 및 조직효과성의 관계. 「한국행정학보」, 43(1) : 97-119.

나중식(1999a). 김대중 정부의 제2차 중앙재정기구 개편에 관한 사례분석. 「한국정책학회보」, 8(3) : 27-48.

———(1999b). 한국 중앙재정기구 변천의 역사적 분석 : 박정희, 김영삼, 김대중 정부의 재무행정조직 개편에 관한 사례분석을 중심으로. 「한국행정논집」, 11(3) : 541-561.

나태준 · 최순영(2003). 공공조직 구성원의 조직신뢰 향상 방안에 관한 연구 : 서울시를 사례를 중심으로. 「한국행정학보」, 37(1) : 1-17.

남승하(2008). 조직의 관리적 혁신의지와 조직성과 간의 관계에 관한 연구. 「한국행정학보」, 42(1) : 171-196.

노화준(1988a). 우리 나라 행정에 있어서 컴퓨터의 활용이 행정에 미친 영향. 「행정논총」, 26(1) : 130-140.

———(1988b) 우리 나라 행정에 있어서 컴퓨터의 실용화에 영향을 미친 요인과 컴퓨터의 활용성 제고 방안. 「한국행정학보」, 22(1) : 121-147.

노화준 · 이달곤(1990). 지방행정에 있어서 컴퓨터 실용화에 영향을 미치는 요인과 활용성 제고 방안. 「한국행정학보」, 24(2) : 959-980.

다인 번역부 역(1990). 「네트워크 시대의 조직전략 I」. 서울: 십일월 기획출판.
도운섭(1999). 행정조직 문화 유형에 따른 관료 행태의 실증적 분석. 「한국행정논집」, 11(2): 287-302.
류은영 · 유민봉(2008). 변혁적 · 거래적 리더십이 혁신행동에 미치는 영향에 있어 리더 감성 지능의 매개 효과: LISREL과 매개회귀분석을 적용하여. 「한국행정학보」, 42(4): 151-177.
명승환(1997). 업무 수행에 있어서의 정보기술의 영향. 「한국정책학회보」, 6(1): 72-100.
목진휴 · 최영훈 · 명승환(1998). 정보통신기술이 정책결정 과정에 미치는 영향. 「한국행정학보」, 32(3): 35-54.
문태훈(2001). 보전과 개발을 둘러싼 중앙부서 간의 환경갈등 원인과 저감 방안에 관한 연구. 「한국행정학보」, 35(1): 1-18.
민 진(2009). 「조직관리론」. 서울: 대영문화사.
박경원 · 김희선(1998). 「조직이론강의」. 서울: 대영문화사.
박광표 · 김대건(2010). Peters의 조직 변화와 유형에 따른 지방정부 조직 변화 연구: 강원도 조직환경 및 전략적 선택을 중심으로. 「한국행정논집」, 22(4): 997-1018.
박국흠(2008). 지방공무원의 조직몰입과 혁신 정향이 혁신 행태에 미치는 영향. 「한국행정학보」, 42(2): 263-282.
박기찬(1992). 과학적 관리와 한국적 인사관리. 「한국인사 · 조직학회 인사분과 발표회 발표논문집」.
박내회(1980, 1989, 1993). 「조직행동론」. 서울: 박영사.
박대식(2001). 정부조직 개편에 대한 제도-선택적 분석: 국민의 정부조직 개편을 중심으로. 「한국행정학보」, 35(3): 1-19.
———(2008). 정부조직 개편 접근법 비교분석: 미국과 한국 사례를 중심으로. 「한국조직학회보」, 5(3): 103-128.
박동서(1993). 「한국행정론」. 서울: 법문사.
박병식 · 강태호(1998). 공공시설 입지 선정에 관한 연구: 쓰레기 매립장을 중심으로. 「한국행정학보」, 32(4): 239-255.
박상언 · 김주엽 역, Gareth Morgan 저(2004). 「조직의 8가지 이미지」. 서울: 지샘.
박세정(1998). 지방자치단체의 TQM 도입 실태, 문제점, 그리고 향후 방향. 「한국행정학보」, 32(4): 157-171.
박수영 · 임영제 외(2004). 「현대사회와 행정」. 서울: 대영문화사.
박순애 · 오현주(2006). 성과 지향적 조직문화와 조직효과성. 「한국행정학보」, 40(4): 225-252.
박연호(2000). 「조직행동론」. 서울: 박영사.
———(2003). 「행정학신론」. 서울: 박영사.
박연호 · 오세덕(1982). 「조직관리론」. 서울: 법문사.

———(1996, 2000). 「현대조직관리론」. 서울: 법문사.
박연호 · 이상국(1984, 2000). 「현대행정관리론」. 서울: 박영사.
박연호 · 임영제(2000). 「현대사무관리론」. 서울: 법문사.
박우순(1996). 「현대조직론」. 서울: 법문사.
박우순 · 이창원 · 김근세(2001). 조직. 9장. 이종수 외, 「새 행정학」, 서울: 대영문화사.
박재창(1993). 정보사회의 민주화 과정: 구조적 특성과 과제. 「현대사회발전」, 4: 77-103. 숙명여자대학교 현대사회발전연구소.
박재희(2000). 부처 간 갈등과 정책조정력 강화 방안. 「한국행정연구」, 9(4): 5-28.
박천오(1989). Herzberg 연구 방법을 통해서 본 한국 공무원의 직무동기. 「한국행정학보」, 23(1): 343-368.
박천오 · 김상묵(2001). 지방자치단체의 생산성 결정 요인: 서울시 자치구 공무원들의 인식을 대상으로. 「한국행정연구」, 10(1): 182-208.
박천오 · 김상묵 · 강제상(2000). 한국 공무원이 성별 직무 관련 태도 차이에 관한 실증적 조사 연구: 지방공무원을 중심으로. 「한국행정학보」, 34(2): 269-287.
박철민 · 김대원(2004). 공정성과 조직시민행동의 행정 서비스 질에 대한 영향분석: 제안모형과 경쟁모형의 적용. 「한국행정학보」, 38(1): 115-136.
박통희(2002). 조직구조와 조직행태. 9장. 김호섭 외, 「조직행태의 이해」. 서울: 대영문화사.
———(2004). 情, 가족주의 그리고 대인간 신뢰: 한국중앙정부의 사례. 「한국행정학보」, 38(6): 23-45.
박희봉(2000). 자생모델의 정부조직 적용가능성. 한국행정학회 조직학연구회 2000년도 춘계 학술대회 발표 논문집, 「조직이론의 새로운 학문적 정향 모색」, 45-64.
박희봉 · 강제상(1999). 말콤 볼드리지 모델을 이용한 지방자치단체 조직평가: 포천군 공무원의 자체평가를 중심으로. 「한국행정학보」, 33(3): 257-272.
———(2000). 지방행정조직의 생산성 장애 요인 인식에 관한 연구: 서울시 서초구 공무원을 중심으로, 「한국정책학회보」, 9(2): 29-46.
박희서(2000). 지방정부의 창조적 운영을 위한 TQM의 적용 방안에 관한 연구. 「한국사회와 행정연구」, 11(1): 97-116.
박희서 · 김구(2002). 행정관리에 있어서 지식관리의 활용성 제고 요인에 관한 탐색적 연구. 「한국행정학보」, 36(2): 41-61.
방석현(1990). 정보화와 행정 기능의 변화. 「한국행정학보」, 24(2): 679-691.
배귀희(2007). 조직공정성과 조직시민행동에 관한 연구: 조직신뢰와 조직몰입의 매개변수를 중심으로. 「한국행정논집」, 19(3): 473-500.
배병룡(2005). 조직내 신뢰가 반응성에 미치는 영향: 협력, 민주성 및 조직몰입의 매개를 통하여. 「한국행정학보」, 39(3): 67-86.
백기복(1994, 1996, 2002). 「조직행동연구」. 서울: 법문사.

백완기(1992). 「행정학」. 전정판. 서울: 박영사.

서순복(2000). 민간경영기법의 공공부문 적용에 관한 연구: 지방자치단체(광양시) 목표관리제 적용 사례를 중심으로. 「한국사회와 행정연구」, 11(1): 117-136.

서이종(1998). 「지식·정보사회학」. 서울: 서울대학교출판부.

서재현 외 역, D. Hellrigel, J. W. Slocum Jr., & R. W. Woodman 저(2007). 「조직행동론」. 서울: 한경사.

설기문(2002). 「인간관계와 정신건강」. 서울: 학지사.

손태원(1999). 경영혁신 사조의 변천 과정에서 본 지식경영과 학습조직의 위상 연구. 「경제논총」(명지대), 18: 465-488.

송경근(1998). 지속적인 경쟁력의 원천을 생각한다. 「기업문화협의회보」, 기업문화협의회.

송상호(1999). 21세기 조직통합모형에 관한 이론적 고찰. 「경영연구」, 5: 39-73.

송운석(2010). 공공기관 업무집단의 특성이 혁신행동에 미치는 영향. 「한국행정논집」, 22(3): 693-720.

신구범(2008). 「조직행위론」. 서울: 형설출판사.

———(2009). 서번트 리더십, 변혁적 리더십과 거래적 리더십 간의 관계에 관한 실증 분석. 「인적자원관리연구」, 16(1): 87-101.

신승춘(1992). 기술 변화와 조직구조에 관한 연구: 반도체 기업과 방직기업의 사례연구. 국민대학교 대학원 박사학위 논문.

신영욱(1996). 학습조직과 지식관리. 삼성경제연구소 편, 「학습조직의 이론과 실제」. 서울: 삼성경제연구소.

신유근(1988). 「조직환경론」. 서울: 다산출판사.

———(1989, 1990). 「조직행위론」. 서울: 다산출판사.

———(1992). 「한국의 경영」. 서울: 박영사.

신인철(2007). 「팔로워십-리더를 만드는 힘」. 서울: 한스미디어.

심준섭 외(2008). 「협상의 이해」. 서울: 박영사.

안경섭(2009). 성공적 정부조직 개편을 위한 통합조직의 융합전략에 관한 연구: 중앙부처의 Post Merger Integration을 중심으로. 「한국행정논집」, 21(1): 261-285.

안경섭·윤미정(2009). 공공기관의 혁신활동의 방향성과 조직성과와의 관계. 「한국정책과학학회보」, 13(1): 51-74.

안문석(1995). 「계량행정론」. 서울: 박영사.

———(1998). 한국 관료들의 다원적 공직몰입과 무사안일 형태. 「한국행정연구」, 7(3): 153-173.

안해균(1983). 「현대행정학」. 서울: 다산출판사.

양경훈·김정윤·유훈상(1999). 기존 조직과 비교를 통한 가상조직의 특성에 관한 연구. 「산업경영연구」, 8(1): 191-218.

양안숙(2008). 직무 스트레스에 의한 소진이 이직 의도에 미치는 영향: 보육시설 종사자를 중심으로. 「한국정책과학학회보」, 12(4): 367-388.

양창삼(1992, 1994). 「조직이론」. 서울: 박영사.

———(1994). 「조직행동의 이해」. 서울: 법문사.

———(999). 「최신조직이론」. 서울: 법경사.

여윤환·임영제(1996). 총체적 품질관리(TQM)의 행정 부문 적용에 관한 이론적 검토. 「행정문제연구」, 3(1): 105-125.

———(1997). 전략적 관리의 과정과 기법에 관한 이론적 고찰. 「행정문제연구」, 4(1).

오광석·김석주·이형수·정병걸(1998). 조달청의 조직 개선 방안: 조직 분위기를 중심으로. 「한국행정연구」, 7(3): 130-152.

오석홍(1984). 민원행정에 관한 연구, 「행정논총」, 22(1): 1-23.

———(1990, 2003, 2005, 2009). 「조직이론」. 서울: 박영사.

오세덕(1987). 갈등모형과 갈등관리전략에 관한 연구. 「경희법학」, 22(1): 187-220.

오세덕·여윤환(2000). 「현대행정관리론」. 서울: 동림사.

오세덕·이명재·임영제(2004). 「조직행태론」. 서울: 동림사.

오세철·박상언(1990). 「조직사회학」. 서울: 현상과 인식.

오종석·정동섭(1998). 자율팀 조직의 활성화를 통한 조직 혁신. 「경영·경제연구」, 17 (1): 161-183.

원구환·류숙원·김상윤(2008). 공기업 유형별 조직몰입 영향요인 비교연구. 「한국조직학회보」, 5(3): 29-63.

원숙연·박통희(2000). 정부조직 내에서 상관에 대한 부하의 신뢰: 상관의 개인적 특성과 관계적 특성을 중심으로. 「한국행정연구」, 9(4): 137-163.

원한식(1997). 가상조직과 전자정부. 「사회과학논총」(전주대), 13: 89-108.

유규창 외(2008). Walter W. Powell과 Paul J. DiMaggio의 신제도주의 조직이론. 「조직학의 주요 이론」. 서울: 법문사.

유민봉(2001). 팀제 조직관리 도입의 실효성 분석과 효과성 제고 방안 연구: 정부투자기관을 대상으로. 「한국행정학보」, 35(4): 157-177.

유재언(1995). 지방정부의 자생력 확보를 위한 조직 연구: VSM 모델을 중심으로. 「지방자치경영연구」, 1(1): 55-66.

유종해(1988). 「현대조직관리」. 서울: 박영사.

유태용 역, Paul M. Muchinsky 저(2006). 「산업 및 조직심리학」. 서울: (주)시그마프레스.

유평준(1990). 행정전산화의 조직내적 동기와 영향 간의 관계. 「한국행정학보」, 24(2): 719-734.

유평준·김도훈·유병무(1994). 행정전산화에 따른 행정조직상의 변화 분석. 「한국행정학보」, 28(4): 1371-1386.

유한호(1991). 조직문화와 조직유효성의 관계, 고려대학교 대학원 박사학위 논문.
유홍림(1999). 리더십. 237-272. 김호섭 외, 「새조직행태론」, 서울: 대영문화사.
———(2002). 리더십. 8장. 김호섭 외, 「조직행태의 이해」, 서울: 대영문화사.
유홍림·조경호(2001). 서울시 자치구청 민원행정 공무원의 갈등관리 유형과 민원행정 서비스에 대한 시민만족도. 「한국행정연구」, 10(3): 239-257.
유 훈(1998). 조직문화에 관한 고찰. 「행정논총」, 31: 114-131.
윤대혁(2009). 「조직행동론」. 서울: 무역경영사.
윤순봉·장순권(1995). 「열린 시대 열린 경영」. 서울: 삼성경제연구소.
윤영채·이광순(2009). 조직시민행동의 선행 요인과 성과평가에 미치는 영향. 「행정논총」, 47(1): 209-232.
윤우곤(1977). 「조직원론」. 서울: 박영사.
윤재풍(1986, 1990). 「조직학원론」. 서울: 박영사.
윤정구·임준철(1998). 공정성이 조직효과성에 미치는 영향력에 관한 연구: 사기업과 공기업의 사례를 중심으로. 「한국행정학보」, 32(3): 55-72.
윤종래(1991). 사립학교의 조직 특성과 교원의 직무만족도에 관한 연구. 성균관대학교 대학원 박사학위 논문.
윤훈현·김범석(2002). 「21세기 경영학」. 서울: 청목출판사.
이경호·김근세(2006). 중앙행정기관 조직진단의 경험과 함의. 「한국행정논집」, 18(1): 257-284.
이광규(1971). 「문화인류학」, 서울: 일조각.
이달곤(1992). 중앙정부와 지방자치단체 간의 갈등관리에 관한 연구. 「행정논총」, 30(1): 94-110.
이도화(1992). 인사관리의 발전과 과제: Human Relations 측면. 한국인사 조직학회 인사분과발표회 발표 논문집.
이동수(2007). 경쟁가치모형을 이용한 한국 행정조직문화의 진단. 「한국행정논집」, 19(2): 215-244.
이명석(1998). 지방자치단체 공무원 규모의 결정 요인에 대한 연구: 도시 공무원을 중심으로. 「한국행정학보」, 32(2): 183-199.
이상엽·김병식(1996). 성격 유형과 갈등관리 유형과의 관계를 통한 부서의 효율성 분석. 「한국행정학보」, 30(3): 71-88.
이상우 역(2004). 「현대조직의 리더십 이론」. 서울: 시그마 프레스.
이상진(1990). 「현대조직학」. 서울: 형설출판사.
이상호(2009). 「조직과 리더십」. 서울: 북넷.
이석재 외(1998a). 공공기관의 CIO제도 도입에 있어서의 현안 문제와 대응 방안. 한국전산원.
———(1998b). 공공기관의 CIO제도 도입에 대한 전문가 의견조사. 한국전산원.

이승영 · 박영배(1990). 「비교경영론」. 서울: 법문사.
이승종(1998). 민선자치단체장 리더쉽의 영향 요인. 「한국행정학보」, 32(1): 147-161.
이윤식(1990). 정보관리와 정책과정. 「한국행정학보」, 24(2): 693-718.
이재규 · 서재현 역, Peter Drucker 저(1997). 「미래의 조직」 서울: 한국경제신문사.
이종범(1986). 「국민과 정부관료제」. 서울: 고려대학교출판부.
이종수(2012), 「정부는 공정한가?」, 서울: 대영문화사.
이종수 외(2008). 「새 행정학」, 서울: 대영문화사.
이종화(1987). 「조직커뮤니케이션론」. 서울: 전예원.
이주희(1998). 지방자치단체와 환경관리청 간의 관계 정립 방안. 「지방행정연구」, 12(3): 21-42.
이창길(2007a). 국정운영 조직의 시대적 변천과 미래 발전 방향. 「한국조직학회보」, 4(2): 113-139.
———(2007b). 중앙부처의 수평적 정책네트워크 구조 분석: 협력과 경쟁 그리고 권위의 관계를 중심으로. 「한국행정학회보」, 41(1): 21-47.
이창순(2009). 「조직」. 서울: 박영사.
이창원(1991). Effects of Supervisory Behaviors on Work Group Effectiveness: A Field Experiment. Ph. D. Dissertation. State University of New York at Albany.
———(1994). 리더의 행동이 과업집단 효과성에 미치는 영향에 관한 현장실험. 「한국행정학보」, 28(1): 201-222.
———(1995). Effects of Specific Leader Behaviors on Work Group Effectiveness in a Korean Voluntary Organization: A Field Experiment. Academy of Management Best Papers Proceedings, 583.
———(1999). 지방자치단체장들의 리더십 행태와 그 효과성에 관한 실증적 연구. 「한국행정학보」, 33(3): 273-286.
———(2000). 지방자치단체의 계층이 단체장의 리더십 행태와 그 효과성에 미치는 영향. 「한국행정학보」, 34(2): 139-160.
———(2002a). 내용분석법을 이용한 우리 나라 지방자치단체장들의 리더십 유형 및 요인분석. 「한국행정논집」, 14(4): 1063-1087.
———(2002b). Referent Role and Styles of Handling Interpersonal Conflict: Evidence from a National Sample of Korean Local Government Employees. *International Journal of Conflict Management*, 13(2): 127-141.
이창원 · 김호정 · 박희봉 · Adler(2003). 지방자치단체장들의 변혁적 리더십과 리더십 효과성: 한국과 뉴질랜드 단체장들의 비교. 「한국행정학보」, 37(1): 19-36.
이창원 · 명승환 · 임영제(2004). 「정보사회와 현대조직」. 서울: 대영문화사.
이창원 · 임영제(2004). 정보기술의 도입이 행정조직의 변화와 조직효과성에 미치는 영향.

「한국행정학보」, 38(1) : 69-92.
———(2008). 변혁적 리더십의 연구 경향 분석과 과제. 「한국조직학회」, 5(3) : 199-228.
이창원 · 장부차(2003). 지방공단의 조직효과성 평가모형 개발. 「한국행정학보」, 37(4) : 281-302.
이창원 · 전주상(2003). 갈등당사자의 상대적 지위와 개인간 갈등의 관리방식 : 우리나라 중앙부처 공무원에 대한 실증적 분석. 「한국행정학보」, 37(2) : 1-19.
이창원 · 정법권(2008). 단체장의 리더십이 부하의 조직시민행동에 1미치는 영향에 있어 신뢰의 매개 역할. 「정책분석평가학회보」, 18(1) : 1-30.
이창원 · 정진우(2004). 국회사무처 조직재설계에 관한 논의 : Mintzberg의 조직성장 경로모형과 AHP 기법의 적용. 「한국행정학보」, 38(5) : 87-100.
이창원 · 차종화(2000). 노인복지회관의 조직효과성 평가에 관한 연구 : 노인종합복지관과 일반 노인복지회관의 비교분석을 중심으로. 「한국정책학회보」, 9(1) : 215-240.
이창원 · 최창현(1996, 2005). 「새 조직론」. 서울 : 대영문화사.
이창원 · 최창현 · 권해수(1998). 지방자치단체의 조직효과성 평가에 관한 연구 : 계층분석 절차 기법을 이용한 평가지표의 개발 및 적용. 「한국행정학보」, 32(1) : 129-146.
이태종 · 윤진효 · 조범동(2008). 학술연구지원기관의 조직구조와 성과 간의 관계 분석 연구 : 한국학술진흥재단(KRF)을 중심으로.「한국행정논집」, 20(2) : 553-574.
이학종(1991, 1993). 「조직행동론」. 서울 : 세경사.
———(2000). 「정보기술과 현대경영」. 서울 : 박영사.
이한구(2011). 공정사회를 어떻게 실현할 것인가. 「철학과 현실」, 철학문화연구소, 88 : 15-21.
이혜영(2006). 공공부문 조직혁신 사례연구 : 혁신 과정을 중심으로. 「한국행정학보」, 40(3) : 129-151.
이 홍(2000). 신경사이버네틱스를 통한 학습조직의 설계 : 이론적 제시. 「지식경영연구」, 1 : 65-80.
이홍재 · 차용진(2007). 조직문화가 지식관리에 미치는 영향에 관한 연구 : 중앙행정기관 공무원들의 인식을 중심으로. 「한국정책과학학회보」, 11(1) : 105-128.
이화용 역, Bob Wall 저(2007). 「감성코칭리더십」, 서울 : 지평.
이환범 · 이수창(2007) 정부조직 운영성과 개선을 위한 학습조직화 방안 연구. 「한국정책과학학회보」, 11(1) : 209-228.
이환범 · 이수창 · 박세정(2005). 조직환경 및 조직구조가 권위주의 행태에 미치는 영향 요인 분석. 「한국행정논집」, 17(2) : 459-478.
임도빈 · 윤의영(2002), 조직진단의 체계와 과정. 「정부조직진단」, 한국행정학회 조직연구회.
임영제(1997). 「행정조직 내 정보기술의 활성화 방안에 관한 연구」. 경희대학교 대학원 박사학위 논문.
임영제 외(2004). 「인간관계의 이해」. 서울 : 법문사.

임창희(1995). 「한국형 팀제」. 서울: 삼성경제연구소.
———(2009). 「조직행동」. 서울: 비앤엠북스.
장준호·조용현(2009). 윤리적 리더십이 리더-부하 간 교환 관계 질 및 조직시민행동에 미치는 영향, 「인적자원관리연구」, 16(1): 181-199.
전영한(2004). 공공조직의 목표모호성: 개념, 측정 그리고 타당화. 「한국행정학보」, 38(5): 49-65.
전주상(2000). 지방정부와 주민 간 정책갈등에 관한 연구. 서울대학교 행정대학원 박사학위 논문.
정갑두(2009). 개인 욕구와 자아존중감이 직무 스트레스에 미치는 영향. 「한국조직학회보」, 6(1): 163-194.
정구현(1985). 「국제경영학」. 서울: 법문사.
정국환 외(1996). 「미래 정보사회의 공공행정 모델」. 한국전산원.
정동재·박재완(2002). 공기업 조직문화의 실증분석: 집단성-격자성의 문화이론을 중심으로. 「한국행정연구」, 11(4): 116-148.
정병걸(2011). 조직군 밀도의 이중효과와 조직군의 위기: 과학기술 분야 정부출연연의 성공과 실패, 「한국행정학보」, 45(3): 51-71.
정병식(1993). 조직행태와 조직효과성 간의 관계 연구. 청주대학교 대학원 박사학위 논문.
정상현(1998). 집권화 수준에 따른 리더십과 직무효과성 간의 상관관계 분석. 「한국사회와 행정연구」, 9(2): 61-78.
정수영(1984). 「신경영조직론」(전정신판). 서울: 박영사.
정윤길·이규만(2007). 변혁적 리더십과 집단효능감 및 팀 유효성 간의 관계: 공기업 구성원을 중심으로. 「한국행정논집」, 19(4): 1053-1073.
정재명(2010). 공직인사상 여성 공무원의 차별 인식이 직무만족에 미치는 영향: 신뢰의 매개 변수를 중심으로. 「한국행정논집」, 22(3): 721-747.
정정길(1991). 「정책학원론」. 서울: 대명출판사.
정진경(2002). 정부 지원 NGO의 조직 특성과 자원 획득에 관한 연구. 「한국행정학보」, 6(2): 231-247.
정진우(2001). 조직개편 이후 조직 통합을 위한 관리전략에 관한 연구: 재정경제원을 중심으로. 「한국정책학회보」, 10(1): 189-208.
정홍익(1985). 서울시 공원행정조직의 개편 방안. 「행정논총」, 23(2): 143-162.
———(1987). 정보화 사회의 행정 역할과 과제. 「한국행정학보」, 21(1): 115-132.
제갈돈(2002). 지방공무원의 직무만족 결정 요인. 「한국행정학보」, 36(4): 263-280.
제갈돈·황병청(1998). 철도청 내부고객 만족도의 결정 요인에 관한 연구. 「한국행정학보」, 32(1): 181-194.
조경호·주재복(2001). 조직 유형별 직업만족도 비교연구: 공공성 접근을 중심으로. 「한국행정학보」, 35(3) : 163-180.
조석준(1977, 1990, 1993). 「조직론」. 서울 : 법문사.
———(1986). 「조직학개론」(증보판). 서울 : 박영사.
———(2006). 「조직학강의」, 서울 : 서울대학교출판부.
조선일(1989). 탈관료제 논리의 비판적 고찰 : 관료제 논리와의 결합 가능성을 중심으로. 「한국행정학보」, 23(2).
조성한(2002). 조직진단의 접근 모형 및 이론, 「정부조직진단」, 한국행정학회 조직연구회.
조연숙(2001). 복지서비스기관 운영 형태 다양화의 성과분석 : 서울특별시 여성발전센터를 중심으로. 「한국행정학보」, 35(4) : 297-316.
조직학연구회(2002). 정부조직진단. 「한국행정학회」. 서울 : 대영문화사.
조태준 외(2011). 조직융합관리(PMI)와 조직효과성 간 관계에 관한 연구 : 중앙정부 통합부처의 공무원 인식을 중심으로. 「한국행정논집」, 23(2) : 531-552.
주정연(1990). 한국의 조직 내 동료 압력에 관한 연구. 동국대학교 대학원 박사학위 논문.
진재구(1991). 조직 특성과 전산정보 체계 간의 관계 : 은행조직을 중심으로. 서울대학교 대학원 박사학위 논문.
차대운(1989). 경영정보 시스템의 도입이 조직구조에 미치는 영향에 대한 연구. 동아대학교 대학원 박사학위 논문.
최근열 외(2006). 행정정보화가 조직구조 변화에 미치는 영향 : 경상북도를 중심으로, 「한국행정논집」, 18(3) : 843-865.
최길수(1999). 지방공기업에 있어서 TQM 성공 요인에 관한 연구. 「한국행정연구」, 8(2) : 183-202.
최동규(1991). 성장시대의 정부 : 한강의 기적 이끈 관료조직의 역할. 서울 : 한국경제신문사.
최명관 역(1990). 「니코마코스윤리학」. 서울 : 서광사.
최병선(1991). Oliver E. Williamson의 조직의 경제이론. 오석홍 편, 「조직학의 주요 이론」. 서울 : 경세원.
최병선 외(2008). Oliver E. Williamson의 조직의 경제이론. 「조직학의 주요 이론」. 서울 : 법문사.
최성욱(2001). 조직문화를 통해서 본 통합관료조직 : 스키마 중심의 인지 해석적 접근. 「한국행정학보」, 35(3) : 127-145.
최재녕(2010). 조직진단 과정에 대한 조직진단 전문가들의 경험과 교훈. 「한국정책연구」, 10(1).
최종태 · 백삼균(2002). 「조직구조론」. 서울 : 한국방송통신대학교출판부.
최진석(2000). 리더십 지각의 효과분석 : 여성 관리자를 중심으로. 「한국행정논집」, 12(2) : 247-263.
최창현(1992). 환경에 대한 조직적응 양식 : 구조적 상황이론, 자원종속이론, 개체군 생태학이론, 제도적 이론의 비교 분석. 「한국행정학보」, 25(2) : 431-449.
———(1993). 조직이론 관점의 변천 : 체제이론 대 혼돈이론을 중심으로. 「한국행정학회 동계 학술대회 발표 논문집」.
———(1994). 조직구조와 혁신의 관계에 대한 연구 : 선형구조 관계(LISREL) 모형의 적용. 「한국행정학보」, 28(2) : 469-480.
———(2005). 「복잡계로 바라본 조직」. 서울 : 삼성경제연구소.
최창현 역(1996). 「카오스 경영」, 서울 : 한언.
최천근 · 이창원(2012). Scott의 조직이론 분류와 Morgan의 조직 이미지에 대한 고찰. 「한국정책과학학보」, 16(2): 113-138.
최흥석 · 한승주(2008). 정보기술과 조직개편의 상호작용에 관한 연구 : 국세청의 국세통합전산망과 홈택스 서비스 구축 사례를 중심으로.「한국행정학보」, 42(1) : 323-344.
토플러(1991). 「권력이동」. 서울 : 한국경제신문사.
편상훈(1998). 조직 정의와 업무 성과의 상관성에 관한 실증적 연구. 「한국사회와 행정연구」, 9(1) : 249-262.
편집부 편(1994). 「지방자치단체의 조직진단」. 한국지방행정연구원.
하미승(1992). 정보사회화가 행정 체제에 미치는 영향. 「한국행정연구」, 1(3) : 23-42.
하미승 · 권용수(2002). 공무원 스트레스의 유발 요인 및 결과 변수에 관한 연구 : 중앙부처 공무원을 대상으로. 「한국행정연구」, 11(3) : 214-245.
하미승 · 전영상(2008). 정부조직 지식생성의 인과모형 연구 : 조직구성원의 인식을 중심으로. 「한국정책과학학회보」, 12(2) : 99-125.
한동일(1993). 행정조직 풍토가 사회복지 전문요원의 직무만족에 미치는 영향에 관한 연구. 청주대학교 대학원 박사학위 논문.
한상완(1997). 「정보사회의 전개와 정보 이용」. 서울 : 구미무역주식회사 출판부.
한성호 · 하헌식 역(1993). 「경제이동」. 서울 : 지식공작소.
한인섭(2002). 지방공무원과 지방공기업 종사자의 직무만족도 비교. 「한국사회와 행정연구」, 12(4) : 27-41.
Golembiewski, R.(1992). Perspectives on Rebuilding the Public Service : Critique of an Inadequate Managerial Orientation. 「한국행정연구」, 1(1) : 101.

국외 문헌

Adams, J.(1963a). Toward an Understanding of Inequity. *Journal of Abnormal and Social Psychology*, 67 : 422-436.
———(1963b). Wage Inequities, Productivity and Work Quality. *Industrial Relations*, 3 :

9-16.

———(1965). Inequity in Social Exchange. In L. Berkowitz (ed.). *Advances in Experimental Social Psychology*. New York : Academic Press.

Adams, J. & Jacobsen, P.(1964). Effects of Wage Inequities on Work Quality. *Journal of Abnormal Social Psychology*, 69 : 19-25.

Adams, J. & Rosenbaum, W.(1962). The Relationship of Worker Productivity to Cognitive Dissonance about Wage Inequities. *Journal of Applied Psychology*, 161-164.

Adler, N. J. (1986, 1991). *International Dimensions of Organizational Behavior*(2nd ed.). Boston : PWS-KENT.

Adler, R. B. & Towne, N.(1996). *Looking Out Looking In*. New York : Harcourt Brace College Publishers.

Adorno, T., Frenkel-Brunswik, E., Levinson, D., & Sanford, R.(1950). *The Authoritarian Personality*. New York : Harper & Row.

Akins, G.(1987). Varieties of Organization Learning. *Organizational Dynamics*, Autumn : 36-48.

Alderfer, C. P.(1969). An Empirical Test of a New Theory of Human Needs. *Organizational Behavior and Human Performance*, 4 : 142-175.

———(1972). *Existence, Relatedness and Growth*, New York : The Free Press.

Aldrich, H. E.(1979). *Organizations and Environment*, N. J. : McGraw-Hill.

Aldrich, H. E. & Pfeffer, J.(1976). Environment of Organizations. *Annual Review of Sociology*, 2 : 79-105.

Alexander, E. (1976). Goal Setting and Growth in an Uncertain World : A Case Study of a Local Community Organization. *Public Administration Review*, 36(2) : 182-191.

Allen, N. J. & Meyer, J. P.(1990). The Measurement and Antecedents of Affective, Continuance and Normative Commitment to the Organization. *Journal of Occupational Psychology*, 63 : 1-18.

Allport, G.(1961). *Pattern and Growth in Personality*. New York : Holt.

Amburgey, T., Lehtisalo, M., & Kelly, D.(1988). Suppression and Failure in the Political Press : Government Control, Party Affiliation, and Organizational Life Chances. In G. Carroll (ed.). *Ecological Models of Organizations*. Cambridge, MA : Ballinger.

Anderson, C.(1983). Motivational and Performance Deficits in Interpersonal Settings : The Effect of Attributional Style. *Journal of Personality and Social Psychology*, 45(5) : 1136-1147.

Anderson, J. E.(2000). *Public Policy Making*. New York : Houghton Mufflin Company.

Anshen, M.(1960). The Manager and the Black Box. *Harvard Business Review*, 38(November-December) : 85-92.

Argyris, C.(1957). *Personality and Organization.* New York : Harper & Row.

Argyris. C. & Schön, D. A.(1978). *Organizational Learning : A Theory of Action Perspective.* Reading, Mass. : Addison-Wesley.

Armour, H. & Teece, D.(1978). Organization Structure and Economic Performance : A Test of the Multidivisional Hypothesis. *Bell Journal of Economics*, 9 : 106-122.

Arnold, K. A., Barling, J. & Kelloway, E. K.(2001). Transformational Leadership or the Iron Cage : Which Predicts Trust, Commitment and Team Efficacy? *Leadership and Organization Development Journal*, 22(7) : 315-320.

Asch, S.(1946). Forming Impressions of Personality. *Journal of Abnormal and Social Psychology*, 41 : 258-290.

Ashby, W. R.(1965). *Introduction to Cybernetics.* London : Chapman & Hall.

Ashforth, B. & Mael, F.(1989). Social Identity Theory and the Organization. *Academy of Management Review*, 14(1) : 20-39.

Astley, W.(1985). The Two Ecologies : Population and Community Perspectives on Organizational Evolution. *Administrative Science Quarterly*, 30 : 224-241.

Astley, W. & Van de Ven, A.(1983). Central Perspectives and Debates in Organization Theory. *Administrative Science Quarterly*, 28 : 245-273.

Bales, R.(1950). *Interaction Process Analysis : A Method for the Study of Small Groups.* Cambridge, MA : Addison-Wesley.

Bandura, A.(1969). *Principles of Behavior Modification.* New York : Holt.

———(1977). *Social Learning Theory.* N.J : Prentice-Hall.

Barbour, I. G.(1993). *Ethics in an Age of Technology.* New York : Harper Collins Publishers.

Barbuto, J. E. & Wheeler, D. W.(2006). Scale Development and Construct Clarification of Servant Leadership. *Group & Organization Management*, 31(3) : 300-326.

Barnard, C. I.(1938). *The Functions of the Executive.* Mass. : Harvard Univ. Press.

———(1952). The Functions of Status System. In R. Merton & Associates(eds.). *Reader in Bureaucracy.* New York : Free Press.

Barney, J. & Ouchi, W.(1986). *Organizational Economics.* San Francisco : Jossey-Bass.

Barney, J.(1990). The Debate Between Traditional Management Theory and Organizational Economics : Substantive Differences or Intergroup Conflict. *Academy of Management Review*, 15 : 382-393.

Barrett, J.(1970). *Individual Goals and Organizational Objectives : A Study of*

Integration Mechanisms. Ann Arbor, Mich : Institute for Social Research, University of Michigan.

Barrick, M. R., Day, D. V. Lord, R. G., & Alexander. R. A.(1991). Assessing the Utility of Executive Leadership. *Leadership Quarterly,* 2 : 9-22.

Bass, B. M. & Avolio, B. J.(1990). The Implications of Transactional and Transformational Leadership for Individual, Team, and Organizational Development. In W. Pasmore & R. W. Woodman(eds.). *Research in Organizational Change and Development*, 4 : 231-272. Greenwich, CT : JAI Press.

———(1993). Transformational Leadership : A Response to Critiques. In M. Chemers & R. Ayman(eds.). *Leadership Theory and Research : Perspectives and Directions*, 49-80. New York : Academic Press.

Bass, B. M.(1954). The Leaderless Group Discussion. *Psychological Bulletin,* 51 : 465-492.

———(1985). *Leadership and Performance Beyond Expectations.* New York : Free Press.

———(1990). *Bass and Stogdill's Handbook of Leadership : Theory, Research, & Managerial Applications*(3rd ed.). New York : Free Press.

Bass, B. M. & Ryterband, E.(1979). *Organizational Psychology*(2nd ed). Boston : Allyn & Bacon.

Bateman, T. & Organ, D.(1983). Job Satisfaction and Good Soldier : The Relationships between Affect and the Employee "Citizenship." *Academy of Management Journal,* 26 : 587-595.

Bavelas, A. & Barrett, D.(1951). An Experimental Approach to Organizational Communication. *Personnel,* 27(5) : 366-370.

Bazerman, M. H. & Carroll, J.(1987). Negotiator Cognition. In L. Cummings & B. Staw. (eds.). *Research in Organizational Behavior.* Greenwich, CT : JAI Press.

Bazerman, M. H. & Neale, M. A.(1992). *Negotiating Rationally.* New York : Free Press.

Beard, D. & Dess, G.(1988). Modeling Organizational Species' Interdependence in an Ecological Community : An Input-Output Approach. *Academy of Management Review,* 13(3) : 362-373.

Beaudoin, C. E.(2008). Explaining the Relationship between Internet Use and Interpersonal Trust : Taking into Account Motivation and Information Overload. *Journal of Computer-Mediated Communication,* 13(3) : 550-568.

Becker, S. & Whisler, T.(1967). The Innovative Organization : A Selective View of Current Theory and Research. *Journal of Business,* 40 : 446-469.

Bedeian, A.(1980). *Organizations : Theory and Analysis*. Chicago : Dryden Press.

Beeman, D. & Sharkey. T.(1987). The Use and Abuse of Corporate Politics. *Business Horizons*, 30(2) : 26-30.

Beer, S.(1979). *The Heart of Enterprise*. Chichester : John Wiley & Sons.

———(1985). *Diagnosing the System for Organizations*. Chichester : John Wiley & Sons.

———(1989). The Viable System Model : Its Provenance, Development, Methodology and Pathology. In Raul Espejo & Roger Harnden (eds). *The Viable System Model*. New York : John Wiley & Sons.

Bell, D.(1960). Work and Its Discontents : The Cult of Efficiency in America. In D. Bell(ed.). *The End of Ideology*. Glencoe, IL : Free Press.

———(1973). *The Coming of Post-Industrial Society*. New York : Basic Books.

Bell, G.(1965). The Influence of Technological Components of Work Upon Management Control. *Academy of Management Journal*, 8(2) : 127-132.

Bendix, R.(1956). *Work and Authority in Industry*. New York : Wiley.

Bendor, J.(1985). *Parallel System : Redundancy in Government*. University of California Press.

Benedict, R.(1934). *Patterns of Culture*. Boston : Houghton Mifflin.

Bennis, W. G.(1959). Leadership Theory and Administrative Behavior. *Administrative Science Quarterly*, 4 : 259-301.

———(1969). Post-Bureaucratic Leadership. *Transaction*, 6(9) : 44-52.

Benson, K.(1975). The Interorganizational Network as a Political Economy. *Administrative Science Quarterly*, 20 : 229-249.

———(1977). Organizations : A Dialectical View. *Administrative Science Quarterly*, 22 : 1-21.

Benveniste, G.(1994). *The Twenty-First Century Organization*. CA : Jossey-Bass.

Berelson, B. & Steiner, G.(1964). *Human Behavior*. New York : Harcourt, Brace & World.

Berkman, H. W. & Neider, L. L.(1987). *The Human Relations of Organizations*. Boston, MA : Kent Publishing Co.

Berlo, D. K.(1960). *The Process of Communication*. N.Y. : Rinehart & Winston.

Berman, E. M. & West, J. P.(1977). Total Quality Management in Local Government. In J. J. Gargan(ed.). *Handbook of Local Government Administration*. New York : Marcel Dekker.

Bernardin, H. J., Cooke, D. K., & Villanova, P.(2000). Conscientiousness and agreeableness as predictors of rating leniency. *Journal of Applied Psychology*, 85 : 232-236.

Betton, J. & Dess, G. (1985). The Application of Population Ecology Models to the Study of Organizations. *Academy of Management Review*, 10(4) : 750-757.

Blake, R. R. & Mouton, J. S.(1964) *The Managerial Grid*, Houghton : Golf Publishing Co.

Blastos, G.(1962). Justice and Equality. In R. B. Brandt(ed.). *Social Justice*. N.J. : Englewood Cliffs.

Blau, P. M.(1964). *Exchange and Power in Social Life*. New York : John Wiley & Sons, Inc.

———(1968). The Hierarchy of Authority in Organization. *American Journal of Sociology*, 73(4) : 453-467.

———(1970). A Formal Theory of Differentiation in Organizations. *American Sociological Review*, 35 : 396-424.

Blau, P. M. & Schoenherr, R.(1971). *The Structure of Organizations*. New York : Basic Books.

Booth, T. (1988). *Developing Policy Research*. Aldershot : Gower House.

Boulding, K. E.(1952). *Conflict and Defense*. New York : Harper & Row.

Bowditch, J. L. & Buono, A. F.(1985). *A Primer on Organizational Behavior*. New York : John Wiley and Sons.

Braverman, H.(1974). *Labor and Monopoly Capital : The Degradation of Work in the Twentieth Century*. New York : Monthly Review Press.

Brayfield, A. & Crockett, W.(1955). Employee Attitudes and Employee Performance. *Psychological Bulletin*, 52 : 396-424.

Bresser, R. & Harl, J.(1986). Collective Strategy : Vice or Virtue. *Academy of Management Review*, 11(2) : 408-427.

Brown, M. E., Trevino, L. K., & Harrison, D. A.(2005). Ethical leadership : A Social Learning Perspective for Construct Development and Testing. *Organizational Behavior in Human Decision Process*, 97 : 117-134.

Brown, M. T.(2005). *Corporate Integrity : Rethinking Organizational Ethics and Leadership*. New York : Cambridge University Press.

Bryman, A., Stephens, M., & Campo, C. A.(1996). The Importance of Context : Qualitative Research and the Study of Leadership. *Leadership Quarterly*, 7(3) : 353-370.

Buckley, K. B.(1999). A Model of Virtual Organization Effectiveness : Optimizing the Outcomes of Interorganizational Project Teams. Ph. D. Dissertation, George Washington University.

Burgess, R. L.(1968). Communication Networks : An Experimental Reevaluation. *Journal of Experimental Social Psychology*, 4(3) : 324-337.

Burlingame, J.(1961). Information Technology and Decentralization. *Harvard Business Review*, 39(6) : 121-126.

Burns, J. M.(1978). *Leadership.* New York : Harper & Row.

Burns, T. & Stalker. G.(1961). *The Management of Innovation.* London : Tavistock.

Burton, R. & Obel, B.(1980). A Computer Simulation Test of the M-form Hypothesis. *Administrative Science Quarterly*, 25 : 457-466.

Bycio, P., Hackett, R. D., & Allen, J. S.(1995). Further Assessments of Bass's(1985) Conceptualization of Transactional and Transformational Leadership. *Journal of Applied Psychology,* 80(4) : 468-478.

Cameron, K. S.(1981). Domains of Organizational Effectiveness in Colleges and University. *Academy of Management Journal*, 24 : 25-47.

———(1984). The Effectiveness of Ineffectiveness. In M. Barry, L. Staw, & L. Cummings(eds.). *Research in Organizational Behavior*, 6 : 241-243.

Cameron, K. S., Kim, Myung, & Whetten, D. A.(1987). Organizational Effects of Decline and Turbulence. *Administrative Science Quarterly*, 32 : 222-240.

Cameron, K. S. & Whetten, D. A.(1983). *Organizational Effectiveness : A Comparison of Multiple Models*, New York : Academic Press.

Cameron, K. S. & Zammuto, R.(1983). Matching Managerial Strategies to Conditions of Decline. *Human Resources Management,* 22 : 359-375.

Campbell, J. P.(1977). On the Nature of Organizational Effectiveness. In P. S. Goodman, J. M. Pennings & Associates(ed.). *New Perspectives on Organizational Effectiveness.* San Francisco : Jossey-Bass Publisher.

Campbell, J. P. & Pritchard, R.(1976). Motivation Theory in Industrial and Organizational Psychology. In M. Dunnette.(ed.). *Handbook of Industrial and Organizational Psychology.* Chicago : Rand McNally.

Carroll Jr., Stephen J. & Tosi, Henry L.(1973). *Management by Objectives : Applications and Research.*, New York : McMillan Co.

Carson, R. (1989). Personality. In M. Rosenzweig & L. Porter (eds.). *Annual Review of Psychology.* Palo Alto, CA : Annual Reviews.

Cartwright, D. & Zander, A.(1968). *Group Dynamics : Research & Theory.* New York : Harper.

Casson, M.(1990). *Enterprise and Competitiveness : A Systems View of International Business.* Oxford University Press.

Castells, M.(1989). *The Information City: Information Technology, Economic Restructuring and the Urban-Regional Process*, Blackwell.

Cattell, R. B.(1965). *The Scientific Analysis of Personality*. Baltimore, MD : Penguin.

Cellar, D. & Barrett, G.(1987). Script Processing and Intrinsic Motivation: The Cognitive Sets Underlying Cognitive Labels. *Organizational Behavior and Human Decision Processes*, 4(1): 115-135.

Chandler, A.(1962). *Strategy and Structure*. Cambridge, MA: MIT Press.

———(1977). *The Visible Hand: The Managerial Revolution in American Business*. Cambridge, MA: Harvard University Press.

Chao, G. & Kozlowski, S.(1986). Employee Perceptions on the Implementation of Robotic Manufacturing Technology, *Journal of Applied Psychology*, 71(1): 70-76.

Child, J.(1972). Organizational Structure, Environment, and Performance: The Role of Strategic Choice. *Sociology*, 6(1): 1-22.

Clark, A. & Powell, R. (1984). Changing Drivers' Attitudes Through Peer Group Decision. *Human Relations*, 37(2): 155-162.

Clark, B. (1956). Organizational Adaptation and Precarious Values. *American Sociological Review*, 21(3): 327-336.

Coase, R.(1937). The Nature of the Firm. *Economica*, November.

Coffey, R., Athos, A., & Reynolds, P.(1975). *Behavior in the Organizations: A Multidimensional View*. Englewood Cliffs, N.J.: Prentice-Hall.

Cohen, M., March, J., & Olsen, J.(1972). A Garbage Can Model of Organizational Choice. *Administrative Science Quarterly*, 17(1): 1-25.

Cohen, S. & Brand, R.(1993). *Total Quality Management in Government: A Practical Guide for the Real World*. San Francisco: Jossey-Bass Publishers.

Collier, D. & Collier, R.(1991). *Shaping the Political Arena*, Princeton: NJ: Princeton University Press.

Conger, J. & Kanungo, R.(1987). Toward a Behavioral Theory of Charismatic Leadership in Organizational Setting. *Academy of Management Review*, 12: 637-647.

Connolly, T., Conlon, E., & Deutsch, S.(1980). Organizational Effectiveness: A Multiple-Constituency Approach. *Academy of Management Review*, 5: 211-217.

Cook, D.(1968). The Impact on Managers of Frequency of Feedback. *Academy of Management Journal*, 2: 263-277.

Cosier, R. & Dalton, D.(1983). Equity Theory and Time: A Reformulation. *Academy of Management Review*, 8: 311-319.

Cronshaw, S. & Lord, R.(1987). Effect of Categorization, Attribution, and Encoding Processes on Leadership Perceptions. *Journal of Applied Psychology*, 72(1) : 97-106.

Cunningham, J.(1977). Approaches to the Evaluation Effectiveness. *Academy of Management Review*, 2 : 463-474.

———(1978). A System-Resource Approach for Evaluating Organizational Effectiveness. *Human Relations*, 31 : 631-656.

Cyert, R. & March, J.(1963). *A Behavioral Theory of the Firm*. Englewood Cliffs, NJ : Prentice-Hall.

Daft, R. L.(2001, 2004). *Organization Theory and Design*. Cincinnati : South-Western.

Daft, R. L. & Lengel, R.(1986). Organizational Information Requirements, Media Richness and Structural Design. *Management Science*, 32(5) : 554-570.

Daft, R. L. & Macintosh, N.(1978). A New Approach to the Design and Use of Management of Information. *California Management Review*, 21 : 82-92.

———(1981). A Tentative Exploration into the Amount and Equivocality of Information Processing in Organizational Work Units. *Administrative Science Quarterly*, 26 : 207-224.

Daft, R. L., Murphy, J. & Willmott, J.(2010). *Organization Theory and Design*. Cincinnati : South-Western.

Daft, R. L. & Steers, R.(1986). *Organizations : A Micro/Macro Approach*. Glenview, III. : Scott, Foresman.

Daft, R. L. & Weick, K.(1984). Toward a Model of Organizations as Interpretation Systems. *Academy of Management Review*, 9 : 284-295.

Dansereau, F., Graen, G., & Haga, W.(1975). A Vertical Dyad Linkage Approach to Leadership within Formal Organizations : A Longitudinal Investigation of the Role Making Process. *Organizational Behavior and Human Performance*, 13 : 46-78.

Davis, F. R., Bagozzi, R. P., & Warshaw, P. R.(1989). User Acceptance of Computer Technology. *Management Science*, 35(8) : 982-1003.

Davis, J.(1964). *Group Performance. Reading*, MA : Addison-Wesley.

Davis, S.(1984). *Managing Corporate Culture*. Cambridge, Mass. : Ballinger Publishing.

Dawson, P. & McLoughlin, I.(1986). Computer Technology and the Redefinition of Supervision. *Journal of Management Studies*, 23(1) : 116-132.

Day, D. V. & Lord, R. G.(1988). Executive Leadership and Organizational Performance : Suggestions for a New Theory and Methodology. *Journal of Management*, 14 :

453-464.

Deal, T. E. & Kennedy, A. A.(1982). *Corporate Cultures: The Rites and Rituals of Corporate Life*. Reading, MA: Addison-Wesley.

———(2000). *Corporate Cultures*. Perseus Books Group.

Dearborn, D. & Simon, H.(1958). Selective Perception: A Note on the Departmental Identification of Executives. *Sociometry*, 21: 140-144.

DeCenzo, D. A. & Silhanek, B.(2002). *Human Relations*. New Jersey: Prentice-Hall.

Denhardt, R. B.(1991). *Public Administration*. CA: Brooks/Cole Publishing Co.

Denhardt, R. B. & Grubbs, J. W.(2003). *Public Administration: An Action Orientation*. California: Wadsworth/Thomson Learning.

Denison, D.(1990). *Corporate Culture and Organizational Effectiveness*. New York: John Wiley & Sons.

Dessler, G.(1980). *Organization Theory*. N. J.: Prentice-Hall.

Dewar, R., Whetten, D., & Boje, D.(1980). An Examination of the Reliability and Validity of the Aiken and Hage Scales of Centralization, Formalization, and Task Routineness. *Administration Science Quarterly*, 25: 120-128.

d'Holbach, P. H. D.(1776). *La Morale universelle, ou les Devoirs de l' homme fondés sur la nature. Théorie de la morale*. II, Amsterdam, Rey.

d'Holbach, P. H. D. Baron(translated by H. D. Robinson)(1970). *System of Nature; or, the Laws of the Moral and Physical World*. New York: Burt Franklin.

Dilworth, R. L.(1996). Institutionalizing Learning Organizations in the Public Sector. *Public Productivity & Management Review*, 19(4): 407-421.

DiMaggio, P. & Powell, W.(1983). The Iron Cage Revisited: Institutional Isomorphism and Collective Rationality in Organizational Fields. *American Sociological Review*, 48: 147-160.

Donaldson, L.(1990). A Rational Basis for Criticisms of Organizational Economics: A Reply to Barney. *Academy of Management Review*, 15: 394-401.

Donovan, J. J.(1988). Beyond Chief Information Officer to Network Manager, *Harvard Business Review*, 66: 45-53.

Dorfman, P. W., Howell, J. P., Hibino, S., Lee, Jin K., Tate, U., & Bautista, A.(1997). Leadership in Western and Asian Countries: Commonalities and Differences in Effective Leadership Processes Across Cultures. *Leadership Quarterly*, 8(3): 233-274.

Downs, A.(1967). *Inside Bureaucracy*, Boston: Little Brown.

Drazin, R. & Van De Ven, A.(1985). Alternative Forms of Fit in Contingency Theory.

Administration Science Quarterly, 30(4) : 514-539.

Dror, Y.(1968). *Public Policy-Making Reexamined.* San Francisco : Chandler Publishing Co.

Drucker, P.(1954). *The Practice of Management.* New York : Harper & Row.

———(1968). How to Be an Employee. *Psychological Today*, March.

DuBrin, Andrew J.(1990). *Winning Office Politics.* Englewood Cliffs, New Jersey : Prentice-Hall.

Duchon, D., Green, S., & Taber, T.(1986). Vertical Dyad Linkage : A Longitudinal Assessment of Antecedents, Measures, and Consequences, *Journal of Applied Psychology*, 71 : 56-60.

Dulles, F. (1950). *The American Red Cross : A History.* New York : Harper & Row.

Duncan, R.(1972). Characteristics of Organization Environments and Perceived Environmental Uncertainly. *Administrative Science Quarterly*, 17 : 313-327.

———(1979). What Is The Right Organization Structure. *Organizational Dynamics.* Winter.

Dunleavy, P.(1991). *Democracy, Bureaucracy and Public Choice.* NY : Harvester Wheatsheaf.

Dunnette, M. D. & Hough, L. M.(1990). *Handbook of Industrial and Organizational Psychology.* Vol. 3 (2nd ed.). Palo Alto, CA : Consulting Psychologists Press.

Easton, D.(1953, 1971). *The Political System : An Inquiry into the State of Political Science*, New York : Knopf.

Egri, C. P. & Herman, S.(2000). Leadership in the North American Environmental Sector : Values, Leadership Styles, and Context of Environmental Leaders and Their Organizations. *Academy of Management Journal,* 43(4) : 571-604.

Ehrlich, S. B., Meindl, J. R., & Viellieu, B.(1990). The Charismatic Appeal of A Transformational Leader : An Empirical Case Study of a Small, High-Technology Contractor. *Leadership Quarterly,* 1(4) : 229-248.

Ein-Dor, P. & Segev, E.(1982). Organizational Context and MIS Structure. *MIS Quarterly*, 6(3) : 55-68.

Eisenhardt, K. M.(1989). Agency Theory : An Assessment and Review, *Academy of Management Review,* 14(1) : 57-74.

Ellis, R. & Talyor, S.(1983). Role of Self-Esteem within the Job Search Process. *Journal of Applied Psychology*, 68 : 632-640.

Emery, F. & Trist, E.(1965). The Causal Texture of Organizational Environments. *Human Relations*, 18(1) : 21-32.

Engkavanish, S.(1999). Analysis of the Effectiveness of Communication and Information Sharing in Virtual Project Organization. Ph. D. Dissertaion, George Washington University.

Erikson, E.(1963). *Childhood and Society*(2nd ed.). New York : Norton.

Espejo, R. & Harnden, R. (eds.)(1989). *The Viable System Model.* New York : John Wiley and Sons.

Espejo, R. & Gill, A.(1997). The Viable System Model as a Framework for Understanding Organizations. http://www.phrontis.com/vsm.htm.

Espejo, R., Schuhmann, W., Schwaninger, M., & Bilello, U.(1996). *Organizational Transformation and Learning.* Chichester : John Wiley & Sons.

Etzioni, A.(1961). *A Comparative Analysis of Complex Organizations.* New York : Free Press.

———(1964). *Modern Organizations.* Englewood Cliffs, NJ : Prentice-Hall.

———(1967). Mixed-Scanning : A 'Third' Approach to Decision-Making. *Public Administration Review,* 27(5) : 385-392.

Evan, W.(1976). *Organization Theory and Organization Effectiveness.* Kent, Ohio : Kent State University Press.

Evans, M.(1970). The Effects of Supervisory Behavior on the Path-Goal Relationship. *Organizational Behavior and Human Performance,* 5 : 277-298.

Farace, R. V., Monge, P. R., & Russell, H. M.(1977). *Communicating and Organizing.* Reading, Mass. : Addison-Wesley.

Fayol, H.(1949). *General and Industrial Management.* London : Pitman.

Festinger, L.(1950). *A Theory of Cognitive Dissonance.* Palo Alto, CA : Stanford University Press.

Fiedler, F. E.(1965). Engineering the Job to Fit the Manager. *Harvard Business Review,* 43(5) : 115-122.

———(1967). *A Theory of Leadership Effectiveness.* New York : McGraw-Hill.

———(1968). The Contribution of Cognitive Resources and Leader Behavior to Organizational Performance. *Journal of Applied Social Psychology,* 16(6) : 532-548.

Field, R.(1982). A Test of the Vroom-Yetton Normative Model of Leadership. *Journal of Applied Psychology,* 67 : 523-532.

Fischer, R. J.(1994). An Overview of Performance Measurement. *Public Management,* 76(9) : S2-S8.

Fisher, B. M. & Edwards, J. E.(1988). Consideration and Initiating Structure and Their

Relationships with Leader effectiveness : A Meta-analysis. *Proceedings of the Academy of Management*, August : 1-205.

Fisher, C.(1980). On the Dubious Wisdom of Expecting Job Satisfaction to Correlate with Performance. *Academy of Management Review*, 5 : 607-612.

Fleishman, E., Harris, E., & Burtt, H.(1955). *Leadership and Supervision in Industry*. Columbus : Bureau of Educational Research, Ohio State University.

Fligstein, N.(1985). The Spread of the Multidivisional Form among Large Firms, 1919-1979. *American Sociological Review*, 50 : 377-391.

Flippo, E. B.(1961). *Principles of Personnel Management*. New York : McGraw-Hill.

Ford, J.(1985). The Effects of Causal Attributions of Decision Makers Responses to Performance Downturns. *Academy of Management Review*, 10 : 770-786.

Foster, L. & Flynn, D.(1984). Management Information Technology : Its Effects on Organizational Form and Function. *MIS Quarterly*, 8(4) : 229-236.

Franke, U. J.(1999). The Virtual Web as a New Entrepreneurial Approach to Network Organizations. *Entrepreneurship & Regional Development*, 11(3) : 203-229.

Frederickson, J.(1984). The Effect of Structure on the Strategic Decision Process. *Academy of Management Proceeding*, 12-16.

French Jr., J. E. & Raven, B. H.(1959). The Base of Social Power. In D. Cartwright (ed.). *Studies in Social Power*. Ann Arbor, Mitch. : University of Michigan Press.

Freud, S.(1933). Lecture XXXIII. *New Introductory Lectures on Psychoanaiysis*. New York : Norton.

Frink, D. D. & Ferris, G. R.(1998). Accountability, Impression Management, and Goal Setting in the Performance Evaluation Process. *Human Relations*, 51(10) : 1259-1283.

Galbraith, J. K.(1967). *The New Industrial State*. Boston : Houghton Mifflin.

———(1973). *Designing Complex Organizations*. Reading, MA : Addison-Wesley.

———(1983). *The Anatomy of Power*. Boston : Houghton Mifflin.

Galbraith, J. R., Lawler III, E. E. &(1993). *Organizing for the Future : The New Logic for Managing Complex Organizations*. California : Jossey-Bass.

Gantz, J. & Reinsel, D.(2010). *The Digital Universe Decade : Are You Ready?* Franmingham : IDC Go-to-Market Services.

Gardner, W. L. & Schermerhorn Jr., J. R.(1988). Computer Networks an the Changing Nature of Managerial Work. *Public Productivity Review*, 11(4) : 85-99.

Garrett, J. & Walker, S. (1969). *Management by Objectives in the Civil Service*. Civil Service Department, CAS Occasional Paper No. 10. London : Her Majesty's

Stationary Office.

Garson, G. D.(1993). Human Factors in Information Systems. In R. T. Golembiewski (ed.). *Handbook of Organizational Behavior*, 231-261. New York : Marcel Dekker.

Garvin, D. A.(1993). Building a Learning Organization. *Harvard Business Review*, 71(4) : 78-91.

Geertz, C.(1973). *The Interpretation of Culture*. New York : Basic Books.

Gibson, J. L., Ivancevich, J. M., & Donnelly, J. H.(1978, 1982, 1988, 1991). *Organizations. Behavior, Structure, Process*. Dallas, TX : Business Publications.

Gill, T.(1997). Management Cybernetics. http://www.phrontis.com/ mgtcyb.htm.

Gist, M.(1987). Self-efficacy : Implications for Organizational Behavior and Human Resource Management. *Academy of Management Review*, 12 : 472-485.

Glisson, C.(1978). Dependence of Technological Routinization on Structure Variable in Human Service Organizations. *Administrative Science Quarterly*, 23 : 385-395.

Goerke, M., Möller, M. G., Schulz-Hardt, S., Napiesky, U., & Frey, D.(2004). It's Not my Fault-But Only I Can Change it : Counterfactual & Prefactual Thoughts of Managers. *Journal of Applied Psychology*, 89(2) : 79-292.

Goffice, R. & Jones, G.(1996). What holds the modern company together?, *Harvard Business Review*, 74(6) : 133-148.

Goffman, E.(1959). *The Presentation of Self in Everyday Life*. N. Y. : Doubleday Anchor.

Goh, S. C.(1998). Toward a Learning Organization : The Strategic Building Blocks. *S.A.M. Advanced Management Journal*, 63(2) : 15-20.

Goodenough, W. H.(1981). *Culture, Language, and Society*. Menlo Park, CA : Benjamin.

Goodman, P. & Friedman, A.(1971). An Examination of Adams' Theory of Inequity. *Administrative Science Quarterly*, 16 : 271-288.

Goodman, P. & Pennings, J.(1977). *New Perspectives on Organizational Effectiveness*. San Francisco : Jossey-Bass.

Goodman, P. (1977). Social Comparison Processes in Organizations. In B. Staw & G. Salancik(eds.). *New Directions in Organizational Behavior*. Chicago : St. Clair.

Gorry, G. A. & Scott-Merton, M. S.(1971). A Framework for Management Information Systems. *Sloan Management Review*, 13 : 55-70.

Graen, G.(1976). Role-Making Processes within Complex Organizations. In M. Dunnette(ed.). *Handbook of Industrial and Organizational Psychology*. Chicago : Rand-McNally.

Graen, G. & Cashman, J.(1975). A Role Making Model of Leadership in Formal Organizations : A Developmental Approach. In J. Hunt & L. Larson (eds.).

Leadership Frontiers. Kent, Ohio : Kent, Ohio : Kent State University Press.

Greenberg, J. & Baron, R. A.(1997). *Behavior in Organizations*, Prentice-Hall, Upper Saddle River, NJ.

Greenberg, J.(1989). Cognitive Reevaluation If Outcomes in Response to Underpayment Inequity, *Academy of Management Journal*, 32 : 174-184.

Greenhalgh, L.(1983). Organizational Decline. In Samuel B. Bacharach (ed.). Research in the Sociology of Organizations 2(Greenwich. Conn. : JAI Press), 231-276.

Greenhalgh, L., Lawrence, A. T., & Sutton, R. I.(1988). Determinants of Workforce Reduction Strategies in Organizations, *Academy of Management Review*, 13 : 241-254.

Greenleaf, R. K.(1977). *Servant Leadership : A Journey into the Nature of Legitimate Power and Greatness*. Mahwah, NJ : Paulist Press.

Greiner, L. E.(1972). Evolutions and Revolution as Organization Grow. *Harvard Business Review*, 37-46.

Griffin, R. W. & Bateman, T.(1986). Job Satisfaction and Organizational Commitment. In C. Cooper & I. Robertson (eds.). *International Review of Industrial and Organizational Psychology*. New York : Wiley.

Griffin, R. W. & Moorhead, G.(2008). *Organizational Behavior : Managing People and Organizations*. South-Western : Cenage Learning.

Grimes, A. & Kline, S.(1973). The Technological Imperative : The Relative Impact of Task Unit, Model Technology and Hierarchy on Structure. *Academy of Management Journal*, 16(4) : 583-597.

Gross, B.(1968). *Organizations and Their Managing*. New York : Free Press.

Gross, W. & Shichman, S.(1987). How to Grow an Organizational Culture. *Personnel*, 64(9) : 52-56.

Grusky, O.(1966). Career Mobility and Organizational Commitment. *Administrative Science Quarterly*, 10 : 488-503.

Guetzkow, H.(1965). Communication in Organizations. In J. G. March (ed.). *Handbook of Organizations*. Chicago : Rand McNally.

Guthrie, E.(1952). *The Psychology of Leaning*. New York : Harper & Row.

Hackman, J. R.(1992). Group Influences on Individuals in Organizations. In M. D. Dunnette (ed.). *Handbook of Industrial and Organizational Psychology* : 1455-1525. Palo Alto, CA : Consulting Psychologists Press.

Hackman, J. R. & Oldham, G.(1976). Motivation through the Design of Work : Test of a Theory. *Organizational Behavior and Human Performance*, 16 : 250-279.

Hage, J. & Aiken, M.(1967). Relationship of Centralization to Other Structural Properties. *Administrative Science Quarterly*, 12(1) : 72-91.

——(1969). Routine Technology, Social Structure, and Organizational Goals. *Administrative Science Quarterly*, 14(3) : 366-377.

Haimann, T., Scott, W. G., & Connor, P.(1978). *Managing the Modern Organizations.* Boston : Houghton Mifflin.

Hale, M. M.(1996). Learning Organizations and Mentoring. *Public Productivity & Management Review*, 19(4) : 422-433.

Hall, D. & Nougaim, K.(1967). An Examination of Maslow's Need Hierarchy in an Organizational Setting. *Organizational Behavior and Human Performance*, 3 : 12-35.

Hall, P. A. & Taylor, R. C. R.(1996). Political Science and the Three New Institutionalism, *Political Studies*, XLIV : 936-957.

Hall, R.(1991, 2002). *Organizations : Structures, Processes, and Outcomes*, New Jersey : Prentice-Hall.

Hall, R. & Tolbert, P. S.(2005). *Organizations : Structures, Processes, and Outcomes*, New Jersey : Prentice-Hall.

Hall, R. Haas, J., & Johnson, N.(1972). Reply to Weldon. *Administrative Science Quarterly*, 17(1) : 79-80.

Halloran, J. & Benton, D.(1987). *Applied Human Relations : An Organizational and Skill Development Approach.* New Jersey : Prentice-Hall.

Hallowell, A. I.(1955). *Culture and Experience.* Philadelphia : University of Pennsylvania Press.

Hambrick, D. & Mason, P.(1984). Upper Echelons : The Organization as a Reflection of Its Top Managers. *Academy of Management Review*, 9(2) : 193-206.

Hammer, M. & Champy, J.(1993). *Reengineering the Corporation.* London : Nicholas Brealey Publishing.

Hamner, W. C. & Hammer, E. P.(1976). Behavior Modification on the Bottom Line. *Organizational Dynamics*, 4(4) : 2-21.

Hamner, W. C. & Organ, D. W. (1978). *Organizational Behavior : An Applied Psychological Approach.* Dallas, TX : Business Pub.

Handy, C. B.(1989). *The Age of Unreason.* MA : Harvard Business School Press.

Hannan, M. & Freeman, J.(1977). The Population Ecology of Organizations. *American Journal of Sociology*, 82 : 929-964.

——(1984). Structural Inertia and Organizational Change. *American Sociological*

Review, 49 : 149-164.

Harmon, M. M. & Mayer, R. T. (1986). *Organizational Theory for Public Administration*. Glenview : Scott, Foresman.

——(1986). *Organization Theory for Public Administration*. Boston : Little, Brown and Co.

Harrison, M. I.(1987). *Diagnosing Organizations : Methods, Models, and Processes*. Newbury Park, C. A, : Sage Publication.

Hart, D. & Scott, W.(1975). The Organizational Imperative. *Administration and Society*, 7(3) : 259-285.

Hatch, M.(1993). The Dynamics of Organizational Culture. *Academy of Management Review*, 18(4) : 657-693.

Heaphy, E. & Dutton, J.(2008). Positive Social Interactions and the Human Body at Work : Linking Organizations and Physiology. *Academy of Management Review*, 33(1) : 137-162.

Heffron, F.(1989). *Organization Theory and Public Organizations : The Political Connection*. Englewood Cliffs, NJ : Prentice-Hall.

Heider, F.(1958). *The Pychology of Interpersonal Relations*. New York : Wiley.

Heilman, M., Hornstein, H., Cage, J., & Herschlag, J.(1984). Reactions to Prescribed Leader Behavior as a Function of Role Perspective : The Case of the Vroom-Yetton Model. *Journal of Applied Psychology*, 69 : 50-60.

Hellriegel, D. & Slocum, Jr., J. W.(1997). *Management*. Ohio : South-Western College Publishing.

Hellriegel, D., Slocum Jr., J. W., & Woodman, R. W.(1989). *Organizational Behavior*. New York : West Publishing Co.

Hendrick, R.(1994). An Information Infrastructure for Innovative Management of Government. *Public Administration Review*, 54(6) : 543-550.

Henry, N.(1975, 1992). *Public Administration and Public Affairs*. Englewood Cliffs, New Jersey : Prentice-Hall.

Hersey, P. & Blanchard, K. H.(1982, 1984). *Management of Organizational Behavior : Utilizing Human Resources*. Englewood Cliffs, N.J. : Prentice-Hall.

Herzberg, F.(1966). *Work and the Nature of Man*. New York : World Publishing Co.

Herzberg, F., Manusner, B., & Synderman, B.(1959). *The Motivation to Work*. New York : John Wiley & Sons.

Hesterly, W., Liebeskind, J., & Zenger, T.(1990). Organizational Economics : An Impending Revolution in Organization Theory. *Academy of Management Review*,

15 : 402-420.

Hicks, H. G. & Gullett, C. R.(1976). *The Management of Organizations*, New York : McGraw-Hill.

Hickson, D., Hinings, C., Lee, C., Schneck, R., & Pennings, J.(1971). A Strategic Contingencies' Theory of Intraorganizational Power. *Administrative Science Quarterly*, 16 : 216-229.

Hirsch, P. M.(1997). Ending the Family Quarrel : Towards a Reconciliation of "Old" and "New" Institutionalism. *American Behavioural Scientist*, 40 : 406-418.

Hobfoll, S. E. & Shirom, A.(1993). Stress and Burnout in the Workplace. In R. T. Golembiewski (ed.). *Handbook of Organizational Behavior*, 41-60. New York : Marcel Dekker.

Hofstede, G.(1980). *Culture's Consequences : International Differences in Work Related Values*. Beverly Hills, Calif. : Sage.

———(1983). Cultural Constraints in Management Theories. *Academy of Management Executive*, 7(1) : 81-94.

———(1991). *Cultures and Organizations*. London : McGraw-Hill.

Homans, G.(1950). *The Human Group*, New York : Harcourt Brace Jovanovich.

House, R. J.(1971). A Path-Goal Theory of Leader Effectiveness. *Administrative Science Quarterly*, 16(Sep) : 321-339.

———(1977). A Theory of Charismatic Leadership. In J. G. Hunt & L. L. Larson(eds.). *Leadership : The Cutting Edge*. Southern Illinois Univ. Press.

House, R. J. & Aditya, R. N.(1997). The Social Scientific Study of Leadership : Quo Vadis? *Journal of Management*, 23(3) : 409-473.

House, R. J. & Mitchell, T. R.(1974). Path-Goal Theory of Leadership. *Journal of Contemporary Business*, 1 : 81-98.

Howard, A.(1994). *Diagnosis for Organizational Change*. New York : Guilford.

Howell, J. P., Bowen, D. E., Dorfman, P. W., Kerr, S., & Podsakoff, P. M.(1990). Substitutes for Leadership; Effective Alternatives to Ineffective Leadership. *Organizational Dynamics*, 19 : 21-38.

Hrebiniak, L. & Joyce, W.(1985). Organizational Adaptation : Strategic Choice and Environmental Determinism. *Administrative Science Quarterly*, 30 : 336-349.

Huber, G. P.(1984). The Nature and Design of Post-industrial Organizations. *Management Science*, 30(8) : 928-951.

———(1990). A Theory of the Effects of Advanced Information Technologies on Organizational Design, Intelligence, and Decision Making. *Academey of*

Management Review, 15(1) : 47-71.

Hulse, S., Deese, J., & Egeth, H.(1980). *The Psychology of Learning*(5th ed.). New York : McGraw-Hill.

Hurtz, G. M. & Donovan, J. J.(2000). Personality and Job Performance : The Big Five revisited. *Journal of Applied Psychology*, 85 : 869-879.

Iaffaldano, M. & Muchinsky, P.(1985). Job Satisfaction and Job Performance : A Meta Analysis, *Psychology Bulletin*, 97(2) : 251-273.

Ives, B. & Olson, M. H.(1984). User Involvement and MIS Success. *Management Science*, 30(5) : 586-603.

Jackson, J. & Mathis, R.(1976). Management by Objectives : Promises, Pitfalls, and Possiblities. In R. Zawacki & D. Warrick (eds). *Organization Development : Managing in the Public Sector.*

Jackson, J. & Morgan, C.(1978). *Organization Theory : A Macro Perspective for Management.* Englewood Cliff, NJ : Prentice-Hall.

Janis, I.(1982). *Groupthink*(2nd ed.). Boston : Houghton Mifflin.

Jantsch, E.(1975, 1979, 1980). *The Self-Organizing Universe : Scientific and Human Implication of the Emerging Paradigm of Evolution.* New York : Pergamon Press.

———(1979). *The Self-Organizing Universe : Scientific and Human Implications of the Emerging Paradigm of Evolution.* Oxford : Pergamon Press.

Jenkins, J.(1977). Radical Transformation of Organizational Goals. *Administrative Science Quarterly*, 22(4) : 568-586.

Jones, G.(2010). *Organizational Theory, Design and Change.* Upper Saddle River, New Jersey : Pearson Education, Inc.

Judge, T. A. & Hurst, C.(2007). Capitalizing on One's Advantages : Role of Core Self-evaluations. *Journal of Applied Psychology*, 92 : 1212-1227.

Judge, T. A., Thoreson, C. J., Bono, J. E., & Patton, G. K.(2001). The Job Satisfaction-Job Performance Relationship : A Qualitative and Quantitative Review. *Psychological Bulletin*, 127 : 376-407.

Kanter, R. M.(1989). *When Giant Learn to Dance.* IN : Hudson Institute.

Kanungo, R. N.(2001). Ethic Values of Transactional and Transformational Leaders. *Canadian Journal of Administrative Science*, 18(4) : 257-265.

Kast, F. E. & Rosenzweig, J. E.(1970, 1974, 1979). *Organization and Management.* London : McGraw-Hill.

Katz, D. & Kahn, R. L.(1966, 1978). *The Social Psychology of Organizations.* N.Y. :

Wiley.

Katzenbach, J. R. & Smith, D. K.(1993). *The Wisdom of Teams*. New York : McGraw-Hill.

Keehley, P., Medlin, S., MacBride, S., & Longmire, L.(1997). *Benchmarking for Best Practices in the Public Sector : Achieving Performance Breakthroughts in Federal, State, and Local Agencies*. San Francisco : Jossey-Bass.

Keller, R. & Holland, W.(1975). Boundary Spanning Activity and Research and Development Management : A Comparative Study. *IEEE Transactions on Engineering Management*, 22 : 130-133.

Kelley, H.(1971). *Attribution in Social Interaction*. Morris Town, N.J. : General Learning Press.

Kelly, R. E.(1992). *The Power of Followership*. New York : Doubleday Currency.

Kelman, H. C.(1958). Compliance, Identification, and Internalization : Three Processes of Attitude Change. *Journal of Conflict Resolution*, 2 : 51-60.

Kerr, S. & Jermier, J.(1978). Substitutes for Leadership : Their Meaning and Measurement. *Organizational Behavior and Human Performance*, 22 : 375-403.

Kiechel Ⅲ, W.(1984). How to Manage Your Boss. *Fortune*, September 17 : 207-210.

Kiel, L. D.(1994). *Managing Chaos and Complexity in Government*. CA : Jossey-Bass.

Kimberly, J. R.(1976). Organizational Size and The Structuralist Perspective : A Review, Critique, and Proposal. *Administrative Science Quarterly*, 21 : 577-597.

Kimberly, J. R. & Nielson, W. R.(1975). Organizational Development and Change in Organizational Performance. *Administrative Science Quarterly*, 20(2).

King, N.(1970). A Clarification of the Two-Factor Theory of Job Satisfaction. *Psychological Bulletin*, 74 : 18-31.

Klausegger C., Sinkovics, I R. R., & Zou, H. J.(2007). Information Overload : A Cross-national Investigation of Influence Factors and Effects. *Marketing Intelligence & Planning*, 25(7) : 691-718.

Klay, W. E.(1988). Microelectronics-Based Automation and the Future of Public Labor Relations. *Public Productivity Review*, 11(4) : 57-68.

Klein, S.(1994). Virtuelle Organisation. *Das Wirtshaftsstudium*, 23 : 309-311.

Knapp, M. L. & Vangelisti, A. L.(1996). *Interpersonal Communication and Human Relationships*. Boston : Allyn and Bacon.

Knight, K.(1976). Matrix Organization : A Review. *Journal of Management Studies*, May, 111-130.

Koontz, H.(1966). Making Theory Operational : The Span of Management. *Journal of*

Management Studies, October : 236-238.

Koontz, H. & O'Donnell, C.(1972). *Principles of Management.* New York : McGraw-Hill.

Koontz, H., O'Donnell, C., & Weihrich, H.(1986). *Essentials of Management.* New York : McGraw-Hill.

Kotter, J. & Haskett, J.(1991). *Corporate Culture and Performance.* New York : Free Press.

Kraemer, K. L., Dutton, W. H., & Northrop, A.(1981). *The Management of Information Systems.* New York : Columbia Univ. Press.

Kraemer, K. L. & King, J. L.(1986). Computing and Public Organizations. *Public Administration Review,* 46(Special Issue) : 488-496.

Kraemer, K. L., King, J. L., Dunkle, D. E., & Lane, J. P.(1989). Computer Use in Municipalities : The State of the Practice, *Baseline Data Report* 21(1). Washington, D.C. : International City Mangement Association.

Kreitner, R. & Kinicki, A.(1989). *Organizational Behavior.* Homewood, IL : Irwin.

Landau, M.(1969). Redundancy, and the Problem of Duplication and Overlap. *Public Administration Review,* 29(4) : 346-358.

——(1973). On the Concept of a Self-Correcting Organization. *Public Administration Review,* 33 : 533-542.

Landsberger, H.(1958). *Hawthorne Revisited.* Ithaca, NY : Cornell University Press.

Landy, F. & Becker, W.(1987). Motivation Theory Reconsidered. In L. Cummings & B. Staw (eds.), *Research in Organizational Behavior.* Greenwich, CT : JAI Press.

Lawler III, E. E.(1986). *High-Involvement Management.* San Francisco, CA : Jossey-Bass Publishers.

Lawler III, E. E. & Suttle, J.(1972). A Causal Correlation Test of the Need Hierarchy Concept. *Organizational Behavior and Human Performance,* 7 : 265-287.

Lawrence, P. R. & Lorsch, J. W.(1967). *Organization and Environment : Managing Differentiation and Integration.* Cambridge. MA : Harvard University Press.

——(1969). *Developing Organizations : Diagnosis and Action.* Reading, MA : Addison-Wesley Publishing Co.

Leary, M. R. & Kowalski, R. M.(1990). Impression Management : A Literature Review and Two-Component Model. *Psychology Bulletin,* 107(1) : 34-47.

Leavitt, H.(1951). Some Effects of Certain Communication Patterns on Group Performance. *Journal of Abnormal and Social Psychology,* 46 : 38-50.

——(1964). Applied Organization Change in Industry : Structural, Technological and

Human Approaches. *In New Perspectives in Organization Research.* New York : Wiley.

Leavitt, H. J., Dill, W., & Eyring, H.(1973). *The Organizational World.* New York : Harcourt Brace Jovanovich.

Leavitt, H. J. & Whisler, T. L.(1958). Management in the 1980's. *Harvard Business Review,* 36(6) : 41-48.

Leifer, R.(1989). Understanding Organizational Transformation Using a Dissipative Structure Model. *Human Relations,* 42(10) : 899-916.

LePine, J. A., Erez, A., & Johnson, D. E.(2002). The Nature and Dimensionality of Organizational Citizenship Behavior : A Critical Review and Meta-Analysis. *Journal of Applied Psychology,* 87 : 52-65.

Leventhal, G. & Lane, D.(1970). Sex, Age, and Equity Behavior. *Journal of Personality and Social Psychology,* 15 : 312-316

Leventhal, G. & Michaels, J.(1969). Extending the Equity Model : Perception of Inputs and Allocation of Reward as a Function of Duration and Quantity of Performance. *Journal of Personality and Social Psychology,* 12 : 303-309.

Leventhal, G., Weiss, T., & Long, G.(1969). Equity, Reciprocity, and Reallocating Rewards in the Dyad. *Journal of Personality and Social Psychology,* 13 : 300-305.

Levine, M. & Shefiner, J.(1981). *Fundamentals of Sensation and Perception.* Reading, MA : Addison-Wesley.

Levi-Strauss, C.(1976). *Structural Anthropology*(vol. 2). New York : Basic Books.

Lewiki, R. J. & Litterer, J. A.(1985). *Negotiation,* Homewood, IL : Irwin

Lewin, K.(1938). *The Conceptual Representation and Measurement of Psychological Forces.* Durham, NC : Duke University Press.

———(1947). Frontiers in Group Dynamics : Concept, Method and Reality in Social Science; Social Equilibria and Social Change. *Human Relation,* 1(1) : 5-41.

Lichtman, R. & Lane, I.(1983). Effects of Group Norms and Goal Setting on Productivity. *Group & Organization Studies,* 8(4) : 406-420.

Likert, R.(1961). *New Patterns of Management.* New York : McGraw-Hill.

———(1967). *The Human Organization : Its Management and Value.* New York : McGraw-Hill.

Lindblom, C. E.(1959). The Science of Muddling Through. *Public Administration Review,* 19(1) : 79-88.

———(1968). *The Policy-Making Process.* New Jersey : Prentice-Hall.

Litterer, J. A.(1974). Conflict in Organization : A Reexamination. In H. L. Tosi & C. Hamner (eds.), *Organizational Behavior and Management : A Contingency Approach.* St. Clair Press.

Litwin, G. & Stringer Jr., R.(1968). *Motivation and Organizational Cimate.* Boston : Harvard Graduate School of Business Administration.

Locke, E.(1968). Toward a Theory of Task Performance and Incentives. *Organizational Behavior and Human Performance*, 3 : 157-189.

———((1976). The Nature and Causes of Job Satisfaction. In M. Dunnette (ed.). *Handbook of Industrial and Organizational Psychology.* Chicago : Rand-McNally.

Lord, R.(1985). An Information Processing Approach to Social Perceptions, Leadership and Behavior Measurement in Organizations. In L. Cummings & B. Staw (eds.). *Research in Organizational Behavior.* Greenwich, Conn. : JAI Press.

Lorsch, J. & Lawrence, P.(1970). Organizing for Product Innovation. *Harvard Business Review*, 43 : 109-122.

———(1972). Environmental Factors and Organizational Intergration, In J. Lorsch & P. Lawrence (ed.). *Organization Planning : Cases and Concepts.* Homewood, IL : Irwin.

Lucas Jr., H. C.(1974). Measuring Employee Reactions to Computer Operations. *Sloan Management Review*, 15(3) : 59-67.

Luft, J.(1961). The Johari Window. *Human Relations Training News*, 5(1) : 6-7.

Luftman, J. N. et al.(2004). *Managing the Information Technology Resource.* New Jersey : Pearson Education.

Lussier, R. N.(1996). *Human Relations in Organizations : A Skill-Building Approach.* Chicago : Irwin.

Luthans, F.(1977, 1981, 1985, 1992). *Organizational Behavior.* New York : McGraw-Hill.

Mail, P.(1972). *Managing by Objectives.* New York : Wiley.

Main, J.(1981). Westinghouse's Cultural Revolution. *Fortune*, June 15 : 74.

Malinowski, B.(1922). *Argonauts of the Western Pacific.* New York : Dutton, Kegan Paul.

March, J. G. & Simon, H. A.(1958). *Organizations*, New York : John Wiley and Sons.

March, J. G. & Olsen, J.(1984). The New Institutionalism : Organizational Factors in Political Life. *American Political Science Review*, 78 : 734-749.

Marshall, A.(1920). *Principles of Economics* (8th ed.). London : Macmillan.

Martin, J.(1992). *Cultures in Organizations : Three Perspectives.* New York : Oxford

University Press.

Martin, L. L.(1994). A Model of Impacts of Advanced Information Technologies on Organizational Knowledge, Structure, and Performance of Professional Service Firms, New York University, Stern School of Business, Working Paper.

Martin, S.(1983). *Managing without Managers : Alternative Work Arrangement in Public Organizations*. Beverly Hills, CA : Sage.

Martinko, M. & Gardner, W.(1987). The Leader/Member Attribution Process. *Academy of Management Review,* 12 : 235-249.

Maruyama, M.(1963). The Second Cybernetics : Deviation Amplifying Mutual Causal Processes. *American Scientist*, 51 : 164-179.

Masi, R. J. & Cooke, R. A.(2000). Effects of Transformational Leadership on Subordinate Motivation, Empowering Norms, and Organizational Productivity. *International Journal of Organizational Analysis,* 8(1) : 16-47.

Maslow, A. H.(1954). *Motivation and Personality*, New York, Harper and Row.

———(1943). A Theory of Human Motivation. *Psychological Review*, 50 : 370-396.

Massie, J. & Douglas, J.(1973). *Managing : A Contemporary Introduction.* Englewood Cliffs, NJ : Prentice-Hall.

Maturana, H. & Varela, F.(1980). *Autopoiesis and Cognition : The Realization of the Living*. London : Reidl.

Mayer, R. C., Davis, J. H., & Schoorman, D.(1995). An Integrative Model of Organizational Trust, *Academy of Management Review*, 20 : 709-734.

McCall, M.(1977). Leaders and Leadership : Of Substance and Shadow. In J. Hackman E. Lawler & L. Porter (eds.), *Perspectives on Behavior in Organizations*. New York : McGraw-Hill.

McClelland, D.(1961). *The Achieving Society*. Princeton, N.J. : Van Nostrand.

———(1962). Business Drive and National Achievement. *Harvard Business Review*, 40(4) : 99-112.

———(1966). The Urge to Achieve. *Think*, November-December : 19-32.

McClelland, D., Atkinson, J., Clark, R., & Lowell, E.(1953). *The Achievement Motive.* New York : Appleton-Century.

McClelland, D. & Burnham, D.(1976). Power is the Great Motivator. *Harvard Business Review*, 100-110.

McDermott, R. & Archibald, D.(2010). Harnessing Your Staff's Informal Networks, *Harvard Business Review,* 88(3) : 82-89.

McGraw, K. M.(1991). Managing Blame : An Experimental Test of the Effects of

Political Accounts, *American Political Science Review*, 85(4) : 1133-1157.
McGregor, D.(1957). An Uneasy Look at Performance Appraisal. *Harvard Business Review*, 35 : 89-94.
———(1960). *The Human Side of Enterprise*. New York : McGraw-Hill.
McKay, M., Davis, M., & Fanning, P.(1995). *Messages : The Communication Skills Book*. Oakland, CA : New Harbinger Publications, Inc.
Merton, R.(1957). *Social Theory and Social Structure*. Glencoe, IL : Free Press.
Meyer, J.(1983). Institutionalization and the Rationality of Formal Organizational Structure. In J. Meyer & W. Scott (eds.). *Organizational Environments : Ritual and Rationality*. Beverly Hills, CA : Sage.
Meyer, J. & Rowan, B.(1977). Institutionalized Organizations : Formal Structure as Myth and Ceremony. *American Journal of Sociology*, 83(2) : 340-363.
Meyer, J. & Scott, W. R.(1983). *Organizational Environments : Ritual and Rationality*. Beverly Hills, CA : Sage.
Michels, R.(1949). *Political Parties*. New York : Free Press.
Middleton, C.(1967). How to Set Up a Project Organization. *Harvard Business Review*, 45(2) : 73-82.
Miles, R. R.(1964). Conflicting Elements in Managerial Ideologies. *Industrial Relations*, 77-91.
———(1980). *Macro Organizational Behavior*. Santa Monica, CA : Goodyear.
Miles, R. R., Snow, C., & Pfeffer, J.(1974). Organization Environment : Concepts and Issues. *Industrial Relations*, 13 : 244-264.
Mileti, D., Gillespie, D., & Hass, J.(1977). Size and Structure in Complex Organizations. *Social Forces*, 56 : 208-217.
Milgram, S.(1965). Some Conditions of Obedience and Disobedience to Authority. *Human Relations*, 18(1) : 57-76.
Mill, J. S.(1951). *Utilitarianism, Liberty and Representative Government*. New York : Dutton.
Miller, A. G. & Lawson, T.(1989). The Effect of an Informational Option on the Fundamental Attribution Error. *Personality and Social Psychology Bulletin*, 15(2) : 194-204.
Miller, D.(1994). What Happens after Success : The Perils of Excellence, *Journal of Management Studies*, 31(3) : 325-358.
Miller, N. E. & Dollard, J.(1941). *Social Learning and Imitation*. New Haven : Yale Univessity Press.

Milward, H. B.(1994). Implications of Contracting Out. In P. W. Ingraham B. S Romzek & Associates, *New Paradigms for Government*. San Francisco : Jossey-Bass.

Miner, J. B.(1965). *Studies in Management Education*. Buffalo, NY : Organizational Measurement Systems Press.

Miner, J.(1980). *Theories of Organizational Behavior*. Hinsdale, IL : Dryden Press.

Mintzberg, H.(1973). *The Nature of Managerial Work*. New York : Harper & Row.

———(1979). *The Structuring of Organizations*. Englewood Cliffs, NJ : Prentice-Hall.

———(1983a). *Power In and Around Organizations*. Englewood Cliffs, NJ : Prentice-Hall.

———(1983b). *Structures in Fives : Designing Effective Organizations*. Englewood Cliffs, NJ : Prentice-Hall.

———(1990). *Mintzberg on Management : Inside Our Strange World of Organizations*. New York : The Free Press.

Mischel, W. (1971). *Introduction to Personality*. New York : Holt.

Moe, T.(1984). The New Economics of Organization. *American Journal of Political Economy*, 96(1) : 132-163.

Mondy, W. R., Sharplin, A., & Premeaux, S. R.(1990). *Management*. NY : Pearson Higher Education.

Moorhead, G. & Griffin, R.(1992, 2004). *Organizational Behavior*. Boston : Houghton Mifflin Company.

Morgan, G.(1986, 1997, 2007). *Images of Organization*. Beverly Hills, CA : Sage.

Moskovitz, D. & Mammen, D.(1985). Information Technologies in Government : Organizational and Management Issues. In C. Toregas (ed.). *Managing New Technologies : The Information Revolution in Local Government*.

Motowildo, S.(1984). Does Job Satisfaction Lead to Consideration and Personal Sensitivity. *Academy of Management Journal*, 27 : 910-915.

Motowildo, S., Packard, J., & Manning, M.(1986). Occupational Stress : Its Causes and Consequences for Job Performance. *Journal of Applied Psychology*, 71 : 618-629.

Mowday, R.(1987). Equity Theory Predictions of Behavior in Organizations. In R. Steers & L. Porter(eds.). *Motivation and Work Behavior*. New York : McGraw-Hill.

Mowday, R., Porter, L., & Steers, R.(1982) *Employee-Organization Linkages : The Psychology of Commitment, Absenteeism, and Turnover*. New York : Academic Press.

Murray, E. J.(1965). *Motivation and Emotion*. Englewood Cliffs, New Jersey : Prentice-Hall.

Murray, H.(1938). *Explorations in Personality*. New York : Oxford University Press.

Nadler, D. & Lawler, E.(1983). Motivation : A Diagnostic Approach. In J. Hackman E. Lawler & L. W. Porter(eds.). *Perspectives on Behavior in Organizations*. New York : McGraw-Hall.

Nadler, D. & Tushman, M.(1990). Beyond the Charismatic Leader : Leadership and Organization Change. *California Management Review*, Winter : 77-97.

Naisbitt, J.(1984, 1988). *Megatrends*, New York : Warner Books.

Neider, L. N.(1981). Training Effectiveness : Changing Attitudes. *Training and Development Journal*, December : 24-28.

Nohria, N. & Berkley, J. D.(1994). The Virtual Organization. In C. Heckscher & A. Donnellon (eds.), *The Post-Bureaucratic Organization*, 108-128. Thousand Oaks Sage.

Nord, W.(1969). Beyond the Teaching Machine : The Neglected Area of Operant Conditioning in the Theory and Practice of Management. *Organizational Behavior and Human Performance*, 4 : 375-401.

North, D. C.(1990). *Institutions, Institutional Change and Economic Performance*. Cambridge, Cambridge University Press.

Noujaim, K.(1968). Some *Motivational Determinants of Effort Allocation and Performance*. Boston : MIT Press.

Nutt, P. C.(2002). *Why Decisions Fail?* SanFrancisco : Berrett-Kohler.

——(1993). The Formulation Process and Tactics Used in Organizational Decision Making. *Organizaion Science*, 4 : 226-251.

Obel, B.(1978). On Organizational Ddesign : From a Linear Programming Point of View. *Journal of Management Studies*, 15 : 123-137.

Obert, S.(1983). Developmental Patterns of Organizational Task Groups : A Preliminary Study. *Human Relations*, 36(1) : 37-52.

Odgers, P. & Keeling, B. L.(2000). *Administrative Office Management*. Maso, OH : South-Western Educational Publishing.

Odiorne, G. S.(1965). *Management by Objectives*. New York : Pitman.

Ohman, K.(2000). Critical Care Managers Change Views, Change Lives. *Nursing Management*, 31(9) : 32B-32E.

Oliver, C.(1990). Determinants of Interorganizational Relationship : Integration and Future Directions. *Academy of Management Review*, 15(2) : 241-265.

O'Reilly, C., Caldwell, D., & Barnett, W.(1989). Work Group Demography, Social Integration, and Turnover. *Administrative Science Quarterly*, 34 : 21-37.

Organ, D. W.(1988). *Organizational Citizenship Behavior : The Good Soldier Syndrome.* Lexington, MA : Lexington Books.

Organ, D. W. & Bateman, T. S.(1991). *Organizational Behavior.* M.A : Irwin.

Ostrom, V.(1974). *The Intellectual Crisis of American Public Administration.* Alabama : University of Alabama Press.

Ostrom, V. & Ostrom, E.(1971). Public Choice : A Different Approach to the Study of Public Administration. *Public Administration Review,* 31(2) : 204-216.

Ostrowski, J. W., Gardner, E. P., & Motawi, M. H.(1986). Microcomputers in Public Finance Organizations. *Government Finance Review,* 2(Feb) : 23-29.

Ouchi, W. G.(1981). *Theory Z : How American Business Can Meet the Japanese Challenge.* Reading, Mass. : Addison-Wesley Publishing.

———(1984). *The M-Form Society : How American Teamwork Can Recapture the Competitive Edge.* Reading, MA : Addison-Wesly.

Parsons, T.(1937). *The Structure of Social Action.* New York : McGraw-Hill.

———(1951). *The Social System.* Glencoe, IL : Free Press.

———(1960). *Structure and Process in Modern Society.* New York : Free Press.

Parsons, T. & Shills, E.(1951). *Toward a General Theory of Action.* Cambridge, Mass. : Harvard University Press.

Pascale, R. T. & Athos, A. G.(1981). *The Art of Japanese Management.* New York : Penguin Books.

———(1981). *The Art of Japanese Management : Applications for American Executives.* New York : Simon & Schuster.

Pavlov, I.(1927). *Conditional Reflexes.* New York : Oxford University Press.

Perrow, C.(1961). The Analysis of Goals in Complex Organizations. *American Sociological Review,* 32(2) : 854-866.

———(1967). A Framework for the Comparative Analysis of Organizations. *American Sociological Review,* 32(2) : 194-208.

———(1970). *Organizational Analysis : A Sociological View.* Belmont, CA : Wadsworth.

———(1972). *Complex Organizations : A Critical Essay.* Ill. : Scott & Foreman.

———(1986). *Complex Organizations : A Critical Essay*(3rd ed.). New York : McGraw-Hill.

———(987). *A Society of Organization.* Paper Presented at the Macro Organizational Behavior Society. Northwestern University.

Peters, T. J. & Waterman, Jr., R. H.(1982). *In Search of Excellence.* New York : Harper & Row Publishers.

Petty, M., McGee, G., & Cavender, J.(1984). A Meta-Analysis of the Relationship between Job Satisfaction and Individual Performance. *Academy of Management Review*, 9 : 712-721.

Pfeffer, J.(1981). *Power in Organizations*. Marshfield, MA : Pitman.

———(1982). *Organizations and Organization Theory*. Boston : Pitman.

———(1992). Understanding Power in Organizations. *California Management Review*, 35(1) : 29-50.

Pfeffer, J. & Leblebici, H.(1977). Information Technology and Organization Structure. *Pacific Sociological Review*, 20 : 241-261.

Pfeffer, J. & Salancik, G.(1978). The External Control of Organizations : *A Resource Dependence Perspective*. New York : Harper & Row.

Piaget, J.(1960). The General Problem of the Psychological Development of the Child. In J. Tanner & B. Inhelder(eds.), *Discussions on Child Development*. New York : International Universities Press.

Pinder, C.(1984). *Work Motivation*. Glenview, IL : Scott, Foresman.

Podsakoff, P. M., MacKenzie, S. B., & Hui, C.(1993). Organizational Citizenship Behaviors and Managerial Evaluations of Employee Performance : A Review and Suggestions for Future Research. In G. R. Ferris & K. M. Rowland(eds.). *Research in Personnel and Human Resources Management*, 11 : 1-40. Greenwich, CT : JAI Press.

Podsakoff, P. M., MacKenzie, S. B., & Fetter, R.(1993). Substitutes for Leadership and the Management of Professionals. *Leadership Quarterly*, 4(1) : 1-44.

Pondy, L. R.(1967). Organizational Conflict : Concepts and Models. *Administrative Science Quarterly*, 12(3) : 296-320.

———(1969). Varieties of Organizational Conflict. *Administrative Science Quarterly*, 14(4) : 499-505.

Porter, L. W. & Lawler, III, E. E.(1968). *Managerial Attitudes and Performance*. Homewood, Illinois : Richard D. Irwin.

Porter, M.(1990). *The Competitive Advantage of Nations : With a New Introduction*. New York : Free Press.

Powell, W. W. & DiMaggio, P. J.(1991). *The New Institutionalism in Organizational Analysis*, Chicago : The University of Chicago Press.

Presthus, V. R.(1978). *Organizational Society*, New York : Alfred A. Knopf., Inc.

Pribram, K.(1971). *Languages of the Brain : Experimental Paradoxes and Principles in Neuropsychology*. Englewood Cliffs, NJ : Prentice-Hall.

Prietula, M. & Simon, H.(1989). The Experts in Your Midst. *Harvard Business Review*, January-February : 120-124.

Prigogine, I.(1984). *From Being to Becoming: Time and Complexity in the Physical Science*. San Francisco : Freeman & Sons.

Prigogine, I. & Stengers, I.(1984). *Order Out of Chaos: Man's New Dialogue with Nature*. Bantam Books.

Pritchard, R., Jorgensen, D., & Dunnette, M.(1970). *The Effect of Perceptions of Equity on Worker Performance and Satisfaction*. Lafayette, Indiana : Purdue University.

Pryor, R.(1987). Differences among Differences : In Search of General Work Preference Dimensions. *Journal of Applied Psychology*, 72 : 426-433.

Puffer, S.(1987). Prosocial Behavior, Noncompliant Behavior, and Work Performance among Commission Salespeople. *Journal of Applied Psychology*, 63 : 650-653.

Pugh, D. & Hickson, D.(1969), *Organizational Structure in Its Context: The Aston Programme 1*. Lexington, MA : Heath, Lexington Books.

Pugh, D. & Turner, C.(1968). Dimensions of Organization Structure. *Administrative Science Quarterly*, 13 : 65-91.

Quinn, R. E.(1988). *Beyond Rational Management*(SanFrancisco : Jossey-Bass Publiser.

Quinn, R. E. & Cameron, K.(1983). Organizational Life Cycles and Shifting Criteria of Effectiveness : Some Preliminary Evidence. *Management Science*, 29 : 33-51.

Quinn, R. E. & Kimberly, J. R.(1984). Paradox, Planning and Perseverance : Guidelines for Managerial Practice. In J. R. Kimberly & R. E. Quinn(eds.), *Managing Organizational Transitions*. Homewood, IL : Dow Jones-Irwin.

Quinn, R. E. & Rohrbaugh, J.(1983). A Spatial Model of Effectiveness Criteria : Toward a Competing Value Approach to Organizational Analysis. *Management Science*, 29 : 363-377.

Rahim, M.(1981). Organizational Behavior Courses for Graduate Students in Business Administration : Views form the Tower and Battlefield. *Psychological Reports*, 49 : 583-592.

Rainey, H. G.(1997). *Understanding and Managing Public Organizations*. San Francisco : Jossey-Bass.

Rawls, J.(1971). *A Theory of Justice*. Harvard University Press.

Redfield, C. E.(1953). *Communication in Management*. Chicago University Press.

Reece, B. L. & Brandt, R(1990). *Effective Human Relations in Organizations*. Boston, MA : Houghton Miffin Co.

Reynolds, P.(1971). *A Primer in Theory Construction*. Indianapolis : Bobbs-Merrill Co.

Rice, A.(1958). *Productivity and Social Organization : The Ahmedabad Experiment.* London : Tavistock.

Rifkin, J.(1980). *Entropy : A New World View.* Bantam Books.

Robbins, S. P.(1974, 1995). *Managing Organizational Conflict : A Nontraditional Approach.* Upper Saddle River, NJ : Pearson Prentice Hall.

———(1983, 1984, 1990). *Organization Theory : The Structure of Organization.* Englewood Cliffs, N.J. : Prentice-Hall.

———(1986, 1989. 2003). *Organizational Behavior : Concepts, Controversies, and Applications.* Englewood Cliffs, NJ : Prentice-Hall.

———(1988). *Management,* (2nd ed.). Englewood Cliffs, New Jersey : Prentice-Hall, Inc.

Robbins, S. P. & Judge, T.(2009, 2011). *Organizational Behavior.* Upper Saddle River, NJ : Pearson Prentice Hall.

Roberts, K. & Glick, W.(1981). The Job Characteristics Approach to Task Design : A Critical Review. *Journal of Applied Psychology,* 66 : 193-217.

Robey, D. (1981). Computer Information System and Organization Structure. *Communications of the ACM,* 24 : 649-661.

———(986). *Designing Organizations*(2nd ed.). Homewood, IL : Irwin.

Robins, A.(1987). Organizational Economics : Notes on the Use of Transaction-Cost Theory in the Study of Organizations. *Administrative Science Quarterly,* 32 : 68-86.

Rockart, J. & Flannery, L.(1983). The Management of End User Computing. *Communications of the ACM,* 26(10) : 776-784.

Rogers, E. M.(1973). *Communication Strategies for Family Planning.* N.Y. : The Free Press.

———(1986). *The New Media in Society : Communication Technology.* New York : The Free Press.

Rosenfeld, P. R., Giacalone, A., & Riordan, C. A.(1995). *Impression Management in Organizations.* London : Routledge.

Rotter, J.(1966). Generalized Expectancies for Internal vs. External Control of Reinforcement. *Psychological Monographs,* 80 : 1-28.

Ruble, T. & Thomas, K.(1976). Support for a Two-Dimensional Model of Conflict Behavior. *Organizational Behavior and Human Performance,* 16(1) : 143-155.

Rushing, W.(1966). Organizational Rules and Surveillance : Prepositions in Comparative Organization Analysis. *Administrative Science Quarterly,* 10 : 423-443.

Salancik, G. & Pfeffer, J.(1977). An Examination of Need-Satisfaction Models of Job

Attitudes, *Administrative Science Quarterly*, 22 : 427-456.

——(1978). A Social Information Processing Approach to Job Attitudes and Task Design. *Administrative Science Quarterly*, 23 : 224-253.

Sandel, M.(2009). *Justice : What the Right Thing to Do*? Penguin Books Limited.

Saunders, C. & Jones, J. W.(1990). Temporal Sequences in Information Acquisition for Decision Making. *Academy of Management Review*. 15(1).

Schaar, J.(1967). Equality of Opportunity, and Beyond. In J. R. Pennock & J. Chapman (eds). *Equality : Nomos IX*, Atherton Press.

Schachter, S.(1959). *The Psychology of Affiliation*. Stanford, Cal. : Stanford University Press.

Schein, E. H.(1968). Management Development as a Process of Influence. In D. Hampton.(ed.). *Behavioral Concept in Management*. Belmont, CA : Dickinson Publishing Co.

——(1970). *Organizational Psychology*. New Jersey : Prentice-Hall.

——(1985). *Organizational Culture and Leadership*, San Francisco : Jossey-Bass.

Schermerhorn Jr., J. R., Hunt, J. G., & Osborn, R. N.(1982). *Managing Organizational Behavior*. N.Y. : John Wiley and Sons.

Schlenker, B. R.(1980). *Impressment Management : The Self-Concept, Social Identity, and Interpersonal Relations*. Monterey, CA : Book/Cole.

Schneider, B. & Alderfer, C.(1973). Three Studies of Need Satisfactions in Organizations. *Administrative Science Quarterly*, 18 : 489-505.

Schoenberger, E.(1997). *The Cultural Crisis of the Firm*. Blackwell Publisher.

Schwab, D. & Cummings, L.(1970). Theories of Performance and Satisfaction : A Review. *Industrial Relations*, 9 : 408-430.

Scott, W. R.(1987a, 1998). *Organizations : Rational, Natural, and Open Systems,* New Jersey : Prentice-Hall.

——(1987b). The Adolescence of Institutional Theory. *Administrative Science Quarterly*, 32(4) : 493-511.

——(1987b, 1998, 2003). *Organizations : Rational, Natural, and Open Systems*. New Jersey : Prentice-Hall.

Scott, W. R. & Mitchell, T.(1976). *Organization Theory : A Structural and Behavioral Analysis*. Homewood, IL : Irwin.

Seibert, S. & Kraimer, M. L.(2001). *The Five-Factor Model of Personality and Career Success*. *Journal of Vocational Behavior*, 58 : 1-21.

Seltzer, J. & Bass, B. M.(1990). Transformational Leadership : Beyond Initiation and

Consideration. *Journal of Management*, 16(4) : 693-703.

Selznick, P.(1949). *TVA and the Grass Roots*. Berkeley, CA : University of California Press.

———(1957). *Leadership in Administration : A Sociological Interpretation*. New York : Harper and Row.

Sen, A.(1974). Choice, Orderings and Morality. In Korner(ed.). *Practical Reason*, 54-67. New Haven : Yale University Press.

———(1977). Rational Fools : A Critique of the Behavioral Foundations of Economic Theory. *Philosophy and Public Affairs*, 6 : 317-344.

Senge, P. M.(1990). *The Fifth Discipline : The Art & Practice of The Learning Organization*. New York : Currency Doubleday.

Seta, C. E., Paulus, P. B., & Baron, R. A.(2000). *Human Relations*, MA : Allyn & Bacon.

Shaw, M. E.(1964). Communication Networks. In L. Berkowitz(ed.). *Advances in Experimental Social Psychology*, 1.

———(1981). *Group Dynamics : The Psychology of Small Group Behavior*(3rd ed.). New York : McGraw-Hill.

Shepsle, K. A.(1989). Studying Institutions : Some Lessons From the Rational Choice Approach. *Journal of Theoretical Politics*, 1 : 131-147.

Siegel, L. & Lane, I.(1987). *Personnel and Organizational Psychology*. Homewood, IL : Irwin.

Sills, D.(1957). *The Volunteers*. New York : Free Press.

Simon, H. A.(1957, 1976). *Administrative Behavior; A Study of Decision-Making Processes in Administrative Organization* (3rd ed.). New York : The Free Press.

———(1960, 1977). *The New Science of Management Decision*. New York : Harper & Row.

———(1973). Applying Information Technology to Organizational Design. *Public Administration Review*, 33(3) : 268-287.

Sims, H. & Cioia, D.(1986). *The Thinking Organization*. San Francisco : Jossey-Bass.

Singh, J., House, R., & Tucker, D.(1986). Organizational Change And Organizational Mortality. *Administrative Science Quarterly*, 31 : 587-611.

Skinner, B.(1953). *Science and Human Behavior*. New York : Macmillan.

Smircich, L.(1983). Concepts of Culture and Organizational Analysis. *Administrative Science Quarterly*, 28 : 339-358.

Smith, B. N., Montagno, R. V., & Kuzmenko, T. N.(2004), Transformational and servant leadership : Content and contextual comparisons. *Journal of Leadership and*

Organizational Studies, 10(4) : 80-91.

Smith, C. & Brannick, M.(1990). A Role and Expectancy Model of Participative Decision-making : A Replication and Theoretical Extension. *Journal of Organizational Behavior*, 91-104.

Smith, C., Organ, D., & Near, J.(1983). Organizational Citizenship Behavior : Its Nature and Antecedents. *Journal of Applied Psychology*, 68 : 653-663.

Smith, K., Locke, E., & Barry, D.(1990). Goal Setting, Planning and Organizational Performance : An Experimental Simulation. *Organizational Behavior and Human Decision Processes*, 46 : 118-134.

Snyder, M. & Canter, N.(1980). Thinking about Ourselves and Others : Self-Monitoring and Social Knowledge. *Journal of Personality and Social Psychology*, 39(2) : 222-234.

Spears, L. C. (1995). Servant Leadership and the Greanleaf Legacy. In L. C. Spears (ed.). *Reflections on Leadership*. New York : John Wiley & Sons, Inc.

———(1995). *Insights on leadership : Service, stewardship, spirit, and servant-leadership*(ed.). New York : John Wiley & Sons, Inc.

Spector, P.(1982). Behavior in Organizations as a Function of Employees' Locus of Control. *Psychological Bulletin*, 91(3) : 482-497.

Stahl, M.(1983). Achievement, Power, and Managerial Motivation : Selecting Managerial Talent with the Job Choice Exercise. *Personnel Psychology*, Winter : 775-790.

Staw, B.(1980). Rationality and Justification in Organizational Life. In B. Staw & L. L. Cummings(eds.). *Research in Organizational Behavior*. Greenwich, CT : JAI Press.

Steers, R. M.(1977). Antecedents and Outcomes of Organizational Commitment. *Administrative Science Quarterly*, 22 : 46-56.

———(1984). *Introduction to Organizational Behavior*. Illinois : Scott, Foreman & Co.

———(1991). *Motivation and Work Behavior*(5th ed.). New York : McGraw-Hill.

Steers, R. M. & Black, J. S.(1994). *Organizational Behavior*, New York : Harper Collins Colledge Publishers.

Steers, R. M. & R. Mowday(1981). A Model of Voluntary Employee Turnover. In Cummings, L. L. & B. M. Staw(ed.). *Research in Organizational Behavior*, 3, Greenwich, Conn. : JAI Press.

Steers, R. M. & Porter, L.(1987, 1991). *Motivation and Work Behavior*(4th ed.). New York : McGraw-Hill.

Steers, R. M. & Rhodes, R.(1978). Major Influences on Employee Attendance : A Process

Model. *Journal of Applied Psychology*, 63 : 391-407.

Steiner, I.(1972). *Group Process and Productivity*. New York : Academic Press.

Steiner, I. & Johnson, H.(1964). Relationships among Dissonance Reducing Response. *Journal of Abnormal Social Psychology*, 68 : 38-44.

Steiner, I. & Rodgers, E.(1963). Alternative Responses Dissonance. *Journal of Abnormal Social Psychology*, 67 : 128-136.

Stewart, D. W. & Garson, D. G.(1983). *Organizational Behavior and Public Management*. New York : Marcel Dekker.

Stewart, T.(1989). New Ways to Exercise Power. *Fortune*, 6 : 52-64.

Stinchcombe, A. L.(1965). "*Social Structure and Organizations*." In James G. March (ed). *Handbook of Organizations*, 142-193 Chicago : Rand McNally.

Stogdill, R. M.(1948). Personal Factors Associated with Leadership : A Survey of the Literature. *Journal of Personality*, 25 : 35−71.

———(1974). *Handbook of Leadership : A Survey of Theory and Research* N.Y. : The Free Press.

Swanda, J.(1979). *Organizational Behavior : Systems & Applications*. Sherman Oaks, California : Alfred Publishing Co.

Swanson, E. B.(1974). Management Information System : Appreciation and Involvement. *Management Science*, 21(2) : 178-188.

Szilargyi., Jr., A. D. & Wallace Jr., M. J.(1983). *Organizational Behavior and Performance*. New York : Harper Collins Publishers, Inc.

Tannenbaum, A., Kovacic, B., Rosner, M., Vianello, M., & Wieser, G.(1974). *Hierarchy in Organizations*. San Fracisco : Jossey-Bass.

Tapscott, D.(1996). *The Digital Economy : Promise and Peril in the Age of Networked Intelligence*. New York : McGraw-Hill.

Taylor, F. W.(1947). *Scientific Management*. New York : Harper & Brothers.

Tedeschi, J. T. & Reiss, M.(1981). Verbal Tactics of Impressment Management, In C. Antaki(ed.). *Ordinary Explanations of Social Behavior*. London Press.

Tepper, B. J. & Percy, P. M.(1994). Structural Validity of the Multifactor Leadership Questionnaire. *Educational and Psychological Measurement*, 54 : 734-744.

Terborg, J.(1981). Interactional Psychology and Research on Human Behavior in Organizations. *Academy of Management Review*, 6 : 569-576.

Tharenou, P. & Harker, P.(1984). Moderating Influences of Self-Esteem on Relationships between Job Complexity, Performance, and Satisfaction. *Journal of Applied Psychology*, 69 : 623-632.

Thibaut, J.(1950). An Experimental Study of the Cohesiveness of Underprivileged Groups. *Human Relations*, 3 : 251-278.

Thierauf, R., Klekamp, R., & Greeding, D.(1977). *Management : Principles and Practices*. New York : Wiley.

Thomas, A. B.(1988). Does Leadership Make a Difference to Organizational Performance? *Administrative Science Quarterly*, 33 : 388-400.

Thomas, K. W.(1976). Conflict and Conflict Management. In M. Dunnette(eds.). *Handbook of Industrial and Organizational Psychology*. Chicago : Rand-McNally.

———(1992a). Conflict and Negotiation Processes in Organizations. In M. D. Dunnette & L. M. Hough(eds.), *Handbook of Industrial and Organizational Psychology*, (2nd ed.). vol. 3(Palo Alto, CA : Consulting Psychologists Press), 651-717.

———(1992b). Conflict and Conflict Management : Reflections and Update. *Journal of Organizational Behavior*, 13(3) : 265-274.

Thomas, K. & Schmidt, W.(1976). A Survey of Managerial Interests with Respect to Conflict. *Academy of Management Journal*, 19 : 315-318.

Thompson, J. D.(1967). *Organizations in Action*, New York : McGraw-Hill.

Thompson, J. D. & McEwen, W.(1958). Organizational Goals and Environment : Goal-Setting as an Interaction Process, *American Sociological Review*, 23(1) : 23-31.

Toffler, A.(1990). *Powershift : Knowledge, Wealth and Violence at the Edge of the 21st Century*. New York : Bantam Books.

Tolman, E.(1932). *Purposive Behavior in Animals*. New York : Appleton-Century-Crofts.

Travica, B.(1997). The Design of the Virtual Organization : A Research Model. In *Proceedings of the Association for Information Systems 1997 Americas Conference*, Indianapolis, http://hsb.baylor.edu/ramsower/ais.ac.97/papers/ travica.htm.

Trice, H. M. & Beyer, J. M.(1986). Charisma and Its Routinization in Two Social Movement Organizations. *Research in Organizational Behavior*, 8 : 113-164.

Tucker, D., Singh, J., Meinhard, A., & House, R.(1988). Ecological and Institutional Sources of Change in Organizational Populations. In Carroll, G.(ed.). *Ecological Models of Organizations*. Cambridge, MA : Ballinger.

Tuckman, B.(1965). Developmental Sequence in Small Group. *Psychological Bulletin*, 63 : 384-399.

Underwood, J.(1996). Models for Change : The Viable System Model. http://linus.socs.edu.au/~jim/bpt/vsm.html.

Urwick, L.(1956). The Manager's Span of Control. *Harvard Business Review*, 34(3) :

39-47.

Van De Ven, A. H. & Diane L. F.(1980). *Measuring and Assessing Organizations*, Wiley-Interscience Publication.

Van de Ven, A., Delbecq, A. L., & Koenig Jr., R.(1976). Determinants of Coordination Modes within Organizations. *American Sociological Review*, 41(2) : 322-338.

Vecchio, R. & Gobdel, B.(1984). The Vertical-Dyad Linkage Model of Leadership : Problems and Prospects. *Organizational Behavior and Human Performance*, 34 : 5-20.

Vlastos, G.(1997). *A Metaphysical Paradox, Plato's Republic : Critical Essays*, ed. Richard Kraut, Lanham, Maryland : Rowman & Littelfield.

Vroom, V. H.(1964). *Work and Motivation.* New York : John Wiley & Sons.

Vroom, V. H. & Jago, A. G.(1988). *The New Leadership.* Englewood Cliffs, NJ : Prentice-Hall.

———(2007). The Role of the Situation in Leadership. *American Psychologist*, 62(1) : 17-24.

Vroom, V. H. & Yetton, P. W.(1973). *Leadership and Decision Making.* Pittsburgh : University of Pittsburgh Press.

Wageman, R.(1997). Critical Success Factors for Creating Superb Self-Managing Teams. *Organizational Dynamics*, 25(2) : 49-61.

Wahba, M. & Bridwell, L.(1976). Maslow Reconsidered : A Review of Research on the Need Hierarchy Theory. *Organizational Behavior and Human Performance*, 11 : 212-240.

Wall Jr., J. A. (1985). *Negotiation : Theory and Practice*, Glenview, IL : Scott, Foresman.

Wall Jr., J. A. & Blum, M. W.(1991). Negotiations, *Journal of Management*, 17(2) : 273-303.

Wall Jr., J. A. & Callister, P. R.(1995). Conflict and Its Management. *Journal of Management*, 21(3) : 517-523.

Walsh, J.(1988). Selectivity and Selective Perception : An Investigation of Managers' Belief Structures and Information Processing. *Academy of Management Journal*, 31(4) : 873-896.

Walton, R. E. & Dutton, J.(1969). The Management of Interdepartmental Conflict : A Model and Review. *Administrative Science Quarterly*, 14(1) : 73-84.

Walton, R. E. & Mckersie, R. B.(1965). *A Behavioral Theory of Labor Negotiations : An Analysis of a Social Interaction System*, New York : McGraw-Hill.

Wanous, J., Rechers, A., & Malik, S.(1984). Organizational Socialization and Group Development : Toward an Integrative Perspective. *Academy of Management Review*, 9 : 670-683.

Weber, M.(1947). *The Theory of Social and Economic Organization*. N.Y. : The Free Press.

Weick, K.(1979). *The Social Psychology of Organizing*. Reading, MA : Addison-Wesley.

Weick, K. & Nesset, B.(1968). Preferences among Forms of Equity. *Organizational Behavior and Human Performance*, 3 : 400-416.

Weir, M. & Skocpol, T.(1985). State Structures and the Possibilities for 'Keynesian' Response to the Great Depression in Sweden, Britain and the United States, In Peter B. Evans et al. (eds.). Bringing the State Back In. Cambridge : Cambridge University Press, 107-163.

Weisbord, M.(1976). Organizational Diagnosis : Six Places to Look for Trouble with or without a Theory. *Group and Organization Studies*, 1(4) : 430-447.

Weiss, H.(1977). Subordinate Imitation of Supervisory Behavior : The Role of Modeling in Organizational Socialization. *Organizational Behavior and Human Performance*, 19 : 89-105.

Weitzel, W. & Jonsson, E.(1989). Decline in Grganizations : A Literature Integration and Extension. *Administrative Science Quarterly*, 34 : 91-109.

———(1991). Reversing the Downward Spiral : Lessons from W. T. Grant and Sears Roebuck. *Academy of Management Executive*, 5(3) : 7-21.

Wexley, K. & Pulakos, E.(1983). The Effect of Perceptual Congruence and Sex on Subordinates' Performance Appraisals of Their Managers. *Academy of Management Journal*, 26 : 666-676.

Whisler, T.(1970). *Information Technology and Organizational Change*. CA : Wadsworth.

Whiting, J.(1968). Socialization : Anthropological Aspects. In D. Sils (ed.). *International Encyclopedia of the Social Sciences*. New York : Free Press.

Wiener, N.(1948). *Cybernetics or Control and Communication in the Animal and the Machine*, MIT Press.

Wilensky, H. L.(1967). *Organizational Intelligence : Knowledge & Policy in Government and Industry*. N.Y. : Basic Books.

Williamson, O.(1975). *Markets and Hierarchies : Analysis and Antitrust Implications*. New York : Free Press.

———(1981). The Economics of Organizations : The Transaction Cost Approach. *American Journal of Sociology*, 87 : 548-577.

———(1985). *The Economic Institutions of Capitalism*, New York : Free Press.

Wilson, G. L., Hantz, A. M., & Hanna, M. S.(1992). *Interpersonal Growth Through Communication*. IA : William C. Brown Publishers.

Woodward, J.(1965). *Industrial Organization : Theory and Practice*, London : Oxford University Press.

Wren, D.(1979). *The Evolution of Management Thought*(2nd ed.). New York : Wiley.

Yamashita, H.(1998). *Competitiveness and Corporate Culture*, Ashgate Publishing Ltd.

Yammarino, F. & Dubinsky, A.(1990). Salesperson Performance and Managerially Controllable Factors : An Investigation of Individual and Work Group Effects. *Journal of Management*, 16 : 87-106.

Young, M.(1958). The Rise of the Meritocracy, 1870-2033. *An Essay on Education and Equality*. Harmondsworth : Penguin.

Yuchtman, E. & Seashore, S.(1967). A System Resource Approach to Organizational Effectiveness. *American Sociological Review*, 32(6) : 891-903.

Yukl, G.(1989, 1994, 2002, 2006, 2010). *Leadership in Organizations*. Englewood Cliffs, NJ : Prentice-Hall.

———(1999a). An Evaluative Essay on Current Conceptions of Effective Leadership. *European Journal of Work and Organizational Psychology*, 8(1) : 33-48.

———(1999b). An Evaluation of Conceptual Weakness in Transformational and Charismatic Leadership Theories. *Leadership Quarterly*, 10(2) : 285-305.

Yukl, G. & Van Fleet, D.(1982). Cross-Situational, Multimethod Research on Military Leader Effectiveness. *Organizational Behavior and Human Performance*, 30 : 87-108.

Yukl G., Wall, S., & Lepsinger, R.(1990). Preliminary Report on Validation of the Managerial Practices Survey. In K. Clark & M. Clark (eds.). *Measures of Leadership*. Greensboro, NC : Center for Creative Leadership.

Zald, M.(1987). The New Institutionalism in Economics, *American Journal of Sociology*, 93 : 701-708.

Zald, M. & Denton, P.(1963). From Evangelism to General Service : The Transformation of the YMCA. *Administrative Science Quarterly*, 8(2) : 214-234.

Zalkind, S. & Costello, T.(1962). Perception : Some Recent Research and Implications for Administration. *Administrative Science Quarterly*, 7 : 218-235.

Zeitz, G.(1980). Interorganizational Dialectics. *Administrative Science Quarterly*, 25(1) :

72-78.

馬場品雄.(1970).「組織行動の心理學」. 東京: 白桃書房.
小林薫.(1994).「地球社會時代の21世紀型企業像」. 東京: 北樹出版.

찾아보기

ㄹ

ㅁ

ㅂ

ㅅ

ㅇ

ㅈ

저자 소개

이창원(李昌遠)

미국 State University of New York at Albany에서 조직학 박사학위를 취득하고(논문: Effects of Supervisory Behaviors on Work Group Effectiveness: A Field Experiment, 1991), 현재 한성대학교 행정학 교수로 재직 중이다. 주요 관심 분야는 조직이론, 정부조직진단, 리더십 및 갈등관리 등이고, 주요 저서로는 「새 조직론(전정판)」(공저, 2012), 「정보사회와 현대조직」(공저, 2004), 「정부조직진단」(공저, 2002) 등이 있다. 주요 논문으로는 "Promoting Local Government Authority Effectiveness: The Role of the CEO"(2003), "Referent Role and Styles of Handling Interpersonal Conflict: Evidence from a National Sample of Korean Local Government Employees"(2002), "Model of Emotional Intelligence and Conflice Management Strategies: A Study in Seven Countries"(2002), "우리나라 정부기구 개편에 대한 비판적 고찰: 김대중 정부 3년을 중심으로"(2002) 등이 있다. 현재 사단법인 정부개혁연구소 소장과 한국정책학회 영문편집위원장 등을 맡고 있고, '대한민국 근정포장'과 '대통령 표창'을 받았다. 한국조직학회 회장, 한국정책과학학회 회장, 행정고시 출제 및 채점위원, 한국행정학회 연구위원장 및 영문편집위원장 등을 역임했다(chang717@hansung.ac.kr).

최창현(崔昌鉉)

1990년 미국 State University of New York at Albany에서 행정학 박사학위를 취득하고, 현재 관동대학교 행정학과 교수로 재직 중이다. 주요 관심 분야는 조직이론, 복잡성이론 등이고, 주요 저서로는 「복잡계로 바라본 조직관리」(2005), 「신과학 복잡계 이야기」(2010), 「조사방법론: SPSS, UCINET 활용」(2011) 등이 있으며, 주요 논문으로는 "환경에 대한 조직적응 양식: 구조적 상황이론, 자원종속이론, 개체군생태학이론, 제도이론의 비교분석"(1992),

"조직구조와 혁신의 관계"(1994), "조직의 비공식 연결망에 관한 연구: 사회연결망분석의 적용"(2006), "Behavioral Patterns and Leadership Styles in Organizational Networks"(2008) 등이 있다. 현재 한국조직학회 회장과 캄보디아 행정연구회 회장을 맡고 있고, 행정고시 및 공무원 9급 출제 및 채점위원, 한국행정학회 편집이사 등을 역임했다. 2001년에는 정책분석평가사 1급 자격증을 취득했다(http://cms.kd.ac.kr/user/choich) (choich@kd.ac.kr).

최천근(崔天根)

2010년 플로리다주립대(Florida State University)에서 박사학위를 받고, 현재 한성대학교 행정학과 조교수로 재직 중이다. 박사학위 논문 제목은 "Exploring the Effects of Social Capital on Police Performance in U.S. Cities"다. 주요 관심 분야는 조직관리, 성과평가, 지방행정이다. *Public Administration Review*, 『한국행정학회보』, 『한국정책학회보』, 『한국정책과학학회보』, 『한국지방자치학회보』, 『한국거버넌스학회보』, *IRPA* 등에 논문을 게재했다(cheongeun.choi@gmail.com).

전정 3판

새 조직론

펴낸날 / 제1판 제1쇄 1996년 3월 15일
제2판 제1쇄 2005년 8월 25일
전정3판 제1쇄 2012년 8월 30일
전정3판 제9쇄 2019년 8월 5일
지은이 / 이창원, 최창현, 최천근
펴낸이 / 임춘환
펴낸곳 / 도서출판 대영문화사
주소 / 서울 용산구 청파동 1가 178-2 ㊀ 140-869
등록 / 1975년 12월 26일 제3-16호
전화 / (02)716-3883, (02)714-3062
FAX / (02)703-3839
홈페이지 / http://www.dymbook.co.kr

ISBN 978-89-7644-411-0

〔값 32,000원〕